全国会计领军人才丛书

Accounting Scholar Leader

会计系列

Accounting

内部控制与风险管理

（第3版）

◎ 主编 池国华 朱 荣

中国人民大学出版社
·北京·

图书在版编目（CIP）数据

内部控制与风险管理/池国华，朱荣主编．--3版．--北京：中国人民大学出版社，2022.4
（全国会计领军人才丛书．会计系列）
ISBN 978-7-300-30309-3

Ⅰ.①内… Ⅱ.①池… ②朱… Ⅲ.①企业内部管理-风险管理-教材 Ⅳ.①F272.35

中国版本图书馆 CIP 数据核字（2022）第 019477 号

全国会计领军人才丛书·会计系列
内部控制与风险管理（第3版）
主编　池国华　朱　荣
Neibu Kongzhi yu Fengxian Guanli

出版发行	中国人民大学出版社		
社　　址	北京中关村大街31号	**邮政编码**	100080
电　　话	010－62511242（总编室）		010－62511770（质管部）
	010－82501766（邮购部）		010－62514148（门市部）
	010－62511173（发行公司）		010－62515275（盗版举报）
网　　址	http://www.crup.com.cn		
经　　销	新华书店		
印　　刷	北京密兴印刷有限公司	**版　　次**	2015年8月第1版
开　　本	787 mm×1092 mm　1/16		2022年4月第3版
印　　张	24.75 插页1	**印　　次**	2025年8月第11次印刷
字　　数	550 000	**定　　价**	56.00元

前　言

2020年一场突如其来的新冠肺炎疫情成为2008年美国次贷危机爆发以来全球最大一起"黑天鹅"事件，对世界政治、经济和社会发展产生深远的影响，尤其对各国企业造成极大的冲击，一大批企业甚至知名公司纷纷破产，让企业家们越发认识到内部控制与风险管理的重要性。事实上，自1986年德国著名社会学家乌尔里希·贝克教授在其著作《风险社会》中做出"人类已经开始步入风险时代"的预判以来，企业家们发现企业所面临的风险越来越多，越来越复杂，以至于到了"无处不在无时不在"的地步，给企业的生存和发展带来了巨大的威胁和严峻的挑战。其实，不仅企业如此，政府机关、事业单位、社会团体的发展环境也存在这样的变化趋势。为此，党的十九大将防范化解重大风险纳入要坚决打好的三大攻坚战之列。也正因为如此，习近平总书记多次发表重要讲话强调风险控制的重要性，并提出明确要求，包括强化风险意识，提高风险化解能力，完善风险防控机制。可见，建立健全和有效实施内部控制与风险管理制度体系已经成为企业实现可持续发展的必然要求。

然而，时至今日，仍然有一些理论工作者和实务工作者对内部控制与风险管理两者之间的关系有困惑和误解。实际上，如果我们追溯COSO（the Committee of Sponsoring Organizations of the Treadway Commission）《内部控制——整合框架》与《企业风险管理——整合框架》先后出台的逻辑关系，对比分析这两份报告之间的异同点，不难得出结论，即COSO之所以将内部控制五要素框架拓展到风险管理八要素框架，主要原因是COSO认为要建立有效的内部控制体系，关键在于对风险进行有效识别与分析，唯有这样才能对风险进行有效的应对并采取恰当的控制措施，这也是今天所说的内部控制应该是以风险为导向的控制。正因为如此，财政部在2008年6月28日举行的《企业内部控制基本规范》发布会上明确指出，《企业内部控制基本规范》的颁布"进一步强化了企业的社会责任感和风险防范意识，实现了由内部牵制、单一会计控制向全面、全员、全程的风险控制的观念转变"。2019年11月，国务院国资委在印发的《关于加强中央企业内部控制体系建设与监督工作的实施意见》（国资发监督规〔2019〕101号）中强调企业应"建立健全以风险管理为导向、合规管理监督为重点，严格、规范、全面、有效的内控体系"。

基于上述形势的发展和环境的变化，本书再次修订，形成了第3版。在保持前两版特色与亮点的前提下，第3版主要在以下四个方面进行了修订和完善：

第一，与时俱进。全书体现了内部控制、风险管理和合规管理三者融合的新理念，强调了以风险管理为导向、以合规管理为重点、以内部控制为框架的“大风控”体系建设的新思路，反映了2018年之后国内外内部控制与风险管理理论和实务的前沿动态，特别是宣传和贯彻了我国2018年以来有关内部控制与风险管理最新规章制度的主要精神，比如国务院国资委颁布的《中央企业合规管理指引（试行）》（2018）、《中央企业违规经营投资责任追究实施办法（试行）》（2018）、《关于加强中央企业内部控制体系建设与监督工作的实施意见》（2019），财政部、中国证监会发布的《关于深交所主板与中小板合并后原中小板上市公司实施企业内部控制规范体系的通知》（2021）等。

第二，融入思政。专业教材既要体现专业知识的广度与深度，也要反映人文教育的力度与温度，既要将历史与现实相结合，也要融知识性与人文性于一体。为深入贯彻落实《中共中央关于认真学习宣传贯彻党的二十大精神的决定》，践行党的二十大精神进高校教材，本书结合教育部《高等学校课程思政建设指导纲要》（2020）、国家教材委员会《习近平新时代中国特色社会主义思想进课程教材指南》（2021）等文件的要求，构建了丰富的课程思政内容。具体思路是：以社会主义核心价值观为引领，以贯彻党的二十大精神为指导，围绕内部控制与风险管理主线，以法治思维、底线思维、权力制约、防范风险、制约监督、反腐败等为重点，通过学习目标、案例引入、资料展现等多种形式融合思政基本要求，以实现知识传授、能力培养与价值塑造“三位一体”的人才培养目标。

第三，突出实用。内部控制与风险管理是一门与实务紧密结合的课程，为了进一步提升本科学生的实际技能，本次修订在总结我国改革开放以来内部控制与风险管理领域经验教训的基础上，替换失去时效的案例，增加更具操作性与可读性的案例，讲好中国故事，展现中国形象。

第四，立体交互。为适应“大智移云物”时代教学环境的变化，提升教师的教学技能，激发学生的学习兴趣，本教材通过植入二维码形式融入习题库、案例库等多种资源，为学生提供更加完美的学习体验，为教师提供更加便利的教学资源，从而建立起纸质教材与移动终端交互立体可视化的现代教学生态模式。学生扫描每章末的二维码即可在线自测。更多视频和拓展阅读资料可以登录爱课程网站观看和学习。

本教材作为内部控制与风险管理的入门教材，适合开设相同或类似课程的所有专业的本科生学习，这些专业包括会计学、财务管理、审计学、资产评估、金融学、保险学、财政学等，同时也可作为上述专业研究生以及MBA，MPA，MPAcc，MV，MAud等专业硕士学习内部控制与风险管理的参考教材。

本教材由南京审计大学池国华教授和东北财经大学朱荣副教授担任主编，其中池国华教授负责编写第1章和第2章，朱荣副教授负责第4～7章，南京审计大学的王蕾博士负责第3章、第8～10章。

感谢南京审计大学政府审计学院苗云青、王思繁、周正义、韦天丽等硕士，东北财经大学会计学院陈晓菲、辜雅瑄、翟小萌等硕士对本教材的贡献，他们参与了案例资料的搜集整理和书稿内容的校对工作，并作为第3版的第一批读者，为教材的完善提出了建设性的意见。他们的参与使得教材与使用者更加贴近。

在本教材的写作过程中，我们参阅了国内外大量的文献和资料，其中信息明确的作者列在脚注或参考文献中，而信息不全的部分，因无法详细查证其出处，未能列出。在此，对所有企业内部控制与风险管理研究领域的专家和学者致以最诚挚的谢意。

我们的目标是编写一本高质量的内部控制与风险管理教材，但由于水平有限、编写时间紧张，本教材难免存在一些疏漏甚至是错误之处，恳请读者不吝批评指正，以便我们今后修订时加以改进和完善，共同推动中国内部控制理论完善和实践提升。

目　录

二维码案例目录

第 1 章

Chapter 1 发展历程

学习目标

1. 知识目标：理解人类社会内部控制思想的萌芽——内部牵制的发展；了解美国内部控制与风险管理的发展历程；了解我国内部控制与风险管理的发展历程。

2. 能力目标：掌握内部牵制理念，学会将这一理念用于企业内部控制制度设计；掌握中国企业内部控制制度的结构体系和内容构成，用于指导企业和行政事业单位的内部控制制度设计。

3. 素养目标：(1) 透过国内外内部控制与风险管理的发展历程，培养历史思维和辩证思维；对比美国和中国的内部控制与风险管理的发展历程，增强爱国情怀，坚定四个自信。(2) 了解中国企业内部控制制度体系，树立中国标准，传播中国声音，同时塑造系统思维和创新思维。

引 例

内控失效沉疴难解，华业资本退市倒计时

由于债务问题不断，资本市场已对北京华业资本控股股份有限公司（下称“华业资本”）失去信心。2019 年 12 月 4 日，华业资本公告称，因公司股票连续 20 个交易日的每日收盘价均低于股票面值（1 元），故被上海证券交易所（下称“上交所”）依规做出终止上市的决定。

退市危机

华业资本之殇，始于 2018 年的应收账款被骗事件。2018 年 7 月起，华业资本债权投资业务连续 3 次出现应收账款逾期未回款情形。之后，华业资本专门成立债务追偿小组，更严重的问题暴露出来。调查发现，公司现有应收账款存量规模 101.89 亿元，全部为从转让方恒韵医药受让取得。公司聘请的律师认为恒韵医药存在伪造印章虚构与医院的应收账款债权交易的可能。如上述律师认为的事项成立，华业资本存量

应收账款（101.89亿元）将面临部分或全部无法收回的风险。受此影响，2018年10月15日，华业资本发布公告称，公司2017年度第一期短期融资券“17华业资本CP001”未按时足额偿付债务融资工具本息，已构成实质违约。

“华业资本内部控制失效，应收账款债权投资业务爆发重大风险，涉及多起债权及担保诉讼，部分资产和银行账户被查封冻结，2019年前三季度亏损50.49亿元，期末净资产为－48.20亿元，下属子公司违规为关联方提供大额担保，涉及金额达17.13亿元，公司持续经营能力存在重大不确定性。”今年12月初，上交所发布公告回应称，华业资本股票因股价持续低于面值被终止上市，是公司基本面的真实反映，是投资者理性投资的结果，是市场的选择。

内控缺陷

上交所认为，华业资本开展巨额债权投资业务不审慎，未充分评估核实底层资产；在发现回款资金流向异常、回款逾期、资产冻结等一系列重大风险事项的情况下，未及时向市场披露和如实回复问询函，而依然与恒韵医药进行交易；多次违规为李仕林提供巨额担保，造成公司巨大财产损失，相关信息披露不及时；同时，披露重大事项不审慎，风险提示不充分，可能严重误导投资者投资判断。以上这些问题说明，华业资本一直以来存在重大股权变更风险评估缺失、应收账款受让的尽职调查不充分、应收账款债权后续追踪管理不规范等多种内控缺陷，这也正是造成其退市的沉疴宿疾。

资料来源：胡天祥．内控失效沉疴难解，华业资本退市倒计时．时代周报，2019-12-10.

基于华业资本的退市危机案例，内部控制与风险管理的重要性可见一斑。那么，什么是内部控制与风险管理？内部控制与风险管理在企业的生存和发展中具有什么样的作用？在阐述内部控制与风险管理的基本理论与方法之前，我们首先来了解内部控制与风险管理在不同国家的产生与发展。本章主要介绍人类社会内部控制的思想萌芽以及内部控制与风险管理在美国和中国的发展。

1.1 内部控制与风险管理的最初形态：内部牵制

内部控制是在内部牵制的基础上发展起来的，内部牵制是内部控制与风险管理的最初形态。本节立足于内部牵制的思想起源与实践发展，深入剖析内部牵制的核心构念，并分析其在当代的理论价值。

1.1.1 古代内部牵制思想的萌芽

内部控制与风险管理由来已久。自从有了人类的群体活动和组织，对组织成员及其活动进行控制的需要就产生了。公元前3600年至公元前3200年的苏美尔文化时期，内部牵制思想初现雏形。在当时较为简单的财务管理活动中，经手钱财的人为了防止财物丢失和挪用，会用各种标志来记录财物的生产及使用情况。例如，经手钱财者要为付出款项提供付款清单，并由另一名记录员在付款清单上标注点、勾、圈等核对符号以查验账目。古埃及的银库记录官和银库监督官对银库实施双重监督，在法老统治的埃及中央财政银库里，银子和谷物等物品接收数量与入库数量的记录，实物的观察，接收数量与入库数量的核对，分别由三名人员完成。仓库的收发存记录由仓库管理员的上司定期检查，以确保记录正确，账实相符。古罗马设置了“双人记账制”和财务支出检查与复核制度。罗马帝国的宫廷库房规定，一笔业务发生后，必须由两名记账员在各自的账簿里同时加以反映，再定期将双方账簿记录加以核对，以审查有无差错或舞弊行为，从而达到控制财务收支的目的。

我国古代的内部牵制思想多蕴含于政治活动之中，最早可以追溯到西周。据《周礼·理其财之所出》（朱熹述评）一文所载，“一毫财赋之出入，数人之耳目通焉”，其目的是防止掌管和使用财赋的官吏弄虚作假甚至贪污盗窃。西周的官厅会计组织体系以司会为最高长官司，下设四个职能部门：司书、职内、职岁、职币。其中，司书主管会计核算，而职内、职岁、职币分别负责出纳工作的三个方面，即“三分出纳制”。在我国隋唐时期，高层社会组织管理机构包括六部、九寺、五监。六部重在发号施令，监督实施；九寺和五监则重在秉承政令，而且九寺与五监之间分工明确，各负责其职内具体事务。如财经行政归户部，粮谷收纳保管和支出归司农寺，钱帛收纳保管和支出归太府寺，从而形成管财政者不直接经管钱物，管钱物者不能理财的相互分工、制约的关系。①

1.1.2 近代内部牵制实践的发展

15 世纪末，随着资本主义经济的产生，意大利出现了复式记账法，其主要内容是账目间相互核对，并实施一定程度的岗位分离，在当时被认为是确保钱财和物品正确无误的理想方法，极大地促进了内部牵制实践的发展。18 世纪工业革命以后，机器化的集中生产模式极大地解放了生产力，并在上层建筑层面引发深刻的管理革命，以泰罗制为代表的科学管理理念深入人心，由此形成的精细化分工为内部牵制在工厂制企业的广泛应用创造了组织条件。公司制企业产生后，为了防范财产物资流转和管理中的舞弊，保证企业资产的安全与完整，以职责分工、会计记账和人员轮换为控制要素的公司稽核制度应运而生，并因收效显著而被各大企业纷纷采用。

20 世纪初，社会化大生产的广泛应用使西方资本主义经济得到了前所未有的发展。此时企业规模不断扩大，市场竞争进一步加剧，为了防范与控制经营风险，一些企业逐步摸索出组织调节、制约和检查企业生产活动的办法，即当时的内部牵制制度，这同时也是现代内部控制理论中有关组织控制、职务分离控制的雏形。它基本上是以查错防弊为目的，以职务分离和交互核对为手法，以钱、账、物等为主要针对事项。当时的观点认为，“内部牵制是账户和程序组成的协作系统，这个系统使得员工在从事本身工作时，独立地对其他员工的工作进行连续性的检查，以确定其舞弊的可能性”。

① 郑石桥，徐国强，李芳. 中国古代政治思想中的内控考略. 管理观察，2009 (4)：167-168.

从内部牵制在人类社会的发展脉络可以看出，分工是内部牵制产生的组织基础，而私有制与社会化大生产是内部牵制发展的物质条件。随着社会生产力的发展和企业间竞争的加剧，内部牵制在实践中逐渐由一种朴素的管理思想发展为一种成熟度较高的管理制度，并为内部控制的产生与制度化发展提供了良好的机制基础。

1.1.3 内部牵制的核心构念与理论价值

柯勒编著的《会计辞典》认为，“内部牵制是指提供有效的组织和经营并防止错误和其他非法业务发生的业务流程设计。其主要特点是以任何个人或部门不能单独控制任何一项或一部分业务权力的方式进行组织上的责任分工，每项业务通过正常发挥其他个人或部门的功能进行交叉检查或交叉控制。设计有效的内部牵制使各项业务能完整正确地经过规定的处理程序，而在这些规定的处理程序中，内部牵制机制永远是一个不可缺少的组成部分”。

内部牵制制度的出现有其科学合理性，主要基于以下两个假定：第一，因为相互有了制衡，在经办一项交易或事项时，两个或两个以上人员或部门无意识地犯同样错误的概率要远小于一个人或部门。第二，两个或两个以上人员或部门有意识地合伙舞弊的可能性远低于一个人或部门。

由此可见，内部牵制的最初形式和基本形态是以不相容职务分离为主要内容的流程设计，然而，内部牵制在控制目标的定位上存在一定的历史局限性。如果内部牵制是针对企业日常经营业务的流程设计，那么控制目标体现为保护财产物资的安全和完整，防止贪污、舞弊；如果内部牵制是针对企业会计核算业务的流程设计，那么控制目标体现为保证会计信息的可靠性，防范会计信息失真。但是，内部牵制既不涉及工作效率的提高问题，也不能作为驱动企业战略的实施机制与保障机制。20世纪以前，社会生产力相对落后，商品生产尚不发达，内部牵制制度在防错纠弊方面确实发挥了一定的作用。到了20世纪40年代末期，生产的社会化程度空前提高，股份有限公司迅速发展，市场竞争进一步加剧。为了在激烈的竞争中生存发展，除了防错纠弊，企业在管理中还迫切需要处理诸如风险评估、分权授权、绩效考评、监督激励等问题，控制目标开始趋于多样化，而传统的内部牵制制度对这些问题的处理不能为新环境下控制目标的达成提供恰当的保证，现代意义上的内部控制的产生成为一种必然。然而，无论内部控制制度如何变迁，内部牵制都是内部控制制度的核心机制，不能一味地追求内部控制概念边界扩大和功能拓展而淡化内部牵制在内部控制中的地位和作用。当然，在内部控制的演变过程中，内部牵制应突破固有的概念藩篱，不仅强调分离式牵制，也强调合作式牵制的作用，如会审、会签、协作等。

1.2 美国内部控制与风险管理的发展历程

内部控制与风险管理是组织运营和管理活动发展到一定阶段的产物，是科学管理的必然要求。20 世纪 30 年代，美国的内部控制有了较大发展。这一时期，美国各行业协会陆续发布文件，对内部控制及风险管理的相关概念加以解释。1934 年，美国颁布《1934 年证券交易法》，第一次使用了“内部会计控制”的术语，对内部会计控制的概念加以界定。1936 年，美国注册会计师协会（AICPA）在《独立注册会计师对财务报表的审查》一文中首次提出了内部牵制和内部控制的概念，即内部控制是指为保护现金和其他资产的安全，检查账簿记录准确性而在公司内部采用的各种手段和方法。1939 年，AICPA 在其发布的《审计程序文告第一号》中第一次增加了内部控制审查的内容。但是，审计界、会计界和管理界真正将注意力转移到内部控制制度的研究与应用上，则是在 20 世纪 40 年代后期。

美国内部控制与风险管理理论和实践的发展大体上经历了四个阶段：内部控制制度阶段、内部控制结构阶段、内部控制整合框架阶段和风险管理整合框架阶段。

1.2.1　内部控制制度阶段

美国内部控制与风险管理发展的第一个阶段为内部控制制度阶段，大致始于 20 世纪 40 年代，这一时点也被视为内部控制发展的分水岭。40 年代，随着经济规模的扩大及降低外部审计成本的需要，审计人员逐渐抛弃了详细审计技术。同时，随着企业规模的扩大，企业业务复杂程度加大，要求形成完善的控制技术以及时发现会计中的舞弊行为。而分支机构的出现，也要求建立内部控制制度来确保各分支机构会计程序的统一性和运用会计程序的一致性。在这一阶段，建立健全内部控制系统开始上升为法律要求。为适应注册会计师评价被审计单位内部控制的需要，一些国家开始将内部控制划分为内部会计控制和内部管理控制。

1949 年，AICPA 所属的审计程序委员会发表了《内部控制：系统协调的要素及其对管理部门和独立公共会计师的重要性》一文，首次给出了内部控制的定义，即“内部控制包括组织机构的设计和企业内部采取的所有协调方法和措施，这些方法和措施旨在保护企业财产，检查会计信息的准确性和可靠性，提高经营效率，促进既定管理政策的贯彻执行”。这是民间审计组织第一次正式公布内部控制的定义，强调内部控制系统不局限于与会计和财务部门相关的控制方面，还包括预算控制、成本控制、定期报告、统计分析和内部审计等。

由于上述定义过于宽泛，1953 年，AICPA 审计准则委员会在《审计程序说明第 19 号》中修正了内部控制的定义，并将内部控制按照其特点分为会计控制和管理控制两部分，这就是今天熟知的内部控制制度二分法。会计控制包括授权与批准制度，记账、编制财务报表、财物保管等职务的分离，财产的实物控制及内部审计控制等，旨在保护企业资产、检查会计数据的准确性和可靠性；管理控制包括统计分析、经营分析和质量控制等，旨在提高经营效率，促使有关人员遵守既定的管理方针。这种划分是为了规范内部控制检查和评价的范围，缩小注册会计师的责任范围。

1972 年，AICPA 审计准则委员会发布《审计准则公告第 1 号——审计准则和程序汇编》，重新阐述了内部会计控制和内部管理控制的定义，对会计控制和管理控制的目标和内涵也做了明确的规定。由此，内部控制进入“制度二分法”或“二要素”阶段。这一阶段的内部控制被正式纳入制度体系，同时管理控制成为内部控制的一个重要组成部分。

1.2.2 内部控制结构阶段

随着信息技术的高速发展及资本的全球化，企业跨国经营越来越普遍，跨国企业在海外经营会遇到与国内不同的政治、经济、文化等风险。国际税务问题和外汇交易等使得企业的业务及经营更加复杂，这迫切要求健全内部控制制度以便进行跨国经营管理。良好的内部控制制度能够促进企业合理配置资源，提高生产效率，并且有助于防范和发现企业内外部的欺诈事件。因此，在现代公司制度和系统管理理念的推动下，内部控制的研究逐步深化。

20世纪60年代以后，为减轻注册会计师在审计实务中对评价内部控制的责任，审计界将内部控制的定义限制在一个相对较小的范围内，这虽然减轻了注册会计师审计的责任和工作量，但是增加了审计风险。

随着审计风险的增加以及对内部控制的研究由一般向具体的深化，1988年，AICPA发布了《审计准则公告第55号——财务报表审计中对内部控制的考虑》，并规定从1990年1月起取代1972年发布的《审计准则公告第1号》。这个公告正式提出了“内部控制结构”的概念，不再区分会计控制和管理控制，而是确立了一种控制结构。该公告认为，企业内部控制结构包括为提供取得企业特定目标的合理保证而建立的各种政策和程序。内部控制结构具体包括三个要素。

1. 控制环境

控制环境是指对建立、加强或削弱特定政策与程序的效率有重大影响的各种因素，它是这些因素共同作用的一种氛围，反映董事会、管理者、业主和其他人员对控制的态度和行为。主要包括：管理层的理念和经营风格；企业组织结构；董事会及审计委员会的职能；确定职权和责任的方法；管理层监控和检查工作时所使用的控制方法，包括经营计划、预算、预测、利润计划、责任会计和内部审计；人力资源政策与程序；各种外部关系对本组织业务的影响等。

2. 会计系统

会计系统是规定各项经济业务的确认、归类、分析、登记和编报的方法，明确资产与负债的经营管理责任，是内部控制的重要组成部分。健全的会计系统旨在实现下列目标：记录和识别一切合法的经济业务；及时对各项经济业务进行适当分类，作为编制财务报表的依据；将各项经济业务按照适当的货币价值计价，以便列入财务报表；确定经济业务发生的日期，以便按照会计期间进行记录；在财务报表中恰当地表述经济业务及对有关内容进行揭示。

3. 控制程序

控制程序是指管理层制定的用以保证达到一定目标的政策和程序，主要包括经济业务和事项的适当授权；明确人员的职责分工，防止有关人员利用正常经济业务图谋不轨和隐匿错弊；账簿和凭证的设置、记录与使用，保证经济业务活动得到正确的记载；资产及记录的限制接触及保护措施；对已记录业务及其评价的复核。

内部控制结构阶段正式将控制环境纳入内部控制的范畴。首先，人们在管理实践中逐渐认识到，不应该将控制环境看作内部控制的外部因素，而应该将其作为内部控制的一个组成部分来考虑，尤其是董事会、管理层及其他员工对内部控制的态度和行为，是充分有效的内部控制体系得以建立和运行的基础和有力保障。其次，不再区分会计控制和管理控制，而统一以要素来表述。这是因为人们发现会计控制和管理控制在实践中其实是不可分割、相互关联的。

这一阶段的内部控制将会计控制和管理控制融为一体，从"制度二分法"阶段步入"结构三要素"阶段，是内部控制与风险管理发展史上的一次重要转变。

1.2.3　内部控制整合框架阶段

20 世纪 70 年代的水门事件和许多公司的破产倒闭促使美国联邦政府开始关注内部控制问题。1977 年，美国国会通过《反海外贿赂法》（FCPA），明确规定企业应当建立内部会计控制。在 FCPA 的影响下，企业将内部控制提升至法律层面，监管机构和职业团体也开始就内部控制展开研究。

1985 年，AICPA、美国会计学会（AAA）、财务经理人协会（FEI）、国际内部审计师协会（IIA）和美国全国会计师协会（NAA）等会计职业团体发起成立全美反舞弊财务报告委员会（又称 Treadway 委员会），并于 1987 年发布研究报告，呼吁所有公众公司的董事会和管理层、独立公共会计师及其职业团体、学术界、美国证券交易委员会（SEC）和其他监管机构以及相关立法机构共同致力于探讨财务报告中舞弊产生的原因，并寻求解决之道。在 Treadway 委员会的倡议下，成立了研究内部控制问题的发起组织委员会（简称 COSO）。

1992 年 9 月，COSO 发布了著名的《内部控制——整合框架》（Internal Control—Integrated Framework），并于 1994 年进行了修订，成为内部控制领域最权威的文献之一，是内部控制发展历程中的一座里程碑。该报告对内部控制下了一个较为权威的定义，即"内部控制是由主体的董事会、管理层和其他员工实施的，旨在为经营的效率和有效性、财务报告的可靠性、遵循适用的法律法规等目标的实现提供合理保证的过程"。

1996 年，AICPA 发布了《审计准则公告第 78 号》，该公告全面接受了《内部控制——整合框架》的内容，并于 1997 年 1 月起取代 1988 年发布的《审计准则公告第 55 号》。

《内部控制——整合框架》认为，内部控制是一个过程，它是实现目标的手段，而不是目标本身；内部控制是由人员来实施的，它不仅仅是政策手册和表格，还涉及组织中各个层级人员的活动；内部控制为主体目标的实现提供合理保证，而不是绝对保证；内部控制目标包括经营目标、报告目标和合规目标，而不仅仅是财务报告的可靠性这一个目标。内部控制的每个目标均有其特点，其中，内部控制的经营目标与主体资源利用的有效性和效率有关；报告目标与编制可靠的财务报表有关；合规目标与主体对适应的法律和法规的遵循有关。

《内部控制——整合框架》还明确了内部控制的内容，内部控制包括控制环境、风险评估、控制活动、信息与沟通、监控五个要素，这五个要素既相互独立又相互联系。内部控制的目标和五个要素之间有着直接的关系，目标是主体努力争取实现的东西，五个要素则代表实现这些目标需要什么；每个要素都贯穿并适用于三类目标，所有要素都与每一类目标相关联；内部控制与整个主体相关。

《内部控制——整合框架》提出的内部控制理论和体系集内部控制理论和实践发展之大成，在业内备受推崇，成为世界通行的内部控制权威标准，被国际和各国审计准则制定机构、银行监管机构和其他机构采纳。

1.2.4 风险管理整合框架阶段

《内部控制——整合框架》自发布以来，被世界上的许多企业采用，但理论界和实务界纷纷对该框架提出改进建议，认为其对风险强调不够，内部控制无法与企业风险管理相结合。因此，2001 年，COSO 开展了一个项目，委托普华永道开发一个便于管理层评价和改进所在组织的企业风险管理的框架。正是在开发这个框架期间，2001 年 12 月，作为美国最大能源公司之一的安然公司突然申请破产保护，此后上市公司和证券市场丑闻不断，严重打击了投资者对资本市场的信心。

世通、施乐陆续曝出财务丑闻，美国加强内控监管

针对安然、世通、施乐等财务丑闻及一系列上市公司财务欺诈事件造成的美国股市危机，2002 年 7 月 26 日，美国国会以绝对多数通过了关于会计和公司治理一揽子改革的《2002 年公众公司会计改革和投资者保护法案》，该法案由参议院银行委员会主席萨班斯（Paul Sarbanes）和众议院金融服务委员会主席奥克斯利（Michael Oxley）联合提出，又被称作《萨班斯-奥克斯利法案》（Sarbanes-Oxley Act，简称《萨班斯法案》）。四天后，布什总统在白宫签署该法案，使其正式生效。该法案对美国《1933 年证券法》《1934 年证券交易法》作了不少修订，是一部涉及会计职业监管、公司治理、证券市场监管等方面改革的重要法律。由于该法案在颁布时没有提出具体的适用豁免条件，这意味着所有在美国上市的公司，包括在美国注册的上市公司和在外国注册并在美国上市的公司，都必须遵守该法案。

美国企业界普遍认为，《萨班斯法案》是自 20 世纪 30 年代通过证券法案以来对美国商界和会计界影响最大的一项立法。《萨班斯法案》完善了美国法规在处理虚假财务报表、虚假财务审计、销毁财务证据等方面的规定。

《萨班斯法案》强调了公司内部控制的重要性，从管理层、内部审计及外部审计等几个层面对公司内部控制做了具体规定，并设置了问责机制和相应的惩罚措施。《萨班斯法案》404 条款明确指出公司管理层对建立和保持一套完整的、与财务报告相关的内部控制系统所负有的责任，并要求管理层在财务年度末，对与公司

财务报告相关的内部控制体系做出有效性评估，会计师事务所的审计师需要对管理层所做的有效性评估发表意见。

404 条款要求在美国上市的公司在年度报告中，必须就公司管理层建立和维持内部控制、审查报表、披露所有实质性缺陷的职责进行说明，并要求建立相应的机制来保证公司内部有合理的控制结构。该条款还强制性要求公司记录治理规定的执行情况。404 条款涵盖企业运营的各个领域，该条款的实施引起了整个企业管控流程的改变。该条款对于在美国上市的企业而言是一个重大冲击。

2004 年 9 月，COSO 在借鉴以往有关内部控制研究报告的基本精神的基础上，结合《萨班斯法案》在财务报告方面的具体要求，发布了《企业风险管理——整合框架》(Enterprise Risk Management—Integrated Framework，简称《ERM 框架》)。

《ERM 框架》认为，风险管理是由董事会、管理层和其他人员实施的，应用于战略制定并贯穿于企业之中，旨在识别可能影响主体的潜在事项、管理风险，以使其在该主体的风险容量之内，并为主体目标的实现提供合理保证的过程。由此，将内部控制上升到了全面风险管理的高度。

《ERM 框架》包括战略目标、经营目标、报告目标和合规目标四类目标与内部环境、目标设定、事项识别、风险评估、风险应对、控制活动、信息与沟通、监控八个相互关联的构成要素。在风险管理整合框架中，这八个要素为企业的四类目标服务，企业的各个层面都要坚持四类目标，每个层面都要基于八个要素进行风险管理。根据 COSO 的这份研究报告，内部控制的目标、要素与组织层级之间形成了一个相互作用、紧密相连的有机统一体系。同时，《ERM 框架》对内部控制要素进行了进一步细分和充实，使内部控制与风险管理日益融合，拓展了内部控制。

需要特别说明的是，《ERM 框架》虽然略晚于《内部控制——整合框架》出现，但它并不是要完全替代后者。

案例 1-1 花旗集团遭美国监管机构罚款 4 亿美元：风险管理存缺陷

据路透中文网报道，美国监管机构周三称，花旗集团同意支付 4 亿美元罚款并制定一套全面整治计划，以矫正监管机构发现的“几项存在已久的缺陷”和业务失误。

美国联邦储备委员会（简称“美联储”）和通货监理局（Office of the Comptroller of the Currency，OCC）表示，该行需要有“全面的矫正行动”，且必须整顿整个公司的风险管理、数据管理和内控。

据悉，美联储指出，花旗集团未能充分解决其在 2013 年和 2015 年发现的与风险管理和控制有关的问题。通货监理局在其同意决定中称，“几年来，该行未能执行和维护与其规模、复杂性及风险结构相称的企业风险管理与合规管理制度、内部控制或数据管理制度”。

花旗集团的问题之一是其系统的基础架构存在缺陷，该系统旨在识别风险并保护客户数据。例如，花旗集团的许多业务都在各自独立的系统上运行，这些系统均具有跟踪客户和交易的功能。同一家银行内部有数百个系统，不同部门在开展业务时可能对同一个客户有不同的识别码。监管机构一直担心，这种大杂烩的体系是花旗集团在20世纪90年代一系列交易的结果，这可能使该银行遭受成本高昂和潜在的破坏性失误的影响。比如，花旗集团曾向化妆品公司露华浓公司（Revlon Inc.）的债权人意外支付了9亿美元，这个引人注目的错误使监管机构表示怀疑。

花旗集团在声明稿中表示，对于未达到监管预期感到失望，已经在制定“重大整治计划”。

另据美国《纽约时报》报道，花旗银行正处于重大转型之中，其首席执行官迈克尔·科巴特将于明年年初卸任，由花旗集团总裁简·弗雷泽接任。花旗银行必须进行改进，以满足两个监管机构的要求，包括明确其高管的职责，并在薪酬与有效管理银行之间建立更牢固的联系。

此外，花旗集团表示，计划今年在风险管理和内部控制方面投资超过10亿美元，并已聘请首席行政官集中管理该计划，以确保其完成。

资料来源：花旗遭美监管机构罚款4亿美元：风险管理存缺陷. 中新经纬网，2020-10-08.

1.2.5 COSO内部控制的进展

随着时代的发展和科技的进步，企业所处的经营环境发生了翻天覆地的变化，而全球经济一体化和第四次科技革命的来临使得这些环境变化更加复杂。环境变化必然会催生新制度。截至目前，COSO内部控制有两个代表性的进展：一是2013年修订并发布的《内部控制——整合框架》；二是基于《ERM框架》于2017年修订并发布的《企业风险管理——与战略和业绩的整合》。

制度前进的外生力量往往源于现实需要，环境变化是了解内部控制制度性需求变化的逻辑起点。自1992年版《内部控制——整合框架》问世以来，企业所处的经营和商业环境变化可以概括为以下几点：

第一，跨国经营的规模与程度逐渐增加。在全球经济一体化的背景下，企业之间的合作与依赖程度明显增强，为了充分利用区位优势，降低生产与经营成本，实现企业价值增长，大量企业走出国门，进入国际市场。跨国并购与跨国经营活动日益频繁，跨国公司作为一种现代企业组织形式和资源配置方式得到迅速发展。跨国公司作为跨国界的集团公司，通过对外直接投资等方式组建起一个由母公司、子公司、孙公司等构成的多层次企业王国，同时形成多层次委托代理关系。

第二，企业商业运营方式发生根本变化。为了在激烈的市场竞争中谋求生存与发展，纯粹的竞争战略被不断否定与修正，取而代之的是一种在竞争中有合作、在合作中有竞争的“竞合战略”。在这一战略导向下，企业广泛采用合资企业、战略联盟、对外合作、共享服务、业务外包等更复杂的经营方式。

第三，法律与制度环境日趋完善。各国政府纷纷将建立法治政府作为改革的方向，从政治、经济、文化、社会等多角度制定并颁布法律、法规和相关制度，为确定企业经营行为边界提供较为完备的标准框架。

第四，科技进步突飞猛进。新技术范式正在加速形成。大数据、人工智能、3D打印、新能源等技术的出现与运用必然引发微观主体在管理领域内一系列广泛而深刻的变革。

以上环境变化必然对内部控制产生新的制度性需求。首先，由于跨国公司规模大且分散于世界各国，其代理成本往往高于一般公司。如何根据其组织结构、经营传统和风格及外部环境的变化，将集权与分权结合，形成有效的控制体系，是许多跨国公司面临的新问题。其次，随着企业商业运营方式的变化，控制的边界不再局限于企业自身，而是逐渐扩展到与企业有商业往来和合作的所有利益相关者，内部控制应立足于企业集群、战略联盟乃至网络组织。与此同时，网络协同治理需求日益凸显，治理监督的需求增加，政府和企业利益相关者要求董事会成员更加注重企业内部财务控制的有效性。另外，法制体系的完善为企业经营提供了安全保障，同时也对合规性控制提出了更高的要求，尤其在各国政府普遍重视腐败问题治理的背景下，反舞弊法律法规相继出台，防止和检查舞弊贿赂的控制需求越发彰显。从另一角度看，科学技术飞跃发展，尤其是 IT 系统和相关技术的广泛应用，能够从技术层面回应内部控制制度性需求的变化，为制度完善提供必要的物质条件。

1. 2013 年修订并发布《内部控制——整合框架》

随着时间的推移，COSO 发布了许多附加性的指南文件，对 1992 年的《内部控制——整合框架》进行细化。2010 年，COSO 正式启动了对 1992 年版《内部控制——整合框架》的修订，于 2011 年 12 月发布征求意见稿，最终于 2013 年 5 月正式发布。

2013 年版《内部控制——整合框架》结合新的商业和经营环境，反映企业内部控制框架体系的新变化、新思维，以适应更为复杂的控制链条，更好地实现多元共治，驱动企业战略，更好地利用 IT 系统的新技术成果。其最大的变化体现在结构设计上，着重强调了原则导向，并在原则下设置若干重点关注点，目的是增加实操性。此外，还扩大了报告目标的类别，将财务报告以外的其他外部报告，以及包括财务与非财务报告在内的内部报告都纳入指导范围。相比而言，1992 年版《内部控制——整合框架》仅局限于对外财务报告。

总的来说，2013 年版《内部控制——整合框架》可以概括为：1 个定义、3 类目标、5 大要素和 17 项原则、82 个关注点。由于 2013 年版《内部控制——整合框架》继承了原框架中关于内部控制的定义，对于内控要素、目标、有效性的评价标准也基本上沿用了原框架的观点，因此，2013 年版《内部控制——整合框架》通常被看作 1992 年版《内部控制——整合框架》的升级版。

2. 2017 年修订并发布《企业风险管理——与战略和业绩的整合》

2004 年版《ERM 框架》发布至今已有十几年的时间，在这十几年间，风险发生了重大变化，由于新环境、新技术的不断演变，新的风险也层出不穷，基于风险导向的管理理念逐渐兴起并成为主流，渗透到企业管理的方方面面。在此前提下，COSO 在 2014 年启动了对《ERM 框架》的修订工作，并委托普华永道会计师事务所着手框架的更新。这项计划旨在在日益复杂的商业环境中提高企业风险管理的相关性，反映风险管理理论和实践的新发展，以便组织从风险管理中获得价值的提升。2017 年 9 月，COSO 正式发布了一份名为《企业风险管理——与战略和业绩的整合》（Enterprise Risk Management—Integrating with Strategy and Performance，简称《新ERM框架》）的报告文件。

德意志银行巨亏敲响银行业警钟：金融衍生品风险管控或是其最大失误

《新ERM框架》不是对原有框架的简单升级，而是大刀阔斧地重构与变革，并将其目标定位于为包括企业在内的所有主体提供一个“管理框架”而非“控制框架”。与《ERM框架》相比，《新ERM框架》在以下几个方面进行了优化与更新：（1）应用了要素和原则的编写结构；（2）简化了企业风险管理的定义；（3）强调了风险和价值之间的关联性；（4）重新审视了《ERM框架》所关注的焦点；（5）检验了文化在风险管理工作中的定位；（6）提升了对战略相关议题的研讨；（7）增强了绩效和企业风险管理工作的协同效应；（8）体现了企业风险管理支持更加明确地做出决策；（9）明确了企业风险管理和内部控制的关系；（10）优化了风险偏好和风险承受度的概念。没有变化的部分是《企业风险管理——应用技术》，风险管理工作者仍然可以使用2004年发布的风险管理相关工具和技术。

《新ERM框架》着重强调了企业风险管理对战略规划和提升绩效的重要意义，认为风险管理应嵌入整个组织中，并指出风险不但来自执行层面，也来自战略制定和战略驱动的执行方面。在框架结构的设计上，摒弃了《ERM框架》中脱胎于1992年版《内部控制——整合框架》的八要素设计，而是借鉴2013年版《内部控制——整合框架》应用要素和原则的编写结构，在5个要素下分别列示20项原则，且这些要素和原则贯穿企业战略、绩效和价值提升。

案例1-2　瑞信风险管理的反思

2021年7月29日，瑞士信贷集团（简称“瑞信”）发布了基于对华尔街对冲基金Archegos Capital Management爆仓事件进行的独立外部调查的报告。瑞信损失超过55亿美元，几乎占全部损失一半以上。3月，Archegos爆仓事件震动了华尔街，当时该基金重仓持有的几只股票头寸明显亏损。一些银行被迫平仓，蒙受了100多亿美元损失。在Archegos公司的贷款银行中，瑞信遭受的损失最为惨重，超过55亿美元，而过去一整年瑞信仅从Archegos公司赚得1 750万美元。

对冲基金爆仓调查报告重点关注的是瑞信风险管理部门的问题，人为的判断失误，以及集中的头寸中被忽视的风险。

风险防线形如虚设。调查发现，在Archegos爆仓事件中，瑞信投资银行大宗经纪业务的第一道和第二道防线都没有有效管理风险，并且没有风险升级。在同一业务中，由于投资银行和风险部门没有充分履行监督职责，缺乏对风险缓解和增强措施（如动态保证金）的优先次序的管理，未能控制跨越两道防线的超额项目。

瑞信报告称，部分高层员工在Archegos爆仓事件中难辞其咎。瑞信表示，在3月份Archegos爆仓事件令瑞信蒙受数十亿美元损失之前，曾有多个预警信号出现，但瑞信高层员工没有针对这些信号采取行动。报告中详细说明了，在相关交易不断突破内部损失限额的情况下，瑞信员工没有充分应对Archegos公司头寸相关风险。今年3月份，相关交易的总体风险敞口已扩大到210亿美元。

接踵而至的暴雷使瑞信岌岌可危。随着Archegos Capital倒闭，瑞信另一个重要客户 Greensill Capital 破产，因帮助客户向破产的供应链金融公司 Greensill Capital 发行的债券投资 100 亿美元而面临法律诉讼，这家闻名遐迩的金融集团积累了超过 200 亿美元风险敞口，并一度陷入危机。

面对这两大事件，瑞信的表现有点软弱。

这次事件是急功近利的恶果。瑞信的大宗经纪业务专注于短期利润最大化，但未能控制住风险。实际上，这让 Archegos 公司贪婪的冒险行为成为可能。

报告称，“有无数的警告信号——包括大规模、持续地突破上限——表明 Archegos 公司集中的、波动的和保证金严重不足的掉期头寸对瑞信构成了潜在的风险”。但瑞信视若无睹。

根据调查，瑞信管理对冲基金交易和融资的大宗经纪业务部门“对风险和风险纪律态度懒散”。许多参与调查的员工更专注于通过表面修复来处理风险警告，而不是考虑深层次的意义。

阿基米德说过，给我一根杠杆和支点，我就能撬动地球。“对风险和风险纪律态度懒散”也能够“撬动地球”，但结果却是 55 亿美元泥牛入海。这说明，瑞信在风险管理上的形式主义、官僚主义已经相当严重。

瑞信的风控文化存在致命缺陷。调查报道称，Archegos 爆仓事件暴露出瑞信风控文化的几个重大缺陷，主要包括：对风控失败缺乏问责；识别严重风险的风控系统被业务人员和风控人员系统性地忽略；文化上不愿参与具有挑战性的讨论。这一风险事件表明，瑞信的董事长、首席执行官、首席风险官等管理者在能力、责任、态度上有诸多欠缺。

资料来源：王衍行．瑞信风险管理的反思．财富中文网，2021-07-30.

1.3　中国内部控制与风险管理的发展历程

内部控制制度建设并非一日之功，我国也不例外。在改革开放的 40 年中，我国的内部控制制度建设经历了不同的阶段，走过了新兴经济体独有的内部控制制度建设历程。

1.3.1　起步阶段

改革开放初期，我国经历了内部控制缺失的阶段。在以“放权让利”为重点的改革中，企业经营自主性空前提高。改革释放出巨大的生产力，使政府和企业将注意力集中在调动职工积极性和企业利润的增长上，管理者没有进行企业内部控制的意识，也无暇制定内部控制制度。

我国对内部控制的规定始于 1985 年 1 月颁布的《中华人民共和国会计法》（简称《会计法》），其中规定：“会计机构内部应当建立稽核制度，出纳人员不得兼管稽核、会计档案保管和收入、费用、债权债务账目的登记工作。”该规定是我国首次在法律文件中对内部牵制提出明确要求。

随着改革的深入和经济的迅猛发展，我国的企业会计工作脱离了计划经济时代的模式。为适应企业会计工作的需要，加强会计基础工作，建立规范的会计工作秩序，1996 年 6 月，财政部颁发了《会计基础工作规范》，对会计基础工作的管理、会计机构和会计人员、会计人员职业道德、会计核算、会计监督、单位内部会计管理制度建设等做出了全面规范，其中对会计监督的要求可以称得上是我国企业早期的内部控制。

1996 年 12 月，中国注册会计师协会发布了第二批《中国注册会计师独立审计准则》①，其中《独立审计具体准则第 8 号——错误与舞弊》要求被审计单位建立健全内部控制；《独立审计具体准则第 9 号——内部控制与审计风险》对内部控制的定义和内容都有具体规定，并要求注册会计师从制度基础审计的角度审查企业的内部控制，进行企业内部控制评价。《独立审计实务公告第 2 号——管理建议书》指出，“注册会计师对审计过程中发现的内部控制重大缺陷应当告知被审计单位管理层，必要时，可出具管理建议书”。《中国注册会计师独立审计准则》中有关内部控制的描述和要求，既是注册会计师执业基准的一部分，又是对企业内部控制工作的推动，这种间接的推动力，提高了我国企业对内部控制的关注程度，促进了我国企业内部控制制度的初步建设。

1997 年 5 月，中国人民银行颁布了《加强金融机构内部控制的指导原则》②，这是我国第一个专门针对内部控制的行政规定，就银行、保险公司等金融机构内部控制的目标、原则、要素、基本要求等做出了规范，要求各金融机构建立健全有效的内部控制运行机制。金融机构的内部控制指导原则先于非金融行业的内部控制要求出台，向金融机构发出了这样的信号：我国对金融机构内部控制的要求高于非金融企业。该法规对于金融机构内部控制的建设意义重大，为我国金融机构的内部控制制度建设和发展奠定了基础。

案例 1-3 博腾股份再收问询函，“抗病毒概念”难掩内控缺陷

中国上市公司舆情中心数据显示，2019 年以来，重庆博腾制药科技股份有限公司（以下简称“博腾股份”）因资金占用和信披违规等问题受到监管部门的持续关注，媒体更是对其进行连续报道。2020 年，博腾股份因“抗病毒药概念”被部分媒体报道，股价上涨，第一季度净利润大增 154%～203%。尽管业绩大增且股价上涨，但博腾股份一直难以摆脱内控不力、占用资金、信披违规以及疯狂减持等标签，不仅媒体对其刨根问底，监管部门对这一系列问题的担忧也在问询函中体现得淋漓尽致。

2019 年 4 月：博腾股份收《行政监管措施决定书》，直指资金占用

早在 2019 年 4 月，博腾股份发布公告称，2018 年度，因实际控制人规范意识不足，凌驾于公司内部控制之上，公司存在实际控制人以供应商及关联方作为资金通道占用公司非经营性资金情形，累计占用公司资金 3.712 4 亿元。4 月 30 日，博

---

① 2006 年 2 月 15 日财政部发布了中国注册会计师执业规范准则，包括《中国注册会计师鉴证业务基本准则》《中国注册会计师审计准则》。与此同时，《独立审计基本准则》等相关准则废止。

② 2002 年 9 月 18 日《商业银行内部控制指引》发布后，该法规被废止。

腾股份收到重庆监管局的《行政监管措施决定书》，该决定书指出，博腾股份以预付货款等方式向部分供应商及个人划出资金合计 3.7 亿元，此款项再由供应商及个人按博腾股份指令划转至实际控制人及其关联企业。此行为已构成关联交易及关联方非经营性资金占用，上市公司未及时履行信息披露。

2019 年 8 月：博腾股份收《调查通知书》

8 月 1 日晚间，博腾股份发布公告称收到中国证券监督管理委员会重庆监管局《调查通知书》（渝证调查字 2019131 号）。因公司涉嫌未如实披露向关联方提供资金的关联交易，根据《中华人民共和国证券法》（简称《证券法》）的有关规定，中国证券监督管理委员会决定对公司立案调查。在部分媒体看来，当时博腾股价下跌较多，而博腾股份实际控制人股权质押比例长期处于较高水平，在债务高压下，博腾股份实控人凌驾于内部控制制度之上，2018 年通过员工借款、供应商预付款等方式非经营性占用上市公司资金，构成关联交易。

2020 年 1 月：博腾股份收《行政处罚事先告知书》，确定存在两项违规行为

2020 年 1 月 15 日，博腾股份发布公告称，收到中国证券监督管理委员会重庆监管局下发的《行政处罚事先告知书》。根据告知书内容可以确定博腾股份存在两项违规行为，一是博腾股份未及时披露关联方非经营性资金占用的关联交易情况，二是博腾股份 2018 年半年度报告和 2018 年第三季度报告存在虚假记载和重大遗漏。上诉行为涉嫌违反《证券法》第六十三条和第六十七条的规定，依据《证券法》第一百九十三条第一款的规定，重庆监管局拟对博腾股份及相关 16 名高管进行行政处罚。

2020 年 3 月：博腾股份实际控制人股权质押率超 92%

3 月 11 日，被誉为"抗新冠病毒药概念股"的博腾股份发布公告，截至公告披露日，公司控股股东、实际控制人居年丰先生、陶荣先生、张和兵先生累计质押股份 1.6 亿股，占其所持公司股份的 92.42%，请投资者注意相关风险。

2020 年 4 月：博腾股份收深交所年报问询函

4 月 8 日，博腾股份收到了深交所的年报问询函。深交所要求博腾股份说明实际控制人质押比例较高、公司被立案调查等情况，主动迎合市场热点、炒作公司股价情形，并就第三季度、第四季度实现的净利润存在差异的原因、缴纳税金变动情况与营业收入增长不匹配的原因及合理性做出说明。

近期，博腾股份积极传递企业在"抗病毒药概念"方面的良好发展预期，成为市场热点板块中的一员，股价出现上涨。同时，企业也应思考风口过后应该给市场留下何种印象。从监管的问询来看，质押比例高、被立案调查以及信息披露工作不足的印象已然留下，媒体更是对博腾股份在资金占用、疯狂减持以及财务造假进行铺天盖地的负面报道。对于博腾股份来说，如何传递企业大力整治内控问题的决心，改变市场对其"蹭热点拉高减持"的刻板印象，或许是企业长远发展更为重要的一步。

资料来源：中国上市公司舆情中心．博腾股份再收问询函，"抗病毒概念"难掩内控缺陷．证券时报，2020-04-09.

1.3.2 探索阶段

1997年6月，亚洲金融危机爆发，泰国、菲律宾、马来西亚、印度尼西亚、中国香港、韩国、日本、俄罗斯等国家和地区的金融业遭受重创，美欧等国家和地区的股市和汇市也出现大幅波动，直到1999年，受金融危机影响的各国才逐渐摆脱困境。在亚洲金融危机中，国际金融市场游资对经济的干扰、泰国等国银行体系不健全、政府外汇政策不力和外债的不合理结构成为众矢之的，但人们也更清楚地认识到，除政府经济政策失误外，各国市场的基本构成单元——企业，在金融危机中不堪一击，相继破产，使各国经济元气大伤。创新企业制度，减少企业的破产倒闭和兼并，使企业的稳定性增强，进而实现经济增长和社会稳定，成为亚洲金融危机后各国家和地区企业监管机构努力的新方向。

在亚洲金融危机的背景下，我国借鉴亚洲各国家和地区在金融危机中的经验教训，积极推进企业管理制度改革和会计监督制度建设。

1999年6月，证监会发布《中国证券监督管理委员会关于上市公司做好各项资产减值准备等有关事项的通知》，指出：上市公司建立健全有关提取坏账准备、短期投资跌价准备、存货跌价准备和长期投资减值准备等各项资产减值准备和损失处理的内部控制制度。公司应本着审慎经营、有效防范化解资产损失风险的原则责成相关部门拟定（或修订）内部控制制度……监事会对内部控制制度制定和执行情况进行监督……证券监管部门将对上市公司内部控制制度的建立健全和执行情况，以及董事会和监事会履行相关职责情况进行重点检查。该文件对资产减值的内部控制做出要求，一定程度上起到了防范企业资产损失风险的作用。

1999年8月，保监会颁布了《保险公司内部控制制度建设指导原则》，第五条明确提出：在内部控制制度建设方面，保险公司应遵循以下原则：（1）合法性原则，保险公司在制定内部控制制度时，必须严格遵守国家的法律、法规及有关行政规章的规定，不得与之相抵触；（2）有效性原则，保险公司的内部控制制度建设及其各项措施应符合本公司实际，确保有关制度有效执行；（3）全面性原则，保险公司的内部控制制度应覆盖公司各个业务管理流程和环节、各个业务部门和岗位；（4）系统性原则，保险公司应把内部控制制度的建设作为一项系统工程对待，注意各项制度之间的协调和衔接，避免产生矛盾和冲突；（5）预防性原则，保险公司的内部控制制度重在预防，防患于未然，避免、防范或减少经营风险，在设立新机构和开办新业务时，应当树立内部控制优先的思想，首先建立完整的规章制度，采取有效的内部控制措施；（6）制衡性原则，保险公司的组织机构、管理部门和业务管理岗位应相互监督、相互制约。该文件对于推动保险公司加强内部控制建设起到了积极的作用。

1999年10月，新修订的《会计法》颁布，该法在第二十七条中明确提出：各单位应当建立健全本单位内部会计监督制度，单位内部会计监督制度应当符合下列要求：记账人员与经济业务事项和会计事项的审批人员、经办人员、财物保管人员的职责权限应当明确，并相互分离、相互制约；重大对外投资、资产处置、资金调度和财产清查的范围、期限和组织程序应当明确；对会计资料定期进行内部审计的办法和程序应当明确。《会计法》将会计监督写入法律，在我国内部控制制度建设历程中是一个重大突破。

2000年4月，证监会发布了《关于加强期货经纪公司内部控制的指导原则》，该文件对期货经纪公司内部控制的目标和原则、具体要求以及监督等方面做出指导，以完善期货经纪公司中内部控制的薄弱环节。

2000年11月，证监会发布了《公开发行证券的公司信息披露编报规则》，其中《公开发行证券的公司信息披露编报规则第7号——商业银行年度报告内容与格式特别规定》① 和《公开发行证券的公司信息披露编报规则第8号——证券公司年度报告内容与格式特别规定》要求，公开发行证券的商业银行、保险公司、证券公司建立健全内部控制制度，并在招股说明书正文中说明内部控制制度的完整性、合理性和有效性，同时，要求注册会计师对被审计者的内部控制制度及风险管理的"三性"进行评价和报告（若会计师事务所认为"三性"存在明显缺陷，董事会应做出说明，同时监事会要表示明确意见）。2001年，证监会发布了《公开发行证券的公司信息披露内容与格式准则第2号——年度报告的内容与格式（修订稿）》②，要求监事会对公司（一般上市公司）是否建立了完善的内部控制制度发表独立意见，若监事会认为内部控制制度完善，则可免于披露。自此，内部控制成为企业信息披露的一部分，尽管在这一系列文件中并未强制要求上市公司在所有情况下披露内部控制信息，但内部控制信息已成为企业风险管理完善程度的一个标志。

2001年1月，新的《中华人民共和国国家审计基本准则》（简称《国家审计基本准则》）发布实施，其中第二十二条规定："审计组实施审计时，应当深入调查了解被审计单位的情况，对其内部控制制度进行测试，以进一步确定审计重点和审计方法。必要时，可以按照规定及时修改审计方案。"新的《国家审计基本准则》从原《中国注册会计师独立审计准则》要求注册会计师从制度基础审计的角度审查企业的内部控制、对企业内部控制进行评价发展到对内部控制制度进行测试，外部审计对企业内部控制制度的测试成为审计的"作业准则"。

2001年1月，证监会发布了《证券公司内部控制指引》，要求所有的证券公司建立和完善内部控制机制和内部控制制度。该指引是对《加强金融机构内部控制的指导原则》的补充，对证券公司建立健全内部控制制度有着重大意义。

2001年6月，财政部发布了《内部会计控制规范——基本规范（试行）》和《内部会计控制规范——货币资金（试行）》。2002年12月，财政部发布了《内部会计控制规范——采购与付款（试行）》和《内部会计控制规范——销售与收款（试行）》。之后相继发布《内部会计控制规范——担保（试行）》《内部会计控制规范——成本费用（征求意见稿）》。2003年10月，财政部发布了《内部会计控制规范——工程项目（试行）》。这些规范明确了单位建立和完善内部会计控制体系的基

① 《公开发行证券的公司信息披露编报规则第18号——商业银行信息披露特别规定》（证监会计字〔2003〕3号）发布后，该法规失效。《公开发行证券的公司信息披露编报规则第26号——商业银行信息披露特别规定》（证监会公告〔2008〕33号）发布后，证监会计字〔2003〕3号失效。

② 2002—2005年该准则均有修订，但关于内部控制信息披露的部分没有变化。

本框架和要求，以及货币资金、销售与收款和工程项目等业务内部控制的要求。内部会计控制的一系列试行规范虽然以会计控制规范的形式出台，但其所涉及的内容不仅局限在会计领域，是对采购、生产、销售、投资等诸多方面内部控制的规范，为我国内部控制规范体系的形成提供了参考。

2002年2月，中国注册会计师协会发布了《内部控制审核指导意见》，该意见对内部控制审核进行了界定，并界定了被审核单位和注册会计师的责任，规范了注册会计师对被审核单位管理层在特定日期内内部控制有效性进行审核，并发表审核意见。

2002年9月，中国人民银行颁布了《商业银行内部控制指引》，对商业银行内部控制的各方面做出了规定，将《加强金融机构内部控制的指导原则》中的内部控制原则加以简化，要求“商业银行内部控制应该贯彻全面、审慎、有效、独立的原则”。该文件旨在促进商业银行建立健全内部控制，防范金融风险，保障银行体系安全稳定运行。

2002年12月，证监会发布了《证券投资基金管理公司内部控制指导意见》。该意见对证券投资基金管理公司建立科学合理、控制严密、运行高效的内部控制体系，制定完善的内部控制制度提供了指导，保证了证券投资基金管理公司诚信、合法、有效的经营，保障了大多数基金持有人的利益。

2003年12月，为了规范审计人员在审计过程中对被审计单位内部控制的测评行为，保证审计工作质量，审计署根据《国家审计基本准则》制定了《审计机关内部控制测评准则》。该文件明确了内部控制的定义及内部控制测评的定义，并规定了内部控制测评的步骤与方法。

2004年12月，银监会通过了《商业银行内部控制评价试行办法》，自2005年2月1日起施行。该办法旨在加强对商业银行内部控制的评价，督促商业银行建立完善的内部控制体系，从根本上建立起商业银行风险管理的长效机制，保证商业银行安全稳健运行。其主要内容包括内部控制评价的目标、原则、程序、办法、标准、评价等级、组织和实施。其中第8条提出：商业银行内部控制评价应从充分性、合规性、有效性和适宜性等四个方面来进行。该文件是对《商业银行内部控制指引》的补充，使我国商业银行内部控制制度体系更加完整。

案例1-4 “踩雷”70亿债务违约，徽商银行如何应对内控漏洞

徽商银行股份有限公司（下称“徽商银行”，3698.HK）因向法院申请对紫光集团进行破产重整，以及大股东中静系百亿股权转让发布，再次成为市场关注的焦点。

“踩雷”债务违约不良指标创新高

公开资料显示，徽商银行是全国首家由城商行和城市信用社联合重组设立的区域性股份制商业银行，2005年12月28日正式挂牌成立。2013年11月12日于香港联合交易所挂牌。Wind数据显示，自港股上市至2019年，徽商银行业绩增长比较稳定。

但上述趋势却在2020年发生了转变。年报显示，虽然2020年徽商银行实现营业收入322.9亿元，同比增长3.63%，但归属于该行股东的净利润为95.7亿元，同比减少2.54%，Wind数据显示，这是徽商银行在2013年赴港上市后首次出现年度净利润下降（见表1-1和图1-1）。

表 1-1 主要财务资料

经营业绩	2020 年（百万元）	2019 年（百万元）	同比+/(-)%
营业收入	32 290	31 159	3.63
税前利润	12 083	12 301	(1.77)
归属于本行股东净利润	9 570	9 819	(2.54)

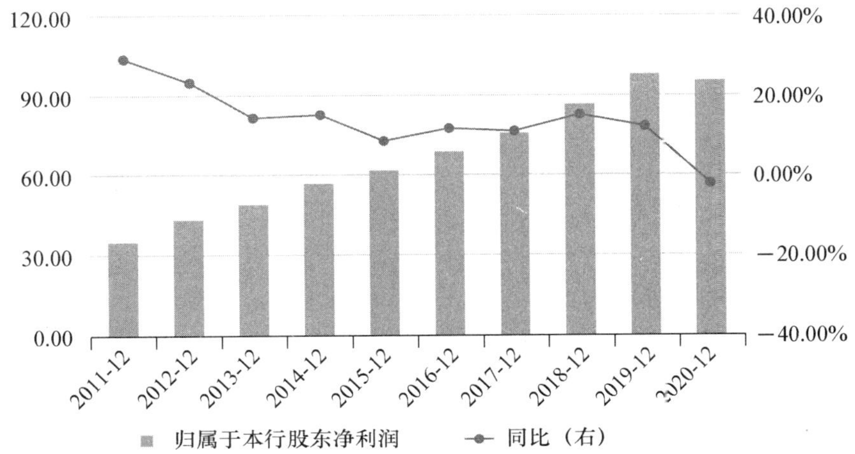

图 1-1 徽商银行归属于本行股东净利润（单位：亿元）及增长率

资料来源：徽商银行 2020 年年报.

资产质量方面，截至 2020 年末，徽商银行不良贷款余额为人民币 113.58 亿元，比上年末增加 65.43 亿元；不良贷款率为 1.98%，较上年末上升 0.94 个百分点；而不良贷款拨备覆盖率为 181.9%，比上年末下降 121.96 个百分点。不良贷款率在可比银行中偏高，资本充足率在可比银行中较低。

另外，截至 2021 年一季度末，该行资本充足率、一级资本充足率、核心一级资本充足率分别为 11.74%、9.66%、7.95%，其中核心一级资本充足率已经接近 7.5%的监管“红线”。7 月 9 日，徽商银行向北京一中院申请对紫光集团进行重整。Wind 数据显示，紫光集团当前违约本息近 70 亿元。银行从业人士吴洪君告诉投资者网，“70 亿元贷款的组成模式还不清晰，所以风险拨备的总额有待进一步计算，但是对银行各项指标一定会有冲击，年报中会有较为明确和全面的体现”。这 70 亿元债务违约可谓“雪上加霜”，而对于 70 亿元违约是否会在第三季度直接计提减值准备，进而影响该行三季度的净利润，由于该行并未回复投资者网的提问，目前尚不得而知。

高频罚单与高管被查折射内控问题

年报显示，2020 年徽商银行不良贷款余额为 113.58 亿元，增幅达 136%；不良贷款率较上年末上升 0.94 个百分点至 1.98%，创五年来新高。中诚信最新评级报告显示，徽商银行不良贷款率在可比银行中排名倒数，但这并没有影响该行在发放贷款方面继续违规。

银保监会亳州监管分局的最新消息指出，徽商银行涡阳支行两任行长再涉违规发放流动资金贷款遭处罚。7 月 20 日，银保监会亳州监管分局连发三张罚单，直指徽商银行亳州分行。罚单显示，徽商银行涡阳支行杨振家在 2018 年 10 月 17 日至 2019 年 1 月 11 日任行长期间，对违规发放流动资金贷款行为负有管理责任，被处以警告并罚款 50 000 元。银保监会亳州监管分局开出的另一张罚单指出，现任行长梁伟接替杨振家后，徽商银行涡阳支行依然出现了违规发放流动资金贷款的事件，梁伟对此行为负有管理责任。

据投资者网不完全统计，徽商银行及下属分支机构 2020 年共接到 23 张罚单，处罚金额合计 610 万元。去年 12 月，徽商银行曾在一天内接到安徽银保监局的 11 张罚单，总行、合肥分行及其 9 名相关责任人合计被罚超 400 万元，涉及同业业务专营部门管理不到位、同业投资严重不审慎、同业投资风险分类不实、信贷资产非真实转让等多项违规事实。

今年 1 月 14 日上午，徽商银行总行行长助理、徽银理财董事长夏敏被纪检部门带走调查，具体原因不详，其在总行、理财子公司的办公室均被搜查。据了解，这是全国范围内首位被带走调查的银行理财子公司董事长，夏敏是自 1997 年起在徽商银行工作的“老兵”。

罚单较多，“老兵”被查，徽商银行的内部管理漏洞可见一斑。

此前，中静系掌舵人、中静实业（集团）有限公司董事长高央曾向媒体表示，去年徽商银行新增不良贷款主要是因为国内某企业的财票贴现业务 33.79 亿元，以及收购的包商银行四家分行资产下迁 25.29 亿元。他认为，这反映了“徽商银行在内部人控制、公司治理机制以及经营管理上存在问题”。

资料来源：丁琬璎．“踩雷”紫光集团 70 亿债务违约，徽商银行如何应对股权纠纷与内控漏洞．投资者网，2021-08-11.

1.3.3 建设阶段

2002 年，美国安然、世通等公司的破产，牵出一连串财务欺诈的丑闻，暴露了美国企业公司治理结构的不完善和外部监督的缺位。为加强对企业的监管，美国国会在 2002 年 7 月出台了《萨班斯法案》。该法案中的 404 条款明确规定了管理层应承担设立并维持一个应有的内部控制结构的职责，并且要求上市公司必须在年度报告中提供内部控制报告和内部控制评价报告，上市公司的管理层和注册会计师都需要评价企业的内部控制系统，注册会计师还要对公司管理层的评估过程以及内控系统结论进行相应的检查并出具正式意见。《萨班斯法案》对美国企业财务报告的程序产生了巨大影响，同时也带动了包括我国在内的世界各国内部控制制度的建设与发展。

案例 1-5 债券评级机构负面评级调整数量大增 21%，内控合规仍存两大问题

3 月 10 日，中国证券业协会发布《2020 年第四季度债券市场信用评级机构业务运行及合规情况通报》，对 2020 年四季度及全年度债券市场 13 家评级机构的市场表现、业务发展及自律动态、合规情况进行总结。整体来看，去年全年，13 家评级机构共对 286 家发行人做出评级调整动作，其中，负面评级调整数量有 103

家，同比增幅超过两成。通报显示，去年共新增23家违约债券发行人，其中中诚信国际所评违约企业数量最多。

值得注意的是，东方金诚、大公国际、中诚信国际所给部分评级与债券违约率发生倒挂。从机构间对比来看，各评级机构所评同一级别的违约率分化较大，其中大公国际、东方金诚所评AA+级违约率分别为1.31%和1.03%，东方金诚所评AAA级违约率为1.96%，显著高于其他机构。

评级机构内控合规存在两大问题

2020年，评级机构共承揽债券产品14 119只，同比增加47.67%；出具评级报告的债项共15 473只。从全年承揽债券产品数来看，中诚信国际的业务量占比在30%以上，上海新世纪、联合资信和东方金诚业务量占比在10%～20%之间，大公国际、中证鹏元和联合评级业务量占比在5%～10%之间，其余各家评级机构业务量占比均不足1%。去年四季度，交易商协会对东方金诚、中诚信国际、大公国际进行现场调查，抽查部分项目档案资料并对相关人员进行访谈。针对东方金诚、中诚信国际存在的多项违反银行间市场相关自律管理规则的行为，交易商协会予以警告，暂停债务融资工具相关业务3个月，责令进行全面深入的整改。交易商协会和证券业协会表示，从四季度的日常自律管理和现场调查来看，评级机构在合规监督审查、评级质量控制、内控机制建设等方面存在两大问题。

一是未按照自律规则开展调查访谈、信息披露等相关工作，合规监督审查不到位。比如，中诚信国际未按相关自律规则对个别受评对象开展实地调查访谈；对受评对象异常情况，未采取必要措施进行调查核验，未能有效揭示信用风险相关信息。东方金诚个别评级项目组长未参与实地访谈，未保证评级报告及相关访谈记录的准确性；相同评级模型下，同一主体部分指标得分不同，未保证信用评级业务开展的一致性；未在2019年度信用评级业务开展及合规运行情况报告中披露公司内部违规事项，未合规披露涉及多家主体、多期债项的跟踪评级报告。

二是评级质量管控不严，检验及反馈机制薄弱，评级业务制度和内部控制机制建设有待加强。比如，东方金诚个别项目的评级模型缺乏自洽性。中诚信国际不定期跟踪评级的启动标准不明确。大公国际评级流程缺失记录，档案资料管理松散；个别项目的评级模型未有效反映评级报告中提及的风险，缺乏有效性和合理性，且评级质量检验反馈不足，存在未将检验情况反馈给评级人员的情况。

据了解，交易商协会和证券业协会将在监管部门的指导下，持续加强评级行业自律管理，优化对评级机构的市场化评价体系，推动评级自律规范的完善和市场约束机制作用的发挥，加强对违规行为的惩戒，促进评级行业的高质量发展。

资料来源：云中锦. 债券评级机构成绩单曝光！负面评级调整数量大增21%，内控合规仍存两大问题. 券商中国，2021-03-11.

2004年年底和2005年6月，国务院领导就强化我国企业内部控制问题做出重要批示，要求“由财政部牵头，联合有关部委，积极研究制定一套完整公认的企业内部控制指引”。

2005年10月，国务院批转了证监会发布的《关于提高上市公司质量的意见》，要求上市公司对内部控制制度的完整性、合理性及其实施的有效性进行定期检查和评估，同时要通过外部审计对公司的内部控制制度以及公司的自我评估报告进行核实评价，并披露相关信息。

2006年1月，保监会发布了《寿险公司内部控制评价办法（试行）》，并在附件中提供了《寿险公司内部控制评估表——法人机构》和《寿险公司内部控制评估表——分支机构》。该办法旨在通过加强并规范寿险公司内部控制评价工作，最终推动寿险公司完善内部控制，对寿险公司内部控制评价目标、评价原则、评价内容、评价方式、评价程序、评价结果的利用等进行明确规定，并对内部控制缺陷做出定义。

2006年5月，证监会发布《首次公开发行股票并上市管理办法》，其中第二十九条规定：发行人的内部控制在所有重大方面是有效的，并由注册会计师出具了无保留结论的内部控制鉴证报告。这是我国首次对上市公司内部控制提出具体的要求。

2006年6月，上海证券交易所发布《上海证券交易所上市公司内部控制指引》，对上市公司建立健全和有效实施内部控制制度，提高上市公司风险管理水平提出规范性的指导意见，强制要求公司董事会在披露年度报告的同时，披露年度内部控制自我评估报告，并披露会计师事务所对内部控制自我评估报告的核实评价意见。这是我国首部指导上市公司建立健全内部控制机制的规范性文件，类似于美国证监会颁布的《萨班斯法案》。

2006年6月，国务院国资委发布《中央企业全面风险管理指引》。该指引指出，“全面风险管理是企业围绕总体经营目标，通过在企业管理的各个环节和经营过程中执行风险管理的基本流程，培养良好的风险管理文化，建立健全全面风险管理体系，包括风险管理策略、风险理财措施、风险管理的组织职能体系、风险管理信息系统和内部控制系统，从而为实现风险管理的总体目标提供合理保证的过程和方法”。通过借鉴发达国家有关企业风险管理的法律法规、国外大公司在风险管理方面的通行做法以及国内有关内部控制机制建设方面的规定，该指引对中央企业开展全面风险管理工作的总体原则、基本流程、组织体系、风险评估、风险管理策略、风险管理解决方案、监督与改进、风险管理文化、风险管理信息系统等方面进行了详细阐述。

2006年7月，受国务院委托，由财政部牵头，财政部、国资委、证监会、审计署、银监会、保监会联合发起成立了企业内部控制标准委员会，秘书处设在财政部会计司，旨在研究制定具有统一性、公认性和科学性的企业内部控制规范体系。中国注册会计师协会也发起成立了会计师事务所内部治理指导委员会。在监管部门、大中型企业、行业组织和科研院所等机构领导与专家的积极参与和大力支持下，我国企业内部控制标准体系的保障机制和配套组织已经形成。

2006年9月，深圳证券交易所发布《深圳证券交易所上市公司内部控制指引》。该指引强调，公司的控制活动应当涵盖公司所有的营运环节，并重点加强对控股子公司的管理、关联交易、对外担保、募集资金使用、重大投资（含委托理财）、信息披露等控制活动。该指引明确公司董事会应对内部控制负责；要求公司设立专职部门负责内部控制，定期向董事会报告；要求发现内部控制存在重大问题时，公司董事会应报告交易所并公告。该指引还要求，公司应于每个会计年度结束后四个月内将内部控制自我评价报告和注册会计师评价意见与公司年度报告同时对外披露。

2007年7月，银监会发布《商业银行内部控制指引》，首次以法规形式明确商业银行内部控制。根据该指引，防止信贷资金违规使用是商业银行授信内部控制的重点。该指引指出，商业银行授信内部控制的重点是：实行统一授信管理，健全客户信用风险识别与监测体系，完善授信决策与审批机制，防止对单一客户、关联企业客户和集团客户授信风险的高度集中，防止违反信贷原则发放关系人贷款和人情贷款，防止信贷资金违规使用。该指引还强调，商业银行内部控制应当贯彻全面、审慎、有效、独立的原则，包括内部控制应当渗透商业银行的各项业务过程和各个操作环节，覆盖所有的部门和岗位，并由全体人员参与，任何决策或操作均应当有案可查；内部控制应当具有高度权威性，任何人不得拥有不受内部控制约束的权力等。

*ST长油成央企首家退市股：内控失效无法逃脱干系

2007年10月，证监会发布《证券投资基金销售机构内部控制指导意见》，以加强证券投资基金销售机构内部控制，促进基金销售机构诚信、合法、有效地开展基金销售业务，保障基金投资人权益。

案例1-6　安永把脉保险业风险管理，马太效应下寿险公司该如何应对

近日，安永发布了《2018—2019保险业风险管理白皮书》，白皮书认为，整体来看，国内保险市场量减质升，业务结构加速调整，经历从重规模向高质量发展的关键转型期。在监管层面，银保监会的成立标志着更加完善的现代金融监管框架的形成，防范风险、强化监管依然是国内保险行业的主旋律。

发展特点上，白皮书认为我国保险业正处于从重规模向高质量发展的关键转型期。2018年我国保险业全年原保险保费收入38 016.62亿元，同比增长3.92%。与2017年相比，增速大幅放缓。我国保险市场规模的紧缩主要是受“保险回归，保障本源”监管理念的引导，保险公司积极加速业务结构的优化变革，纠正“重理财、轻保障”的发展特点。2018年保险业提供保险金额6 897.04万亿元，同比增长66.23%，风险保障功能凸显。

细分市场上，2018年寿险业保费收入尽管出现负增长，但整体盈利能力较强，约6成寿险机构实现盈利，寿险市场从重规模转向重质量，逐步回归保障转型初见成效。另外，市场的高集中度格局已经形成且仍有提高的可能性。安永认为寿险公司应当积极打造产品创新能力和机制，把握产品附加服务、新科技应用、新形态产品等创新机会，借助新科技落实保障产品“服务”的模式，才是胜出的关键。

财险行业，2018年行业规模保持平稳增长，然而马太效应十分显著；市场在保费规模扩大的同时，投资收益率大幅下滑；同时呈现车险放缓、非车险加速多样化发展的格局。安永认为财险市场创新力度有待加强，期待未来更多高新技术的发展带来更多种类上的创新，通过更多对自然灾害数据的收集与分析，实现保险范围上的创新。

养老险市场则呈现政策利好。越来越多的保险公司加强在养老领域的布局，并与医疗机构开展合作，规划自己的“大养老”产业蓝图。安永建议稳步构建大养老发展格局，建立以技术、数据和保险业务为基础，追踪开发客户的关联需求，协同相邻产业多元化发展的商业模式。

健康险蓝海市场特征明显。然而专业健康险公司在业务开展方面存在一定局限性，且未能形成专属品牌效应。安永认为健康险应加强专业化经营管理，脱离传统产寿险业务模式，考虑不同层次客户对健康险的需求，丰富产品类型；实现技术上的突破，建设以数据为驱动、连接企业内外部信息系统、支持多功能应用的可视化大数据平台。

随着我国直接保险市场结构改变，再保险市场面临的结构性调整，无疑会对其经营主体产生深刻影响。安永认为未来的再保险市场将会更多与直接保险市场结合，创新技术手段和业务模式，满足直接保险市场不断扩大的再保需求。“再保直保化”或将成为新的业务增长点。

安永精算与风险管理咨询服务合伙人付振平表示：“保险资产负债管理‘硬约束’时代的开启，将推动险企提升核心竞争力。近年来，保险机构的风险偏好体系建设进一步精细化，走向以促进风险与企业经营目标进一步融合，形成更具公司特色且符合业务特点为导向的个性化风险管控 2.0 时代。金融科技运用于保险行业中，将从根本上改变保险公司的运营管理模式，包括风险管理流程、人员、技术以及公司的管理方式等。智慧风控将为保险业保驾护航。”

资料来源：姜鑫. 安永把脉保险业风险管理，马太效应下寿险公司该如何应对. 经济观察网，2019-08-19.

1.3.4 体系化阶段

始于 2007 年的全球金融危机在 2008 年愈演愈烈，但我国并未因世界经济局势的动荡和企业业绩的波动放慢建立企业内部控制制度体系的步伐。

案例 1-7 监管强化内控合规建设，多家银行违规代销基金受罚

近日，包括兴业银行在内的多家银行因代理销售产品违规受到监管问责。今年年初以来，公募基金发行火热，上半年新基金成立规模逼近 1.6 万亿元，各大基金销售渠道表现不俗。基金销售可谓一片火爆，随之而来的是银行等基金代销渠道乱象不断涌现。与此同时，监管加大检查和执法力度，今年重点推进内控合规管理建设。研究人士向《证券时报》记者表示，监管机构在提升发现违规的能力的同时，需要对违规施加持续高压，加大处罚力度，保持一定的震慑效果。

多家银行代销产品违规

7 月 7 日，因存在 6 个侵害消费者权益的违法违规问题，兴业银行被银保监会点名通报。在销售理财产品过程中，兴业银行存在的问题主要包括，对客户风险承受能力评估存在缺陷，客户风险承受能力评估结果失真，适当性管理落实不到位；代销保险业务存在欺骗投保人、隐瞒与保险合同有关的重要情况等违法违规问题；办理住房按揭贷款时，向客户搭售人身意外险，侵害消费者自主选择权。7 月 6

日，位于吉林省的长春农商行、九台农商行也因基金代销存在不规范情形被吉林证监局采取责令改正的监管措施。据不完全统计，今年以来，已有多家银行因基金销售业务违规被监管机构处罚，包括内蒙古银行、乌鲁木齐银行、浙江稠州商业银行、广发银行武汉分行、邮储银行湖北分行等。多数银行的违规存在销售基金人员无从业资格、宣传推介材料不符合规定以及风险评估有一定问题等情形。

银行仍是代销主渠道

一直以来，银行是基金、保险等产品代销的重要渠道。根据Wind资料统计，截至今年7月8日，共有156家银行开展了代销基金业务；从银行代销基金数量来看，排名前三的银行分别是交通银行、招商银行和平安银行，代销基金数分别为3 832只、3 603只和3 377只。不过，近年来互联网第三方机构、券商等代销渠道不断崛起，这一市场被“分了一杯羹”，基金代销机构之间竞争日益激烈。与此同时，各类银行在扩大基金代销规模的过程中频频出现违规乱象。

“基金代销、保险等不规范行为由来已久，归根究底就是造成信息不对称来误导消费者。”中南财经政法大学数字经济研究院执行院长盘和林指出，需要提高信息透明度，对销售不透明、故意隐瞒的行为加大处罚力度，对基金代销人员和保险销售人员把好关，要求他们了解必要的代销常识，并监督他们实施。

内控合规管理建设年

今年6月8日，银保监会印发《关于开展银行业保险业“内控合规管理建设年”活动的通知》。通知提出，要大力整治人民群众反映强烈的行业陋习，实现内控体系更加健全、内控效能持续提升。在强化消费者权益保护方面，银保监会指出，要防止误导消费者购买与其风险承受能力不相匹配的金融产品，严禁以多人集合等方式变相降低投资门槛；要加强银行业保险业销售从业人员管理，切实规范从业人员的销售行为；要持续整治不合理和违规收费，对人民群众反映强烈的误导销售、捆绑搭售、霸王条款等违规问题加大治理和问责力度。

针对基金、保险等理财产品代销乱象，盘和林表示：“合规经营是各大银行需要严格遵守、付诸实施的，未来银行最大的风险是合规风险，不合规就难谈效益，所以首先自身要有合规风险意识，有风险意识是根本。其次，要对基层代销人员进行合规培训，不断在内部进行合规自查，为银行经营保驾护航。”盘和林还进一步指出，商业银行要利用数字技术、人工智能技术，更加精准地实施合规风控，以技术来弥补人的疏漏；同时，强化对代销人员合规风控的知识考核，要求其具备相关资质。

资料来源：谢忠翔. 监管强化内控合规建设，多家银行违规代销基金受罚. 证券时报，2021-07-09.

2008年5月，财政部等五部委联合发布了《企业内部控制基本规范》，要求自2009年7月1日起在上市公司范围内施行，并且鼓励非上市的大中型企业也予以执行。《企业内部控制基本规范》要求：“执行本规范的上市公司，应当对本公司内部控制的有效性进行自我评价，披露年度自我评价报告，并可聘请具有证券、期货业务资格的会计师事务所对内部控制的有效性进行审计。”《企业内部控制基本规范》在形式上借鉴了《COSO报告》的五要素框架，同时在内容上体现了风险管理八要素框架的实质。既融合了国外相关内部控制制度的经验，又结合了我国的实际，具有我国的特色。由五部委联合签发，确定了内部控制的五个目标、五个原则及五个要素，搭建了我国企业内部控制体系的框架，标志着我国内部控制制度的建设迈上了新的台阶。

2010 年 4 月 15 日，财政部等五部委出台发布了《企业内部控制应用指引第 1 号——组织架构》等 18 项应用指引、《企业内部控制评价指引》和《企业内部控制审计指引》，要求自 2011 年 1 月 1 日起在境内外同时上市的公司施行，在上海证券交易所、深圳证券交易所主板上市的公司自 2012 年 1 月 1 日起施行，并择机在中小板和创业板上市的公司施行，同时也鼓励非上市大中型企业提前执行。这些法规涵盖了企业的组织架构、发展战略、人力资源、社会责任、企业文化等内部环境类应用指引，企业的资金活动、采购业务、资产管理、销售业务、研究与开发、工程项目、担保业务、业务外包、财务报告等控制活动类应用指引，企业全面预算、合同管理、内部信息传递和信息系统等控制手段类应用指引。《企业内部控制评价指引》包括内部控制评价的原则、内容、程序，内部控制缺陷的认定和内部控制评价报告，为企业内部控制评价提供了详尽的依据。《企业内部控制审计指引》主要包括计划审计工作、实施审计工作、评价控制缺陷、完成审计工作、出具审计报告、记录审计报告等，对注册会计师执行企业内部控制审计业务进行了规范，并给出了内部控制审计报告的参考格式，使我国注册会计师对企业内部控制进行审计时有章可循。

历经多重障碍，中海油成功收购尼克森

《企业内部控制应用指引》《企业内部控制评价指引》《企业内部控制审计指引》的发布，标志着适应我国实际情况，结合国际先进经验的“以防范风险和控制舞弊为中心，以控制标准和评价标准为主体，结构合理、层次分明、衔接有序、方法科学、体系完备”的中国企业内部控制规范体系基本建成。

案例 1-8　筑牢风险管理第三道防线，保险业拟建内部审计培训体系

内部审计作为风险管理的第三道防线，是保险公司治理的重要组成部分和关键环节，在防范和化解金融风险、操作风险和道德风险上发挥了巨大作用。《上海证券报》记者昨日获悉，中国保险行业协会目前正在制定保险业内部审计培训体系的建议方案。近期，中国保险行业协会组织部分保险公司审计责任人召开座谈会，就建立保险业内部审计培训体系进行了讨论。

保险业内部审计，是保险公司内部的一种独立客观的监督和评价活动，它通过审查和评价经营活动及内部控制的适当性、合法性和有效性，来促进公司目标的实现。根据要求，保险公司内部审计人员应具备必要的学识及业务能力，熟悉公司的经营活动和内部控制。

内部审计对保险公司而言有着重要作用，但内部审计人员面临胜任力和控制力的全新挑战。“胜任是内部审计的基本准则，而持续学习和继续教育是保证内部审计人员胜任力的关键。”一位业内人士分析说。

据业内人士透露，现阶段，国内主要保险公司审计人员的结构现状是：专业背景主要集中在财务、会计、金融等领域，中小保险公司普遍缺乏具有两核（核保、核赔）或精算背景的审计人员，信息技术、数据分析等专业技术人员严重不足，依靠自身力量难以开展实质性的信息系统审计。

在审计人员培训方面，除第一梯队大型保险集团外，其他中小保险公司主要依靠监管部门或协会组织的外部培训，大多数保险公司未明确审计人员的职业规划和提升通道，未建立审计人员能力模型和内审培训体系，尚不具备培育内审人员的能力。

保险公司审计人员的高流动性导致其经验一直难以提升。“保险公司内部审计的特殊属性导致审计人员的高流动性，而审计人员的数量限制又导致大公司‘传帮带’模式在中小保险公司不能完全发挥效力。部分中小公司的审计团队拥有5年以下保险公司审计从业经验的人数超过70%，高学历和低专业经验可能会让保险公司内部审计更趋于程序正义导向。”一家保险公司高管对此充满担忧。

由行业统一建立内部审计培训体系的诉求呼之欲出。上述高管认为，这有利于不同保险公司内审人员的交流和互动，有利于跨越思维壁垒，有利于保险行业内审人员业务水平的整体提升，有利于建立相对规范和完善的保险业内审培训体系。

从目前行业内部讨论的进展来看，在充分借鉴大型保险集团内审培训体系的经验并结合行业现状的基础上，保险业内部审计培训体系的设计思路已有雏形。

业内人士透露，保险业内部审计培训体系主要围绕四个维度展开：一是开放性，即课程体系不仅涵盖公司治理、金融监管规定以及保险基础知识和财务分析技能的相关课程，还包含心理学等内容，其本身就是一个课程开发体系。二是多层级，主要体现在培训对象、课程设计等方面。三是务实性，培训最终的目的是提升保险行业的内审水平，提升保险行业的核心竞争力。四是实操性，主要采用精选的真实案例加以分析，基于被验证的经验对基础理论及实务操作进行深入的讲解。

资料来源：黄蕾．筑牢风险管理第三道防线，保险业拟建内部审计培训体系．上海证券报，2020-10-28.

1.3.5 完善阶段

按照我国制度出台的惯例，一套完整的内部控制规范体系应包括基本规范、配套指引、解释公告与操作指南，其中，基本规范是内部控制体系的最高层次，起统驭作用；配套指引是内部控制体系的主要内容，是为促进企业建立、实施和评价内部控制，规范会计师事务所内部控制审计行为所提供的指引；解释公告是对内部控制规范体系实施过程中所出现的新情况和新问题的解答，是对内部控制规范体系的重要补充；操作指南是对不同行业的企业内部控制规范体系的建设方法、控制程序、实施步骤、考核办法等的具体规范，是内部控制规范体系落地具体行业、具体企业的实际应用指南，同时也是内部控制规范体系的重要组成部分。2010年内部控制配套指引的发布，标志着我国适合大中型企业的内部控制规范体系框架基本落成，但制度完善依然任重道远，因此从2011年开始，我国进入了内部控制制度的完善阶段，主要任务是发布解释公告与分行业制定操作指南，以及适时出台针对小型企业的内部控制规范。

1. 解释公告

（1）《企业内部控制规范体系实施中相关问题解释第1号》。《企业内部控制基本规范》及其配套指引于2011年1月1日在境内外同时上市的公司和部分在境内主板上市的公司实施和试点。在一年的具体执行过程中，纳入实施范围的企业反映了一些问题。为此，财政部等五部委对这些问题进行了研究，并征求了有关上市公司、咨询公司等单位的意见，在此基础上制定了《企业内部控制规范体系实施中相关问题解释第1号》，并于2012年2月印发。

《企业内部控制规范体系实施中相关问题解释第1号》对企业内部控制规范体系的十个重要问题进行了解释，具体如规范体系的强制性与指导性关系、规范体系的实施范围、规范体系与其他监管部门规定的关系、内部控制与风险管理的关系、规范体系的政策盲区、内部控制的成本与效益、内部控制与其他管理体系的关系、内部控制缺陷的认定标准、内部控制机构设置、内部控制评价报告等。

（2）《企业内部控制规范体系实施中相关问题解释第2号》。2012年以后，企业内部控制规范体系在我国境内主板上市公司开始正式实施，在实施过程中出现了一些新情况、新问题，部分企业还存在理解认识上的不到位和实际执行上的偏差。为了稳步推进规范体系的贯彻实施，财政部等五部委对这些新情况、新问题进行了认真研究，并征求了有关上市公司、咨询机构和有关部门的意见，制定了《企业内部控制规范体系实施中相关问题解释第2号》，并于2012年9月印发。

《企业内部控制规范体系实施中相关问题解释第2号》对企业内部控制规范体系的十个重要问题进行了解释，具体如内控组织实施、内控实施的进度与重点、内控人才队伍培养、集团企业内部控制评价、中介机构工作、内控评价组织形式、内部控制缺陷处理、会计师事务所工作、内部控制审计、小型企业内控建设等。

2. 操作指南

尽管《企业内部控制基本规范》为我国企业内部控制的建立和实施提供了基本依据，企业内部控制配套指引为我国企业内部控制实施过程中的具体业务控制提供了具体操作标准，但企业内部控制配套指引只是对一般生产型工业企业常见的18项业务的内部控制加以规范，而执行企业内部控制规范体系的企业数量众多，业务类型多样，且分布于各类行业，规范体系在不同行业企业的具体落实仍需要具体操作指南加以规范和引导。因此，为了满足不同行业企业的个性化需求，对内部控制规范体系的建设方法、控制程序、实施步骤、考核办法做出行业内的具体规定，财政部启动了分行业的内部控制操作指南的编制工作，以期为各类企业建设实施内部控制规范体系提供经验借鉴和具体实务操作指导。截至当前，财政部已经编制并发布了石油石化行业和电力行业的操作指南。

2013年12月28日，财政部根据《中华人民共和国公司法》（简称《公司法》）、《会计法》、《证券法》、《企业内部控制基本规范》及其配套指引等相关规定率先编制并发布了《石油石化行业内部控制操作指南》[①]。该操作指南依据《企业内部控制基本规范》及其配套指引，在借鉴和吸收三家石油石化企业内控管理成果和具体经验做法的基础上，以内部控制五大要素为主线（以内部环境为基础，以风险评估为关键，以控制活动为重点，以信息与沟通为条件，以检查与评价为保证），以三家石油石化企业上、中、下游的主要业务为基本内容，以现代信息技术为手段，以内部控制缺陷原因分析及改进作为补充，分析提出了石油石化行业内部控制的设计原则、基本思路和建设方法，总结归纳了石油石化行业公司层面和一般业务层面存在的具体风险和相应的控制措施，形成了具有石油石化行业特点的内部控制建设与实施的操作指南。该操作指南共分为八章，包括总论、内部环境建设、风险评估、主要业务控制活动、信息系统内部控制的应用与保障、信息与沟通、内部控制的检查与评价、常见内部控制缺陷原因分析及改进等。

继《石油石化行业内部控制操作指南》发布后，2014 年 12 月财政部推出《电力行业内部控制操作指南》。在总结发电、输配电、变电、电力建设、电力设计和其他电力辅助产业等全产业链管理经验的基础上，该指南系统提出了建立以内部控制环境建设为基础，以分享管理控制为导向，以控制活动为手段，以信息与沟通为桥梁，以内部监督为促进的闭环运行的电力企业内部控制体系。该指南共七章，分别为：电力行业基本情况与内部控制建设背景、内部控制体系建设与运行、内部环境、风险评估、控制活动、信息与沟通、内部监督。该指南属于参考性文件，供电网企业、发电企业、电力建设企业、电力设计企业和其他辅助性电力企业在内部控制体系的建立、实施、评价与改进工作中参考使用。由于电力行业包含发电、输电、配电、变电、电力建设、电力设计及电力辅助等多个环节，产业链覆盖电网、发电、电力建设、电力设计等多类企业，业态分布广泛，管控模式各不相同，各电力企业可以参考本指南提供的基本思路，结合内外部环境、发展阶段和业务规模等因素，探索建立并实施符合本企业实际的内部控制体系及内部控制操作手册。

3. 小型企业内部控制规范

除主板上市公司之外，中小板、创业板上市公司并未纳入《企业内部控制基本规范》及其配套指引的强制实施范围，而是自愿参照《企业内部控制基本规范》及其配套指引开展内部控制建设和实施，这些企业在参照执行的过程中，出现了适用性不强、实施成本过高等问题。有鉴于此，经过一年多的研究制定，2016 年 4 月，财政部推出《小型企业内部控制规范（征求意见稿）》，并于 2017 年 6 月发布《小企业内部控制规范（试行）》。

财政部制定发布《小企业内部控制规范（试行）》的根本目的是引导小企业建立和有效实施内部控制，提高小企业经营管理水平和风险防范能力，推动我国广大小企业规范健康发展。其主要内容包括：（1）总则。主要明确了制定《小企业内部

---

① 之所以选择石油石化行业作为分行业编制内部控制规范的首个行业，是因为中石油、中石化、中海油三家石油公司作为较早在境内外同时上市的公司，自 21 世纪初就按照美国《萨班斯法案》的要求，遵循 COSO 内控框架，建立了较为完善的内部控制体系，同时也是实施我国企业内部控制规范体系的首批企业，积累了应对境内外资本市场严格监管的丰富经验。

控制规范（试行）》的目的、依据和适用范围，小企业内部控制的定义、目标、原则和总体要求，以及小企业负责人的责任等内容。(2) 内部控制建立与实施。主要明确了小企业内部控制建立与实施工作的总体要求，风险评估的对象、方法、内容、方式、频率。(3) 内部控制监督。主要明确了小企业内部控制的监督机制，包括实施监督的方式、监督人员要求、日常监督的重点、内部控制存在的问题及整改、定期评价频率、内部控制报告、监督与评价结果的使用等内容。(4) 附则。主要明确了微型企业参照执行本规范、小企业可以参照执行《企业内部控制基本规范》及其配套指引，《小企业内部控制规范（试行）》的解释权归属和生效时点等问题。

值得称道的是，此次发布的《小企业内部控制规范（试行）》在设计时就考虑到小企业的特点与需求。第一，对小企业内部控制采用“实质重于形式”的原则，强调小企业内部控制建设应注重实效，而不要拘泥于具体的形式和手段。第二，明确小企业建立与实施内部控制应当重点关注的十大管理领域，便于将风险导向原则落到实处。第三，对于部分内部控制手段做出非强制性要求，但一般会指出相应的替代性控制措施，便于小企业从自身实际情况出发选择控制措施，切实降低实施成本。如因资源限制等原因无法实现不相容岗位相分离的，小企业应当采取抽查交易文档、定期资产盘点等替代性控制措施；再如，在会计机构的设置上体现出很大的弹性，企业可根据自身情况选择设置独立的会计机构，或者在有关机构中设置会计人员并指定会计主管人员，又或者委托经批准设立从事会计代理记账业务的中介机构代理记账。

1.3.6 与推进内部控制相关的法规建设

与西方不同，我国内部控制的建设主要得益于政府部门的推动。在企业内部控制规范陆续出台后，需要将国家强制力作为制度推进的有力保障，具体是通过发布与制度推行相关的行政法规来实现的。

1.《关于2012年主板上市公司分类分批实施企业内部控制规范体系的通知》

在配套指引出台之前，财政部等五部委联合印发《关于印发企业内部控制配套指引的通知》（财会〔2010〕11号）时已经对内部控制规范执行的起始时点做出要求：自2012年1月1日起在上海证券交易所、深圳证券交易所主板上市的公司开始实施《企业内部控制基本规范》（财会〔2008〕7号）和《企业内部控制配套指引》（财会〔2010〕11号）。为保障主板上市公司实施内控规范工作的稳步推进，确保内控体系建设落到实处、取得实效，防止出现走过场情况，财政部会同证监会在充分考虑上市公司的公司治理基础、市值规模、业务成熟度、盈利能力等方面差异的情况下，决定在主板上市公司分类分批推进实施企业内部控制规范体系。具体要求如下：

(1) 中央和地方国有控股上市公司为首批执行内部控制规范的上市公司，应于2012年全面实施企业内部控制规范体系，并在披露2012年公司年报的同时，披露董事会对公司内部控制的自我评价报告以及注册会计师出具的财务报告内部控制审计报告。

（2）非国有控股主板上市公司，且于2011年12月31日公司总市值（证监会算法）在50亿元以上，同时2009—2011年平均净利润在3 000万元以上的，应在披露2013年公司年报的同时，披露董事会对公司内部控制的自我评价报告以及注册会计师出具的财务报告内部控制审计报告。

（3）其他主板上市公司，应在披露2014年公司年报的同时，披露董事会对公司内部控制的自我评价报告以及注册会计师出具的财务报告内部控制审计报告。

（4）特殊情况：一是主板上市公司因进行破产重整、借壳上市或重大资产重组，无法按照规定时间建立健全内控体系的，原则上应在相关交易完成后的下一个会计年度年报披露的同时披露内部控制自我评价报告和审计报告，且不早于参照上述（1）至（3）原则确定的披露时间；二是新上市的主板上市公司应于上市当年开始建设内控体系，并在上市的下一年度年报披露的同时，披露内部控制自我评价报告和审计报告，且不早于参照上述（1）至（3）原则确定的披露时间。

（5）在上述规定时间范围内，鼓励公司在自愿的基础上提前执行企业内部控制规范体系的披露要求。

2.《公开发行证券的公司信息披露编报规则第21号——年度内部控制评价报告的一般规定》

为配合分批分类实施内部控制规范的战略部署，2014年1月，证监会会同财政部制定并发布了《公开发行证券的公司信息披露编报规则第21号——年度内部控制评价报告的一般规定》，以规范上市公司内部控制信息披露行为，保护投资者利益。

该文件明确了董事会及全体董事是内部控制评价报告的法律责任主体，其对年度内部控制评价报告的真实性、准确性、完整性应承担个别和连带的法律责任，规定了内部控制评价报告的格式要求、要素内容、评价范围与披露程序。关于内部控制缺陷的认定与整改，要求应当区分财务报告内部控制和非财务报告内部控制，分别披露报告期内部控制重大缺陷和重要缺陷的认定结果及缺陷的性质、影响、整改情况、整改计划等内容。关于内部控制评价结论，要求年度内部控制评价报告应当分别披露对财务报告内部控制有效性的评价结论，以及是否发现非财务报告内部控制重大缺陷，并披露自内部控制评价报告基准日至内部控制评价报告发出日之间是否发生影响内部控制有效性评价结论的因素。如果公司对财务报告内部控制有效性的评价结论与注册会计师对财务报告内部控制有效性的审计意见存在差异，以及公司与注册会计师对非财务报告内部控制重大缺陷的披露存在差异，公司应在年度报告内部控制的相关章节中予以说明，并解释差异原因。公司内部控制评价结论认定公司于内部控制评价报告基准日存在内部控制重大缺陷，或者公司内部控制被会计师事务所出具了非标准内部控制审计报告，以及标准内部控制审计报告披露了非财务报告内部控制重大缺陷的，公司应当在年度报告“重要提示”中对以上情况作出声明，并提示投资者注意阅读年度报告内部控制相关章节中内部控制评价和审计的相关信息。

案例1-9　原中小板上市公司明年起全面实施企业内部控制规范体系

财政部4月8日消息，财政部、证监会发布《关于深交所主板与中小板合并后原中小板上市公司实施企业内部控制规范体系的通知》称，原中小板上市公司应当自2022年1月1日起全面实施《企业内部控制基本规范》及其配套指引，并在披露2022年公司年报的同时，披露公司内部控制评价报告以及财务报告内部控制审计报告。专家认为，此举有助于上市公司提高规范运作水平，提升治理能力。

根据财政部、证监会、审计署、银监会、保监会联合印发的《关于印发企业内部控制配套指引的通知》和财政部办公厅、证监会办公厅联合印发的《关于2012年主板上市公司分类分批实施企业内部控制规范体系的通知》有关规定，自2012年1月1日起在主板上市公司分类分批实施企业内部控制规范体系。为稳步推进资本市场有效实施企业内部控制规范体系，深交所主板与中小板合并后，原中小板上市公司应全面实施企业内部控制规范体系。

通知称，原中小板上市公司应当高度重视内部控制体系建设工作。全面按照企业内部控制规范体系要求，梳理业务流程，准确识别、评估公司面临的各类内外部风险，完善内部控制措施，优化信息系统，加强内部监督，定期开展内部控制自我评价，健全内部控制制度，切实做好实施前的各项准备工作。

通知明确，自通知发布之日起至2021年12月31日为过渡期。过渡期内原中小板上市公司应当按照深交所的有关规定，披露内部控制相关信息。鼓励原中小板上市公司在自愿的基础上提前执行企业内部控制规范体系的披露要求。

“并板后将对上市公司内控提出更多要求。与此前仅需出具鉴证报告不同，会计师事务所应出具内部控制审计报告，并履行审计程序，承担的责任明显增加。”招商证券合规总监胡宇表示。

胡宇认为，出具审计报告，会计师事务所将会对企业的内部控制实施实质的核查程序，以识别出重大缺陷、重要缺陷和一般缺陷，并在内部控制审计报告中体现。对企业而言，不仅要建立完善的内部控制制度，更需要在实践中严格遵照制度执行相关规定。

资料来源：昝秀丽，赵白执南．两部门：原中小板公司明年起实施内控规范体系．中国证券报，2021-04-09.

3.《中央企业合规管理指引（试行）》

案例1-10　加快建立健全具有中国特色、符合国企实际的合规管理体系

国务院国有资产监督管理委员会政策法规局局长林庆苗2021年6月3日在“依法督促涉案企业合规管理，将严管厚爱落到实处”新闻发布会上指出，国资委将进一步加大对国有企业的宣传培训，指导企业根据评估标准不断完善工作机制，加快建立健全具有中国特色、符合国企实际的合规管理体系，为企业稳健经营、健康发展提供有力保障。

林庆苗表示，推动国有企业加强合规管理，是国资委贯彻落实党中央、国务院决策部署，适应市场化、法治化、国际化发展需要采取的一项重要举措，在全球强化合规的大趋势下势在必行。

总体上看，国资委推动中央企业加强合规管理经历了由浅入深、由点到面、步步深化的过程，大体上可以分为三个阶段。

一是学习探索阶段。早在2014年，国资委就明确提出中央企业要探索开展合规管理的要求，并组织有关企业多次赴国际大公司深入学习交流。

二是试点积累阶段。2016年，国资委在中国石油、中国移动、东方电气集团、招商局集团、中国中铁等5家企业正式启动合规管理体系建设试点工作，不断深化认识、积累经验。

三是全面推开阶段。2018年，在试点基础上及时印发《中央企业合规管理指引》，针对反垄断、反商业贿赂、出口管制等高风险领域，先后印发一系列合规指南，指导企业全面推进合规管理工作，明确将合规要求覆盖各业务领域、各职能部门、各级子企业和全体员工，贯穿业务开展全过程。北京、上海、江苏等地国资委结合实际，陆续出台相关制度，积极推动所出资企业强化合规管理，取得较好成效。这些都为国资委开展涉案企业合规第三方监督评估工作打下了基础。

林庆苗表示，最高人民检察院对企业合规工作高度重视，在前期试点的基础上，今年开展第二批试点，此次专门建立涉案企业合规第三方监督评估机制，对于推动我国企业更加重视合规、依法依规经营具有重要的正向激励作用。

他强调，国资委作为联席会议召集单位之一，将积极配合最高人民检察院认真研究论证涉及的重大法律政策问题，及时制定相关规范和考察评估标准，加强对试点地方有关工作的调研，尽快探索形成第三方监督评估的有效路径。

资料来源：昝秀丽．国资委：加快建立健全具有中国特色、符合国企实际的合规管理体系．中国证券报，2021-06-03.

如上所述，国资委于2018年11月正式印发了《中央企业合规管理指引（试行）》，这将有力推动中央企业全面加强合规管理，加快提升依法合规经营管理水平，着力打造法治央企，保障企业持续健康发展。指引所称合规，是指中央企业及其员工的经营管理行为符合法律法规、监管规定、行业准则和企业章程、规章制度以及国际条约、规则等要求。指引所称合规风险，是指中央企业及其员工因不合规行为，引发法律责任、受到相关处罚、造成经济或声誉损失以及其他负面影响的可能性。指引所称合规管理，是指以有效防控合规风险为目的，以企业和员工经营管理行为为对象，开展包括制度制定、风险识别、合规审查、风险应对、责任追究、考核评价、合规培训等有组织、有计划的管理活动。

《中央企业合规管理指引（试行）》明确了董事会、监事会、经理层分别承担的合规管理职责，其中规定：董事会决定合规管理负责人的任免以及合规管理牵头部门的设置；监事会监督董事会和高级管理人员的合规管理履职情况；高级经理层负责合规管理组织架构。中央企业设立合规委员会，与企业法治建设领导小组或风险控制委员会等合署，承担合规管理的组织领导和统筹协调工作。法律事务机构或其他相关机构为合规管理牵头部门，组织、协调和监督合规管理工作，为其他部门提供合规支持。文件规定防范合规风险的七大重点领域、三大重点环节、三大类重点人员。其中，七大重点领域包括市场交易、安全环保、产品质量、劳动用工、财务税收、知识产权、商业伙伴；三大重点环节包括制度制定环节、经营决策环节、生产运营环节；三大重点人员包括管理人员、重要风险岗位人员、海外人员。另外，文件重点强调了海外业务的合规运作，规定要强化海外投资经营行为的合规管理，深入研究投资所在国法律法规及国际规则，全面掌握禁止性规定，明确海外投资经营行为的红线、底线；定期排查梳理海外投资经营业务的风险状况，重点关注重大决策、重大合同、大额资金管控和境外子企业公司治理等方面存在的合规风险，妥善处理、及时报告，防止扩大蔓延等。

案例1-11　双保共建、设“合规官”……央企这样防范境外廉洁风险

加强境外机构监督，制度建设不可或缺。在开展巡视检查和加强党建的基础上，各中央企业通过加强境外单位内部防控、境外人员日常监督管理、境外单位纪检组织建设等方式强化境外机构监督。

中国商飞：第一课主讲廉洁合规

2018年5月25日13:00，俄罗斯莫斯科，CR929中俄远程宽体客机项目第三次中俄联合办公区，一场不一样的培训正在这里进行。不是讲授飞机设计研发，也不是讲授项目管理，来自俄罗斯联合航空制造集团（UAC）的讲师正在认真细致地讲解当地法律法规，中国商飞公司第一批40余名联合工程团队技术人员以这样一堂课开始了在俄罗斯的工作。“出门在外，最怕‘水土不服’，我想除了生活、饮食方面，及时了解当地法律法规，严守安全、合规、廉洁要求更加必要，这样才能做到达成一条心、树立一面旗、绷紧一根弦、拧成一股绳。”联合团队第六党小组组长鲍亮亮说道。

为确保国有资产安全运营、保值增值，防控境外投资运营风险和廉洁风险，中国商飞公司纪委提出了保宽体客机项目研发合规、保双方员工廉洁安全，共同创建国际一流民机品牌的“双保共建”工作机制和思路，并于2017年8月与俄罗斯联合航空制造集团签订“双保共建”协议书，彰显中国企业按照中国标准与合作伙伴共同开展反腐败合作的自信和引领效应。

中船物流：从一张白纸开始构建“不能腐”机制

中船能源（新加坡）有限公司（下称“中船物流”）是中国船舶工业集团有限公司下属中船工业成套物流有限公司全资成立的首家海外实体公司，是中船集团海外拓展业务的重要前哨。这家成立于2014年3月的公司，目前有员工26人，其中中国员工10人（含8名驻船货管员），新加坡当地员工16人。短短四年，从海外公司党建、纪检一张白纸到因地制宜开展“不能腐”制度建设，中船物流纪委跨过了好几道坎：首先是“人”的难题。央企拓展海外市场时，在人员机构设置上往往注重精练、高效，满足职能部门运转就行，因此中方员工一般是一岗兼多职。其次是环境的差异。中新两国在政治、法治、文化等方面存在差异，给党风廉政建设和反腐败工作带来一定挑战。“结合这两方面的实际情况，我们党委、纪委专门研究了新加坡公司的管理特点，围绕人、财、物等重点环节，全面梳理完善与境外业务相关的各项制度，把党纪党规融入海外公司制度建设，因地制宜构建海外公司‘不能腐’体制机制。”

中船物流纪委书记周军华表示，通过借鉴新加坡对腐败“零容忍”的法治特色，境外企业鼓励培育依法依规办事的企业文化氛围，并指导新加坡公司建立健全关键领域和环节的规章制度，比如业务招待管理制度、差旅费报销管理制度、礼品管理制度、公务用车管理制度等，结合当地消费水平和风俗习惯，明确相关的费用标准，初步实现了“不能腐”基本制度在新加坡公司的延伸覆盖。公司员工表示，“不仅是我们中方员工，现在当地员工也在潜移默化中欣然接受并遵守我们的规章制度”。

中石化：制定“合规官”系列制度

目前，中国石化集团公司党组纪检组、监察局正在制定《加强集团公司境外廉洁风险防控的实施意见》和《中国石化集团公司境外反腐败合规手册》。通过制定《合规官（纪检专员）履职管理办法（试行）》《合规官（纪检专员）履职考核评价办法（试行）》（联合石化公司），创新实施合规官（纪检专员）制度，将监督触角伸向海外机构。

2018年7月27日，中国石化集团《海外机构“纪检监察小组”工作办法（试行）》正式实施，此制度对国际勘探石油公司各海外机构纪检监察小组的管理和运行机制做出规定，明确了各海外机构纪检监察小组的机构及人员设置、职责分工、考核奖惩、具体要求等内容，切实将监督工作融入日常管理。

资料来源：王小宁．双保共建、设“合规官”……央企这样防范境外廉洁风险．中央纪委国家监委网站，2018-09-12.

4.《关于加强中央企业内部控制体系建设与监督工作的实施意见》

为深入贯彻习近平新时代中国特色社会主义思想和党的十九大精神，认真落实党中央、国务院关于防范化解重大风险和推动高质量发展的决策部署，充分发挥内部控制体系对中央企业强基固本作用，进一步提升中央企业防范化解重大风险能力，加快培育具有全球竞争力的世界一流企业，国务院国资委于2019年11月14日对外公布《关于加强中央企业内部控制体系建设与监督工作的实施意见》（以下简称《实施意见》）。

《实施意见》对中央企业内控体系建设与监督工作提出规范性要求，突出以下工作重点：一是建立健全内控体系。从优化内控体系、强化集团管控、完善管理制度、健全监督评价体系等方面，建立健全以风险管理为导向、合规管理监督为重点，严格、规范、全面、有效的内控体系，实现“强内控、防风险、促合规”的管控目标。二是加强内控体系有效执行。聚焦关键业务、改革重点领域、国有资本运营重要环节以及境外国有资产监管，加强重要岗位和关键人员在授权、审批、执行、报告等方面的权责管控，形成相互衔接、相互制衡、相互监督的工作机制，切实提高重大风险防控能力。三是强化内控信息化刚性约束。将信息化建设作为加强内控体系刚性约束的重要手段，推动内控措施嵌入业务信息系统，推进信息系统间的集成共享，实现经营管理决策和执行活动可控制、可追溯、可检查，有效减少人为违规操纵因素。四是突出“强监管、严问责”。以监督问责为重要抓手，通过加强出资人和企业监督评价力度，强化整改落实和责任追究工作，形成“以查促改”“以改促建”的动态优化机制，促进中央企业不断完善内控体系。

《实施意见》的出台可以为国有企业构建严格、规范、全面、高效的内控体系提供有效指导。国有企业在具体实施过程中，应当紧紧围绕制度体系建设和执行能力提升两个核心要素，一方面要根据内部控制、风险管理、合规管理的具体要求，理顺三者之间的相互关系，在此基础上对企业现有内部管理制度进行梳理整合、查漏补缺，并注重将具体管控措施和要求嵌入具体业务制度及流程中，与业务活动有效融合，形成系统完备、科学规范的“大风控”体系；另一方面以制度建设为前提，通过构建职责清晰、相互衔接、有效制衡的组织体系，突出抓住影响重大的关键风险，积极提升内控信息化水平，强化监督评价力度等措施，构建起制度执行的保障体系，确保内控制度有效执行，切实将内控制度转化为治理效能，充分发挥内控体系对国有企业风险防控、高质量发展的重要保障。

案例1－12　国资委要求中央企业加强资金内控管理

为加强中央企业资金内部控制管理，进一步提升防范重大资金损失风险能力，国务院国资委日前印发通知，围绕建立健全资金内控管理体制机制、加强资金内控制度建设、强化资金内控关键环节监管以及有效开展境外资金风险管控等工作提出明确要求。

近年来，一些中央企业出现资金管理体系不健全、制度执行不到位、支付管理不规范、信息化建设滞后等问题。

国资委此次印发的《关于加强中央企业资金内部控制管理有关事项的通知》提出，各央企要高度重视资金内控管理工作，落实内控部门的资金内控监管责任、工作职责与权限，明确监管工作程序、标准和方式方法，构建事前有规范、事中有控制、事后有评价的工作机制，形成内控部门与业务、财务（资金）、审计等部门运转顺畅、有效监督、相互制衡的工作体系。

根据通知，各中央企业要切实加强资金内控制度建设，确保内控要求嵌入资金活动全流程；要持续强化资金内控关键环节监管，建立资金内控关键要素管理台账，持续跟踪监测预警资金内控要素异动情况，严格银行账户和网银监管，加强大额资金支付监管。

围绕境外资金风险管控，通知强调各中央企业内控部门要结合所属境外单位所在国家（地区）法律法规和本企业内控管理要求，建立健全境外资金内控监管体系；完善境外资金内控监管制度，明确境外大额资金审核支付、银行账户管理、财务主管人员委派、同一境外单位任职时限、资金关键岗位设置等方面要求，促进境外资金合规管理；加强境外资金风险防范，及时做好重大资金风险应急处置工作。

资料来源：王希．国资委要求中央企业加强资金内控管理．新华网，2021-03-23.

自测题

扫描此码　在线做题

思考题

1. 内部牵制的核心思想是什么？这一思想过时了吗？
2. 美国内部控制与风险管理的发展经历了哪几个阶段？各阶段有何特点？
3. 《萨班斯法案》404 条款对企业有何影响？
4. 从《ERM 框架》的演变来看，企业风险管理工作的定位是如何变化的？
5. 如何理解内部环境是企业实施内部控制的基础？

案例分析

香港证监会起诉荣智健，为 4 500 位股民讨赔偿

2014 年 9 月，香港证监会入禀中国香港高等法院，对前身是中信泰富的中信股份及其前主席荣智健等多人展开法律程序，并要求法庭颁令，向 4 500 名投资者做出赔偿。

香港证监会表示，中信股份前主席荣智健及其余四名前董事，涉嫌在 2008 年就杠杆式外汇合约投资巨额亏损，披露虚假或具误导性的财务状况资料。香港证监会宣布，将通过原讼法庭颁发恢复原状或赔偿令，以令 4 500 名投资者得以恢复原状或获赔偿损失，投资者当时的购股总额约 19 亿港元。此外，香港证监会还寻求审裁处对中信股份及该五名董事予以制裁。

中信股份巨亏源于 2008 年金融海啸引发的危机。2008 年 10 月 20 日，中信泰富突然发出盈利警告，指出为了降低澳大利亚铁矿项目面对的货币风险，集团与汇丰及法国巴黎银行签订多份“累计期权杠杆式外汇买卖合约”，但后因澳元大跌而亏损逾 150 亿港元，由此全年业绩将为亏损。翌日，中信泰富股价急跌 55%，收市报 6.52 港元，跌 8 港元，跌至 1991 年的水平。中信泰富因此向母公司中信集团要求注资。

香港证监会指出，中信泰富曾在 2008 年 10 月 20 日发出的一分市场公告中披露，截至当日，中信泰富因早前为调控其澳大利亚铁矿项目面对的货币风险所订立的多份杠杆式外汇合约，而蒙受巨额已变现亏损及按公平价定值的亏损。该盈利警告显示，中信泰富在 2008 年 9 月 7 日已察觉到该合约带来的潜在风险。

不过，中信泰富在 2008 年 9 月 12 日刊发的通函中指出，集团自 2007 年 12 月 31 日以来的财务或交易状况并未出现任何重大不利变动。

香港证监会认为，2008 年 9 月 12 日刊发的通函载有虚假或具误导性的陈述，而中信泰富及该五名董事均已于该通函刊发前知悉由杠杆式外汇合约所引致的巨大财务负面影响，故中信泰富及该五名董事须就此负有法律责任。

香港证监会寻求原讼法庭颁发命令，以使于 2008 年 9 月 12 日收市后及于 2008

年10月20日盈利警告发出日期前购入中信股份的投资者，恢复至他们进行交易前的状况，或就他们的损失获得赔偿。

资料显示，在上述期内，投资者的购股总额超过19亿港元，购股价介于14.26～24.5港元，平均购股价为18.97港元。而中信泰富在2008年10月20日发出盈利警告前暂停买卖，当时股价为14.52港元，翌日复牌后股价急挫55%，收报6.52港元。

令人意外的是，香港证监会2014年2月4日发布公告称，中信股份财务部前助理董事崔永年于2008年在公司发出盈警之前，将其所持有的中信泰富股份几乎全部沽出，避免了承受约136万港元的名义损失。

资料来源：梁小婵，康殷．香港证监会起诉荣智健，为4 500股民讨赔偿．南方都市报，2014-09-12.

问题：

1. 分析中信泰富炒汇巨亏的原因。
2. 讨论为什么内部控制与风险管理的相关立法越来越完善，但仍然不能杜绝企业违规造成的巨大风险及损失。

益强公司因深陷债务违约危机而破产重组

主营单晶硅、多晶硅太阳能电池产品研发和生产的益强公司于2003年成立。这是一家由董事长兼总经理李自一手创办并控制的家族式企业。

2010年11月，益强公司挂牌上市。在资本市场获得大额融资的同时，益强公司开始了激进的扩张之路。从横向看，为了扩大市场份额，益强公司在欧美多个国家投资或设立子公司；从纵向看，益强公司布局光伏全产业链，实施纵向一体化发展战略，由产业中游的组件生产延伸至上游的硅料和下游的电站领域。益强公司还大举投资房地产、炼油、水处理和LED显示屏等项目。

为了支持其扩张战略，益强公司多方融资。公司上市仅几个月便启动第二轮融资计划——发行债券，凭借建设海外电站的愿景，通过了管理部门的审批，发行10亿元的“益强债”，票面利率为8.98%，在当年新发债券中利率最高。自2011年2月起，李自及其女儿李丽陆续以所持股份作抵押，通过信托融资约9.7亿元，同时益强公司大举向银行借债。李自还发起利率高达15%的民间集资。这样，益强公司在上市后三年内，通过各种手段融资近70亿元。

受2008年美国次贷危机和2011年欧债危机的影响，欧美国家和地区纷纷大幅削减甚至取消光伏补贴，光伏产品国际市场需求急剧萎缩。随后欧盟对中国光伏产品发起“反倾销、反补贴”调查，光伏企业出口遭受重创。全行业的非理性发展导致产能严重过剩，市场供大于求，企业间开始以价格战展开恶性竞争，利润急速下降甚至亏损。

在这种情况下，益强公司仍执着于多方融资扩大产能，致使产品滞销、库存积压。同时，在海外大量投资电站致使公司的应收账款急速增加。欧盟经济低迷，海外客户还款能力下降，欧元汇率下跌。存货跌价损失、汇兑损失、坏账准备的计提使严重依赖海外市场的益强公司出现大额亏损。公司把融资筹措的大量短期资金投放于回款周期很长的电站项目，投资回报期和债务偿付期的错配使公司的短期还款压力巨大，偿债能力逐年恶化。2010 年公司的流动比率为 3.165，到了 2013 年只有 0.546。公司资金只投不收的模式使现金流很快枯竭。2012 年和 2013 年，多家银行因贷款逾期、供应商因货款清偿事项向益强公司提起诉讼，公司部分银行账户被冻结，公司深陷债务危机。益强公司由于资金链断裂，无法在原定付息日支付公司债券利息 8 980 万元，成为国内债券市场上第一家违约公司，在资本市场上掀起轩然大波，打破了公募债券刚性兑付的神话。

2014 年 5 月益强公司因上市后连续三年亏损被 ST 处理，暂停上市。仅仅三年多的时间，益强公司就从一家市值百亿元的上市公司深陷债务违约危机，最终破产重组。

资料来源：2019 年注册会计师考试《公司战略与风险管理》试题.

问题：

1. 益强公司发生哪些风险？
2. 从内部控制与风险管理的角度分析益强公司破产的原因。

第 2 章
Chapter 2 COSO 框架

学习目标

1. 知识目标：理解内部控制整合框架和风险管理整合框架；了解内部控制整合框架和风险管理整合框架的联系与区别；了解内部控制整合框架和风险管理整合框架的修订与完善。

2. 能力目标：能够运用内部控制整合框架和风险管理整合框架指导企业内部控制与风险管理制度的制定。

3. 素养目标：(1) 通过学习内部控制整合框架和风险管理整合框架的演变及修订，学会运用历史思维分析问题和解决问题。(2) 理解内部控制整合框架和风险管理整合框架中不同要素之间的关系，领会马克思主义唯物辩证法中关于普遍联系的观点。(3) 比较内部控制整合框架和风险管理整合框架的联系与区别，比较新旧框架之间的异同，感悟创新思维和辩证思维。

引 例

海航集团破产重组的最终结局

重整后海航集团将拆分为四个独立板块

2021 年 9 月 18 日，海南省海航集团联合工作组组长、海航集团党委书记顾刚主持召开 2021 年度第 39 周安全生产经营例会，集团高管、海航航空及各事业部经营团队、重点企业主要负责人、各体系业务骨干、一线特业员工代表近 2 000 人参会。

顾刚表示，如果顺利完成破产重整，海航集团将拆分为四个完全独立运营的板块——航空板块、机场板块、金融板块、商业及其他板块，各自由新的实控人股东带领前行，相互完全独立，确保各板块各自回归主业、健康发展。

顾刚强调，盲目多元化的道路很难走好，各公司要力争通过重整，重塑自身、提升管理、发展业务，在各自的主业领域深耕细作。

海航集团官网显示，目前集团业务板块已缩减为四个，分别是：海航航空事业部、航空空港事业部、航空租赁事业部、非航空资产管理事业部。

在集中主业发展的同时，房地产开发等业务将被逐渐剥离。

顾刚在此前的上市公司海航基础（600515）专研调研会上表示，如重整成功，海航基础要逐步退出房地产开发业务，紧紧围绕机场发展及免税商业发展两大核心业务板块谋篇布局。要积极谋划加速国兴大道沿线地产项目的出让与盘活，加速退出房地产类投资。

重整后老股东团队股权将清零

顾刚在上述例会中进一步透露，重整后老股东团队及慈航基金会在海航集团及成员企业的权益将全部清零，不再拥有相关股权。

根据海航集团此前披露的股权架构，海航集团由海南省慈航公益基金会、Hainan Cihang Charity Foundation Inc.、12 名自然人以及海南航空控股股份有限公司间接拥有。其中，分别设立在境内外的海南省慈航公益基金会和 Hainan Cihang Charity Foundation Inc. 拥有海航集团 50%以上股份，12 个自然人股东持股 47.5%，海南航空控股股份有限公司持股 0.25%。12 个自然人股东均为海航集团创始人和高管，其中，陈峰和王健分别持股 14.98%，为最大自然人股东。

老股东团队股权将依法依规清零，这意味着陈峰等创始团队将正式退出海航集团及旗下数以千计的海航系公司，同时慈航公益基金会与海航集团的关系将彻底被切割。

顾刚表示，这一安排既是法治化、市场化破产重整的法律要求，是股东必须承担的基本责任，也是民营企业野蛮生长带来的必然后果。海航集团上下要深刻反思企业 28 年的发展，不断吸取过去盲目扩张、没有敬畏的教训。

走向破产重整的“重生”之路

由于无法清偿到期债务，1 月 29 日，海航集团官网和官微以及相关上市公司齐发公告，宣告海航集团走向破产重整的“重生”之路。

进入重整程序后，海航集团一直在为旗下航空主业板块、机场板块及供销大集（非航资产）招募战略投资者。

9 月 12 日，*ST 海航、*ST 基础分别发布公告，确定辽宁方大集团实业有限公司为海航集团航空主业战略投资者，同时确定海南省发展控股有限公司为海航集团机场板块战略投资者，若投资完成，战略投资者可能成为公司控股股东。

顾刚在经营例会中指出，如果顺利完成重整，航空主业通过引战，将达到回归主业的目的，彻底甩掉历史包袱、轻装上阵。重整完成后，以前高额的航空主业财务总费用预计将下降 80%以上。

资料来源：曲一文. 海航将拆分为四大独立板块！创始人陈峰股权遭清零　海航系退出这家银行. 证券时报网，2021-09-19.

东芝曝巨亏，内控定存亡

内部控制是保证公司良好运行的基础。国内外大量的公司经营失败案例告诉我们，内部控制是关系企业生死存亡的重大问题。设计一套适合自身的内部控制制度是对企业的基本要求，是内部控制有效运行的前提与基础。因此，明确规范标准至关重要。目前，在世界范围内影响力最大的内部控制制度标准当属美国COSO发布的《内部控制——整合框架》和《企业风险管理——整合框架》。本章将主要介绍这两个具有重要意义的内部控制框架及其发展。

2.1 内部控制整合框架（1992年版）

1992年版《内部控制——整合框架》，是目前国际上认同度最高和最具有权威性的内部控制概念框架，提出了内部控制的概念、目标及其五个要素。

2.1.1 内部控制的定义

1992年版《内部控制——整合框架》认为，内部控制是由主体的董事会、管理层和其他员工实施的，旨在为经营的效率和有效性、财务报告的可靠性、遵循适用的法律法规等目标的实现提供合理保证的过程。

这个定义十分宽泛，包括关于组织如何设计、实施和推进内部控制的一些重要概念，为不同的组织架构、行业和地理区域的组织提供了操作支持。同时，该定义也决定了内部控制有效性的基础。为了更好地理解这个定义，有必要对这一定义做进一步的说明。

第一，内部控制是一个过程。内部控制是实现目的的手段，而非目的本身。它并非单一的事件或环境，而是针对企业行为的一系列活动。这些活动是潜移默化的，蕴含于管理层的日常经营行为中。同时，内部控制意味着向终点的努力，而非终点本身。它是一个动态的过程，即从整体控制看，包括制度设计、制度执行和制度评价（对制度设计和执行情况的检查）等阶段；从业务控制看，一般应采取事前控制、事中控制和事后控制等措施。

民生银行假理财案件启示：内控要防范基层员工道德风险

第二，人的因素。内部控制不仅是政策手册和图标，而且受到企业董事会、经理层和其他人员的影响，是通过企业员工的言行实现的。人们确立企业的目标并通过内部控制系统付诸实施；同样，内部控制也影响人们的行为，人们理解、交流和行动的方式并非一成不变，每个人都有独特的背景和才干，有不同的需求和侧重点。这些现实既对内部控制产生影响，也受其影响。人们必须知道各自的职责和权限，相应地，在不同职责和权限之间应有明确的分工和联系。

案例2-1 女白领侵吞1亿元资产暴露管理漏洞

2021年5月13日上午，上海市人民检察院通报了2020年涉金融刑事案件情况。2020 年，全市检察机关共受理金融犯罪审查逮捕案件 1 165 件 1 858 人，受理金融犯罪审查起诉案件 1 776 件 3 361 人。相比 2019 年，案件数下降 13.9%，涉案人数下降 20.5%。

在办理金融类犯罪案件时，检察机关发现，不少金融机构在风险管理和内部合规方面存在疏漏，给了犯罪分子可乘之机。去年，上海检察机关受理金融从业人员犯罪案件 24 件 41 人，其中职务侵占、挪用资金 4 件 7 人，利用未公开信息交易案件 7 件 8 人。金融从业人员犯罪，往往涉案金额大。

在检察机关去年办理的一起典型案件中，韩某是一家外资银行上海分行汇款及资金后台专员，在不到 3 年的时间内，她利用负责人民币收付款、结售汇、跨境转账支付等职务便利，虚构客户付款指令，并违规使用本人及该行其他员工交易系统账号，将本单位资金转移至本人实际控制的某贸易有限公司及个人账户，用于境内外购买房产、外汇交易、个人消费等。

经查，韩某非法占用本单位资金近 1 亿元人民币，在国外购买了近 10 套房产，在北京、上海等地也有数套房产。最终，韩某因职务侵占罪被法院判处有期徒刑 13 年。

这是近年来本市发生的涉案金额最大的金融从业人员“监守自盗”案件。检察官指出，韩某利用单位出入账两个系统指令不直接对接的漏洞，通过在入账系统虚构客户交易指令，在出账系统盗用其他员工操作密码进行审批，侵吞本单位巨额资金。该案的发生说明，相关金融机构在风险管理及内部合规方面存在疏漏，需要高度重视。

资料来源：王闲乐. 外资银行女白领挪用 1 亿公款在国内外买了十多套房，暴露出金融机构一大隐患. 上观（百度号），2021-05-13.

第三，合理保证。内部控制，无论设计和执行多么理想，只能就企业目标的实现向经理层和董事会提供合理保证。合理保证并不意味着内部控制制度的设计和执行可以“包治百病”，也不意味着企业可以“万事无忧”，只是相对而言，有内部控制制度的企业比没有内部控制制度的企业更不容易发生错误和舞弊，执行得好的企业比执行得不好的企业更有效率。企业目标实现的可能性受到内部控制内在局限的影响，比如人员决策可能失误，建立内部控制时需考虑成本效益原则，人为错误和失误也会导致内部控制失效。另外，内部控制会因两个或更多人的合谋串通而失效，而且经理层可能会越权操作。

案例 2-2　京东重申“腐败零容忍”

2016 年 10 月 24 日，京东集团通过内部网站和“廉洁京东”微信公众号发布了一则反腐内部公告，实名公布过去一段时间查处的 10 起内部腐败事件。公告显示，这些内部腐败事件涉及收受供应商贿赂、职务侵占、索要供应商礼品、接受供应商宴请等违法违规行为，京东对涉及的员工做出移交司法机关或辞退的严肃处理；同时，违反国家相关法律的行贿商家被移交司法机关处理。

京东集团表示，京东对腐败现象坚决零容忍，对涉贪员工绝不姑息，情节严重者会移交司法机关处理。同时，对于违法违规商家，京东将永久终止合作。这也是京东首次实名对外公开内部腐败事件。京东表示，为了进一步体现坚决打击腐败的决心，即日起，任何腐败事件涉及的人员均会在公司内外实名公告，查处一起公告一起。同时，京东正在筹建“京东反贪腐”网站，该网站将向所有社会公众开放，实时同步京东内部反腐工作动态，鼓励公司内部员工、合作商家积极举报腐败行为，并给予高额奖励，旨在通过广泛监督消除腐败现象。

京东表示，互联网和电商行业的飞速发展带来了巨大的商业利益，腐败的产生将引发竞争的不公平、交易的不公平，导致“劣币驱逐良币”，破坏健康的商业生态。13年来，无论是艰难的初创时期，还是高速发展的成熟阶段，京东始终坚守“诚信经营”“公平竞争”的商业原则。对腐败零容忍是京东从创立之初就坚持的原则，并不断通过制度进行规范和落实。在京东，反腐败有三项基本原则，“腐败零容忍”是其中的根本，同时结合“人人反腐”和“ABC问责制”，督促员工从身边做起，提高反腐意识，并通过直属领导的问责制加大反腐力度。京东集团创始人刘强东多次指出：腐败行为是对社会公平公正和商业伦理的践踏，是少数人对大多数人努力与付出的严重侵害与剥夺，京东绝不姑息和放纵一丝一毫的腐败行为。

诚信与公平是商业社会的信仰与追求。京东表示，以坚定的决心、坚决的举措大力打击腐败行为，不仅是对内部十几万年轻员工的前途负责，更是为了维护更多合作伙伴的正当权益，让所有员工和合作伙伴在京东的平台上获得透明、公平的发展机会是京东的责任。京东绝对有勇气、有信心面对问题，同时也有制度、有办法解决问题，京东将继续通过反腐败捍卫价值观，推动企业和整个商业社会的进步。

不难看出，内部控制在目标上只能提供合理保证，而非绝对保证。京东对内部腐败现象“零容忍”并不意味着腐败行为“零发生”。这反映了内部控制自身的局限性，也折射出内部控制持续改进与完善的内在需求。

资料来源：京东重申“腐败零容忍”，查处并实名公布多起腐败事件．中国经济网，2016-10-24.

第四，目标。每个企业都有自己的使命，要确立目标及相应战略。目标的设立应针对整个企业或企业内特定行为。虽然很多目标只针对特定企业，有一些还是普遍适用的，例如，在企业界和客户层面保持良好的声誉，向股东提供可靠的财务报表，以及合法合规经营。1992年版《内部控制——整合框架》确定了三类目标：

（1）经营目标——关于企业资源利用的效率、效果；

（2）报告目标——关于编制公开财务报表的可靠性；

（3）合规目标——关于法律和法规的遵循性。

信达证券内控违规被罚，分类评级面临扣分

这一分类有利于将内部控制的重点放在不同方面。内部控制的目的是实现三类既相互独立又相互联系的目标。这三类目标体现了不同的需求，也可能是不同管理人员的职责。这一分类还有利于区分每类控制的可能结果。内部控制系统可以为实现财务报告的可靠性和法律法规的合规目标提供合理的保证。这些目标（很大程度上是外界施加的）的实现有赖于企业内部控制系统的实施。然而，经营目标的实现（如投资回报、市场份额、引进新产品）并非完全在企业控制能力之内。内部控制并不能阻止决策失误和意外事件的发生。只有管理层及时了解企业向既定目标迈进的程度，内部控制系统才能为企业目标的实现提供合理的保证。

案例 2-3 华夏银行 5 天连收 5 张罚单

银保监会官网显示，9 月 6 日至 10 日，华夏银行 5 天内连续收到银保监会五张罚单，处罚涉及华夏银行两家分行和一家支行，合计处罚金额达 140 万元。

值得一提的是，华夏银行上述处罚的原因均涉及贷款业务违规，包括信贷资金回流本行缴存银行承兑汇票保证金、流动资金贷款业务严重违反审慎经营规则、向资本金不足的项目发放贷款、贷后管理不到位导致信贷资金改变原有用途。

对此，华夏银行向财经网金融表示，南昌、呼和浩特、北京 3 家分行涉及的个别贷款资金用途不合规、个别贷款项目资本金不足等问题，均为 2019 年及以前年度办理的授信业务。从成因来看，一方面确实存在个别经营单位贷前调查不深入、贷后检查不到位的问题，另一方面存在银行业普遍面临的共性问题，属于商业银行处罚案例中常见的执行与操作问题。

另据财经网金融梳理，2021 年以来，银保监会对各类金融市场乱象保持处罚问责高压态势，华夏银行累计收到银保监会 40 张罚单，合计处罚金额达 1.073 亿元。其中，有一笔高达 9 830 万元的罚单，华夏银行还被银保监会点名通报。因部分理财产品信息披露不合规并使用理财资金对接本行信贷资产、出具的理财投资清单与事实不符或未全面反映真实风险等 27 项违法违规行为，该行被罚款 9 830 万元，1 名责任人员予以警告并处罚款 5 万元，1 名责任人员予以警告。

据悉，5 月 21 日，银保监会通报称近期严肃查处一批违法违规案件，对华夏银行等 5 家金融机构及相关责任人员依法做出行政处罚决定，处罚金额合计约 3.66 亿元。上述处罚来自 2018 年银保监会开展的“风险管理及内控有效性现场检查”。正是在此背景下，华夏银行成为银保监会通报的典型之一。

“银行频收罚单多是因为操作不规范或者展业不合规，而操作风险直接和内控制度有关，展业的合规性与风险管理制度有关。”黄大智对财经网金融表示，“因此银行屡收罚单，意味着该行内控制度和风险管理制度存在一些问题，并且会对该行声誉、业务开展以及评级造成影响。”

对于商业银行而言，把好风控关口，提升资产质量是开展业务过程中的重要一环。风控薄弱可能带来的不良贷款提升及后续核销处置等问题，将对银行的盈利水平及资本情况产生直接影响。

财经网金融注意到，华夏银行的不良贷款余额自 2013 年起持续增长，截至 2021 年 6 月末，华夏银行不良贷款余额 384.78 亿元，比上年末增加 5.02 亿元。据财经网金融梳理，2017 年至今，华夏银行累计核销了超过 1 000 亿元坏账。2017 年末、2018 年末、2019 年末、2020 年末、2021 年 6 月末分别核销坏账 96.72 亿元、110.19 亿元、357.85 亿元、299.39 亿元、139.43 亿元。

同期，该行的不良贷款率为 1.78%，比上年末下降 0.02 个百分点。尽管不良贷款率微降，但在 41 家 A 股上市银行中排名倒数第三，且比银保监会公布的二季度银行业股份行不良贷款率 1.42%高出 0.36 个百分点。

资料来源：钱晓睿. 5 天连收 5 张罚单的华夏银行：资产质量承压多项指标排名倒数，业务屡次违规领罚投诉量高涨. 财经网，2021-09-15.

2.1.2 内部控制的要素

1992 年版《内部控制——整合框架》把内部控制划分为五个相互关联的要素，分别是：控制环境、风险评估、控制活动、信息与沟通以及监控。它们源自管理层的经营方式，并与管理过程紧密相连，每个要素均承载内部控制的三个目标。内部控制的三个目标与五个要素贯穿机构的各业务单位和各层面的业务活动。在内部控制制度设计中，公司可以根据公司的规模和结构采用不同的方式来实施这五大要素。内部控制五要素如图 2－1 所示。

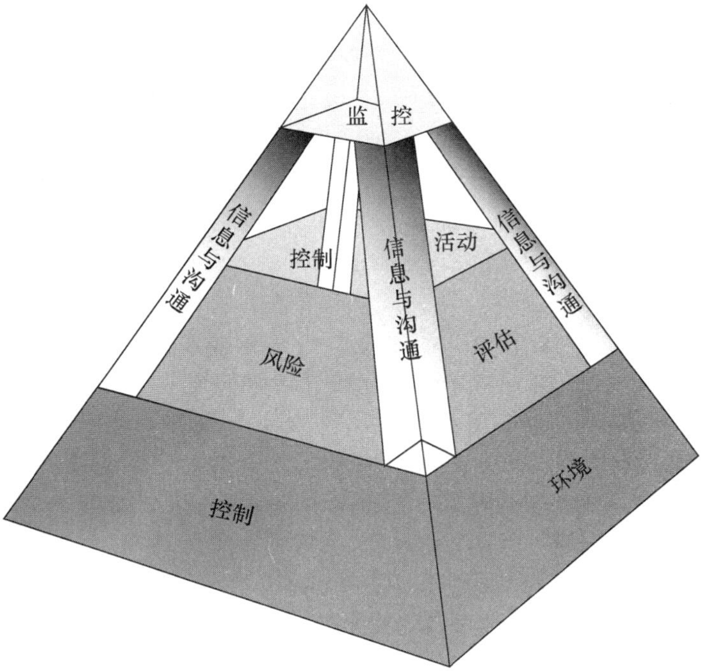

图 2－1 内部控制五要素

1. 控制环境

控制环境决定了企业的基调，其好坏直接影响企业员工的控制意识、企业内部控制的贯彻和执行，以及企业经营目标及整体战略目标的实现。控制环境提供了内部控制的基本规则和构架，是其他四个要素的基础。控制环境包括员工的诚信度、职业道德和才能；管理哲学和经营风格；权责分配方法和人事政策；董事会的经营重点和目标等。

2. 风险评估

每个企业都面临诸多来自内部和外部的有待评估的风险。风险评估的前提是使经营目标在不同层次上相互衔接，保持一致。风险评估指识别、分析相关风险以实现既定目标，从而形成风险管理的基础。由于经济、产业、法规和经营环境不断变化，企业需要确立一套机制来识别和应对这些变化带来的风险。

3. 控制活动

控制活动指那些有助于管理层决策顺利实施的政策和程序。企业应根据风险评估的结果，采取相应的控制措施，将风险控制在可承受范围之内。控制行为有助于确保实施必要的措施以管理风险，实现经营目标。控制行为体现在整个企业的不同层次和不同部门中，包括批准，授权，查证、核对、复核经营业绩，财产保护和职责分工等活动。

4. 信息与沟通

企业应以一定的形式、在一定的时间范围内识别、获取和沟通相关信息，以使企业内部各层次员工能够顺利履行其职责。第一，公允的信息必须被确认、捕获并以一定形式及时传递，以便员工履行职责。信息系统能提供涵盖经营、财务和遵循性信息的报告，以帮助经营和控制企业。信息系统不仅处理内部产生的信息，还包括与企业经营决策和对外报告相关的外部事件、行为和条件等。第二，有效的沟通从广义上说是信息的自上而下、横向以及自下而上的传递。所有员工必须从管理层得到清楚的信息，认真履行控制职责。员工必须理解自身在整个内部控制系统中的位置，理解个人行为与其他员工工作的相关性。员工必须有向上传递重要信息的途径。同时，与外部诸如客户、供应商、管理层和股东之间也需要有效的沟通。

5. 监控

神户制钢造假反映出的内部控制问题

内部控制系统需要监控，即对该系统的有效性进行评估的全过程。可以通过持续性的监控行为、独立评估或两者的结合来实现对内部控制系统的监控。持续性的监控行为发生在企业的日常经营过程中，包括企业的日常管理和监督行为、员工履行各自职责的行为。独立评估活动的广度和频度有赖于风险预估和日常监控程序的有效性。内部控制的缺陷应该自下而上汇报，问题严重的应上报给最高管理层和董事会。

案例2-4 国海证券“萝卜章”事件引发的内控思考

2016年12月14日，部分媒体报道“债市下跌引发华龙证券5亿违约，国海证券负责人失联”“国海资管债券爆仓，管理层全部失联”等消息，引发社会热议。

报道称，国海证券债券团队的两名负责人已经失联，他们曾冒用国海证券的名义进行债券代持，而使用的印章是私刻的。国海证券第二日发布相关公告，并以此为由拒绝在债券到期后回购债券。同月，中国证监会介入，国海证券持续停牌。司法鉴定机构将这起涉嫌公章伪造的案件判定为刑事案件。2016年12月28日，经有关部门调解，国海证券与17家涉事机构对本次事件达成共识，并签订按比例买断的协议。2017年1月19日，国海证券复牌，并公告了这一事件的处理方案。当年5月19日，中国证监会最终公布对国海证券“萝卜章”事件的处理结果，该事件正式落下帷幕。除了对相关责任主体进行处罚外，还公告宣称，国海证券存在内部管理混乱、合规风控失效、违规事项多发等问题，并希望其他证券公司引以为戒。从事发起，外界媒体对此事的报道层出不穷，各种猜测分析也接连不断，有媒体甚至怀疑“萝卜章”事件其实为国海证券自导自演，以期主动规避债券代持可能带来的亏损，涉事两名员工不过是替罪羊而已；也有人认为确实是国海证券的内部合规失效，才导致“萝卜章”事件的发生。国海证券为此次违规行为付出了沉重代价，从中不难看出其内部控制存在的问题。

一是企业文化的缺失。对于金融企业，逐利导向的文化阻碍了良好内部控制环境的形成。通过网络，笔者并未在“萝卜章”事件发生之前搜索到国海证券文化建设的努力，也没有搜索到风险控制理念的相关阐述。唯一一则是2014年人民网的报道，仅阐述了国海证券的“尊文化”理念，但并未提及这一文化建设应如何落实，笔者也并未在国海证券网站发现合规型文化的相关阐述。

二是业务结构不合理、治理层监督缺位。首先，相对于一般制造企业，金融企业各业务流程对专业化的要求较高，同一部门的员工不易了解其他部门的业务。为了保证业务开展合理、合规，相同交易往往由多个相互牵制的人员负责。印章私刻与合同私印“萝卜章”反映了印章分管领导与业务谈判人员职责的缺失，可见公司内部业务部门协调不及时，有关人员权责不明。而国海证券并未将涉事职工的离职信息提前通知其他企业，加大了“萝卜章”获得合同缔约方信任的可能性。其次，国海证券缺乏监事会或积极股东的有效监督。一方面，由于国有企业监事会主要由工会成员构成，他们不具备某一具体金融领域的专业知识，也难以控制业务行使监督权。另一方面，国海证券的现有股权结构表明，公司不存在控股股东和实际控制人。持股比例较少的股东耗费全部的监督成本，也只能获得与持股份额相匹配的收益，出于成本与效益的权衡，他们缺乏动力对管理层进行监督。

三是没有充分评估风险。在赋予业务员较高权力的情况下，国海证券既没有充分评估美国通货膨胀上升和国债利率反弹带来的市场风险，也没有合理预计债券无法赎回导致的信用风险、法律风险和声誉风险，自身体制导致未能发现“萝卜章”问题。

四是国海证券员工激励约束机制失衡，资产管理业务运作违规，控制活动失灵。员工为了高额绩效回报，滥用自由裁量权，不惜牺牲公司的利益。任何金融企业都应明确规定交易的限额，并及时向外界披露有权签订协议的人员名单，以控制整个交易过程。国海证券显然忽略了这一风险控制过程。

五是国海证券的内部监督体系存在较大缺陷。在事件前后，公司内部审计部门形同虚设。根据国海证券2015年和2016年财务报告，监事会始终不认为公司的内部控制存在缺陷，内部审计部门也没有查出内部控制的相关问题。

资料来源：宋建波，张彦松．加强内部控制信息披露 提升金融企业风险防范和价值创造能力——基于国海证券“萝卜章”事件的思考．财务与会计，2021（4）：40-44．

2.1.3 内部控制整合框架的局限性

内部控制设计和执行得再好，也只能为企业目标的实现提供合理的保证。实现的可能性受所有内部控制系统固有局限性的影响。这些固有局限性包括：决策人判断的失误；简单差错或错误导致的失效；两个或更多人联合欺诈或串通以绕过内部控制；管理层凌驾于内部控制之上以及外部不受控事件导致的内控失效；要考虑与控制相关的成本和收益。所以，内部控制并不是万灵药，自身的固有局限性可能导致企业无法实现其合理预期的目标。

上述固有局限性使得董事会和管理层无法为组织目标的实现提供绝对保证，所以内部控制提供的是合理保证而非绝对保证。管理层在设计和执行内部控制时，应当考虑并尽最大可能将这些内在的局限性最小化。

案例 2-5　万年青再曝财务黑洞，内控成上市公司软肋

江西万年青水泥股份有限公司（以下简称“万年青”）在 2016 年 10 月 10 日收盘后的公告中称：近期公司在财务检查中发现子公司江西南方万年青水泥有限公司价值约 1.76 亿元的银行承兑汇票去向不明。公司财务部原部长肖福明涉嫌挪用资金，并且违规为第三方以应收账款质押向银行贷款 3 000 万元提供虚假证明。

从 10 年前惊天腐败案到现在的巨额汇票蒸发、财务部长涉贪，多年来万年青财务腐败问题不断，其原因何在？根源在哪？《财会信报》记者就万年青的财务问题专访了资深注册会计师、南通注册会计师协会副秘书长刘志耕。刘志耕在接受采访时认为有以下几个方面的原因。

一是内部监督机构人员与贪腐分子同流合污，内部监督机构形同虚设。作为上市公司，表面上，万年青内部建立健全了一系列权力管理机构，如股东大会、董事会、监事会等，公司党委、纪检、审计、财务等监管机构也一应俱全。但实际上，这些机构几乎形同虚设，就连监督机构、纪检监察部门也成了腐败的“傀儡”，甚至参与腐败，完全丧失了监督职能。

二是企业管理层凌驾于内控之上，无视党纪国法。在高管腐败案被查处时，该公司虽然早已上市，但仍是典型的“家长制”，“一把手”说了算，丝毫没有现代企业应有的运作模式及机制，更没有民主管理和决策的规范及氛围。

三是拉帮结派，串通舞弊，使得舞弊更加容易却更难及时发现。为确保自己在公司的稳固地位，江西南方万年青水泥有限公司原总经理杨石根等人滥用权力、拉帮结派，在公司设立各种管理机构多达 72 个，管理人员 260 余人，不仅为公司管理层串通舞弊提供了方便之门，同时也加大了舞弊检查和发现的难度。最为典型的是公司上至各管理科室，下至各车间和班组，层层私设“小金库”，其中一次性查出 55 个“小金库”，违规金额近千万元。

四是内部控制流于形式。该公司多年来存在的盲目投资、疏于管理、高管层集体腐败、财务账面弄虚作假、资金流失黑洞遍地等问题足以证明其未认真执行相关内控制度，否则像高管层先后 7 次从企业非法挪资 1.5 亿元用于炒股等违规问题不难发现。

五是公司内部缺乏应有的风险评估机制。十多年来，万年青对外投资不仅屡投屡败，而且亏损巨大，说明该公司不仅缺乏对外投资应有的可行性研究和决策机制，而且缺乏必要的风险评估及防范机制。

六是缺乏对公众公司应有的认识和规范意识。万年青公司的管理层不仅错误地

将公司视为己有，更是在长达十年的时间里，大肆侵吞、挥霍公众资产。他们忘了一点：上市公司是公众公司，应该按照国家相关法律法规规范运作，作为公司的管理层，更应该树立合法经营、规范运作的理念和意识。

资料来源：如月. 万年青再曝财务黑洞 内控成上市公司软肋. 财会信报，2016-10-18.

2.2 风险管理整合框架（2004年版）

1992年版《内部控制——整合框架》自发布以来，被世界上许多企业所采用，理论界和实务界对内部控制整合框架提出了一些改进意见，强调内部控制整合框架的建立应与企业的风险管理相结合。2004年9月，COSO发布了《企业风险管理——整合框架》（《ERM框架》），这个框架是在1992年版《内部控制——整合框架》的基础上，结合《萨班斯法案》在报告方面的要求，进行扩展研究得到的。普华永道的项目参与者认为，新报告中有60%的内容得益于1992年版《内部控制——整合框架》。但由于风险是一个比内部控制更为广泛的概念，因此，《ERM框架》中的许多讨论比1992年版《内部控制——整合框架》的讨论更为全面深刻。此外，COSO在其《ERM整合框架》讨论稿中也说明，《ERM框架》是建立在《内部控制——整合框架》的基础上的，内部控制是企业风险管理必不可少的一部分。《ERM框架》的范围比《内部控制——整合框架》的范围更为广泛，是对《内部控制——整合框架》的扩展，是一个主要针对风险的更为明确的概念。

2.2.1 风险管理的定义

风险管理是一个由企业的董事会、管理层和其他员工共同参与的，应用于企业战略制定和企业内部各个层次和部门的，用于识别可能对企业造成潜在影响的事项并在其风险偏好范围内管理风险的，为企业目标的实现提供合理保证的过程。

这是一个广义的风险管理定义，适用于各种类型的组织、行业和部门。该定义直接关注企业目标的实现，并且为衡量企业风险管理的有效性提供了基础。该定义强调：

（1）企业风险管理是一个过程，它并不是静止的，而是渗透于一个主体的各种活动的持续的或反复的相互影响，其本身并不是一个结果，而是实现结果的一种方式。企业的风险管理是渗透于企业各项活动中的一系列行动。这些行动普遍存在于管理者对企业的日常管理中，是企业日常管理所固有的。

（2）企业风险管理是一个由人参与的过程，它是通过一个组织中各个层级的人和他们的言行来完成的。同时，企业风险管理也会影响人的行动。

（3）风险管理过程可应用于战略制定。企业的战略目标是企业最高层次的目标，它与企业的预期和任务相联系并支持预期和任务的实现。一个企业为实现其战略目标而制定战略，并将战略分解成相应的子目标，再将子目标层层分解到业务部门、行政部门和各生产过程。在制定战略时，管理者应考虑与不同的战略相关联的风险。

（4）风险管理过程贯穿整个企业。风险管理过程应用于企业内部各个层次和部门，还包括采取主体层级的风险组合观。一个企业必须从全局和总体层面上考虑企业的各项活动。企业的风险管理应考虑组织内所有层面的活动，从企业总体的活动到业务部门的活动，再到业务流程。

（5）风险管理过程旨在识别一旦发生将会影响主体的潜在事项，并把风险控制在风险容量以内。风险容量与一个主体的战略直接相关，它指导资源配置。因为不同的战略会使主体面临不同的风险，所以风险容量需要在战略制定过程中予以考虑。

（6）设计合理、运行有效的风险管理能够为企业的管理层和董事会就企业各目标的实现提供合理保证。合理保证并不意味着企业风险管理经常会失败，而是意味着未来总是存在一定的不确定性和风险，且可能超出人们的预测范围。

（7）企业风险管理整合框架针对一类或几类相互独立但又存在重叠的目标，目的在于实现企业目标。

这个定义比较宽泛。它抓住了对于公司和其他组织如何管理风险至关重要的关键概念，为不同组织、行业和部门的应用提供了基础。它直接关注特定主体既定目标的实现，并为界定企业风险管理的有效性提供依据。

总之，企业风险管理是一个过程，企业风险管理的有效性是某一时点的一个状态或条件。一个企业的风险管理是否有效是在对风险管理要素设计和执行是否正确的评估基础上的一个主观判断。企业的风险管理若有效，则其设计必须包括所有的要素得到执行。企业风险管理可以从一个企业的总体来认识，也可以从一个或多个部门的角度来认识。即使是站在某一特定的业务部门的角度来看待风险管理，所有的要素也应作为基准包含在内。

2.2.2 风险管理整合框架的目标

在主体既定的使命或愿景范围内，管理层制定战略目标，选择战略，并在企业内自上而下设定相应的目标。尽管许多目标是针对特定主体的，但有一些目标是广泛共通的。例如，在供应商和消费者心目中树立和保持正面的声誉，向利益相关者提供可靠的报告，以及遵循法律和法规开展经营是几乎所有主体共同的目标。

《ERM框架》将主体的目标分成以下四类：

（1）战略目标。它是企业高层次的目标，与企业的使命、愿景相协调，并支持使命和愿景。战略目标反映了管理层就企业如何努力为它的利益相关者创造价值所做的选择，管理层要识别与此选择相关联的风险，并考虑它们可能产生的影响。

（2）经营目标。经营目标与企业经营的有效性和效率有关，包括业绩和盈利目标以及保护资源不受损失，它因管理层对结构和业绩的选择不同而不同。

（3）报告目标。报告目标与报告的可靠性有关，包括内部与外部报告，并且可能涉及财务与非财务信息。

（4）合规目标。合规目标与符合相关法律和法规有关，取决于外部因素。在一些情况下对所有企业都适用，在另一些情况下则在一个行业内有共性。

对主体目标的这种分类使我们可以关注企业风险管理的不同侧面。这些各不相同却又相互交叉的类别（一个特定的目标可以归入多个类别），反映了不同的主体需要，并且可能成为不同管理者的直接责任。这个分类还有助于区分每一类目标包含的期望。

企业风险管理的目标是为实现报告的可靠性、符合法律和法规等目标提供合理保证。这些类型的目标的实现处于主体的控制范围之内，并且取决于主体的相关活动完成的好坏。

但是，战略目标（例如取得预定的市场份额）与经营目标（例如成功引入一条新的产品线）的实现并不总是处在主体的控制范围之内。企业风险管理不能防止糟糕的判断或决策，或可能导致一项经营业务不能达成目标的外部事项。但是，它能够增加管理层做出更好决策的可能性。针对这些目标，企业风险管理能够合理地保证管理层和起监督作用的董事会及时地了解主体朝着目标前进的程度。

案例2-6 同济堂内控失效“爆雷”不断，再曝逾10亿元违规担保

2020年8月9日，同济堂公告称，根据公司控股股东及相关经办人员提供的信息，在未履行相关内部审批决策程序的情况下，公司存在违规对外担保的情况。

两起违规担保均是同济堂控股股东同济堂控股导致，违规担保金额超10亿元。公司表示，上述违规担保事项未经公司董事会或股东大会审议，也未履行公司用章审批程序。截至公告日，控股股东违规担保及其他原因导致公司涉及诉讼金额合计12.82亿元，占公司最近一期经审计净资产的19.92%。而8月9日披露的这两起违规担保和另外三起诉讼事项导致公司12.3亿资产被冻结，占公司最近一期经审计净资产的19.16%。

同济堂的内控失效问题，在披露2019年年报时就已曝光。同济堂年审机构在2019年度内部控制审计报告中已明确指出，公司存在内控系统性失效缺陷。公司及多家子公司在资金活动、采购业务、销售业务、资产管理以及会计核算和财务报告相关的内部控制方面存在系统性内部控制失效情形。

公司2019年年报显示，经公司自查，在2019年报告期内，公司控股股东及其关联方同济堂科技、海洋国旅通过供应商及其他非关联方等方式占用公司资金共计10.47亿元，占公司最近一期经审计净资产的比例为16.27%。

内控审计报告还指出，公司存在异常资金往来情形。2019年公司未履行规定的审批程序，对外支付大额资金。其中，通过应付账款、其他应收款、其他应付款等科目，与多家单位发生大量资金往来。截至2019年底，该等预付款项、应付账款、其他应收款、其他应付款余额分别为9 516.77万元、24 786.8万元、25 850.51万元、10 891.07万元，无法确认上述款项性质及交易实质。

资料来源：陈星．内控失效“爆雷”不断，*ST济堂再曝逾10亿违规担保．每日经济新闻，2020-08-10.

2.2.3 风险管理整合框架的要素

企业风险管理包括八个相互关联的构成要素，它们源于管理层经营企业的方式，并与管理过程融合在一起，这些构成要素是：内部环境、目标设定、事项识别、风险评估、风险应对、控制活动、信息与沟通、监控。根据 COSO 的《ERM 框架》，内部控制的目标、要素与组织层级之间形成了一个相互作用、紧密相连的有机统一整体；同时，对内部控制要素的进一步细分和充实，使内部控制与风险管理日益融合，拓展了内部控制。企业风险管理整合框架如图 2－2 所示。

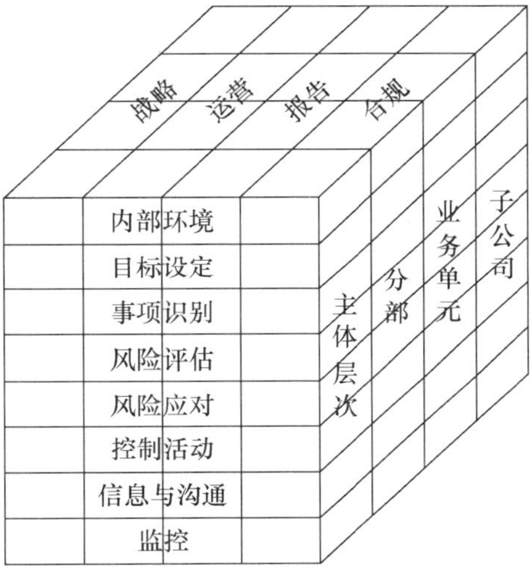

图 2－2 企业风险管理整合框架

（1）内部环境。管理层确立关于风险的理念，并确定风险容量。内部环境为主体中的人们如何看待风险和着手控制风险确立了基础。所有企业的核心都是人——他们的品性，包括诚信、道德价值观和胜任能力——以及经营所处的环境。

（2）目标设定。必须先有目标，管理层才能识别影响目标实现的潜在事项。企业风险管理确保管理层采取恰当的程序去设定目标，确保所选定的目标支持和切合该主体的使命，并且与该主体的风险容量相一致。

（3）事项识别。必须识别可能对主体产生影响的潜在事项。事项识别是指从影响目标实现的内部或外部原因中识别潜在的事项，包括区分代表风险的事项和代表机会的事项，以及二者兼有的事项。

（4）风险评估。要对识别的风险进行分析，以便确定对风险进行管理的依据。风险与可能被影响的目标相关联，既要对固有风险进行评估，也要对剩余风险进行评估，评估要考虑到风险的可能性和影响。

（5）风险应对。员工应识别和评价可能的风险应对，包括回避、承担、降低和分担风险等。管理层应采取一系列措施使风险与主体的风险容忍度相适应。

（6）控制活动。制定和实施政策与程序以确保管理层所选择的风险应对得以有效实施。

（7）信息与沟通。企业在经营过程中须按某种形式辨识、取得确切的信息以确保员工履行其职责，并且能够借助这些信息来识别、评估和应对风险。同时企业需要确保信息在主体中向下、平行和向上流动，从而使得员工可以明晰各自的职能和责任。

（8）监控。对企业风险管理进行全面监控，必要时加以修正。通过这种方式，风险管理能够得到动态反映，并根据条件而变化。监控通过持续的管理活动、对企业风险管理的个别评价或者两者相结合来完成。

企业风险管理是一个动态的过程。举例来说，风险评估促进风险应对，可能会影响控制活动，并凸显出对信息与沟通的需要或对主体监控活动必要性的考虑。因此，企业风险管理并不是一个严格的顺次过程，也就是说，一个构成要素并不仅仅影响接下来的那个构成要素。它是一个多方向的、反复的过程，在这个过程中，几乎每一个构成要素都能够并且会影响其他要素。

任何两个主体都不可能也不应该以同样的方式应用企业风险管理。公司的风险管理能力和对风险管理的需求，由于行业和规模，以及管理理念和文化的不同而大相径庭。因此，尽管所有的主体都应该具备每一个构成要素并有效运行，但是公司对企业风险管理的应用——包括采用的工具以及职能与责任的划分——通常各不相同。

案例2-7 巨石股份风控一体化建设

中国巨石股份有限公司（以下简称“巨石”）是中国建材集团旗下玻璃纤维板块的核心企业，是全球最大的玻璃纤维专业制造商。巨石自成立以来，严格按照《公司法》、公司章程等有关法律法规和规章制度的要求，不断完善公司治理结构，确保股东充分享有法律、法规、规章所规定的各项权益。巨石以全面风险管理思想为基础，通过建立标准风险库，广泛收集内外部风险信息，制定风险量化评估模型和关键风险应对策略，建立了风险评估和管理机制。

2016年，巨石成立了风险评估小组，初步探索风险管理机制的建立。巨石围绕战略风险、运营风险、市场风险、法律风险、财务风险五类风险进行逐级分解，形成63类二级风险、126类三级风险，通过广泛收集内外部初始风险信息，分析整合后形成由573个具体风险点组成的标准风险库，结合公司的经营管理现状对风险库中每个风险点发生的概率和风险影响程度进行识别和评估，根据评估结果将风险评定为“高、中、低”三个不同的等级，共计识别出24个高风险点，占总风险的4.2%；103个中风险点，占总风险的17.9%；446个低风险点，占总风险的77.9%。

2017年，巨石进一步完善了风险评估的程序和方法，形成了规范的风险评估制度——《风险评估实施细则》，建立了风险量化评估模型，细化了风险评估的量化标准，对风险发生概率、风险影响、风险等级三个维度均设定了五个范围等级，风险评定结果由上年的“高、中、低”三个等级调整为“重大、较大、一般、较小、微小”五个等级。针对评估结果制定了系统的风险评估和管控机制，重点关注评估结果为较大以上级别的风险，对量化评估结果分析汇总后形成风险报告，经内部审批制定相应的风险应对措施。具体措施和实施情况如下。

1. 健全风控管理组织机构，明确风险内控管理目标

巨石制定了风险管理制度，建立了以董事会为领导，公司管理层主导组织，各业务职能部门为风险管理落实主体的系统管理机构，并设立了公司风险内控管理日常管理机构。将内控管理机制的建设和监督的要求、风险管理策划的执行和改进要求明确写入各级业务职能部门的工作职责中。在风险防控体系的建设过程中，公司着重强调了总部职能部门和业务部门在子公司风控机制建设过程中的引领和主导作用，全面修订了组织职责文件，将风控机制的建设和监督职责纳入总部统一管理。风控管理组织机构及职责见图2-3。

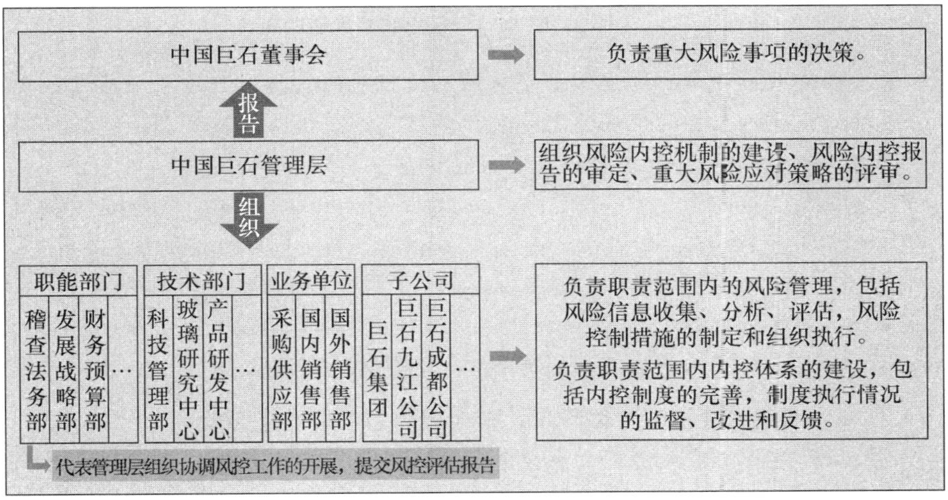

图2-3 风控管理组织机构及职责

以公司战略规划为出发点，确立公司风险防控体系建设的基本目标，将战略目标、经营目标、报告目标、合规目标的实现作为巨石当前风险防控工作的主要任务。内部控制和全面风险管理体系的建设是一项系统工程，涉及企业经营的方方面面，巨石在管理体系建设过程中注重系统建设的策划，在紧抓当前风险防控主要任务的同时，兼顾探索风险效益开发利用机制的建立，力求在承受有效风险的情况下实现公司效益的最大化。

2. 规范风险信息收集程序，夯实风险内控评价过程

(1) 合理利用信息资源，整合风险信息收集渠道。巨石通过制度规范了风险信息收集要求，针对与战略风险、运营风险、市场风险、法律风险、财务风险五大类风险相关的内外部关键因素的变化和风险事件的发生情况建立信息收集、筛选、提炼、对比、分类、组合机制。巨石通过推进信息收集渠道的整合，建立风险信息收集常态化机制，有效提高了信息收集效率和质量。信息收集渠道的整合示意图见图2-4。

(2) 巧用内控测试工具，优化风险评估方式。巨石结合公司实际业务内控评价机制，将风险评估过程纳入业务内控测试评价流程中。业务内控评价主要通过穿行测试和控制测试的方法深入实际业务活动中，内控评价工具在风险评估方面的利

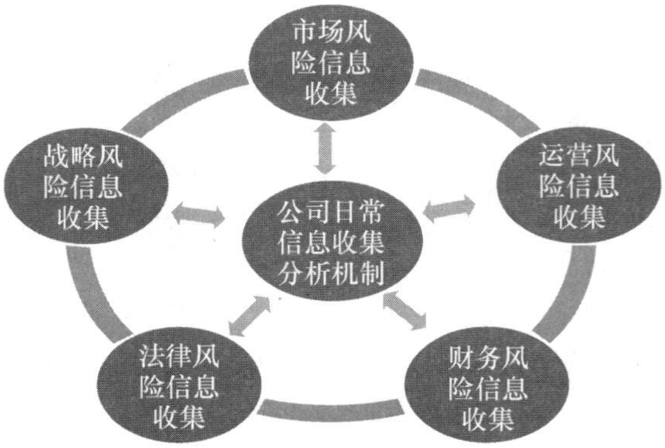

图2-4　信息收集渠道的整合

用，可使风险评估的过程增加实质性测试程序的支撑，避免在评估过程中因信息的不对称或评估人员的主观意志导致评估结果严重偏离客观实际，有效提高了风险评估的准确性。图2-5为传统风险评估方法。

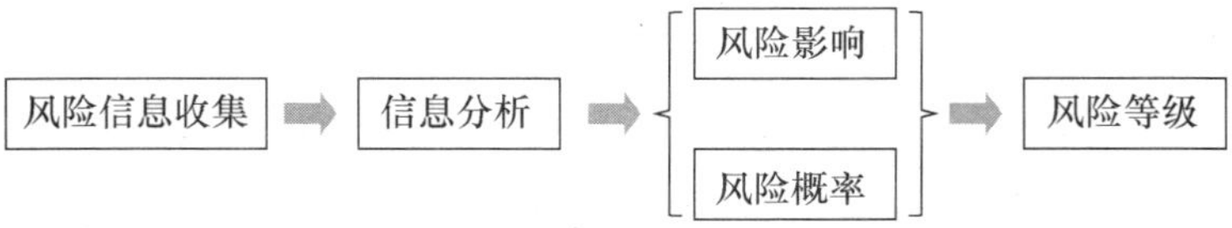

图2-5　传统风险评估方法

3. 规范风险控制评估程序，整合风险和控制管理目标

（1）完善标准风险库。公司依据全面风险管理框架和国务院国有资产监督管理委员会发布的《中央企业全面风险管理指引》，结合公司实际经营情况制定了标准风险库。根据风险信息收集及分析结果，对风险信息库进行更新，补充新增风险点，并根据分析结果对风险概率、风险影响、风险等级进行初步复评。

（2）确定风险和内控目标。公司依据《企业内部控制基本规范》和《企业内部控制应用指引》初步梳理业务内控风险，确定基本的业务内控目标，对比分析内控风险点和标准风险库内容，识别共性内容和差异部分，将两者涉及的风险点有序整合形成全新的风险数据库，并确定相应的风险控制目标。图2-6为风险整合和目标确定示意图。

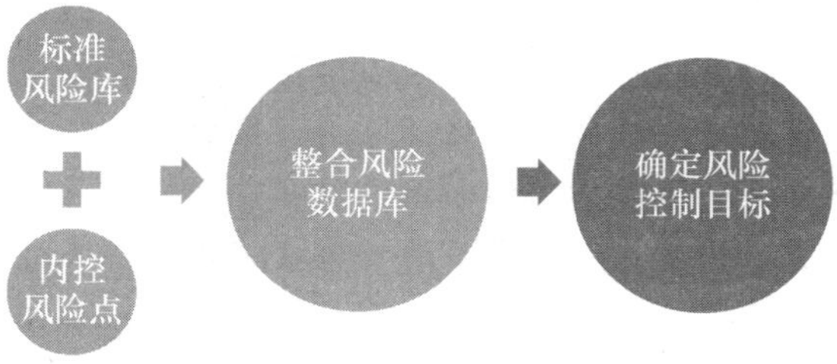

图2-6　风险整合和目标确定

（3）梳理内控制度和措施。公司建立了各项管理标准200余项，由于标准制定的责任主体存在差异，各项关联的标准之间存在着错综复杂的关系，要对公司风险和内控进行评估，首先需对与控制目标相关联的管理标准和业务流程控制措施进行全面的梳理和分析。

评价小组根据风险控制目标，全面梳理公司现有的内控制度和规范，识别出与目标控制有关的内控制度以及具体的控制措施，重点分析与控制目标相对应的控制设计的有效性。图 2－7 为内部控制和内控措施梳理示意图。

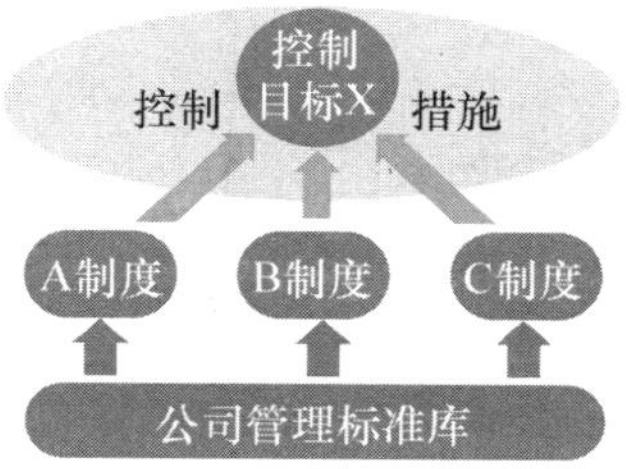

图 2－7　内部控制和内控措施梳理

(4) 控制测试的设计和执行。所有控制目标对应的内控制度和控制措施梳理完成后，正式组织控制措施执行情况的测试，测试过程重点关注内控措施是否得到一贯执行以及措施执行是否有效实现控制目标要求。首先需识别控制措施的关键控制点，了解并收集关键控制点执行的各项记录和资料样本，将所选样本的控制执行情况作为目标控制有效性的评价依据。

(5) 评价结果沟通及报告的编制。通过以上程序基本实现了企业风险内控制度建设和执行情况、执行效果的系统评价。信息的沟通是整个风险控制评估过程的重要环节，在评估完成后，项目的实施过程和评价结果需要与相关业务管理部门进行充分的沟通交流，确保评价过程的合理性，评价结果与客观实际相吻合，评价结果的有效沟通能够为后续改进的有序开展提供保障。评价小组根据评价结果编制评价报告，评价报告主要由评价标准、评价内容和范围、内控制度、缺陷认定标准、评价结论和改进建议组成。

4. 建立重大风险评审机制，制定风险内控管理矩阵

风险控制评估过程对全面风险管理和内部控制体系的相关理论和方法进行了有机融合，其核心目标在于最终评级结果的有效利用，风险管理机制从纯粹的风险管理体系转变为融入企业管理的各个环节和领域。公司风险控制评价结果的应用主要表现在两个方面：结合公司战略对重大风险进行评审，制定具体的应对方案；将风险的管理融入日常的业务管理流程中，实现风险管控的常态化。

5. 健全内部考核问责机制，保障风险防控机制有效落实

(1) 绩效考核机制。公司将内控机制建设、风险信息收集和风险预警、风险事件的应急处置和及时报告等相关要求写入各单位签订的经济责任制合同中，在月度绩效考核和年度绩效考核中对制度建设违法违规、日常经营违反制度要求、制度执行监督缺位、制度不健全导致风险事件发生等方面制定了明确的经济考核条款。

(2) 内部问责机制。针对造成重大影响的风险建立了严格的责任追究制度，2017 年公司对《内部问责管理制度》进行了全面修订，制度确定了组织管理、监督管理、生产经营、财务资产、廉洁自律、保密规定等 7 类问责范围，共计 62 类问责事项。根据责任事故或事件造成的经济损失金额、外部处罚或监管、其他负面影响等三个维度进行定性定量评价，依据评价结果确定相应的问责处理标准。制度将“内部控制存在重大缺陷，或者不严格执行内部控制管理规定，导致重大风险事件发生”作为重点问责内容之一。

资料来源：丁成车，等．巨石股份风控一体化建设案例分享．审计之家（微信公众号），2021-05-12.

2.2.4 对风险管理整合框架的评价

《ERM框架》再一次强调了系统的概念，即在实施企业整体风险管理过程中，主体中的每个人都对企业风险管理负有责任：首席执行官（CEO）负有首要责任；其他管理人员支持主体的风险管理理念，并在各自的责任范围内依据风险容量去管理风险；风险官、财务官、内部审计师等负有关键的支持责任；主体中的其他人员负责按照既定的指引和制度去实施风险管理；董事会对企业风险管理进行监督，并察觉和认同主体的风险容量。外部利益相关者，例如顾客、零售商、商业伙伴、外部审计师、监管者和财务分析师，常常提供影响企业风险管理的有用信息，但是他们不对主体的风险管理的有效性承担任何责任。

《ERM框架》可以为不同的利益相关者提供有效的借鉴和指导。对企业的董事会来说，应当与高级管理人员讨论本企业风险管理的现状，并提供所需的监督；应当确信知悉最重大的风险，以及管理层正在采取的行动和如何确保有效的风险管理；应当考虑寻求内部审计师、外部审计师和其他方面的参与。对企业的高层来说，CEO应把各业务单元的领导和关键职能部门人员召集到一起，评估企业的风险管理能力和有效性。企业中的其他人员应该考虑如何履行各自的职责，并与更高层人员讨论有关加强风险管理的看法。内部审计师应该考虑他们关注风险管理的范围。对监管者来说，《ERM框架》可以增进有关企业风险管理的共识，为监管者对他们所监管的主体采用规则或指南等形式设定期望或进行检查提供参考。对于为财务管理、审计和相关领域提供指南的规则制定机构和其他专业组织来说，可以根据《ERM框架》消除概念和术语方面的差异，达成共识。

2.2.5 风险管理整合框架的局限性

企业风险管理设计和运行得再好，也只能向管理层和董事会提供有关主体目标实现的合理保证。目标的实现受到所有管理过程中固有局限性的影响。

在考察企业风险管理的局限性时，应该认清以下三个概念：

第一，风险与未来有关，而未来本身就具有不确定性。

第二，企业风险管理针对不同的目标在不同的层次上运行。对于战略和经营目标而言，企业风险管理仅仅能够帮助管理层以及起监督作用的董事会及时地认识到主体朝着这些目标前进的程度。即使是有效的企业风险管理，也不能为目标的实现提供合理保证。

第三，企业风险管理不能对任何一类目标提供绝对保证。

第一个概念表明没有人能够准确地预测未来。第二个概念表明存在完全在管理层控制范围之外的特定事项。第三个概念与一个事实有关，即没有任何一个过程总能像预期的那样。

任正非之风险管理说

合理保证并不意味着企业风险管理经常会失败。许多因素单独或一起强化了合理保证的概念。满足多重目标的风险应对的累积影响和内部控制的多目标属性降低了主体不能实现其目标的风险。此外，正常的日常经营活动和在组织不同层次上运行的人员的责任都以实现主体的目标为目的，这也在一定程度上强化了目标的实现。

案例 2-8 从“中兴事件”看企业风险管理

2018 年 4 月 16 日，美国商务部发布了对中兴通讯股份有限公司（以下简称“中兴”）出口权限的禁令，禁止美国企业向其出售零部件，并认定中兴在 2016 年和解谈判和 2017 年考验期间，向美国商务部工业安全局（BIS）做出虚假陈述。自美国 4 月初宣布制裁中兴以来，中兴几乎所有的业务都受到影响，库存全线告急。美国政府要求 2025 年前任何美国企业不得同中兴有业务往来。到 2018 年 5 月 10 日，中兴的芯片库存已无法维持生产，其他高科技零部件库存也全部飘红。

我们经常讲，企业发展中速度和风险控制能力要匹配，要时刻重视风险管控能力的提升，但任何方式都不如这次打击给企业带来的思考更深刻。中兴事件一系列风险防范的失效，暴露出中国企业管理软实力的脆弱性，值得所有中国企业共同反思。

（1）应在企业最高层设定风险偏好和承受度。像中兴这样的企业在战略目标的制定过程中，会对不同发展思路和途径进行选择，这些选择暗含最高管理层对企业承担风险的偏好、种类和数量的认识。一般情况下，管理层只是一门心思想着如何实现这些目标，忽视了既定战略下风险偏好发生偏离或承担的风险超过上限的情况，这将对战略的实施形成巨大的威胁，甚至威胁企业的生存。在企业战略规划的制定中，不允许出现战略性漏洞。但中兴对于公司使命、愿景、核心价值观、战略规划的论述主要集中在追求市场和规模方面，因此，中兴事件应该属于风险超限进而对企业发展产生致命影响。

（2）对战略风险反应迟缓。中兴这次面对的灰犀牛式的风险，在过去的 30 多年里一直没有消失过，作为一家 1985 年成立的公司，对于这样一个潜在的重大战略风险，中兴是否认真研究、制定过备选方案？有人说，短期内可能很难做出很好的备选方案。那在这种情况下，大规模、高调地进军全球最敏感区域，对当下没有形成战略替代方案的企业来说，是一个必须的市场战略吗？整个公司因此承担的风险和在这个区域获得的收益对等吗？如果风险和收益出现了严重的偏离，这样的战略就不能称为一个合格的战略。反观华为，任正非十几年前就是中国企业界公认的风险管理大师，2012 年，他在诺亚方舟实验室的讲话中提到：华为内部可以不使用海思的芯片，即使内部几十年不用海思的芯片，为了不受制于人，也得坚持做下去。我并不反对你们买美国的高端芯片。要尽可能用它的高端芯片，好好地理解它们。研究高端芯片和操作系统，主要是让别人允许我们用，而不是断了我们的粮食。断了我们粮食的时候，备份系统要能用得上。一旦公司出现战略性的漏洞，不是几百亿美元的损失，而是几千亿美元的损失。我们公司积累了这么多的财富，可能就是因为那一个点让别人卡住，最后死掉。这是公司的战略旗帜，不能动。

（3）缺乏妥善的危机处理方式。从2012年开始，中兴有5年的时间来处理此次危机事件，以12亿美元罚款作为结局，从一定角度上来说是失败的。从整个危机应对的过程中可以发现，中兴一开始并没有对这次危机采取恰当的应对方式，所以才会留下顶风作案、毁坏证据、认罪态度不端等印象，这也成了被加重处罚的理由。其实，有一类专门负责协助企业进行危机管理的专业化公司，全球性的企业可以在全球或当地找一个专门负责危机处理的合作伙伴，来协助企业处理危机出现时的一系列事务。如果不熟悉当地市场，这也是一种可以考虑的方式。

（4）必须重视信息保密工作。企业的绝密信息成了公开信息，被美国商务部翻译成英文而昭告天下，外籍顾问和内部员工在公司内网可以随意下载公司的机密文件，高管电脑中保存的敏感信息被查。作为证据的文件本应该制定严格的保密程序，按权限查阅并记录日志，而从结果上看，这些流程存在控制缺陷。在信息传输手段如此发达的今天，信息保密工作一定要作为一项战略，特别是对敏感行业和敏感公司而言。

资料来源：孙友文．痛定思痛：中兴事件暴露了中国企业管理“软实力”的脆弱性．大风控（微信公众号），2018-04-22．

2.3 内部控制整合框架与风险管理整合框架的比较

COSO确定的内部控制在企业风险管理框架之内，是其不可分割的一部分。企业风险管理比内部控制更广泛，引入风险管理，拓展和细化了内部控制，形成一个更全面、更强有力的关注风险的概念。

简单来看，《ERM框架》在1992年版《内部控制——整合框架》的基础上增加了一个新观念、一个战略目标、两个概念和三个要素，即风险组合观，战略目标，风险偏好和风险容忍度两个概念及目标设定、事项识别、风险应对三个要素。针对企业风险管理的需要，《ERM框架》要求设立一个新的部门——风险管理部，并相应设立首席风险官（CRO），全面、集中地推进企业风险管理。相对于1992年版《内部控制——整合框架》而言，《ERM框架》无论在内容上还是范围上都有所扩大和提高。

2.3.1 引入风险组合观

在1992年版《内部控制——整合框架》的基础上，《ERM框架》引入了风险组合观，即在单独考虑如何实现企业各个目标的过程中，《ERM框架》更看重风险因素。不仅要单独考虑各个风险，更要从总体的、组合的角度去理解风险。对企业内部的每个单位而言，风险可能落在该单位的可接受范围内，但从企业总体来看，总风险可能会超过企业总体的风险偏好范围。因此，企业风险管理要求以风险组合观看待风险，对相关的风险进行识别并采取措施使企业所承担的风险在风险偏好范围内。

2.3.2　新增战略目标并扩大了报告目标的范畴

1992 年版《内部控制——整合框架》将企业的目标分成三类，即经营目标、报告目标、合规目标。《ERM 框架》也包含这三个目标，其中经营目标、合规目标与内部控制这个框架中的定义相同，但对报告目标的界定有所不同。内部控制整合框架中的报告目标只包括公开披露的财务报告，而在《ERM 框架》中，报告目标有很大的扩展，覆盖了企业编制的所有报告，既包括对内报告，也包括对外报告；既包括法定报告，也包括向其他利益相关者提供的非法定报告；既包括财务信息，也包括非财务信息。

另外，《ERM 框架》还增加了一个目标，即战略目标，它处于比其他目标更高的层次。战略目标来自一家企业的使命或愿景，经营目标、报告目标和合规目标必须与其相协调。企业的风险管理在用于实现其他三类目标的过程中，也用于企业的战略制定阶段。

2.3.3　引入两个新的概念——风险偏好和风险容忍度

《ERM 框架》针对企业目标实现过程中面临的风险，引入了风险偏好和风险容忍度两个概念。从广义的角度看，风险偏好是指企业在实现其目标的过程中所愿意接受的风险的数量，它在制定战略和选择相关目标时起到风向标的作用。从定性的角度看，一般将风险偏好分为风险喜好、风险中性和风险厌恶三种类型。此外，企业也可从定量的角度对风险进行衡量，反映企业目标、收益与风险之间的关系。企业的风险偏好与企业战略直接相关。企业在制定战略时，应考虑将战略的既定收益与企业的风险偏好结合起来。不同的战略给企业带来的风险不同。在企业战略制定阶段对风险进行管理，帮助企业管理者在不同战略间选择与企业风险偏好一致的战略。

风险容忍度是指在企业目标实现的过程中所能接受的偏离程度，是企业在风险偏好的基础上设定的在相关目标实现过程中对差异的可接受程度。在确定各目标的风险容忍度时，企业应考虑相关目标的重要性，并将其与企业风险偏好联系起来，将风险控制在风险容忍度的最大范围内，以保证企业在更高的层次上实现目标。

2.3.4　新增风险管理三要素——目标设定、事项识别、风险应对

《ERM 框架》在《内部控制——整合框架》的基础上新增了三个风险管理要素：目标设定、事项识别、风险应对。它们将企业的管理重心移向风险管理。因

此，《ERM框架》拓展了COSO确定的风险评估要素。目标设定、事项识别、风险评估与风险应对四个要素环环相扣，共同构成了风险管理的完整过程。

1. 目标设定

由于要针对不同的目标分析其相应的风险，因此，目标设定自然成为风险管理流程的首要步骤，成为《ERM框架》的一部分。

2. 事项识别

《ERM框架》讨论了潜在事项的概念，将潜在事项定义为来自企业内部或外部资源的可能影响企业战略执行或目标实现的一件或一系列偶发事件或事项。有正面影响的潜在事项代表机会，有负面影响的潜在事项代表风险。《ERM框架》采用一系列技术来识别有关事项及其起因，对企业的潜在事项以及事项的发展趋势进行计量。

3. 风险应对

《ERM框架》提出了四类风险应对策略：规避、降低、分担和承受。管理层应比较不同应对策略的潜在影响，在企业风险容忍度范围的假设下，考虑风险应对策略的选择。在个别和分组考虑各风险应对策略后，管理层应从总体的角度考虑企业选择的所有风险应对策略对企业的总体影响。

案例2-9 从乐视欠货款看供应链风险管理

从2016年到2018年，乐视欠供应商货款事件持续发酵，波及众多EMS（邮政特快专递服务）代工厂、元器件分销代理商，仁宝、大联大、文晔、韦尔半导体相关损失几千万至数亿元不等。另据国际电子商情了解，有众多未公开的IC分销商遭遇乐视欠款。一旦遇到这类客户，轻则受伤，重则一蹶不振。互联网带来的行业爆发式增长意味着高风险，代理商对这类客户又不可能视而不见。再加上近年来元器件缺货涨价带来的影响，分销商的供应链管理要面对比过去更多的风险。

"按照我们内部的风控体系显示的对乐视的高风险评估，我们完全可以拒绝这样的客户。但种种原因之下，我们成了他们的供应商。"一位乐视的供应商对国际电子商情记者说道。在乐视欠款后，该供应商随即停止了供货，力图将风险和损失减至最小。乐视欠供应商货款事件引发了全行业的风险意识。乐视欠款反映出运营资金不足导致的财务危机。易库易CEO谈荣锡就此分析，通常有以下三种原因：一是企业规模扩张过快，以超过其财务资源允许的业务量进行经营，导致过度交易，从而形成营运资金不足；二是存货增加、收款延迟、付款提前等原因造成现金周转速度减缓，此时，若企业没有足够的现金储备或借款额度，就会缺乏增量资金补充投入，而原有的存量资金却因周转缓慢无法满足企业日常生产经营活动的需要；三是营运资金被长期占用，企业因不能使营运资金在短期内形成收益而导致现金流入存在长期滞后效应。

从业内视角看，乐视手机销售现金流无法完全弥补其成本，对上游供应链出现欠款难以避免。乐视手机业务陷入资金窘境，不只波及数十家供应商及代理商，也会在一定程度上影响整个手机产业链。手机产业链已相当成熟，乐视对供应商的货款逾期，造成不少供应商的现有业务现金流紧张，进而发生资金周转困难。“华为向其供应商询问乐视欠款的影响，亦是为了防范风险延伸。”有部分代工企业已开始减少供货，也有代工厂在额度内无条件供货，超过额度则需现金提货。

谈荣锡认为，把拖欠供应商货款作为变相的资金来源，这类制造商没有重视渠道和供应商提供服务的价值。在当今的产业链生态环境中，客户和供应商往往是共同体，想要获得更多供应商的支持，应该有长远合作的眼光和对价值的认同，只有在合理的利润分配基础上，合作才会共赢。本质上来说，拥有更多供应商的支持，也是企业的核心竞争力之一。

库存风险也是供应链风险管理中一个非常重要的因素。供应链口存在一个平衡点，达到平衡点现金流充足，库存水平低，找不准则库存太多，影响正常周转。如何达到平衡点？首先要有强大的管理系统，用科学方法为管理库存提供依据。比如交期进度、库存数量的监控。其次，数据系统只是工具，真正利用这个工具还得依靠管理者的智慧。这个过程不是简单地设置限制，而是涉及与原厂、客户的博弈。风险意识不强、博弈能力差都可能导致库存风险。

应收款是代理商目前面临的另一较大风险。分析人士认为，中国整个交易环境不成熟，负债经营现象普遍，有钱不付加剧欠债的恶性循环。因此采取严格的信贷措施有助于把控风险，例如超过30天未付款停止发货、货款催收、信贷前期调研等，调研项目包括注册资金、公司合法性、年审情况、历史记录等。信贷政策根据公司财务情况调整，例如月结期限、现金交易等。“信贷造成的损失往往在后端体现，前期做不好，后期发生为时已晚。”

资料来源：徐晓旸．从乐视欠货款看供应链风险管理．网易新闻，2018-02-26.

2.3.5 将“控制环境”改为“内部环境”

《ERM框架》对控制环境要素进行了深化和拓展，将内部控制整合框架中的“控制环境”改为“内部环境”，强调了董事会的风险管理理念。在《内部控制——整合框架》中，控制活动是指那些有助于确保管理层的指令得以贯彻和执行的政策和程序；在《ERM框架》中，控制活动是指有助于保证企业风险应对措施得到有效执行的相关政策和程序的制定和执行。不难看出，前者是广泛的管理活动中的控制概念，后者则是风险管理活动中的控制概念，其外延比前考小。在1992年版《内部控制——整合框架》中，风险评估以内部控制为中心，处于从属地位，内部控制整合框架对风险的关注度不够。在《ERM框架》中，控制活动被视为风险管理的手段，以风险管理为中心，内部控制处于从属地位。

2.3.6 拓展了“信息与沟通”要素

《ERM框架》拓展了企业信息与沟通的构成内容，认为企业的信息应包括过去、现在和未来的潜在事项的数据，而不仅仅是历史信息。历史信息可以帮助企业将实际的经营成果与目标、计划和预期相比较，以深入了解企业在不断变化的市场条件下是如何运行的。现在状况的数据可以向企业管理层提供更多重要信息，使其了解企业现在的运营状况。未来潜在事项的数据和潜在影响因素可以帮助企业完成对信息的分析，帮助企业管理层做出更好的经营决策。企业信息系统应以时间序列的形式收集和捕捉数据，收集数据的详细程度应视企业风险识别、评估和应对的实际需要而定，并保证将风险维持在风险偏好和风险容忍度的范围内。

总的来讲，《ERM 框架》在内涵界定、目标体系和构成要素等方面对内部控制整合框架进行了拓展和延伸。《ERM 框架》强调在整个企业范围内识别和管理风险的重要性，强调应针对企业目标的实现在企业战略制定阶段就考虑企业的风险管理，而企业在对其下属部门进行风险管理时，应对风险进行加总，以风险组合观来看待风险。总而言之，《ERM 框架》是对《内部控制——整合框架》的完善和超越。表 2-1 对 COSO 的《内部控制——整合框架》（1992 年版）与《ERM 框架》（2004 年版）进行了比较。

表 2-1　COSO 的《内部控制——整合框架》（1992 年版）与《ERM 框架》（2004 年版）的比较

描述类型	《内部控制——整合框架》（1992 年版）	《ERM 框架》（2004 年版）
基调	管理层为达到目标而进行的内部控制的要求	满足管理层为了达到一定的目标进行企业风险管理的需求
目标		战略目标（新增，全局掌控）
	经营目标	经营目标
	报告目标	报告目标（范围更广）
	合规目标	合规目标
风险观	没有提出风险组合观，只有风险评估	从企业总体层面提出风险组合观
环境	管理层及员工的内部控制观念	管理层及员工的风险观念，并提出风险偏好、风险容忍度的概念
要素	控制环境	内部环境（更广义）
	风险评估	目标设定（新增）
		事项识别（新增）
		风险评估
		风险应对（新增）
	控制活动	控制活动
	信息与沟通	信息与沟通
	监控	监控

案例 2-10　全球零售巨头沃尔玛健全有效的内部控制解读

沃尔玛百货有限公司（以下简称“沃尔玛”）由美国零售业的传奇人物山姆·沃尔顿于 1962 年在阿肯色州成立。经过四十多年的发展，沃尔玛已成为美国最大的私人雇主和世界上最大的连锁零售企业。沃尔玛以“天天平价”作为其主要市场定位策略，赢得了平民消费者的青睐，获得了举世瞩目的成就，并在人们的心目中树立了“质优价廉”的企业形象。

沃尔玛每家分店由一位经理和至少两位助理经营管理，经理负责整个商店的运营，助理经理分别负责耐用商品和非耐用商品的管理；他们又领导 36 个商品部门经理。商店经理向地区经理汇报工作，每位地区经理约负责 12 家分店；地区经理向区域副总裁汇报工作，每位副总裁下设 3～4 个地区经理；最后，区域副总裁向公司执行副总裁汇报工作；另外还有 2 位高级副总裁分别负责新店发展和公司财务等。该套组织结构体系中，各区域副总裁是核心，他们负责整个公司的沟通和运营管理。虽然沃尔玛扩展迅速，但是管理结构简单、精炼、有效。

沃尔玛在董事会中分别设立了风险管理委员会和审计委员会。风险管理委员会由三名成员组成，包括一名独立董事，其下设风险管理部（包括策略部、系统开发与分析部、管理信息系统部、法律室）以监督运营单位的风险。审计委员会下设审计部，主要对公司进行内部控制，为企业进行全面风险管理提供保障。公司管理层负责协调两个委员会制定的策略，从而更好地领导各个业务部门。同时，沃尔玛建立了内部控制的三道防线。

（1）第一道防线：业务部门防线。沃尔玛的业务部门包含企业大部分资产和现金业务，在实际交易过程中会遇到各种各样的风险，因而是企业进行风险管理的最前沿。沃尔玛的管理层在协调好风险管理部和审计部的政策后，分别从宏观和微观两个层面将公司的风险管理方法和内部控制流程融入业务部门中，从而构成沃尔玛风险管理的第一道防线。其中，微观控制包括采购政策与制度、存货管理、资金管理等；宏观控制包括企业的组织结构、职责划分、审批程序等。

（2）第二道防线：风险管理部门防线。该防线包括风险管理委员会和风险管理部两层系统。风险管理委员会的职能主要是确保企业的风险管理落到实处，并对风险管理部进行持续监控。具体包括：协助管理层决定公司的风险取向；负责建立和维护有效的风险管理制度并制定风险管理政策和策略；在公司内部建立起具有风险意识的企业文化等。风险管理部的职能主要是领导和协调公司各业务部门在风险管理方面的工作。具体包括：对各单位的风险进行组合式管理；协助和监督各业务单位进行内部控制的自我评估和管理；对财务和相关风险进行定性和定量分析等。

（3）第三道防线：内部审计防线。该防线主要是在审计委员会的领导下从财务、经营、合规等方面对企业的风险进行评估和控制，以使业务部门明确该部门的重要风险，并识别新的风险。同时确定企业内部控制的科学性和执行情况，从而更好地降低风险。

此外，沃尔玛还有一套由董事会和管理层共同设立的与企业战略相结合的有利于风险管理的治理结构，这是三道防线能正常发挥作用的基础。在董事会中，各成员都有足够的知识、经验和判断能力；董事会和管理层相互尊重、信任并保持密切的合作关系；企业订立了清晰的目标、战略和规章制度，包括企业的风险政策和风险承受极限；企业有一套重视风险管理的文化和价值观。

资料来源：健全有效内部控制：全球零售巨头——沃尔玛（中国）内部控制案例解读．公司首席法务官（微信公众号），2020-06-30.

2.4 COSO内部控制与风险管理框架的修订与完善

2.4.1 2013年版《内部控制——整合框架》

COSO 1992年发布的《内部控制——整合框架》在内部控制发展历程上具有里程碑式的意义，一度成为世界各国建设内部控制的蓝本。鉴于该框架在世界范围内的重大影响，考虑到自1992年版《内部控制——整合框架》发布后企业所处经营和商业环境的变化，COSO于2010年11月宣布启动该整合框架的更新计划，并聘请普华永道会计师事务所负责起草修订框架。2011年12月，COSO发布了该整合框架的征求意见稿，广泛征集意见和建议。2012年9—12月，COSO发布了框架的修订稿以及外部财务报告内部控制的征求意见稿，在这一阶段，全球共计有超过6 500次下载量，COSO收到了近50份反馈意见。2013年5月14日，COSO正式发布了2013年版《内部控制——整合框架》。

1. 新整合框架的主要变化

相对于1992年版《内部控制——整合框架》，2013年版《内部控制——整合框架》主要有以下变化：

第一，突出了原则导向。2013年版《内部控制——整合框架》不是采用在五要素下设置子要素的做法，而是对原有要素进行细化并提出了17个基本原则，在此基础上进一步提炼出82个代表相关原则的主要特征和重要关注点，旨在为管理层设计、执行内部控制流程与评价内部控制的有效性提供具体的指引，由此形成了一套以“要素—原则—关注点”为结构主线的内部控制框架体系。这一变化不仅强调了内部控制的基本要求，而且规范与明确了内部控制建设与评价的具体内容，从而使内部控制建设与风险管理更加具有操作性，内部控制评价更加有据可循。2013年版《内部控制——整合框架》的要素与原则如表2-2所示。

表2-2 2013年版《内部控制——整合框架》的要素与原则

要素	序号	原则
控制环境	1	组织对遵从正直、道德等价值观做出承诺。
	2	董事会相对于管理层保持独立，并对管理层建立与执行内控成效进行监督。
	3	在董事会的监督下，管理层建立相应的组织架构、汇报路径、恰当的授权与责任体系，以实现组织目标。
	4	组织致力于吸引、发展和保留具有职业胜任能力的人才，使其能与组织整体目标相匹配。
	5	为实现组织目标，应当明确成员各自的内控职责。

续表

要素	序号	原则
风险评估	6	组织设定清晰的目标，进而能够有效识别和评价威胁目标实现的风险。
	7	组织在整个公司层面识别可能威胁组织目标实现的风险，以此为基础来确定如何对这些风险进行管理。
	8	组织应当评估潜在的欺诈对组织目标实现的风险。
	9	组织对可能使内控体系产生重大影响的变化事项进行识别与评估。
控制活动	10	组织选择并且实施控制活动，将威胁组织目标实现的风险降到可接受的水平。
	11	对信息技术组织选用一般控制活动，以支持组织目标的实现。
	12	组织通过制定政策制度和执行流程程序，来实施控制活动。
信息与沟通	13	组织获取或者形成相关的、有质量的信息以支持内部控制发挥功能。
	14	组织在内部沟通中传递包括控制目标、控制职责在内的必要信息以支持内部控制发挥作用。
	15	组织与外部相关各方就影响内部控制发挥作用的事项进行沟通。
监督	16	组织选择、设计和执行内部控制活动时应持续和（或）分别对其进行评价，以确认内部控制要素是否存在并持续发挥作用。
	17	组织对内部控制进行评价，并视情况及时地将发现的内控缺陷报告给负责执行纠正性措施的主体，这些主体包括高级管理层、董事会。

第二，扩大了报告目标类型。2013 年版《内部控制——整合框架》充分考虑了利益相关者信息需求的变化，在报告目标的设定上，不仅关注财务报告，而且对顾客满意度调查报告、IT 项目状况报告、人力资源分析报告等非财务报告也予以高度重视；不仅强调内部报告的重要性，如预算执行报告、本量利分析报告，还将财务报告以外的其他外部报告也纳入报告目标范畴，如内部控制自我评价报告、社会责任报告等，体现出对包括政府在内的利益相关者监管治理需求的回应。由此，2013 年版《内部控制——整合框架》下的报告目标具有二维特征，具体包括外部财务报告目标、内部财务报告目标、外部非财务报告目标、内部非财务报告目标（见图 2－8）。

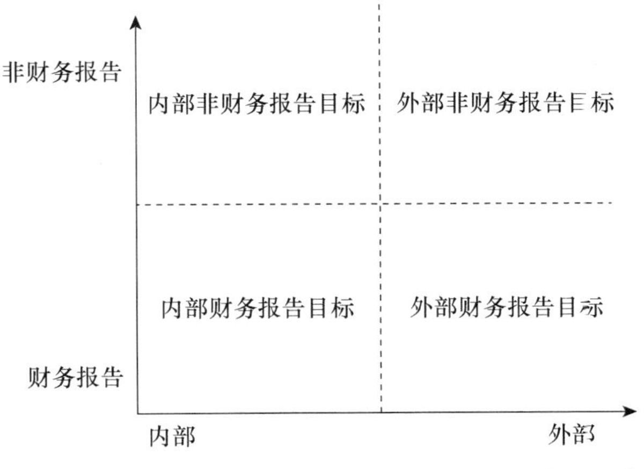

图 2－8　2013 年版《内部控制——整合框架》的报告目标类别

第三，强调管理层判断的使用。关于内部控制有效性的认定，2013 年版《内部控制——整合框架》并未要求对 17 项原则及其关注点进行单独评估以确定其是否存在或有效，而是主张基于整体视角对内部控制做出评价，并且在这一过程中强调依赖管理层的判断。管理层可根据企业的具体情况，选择与某一特定原则密切相关的关注点，并在考虑各原则、要素之间互动与共生的基础上，得出关于内部控制整体是否有效的结论。这一做法是在吸取《萨班斯法案》通过以后 1992 年版《内部控制——整合框架》实施成本高的教训的基础上做出的制度改进，充分体现了内部控制建设应从实际出发以及成本效益权衡的思想。

药物研发外包：从功能外包模式向风险分担模式转变

第四，迎合了新环境下内部控制的需求。面对出现的新环境、新变化，此次修订更加关注公司治理问题，2013 年版《内部控制——整合框架》包括更多公司治理中有关董事会及其下属专门委员会的介绍，强调董事会监督对内部控制有效性的重要性；更加注重风险和以风险为基础的方法，与 1992 年版《内部控制——整合框架》相比，2013 年版《内部控制——整合框架》增加了更多关于舞弊与欺诈的讨论，并且把管理层评估舞弊风险列为内部控制的 17 项原则之一；更加依赖创新和复杂的技术，2013 年版《内部控制——整合框架》扩展了 IT 治理的概念，涉及更多特定领域、流程和报告的 IT 问题的指导等；更加符合复杂的组织结构和商业模式（包括外包商业关系），由于企业在运营过程中更多地使用第三方提供的产品或服务，因此，管理层更加关注包括供应商和客户在内的价值链管理。

案例 2-11 玛氏公司（MARS）如何将风险管理融入战略和绩效

玛氏公司是一家由私人家族弗兰克·马尔斯于 1911 年创立的跨国公司，是全球最大的食品生产商之一，拥有的知名品牌包括德芙、玛氏、M&M'S、士力架、宝路、皇家、伟嘉和特趣等。21 世纪初，随着玛氏公司转为非家族管理，该公司设立了具有挑战性的增长和盈利目标，ERM 是其中管控控制措施之一。ERM 项目 2003 年初启动，2006 年逐步推广，2010 年基本成熟。该项目具体的推进程序如下：

（一）初步调研

主要了解业务管理人员对风险的看法，对加拿大生产欧洲糖果的一个包括服务和金融功能的项目进行风险评估，召开三次研讨会。研讨会识别出了新产品成功的关键风险，并制定了相应的计划，同时揭示了大多数合伙人普遍存在厌恶风险的情绪。公司更快发展需要承担更多的风险，培养积极的风险意识。因此，在研讨过程中增加了一项任务，即让管理人员认识到风险伴随着收益的增长。

（二）确定原则

项目的工作内容为开发一个 ERM 程序，将风险管理融入经营计划。经过讨论分析，确定这个 ERM 程序应满足的原则包括：

- 创造价值，即以战略发展和业绩增长为导向；
- 利用公司的独特优势，即 ERM 项目在现有的架构下能够运行，不必进行大的改革；

- 与现有的组织机构进行合作，包括外部机构；
- 将风险视为机会，为了缓解高级管理人员风险厌恶情绪，强调风险与机会同在，以实现经营增长；
- 鼓励协作并建立问责制度。

（三）确定研讨会机制

在研讨过程中将风险管理融入战略与绩效，确定经营目标、计划，识别出影响经营计划实现的主要风险并拟定控制措施。

工作内容有：分别拟定不同的计划或目标，列示其实现的主要风险、可能性大小，匿名投票后，对两端值（最低目标与最高目标）相关内容进行讨论分析。再次投票，基本达成共识，确定下一阶段的目标、主要风险及应对。

（四）优化研讨会准备流程

确定有挑战性的经营目标并保障其实现，研讨会是关键环节。为了保障研讨会的效率效果，对研讨会的准备工作进行整理优化。

（五）跟踪落实风险控制措施

研讨会确定经营计划后，相应的主要风险也确定下来，组织者要审查研讨会结果，总结 3～4 个关键风险并提交给管理团队，帮助他们确定未来公司面临的关键问题。向管理团队提交的风险信息包含风险内容、风险等级、处理措施及责任人、处理时间等。

在确定风险是否关键时，应考虑的因素有：

- 受影响的业务单位数量；
- 受影响的人数；
- 影响的业务流程或职能的数量；
- 对消费者和顾客的影响；
- 对品牌的潜在影响。

2010 年玛氏公司执行董事会授予 ERM 项目创意奖，玛氏公司成功将 ERM 项目嵌入商业模式中。从 ERM 项目中总结出的项目成功经验主要有以下几点：

（1）风险偏好应与战略目标一致。风险意识不足需要纠正，谈风险色变也需要纠正，有些风险听起来、看起来很严重，讨论分析后可能发现是“纸老虎”，是可以控制的，相应的目标是可以达成的。“风险厌恶型”管理层不会去追求高增长。如果公司战略目标是提高市场占有率、提高利润等增长型目标，应将管理层的风险偏好调整或培养为“风险偏好型”，当然这需要风险补偿，即合理的激励机制。

（2）风险管理融入战略与绩效要高层推动。战略与经营目标的制定是高层的工作，将风险管理融入战略与绩效更需要高层的推动。玛氏公司风险管理项目的一条重要经验就是“要求单位总经理主持会议，确保所有管理团队都参与”。这一方面可以体现高层的重视程度，能够影响其他管理人员；另一方面可以在研讨会的互动中对风险达成共识，避免对风险的偏好不同导致具体计划难以实施。

（3）风险管理融入经营中的价值凸显。国内很多企业在开展风险管理工作时，倾向于“亡羊补牢”，对经营目标或计划前置融入不足，总是在项目推进过程中识别风险、应对风险。一方面基于风险的头部特征，前置不足会影响风险控制效果；

另一方面容易让对方认为是在“找茬”，增加部门间的矛盾。如果在目标制定、项目评估或决策时融入风险管理要素，更像是在“帮忙”，更容易让业务部门或单位接受，风险控制效果也更好。当然，这需要公司管理层或决策层的支持。

（4）风险管理是一个持续改进的过程。一方面，风险管理涉及面广、协同要求高，在推进过程中，可能要根据互动情况调整工作模式、方法等，以提高风险管理效果；另一方面，基于风险的目标属性，风险管理工作随着经营业务、目标、模式变化而调整、改进，即遵从“设计—运行—评估—改进”的闭环，不断提高风险管理水平，风险管理水平“没有最高，只有更高”。

资料来源：玛氏公司（MARS）——如何将风险管理融入战略和绩效. 大风控（微信公众号），2021-07-11.

需要说明的是，2013年版《内部控制——整合框架》并没有推翻原有的要素框架和目标体系，在概念界定、设立原则、有效性的认定方面也基本沿袭了以前的做法。因此，在关于如何向新框架过渡的问题上，COSO的观点是，应根据企业具体情况择时更新，但在对外披露内部控制报告时，应就披露的依据是原有版本还是新版本予以明确说明。

2. 对新框架变化的评价

与1992年版《内部控制——整合框架》相比，2013年版《内部控制——整合框架》主要有三大亮点，即更实、更活、更稳。

（1）更实：提供了内部控制体系建设的原则、要素和工具。

2013年版《内部控制——整合框架》提供了17条具体的原则，这是比较“实”的地方，因为1992年版《内部控制——整合框架》只有5个要素，更像是一个学术模型，具体要怎么做，并没有明确的答案。而这次COSO提到的17条原则都是相对来说更明确的内容，这为企业的内部控制提供了一套路线图，为企业评价内部控制提供了一张打分表。此外，2013年版《内部控制——整合框架》细化了董事会及其下设专业委员会的描述，还提到了很多案例，以增进从业者对内部控制体系建设的理解。

（2）更活：强调企业可以有自己的判断。

在内部控制建设和评价中，2013年版《内部控制——整合框架》强调依赖管理层自身的判断，而不是像原来一样要求严格基于证据。2013年版《内部控制——整合框架》强调董事会、管理层和内审人员拥有判断力，这是新框架比较“活”的地方。

2013年版《内部控制——整合框架》认为，内部控制如何实施，如何评价，如何认定有效性，企业可以有自己的判断。这本质上是在为内部控制解套，是新框架的灵魂。

2013年版《内部控制——整合框架》强调在内部控制建设过程中应注重与效率的结合，建议管理层通过判断，去除那些失效、冗余乃至完全无效的控制，提升控制的效率和效果，而非单纯地为了控制而控制。

（3）更稳：强调内部控制有效性的认定。

2013 年版《内部控制——整合框架》对于如何确保内部控制体系的有效性做了进一步澄清，指出有效的内部控制应满足以下几个条件：第一，每个要素及相关的原则存在且有效运行；第二，各要素整合地运行，即内部控制五要素中的每一项都会受到其他要素的影响，应视为一个整体。

2013 年版《内部控制——整合框架》在指出内部控制的局限性方面比 1992 年版更加明确，指出了内部控制在决策和应对外部事件中的局限性。

旧整合框架发布于 1992 年，在当时体现了一种前沿的、先进的思路。尤其在我国，随着内部控制规范体系的实施，内部控制变成了对上市公司的最低要求。这种从“前沿”到“最低要求”的变化，集中体现在上市公司必须披露自己内部控制的有效性，并接受审计。那么，是不是审计通过了，上市公司就没风险、没有问题了呢？实际情况并不是这样，一些风险事件还是发生了。所以，新框架强调了内部控制对天灾（外部事件）和人祸（人为失误）的无能为力。

2.4.2 2017 年版《企业风险管理——与战略和业绩的整合》

2017 年 9 月 6 日，全球风险管理行业翘首以盼的 COSO 更新版《ERM 框架》——《企业风险管理——与战略和业绩的整合》（《新 ERM 框架》）正式发布。《新 ERM 框架》主要分为两个部分：第一部分提供了对当前和不断发展的企业风险管理概念和应用的看法。第二部分为框架内容，由五个易于理解的部分构成，这五部分容纳了不同的观点和执行结构，并强调战略和决策的制定。

1.《新 ERM 框架》的主要变化

相对于《ERM 框架》，新框架主要有以下几点变化：

第一，重新定义了风险及风险管理。风险被重新定义为“事项发生并影响战略和商业目标实现的可能性”，相比《ERM 框架》只强调风险的“负面性”，新框架将风险的范畴扩大到风险的“正面”和“负面”影响。企业风险管理被定义为“组织在创造、保持和实现价值的过程中，结合战略制定和执行，赖以进行风险管理的文化、能力和实践”。关于企业风险管理的定义的变化最为彻底，直接抛弃了《ERM 框架》的定义，将风险管理工作直接从“一个流程或程序”提升到“一种文化、能力和实践”，帮助组织创造、保持和实现价值。另外，从定义上界定了风险管理和内部控制的关系。

第二，是一个真正的“管理框架”而不再是“控制框架”。虽然《ERM 框架》强调利益相关方价值的创造，但是从内容上讲还是一个被放大了的“控制框架”，无法直接为价值创造服务，只能间接支持价值创造活动。新框架从企业使命、愿景和核心价值出发，宗旨为提升主体的价值和业绩，强调嵌入企业管理业务活动和核心价值链。从要素和内容看也有了翻天覆地的变化，从而使得一个崭新的“管理框架”诞生，这种视角是一种新型的企业管理视角，是一场理念的变革。如果说在原控制框架下，会计师事务所可以在实施内部控制框架的基础上，协助企业加强风险管理工作，新管理框架更像是企业决策者或企业管理咨询顾问关心的范畴。新框架的价值创造驱动机制如图 2－9① 所示。

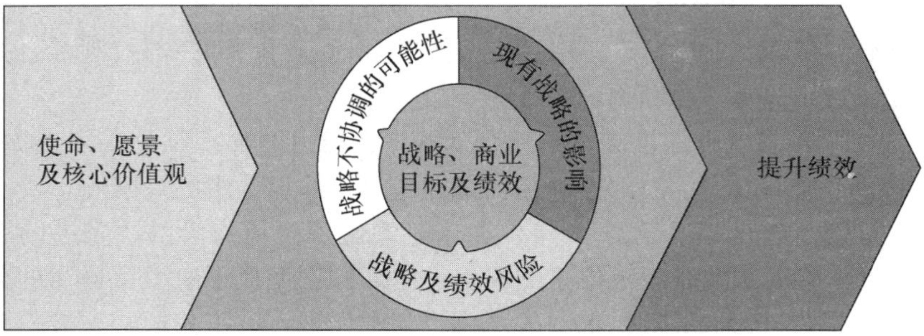

图 2－9 新框架的价值创造驱动机制

此外，新框架还删除了风险管理局限性的章节。1992 年版《内部控制——整合框架》和《ERM 框架》均列示了企业内部控制和风险管理工作的局限性，而且这两个框架的局限性基本一致，这从另外一个角度印证了《ERM 框架》还是一个大内控的“控制框架”。而新框架作为一个“管理框架”而非“控制框架”，突破原来的局限性是不言自明的。

第三，突出原则导向，重构风险管理的要素框架。新框架摒弃了原有框架的八要素设计，而是借鉴 2013 年版《内部控制——整合框架》应用要素和原则的编写结构，在 5 个要素下分别列示 20 项原则，且企业风险管理框架中的要素和原则贯穿企业战略、绩效和价值提升（见图 2－10）。表 2－3 是关于新框架要素和原则的简单介绍。

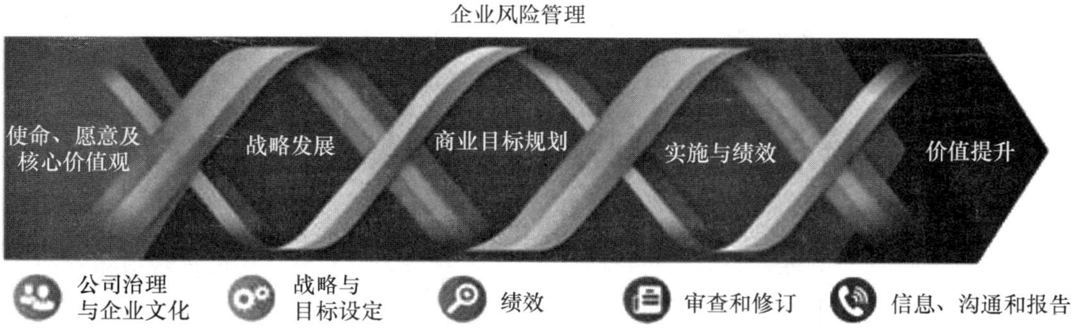

图 2－10 新框架要素与战略、绩效、价值的关系

表 2－3 新框架的要素与原则构成

要素名称	要素描述	对应原则
公司治理与企业文化	公司治理决定企业的基调，强化并确立企业风险管理的监督职责；企业文化则事关道德价值、具有责任感的企业行为以及企业整体对风险的理解。	1. 董事会执行风险监督 2. 建立运营机构 3. 定义所崇尚的文化 4. 展示对核心价值观的承诺 5. 吸引、开发和保留有胜任能力的员工

① 该图反映了在使命、愿景、核心价值观的基础上，以及在总体业务目标和绩效驱动下实现绩效提升。

续表

要素名称	要素描述	对应原则
战略与目标设定	企业风险管理、战略以及业务目标设定共同作用于战略制定过程。风险偏好的建立应该与战略保持一致；业务目标将战略付诸实践，同时作为识别、评估和应对风险的基础。	6. 分析业务环境 7. 定义风险偏好 8. 评估替代策略 9. 制定业务目标
绩效	企业需要识别和评估可能会影响战略和业务目标实现的风险，根据严重程度和风险偏好来确定风险的优先级，然后选择风险应对方案，并对估计的风险形成一种风险组合观。	10. 识别风险 11. 评估风险的严重程度 12. 风险排序 13. 风险应对 14. 形成风险组合观
审查和修订	通过审查整体风险管理执行情况，企业可以评估风险管理要素在随着时间及环境变化的过程中发挥作用的情况，以及如何完善。	15. 评估实质性变化 16. 评价风险和绩效 17. 持续改进企业风险管理
信息、沟通和报告	企业风险管理需要持续从组织内外部获取和分享必要的信息。	18. 利用信息系统 19. 沟通风险信息 20. 风险文化和绩效报告

案例 2-12　渝富集团全面风险管理系统的构建与运用

重庆市渝富资产经营管理集团有限公司（以下简称“渝富集团”），注册资本为100亿元人民币。企业成立的目的是打破银行和债务僵局，在服务重庆市经济社会发展大局中逐步形成了国有资本运营公司的基本架构，目标是成为集金融服务、城市运营、资产管理为一体的综合性国有资本运营公司。

在高度强调全面性、兼容性、智能性、便捷性、及时性等要求下，渝富集团所建设的全面风险管理系统通过引入信息技术革新、云计算、大数据、商业智能的模式打造了基于“两平台、三中心、四统一、五主体”的可视化信息系统工具，极大提升了全面风险管理系统的内容与功效，充分展现了业务与财务相融合的领先性目标，推动了业财部门全方位协调，促进价值理念与效益理念植根于集团的各个运营环节，助力集团的可持续健康发展。

渝富集团利用新技术搭建了全面风险管理的三道防线。第一道防线以业务子系统为主，包括集团的投资系统、人力系统、协同办公系统、合同系统等。通过分派“哨兵”的模式将各项指标穿插至各业务子系统，从业务最前端规范业务操作，控制风险发生。各项指标穿插，具有较强扩展性，具体来说，可以实现项目投资的系统化管理，将投资运营模型纳入信息系统，通过系统对可量化指标进行测算，提高投资决策的效率。同时，针对每个投资项目或投资企业，实现可在系统中录入项目情况，提取、分析所投资企业的基本信息、财务数据和外派人员情况等功能。人力系统，对人员档案管理、薪资计算与审批、调动、晋升审批等人力资源相关工作进行系统化管理，降低工资、薪酬等个人隐私信息泄露的风险。

第二道防线以风控系统为主要板块，可概括为事前管理、事中管理和事后管理。风控系统主要板块分别为：年度风险管理、专项风险管理、风险报告、风险预警、合同管理、合规管理、法律中介和知识库。年度风险管理由集团风险合规部统筹，各业务部门参与，对集团在新一年度各类业务场景、管理场景中尚存在的风险点进行甄别、评估风险的等级、制定风险的应对措施，具有宏观性、概要性、全面性的特点。专项风险管理以风险库为依据，对具体的投资项目和重大事项的风险进行识别，实时评估风险的等级，制定应对措施。风险预警由六大体系构成，分别为：定义预警规则、设置预警范围、自动抽取业务数据、预警引擎实时分析和预警结果计算、预警通知和预警处置。第二道防线建立了全面的风险管理信息系统，实现了从风险识别、风险评估，到风险应对，最后到监督整改等工作信息系统化，降低了集团风险管理工作人工成本，将集团风险管理工作分配、落实到每个风险主人。同时，与财务系统数据对接，"智慧渝富"项目建立了一个涵盖内部财务、行业、相关外部市场和宏观经济状况等数据的信息系统，并且在系统中设立风险财务预警指标，采用红、黄、绿三种颜色灯提示的方式对下属企业或投资项目进行财务数据的预警监控。

第三道防线全面贯彻协同监督的宗旨，以审计、监察等部门为补充，包括监督任务的收集、监督计划、整改方案、问题整改跟踪。同时，第三道防线利用外部资源对集团的风险管理进行协同监督，加强了风控平台实施的合理性与可操作性。

资料来源：陈威，等."大智移云"背景下企业全面风险管理系统构建与运用——以渝富集团为例. 财会通讯，2021（2）：128-131.

2. 对《新ERM框架》变化的评价

与《ERM框架》相比，新框架主要有三大进步：

（1）目标定位更明确。新框架将风险管理置于组织绩效的背景下，真正融入战略和绩效管理的工作中，而不是作为一个独立运转的系统。它通过将企业风险管理与众多利益相关方的期望联系起来，使组织能够更好地预测风险，同时理解变革可以创造机会，而不仅仅是导致危机产生。COSO认为，所有组织都需要制定战略并定期进行调整，对于不断变化的价值创造机会以及所面临的挑战始终保持清醒。要做到这一点，组织需要最佳的框架来帮助优化战略和绩效，这就是企业风险管理的用武之地。将企业风险管理贯穿于整个组织会产生许多好处，包括且不限于增加机遇，识别和管理组织范围内的风险，增加积极的成果和优势，减少负面损失，缩小绩效偏离度，改善资源部署，提升企业韧性等。

（2）概念边界更清晰。关于风险管理和内部控制关系的解释，COSO在新框架的第一册"框架应用环境"中提出："内部控制主要聚焦在主体的运营和对于相关法律法规的遵从性上。"为了更好地厘清两者的关系，新框架在概念的处理上颇为用心，一方面，企业风险管理的相关概念并没有包含在内部控制中，例如风险偏好、风险承受度、战略和目标设定等概念，这些都是内部控制体系实施的前提条件。另一方面，一些在内部控制中比较常见的概念，例如与报告目标相关的舞弊风险、与合规目标相关的控制活动、与运营目标相关的持续及独立评估，在《新ERM框架》中并未述及。

（3）适用范围更广泛。COSO 在发布新框架之时，就表达了希望这个框架可以适用于任何类型、任何规模的组织的期望，包括营利机构、非营利机构、政府部门等。这一点也可以从正文部分的描述中看出，有些内容中故意回避“企业”一词来显示对不同主体来说新框架的包容性。由此可见，新框架的主体适用性已经从企业拓展到各种类型的主体或组织。从理论上来讲，只要一个主体有明确的愿景、使命和核心价值观，设定了所要达到的目标，风险管理框架就具备了实施的条件。

2.4.3 COSO 内部控制与风险管理新框架对我国的影响

我国的内部控制规范的框架体系借鉴的是 COSO 1992 年版《内部控制——整合框架》，同时在目标设定与风险评估等环节吸收和借鉴了《ERM 框架》的合理内核，在报告的范围和使用者、将内控五要素整合对待、反欺诈和反舞弊等方面与 2013 年版《内部控制——整合框架》和《新 ERM 框架》不谋而合，体现出一定的前瞻性。目前，2013 年版《内部控制——整合框架》和《新 ERM 框架》会对在国内外上市的公司产生较大影响，同时也会在一定程度上促进其他类型组织内部控制与风险管理规范早日出台。

1. 有助于明确区分内部控制与风险管理

关于内部控制与风险管理的关系，国内学术界并没有达成共识。一种较为普遍的理解是，内部控制的对象即为控制风险，风险管理是内部控制的高级形式。目前与风险管理相关的权威性文件仅仅是 2006 年国资委发布的《中央企业全面风险管理指引》（国资发改革〔2006〕108 号），但并未对两者之间的关系做出明确界定，且应用范围受限。

不同的是，COSO 其实一直都非常关心内部控制与风险管理的边界与关系，早在《ERM 框架》中就指出“内部控制是企业风险管理的一部分”，2013 年版《内部控制——整合框架》进一步重申风险管理包含内部控制。其基本观点是，尽管两个框架在内容上存在重叠之处，但关注的重点不同。《ERM 框架》旨在帮助管理当局在实现目标的过程中更好地处理风险，与内部控制框架相互补充。而《新 ERM 框架》首次对两者的关系做了区分，提出内部控制主要聚焦在主体的运营和对相关法律法规的遵从性上，而风险管理更关注驱动战略、绩效进而提升价值等管理目的。这一突破必然对我国内部控制与风险管理制度规范建设具有重要的指导意义。

2. 有助于促进内部控制与风险管理建设和实施回归原则导向

1992 年版《内部控制——整合框架》和《ERM 框架》都是以要素为导向，其中一个很大的缺陷在于僵化与碎片化，将一个完整的业务流程或风险管理过程进行机械性的拆分、改动和汇总，而 2013 年版《内部控制——整合框架》和《新 ERM 框架》强调原则导向，通过列示若干灵活性较强的原则来支持并驱动要素，在各原则、要素之间建立有机联系，因而形成的是一种具有良好系统性和应变性的控制框架和管理框架。更为重要的是，原则导向更注重内部控制与风险管理的实效性，强调实质重于形式的基本理念，正如2013年版《内部控制——整合框架》和《新ERM框架》所指出的，“内部控制只是一个达到目标的手段，其本身不是目标”。因此，2013年版《内部控制——整合框架》和《新ERM框架》更有利于制度规范的落地与实施。

在我国，一个不容忽视的问题是很多组织在实施内部控制与风险管理方面长期流于形式，这一点并不因组织类型而异。在内部控制的建设过程中充分体现原则导向的精神，对于消除这一积弊具有重要的现实意义。基于国际趋同的考虑，2013年版《内部控制——整合框架》和《新ERM框架》必将对我国内部控制与风险管理制度规范体系的健全与完善产生巨大的影响，促进内部控制与风险管理建设与实施中原则导向的理性回归。

3. 有助于促使内部控制目标定位更加科学合理

目标定位是一切控制活动的起点，我国在制定《企业内部控制基本规范》之初，将内部控制的目标定位于合理保证企业经营管理合法合规、资产安全、财务报告及相关信息真实完整，提高经营效率和效果，促进企业实现发展战略，实则是糅合1992年版《内部控制——整合框架》和《ERM框架》所提目标的一种简单做法，同时为了突出国有大中型企业内控的特质需求，将资产安全也上升到内部控制目标的高度。但是，COSO在制定内控目标时似乎审慎得多，也体现了更强的逻辑性。在2013年版《内部控制——整合框架》和《新ERM框架》的征求意见稿收到的反馈意见中，一个建议是将“战略目标”和“资产安全目标”也纳入新框架的目标体系中，但上述建议未被采纳。COSO给出的理由是战略目标是风险管理而不是内部控制的目标，因为战略目标的实现会受到外部事件的影响，并不总能在组织的控制中。同时，COSO认为资产安全目标主要与经营目标相关，其某些方面也体现在报告目标和合规目标中。以上研究成果为我国内部控制目标定位更加科学、合理、有效提供了一定的参考借鉴。

需要认识到，2013年版《内部控制——整合框架》和《新ERM框架》是由50%的北美内部控制从业者和50%的北美以外的内部控制从业者共同参与制定的，从诞生开始就带有很明显的地域特征，其原则更有利于该地域的企业和从业者。我国在参考2013年版《内部控制——整合框架》和《新ERM框架》进行内部控制规范体系的升级或更新时，应借鉴其原则和要素，结合我国国情，深入汲取我国近年来内部控制规范体系建设的宝贵经验，审慎接纳，而非全面照搬。

案例2-13 《南方电网公司深化内部控制体系建设工作方案》印发

2020年3月4日，《南方电网公司深化内部控制体系建设工作方案》（以下简称《方案》）印发。《方案》提出，南方电网公司将统筹协调内控、风险、合规管理，以合规管理为基础，以风险管理为重点，从控制环境、风险评估、控制活动、信息与沟通、监督评价5个方面，推动构建“理念统一、工具统一、流程统一、评价统一”的公司内部控制体系。

整合3个体系，加强内控建设

内控体系建设是实现发展战略的重要保障，南方电网公司高度重视内控、风险、合规管理工作。2012年，公司启动内控体系建设，编制形成《内部控制管理手册》《内部控制评价手册》等规范性文件与操作指引，构建了覆盖22个专业领域的内部控制管理体系。2013年，启动全面风险管理工作，构建了公司全面风险管理体系，形成了"三级架构、三道防线"的工作组织体系，逐步形成常态化的风险管理闭环流程及风险管理监督、评价与持续优化机制。2019年初，启动合规管理体系建设，制定了公司合规管理规定、合规手册、合规义务清单等基础文件，建立和规范了合规风险评估、合规审查、合规检查、违规调查、体系评估、年度报告等运行机制，初步完成了体系搭建。

"前期构建的内控、风险、合规管理体系对公司持续健康发展起到了保驾护航的作用。"公司法规部相关人员告诉记者。但由于之前3个体系同时分别运行，一定程度上影响了企业控制活动的整体效率和效果。因此，2019年6月，南方电网公司进行总部组织机构改革时，将原财务部负责的内部控制管理（简称内控）、原企管部负责的全面风险管理、原法律部负责的合规管理职能整合到法规部归口管理，同时启动了3个体系的整合研究工作。

2019年11月，国务院国资委先后印发《关于加强中央企业内部控制体系建设与监督工作的实施意见》《关于做好2020年中央企业内部控制体系建设与监督工作有关事项的通知》，为南方电网公司深化内控体系建设指明了方向。

南方电网公司按照国资委的要求，结合公司内控、风险、合规管理已有优势成果，制定出台了《南方电网公司深化内部控制体系建设工作方案》，初步形成了深化内控体系建设的工作思路。接下来，南方电网公司将重点做好方案的推进实施，为实现公司发展战略及经营目标提供有力的支撑。

明确内控体系建设任务

《方案》围绕内控体系建设，以合规为基础，以风险管理为重点，从控制环境、风险评估、控制活动、信息与沟通、监督评价5个方面制定出台了健全内控组织体系、完善制度流程体系、组织风险识别、强化整改落实工作等14个重点举措，并做出了完善组织机构、融入岗位要求、组织季度跟踪监测等8项具体工作安排，务期实现内控体系"理念统一、工具统一、流程统一、评价统一"，以更好地适应公司发展要求。

据介绍，除明确了业务部门负责本领域内控体系的实施、法律管理部门负责内控体系的归口管理、审计部门负责内控体系的审计、纪检监察部门负责内控体系的监督外，《方案》还首次明确了全体员工负责本岗位的内控建设，要求全体员工熟悉本岗位内控工作职责，严格执行各项规章制度，自觉做到遵规守纪；定期开展岗位合规自查，在制度和流程中完善岗位内控措施，以期构建覆盖各业务领域、部门、岗位，涵盖各级企业的全面有效的内控体系，实现管理横向到边、纵向到底。

《方案》还规划了内控执行、保障方面的内容。在执行方面，抓住主要矛盾和矛盾的主要方面，将强化重点领域、重要岗位、重大风险3个方面的内控工作，对于国企改革、国有资本运营、境外国有资产监管等重点领域做好重点管控，对于采购、销售、招投标、投资管理、资金管理和工程项目等重点岗位做好制衡监督，对于电网运行、经营管理、市场营销、国际业务、安全稳定等重大风险健全防范机制，以提高公司重大风险防控能力。

在保障方面，公司将综合运用自评、监督评价、外部审计监督等多种监督手段，构建上下联动、内外结合的全方位内控监督评价体系，全面提升内控体系的有效性。

资料来源：窦小兵，陈倩菱.《南方电网公司深化内部控制体系建设工作方案》印发，深化内部控制体系建设，推动公司依法合规经营. 南方电网报，2020-03-13.

自测题

扫描此码 在线做题

思考题

1. 如何理解COSO对内部控制的定义？
2. 1992年版《内部控制——整合框架》中内部控制的目标有哪些？
3. 《ERM框架》与1992年版《内部控制——整合框架》相比，在哪些方面具有创新？
4. 如何评价2013年版《内部控制——整合框架》？
5. 如何理解《ERM框架》对于风险管理的定义？
6. 《新ERM框架》相对于《ERM框架》有何进步？

案例分析

奥林巴斯的内部控制

奥林巴斯株式会社（以下简称“奥林巴斯”）创立于1919年，总部位于日本东京。迄今为止，奥林巴斯已成为日本乃至世界精密光学技术的代表企业之一，在内视镜方面占据了全球70%左右的市场。截至2011年3月，奥林巴斯的账面总资产为132.95亿美元，负债为112.09亿美元。奥林巴斯的现金流充足，医用内窥镜业务为其带来了丰厚利润——2011财年其医疗业务盈利9.1亿美元，但是它的自有资本在5年间却不断减少，且财务报表无法明确解释资金的流向。日本的*FACTA*杂志于2011年7月率先报道此事，并质疑了奥林巴斯的多起并购交易引起的巨额损失。

FACTA 杂志的报道引起了时任奥林巴斯CEO的伍德福德的警觉，他向董事长菊川刚、负责财务的副总裁森久志等人询问此事，却屡被搪塞。随后，伍德福德委托普华永道暗中调查，将调查结果中显示的种种疑点发给其他董事会成员，并要求菊川刚引咎辞职，然而在2011年10月14日召开的临时董事会中，出席的董事除伍德福德本人外全票通过了解雇CEO的决议。伍德福德的离开引发了外界的巨大反响，奥林巴斯的股价经历了一周的大幅跳水，媒体、机构的调查也不断深入。终于在11月8日的发布会上，新任CEO高山修一首次承认奥林巴斯在财务方面存在"非常不恰当"的行为，一场持续了20年、造假金额可能高达18亿美元的骗局被正式公开。

20世纪90年代初日本经济泡沫破灭时，奥林巴斯之前投资的有价证券等产品贬值损失达到数百亿日元。为了弥补这些损失，当时有能力做出投资决定的森久志和山田秀雄决定双倍押注金融衍生品，其中，山田秀雄作为当时的财务经理和前任审计员，直接对这些金融资产负责。但这一策略未能奏效，直到1990年，损失接近1 000亿日元。

由于1997—1998年日本开始推动采用公允价值取代历史成本对金融资产进行计价，同时要求把海外子公司的收益合并至母公司报表，森久志和山田秀雄又开始寻找新的办法防止巨额亏损被披露出来。在咨询了财务顾问公司AXES American和AXAM Investment之后，两人决定采用设立海外投资基金的方法剥离那部分资产损失，并通过报告书得到了几任总裁的批准。具体做法是：在海外设立不需要并入合并报表的基金，然后由基金按账面价值买入奥林巴斯公司已亏损的金融产品，这样母公司的亏损就被抹平了。通过这种方法，2001年3月日本开始采用新会计准则时，本应计入的1 050亿日元损失实际反映在账面上的只有9亿日元。

2005—2008年，奥林巴斯以700亿日元收购了本土三家主营业务与自身关联度不高的非上市公司：食品容器生产商NewsChef Inc.、医疗垃圾处理公司Altis Co.以及化妆品和饮食补品生产商Humalabo Co.。而在2009年，这三家公司的商誉被减值557亿日元，超过原值的3/4；2010年3月，又减值13亿日元。更让人怀疑的是，2008年奥林巴斯以2 117亿日元收购了英国医疗器械公司Gyrus Group，该公司当时的销售额为500亿日元左右，总资产不足1 000亿日元，因此商誉占了收购价的一半以上。同时，奥林巴斯向这宗收购的财务顾问公司AXES American支付了6 700万美元的现金和当时价值1.77亿美元的优先股，并在2010年3月以6.2亿美元回购了这些股份，即奥林巴斯公司共向顾问支付了超过30%、约6.87亿美元的费用，而这一比例通常只有1%～2%。

通过以上两宗大型收购，奥林巴斯填补了约1 100亿日元的损失，其所有者权益由2008年报告中的3 342.1亿日元减至1 613.64亿日元，所有者权益比率降至14.6%。

2009年，由于与外部审计机构毕马威存在重大分歧，菊川刚以合同到期为由解除了和毕马威的合作关系。

资料来源：张晨婉．奥林巴斯财务造假审计问题分析．商场现代化，2012，24（692）：118-121.

问题：

根据上述资料，结合本章相关知识，你认为奥林巴斯的内部控制可能存在哪些缺陷？

内部控制与风险管理案例分析

甲公司为一家主营高端咖啡和茶饮零售业务的企业，2019年在境内上市。2020年7月，甲公司管理层召开风险管理和内部控制专题研讨会，重点讨论公司发展目标、面临的主要风险及拟采取的控制措施。会议有关内容摘要如下：

（1）发展目标。公司以海外优质咖啡豆和特色茶叶为原材料，致力于打造国内具有影响力的高端咖啡和茶饮品牌。2020—2022年的发展目标为：每年新开门店数量不少于500家，年均净利润增长率达到10%。公司管理层的绩效考核与发展目标直接挂钩。总经理在会议上强调，内部控制应有助于促进公司实现发展目标，并应随着公司竞争状况和风险水平等的变化调整控制措施；同时，必须统筹考虑投入和产出，以适当的成本实现有效控制。

（2）主要风险。1）市场竞争方面。自上市以来，受国家间贸易摩擦的持续影响，甲公司自海外进口原材料的成本显著上升。相比而言，国内竞争对手主要依赖国内供应商，成本相对低廉，通过低价竞争迅速挤压甲公司的市场份额。2）商业模式方面。自2020年初发生新冠肺炎疫情以来，餐饮行业传统到店消费的线下零售模式遭遇较大冲击，经调研，咖啡和茶饮消费者更加偏好在线下单、快速提货的线上消费方式。公司各门店的线下零售量急剧下滑，市场需求萎缩。3）财务状况方面。为完成每年新开门店数量不少于500家的发展目标，预期门店租金等固定支出将大幅增加，公司现金流压力加大。

（3）控制措施。为顺利完成董事会设定的年度发展目标，公司管理层针对主要风险拟采取下列控制措施：1）调整合格供应商清单，以价格作为评价标准选择进口原材料供应商，大幅降低公司原材料采购成本；2）不再使用成本较高的环保牛皮纸包装袋、可降解纸杯和吸管等包装物或易耗品，替换为成本较低但不可降解的塑料制品或一次性用品，进一步压缩成本；3）加强市场调查，合理确定定价机制，根据市场变化及时调整销售策略，不断提高市场占有率；4）加大促销力度，开展客户充值返券活动（单个客户充值200元即可获得价值50元的免费咖啡或茶饮券一张），要求将客户当期充值总额确认为同期销售收入。

假定不考虑其他因素。

资料来源：2020年高级会计师真题.

问题：

1. 指出资料（1）中总经理的发言所体现的内部控制原则。
2. 根据资料（2），识别并指出至少3种对甲公司产生不利影响的风险类型。
3. 判断资料（3）中1）～4）项控制措施是否存在不当之处；对存在不当之处的，分别说明理由。

第3章 Chapter 3 中国标准

学习目标

1. 知识目标：了解《中央企业全面风险管理指引》的主要内容；了解《企业内部控制基本规范》及其配套指引的内容和特点。

2. 能力目标：掌握我国企业内部控制规范体系的基本框架结构，并学会应用于企业内部控制制度体系的设计。

3. 素养目标：（1）了解《中央企业全面风险管理指引》、《企业内部控制基本规范》及其配套指引、《中央企业违规经营投资责任追究实施办法（试行）》的出台背景，一方面领会依法治国精神，塑造法治理念，另一方面培养创新思维和系统思维，理解坚持完善制度的要求。（2）理解《中央企业全面风险管理指引》《中央企业违规经营投资责任追究实施办法（试行）》的内容构成，并结合反面案例，树立底线思维，强化风险意识。（3）学习《企业内部控制基本规范》及其配套指引的内容构成，一方面结合中国优秀企业成功经验，宣传中国故事，增强爱国意识，另一方面通过与COSO框架的比较，增强对中国特色社会主义的道路自信、理论自信、制度自信、文化自信，体会战略思维、系统思维和创新思维。

引 例

上市公司2019年内控蓝皮书——整体有效率96%，重大缺陷比例呈上升趋势

为全面、深入了解我国上市公司执行企业内部控制规范体系情况，日前，财政部与证监会组织专家工作组，对沪深两市3 794家上市公司公开披露的2019年度内部控制报告进行了系统分析，并以专家组名义发布《上市公司2019年执行企业内部控制规范体系情况蓝皮书》（以下简称《蓝皮书》）。

《蓝皮书》指出，2019年度共有3 642家上市公司披露了内部控制评价报告，总体披露占比95.99%，其中3 513家内部控制评价结论为整体有效，占比96.46%，129家内部控制评价结论为非整体有效，占比为3.54%。如图3-1所示，自2007年以来，披露内部控制评价结论为非整体有效的上市公司数量及比例呈逐年上升趋势，自2013年起尤为明显，2019年披露内部控制评价结论为非整体有效的上市公司数量及比例最高。

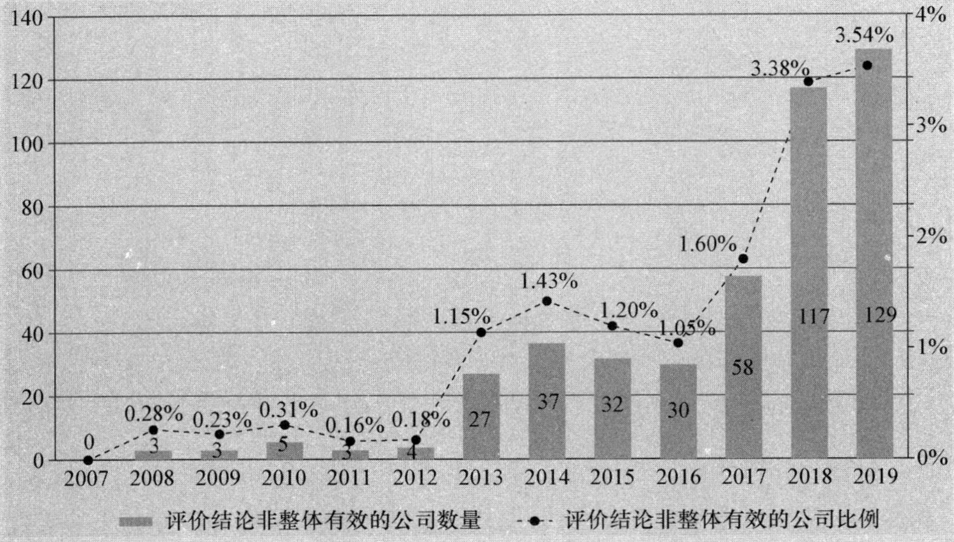

图3-1　2007—2019年上市公司内部控制评价结论非整体有效的数量及占比情况

《蓝皮书》指出，披露存在内部控制重大缺陷的上市公司比例呈整体上升趋势，2019年达到最高值3.82%，披露存在内部控制重要缺陷的上市公司比例则在2%上下波动，如图3-2所示。

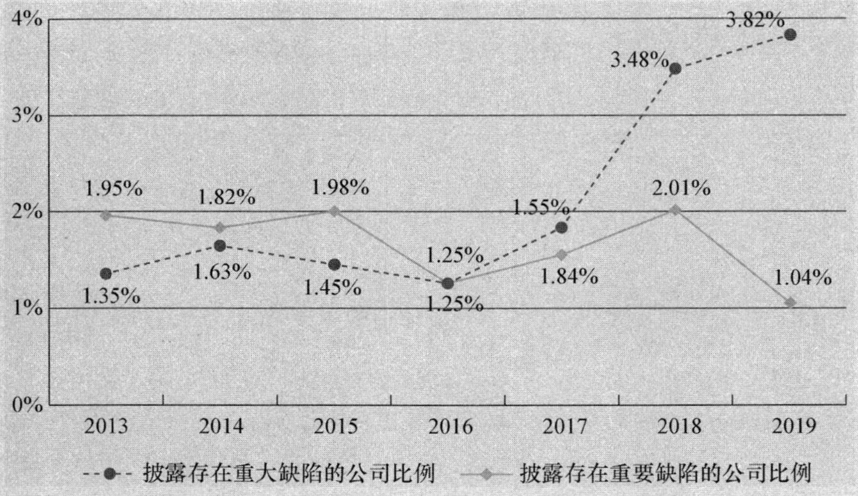

图3-2　2013—2019年上市公司披露存在内部控制重大、重要缺陷情况

2019 年度共有 2 827 家上市公司披露了内部控制审计报告，占比 74.51%，其中 2 677 家审计意见为标准无保留意见，占比 94.69%，150 家内部控制审计意见为非标准无保留意见，占比 5.31%。如图 3－3 所示，自 2007 年以来，内部控制审计意见为非标准无保留意见的上市公司比例呈整体上升趋势，2013 年以后，该趋势更为明显。

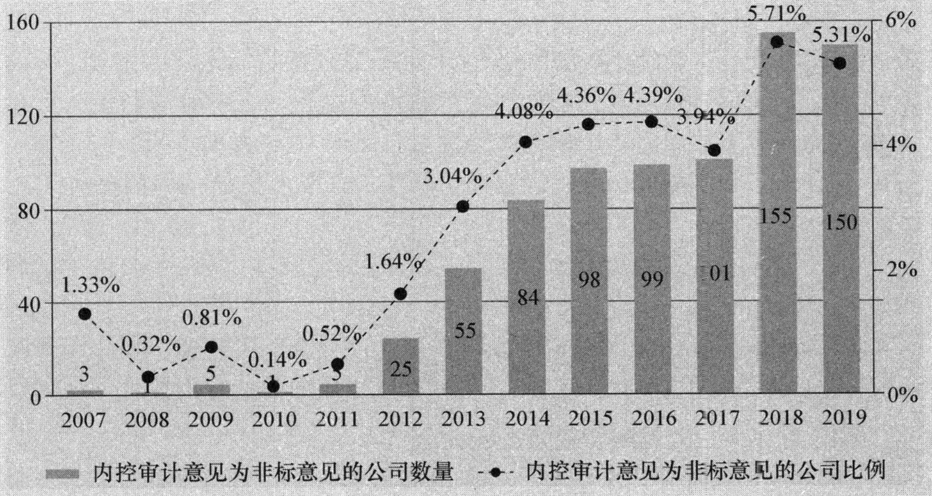

图 3－3　2007—2019 年上市公司内部控制审计意见为非标意见的数量及占比情况

同时，部分上市公司仍存在披露内容要素不完整，披露信息不一致，内部控制缺陷整改不到位，内部控制缺陷标准缺失或不恰当等问题。

下一步，财政部将会同证监会等相关部门进一步健全和完善企业内控规范体系，加强对上市公司执行内控规范情况的监督指导，进一步提升上市公司内部管理水平和风险防范能力。

资料来源：王震，章斐然．上市公司 2019 年内控蓝皮书：整体有效率 96%，重大缺陷比例呈上升趋势．人民网，2021-02-19.

从引例可以看出，企业内部控制规范体系的良好实施不仅需要借鉴和参考国外的先进经验和成熟做法，如 COSO 的《内部控制——整合框架》和《ERM 框架》，还需要依据和遵循我国相关的内部控制与风险管理规章制度。本章主要介绍《中央企业全面风险管理指引》《企业内部控制基本规范》及其配套指引等的出台背景、内容框架等内容。

内控规范体系情况分析报告

3.1 《中央企业全面风险管理指引》

3.1.1 出台背景

中航油新加坡公司特别损失事件，4名责任人受处理

自2005年年底以来，国有企业接连陷入巨亏的噩梦：5.5亿美元的亏损，让在新加坡上市游走的巨轮——中航油翻船；正在人们反思未终之时，中储棉重蹈覆辙，出现10亿元的亏损。国企的一系列事件在国内外引起巨大震动，切实加强防范国企的风险已到了刻不容缓的地步。

为增强企业竞争力，提高投资回报，促进企业持续、健康、稳定发展，指导企业开展全面风险管理工作，进一步提高企业管理水平，根据《公司法》《企业国有资产监督管理暂行条例》等法律法规，国务院国有资产监督管理委员会于2006年6月20日颁布了《中央企业全面风险管理指引》。

案例3-1 企业风险管控与价值创造

2019年12月4日至5日，由中国有色金属工业信息中心、北京华融启明风险管理技术股份有限公司共同主办的2019第五届中国市场风险管理大会于上海举办。本次大会以“从风险管控到价值创造——大宗商品企业转型之路”为主题，邀请到国内交易和风险管理领域权威人士、大宗商品行业龙头企业和各交易所专家就国际经济衰退预期下的风险和机遇、风险管理大宗商品企业如何进行高效风险管理、宏观大类资产投资机会等时下热点主题进行了分享。

中国有色金属工业协会政策研究室副主任教授级高级工程师赵武壮在致辞时表示，有色金属行业在大宗商品领域占有重要地位，主导大宗商品发展，但受政策和经济形势影响，中国有色金属市场面临不小挑战。不过，即使在这种情况下，协会依然带领产业发展，稳中求进。有色金属大宗商品市场总体充满活力，同时中国有色金属工业信息中心将继续以中国市场风险管理大会为契机，共同推进中国有色金属管理行业，提高整个行业的风险管理水平。

北京华融启明风险管理技术股份有限公司执行总裁石建华表示，2019年即将过去，大宗商品企业如何降低风险、实现企业利润的稳步增长，成为企业正在研究和亟待攻克的难题。作为风险管理领域领军企业，启明股份每年投入大量研发经费，到2019年为止共投入研发经费1亿元，行业内与技术能力雄厚的企业达成合作，以最新的技术手段研发出有利于企业风险管控和提高利润的产品，经过多年磨砺形成了风险管理整体解决方案，已在市场上大量推广并得到用户的广泛好评。

中国人民大学国际货币研究所副所长、中国农业银行原首席经济学家向松祚在论坛上表示，当前，在复杂严峻的国际环境下，全球经济普遍放缓，实体经济困难突出，金融市场也面临风险日益凸显、转型升级步履维艰的问题。在此背景下，风

险管理的核心不是扩张，更不是靠债务扩张，而是要去寻找比较安全的资产。他建议，在构造大宗商品风险管理的模型时应该将负利率资产、货币政策等变量因素考虑进去。

全国风险管理标准化技术委员会秘书长、国家市场监督管理总局中国标准化研究院质量管理分院副院长高晓红指出，伴随着经济全球化的深入发展，标准化在便利经贸往来、支撑产业发展、促进科技进步、规范社会治理中的作用日益凸显，标准成为世界通用语言，世界需要标准来共同发展，标准也将促进世界的互联互通。风险管理同样需要标准化。

当前经济环境下，要实现合理的风险控制，从而获取更多的经济利润，企业必须进行转型。针对如何转型更利于企业发展，石建华提出，企业要从传统的发展模式向更多的精细化贸易模式转换，从而获取不同的利润来源。比如，利用多种服务产业企业模式规避现货阶段的风险，在战术层面，还可以由被动规避转为主动拥抱风险、管理风险，进而在管理风险中获得风险的收益。"企业通过灵活的定价模式转移行业风险，可以把行业风险交给那些有专业管理能力的公司去管理，从而大大降低企业的成本。"

"由货衍生出来的是仓储物流的管理和供应链金融，由钱衍生出来的是结算、支付的管理和数字票据，但大宗商品企业的贸易采用复杂的定价模式，不是一口价，必须有对价格管理，对现货定价模式的管理，定价之后还需要对价格的风险敞口进行管理，实现价格风险的转移。"石建华还提出，未来，从企业转型信息化路径来看，套期保值必须与供应链信息数据相结合，因此必须实现信息化。

据悉，作为大宗商品交易和风险管理行业的国际性大会，中国市场风险管理大会始于 2015 年，是我国大宗商品交易和风险管理领域规模最大、范围最广、影响力最强的行业活动，迄今已成功举办四届，大会旨在研究和传播风险管理新技术、新理念，帮助中国企业建立健全市场风险管理体系，为大宗商品产业生态圈成员的健康发展保驾护航。

资料来源：马爽. 2019 第五届中国市场风险管理大会举办，业内人士热议企业风险管控与价值创造. 中国证券报，2019-12-08.

3.1.2　主要内容

《中央企业全面风险管理指引》共 10 章 70 条，借鉴了发达国家有关企业风险管理的法律法规、国外大公司在风险管理方面的通行做法，以及国内有关内部控制机制建设方面的规定，对中央企业开展全面风险管理工作的总体原则、基本流程、组织体系、风险评估、风险管理策略、风险管理解决方案、监督与改进、风险管理文化、风险管理信息系统等方面进行了详细阐述。其主要内容如下。

1. 全面风险管理的总体目标

《中央企业全面风险管理指引》规定，中央企业开展全面风险管理要努力实现以下五大风险管理总体目标：一是确保将风险控制在与总体目标相适应并可承受的范围内；二是确保内外部尤其是企业与股东之间实现真实、可靠的信息沟通，包括编制和提供真实、可靠的财务报告；三是确保遵守有关法律法规；四是确保企业有关规章制度和为实现经营目标而采取的重大措施的贯彻执行，保障经营管理的有效性，提高经营活动的效率和效果，降低实现经营目标的不确定性；五是确保企业建立各项重大风险发生后的危机处理计划，保护企业不因灾害性风险或人为失误而遭受重大损失。

案例3-2　员工违规频发暴露银行内控漏洞，监管持续高压今年已罚2 250万

从中国银行原油宝事件，到中信银行泄露个人账户交易信息，再到农业银行分行员工挪用客户210万存款，银行业近期负面新闻缠身，引发持续热议，也将银行内控问题再次置于聚光灯下。

有银行业人士对第一财经记者表示，银行业近期违规事件频发暴露出银行合规底线、内控存在漏洞，从而引发了声誉风险问题。中关村互联网金融研究院首席研究员董希淼认为，监管部门、行业协会以及银行要把自身工作做好，同时监管部门应加大处罚力度，切莫让单一事件演化成行业信任危机。

近年来，金融市场乱象整治始终保持高压态势，监管持续加大行政处罚力度，从严打击重点领域违法违规行为。根据第一财经记者统计，今年以来，银保监会共对银行业开出11张行政处罚单，涉及金额高达2 250万元，问题涉及公司合规内控、公司治理等方面。

部分银行合规底线、内控出了问题

近日，中信银行上海一支行泄露脱口秀演员池子“个人流水”一事持续发酵，个人账户交易信息安全问题引发全社会关注。虽是个别事件，但暴露出部分金融机构在客户信息安全、隐私保护方面存在漏洞。值得注意的是，近期银行业违规事件频发，涉事银行不仅中信银行一家。据媒体报道，近期农业银行一名经理私自挪用客户存款210万元放贷，警方已经介入调查。截至目前，农业银行对此尚未回应。

董希淼建议，对银行业金融机构而言，应从三个方面加强管理：在思想上，要高度重视客户信息保护；在制度上，要继续完善客户信息保护相关制度办法；在操作上，要细化客户信息查询流程。此外，应在技术上对客户信息查询有硬约束，比如制定分级审批、双人控制等要求。

治乱象治违规持续高压

近年来，金融市场乱象整治始终保持高压态势，监管持续加大行政处罚力度，从严打击重点领域违法违规行为。在实际监管过程中，银保监会多项措施摁住了近年来风险隐患的苗头。

5月9日，银保监会连发9张行政处罚单，共计1 970万元。分别“派”给中国银行、工商银行、农业银行、交通银行、建设银行、光大银行、邮政储蓄银行，6家国有大行均在列。根据第一财经记者统计，截至目前，今年以来银保监会共对银行业开出11张行政处罚单，涉及金额高达2 250万元。被罚机构包括6家国有大行，以及光大银行、中信银行等股份制银行。从罚单内容来看，涉及问题主要包括，监管标准化数据（EAST）系统数据质量及数据报送存在相应的违法违规行

为、虚假代理业务、违反审慎经营规则、“两会一层”境外机构管理履职不到位等。

业内人士认为，疫情导致经济和市场震荡，全球动荡源和风险点显著增多，我国经济下行压力加大，这对银行业绩也造成不利影响。虽然防范化解重大风险取得明显成效，但潜在风险还会持续暴露，防风险仍然是进行时。

银保监会在召开的2020年全国银行业保险业监督管理工作会议中指出，必须防止发生处置风险，做到徐缓调理与外科手术相结合，实现稳中有进、标本兼治。必须加强主动沟通协调，形成合力，提高效率。必须区分情况分类施策，进一步增强法治观念，严格遵守法律法规，做到依法监管、依法行政、依法处理各种市场问题。

资料来源：杜川. 员工违规频发暴露银行内控漏洞，监管持续高压今年已罚2 250万. 第一财经，2020-05-13.

2. 风险的分类及风险管理策略

《中央企业全面风险管理指引》指出，企业风险一般可分为战略风险、财务风险、市场风险、运营风险、法律风险等；也可以以能否为企业带来盈利和机会为标准，将风险分为纯粹风险（只有带来损失的可能性）和机会风险（带来损失和盈利的可能性并存）。一般情况下，对战略风险、财务风险、运营风险和法律风险，可采取风险承担、风险规避、风险转换、风险控制等方法；对能够通过保险、期货、对冲等金融手段进行理财的风险，可以采用风险转移、风险对冲、风险补偿等方法。企业应根据不同业务特点统一确定风险偏好和风险承受度，即企业愿意承担哪些风险，明确风险的最低限度和不能超过的最高限度，据此确定风险的预警线及相应采取的对策。确定风险偏好和风险承受度，要正确认识和把握风险与收益的平衡，防止和纠正忽视风险的行为，避免片面追求收益而不讲条件、范围，认为风险越大收益越高的观念和做法；同时，也要防止单纯为规避风险而放弃发展机遇。

案例3-3 中国东方航空2020年可能面对的风险

1. 疫情及经贸环境风险

航空运输业是与经济、贸易环境密切相关的行业。民航运输业受宏观经济景气度的影响较大，宏观经济景气度直接影响经济活动的开展、居民可支配收入和进出口贸易额的增减，进而影响航空客货运需求。同时，国际经贸关系和地缘政治局势将较大程度影响公司的国际航空运输需求。如未来国内外宏观经济景气度下降、贸易关系或地缘政治局势紧张，可能会对公司的经营业绩和财务状况造成不利影响。

全球疫情对国内外经济的影响以及国际经贸形势具有很大的不确定性，公司密切关注全球疫情发展趋势、国内外宏观经济形势和国际经贸关系的变化，灵活调整运力投放和市场销售，积极应对全球疫情发展和外部经贸环境变化带来的影响。

2. 政策法规风险

航空公司的业务遍及全球，是受国内外经济政策和法律法规影响较大的行业。公司作为一家上市公司，还受到上市地证券监管法律法规和政策的影响。国内外相关的法律法规和产业政策、监管政策的调整和变化，可能会给公司未来的业务发展和经营业绩带来一定的不确定性。

公司积极参与行业政策法规制定完善的各种研讨，及时分析研究政策法规的最新变化及对公司的影响，把握政策法规修订带来的发展机遇，审慎应对政策法规变动带来的风险挑战和不确定性。

3. 安全运行风险

安全飞行是航空公司维持正常运营和良好声誉的前提和基础。恶劣天气、机械故障、人为差错、飞机缺陷、国内外恐怖主义以及其他不可抗力事件等都可能对公司的飞行安全、空防安全、运行安全造成不利影响。

公司落实安全生产责任制，完善安全风险防控体系，开展应急演练，强化安全管控能力，推动空防安全信息化建设，加强飞行、空防、机务等方面的安全监察，确保公司持续安全运营。

4. 核心资源风险

行业的快速发展造成了航空公司在关键岗位管理人员与专业技术人员等核心人力资源、航权资源以及时刻资源上的竞争。若公司核心资源储备不足而无法匹配公司经营规模扩大的速度，可能会对生产经营造成不利影响。

公司推进“幸福东航”企业文化建设，进一步优化核心技术人才激励方案，并实施多层次后备管理人员培养计划和核心技术人员招收计划，积极储备核心后备人才。同时，公司就航权与时刻资源协调行业监管机构，积极参与时刻资源市场化竞争。

5. 竞争风险

随着国内航空市场开放、低成本航空发展以及国际航空企业对中国市场加大运力投入，未来国内外航空运输业的竞争可能更趋激烈，给公司的航权和时刻资源、票价水平、市场份额等带来不确定性，进而对公司经营业绩造成影响。

铁路、公路及邮轮运输与航空运输在部分市场存在一定的替代性。随着铁路、公路及邮轮运输对国内民航市场的冲击呈现常态化、网络化态势，公司未来在部分航线上可能面临较大的竞争压力。

公司积极应对行业竞争，主动争取枢纽市场和核心市场新增航权和时刻资源，稳步提升飞机利用率和重点市场占有率，巩固扩大四大枢纽及核心市场份额；依托天合联盟合作平台，深入推进与达美、法荷航战略合作，巩固与澳航、日航等天合联盟外合作伙伴的合作关系，建立了辐射全国、通达全球的高效便捷的航空运输网络。

面对其他运输方式的冲击，公司持续优化航线网络，加强全网全通及国际中转联程产品营销，提供安静、安心、安逸的客舱服务，优化机上配餐标准，积极开发和维护集团客户以及常旅客群体，发挥航空服务品牌优势；围绕航班准点率，提升精细化运行水平，发挥航空运输速度优势。

6. 航油价格波动风险

航油成本是航空公司最主要的成本支出。国际油价水平大幅波动将对航油价格水平和公司燃油附加费收入产生较大影响，进而影响公司经营业绩。受疫情影响，

2021年公司的航班量及用油量存在较大的不确定性，因此航油成本也存在较大不确定性。在不考虑燃油附加费等因素调整的情况下，基于2020年实际运行航班用油量，如果平均航油价格上升或下降5%，公司航油成本将上升或下降约6.92亿元人民币，公司净利润将下降或上升约5.19亿元人民币，公司其他综合收益将上升或下降约0.62亿元人民币。

一方面，公司通过优化运力投放，加强市场营销，努力提升客座率和单位收益水平，应对航油价格上涨的压力。另一方面，为了规避航油价格波动给经营带来的不利影响，董事会授权公司谨慎开展航油套期保值业务，公司指定专门工作小组密切跟踪、积极研判国际油价走势，研究制定航油套期保值操作策略，降低航油价格波动风险。

7. 汇率波动风险

公司有较多外币负债且外币负债以美元负债为主，在美元兑人民币汇率大幅波动的情况下，美元负债将产生较大金额的汇兑损益，直接影响公司当期利润，对公司经营业绩造成较大影响。

截至2020年12月31日，如果美元对人民币升值或贬值1%，其他因素不变，则公司净利润及其他综合收益受到的影响见表3-1。

表3-1　公司净利润及其他综合收益受到的影响（情况1）

单位：百万元人民币

	对净利润的影响		对其他综合收益的影响	
	升值	贬值	升值	贬值
美元汇率	−266	266	—	—

8. 利率变动风险

公司主要负债是引进飞机、发动机及航材等所产生的美元负债和人民币负债。美元利率以及人民币利率变化可能造成公司现有浮动利率贷款成本和未来融资成本变动，从而影响公司财务费用。

截至2020年12月31日，在其他变量保持稳定的前提下，如果利率上升或下降25个基点，则公司净利润及其他综合收益受到的影响见表3-2。

表3-2　公司净利润及其他综合收益受到的影响（情况2）

单位：百万元人民币

	对净利润的影响		对其他综合收益的影响	
	上升	下降	上升	下降
浮动利率工具	−94	94	8	−8

未来公司拟通过开展衍生品交易，进一步优化公司美元债务中浮动利率债务比例；同时积极把握超短期融资券、公司债券的发行时机，降低人民币融资成本。

9. 信息安全风险

公司运营过程中各项业务的开展与信息网络系统密切相关，对公司传统的管理方式和工作流程提出了新的要求。公司网络信息系统存在设计缺陷、运行故障或者中断，内部人员的法律合规培训和教育不足以及遭遇外部网络攻击等情况，都可能会影响公司的生产运营或造成客户数据泄露，对公司品牌形象产生不利影响。信息系统的不断更新将对公司发展提出新的挑战。

公司持续推进信息安全项目建设，建立健全信息安全相关技术防护和安全管理平台；通过深化与外部权威安全机构战略合作，强化信息安全管理；针对欧盟GDPR（《通用数据保护条例》）的实施，任命“数据保护官”；升级在线渠道客户隐私条款，排查第三方平台风险，强化旅客信息保护防火墙；启动护网专项任务，提升网络安全防护能力。

10. 发展及转型风险

公司在开拓国际新市场、对外开展投资并购项目，以及对现有业务、资产进行结构调整等的过程中可能面临包括决策、法律、管控、竞争对手干扰等在内的一系列风险，对公司发展战略的实施效果造成影响。

公司加快科创和数字化转型，开拓“客改货”发展新空间，创新资产和优化航食管控模式，公司旗下中联航加快混改步伐。公司开展现有业务或资产结构调整，对公司经营管理整体能力提出了新的要求，未来可能存在部分转型项目或业务调整未能达到预期目标的风险。

公司不断完善对外投资的全流程监控与管理，在开拓国际新市场、对外实施投资并购，以及对现有业务、资产进行结构调整的过程中通过采取尽职调查、资产评估等举措，加强项目的研究论证，严格监管各项投资活动，完善风险防控体系。

11. 供应商风险

航空运输业具有高技术要求和高运营成本的特点。飞机、发动机、航材、航油及信息技术服务等关键运营资源的可选供应商有限，同时航空公司为降低运营成本，通常采取集中采购的方式获取运营资源。公司主要供应商、主要销售渠道运营商、主要大客户出现经营异常，或其受全球贸易关系、国际地缘政治局势及其他外部因素影响而导致业务或供应中断，可能对公司的生产经营造成不利影响。

公司重点关注与生产运营高度关联的供应商，由相应管理团队负责分析供应商的履约能力，定期开展供应商评估；持续关注与生产运营高度关联的物资品类市场变动情况，由业务采购部门负责收集、分析价格波动情况。

12. 证券市场波动风险

上市公司股票价格不仅取决于公司当前业绩和未来经营预期，还受上市地法律规定、政策环境、宏观经济、市场资金流向及投资者结构和心理等多种因素影响。公司股票价格可能因上述因素出现较大幅度变动，直接或间接对投资者造成损失。

公司持续优化治理水平，切实履行信息披露义务，不断提升经营管理能力，争取创造良好的经营业绩。同时，公司加强与资本市场和各类投资者的交流沟通，密切关注公司的股价表现和媒体报道，及时回应市场的关切，努力避免公司股价出现异常波动。

13. 其他不可抗力及不可预见风险

航空运输业受外部环境影响较大，自然灾害、突发性公共卫生事件及其引致相关国家发布通航或人员往来限制政策、国际地缘政治动荡以及公司主要业务市场所在地区局势等都会影响市场的需求和航空公司的正常运营，包括航班中断、客运量和收入减少、安全和保险成本上升等，可能会对公司的生产经营造成不利影响。

资料来源：中国东方航空 2020 年年度报告.

3. 风险管理基本流程及全面风险管理工作的开展

《中央企业全面风险管理指引》规定，风险管理基本流程应包括：收集风险管理初始信息、进行风险评估、制定风险管理策略、提出和实施风险管理解决方案以促进风险管理的监督与改进。企业应本着从实际出发、务求实效的原则，以对重大风险、重大事件（指重大风险发生后的事实）的管理和重要流程的内部控制为重点，积极开展全面风险管理工作。具备条件的企业应全面推进，尽快建立全面风险管理体系；其他企业应制定开展全面风险管理的总体规划，分步实施，可先选择发展战略、投资收购、财务报告、内部审计、衍生品交易、法律事务、安全生产、应收账款管理等一项或多项业务开展风险管理工作，建立单项或多项内部控制子系统。通过积累经验，培养人才，逐步建立健全全面风险管理体系。此外，企业开展全面风险管理工作，应与其他管理工作紧密结合，把风险管理的各项要求融入企业管理和业务流程中，应注重防范和控制风险可能给企业造成的损失和危害，还应把机会风险视为企业的特殊资源，通过对其进行管理，创造价值，促进经营目标的实现。

案例 3-4 华润集团：夯实内控基础，打好风险防控战

进入新时代，央企要实现高质量发展，建成世界一流企业，需要更加重视风险防范工作，全面打赢三大攻坚战。华润集团建立健全以风险管理为导向、合规管理为重点的内控体系，努力实现“强内控、防风险、促合规”的管控目标，树立了中央企业打好风险防控战的榜样。

近几年，针对内控薄弱环节，华润集团全面梳理风险隐患并开展专项治理工作。华润集团成立内部控制与风险管理委员会及其下属办公室，开展年度风险评估，并梳理出集团面临的十项年度重大风险。针对集团重大风险，华润集团适时发布舆情周报、分析报告、专题简报、风险事件警示，并就此开展 25 个专项风险治理项目，在此过程中，积极探索运用数字化的工具方法，通过设置不同风险预警阈值，监测并揭示关键风险趋势。

针对合规管理体系存在的问题，华润集团全面启动合规规范工作。集团成立了合规工作领导小组，启动华润集团合规体系建设项目，编制了华润集团合规管理制度和商业行为守则；同时鉴于当前海外合规风险显著上升，启动海外业务的合规风险筛查，推动各级企业重视和做好境外法律风险防范工作。

针对法律风险管理体系存在的问题，华润集团全面归纳法律风险节点，控制重大案件风险。华润集团完成了对重点经营领域和关键职能专业的法律风险梳理工作，归纳的法律风险节点总数量突破 8 000 个，发布了风险管理手册系列丛书。同时，华润集团启动了“证据缺失法律风险‘四化五进’落地试点项目”，控制重大案件风险。2019 年度，华润集团被诉案件较 2018 年下降约 33%。

针对新冠肺炎疫情引发的风险，华润集团加强运营监测，及时化解风险隐患。

华润集团要求职能部室围绕资金、债务、投资、金融、法律、安全等方面的风险，加强预研预判，做好应急预案；要求各利润中心加强对原材料供给、订单、项目进度、价格、库存和应收款项、资金成本、产销、流动性等方面的监测，将动态信息、问题建议及时报送集团，并根据市场变化及时采取有效对策。

2020年，华润集团将继续建立健全以风险管理为导向、合规管理为重点的内控体系，积极将内控体系管控措施嵌入各类业务信息系统，有效开展内控评价与监督，进一步增强抗风险能力、推动高质量发展。

资料来源：华润（集团）有限公司．华润集团：夯实内控基础，打好风险防控战，2020-06-16．

3.1.3 评价解析

《中央企业全面风险管理指引》是国资委全面落实科学发展观，坚持可持续发展，履行出资人职责，指导和促进中央企业推进管理创新，增强企业竞争力，促进企业持续、健康、稳步发展的一个重要文件。

中海油：全面风险管理与内控制度建设的融合

目前国资委监管的企业，几乎清一色是产业型的国有控股独资公司，基本没有搞资本运作的公司。很多国企没有专门的收购兼并管理部门，对行业缺乏了解，战略决策失误，盲目并购，造成大量亏损。因此国企要发展壮大还有很长的路要走。《中央企业全面风险管理指引》的下发，说明国资委对中央企业风险管理的关注到了前所未有的高度，制定了具体的实施方法和应对风险的措施，具体要看落实和执行程度。这就要求央企高管不但需要学习风险管理方法，还需要在具体运作中有效实行。

案例3-5 中央企业汇聚合力，系统构建风险防控体系

从风险识别、应对到风险处置，风险防控作为一项系统性工程，对企业风险研判、风险评估等各个环节的协同配合提出了更为全面的要求。企业要想把防范化解重大风险工作做实、做细、做好，必然要按照全面风险治理的要求，全过程、链条式、动态化防控重大风险。

越来越多的企业坚持系统观念，谋划全面风险管理，将建立健全风险防控机制作为高质量发展的基础和保障。

2021年，国家开发投资集团有限公司提出加强风险管理顶层设计，搭建完整的全面风险管理框架，明确集团各层级风险管理的边界和管控方式，规范风险管理制度流程，将风险管理自上而下贯穿集团全级次，融入“融、投、管、退”全过程，全面提高集团对风险的掌控力、可控力。

作为国有资本投资公司试点，中国保利集团有限公司将构筑全面风险防控体系融入业务管控全流程。围绕“融得进”，企业不断加大资金募集力度，拓宽资金来源渠道，努力降低融资成本；围绕“投得准”，提出重大投资项目尽职调查要穿透底层标的资产，确保投资风险被充分识别，风险管控措施有效落实；围绕“管得住”，以战略管控和财务管控为主线，对经营数据加强监控，对问题早发现、早报

告、早处置；围绕“收得回”，建立健全与项目投产后评价结果挂钩的考核机制，把考核情况纳入子企业年度综合考核，作为企业负责人薪酬分配的主要依据和职务任免的重要依据。

为防范化解重大风险，中国一重集团有限公司2021年提出扎实推进各类风险的监测预警、识别评估和研判处置，严把高风险领域项目投资，抓好重大决策等法律审核，强化境外项目风险防范，加大违规经营投资责任追究力度，着力构建全面、全员、全过程、全体系的风险防控机制，坚决守住不发生重大风险的底线。

建立风险防控机制，全面提升管理水平能力已经成为新发展理念下企业实现健康可持续发展的必经之路。将风险防控机制建设深度融入企业管理体系，成为企业治理体系、治理能力进化升级的显著标志。

为了汇聚合力夯实高质量发展基础，中国国新控股有限责任公司将风险防控机制建设作为企业治理体系再提升的重要内容。2021年，公司提出要牢固树立底线思维、增强风险意识，筑牢风险防范“三道防线”，结合运营业务特点，完善多维度决策支撑机制，毫不松懈严格法律合规“三项审核”，聚焦投资、财务等重大风险，强化监测预警和排查处置，不断提升公司风险防控的能力水平，构建集中统一、全面覆盖、权威高效的审计监督体系，加大违规经营投资责任追究力度，确保公司行稳致远。

严格防范经营风险，全面强化基础管理是关键。2021年，中国铁路通信信号股份有限公司提出加强精益管理和执行力建设，继续对标一流，构建精益化管理体系，提升管理能力，实现制度流程化、流程表单化、表单信息化。落实好重大事项请示报告制度，持续加强督查督办工作，在全系统范围内深化应用“三重一大”决策监控系统。

值得提出的是，随着企业数字化转型的深入推进，数字风险管理正在凝聚更多共识。通过与世界先进企业对标，新兴际华集团有限公司进一步明确借助现代信息网络技术和精益管理方式，建立财务、制造、成本、采购、销售、物流、市场等全过程、全方位的数字化体系，健全资金、订单、产品等重点环节动态跟踪网络，完善实时在线的决策—执行—监督信息管理系统，提升重大风险预警、防范、研判、管控、处置水平。

将数字化技术与风险防控体系建设相结合，中国诚通控股集团有限公司明确提出借助大数据、人工智能等新技术，汇聚资本运营业务大数据，建立资本运营综合信息监测系统，围绕投资决策、信息分析、风险预警、投研预判重点发力，通过数字化手段提升资本运营监管能力和风险识别能力，走出具有诚通特色的数字化之路。

没有发展作为支撑的安全，必然难以长久；没有安全作为保障的发展，必然不可持续。更好统筹发展与安全，对央企而言绝非一项机械完成的任务，而是可持续发展理念和管理体系建设的自我优化和升级。坚持有守有为，将底线思维转化为具体行动，方可筑牢企业可持续高质量发展的基石。

资料来源：王倩倩. 进一步提升风险防控意识和能力. 国资报告，2021-04-25.

3.2 《企业内部控制基本规范》

3.2.1 出台背景

经济的健康发展迫切需要加强内部控制。内部控制作为公司治理的关键环节和经营管理的重要举措，在企业发展壮大中具有举足轻重的作用，但从现实情况看，许多企业管理松弛、内部控制弱化、风险频发、资产流失、营私舞弊、损失浪费等问题比较突出。研究、制定一套具有统一性、公认性和科学性的企业内部控制规范是国内外多种因素共同作用、共同影响的结果。

1. 国外方面

《萨班斯法案》大限在即，中国公司冲刺

安然、世通等财务舞弊和会计造假案件的发生，严重冲击了美国乃至国际资本市场的正常秩序，内部控制存在缺陷是导致企业经营失败最终铤而走险、欺骗投资者和社会公众的重要原因。为此，许多国家通过立法强化企业内部控制，如美国的《萨班斯法案》等，内部控制日益成为企业进入资本市场的“入门证”和“通行证”，我国境外上市企业纷纷花巨资聘请海外机构设计内部控制制度，以适应上市地的监管要求。整合我国有关内部控制的规章制度，制定并出台统一的内部控制规范迫在眉睫。

2. 国内方面

为了引导企业进一步加强内部控制，1999 年修订的《会计法》第一次以法律的形式对建立健全内部控制提出了原则要求；2001 年 6 月 22 日，财政部又相继发布了《内部会计控制规范——基本规范（试行）》《内部会计控制规范——货币资金（试行）》等。《内部会计控制规范——基本规范（试行）》第二条规定：“本规范所称内部会计控制是指单位为了提高会计信息质量，保护资产的安全、完整，确保有关法律法规和规章制度的贯彻执行等而制定和实施的一系列控制方法、措施和程序。”可见，当时的内部控制只限于会计控制和法规控制，而没有包含管理控制。随着市场经济的发展和企业环境的变化，单纯依赖会计控制难以应对企业面临的市场风险，会计控制必须向风险控制发展；同时，各部门之间的内部控制要求也有待进一步协调，以便为进行内部控制自我评估和外部评价提供统一标准。最终这套规范体系并没有得到普遍的应用，我国需要制定一套具有公认性和科学性的统一的企业内部控制规范体系。

2006 年 3 月 5 日，时任国务院总理温家宝在十届人大四次会议的《政府工作报告》中指出：引进借鉴国外先进管理经验，规范公司治理结构，完善内部控制机制与管理制度，推进制度创新。为认真贯彻落实国务院领导重要指示精神，加快推进我国企业内部控制标准体系建设，加强和规范企业内部控制，提高企业经营管理水平和风险防范能力，促进企业可持续发展，维护社会主义市场经济秩序和社会公众利益，经国务院有关部门同意，财政部同有关部门于2006年7月15日发起成立了具有广泛代表性的企业内部控制标准委员会，由时任财政部副部长王军任委员会主席，时任财政部会计司司长刘玉廷任秘书长，共同研究推进企业内部控制规范体系建设问题。2008年6月28日，财政部、证监会、审计署、银监会、保监会在北京联合召开企业内部控制基本规范发布会暨首届企业内部控制高层论坛。根据《公司法》《证券法》《会计法》和其他有关法律法规，会议发布了《企业内部控制基本规范》，并就贯彻实施《企业内部控制基本规范》做出了部署，就加强企业内部控制进行了深入研讨和经验交流。

东航航油套期保值巨亏

案例3-6　江西3L公司因内控问题两次IPO被否

2019年7月11日，证监会披露第十八届发审委2019年第78次会议审核结果公告，江西3L医用制品集团股份有限公司（以下简称“3L公司”）IPO（首次公开募股）未获通过。发审委主要问询公司现有内控制度是否健全且有效运行、经销模式销售占比逐年提升、公司各报告期末应收账款余额占同期营收的比例较高、毛利率高于同行、产品质量问题曾受行政处罚等五大方面的一系列问题。

《每日经济新闻》记者注意到，3L公司已经是第二次冲刺A股IPO。事实上，3L公司第一次冲刺IPO时，发审委在2015年以内部控制存在缺陷等为由否决了它的首发申请。据3L公司当时披露的招股说明书，公司被举报后自查发现，报告期有16名销售人员私刻19家客户印章用于销售订单、框架性协议、收入及应收账款询证函。另外发现公司实际发生的费用报销中存在部分虚假发票，该等发票合计金额604.82万元，公司针对该等虚假发票补缴税款及滞纳金合计105.90万元。

此外，近两年，3L公司还存在产品质量问题。今年6月，国家药品监督管理局通告，公司生产的1批次颅脑手术薄膜水蒸气透过性不符合标准规定。2018年，3L公司还披露了10起因产品质量不合格而被行政处罚的案例。

记者统计发现，3L公司是今年第10家IPO被否企业，除3L公司外，今年被否的企业还有上海奕瑞光电子科技股份有限公司、深圳警翼智能科技股份有限公司、北京生泰尔科技股份有限公司、广东申菱环境系统股份有限公司、西安瑞联新材料股份有限公司、苏州规划设计研究院股份有限公司、杭州天元宠物用品股份有限公司、南通超达装备股份有限公司、信利光电股份有限公司。

综合这些公司IPO被否的理由，存在毛利率变化、关联方同业竞争、单一客户依赖、信息披露差异等问题。

值得一提的是，今年6月开始，被否IPO的企业明显开始增多。6月之前，被否IPO的企业仅有4家，5月过会率更是达到了惊人的100%。而整个6月，被否IPO的企业达到5家，创下今年的单月新高。6月还出现首家取消审核的IPO企业——浙江才府玻璃股份有限公司，其主动向证监会申请撤回申报材料。

这些迹象表明，发审委在IPO审核环节更趋严格。

资料来源：胥帅．4年前造假被否，江西3L医用制品公司再冲IPO又被否．每日经济新闻，2019-07-12.

3.2.2 主要内容

《企业内部控制基本规范》自2009年7月1日起率先在上市公司范围内施行，同时鼓励非上市的其他大中型企业执行。《企业内部控制基本规范》共7章50条，各章分别是：总则、内部环境、风险评估、控制活动、信息与沟通、内部监督和附则。其主要内容可以概括为“五个五”，即“五个部门联合发布”“五个目标”“五个原则”“五个要素”“五十条”。

（1）五个目标。五个目标是指“合理保证企业经营合法合规，合理保证企业资产安全，合理保证企业财务报告及相关信息真实完整，提高经济效率和效果，促进企业实现发展战略”。这里，“合理保证企业财务报告及相关信息真实完整”与公司年度财务报告密切相关。这表明，加强企业内部控制建设对于合理保证年报质量是极为重要的。美国的《萨班斯法案》404条款主要是基于这方面的考虑设计的。

（2）五个原则。五个原则是指内部控制建设应当遵循的原则，即全面性原则、重要性原则、制衡性原则、适应性原则、成本效益原则。全面性原则是指内部控制应当贯穿决策、执行和监督全过程，覆盖企业及其所属单位的各种业务和事项；重要性原则是指内部控制应当在全面控制的基础上，关注重要业务事项和高风险领域；制衡性原则是指内部控制应当在治理结构、机构设置及权责分配、业务流程等方面相互制约、相互监督，同时兼顾运营效率；适应性原则是指内部控制应当与企业经营规模、业务范围、竞争状况和风险水平等相适应，并随着情况的变化及时加以调整；成本效益原则是指内部控制应当权衡实施成本与预期效益，以适当的成本实现有效控制。

（3）五个要素。五个要素是企业建立与实施有效的内部控制应当包括的要素，即“内部环境、风险评估、控制活动、信息与沟通、内部监督”。内部环境是企业实施内部控制的基础，一般包括治理结构、机构设置及权责分配、内部审计、人力资源政策、企业文化等；风险评估是企业及时识别、系统分析经营活动中与实现内部控制目标相关的风险，合理确定风险应对策略；控制活动是企业根据风险评估结果，采取相应的控制措施，将风险控制在可承受度之内；信息与沟通是企业及时准确地收集、传递与内部控制相关的信息，确保信息在企业内部、企业与外部之间进行有效沟通；内部监督是企业对内部控制的建立与实施情况进行监督检查，评价内部控制的有效性，发现内部控制缺陷时，应当及时加以改进。

案例3-7 银监会依法查处浦发银行成都分行违规发放贷款案件

近日，四川银监局依法查处了浦发银行成都分行违规发放贷款案件。银监会在现场检查中发现，浦发银行成都分行存在重大违规问题，立即要求浦发银行总行派出工作组对成都分行相关问题进行全面核查。通过监管检查和按照监管要求进行的内部核查发现，浦发银行成都分行为掩盖不良贷款，通过编造虚假用途、分拆授信、越权审批等手法，违规办理信贷、同业、理财、信用证和保理等业务，向1 493个空壳企业授信775亿元，换取相关企业出资承担浦发银行成都分行不良贷款。

这是一起浦发银行成都分行主导的有组织的造假案件，涉案金额巨大，手段隐蔽，性质恶劣，教训深刻。此案暴露出浦发银行成都分行存在诸多问题：一是内控严重失效。该分行多年来采用违规手段发放贷款，银行内控体系未能及时发现并纠正。二是片面追求业务规模的超高速发展。该分行采取弄虚作假、炮制业绩的不当手段，粉饰报表、虚增利润，过度追求分行业绩考核在总行的排名。三是合规意识淡薄。为达到绕开总行授权限制、规避监管的目的，该分行化整为零，批量造假，以表面形式的合规掩盖重大违规。此外，该案也反映出浦发银行总行对分行长期不良贷款为零等异常情况失察、考核激励机制不当、轮岗制度执行不力、对监管部门提示的风险重视不够等问题。

案发后，银监会高度重视，多次召开党委会议和专题会议研究部署查处工作，并成立专责小组，与上海市委市政府、四川省委省政府建立工作协调机制，通过采取强有力的措施推进风险处置和整改问责工作。在银监会统筹指导下，四川银监局制定实施"特别监管措施"，实行"派驻式监管"，开展多项专项排查治理，积极推动合规整改工作。四川省委省政府和上海市委市政府也高度重视，各方互相协作配合，共同推进风险处置工作，全力维护社会稳定和地方金融安全。浦发银行根据监管要求，在摸清风险底数的基础上，对违规贷款"拉直还原"做实债权债务关系，举全行之力采取多项措施处置化解风险，并按照党规党纪、政纪和内部规章，给予成都分行原行长开除、2 位原副行长分别降级和记大过处分，对 195 名分行中层及以下责任人员内部问责。截至 2017 年 9 月末，浦发银行成都分行基本完成违规业务的整改，目前该分行班子队伍稳定，总体经营平稳正常。

四川银监局依法对浦发银行成都分行罚款 4.62 亿元；对浦发银行成都分行原行长、2 名副行长、1 名部门负责人和 1 名支行行长分别给予终身禁止从事银行业工作、取消高级管理人员任职资格、警告及罚款。目前，相关涉案人员已被依法移交司法机关处理。银监会近日已依法对浦发银行总行负有责任的高管人员及其他责任人员启动立案调查和行政处罚工作。此外，鉴于四川银监局对浦发银行成都分行相关风险线索等问题未全面深查，监管督导不力，对其监管评级失真，银监会党委责成四川银监局党委深刻反省，吸取教训，并对四川银监局原主要负责人和其他相关责任人进行了严肃问责，给予党纪政纪处分。

资料来源：银监会依法查处浦发银行成都分行违规发放贷款案件. 中国银行保险监督管理委员会官网，2018-01-19.

3.2.3 评价解析

《企业内部控制基本规范》的制定发布是继我国企业会计准则、审计准则正式颁布和顺利实施之后，财政、审计、证券监管、银行监管、保险监管和国有资产管理部门促进企业和资本市场又好又快发展的又一重大举措。它坚持立足我国国情、借鉴国际惯例，确立了我国企业建立和实施内部控制的基础框架，并在以下方面取得了重大突破：

（1）科学界定内部控制的内涵。强调内部控制是由企业董事会、监事会、经理层和全体员工实施的，旨在实现控制目标的过程，有利于树立全面、全员、全过程控制的理念。它要求企业信息管理系统不仅具备表单类的统计、报告类的信息反馈的结果，还应强调实现控制目标的过程。强调对过程的控制有助于实现对结果的控制，而且过程控制可以节约控制成本、提高控制效率。

（2）准确定位内部控制的目标。要求企业在保证经营管理合法合规、资产安全、财务报告及相关信息真实完整、提高经营效率和效果的基础上，实现发展战略。基本规范从组织最根本的目标出发，充分考虑投资者、债权人、管理者的要求，考虑哪些目标层面的可控性更强，哪些目标层面受其他系统的影响更大等，具有循序渐进、适合国情的特点。

（3）合理确定内部控制的原则。要求企业在建立和实施内部控制全过程中遵循全面性原则、重要性原则、制衡性原则、适应性原则和成本效益原则。

（4）统筹构建内部控制的要素，有机融合世界主要经济体加强内部控制的做法和经验，构建以内部环境为重要基础、以风险评估为重要环节、以控制活动为重要手段、以信息与沟通为重要条件、以内部监督为重要保证，相互联系、相互促进的五要素内部控制框架。

（5）开创性地建立了以企业为主体、以政府监管为促进、以中介机构审计为重要组成部分的内部控制实施机制，要求企业实行内部控制自我评价制度，并将各责任单位和全体员工实施内部控制的情况纳入绩效考评体系；国务院有关监管部门有权对企业建立并实施内部控制的情况进行监督检查；明确企业可以依法委托会计师事务所对本企业内部控制的有效性进行审计，并出具审计报告。

案例3-8 公司内控存重大缺陷，*ST秋林被上交所纪律处分

上海证券交易所（以下简称“上交所”）在日常信息披露监管中发现，哈尔滨秋林集团股份有限公司（以下简称“公司”）2018年年度业绩预告披露不准确且未及时更正，公司董事、监事、高级管理人员无法保证2018年年度报告内容的真实、准确、完整，以及公司内部控制存在重大缺陷等违规事项，并召开纪律处分委员会，形成了纪律处分决定。

根据公司2018年内部控制审计报告，公司未能按照《企业内部控制基本规范》和相关规定在所有重大方面保持有效的财务报告内部控制，公司内部控制存在重大缺陷。公司2018年度内部控制报告被年审会计师事务所出具否定意见。

（1）公司于2018年7月成立秋林黄金事业部后，相关黄金板块子公司由董事长直接管理，董事长李亚和副董事长李建新对相关子公司的实际业务经营超过公司董事会授权范围，导致相关经营业务的职责分工和制衡机制失效，期末应收款项回收、存货的保管及贷款担保事项出现重大风险，导致公司2018年年报为此计提资产减值损失约37亿元。

（2）集团对子公司的管控制度未有效执行，2018年下半年，子公司出现签订大量超过正常账期的销售合同、存货保管有重大风险、非正常贷款等异常情况后，集团未对非常规、复杂或特殊交易建立相应的控制机制，且未采取补充或补偿性措施。

(3) 公司未对可供出售金融资产等对外投资实施有效的跟踪管理，并由此计提3.38亿元资产减值损失。

(4) 在募集资金管理方面未实施有效控制，相关债券募集资金从募集资金专户被转至其他普通账户，并用于为其他公司提供质押担保。目前，公司已向公安机关报案，并向中国银保监会、证监会举报。

公司年度业绩是投资者关注的重大事项，公司理应根据会计准则对当期业绩、减值损失进行客观、谨慎的估计，确保预告业绩的准确性。但公司业绩预告不准确、不审慎，实际业绩与预告业绩相比发生盈亏方向的重大变化，且未及时对业绩预告进行更正，特别是实际业绩出现巨额亏损，导致公司期末净资产为负，公司股票被实施退市风险警示，违规情节严重。公司内部控制存在重大缺陷，内部控制报告被出具否定意见。公司上述行为违反了《上海证券交易所股票上市规则》(以下简称《股票上市规则》) 第1.4条、第2.1条、第2.6条、第11.3.3条以及《上海证券交易所上市公司内部控制指引》第三条、第十四条等有关规定，情节严重。

鉴于上述违规事实和情节，经上交所纪律处分委员会审核通过，根据《股票上市规则》第17.2条、第17.3条、第17.4条和《上海证券交易所纪律处分和监管措施实施办法》的有关规定，上交所做出如下纪律处分决定：对哈尔滨秋林集团股份有限公司、时任董事长李亚、时任副董事长李建新予以公开谴责，并公开认定李亚、李建新十年内不适合担任上市公司董事、监事和高级管理人员；对时任董事、总经理兼财务总监潘建华，时任董事兼副总裁侯勇，时任董事兼董事会秘书隋吉平，时任董事兼副总裁曲向荣，时任独立董事陶萍、任枫、白彦壮，时任监事李岩、杨庆国、梁澍，时任副总裁季文波、孙晓春予以公开谴责。对于上述纪律处分，上交所将通报中国证监会和黑龙江省人民政府，并记入上市公司诚信档案。

资料来源：朱凯. 公司内控存重大缺陷，*ST秋林被上交所纪律处分. 证券时报，2020-03-02.

3.3 企业内部控制配套指引

3.3.1 出台背景

2009年，时任财政部副部长王军在出席《企业内部控制基本规范》发布会时强调，下一阶段要重点抓好六方面的工作，其中之一是着力健全内部控制规范体系，逐步建立一套以基本规范为统领，以评价指引、应用指引和内部控制鉴证指引等配套办法为补充的内部控制标准体系，并不断完善以法制为推动、以企业实施为主体、以政府监管和社会评价为保障、以各方面积极参与为促进的内部控制实施体系。为实现这一目标，2010年4月26日，财政部等五部委发布了《企业内部控制基本规范》的配套指引（以下简称配套指引）。

《企业内部控制基本规范》的颁布为企业内部控制体系的建设勾勒了宏观的基本框架，但没有从具体要素内涵和业务层面为企业提供具体指引。所以，颁布配套指引的目的就是促进企业建立、实施和评价内部控制，规范会计师事务所内部控制审计行为。配套指引在遵循基本规范的定义、目标、原则和要素的基础上为企业提供了更清晰的指引和标准，是对基本规范的进一步补充和说明，具有指导性和示范性。

配套指引的发布，标志着“以防范风险和控制舞弊为中心、以控制标准和评价标准为主体，结构合理、层次分明、衔接有序、方法科学、体系完备”的企业内部控制规范体系建设目标基本实现。

3.3.2 主要内容

配套指引由三部分组成，即《企业内部控制应用指引》（以下简称《应用指引》）（已发布18项，涉及银行、证券期货和保险等业务的3项指引暂未发布）、《企业内部控制评价指引》（以下简称《评价指引》）和《企业内部控制审计指引》（以下简称《审计指引》）。

（1）《应用指引》。《应用指引》可以划分为三类：内部环境类指引、控制活动类指引、控制手段类指引。这三类指引基本涵盖了企业资金流、实物流、人力流和信息流等各项业务和事项。

1）内部环境类指引。内部环境是企业实施内部控制的基础，影响着企业内部控制的方方面面，支配着企业全体员工的内部控制意识，影响着全体员工实施控制活动和履行控制责任的态度、认识和行为，在企业内部控制建立与实施中发挥着基础性作用。内部环境类指引之所以具有基础性地位，是因为它解决了组织层级的内部控制问题，是业务层级内部控制的保障体系。内部环境类指引有5项，包括组织架构、发展战略、人力资源、企业文化和社会责任等指引。

2）控制活动类指引。控制活动类指引是对各项具体业务活动实施的控制，此类指引有9项，包括资金活动、采购业务、资产管理、销售业务、研究与开发、工程项目、担保业务、业务外包和财务报告等指引。

3）控制手段类指引。控制手段类指引偏重于“工具”性质，涉及企业整体业务或管理。此类指引有4项，包括全面预算、合同管理、内部信息传递和信息系统等指引。

（2）《评价指引》。内部控制评价是指企业董事会或类似决策机构对内部控制有效性进行全面评价、形成评价结论、出具评价报告的过程。在企业内部控制实务中，内部控制评价是极为重要的一环，它与日常监督共同构成了对内部控制制度本身的控制。《评价指引》的主要内容包括：实施内部控制评价应遵循的原则、内部控制评价的组织、内部控制评价的内容、内部控制评价的流程与方法、内部控制评价缺陷的认定、内部控制评价报告及其报送与披露。

中国证券市场首份内部控制审计否定意见

（3）《审计指引》。内部控制审计是指会计师事务所接受委托，对特定基准日内部控制设计与运行的有效性进行审计。它是企业内部控制规范体系实施中引入的强制性要求，既有利于促进企业健全内部控制体系，又能增强企业财务报告的可靠性。《审计指引》的主要内容包括：审计责任划分、审计范围、整合审计、计划审计工作、实施审计工作、评价控制缺陷、出具审计报告以及记录审计工作。

案例3-9 东旭光电科技股份有限公司关于出具否定意见的内部控制审计报告的专项说明

东旭光电科技股份有限公司（以下简称“公司”或“东旭光电”）聘请中兴财光华会计师事务所（特殊普通合伙）（以下简称“中兴财”）为公司2019年度内部控制审计机构，会计师事务所对公司2019年度内部控制出具了否定意见的内控审计报告（中兴财光华审会字（2020）第105035号）。根据《深圳证券交易所股票上市规则》（以下简称《上市规则》）等有关规定，公司董事会对否定意见涉及事项的专项说明如下：

一、否定意见涉及事项的详细情况

财务报告内部控制重大缺陷详细情况如下：

（1）公司子公司为八家非关联方提供担保，金额合计38.50亿元，上述事项未按东旭光电公司章程规定履行决策程序，不符合内部控制制度关于对外担保的规定，同时未按照《上市公司信息披露管理办法》及时披露上述对外担保信息。

（2）由于公司资金管理调度未按公司资金管理控制制度有效执行，东旭光电自2019年11月18日出现债券违约，至2019年度财务报表批准报出日止，东旭光电发生债券违约、资金诉讼金额合计51.51亿元。公司资金管理控制制度未能有效执行，存在重大缺陷。

公司于2019年12月31日未能按照《企业内部控制基本规范》和相关规定在所有重大方面保持有效的财务报告内部控制。

二、消除有关事项及其影响的具体措施

（1）公司将严格控制新增对外担保的审核与监督，强化和明确董事会、经理层责权，进一步促进对外担保管理制度、授权管理制度、重大合同法律审查制度、重大信息内部报告制度等相关制度的落地。公司尽可能降低、化解已发生对外担保的或有风险，采取一事一议。同时，公司将认真落实担保整改措施，有效化解担保责任风险，杜绝违规事项再度发生，切实保障投资者利益，维护公司合法权益。

（2）公司将强化资金管理控制制度的有效执行，并将持续关注并督促东旭集团及东旭财务公司解决当前流动性问题，优先保障上市公司存款资金的安全性及流动性，满足公司正常生产经营需要。同时，公司将启动财务公司存款风险处置预案，并密切跟踪财务公司经营及流动性风险化解进展情况。公司还将不断督促财务公司尽快采取有效措施解决流动性问题，确保优先满足公司日常经营所需资金，并保障公司存款的可收回性。必要时，不排除采取提起诉讼、资产保全等手段避免损失，切实维护公司和投资者的利益。

三、董事会对否定意见涉及事项的意见

公司董事会尊重会计师事务所的独立判断，对该内部控制报告予以理解和认可，公司董事会和管理层将努力采取相应有效的措施，尽早消除保留意见对公司的影响，切实维护公司及全体股东的利益。

四、监事会对否定意见相关事项的意见

公司根据基本规范、评价指引及其他相关法律法规的要求，对公司截至2019年12月31日的内部控制设计与运行的有效性进行了自我评价。通过2019年度内控自我评价工作，发现公司财务报告内部控制存在重大缺陷。监事会将积极督促公司经营管理层深刻反思，及时进行整改，进一步规范内控管理，同时加强规范运作以及内部控制管理，杜绝再出现此类违规事项，切实维护公司利益。

五、独立董事对否定意见相关事项的意见

独立董事：我们认为公司内部控制评价报告的形式、内容符合《证券法》、《深圳证券交易所上市公司规范运作指引》及有关法律、法规、规范性文件的要求。公司根据基本规范、评价指引及其他相关法律法规的要求，通过2019年度内控自我评价工作，发现公司财务报告内部控制存在重大缺陷。我们尊重中兴财出具的内部控制审计报告，公司管理层已经识别出上述重大缺陷，董事会将积极督促整改措施的落实，尽快完成整改。我们将督促公司未来进一步完善内部控制制度，强化内部控制监督和检查，强化风险防范能力，以促进公司中长期稳定、健康的发展。

特此说明。

东旭光电科技股份有限公司

董事会

2020年6月24日

资料来源：巨潮资讯.

3.3.3 评价解析

配套指引具有鲜明特点和创新性，主要体现在以下方面：

（1）既细化了《企业内部控制基本规范》的各项要求，又构建了健全统一的指引体系。配套指引细化了《企业内部控制基本规范》提出的目标、原则和各项要求。其中，《应用指引》就企业如何围绕内部控制五要素建立健全内部控制提供指引；《评价指引》就企业开展内部控制自我评价提供指引；《审计指引》为会计师事务所执行企业内部控制有效性审计提供指引。同时，每类指引又自成一体，构成一个完善的子系统，且三个子系统之间环环相扣、有机衔接、相辅相成、互为依托，构成完备的指引体系，与《企业内部控制基本规范》形成具有统一性、公认性和权威性的中国企业内部控制规范体系。

（2）既具中国适应性，又具国际先进性。处在不同国家或地区、不同行业、不同规模、不同发展阶段的企业，所面临的市场环境不尽相同，所秉承的管理文化也会有较多差异。在制定配套指引的过程中，一方面，科学总结了我国先进企业的风险管控实务及国内相关法规；另一方面，系统借鉴了发达国家相关规范及跨国企业易于操作的做法，确保了配套指引既符合中国企业风险管控实际，又符合国际的先进做法，既弘扬了传统会计控制的精髓，又融合了现代内部控制理念。美国COSO委员评价：中国企业内部控制规范体系与国际通行的内部控制框架在所有主要方面保持了一致。

（3）既适应了后金融危机时期社会对内部控制审计提出的新要求，又切实考虑了注册会计师风险责任的可承担性。在企业内部控制有效性评价方面引入注册会计师强制审计制度，综合考虑了国际金融危机给人们的警示，是《企业内部控制基本规范》及其配套指引实施安排中的重要制度安排，这项制度安排将进一步增加公司财务报表信息的可信性，更好地维护投资者的合法权益。需要指出的是，要求对企业财务报告控制目标以外的内部控制目标提供审计鉴证，可能超越了注册会计师审计的风险承受能力。但是，如果仅要求注册会计师针对财务报告内部控制有效性进行审计并发表审计意见，又可能导致企业仅关注财务报告内部控制，既不利于内部控制规范全面实施，也不利于企业风险管控能力的提升。《审计指引》创造性地解决了上述矛盾，在借鉴发达国家成熟做法、汲取国际金融危机经验教训，并结合国内市场监管要求和实务的基础上明确指出，注册会计师不仅应当对公司财务报告内部控制有效性发表审计意见，同时还应当向投资者提示非财务报告内部控制重大缺陷。

新版商业银行内部控制指引发布，监管约束加强

案例3-10 让风险管理走在市场曲线之前

业内人士22日在2020金融街论坛年会上表示，当前我国经济持续稳定恢复，但也应看到，不确定性和不稳定性因素仍较多，资产劣变压力犹存。商业银行等金融机构需提升风险应对的主动性和前瞻性，让风险管理走在市场曲线之前。

准确研判风险成因

国家开发银行行长欧阳卫民认为，当前，部分行业和企业的生产经营状况还没有彻底改善，潜在风险还很大，对金融机构的风险管理提出挑战。对风险要研究透、分析准，对症下药，冷静应对。有些风险源于不可抗力，有些源于市场变化，还有些风险与利益输送、犯罪和管理水平等人为因素有关，必须认真应对。

“有效防范化解风险，首先要对风险形成的原因进行准确研判，针对不同原因采取不同的防范措施。”国务院参事王兆星表示，金融风险源头主要有内部和外部两方面。从内部原因来看，金融风险可能产生于公司治理和风险内控的失效，导致业务盲目扩张，违法违规经营，引发金融案件，造成金融资产损失，最后可能会形成声誉风险、法律风险，甚至流动性风险和信用风险。

王兆星表示，外部原因方面，风险可能来自金融周期的变化，经济泡沫、金融泡沫、房地产泡沫的形成及其破灭可能导致经济和市场的巨大波动以及不良资产的增加，甚至造成流动性问题。除此之外，外部原因还可能来自公共卫生危机等小概率事件。

树立正确的风险观

中国银行行长王江表示，为应对可能存在的金融风险，商业银行应坚持正确的发展观。支持实体经济是商业银行的本质属性，只有在发展中才能化解和应对各种风险挑战。商业银行应严格落实监管要求，以“六保”促“六稳”，全面支持实体经济发展。

“同时，要牢固树立正确的风险观，提升风险管理的主动性和前瞻性。”王江认为，商业银行的内在逻辑是经营风险，要从发展的角度辩证地看待当前面临的风险

挑战。要提升主动管理风险和经营风险的能力，坚守合规底线，提升风险应对的主动性和前瞻性，让风险管理走在市场曲线之前。

欧阳卫民强调，要加强贷后管理。比如，国家开发银行要求员工主动到一线去了解客户，真正做好贷后管理。此外，对不良要总结经验教训，发现规律，找出防范方法，不能“一核了之、一卖了之”。

“除疫情外，气候变化、气象地质灾害等也会给经济造成巨大破坏，进而形成风险。这些可以概括为非传统的金融风险。”王兆星称，对非传统的金融风险要加强预防，早研究、早识别、早预警、早处置、早应对，最大程度减少对金融体系的冲击，从而有效防范各种金融风险。

资料来源：欧阳剑环，彭扬．让风险管理走在市场曲线之前．中国证券报，2020-10-23.

3.3.4 企业内部控制规范体系

《企业内部控制基本规范》及其配套指引的发布，标志着我国内部控制规范体系基本形成，是我国内部控制体系建设的里程碑。我国企业内部控制规范体系的框架主要包括基本规范、配套指引、解释公告与操作指南三个层次（见图3-4）。

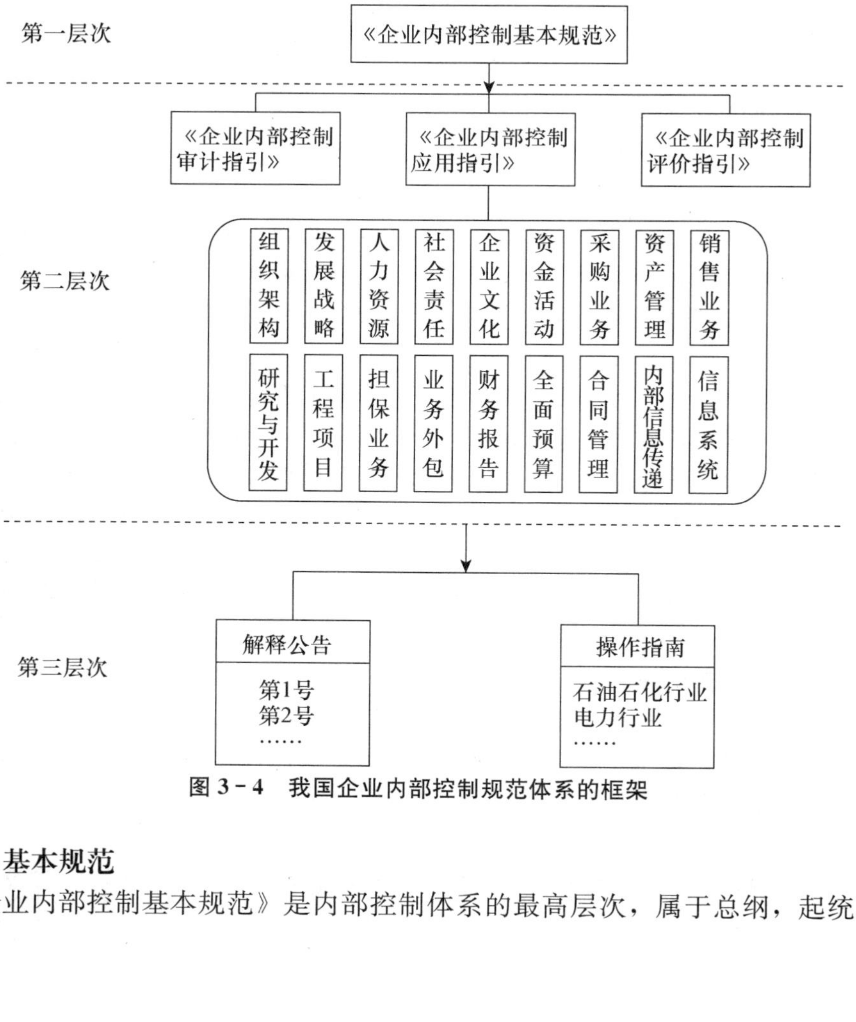

图3-4　我国企业内部控制规范体系的框架

1. 基本规范

《企业内部控制基本规范》是内部控制体系的最高层次，属于总纲，起统驭作用。根据财政部等五部委的文件精神，颁布《企业内部控制基本规范》的目的是加强和规范企业内部控制，提高企业经营管理水平和风险防范能力，促进企业可持续发展，维护社会主义市场经济秩序和社会公众利益。它描述了建立与实施内部控制体系必须形成的框架结构，规定了内部控制的定义、目标、原则、要素等基本要求，是制定配套指引、解释公告和操作指南的基本依据。《企业内部控制基本规范》共 7 章 50 条，分为总则、内部环境、风险评估、控制活动、信息与沟通、内部监督和附则，是我国内部控制建设的纲领性文件。

2. 配套指引

配套指引是内部控制体系的主要内容，是为促进企业建立、实施和评价内部控制，规范会计师事务所内部控制审计行为所提供的指引。配套指引由《应用指引》《评价指引》《审计指引》组成。其中，《应用指引》是根据《企业内部控制基本规范》的要求，对企业在开展各项业务过程中如何建立和实施内部控制提供的具体指导意见，在配套指引乃至整个内部控制规范体系中占据主体地位；《评价指引》是为企业管理层对本企业内部控制有效性进行自我评价提供的指引，目的是规范企业内部控制的评价工作，指导企业对内部控制有效性进行综合评价，发现缺陷，提出并实施改进方案，确保内部控制有效执行；《审计指引》是注册会计师和会计师事务所执行内部控制审计业务的执业准则，目的是规范会计师事务所对企业管理层的内部控制评价报告所进行的审计工作。三者之间既相互独立，又相互联系，形成一个有机整体。

3. 解释公告

解释公告是对企业内部控制规范体系实施中普遍反映和亟须解决的问题进行的解释说明，是对内部控制规范体系的重要补充，是政府监管机构对企业内部控制规范体系实施过程的监控和反馈。其发布目的是具体解释企业内部控制规范体系实施过程中出现的问题，及时对规范体系进行有益补充，形成政策制定者与政策实施者之间的良性互动，完成规范体系试点工作，从而推动其顺利实施。目前，我国的解释公告主要包括 2012 年 2 月印发的《企业内部控制规范体系实施中相关问题解释第 1 号》(以下简称《解释公告 1 号》)和 2012 年 9 月印发的《企业内部控制规范体系实施中相关问题解释第 2 号》(以下简称《解释公告 2 号》)，《解释公告 1 号》和《解释公告 2 号》分别对企业内部控制规范体系的十个重要问题进行了解释。

4. 操作指南

由于执行企业内部控制规范体系的企业数量众多，业务类型多样，且分布于各行业，但配套指引只是对一般生产型工业企业常见的 18 项业务的内部控制加以规范，因此，规范体系在不同行业企业的具体落实仍需要具体操作指南加以规范和引导。为了满足部分行业企业的个性化需求，对内部控制规范体系的建设方法、控制程序、实施步骤、考核办法做出行业内的具体规定，财政部启动了分行业的内部控制操作指南的编制工作，以期为各类企业建设实施内部控制规范体系提供经验借鉴和具体实务操作指导。2013年12月28日，财政部根据《公司法》《会计法》《证券法》《企业内部控制基本规范》及其配套指引等相关规定编制并发布了《石油石化行业内部控制操作指南》。该法规分为八章，内容基本涵盖了三大石油石化企业上、中、下游的主要业务，形成了具有石油石化行业特点的内部控制建设与实施的操作指南。

财政部公布《电力行业内部控制操作指南》

5. 框架体系的特点

（1）涵盖范围广泛。从企业内部控制制度实施角度看，涵盖了三大领域，即内部控制设计、内部控制评价与内部控制审计。从企业内部控制制度内容角度看，覆盖企业“四大流”，即资金流、物流、信息流和人力资源流。

（2）融入全新理念。主要体现在以下方面：由制约观念到发展观念；由结果控制到过程控制；由执行层面到决策层面；由会计控制到综合控制；由查错防弊到全面风险控制；由借鉴国际到自主创新；由条块分割到一体化推进；由强制遵循到内化融合；由宽松披露到双重评价。换句话说，该规范体系全面吸收了世界领域的先进观念与研究成果，真正将我国企业内部控制规范提高到一个新的高度。

（3）务实可行有效。该规范体系是在调研中形成的，调研足迹遍布大江南北和世界各地，是与广大企业高管和一线产销、投融资、内审乃至一般员工进行交流和磨砺的结果，是与国内外专家、学者进行讨论与碰撞的结晶。按调研—起草—形成初稿—再调研—再修改的循环，配套指引先后十易其稿，充分体现了实事求是的作风。尽管配套指引还有些粗糙（偏原则性的），但抓住了各个方面的主要矛盾（风险），且控制要求符合实际，严格遵照执行能确保企业不出大的问题，实现控制目标。

（4）地位影响特殊。由财政部、审计署、证监会、银监会、保监会五部委联合制定并发布，这在世界上是独一无二的。它也是世界上第一套由政府主导的完整的内部控制规范体系。同时以两种文字发布，实际上也是向全世界发布，意在让世界了解中国在内部控制方面的进展，扩大中国内部控制在世界范围的话语权与影响力。世界银行高级财务管理专家陈楠希女士、国际会计准则理事会主席戴维·泰迪爵士、国际会计师联合会理事乔伊斯林·莫顿女士等对中国企业内部控制规范体系给予了很高的评价。美国COSO主席戴维·兰迪思特先生发来贺信，对中国的这套企业内部控制规范体系给予了高度肯定。

案例3-11　推动辖区上市公司设立内控合规机构落地实施

上市公司内生约束机制是上市公司规范运作的关键要素。上海证监局积极贯彻落实国务院《关于进一步提高上市公司质量的意见》和上海市《关于推动提高上海上市公司质量的若干措施》，将探索试点上市公司按照公司章程设立内控合规机构作为提高上市公司治理水平的重要举措。通过推动上市公司设立内控合规机构，着力强化上市公司内控理念，将风险管理和合规管理要求嵌入业务流程，为有效防范上市公司违法违规行为夯实基础。

2021年5月12日，上海辖区创业板上市公司上海华测导航技术股份有限公司（以下简称“华测导航”）、科创板公司普元信息技术股份有限公司（以下简称“普元信息”）召开股东大会，审议通过有关修改公司章程的议案，明确公司设立内控合规机构的相关安排，成为上海辖区首批试点落地的创业板、科创板上市公司。

在上海证监局的推动和指导下，华测导航、普元信息两家公司分别结合内部分工和原有合规运作经验，形成了具有一定典型意义的方案。

一是明确法律地位。董事会下新设内控合规机构，配备专人负责，明确赋予内控合规机构识别与分析内部环境与合规风险、对各项合规运作及内控管理制度的执行情况进行监督的职责，并通过写入公司章程的方式确立内控合规机构的法律地位。

二是强调独立履职。普元信息指定一名高级管理人员负责内控合规部，且该高级管理人员不得兼任与其负责的内控合规部职责相冲突的其他职务，以此提高内控合规机构的独立性。

三是加强合规管控。内控合规机构通过信息披露和董监高履职的合规管理、内幕交易的风险防控等重点工作的开展，不断完善与注册制改革环境相匹配的内控与合规体系，及时发现公司内控缺陷与合规风险，早介入、早化解、早总结，推动上市公司持续健康发展。

目前辖区还有部分上市公司已经董事会审议通过关于修改章程设立内控合规机构的议案，拟于近期召开股东大会审议。下一步，上海证监局将持续关注公司内控合规机构的实际运作情况，督促公司不断细化、优化制度方案，积极发挥公司内生约束机制效用，及时总结、推广成熟经验，一司一策鼓励辖区上市公司完善内控合规体系，不断探索“以公司治理促进经营发展，在经营发展中强化公司治理”的有效路径。

资料来源：上海证监局. 上海局探索推动辖区上市公司设立内控合规机构落地实施. 中国证券监督管理委员会官网，2021-05-17.

3.4 《中央企业违规经营投资责任追究实施办法（试行）》

3.4.1 出台背景

国务院国资委成立以来，按照履行出资人职责要求，不断探索推进中央企业资产损失责任追究工作。2008年出台《中央企业资产损失责任追究暂行办法》，推动中央企业逐步开展资产损失责任追究工作，为后续制度建设积累了宝贵经验。党的十八大以来，党中央、国务院高度重视国有企业资产损失责任追究工作，十八届三中全会明确提出“强化国有企业经营投资责任追究”，《中共中央国务院关于深化国有企业改革的指导意见》也将“严格责任追究”作为一项重要改革任务。2016年8月，国务院办公厅印发《国务院办公厅关于建立国有企业违规经营投资责任追究制度的意见》，对国有企业责任追究范围、损失认定、责任认定、追究处理、组织实施等做出了框架性规定。

供销合作系统反腐透视

因此，为贯彻落实党中央国务院关于以管资本为主加强国有资产监管、有效防止国有资产流失的要求，加强和规范中央企业责任追究工作，国资委起草了《中央企业违规经营投资责任追究实施办法（试行）》（以下简称《办法》）。经多次征求有关部门和中央企业意见并研究修改后，先后提请国务院国资委主任办公会和党委会审议通过，以国务院国资委令的形式正式公布。

3.4.2 主要内容

《办法》在《国务院办公厅关于建立国有企业违规经营投资责任追究制度的意见》的基础上，进一步明确了中央企业违规经营投资责任追究的范围、标准、责任认定、追究处理、职责和工作程序等。

一是针对违规经营投资问题集中的领域和环节，明确了集团管控、风险管理、购销管理、工程承包建设、资金管理、固定资产投资、投资并购、改组改制、境外经营投资和转让产权、上市公司股权、资产以及其他责任追究情形等11个方面72种责任追究情形。

二是为贯彻落实“违规必究、从严追责”的精神，在充分调查研究的基础上，按照“制度面前一律平等，一把尺子量到底”的工作思路，明确了中央企业资产损失程度划分标准。

三是规定违规经营投资责任包括直接责任、主管责任和领导责任，并根据资产损失程度、问题性质等，对相关责任人采取组织处理、扣减薪酬、禁入限制、纪律处分、移送国家监察机关或司法机关等方式进行责任追究处理。

四是清晰界定国资委和中央企业的责任追究工作职责，明确责任追究工作程序，包括受理、初步核实、分类处置、核查、处理和整改等。

《办法》指出，对中央企业经营管理有关人员违反国家法律法规、国有资产监管规章制度和企业内部管理规定等，未履行或未正确履行职责，在经营投资中造成国有资产损失或其他严重不良后果的，要依法依规严肃问责；责任追究工作要贯彻落实“三个区分开来”重要要求，既考虑量的标准也考虑质的不同，恰当公正地处理相关责任人；国资委和中央企业原则上按照国有资本出资关系和干部管理权限，对不同层级经营管理人员进行追究处理；坚持惩治教育和制度建设相结合，加大典型案例总结和通报力度，推动中央企业不断完善规章制度，提高经营管理水平。

《办法》要求中央企业根据本办法，结合本企业实际情况，细化责任追究的范围、资产损失程度划分标准等，研究制定责任追究相关制度规定，并报国资委备案。各地区国有资产监督管理机构可以参照本办法，结合实际情况建立健全本地区责任追究相关制度规定。

案例 3－12　厦门：对国企经营投资中的不作为乱作为进行问责

“不谈成绩，直接对照通报谈问题。”日前，在厦门百城建设投资有限公司党委中心组学习会上，党委书记李清华在集中学习《关于厦门百城商贸有限公司以虚假贸易形式向私营企业出借资金造成国有资产损失问题问责情况的通报》后说道。之后一个多小时的集中学习中，班子成员把自己摆进去、把职责摆进去、把工作摆进去，自我剖析不作为乱作为问题 11 个，提出有针对性改进建议 17 条。

作为落实巡视整改“后半篇文章”举措之一，这已经是市政集团第 4 家下属企业就经营投资不作为乱作为开展对照自查。

针对下属企业百城商贸公司合同管理不严、业务操作不规范、资金风险防控不力等造成国有资产流失的问题，今年 11 月，市政集团纪委对存在失职行为的百城商贸公司董事长江兵等 7 人分别给予诫勉处理、党内警告处分、停职处理等，并要求所属各单位以案为鉴，自查自纠，强化合规投资经营的责任意识，夯实国有资产的管理基础。

“目前仍有 200 余万元国有资产未追回，主要原因是发现问题后追讨不力。”市政集团纪委书记陈瑞珍表示，这是该集团成立以来首个对经营投资中领导干部不作为进行问责的案例。

无独有偶，因省重点工程“海沧港口进港闸口综合办公楼工程”开工 10 年未完工，部分在职人员存在开拓进取、攻坚克难劲头不强的不作为行为，今年 9 月，港务控股集团党委给予港口开发建设公司班子通报批评、厦门港务地产原副总经理郝雁鸣党内警告处分、厦门港口开发建设总经理林怀雄效能告诫等处理。

“要强化国资国企监管，加强对国资运营重要环节以及关键岗位的监督，对造成国有资产流失的，必须严肃追究有关人员失职渎职责任。”厦门市委副书记、市长庄稼汉在国有企业巡视问题整改工作推进会上强调。

结合今年巡视巡察整改工作，厦门市纪委加大对市属国企及下属企业工作人员失职渎职问题线索排查力度，严肃查处侵吞、挪用、挥霍国有资产行为，严肃追究相关人员不作为乱作为行为，巩固国有企业反腐败斗争取得的阶段性成果。今年以来，共立案 15 起，党纪处分 15 人，诫勉处理 12 人。

同时，进一步扎紧制度笼子，出台《厦门市市属国有企业违规经营投资责任追究试行办法》，进一步完善企业绩效考核制度，建立违规投资经营责任追究机制等，以制度营造鼓励担当作为，支持善作能为、问责无所作为的浓厚氛围。

“目前，我们正督促国企落实《关于进一步激励广大国企干部新时代新担当新作为的意见》精神，多措并举，在加强国企党建和深化国企改革实践中激励干部担当作为，凝聚形成国企加快发展的强大合力。”市委国资监管工委有关负责人表示。

资料来源：厦门市纪委监委．厦门：对国企经营投资中的不作为乱作为进行问责．中央纪委国家监委网站，2018－12－26．

3.4.3　评价解析

制定《办法》是贯彻落实习近平新时代中国特色社会主义思想和党的十九大精

神，加强和改进国有资产监督工作，有效防止国有资产流失的重要举措，对于加强和规范中央企业责任追究工作，落实国有资产保值增值责任，进一步完善国有资产监督管理制度等具有重要作用。

一是能够加强和规范中央企业责任追究工作。党的十八大以来，国务院国资委和中央企业积极采取有效措施，防止国有资产流失，国有资产监督工作取得了积极成效，但一些企业仍存在违规经营投资问题，其中一些问题造成了较大损失和严重不良影响，个别问题还没有及时进行追究处理。同时，央企普遍反映违规经营投资责任追究工作涉及面广、政策性强、追责难度大，在相关制度建设和实际工作中面临很多问题，亟须国务院国资委制定统一的责任追究制度，规范有关标准、程序和方式等。针对上述问题，《办法》详细规定了中央企业违规经营投资责任追究的有关范围、标准、处理方式、职责和程序等，为有效开展责任追究工作提供了基本遵循，有利于进一步加强和规范中央企业责任追究工作。

二是能够有效防止国有资产流失。主要体现在“治标”和“治本”两个方面。一方面，动员千遍不如问责一次，严肃查处中央企业违规经营投资案件，充分发挥责任追究的警示和震慑作用；另一方面，通过严肃问责，推动企业建立健全权责清晰、约束有效的经营投资责任体系，倒逼经营管理人员正确履行职责、层层落实保值增值责任，从而从根本上防止国有资产流失。

三是能够加强和改进央企国有资产监督工作。违规经营投资责任追究工作处于监督工作后端，有关监督部门或机构发现的违规经营投资问题，相关责任人是否依法依规得到追究处理，关系整个监督工作的实际成效。《办法》从操作层面细化这项工作的相关内容，有利于强化与其他监督力量的协同，形成有效的监督工作闭环，打通监督链条上成果运用环节“最后一公里”，进一步加强和改进央企国有资产监督工作。

案例3-13 推进央企违规经营投资责任追究工作，杜绝久查不追等“零追责”现象

为强化国有资产监督，促进中央企业高质量发展，国资委日前发布通知，指导中央企业围绕国企改革三年行动决策部署，扎实做好2021年违规经营投资责任追究工作。

国资委日前发布的《关于做好2021年中央企业违规经营投资责任追究工作的通知》提出，各中央企业要在今年上半年组织开展责任追究工作体系建设自查，与国企改革三年行动等改革文件相关任务再对标，从责任主体、专门制度、工作机制等方面进行对照检查。

通知要求各中央企业及时查处重大违规问题线索。要坚持发现一起、查处一起，严肃追究相关人员责任，杜绝久查不追等“零追责”现象，切实发挥责任追究震慑遏制作用。

此外，通知围绕各中央企业主动开展共性问题专项核查、研究制定尽职合规免责事项清单、健全完善配套制度、探索建立管理提升建议书机制、开发建设监督追责信息系统以及切实加强监督追责队伍建设等做出了一系列具体的工作安排。

近年来，中央企业认真落实国企改革系列文件要求，扎实推进违规经营投资责

任追究工作体系建设，初步形成了职责明确、流程清晰、规范有序的责任追究工作机制。据了解，到2020年年底，建立覆盖各级中央企业的责任追究工作体系的改革目标总体实现，为强化国有资产监督，有效防止国有资产流失，促进企业高质量发展提供了有力支撑。

资料来源：国资委发文推进央企违规经营投资责任追究工作，杜绝久查不追等“零追责”现象. 新华社，2021-03-17.

自测题

扫描此码　在线做题

思考题

1. 简述《中央企业全面风险管理指引》中规定的全面风险管理的总体目标及风险管理基本流程。
2. 《中央企业全面风险管理指引》的发布有哪些作用和意义？
3. 我国企业内部控制规范体系的框架主要包括哪几个层次？请简要描述。
4. 《企业内部控制基本规范》规定的五个原则分别是什么？
5. 《企业内部控制应用指引》可以划分为哪三大类型？

案例分析

A公司的内部控制体系实施方案

2008年5月22日，财政部、证监会、审计署、银监会、保监会联合发布了《企业内部控制基本规范》，自2009年7月1日起在上市公司范围内施行。2008年6月，A公司（上市公司）召开董事会，研究贯彻执行基本规范事宜。会议责成A公司经理层根据《企业内部控制基本规范》中关于建立与实施内部控制的五项原则，抓紧拟订本公司实施《企业内部控制基本规范》的工作方案，报董事会批准后执行。2008年8月，A公司经理层提交了《企业内部控制基本规范》实施方案，其要点如下：

（1）明确控制目标。公司实施内部控制的目标，是保证经营管理合法合规、资产安全完整、财务报告真实可靠，确保聘请会计师事务所进行内部控制审计后获得标准无保留审计意见。

（2）优化内部环境。严格按照《公司法》建立规范的公司治理结构，明确董事会、经理层、监事会在决策、执行、监督等方面的职责权限。为此，建议在董事会下增设审计委员会，由总会计师兼任委员会主任；同时，成立本公司内部控制领导小组，由总会计师兼任组长，全权负责本公司内部控制的建立健全和有效实施；在完善公司人力资源政策方面，以业务能力作为选人、用人的决定性标准，培养一支能力过硬的职工队伍。

（3）开展风险评估。紧密围绕设定的控制目标，全面、系统、持续地收集相关信息，结合公司实际情况，及时进行风险评估。考虑到外部风险的复杂性和多变性，加之公司风险分析力量不足，拟对外部风险忽略不计，重点识别和分析内部风险，根据定性分析结果，主要采取风险规避策略应对风险。

（4）严格控制活动。综合运用手工控制与自动控制、预防性控制与发现性控制相结合的方法，采取相应的控制措施，将风险控制在可承受范围之内。同时，强化绩效考评控制，把全体员工实施内部控制的情况作为绩效考评的参考指标。

（5）加强信息沟通。建立信息与沟通制度。明确内部控制相关信息的收集、处理和传递程序，确保信息及时沟通。充分发挥信息技术在信息与沟通中的作用。只要使单一的会计电算化向全面ERP（企业资源计划）管理系统转化，将控制流程"固化"在信息系统之中，就能杜绝错误和舞弊现象发生。

（6）强化内部监督。研究制定内部控制监督制度，规范内部监督的程序、方法和要求。突出内部监督重点。主要将与财务会计工作密切相关的业务环节和控制流程纳入监督范围。增强监督检查的针对性，把开展专项监督摆在首要位置。重点监督内部控制的运行缺陷，提高内部控制的执行力。为了协调好内部监督与外部审计的关系，建议聘请与公司合作关系较好的某会计师事务所为建立健全内部控制提供智力支持和咨询服务，并聘请该事务所开展内部控制审计。

资料来源：2008年全国高级会计资格考试《高级会计实务》试题.

问题：

从内部控制理论和方法角度，指出A公司经理层提交的《企业内部控制基本规范》实施方案各要点中的不当之处，并简要说明理由。

甲公司的内部控制体系实施方案

甲公司为一家以饮品生产和销售为主业的上市公司。2011年，甲公司根据财政部等五部委联合发布的《企业内部控制基本规范》及其配套指引，结合自身经营管理实际，制定了《企业内部控制手册》（以下简称《手册》），自2012年1月1日起实施。为了检验实施效果，甲公司于2012年7月成立内部控制评价工作组，对内部控制设计与运行情况进行检查评价。内部控制评价工作组接受审计委员会的直接领导，组长由董事会指定，组员由公司各职能部门业务骨干组成。2012年9月，甲公司审计委员会召集公司内部相关部门对检查情况进行讨论，要点如下：

（1）关于内部环境，内部控制评价工作组在对内部环境要素进行测试时，发现缺乏足够的证据说明企业文化建设和实施取得较好实效。人事部门负责人表示，公司领导对企业文化建设的重视是无形的，难以量化，人事部门已制定并计划宣传贯彻《员工行为守则》，可以说明企业文化建设和实施有效。

(2) 关于风险评估，甲公司于2012年1月支付2 000万元，成为某大型活动的赞助商；于2012年7月支付500万元，捐助西北某受灾地区。内部控制评价工作组在对公司风险评估机制进行评价时，发现上述事项均未履行相应的风险评估程序，建议整改。风险管理部门负责人表示，赞助活动对提升企业形象有利而无害，不存在风险；财务部门负责人认为，对外捐助属于履行社会责任，不需要评估风险。

(3) 关于控制活动，内部控制评价工作组对公司业务层面的控制活动进行了全面测试，发现《手册》中有关资金投放、资金筹集、物资采购、资产管理和商品销售等环节的内部控制设计可能存在缺陷，有关资料如下：

1) 资金投放环节。为提高资金使用效率，《手册》规定，报经总会计师批准，投资部门可以进行一定额度的投资，但大额期权、期货交易必须报经总经理批准。

2) 资金筹集环节。为降低资金链断裂的风险，《手册》规定，总会计师在无法正常履行职权的情况下，应当授予其副职在紧急状况下进行直接筹资的一切权限。

3) 物资采购环节。《手册》规定，当库存水平较低时，授权采购部门直接购买。

4) 资产管理环节。为应对突发事件造成的财产损失风险，《手册》规定，公司采取投保方式对财产进行保全，财产保险业务全权委托外部专业机构开展，公司不再另行制定有关投保业务的控制规定。

5) 商品销售环节。为提高经营效率和缩短货款回收周期，《手册》规定，指定商品的销售人员可以直接收取货款，公司审计部门应当定期或不定期派出监督人员对该岗位的运行情况和有关文档记录进行核查。

(4) 关于信息与沟通，内部控制评价工作组检查发现，所有风险信息均经由总经理向董事会报告，建议确认为控制缺陷并加以整改。风险管理部门负责人表示，风险管理部门对总经理负责，符合公司组织结构、岗位职责与授权分工的规定，不应认定为控制缺陷。

(5) 关于内部监督，内部审计部门负责人表示，年度内部控制评价工作组是由公司各部门抽调人员组成的临时工作团队，缺乏独立性，建议由内部审计部门承担相应的职责。内部控制评价工作组负责人认为，工作组成员均接受过专业培训，接受审计委员会领导，有足够的专业胜任能力和权威性来承担内部控制评价工作，而审计部门人手少、力量弱，现阶段无法有效承担年度评价职责。

资料来源：2012年全国高级会计资格考试《高级会计实务》试题.

问题：

1. 根据资料（1）（2）（4）（5），针对内部环境、风险评估、信息与沟通、内部监督要素评价过程中的各种意见分歧，假如你是公司审计委员会主席，逐项说明是否赞同内部控制评价工作组的意见，并说明理由。

2. 根据《企业内部控制基本规范》及其配套指引的要求，逐项判断资料（3）中各项内部控制设计是否有效，并说明理由。

第 4 章

Chapter 4 内部环境

学习目标

1. 知识目标：理解组织架构的组成，熟悉企业发展战略的制定、实施过程，了解人力资源政策的内容，理解企业履行社会责任、加强企业文化建设的意义。

2. 能力目标：掌握组织架构设计与运行的要求，学会关注企业发展战略的制定与实施、人力资源管理、企业履行社会责任、企业文化建设中的主要风险。

3. 素养目标：(1) 树立以人为本的管理理念，增强社会责任意识。(2) 加强文化自信，弘扬优秀的中国传统文化，接纳积极向上、诚实守信、勇于创新的文化精髓。

引 例

长生生物的内部环境之殇

2019 年 1 月 14 日，长生生物科技股份有限公司（以下简称“长生生物”）因触及《深圳证券交易所上市公司重大违法强制退市实施办法》规定的重大违法强制退市情形，公司股票被深交所实施重大违法强制退市。公司股票自 2019 年 3 月 15 日起暂停上市。2019 年 10 月 8 日，长生生物迎来“终审判决”。根据《深圳证券交易所股票上市规则（2018 年 11 月修订）》的相关规定及其上市委员会的审核意见，深交所决定公司股票终止上市，并自 2019 年 10 月 16 日起进入退市整理期。退市整理期结束后，公司股票于 2019 年 11 月 27 日被深交所摘牌。长生生物由此成为 A 股市场第一家因重大违法强制退市的上市公司。

长生生物事件揭露了该公司的内部控制存在重大缺陷。而内部环境的失衡与缺陷，在一定程度上导致了内部控制的无效。

1. 组织架构不合理

长生生物股权高度集中，长生生物董事长高俊芳持股比例达 18.1%，且与副董事长张洺豪（持股 17.88%）、副总经理张友奎（持股 0.68%）为一致行动人；高俊芳与长春市祥升投资管理有限公司（持股3.02%）、张敏（持股1.24%）存在关联关系。股权集中、大股东之间的关联关系，难以保证公司治理结构、信息披露和内控监督机制的有效运作。公司内部控制各方面均受治理层决策的影响，公司缺乏对控股股东的制衡机制，决策时因人为判断失误而导致内控失效的可能性增加。

2. 董事长、总经理、财务总监三合一

高俊芳同时担任董事长、总经理、财务总监，负责公司全面工作。虽不违反现有的《公司法》规定，但一人身兼多个要职，完全与现代公司治理模式背道而驰，无法保证董事会独立运作，削弱了监事会监督职能，使得管理层超越控制。该公司管理层凌驾于内控之上，治理结构形同虚设，缺乏科学决策、良性运行机制和执行力，企业经营失败风险极大，难以实现发展战略。

3. 发展战略有待调整

该公司充分借助资本市场平台，紧紧围绕大健康产业，大力推进并购重组，构建"产业+资本"的双轮驱动战略发展格局，以预防性生物产品为核心，不断拓宽公司医药发展领域，丰富产品条线，逐步建立预防、治疗、康复为一体的系统性医药产业平台，重点布局单抗、抗肿瘤以及基因治疗领域，持续提高企业核心竞争力，努力打造产品结构合理、技术水平领先、综合实力突出的创新型高端医药科技企业。该公司发展战略制定是良好的，符合国家产业结构调整大方向，但在战略执行中出现严重偏差，不仅造成了公司研发投入比率低下——2017年研发营收比仅为7.87%，而且出现无视疫苗生产质量要求，采用不符合GMP（药品生产质量管理规范）要求的生产程序，伪造生产记录的严重错误。根据《企业内部控制基本规范》可知，"低研发—高营销—高投资"模式揭示该公司已偏离疫苗企业良性发展方向，虽短期内为股东带来了巨大收益，年度财务报表数据可观，但丧失了疫苗行业龙头地位，产品可能危害消费者生命安全。

4. 企业责任感有待加强

长生生物在2016年和2017年就出现了百白破疫苗质量问题，2018年又出现了狂犬病疫苗严重违反GMP规定的重大事件，波及的受害者人数众多，可见该公司未能落实内部控制的监控职能，盲目追求企业利益最大化，无视对消费者、社会的责任，用质量低劣的产品侵害消费者利益，丧失应对监管风险的能力，失去品牌和声誉，无法进入良性发展轨道，这最终致使企业崩塌。

资料来源：唐大鹏，沈菡，高宝媛．健康中国战略下生物制品类上市公司内部控制优化——基于长生生物案例．财政监督，2019（9）：61-66.

企业的持续健康发展离不开有效的内部控制。内部环境是企业实施内部控制的基础，影响企业内部控制作用能否有效发挥。良好的内部控制，意味着董事会、监事会和经理层各负其责、各司其职、协调运转、相互制衡，在企业最高层次保证内部控制制度和风险管理机制的建立和有效运作；还意味着企业具有明确科学的发展战略、完善的人力资源管理、强烈的社会责任感和底蕴丰厚的企业文化等，由此获得政府部门、融资机构、上下游客户和社会公众等利益相关者的信任，使企业处于竞争优势地位。反之，如果没有内部环境的保证，再完美的内部控制制度、风险管理机制也只能是“镜中花，水中月”，发挥不出其应有的作用。

根据《企业内部控制基本规范》的定义，“内部环境是企业实施内部控制的基础，一般包括治理结构、机构设置及权责分配、内部审计、人力资源政策、企业文化等”。财政部等五部委2010年颁布的18项《企业内部控制应用指引》按照内容可以划分为内部环境类、控制活动类、控制手段类等三大类，其中内部环境类应用指引具体包括《企业内部控制应用指引第1号——组织架构》《企业内部控制应用指引第2号——发展战略》《企业内部控制应用指引第3号——人力资源》《企业内部控制应用指引第4号——社会责任》《企业内部控制应用指引第5号——企业文化》等，它们分别从不同方面解读了内部环境构成的主要内容。本章重点从组织架构、发展战略、人力资源政策、社会责任和企业文化五个方面阐释内部环境的具体内容以及企业在内部环境方面须关注的风险。

4.1 组织架构

4.1.1 组织架构设计的意义

一个现代企业，无论是处于新建、重组改制还是存续状态，要实现其发展战略，就必须把组织架构的设计放在首位。

1. 组织架构设计可以促进企业建立现代企业制度

一个企业要想保持持久的成功，依靠的是现代企业制度，即以完善的企业法人制度为基础，以有限责任制度为保证，以公司制企业为主要形式，以产权清晰、权责明确、政企分开、管理科学为条件。现代企业制度的核心是组织架构问题，或者说，一个实施现代企业制度的企业，应当具备科学完善的组织架构。发达国家的企业和我国现代企业的实践证明，公司治理、管理体制和运行机制是企业永恒的主题。

2. 组织架构设计可以有效防范和化解各种舞弊风险

串谋舞弊是企业经营发展过程中难以避免的一颗“毒瘤”，也是内部控制建设的难点之一。完善的组织架构设计，可以使企业有效地防范并化解舞弊风险。

3. 组织架构设计可以为企业内部控制建设提供重要支撑

组织架构是企业内部环境的有机组成部分，也是企业开展风险评估、实施控制活动、促进信息沟通、强化内部监督的平台载体。一个科学高效、分工制衡的组织架构，可以使企业有序地对风险进行识别和分析，进而采取有效的控制措施应对风险，同时可以促进信息在企业内部各层级之间、企业与外部利益相关者之间及时、准确、顺畅地传递，也可以提升日常监督和专项监督的力度和效能。

4.1.2　企业组织架构的定义

根据《企业内部控制应用指引第 1 号——组织架构》，组织架构是指企业按照国家有关法律法规、股东（大）会决议和企业章程，结合本企业实际情况，明确股东（大）会、董事会、监事会、经理层和企业内部各层级机构设置、职责权限、人员编制、工作程序和相关要求的制度安排。如果企业的组织架构存在缺失或缺陷，其生产、经营和管理活动都有可能受到不利的影响。

1. 治理结构

治理结构，即企业治理层面的组织架构，是与外部主体发生各项经济关系的法人所必备的组织基础，它可以使企业成为在法律上具有独立责任的主体，从而使得企业能够在法律许可的范围内拥有特定权利、履行相应义务，以保障各利益相关方的基本权益。公司治理的关键在于明确、合理地确定公司股东、董事会、经理人员和其他利益相关者之间的权利、责任和利益，从而形成有效的制衡关系。我国的《企业内部控制基本规范》规定：企业应当根据国家有关法律法规和企业章程，建立规范的公司治理结构和议事规则，明确决策、执行、监督等方面的职责权限，形成科学有效的职责分工和制衡机制。股东（大）会享有法律法规和企业章程规定的合法权利，依法行使企业经营方针、筹资、投资、利润分配等重大事项的表决权。董事会对股东（大）会负责，依法行使企业的经营决策权。监事会对股东（大）会负责，监督企业董事、经理和其他高级管理人员依法履行职责。经理层负责组织实施股东（大）会、董事会决议事项，主持企业的生产经营管理工作。就内部控制来说，董事会负责内部控制的建立健全和有效实施；监事会对董事会建立与实施内部控制进行监督；经理层负责组织、领导企业内部控制的日常运行。公司治理结构如图 4－1 所示。

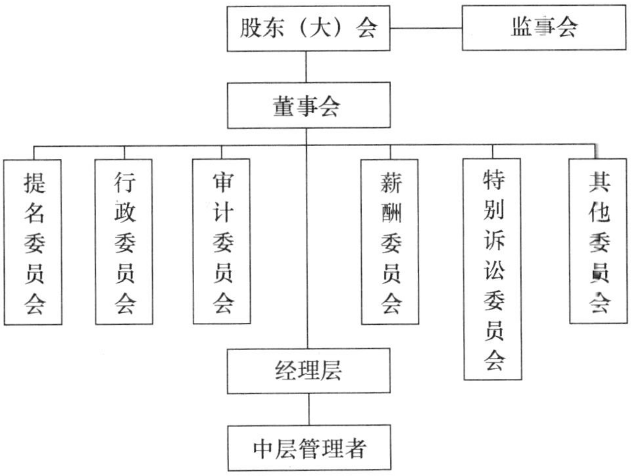

图 4－1　公司治理结构图

（1）股东（大）会。股东（大）会是公司的最高权力机构，由全体股东组成，对公司重大事项进行决策、选举和更换董事等。股东（大）会既是一种定期或临时举行的由全体股东出席的会议，又是一种非常设的由全体股东组成的公司制企业的最高权力机构。它是股东作为企业财产的所有者，对企业行使财产管理权的组织。企业一切重大的人事任免和重大的经营决策都需要股东（大）会认可和批准才有效。

（2）董事会。董事会是公司的经营决策机构，也是股东（大）会的常设权力机构。董事会向股东（大）会负责。

（3）审计委员会。《企业内部控制基本规范》规定，企业应当在董事会下设立审计委员会。审计委员会负责审查企业内部控制，监督内部控制的有效实施和内部控制自我评价情况，协调内部控制审计及其他相关事宜等。

审计委员会是董事会设立的专门工作机构，主要负责公司内外部审计的沟通、监督和核查工作。审计委员会负责人应当具备相应的独立性、良好的职业操守和专业胜任能力。

（4）监事会。监事会是监督检查公司的财产及董事会业务执行状况的常设机构，由若干监事组成。在股份公司创办之初，监事一般由发起人担任。股份公司成立之后，由股东（大）会选举产生，其成员由股东、公司职工代表、聘任的公司外部专业人员三部分组成。董事、经理及财务负责人不得兼任监事。

（5）经理层。企业高管人员是股东（大）会、董事会决议的执行者，主持企业生产经营和日常管理工作，对于企业经营绩效以及内部控制效果起重要作用。《企业内部控制基本规范》规定：经理层负责组织领导企业内部控制工作。这意味着，公司管理层对内部控制的有效执行承担责任，处于不同层级的管理者掌握着不同的控制权力并承担相应的责任，同时相邻层级之间存在控制和被控制的关系。

公司治理①强调公司内部股东、董事会和高级经理人员之间的相互制衡，是用来约束、激励和监督经营者的控制制度；企业组织内部的控制则是管理层与其下属之间的管理控制关系，是面向次级管理人员和员工的控制。管理层内部控制是通过组织体制和组织类型的恰当设置实现的。

2. 内部机构的组织形式

内部机构是企业内部分别设置的不同层次的管理人员以及由各专业人员组成的管理团队，针对各项业务功能行使决策、计划、执行、监督、评价的权利并承担相应的义务，是业务顺利开展的保证。

现代企业的内部机构一般包括四种基本形式，即U形结构、M形结构、H形结构和矩阵形结构。

（1）U形结构（直线职能制）。U形结构（见图4-2）是一种中央集权式的组织结构。它同时设置纵向的领导指挥机构和横向的参谋咨询机构。其优点是领导集中、

---

① 从公司治理的环境和运行机制来看，可以分为内部公司治理和外部公司治理。文中指的是内部公司治理，是指所有者（主要是股东）对经营者的一种监督与制衡机制，即通过一种制度安排合理地界定和配置所有者与经营者之间的权力与责任关系。

职责清楚、秩序井然、工作效率较高，整个组织有较高的稳定性。缺点则是上下级部门的主动性和积极性的发挥受到限制；部门间条块分割，情报互通较少，不能集思广益地做出决策，当职能参谋部门和直线部门之间目标不一致时容易产生矛盾，致使上层主管的协调工作量增大；整个组织系统的适应性较差，因循守旧，对新情况不能及时地做出反应。

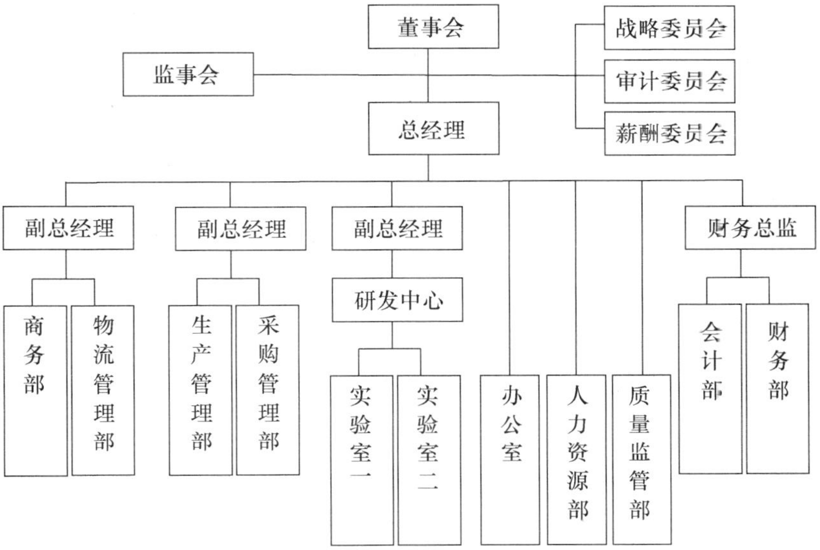

图4-2　U形结构（直线职能制）示意图

对于只生产一种或少数几种产品的中小型企业而言，U形结构是一种最佳结构。但对规模较大、决策时需要考虑较多因素的组织则不太适用。

（2）M形结构（事业部制）。M形结构（见图4-3）是一种分权与集权相结合的组织结构。企业按产品、客户、地区等来设立事业部，每个事业部都是一个有相当自主权的利润中心，独立地进行日常经营决策，各事业部都相当于一个U形企业。

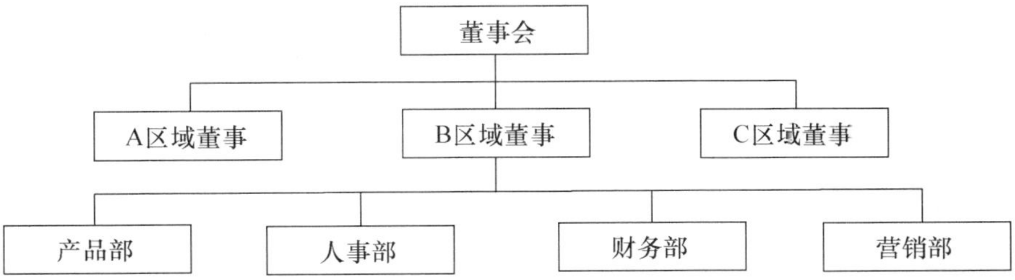

图4-3　M形结构（事业部制）示意图

在纵向关系上，按照“集中决策、分散经营”的原则处理企业高层领导与事业部之间的关系。实行事业部制，企业最高领导层可以摆脱日常的行政事务，集中力量研究和制定企业发展的各种经营战略和经营方针，而把最大限度的管理权限下放到各事业部，使它们能够依据企业的政策和制度自主经营，充分发挥各自的积极性和主动性。在横向关系上，各事业部作为利润中心，实行独立核算。各事业部间的经济往来遵循等价交换原则，形成商品货币关系。

（3）H形结构（控股公司制）。控股型组织结构，简称H形结构（见图4-4），是指在公司总部下设立若干子公司，公司总部作为母公司对子公司进行控股，承担有限责任。母公司对子公司既可以通过控股型股权进行直接管理，又可以通过子公司董事会来进行控制。

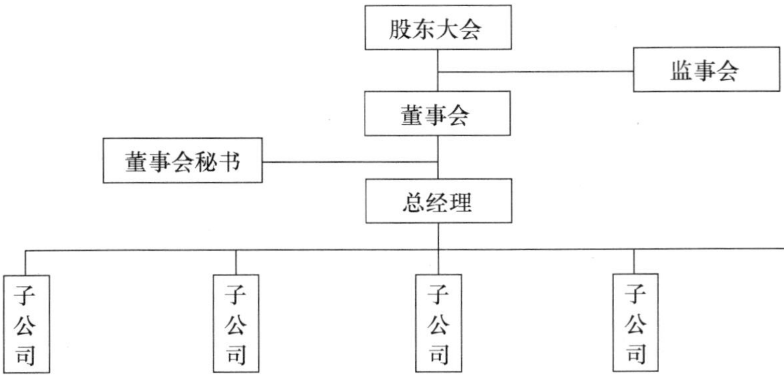

图4-4　H形结构（控股公司制）示意图

H形结构的管理运作主要依据资产纽带，被控股公司具有法人资格。如果结构过分松散，控股公司总部往往难以有效控制各子公司，控股公司的战略计划难以实现与贯彻。过度分权会导致管理效率的下降，加大控股公司的管理成本，子公司难以充分利用控股公司总部的参谋人员。此外，控股公司的投资协调比较困难。

（4）矩阵形结构。矩阵形结构（见图4-5）是按职能划分部门和按任务特点（产品和项目）划分小组相结合所形成的组织结构形式。当环境既要求专业技术知识，又要求每个产品线能快速做出变化时，就可以采用矩阵形结构。如前所述，职能制结构强调纵向的信息沟通，而事业部制结构强调横向的信息流动，矩阵形结构则可以使这两种信息流动在企业内部同时实现。

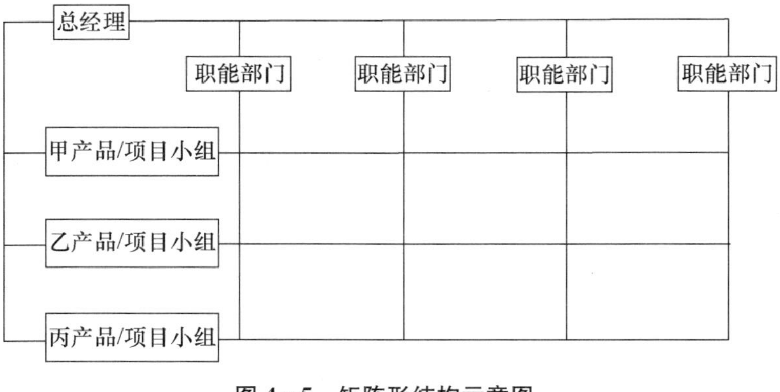

图4-5　矩阵形结构示意图

矩阵形结构不是一种常设的组织结构形式，这种组织结构适合在需要对环境变化做出迅速反应的企业中使用。

企业组织结构作为对企业管理的组织设计，是随着经济的发展和科学技术的进步而不断演变的。近20年来，由于知识经济的兴起和信息革命的推动，企业组织创新不断涌现，企业组织结构变革趋势主要表现在：组织结构扁平化、组织结构网络化、组织无边界化、组织结构分立化、组织结构柔性化等。

4.1.3 组织架构的设计

1. 组织架构设计的原则

企业在设计组织架构时，必须考虑内部控制的要求，合理确定治理层、管理层及内部各部门之间的权力和责任并建立恰当的报告关系。具体而言，至少应当遵循以下原则：

（1）符合法律法规要求。治理结构的设计必须遵循我国法律法规的要求，严格规范出资者（主要指股东）、董事会、监事会、经理层的权利和义务及其相关的聘任条件和议事程序等，合理解决企业各方利益分配问题。

（2）符合发展战略要求。通常情况下，企业的发展目标是多重的，且在一段时期保持相对稳定。无论企业的发展目标如何，都必须通过自身组织架构的合理设计和有效运作实现。

（3）符合管理控制要求。组织架构的设计应当考虑各层级之间可以相互监督、相互制约。为达到恰当的控制效果，在组织架构设计时必须找出各种限制组织层级和管理跨度的因素，主要包括：员工的经验与受训程度，工作任务的相似性和复杂性，工作地点的空间距离，使用标准化管理的程度，企业信息系统管理的先进程度，企业文化的凝聚力以及管理层的管理风格等。

（4）符合内外环境要求。组织架构的设计应当与企业的市场环境、行业特征、经营规模等相适应。此外，企业还应当根据内外部环境的不断变化，迅速做出反应，及时进行组织架构的优化调整。

需要注意的是，企业组织架构的设计不是千篇一律的，企业所处行业的特点、企业规模、管理水平和人员素质等因素不同，企业组织架构的设计也应有所不同。

2. 治理结构设计的要求

（1）企业治理结构设计的一般要求。治理结构包括股东（大）会、董事会、监事会和经理层。企业应当根据国家有关法律法规的规定，按照决策机构、执行机构和监督机构相互独立、权责明确、相互制衡的原则，明确董事会、监事会和经理层的职责权限、任职条件、议事规则和工作程序等。

从内部控制建设的角度看，新设企业或转制企业如果一开始就在治理结构方面存在缺陷，必然会对企业的长远发展造成严重损害。例如，部分上市公司在董事会下没有设立真正意义上的审计委员会，其成员只是形式上符合有关法律法规的要求，难以胜任工作，甚至不愿去履行职责。又如，部分上市公司监事会成员或多或少地与上市公司董事长存在某种关系，在后续工作中难以秉公办事，直接或间接损害了股东（尤其是小股东）的合法权益。再如，有些上市公司因为在上市改制时治理结构设计不合理，出于照顾等原因让某人担任董事长，而实际上公司总经理才是幕后真正的“董事长”。在设计治理结构时，应当尽力避免上述情况的发生。也正因为如此，《企业内部控制应用指引第1号——组织架构》第二章第四条明确规定，董事会、监事会和经理层的产生程序应当合法合规，其人员构成、知识结构、能力素质应当满足履行职责的要求。

（2）上市公司治理结构设计的特殊要求。上市公司是公众公司，具有重大的公众利益，因而必须对投资者和社会公众负责。上市公司治理结构的设计，应当充分反映公众性特点。具体而言，上市公司治理结构设计应重点关注以下三个方面：

1）建立独立董事制度。上市公司董事会应当设立独立董事。独立董事不得在上市公司担任除独立董事外的其他任何职务。独立董事对上市公司及全体股东负有诚信与勤勉等义务。

2）设立董事会专业委员会。上市公司董事会应当根据治理需要，按照股东（大）会的有关决议设立战略决策、提名、审计、薪酬与考核等专门委员会。其中，战略决策委员会主要负责制定公司长期发展战略，监督、核实公司重大投资决策等；提名委员会主要负责拟定公司董事和高级管理人员的选拔标准和程序，搜寻人选，进行选择并提出建议；审计委员会主要负责审查公司内部控制制度及重大关联交易，审核公司财务信息及其披露，负责内外部审计的沟通、监督和核查工作；薪酬与考核委员会主要负责制定公司董事及经理人员的考核标准并进行考核，负责制定、审查公司董事及经理人员的薪酬政策与方案。专业委员会的质量是公司战略成功的重要决定因素。审计委员会、薪酬与考核委员会中独立董事应当占多数并担任负责人，审计委员会中至少还应有一名独立董事是会计专业人士。

董事会专业委员会中的审计委员会，对内部控制的建立健全和有效实施发挥着非常重要的作用。审计委员会对经理层提供的财务报告和内部控制评价报告进行监督。审计委员会成员应当具备独立性、专业性和道德性。

3）设立董事会秘书。董事会秘书为上市公司的高级管理人员，直接对董事会负责，并由董事长提名，董事会负责任免。董事会秘书是一个重要的角色，负责上市公司股东（大）会和董事会会议的筹备、文件保管以及公司股东资料的管理，办理信息披露事务等事宜。

（3）国有独资企业治理结构设计的特殊要求。国有独资企业是比较独特的企业，也是我国国民经济的骨干力量，治理结构设计应充分反映其特色：

1）国有资产监督管理机构代行股东（大）会职权。国有独资企业不设股东（大）会，由国有资产监督管理机构行使股东（大）会职权。国有独资企业董事会可以根据授权部分行使股东（大）会的职权，决定公司的重大事项，但公司的合并、分立、解散、增加或者减少注册资本和发行公司债券，必须由国有资产监督管理机构决定。

2）国有独资企业董事会成员中应当包括公司职工代表，董事会成员由国有资产监督管理机构委派。但是，董事会成员中的职工代表由公司职工代表大会选举产生。国有独资企业董事长、副董事长由国有资产监督管理机构从董事会成员中指定产生。

3）国有独资企业监事会成员主要由国有资产监督管理机构委派，但是监事会成员中的职工代表由公司职工代表大会选举产生。监事会主席由国有资产监督管理机构从监事会成员中指定产生。

案例4-1　中国铁建的公司治理结构

中国铁建股份有限公司（以下简称“中国铁建”），由中国铁道建筑集团有限公司独家发起设立，于2007年11月5日在北京成立，是国务院国有资产监督管理委员会管理的特大型建筑企业。2008年3月10日、13日分别在上海和中国香港上市（A股代码601186、H股代码1186），公司注册资本为135.8亿元。

中国铁建的业务涵盖工程承包、规划设计咨询、投资运营、房地产开发、工业制造、物资物流、绿色环保、产业金融及其他新兴产业，经营范围遍及全国32个省、自治区、直辖市以及全球130多个国家和地区。

中国铁建是全球最具实力、规模的特大型综合建设集团之一，在2021年《财富》“世界500强企业”中排名第42位、“全球250家最大承包商”中排名第3位、“中国企业500强”中排名第12位。

中国铁建的公司治理结构见图4-6。

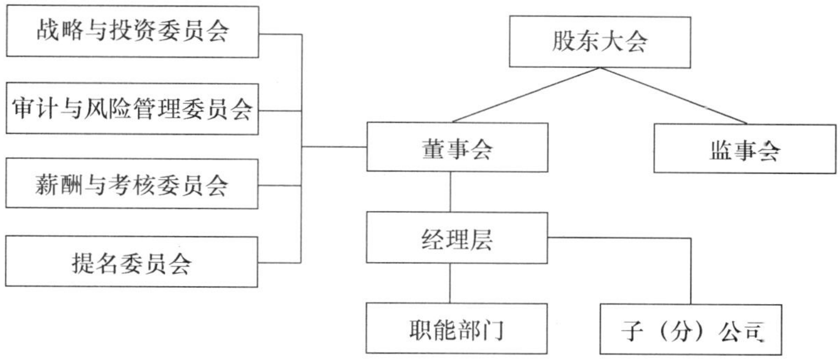

图4-6　中国铁建的公司治理结构图

资料来源：中国铁建股份有限公司官网.

3. 内部机构组织形式的设计

内部机构组织形式的设计是组织架构设计的关键环节，应满足以下三个要求：

（1）企业应当按照科学、精简、高效、透明、制衡的原则，明确各机构的职责权限，避免职能交叉、缺失或权责过于集中的情况，形成各司其职、各负其责、相互制约、相互协调的工作机制。

（2）企业应当对各机构的职能进行科学合理的分解，确定具体岗位的名称、职责和工作要求等，明确各个岗位的权限和相互关系。尤其应当体现不相容岗位相分离原则，努力识别出不相容职务。

岗位职责是对某一工作部门或个人的工作任务、责任与权限所做的统一规定。企业应当对岗位职责进行描述，包括工作名称、工作职责、任职条件、工作所要求的技能、工作对个性的要求。描述的对象是工作本身，而与从事这项工作的人无关。其目的是便于员工理解职位所要求的能力、工作职责及衡量标准，让员工有一个可遵循的标准。

（3）企业应当制定组织结构图、业务流程图、岗（职）位说明书和权限指引等内部管理制度或相关文件，使员工了解和掌握组织架构设计及权责分配情况，正确履行职责。需要特别指出的是，就内部机构组织形式的设计而言，建立权限指引和授权机制非常重要。有了权限指引，不同层级的员工就知道该如何行使权力并承担相应责任，也利于事后考核评价；授权机制是指企业各项决策和业务必须由具备适当权限的人员办理，这一权限通过公司章程约定或以其他适当方式授予。

企业内部各级员工必须获得相应的授权，才能实施决策或执行业务，严禁越权办理。按照授权对象和形式的不同，授权分为常规授权和特别授权。常规授权一般针对企业经营管理过程中发生的程序性和重复性工作，可以在由企业正式颁布的岗（职）位说明书中予以明确，或通过制定专门的权限指引予以明确。特别授权一般是由董事会给经理层或经理层给内部机构及其员工授予处理某一突发事件（如法律纠纷）、做出某项重大决策、代替上级处理日常工作的临时性权力。

4. 企业组织架构示例

宝山钢铁股份有限公司（以下简称“宝钢股份”）是全球领先的现代化钢铁联合企业，是《财富》世界500强中国宝武钢铁集团有限公司的核心企业。宝钢股份以“成为全球最具竞争力的钢铁企业和最具投资价值的上市公司”为愿景，致力于为客户提供超值的产品和服务，为股东和社会创造最大价值，实现与相关利益主体的共同发展。

宝钢股份的组织架构如图4-7所示。

4.1.4 组织架构的运行

《企业内部控制应用指引第1号——组织架构》第三章第九条规定，企业应当根据组织架构的设计规范，对现有治理结构和内部机构设置进行全面梳理，确保本企业治理结构、内部机构设置和运行机制等符合现代企业制度要求。

1. 治理结构的运行

对于治理结构的运行，应当重点关注董事、监事、经理及其他高级管理人员的任职资格和履职情况，以及董事会、监事会和经理层的运行效果（见表4-1）。治理结构存在问题的，应当采取有效措施加以改进。

表4-1 治理结构的关注点

关注点	主要内容
董事、监事、经理及其他高级管理人员的任职资格和履职情况	行为能力、道德诚信、经营管理素质、任职程序等任职资格； 合规、业绩以及履行忠实、勤勉义务等履职情况。
董事会、监事会和经理层的运行效果	董事会：是否按时定期或不定期召集股东（大）会并向股东（大）会报告；是否严格认真地执行了股东（大）会的所有决议；是否合理地聘任或解聘经理及其他高级人员等。 监事会：是否按照规定对董事、高级管理人员行为进行监督；在发现违反相关法律法规或损害公司利益的行为时，能否对其提出罢免建议或制止纠正其行为等。 经理层：是否认真有效地组织实施董事会决议；是否认真有效地组织实施董事会制定的年度生产经营计划和投资方案；能否完成董事会确定的生产经营计划和绩效目标等。

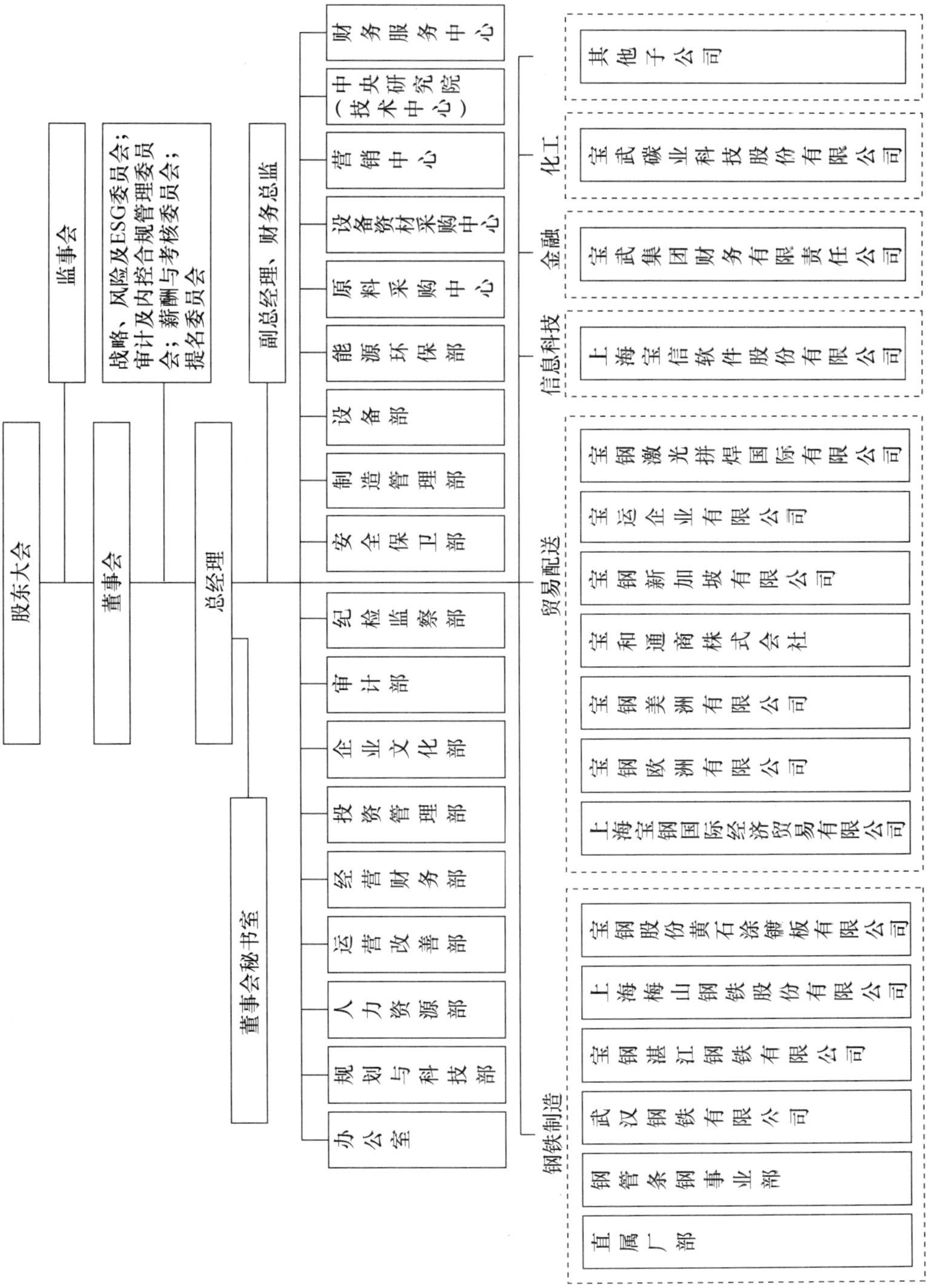

图4-7 宝钢股份的组织架构

资料来源：宝山钢铁股份有限公司官网.

2. 内部机构的运行

对于企业的内部机构，除了应关注内部机构设置的合理性之外，还需要重点关注内部机构运行的高效性等（见表4-2）。内部机构设置和运行中存在职能交叉、缺失或运行效率低下的，应当及时解决。

表4-2 内部机构的关注点

关注点	主要内容
内部机构设置的合理性	内部机构设置是否适应内外部环境的变化； 是否以发展目标为导向； 是否满足专业化的分工和协作，有助于企业提高劳动生产率； 是否明确界定各机构和岗位的权力和责任，不存在权责交叉重叠，不存在只有权力而没有相应责任和义务的情况等。
内部机构运行的高效性	内部机构的职责分工是否针对市场环境的变化做出及时调整； 内部机构的权力是否过大并存在监督漏洞，是否被架空，是否存在权力失衡等； 信息在内部机构间的流通是否顺畅，是否存在信息阻塞； 信息流通是否及时，是否存在信息滞后； 信息流通是否有助于提高效率，是否存在沟通上“舍近求远”的问题。

企业在对治理结构和内部机构设置进行全面梳理的基础上，还应当定期对组织架构设计和运行的效率与效果进行综合评价，其目的在于发现可能存在的缺陷，及时优化调整，使公司的组织架构始终处于高效运行状态。

4.1.5 组织架构设计与运行中存在的风险

1. 治理结构层面的风险

治理结构层面的风险主要是指，治理结构形同虚设，缺乏科学决策、良性运行机制和执行力，可能导致企业经营失败，难以实现发展战略。公司治理结构层面的具体风险见表4-3。

表4-3 治理结构层面的风险

治理结构	主要风险
股东（大）会股东	股东（大）会是否规范有效地召开，股东是否可以通过股东（大）会行使自己的权利； 企业与控股股东是否在资产、财务、人员方面实现相互独立，企业与控股股东的关联交易是否贯彻平等、公开、自愿的原则； 对与控股股东相关的信息是否根据规定及时完整地披露； 是否对中小股东权益采取了必要的保护措施，使中小股东能够和大股东同等条件参加股东（大）会，获得与大股东一致的信息，并行使相应的权利。
董事会	是否独立于经理层和大股东，董事会及其审计委员会中是否有适当数量的独立董事存在且能有效发挥作用； 能否保证企业建立并实施有效的内部控制，审批企业发展战略和重大决策并定期检查、评价其执行情况，明确设立企业可接受的风险承受度，并督促经理层对内部控制有效性进行监督和评价； 董事对于自身的权力和责任是否有明确的认知，并且有足够的知识、经验和时间来勤勉、诚信、尽责地履行职责。

续表

治理结构	主要风险
监事会	其构成能否保证独立性，监事能力是否与相关领域相匹配； 能否规范有效地运行，同时监督董事会、经理层正确履行职责并纠正损害企业利益的行为； 对经理层的权力是否存在必要的监督和约束机制。

2. 内部机构层面的风险

内部机构层面的风险主要是指，内部机构设计不科学，权责分配不合理，可能导致机构重叠、职能交叉或缺失，运行效率低下。公司内部机构层面的具体风险如表 4－4 所示。

表 4－4　内部机构层面的风险

内部机构	主要风险
机构设置	是否考虑经营业务的性质，按照适当集中或分散的管理方式设置； 是否对内部机构设置、各职能部门的职责权限、组织的运行流程等有明确的书面说明和规定，是否存在关键职能缺位或职能交叉的现象； 是否支持发展战略的实施，并根据环境变化及时做出调整； 是否适应信息沟通的要求，有利于信息的上传下达和在各层级、各业务活动间的传递，有利于为员工提供履行职权所需的信息。
机构运行	关键岗位员工是否对自身权责有明确的认识，有足够的胜任能力去履行责任，是否建立了关键岗位员工轮换制度和强制休假制度； 是否对董事、监事、高级管理人员及全体员工的权限有明确的制度规定，对授权情况是否有正式的记录； 是否对岗位职责进行了恰当的描述和说明，是否存在不相容职务未分离的情况； 是否对权限的设置和履行情况进行了审核和监督，对于越权或权限缺位的行为是否及时予以纠正和处理。

案例 4－2　辅仁药业信息披露违法，时任十四名高管被罚

2020 年 10 月 14 日，证监会网站披露的一则行政处罚决定书（文号：〔2020〕79 号）显示，证监会对辅仁药业信息披露违法行为进行了立案调查、审理，查明辅仁药业存在多项违法事实，决定对辅仁药业处以 120 万元罚款；对辅仁集团（辅仁药业、开药集团的控股股东）处以 60 万元罚款。

该行政处罚决定书指出，辅仁药业与辅仁集团、河南辅仁控股有限公司（以下简称“辅仁控股”）构成关联关系，开封制药（集团）有限公司（以下简称“开药集团”）与辅仁集团、辅仁控股构成关联关系。经查明，辅仁药业与辅仁集团存在以下违法事实：一是辅仁药业 2015 年、2016 年年度报告存在虚假记载、重大遗漏；二是辅仁药业重大资产重组文件中存在虚假记载；三是辅仁集团在重大资产重组中提供虚假信息；四是辅仁药业 2017 年、2018 年年度报告存在虚假记载、重大遗漏，2018 年未及时披露关联担保。

证监会对辅仁药业的时任董事长朱文臣给予警告，并处以 150 万元罚款；对辅仁药业的副董事长、董事、独立董事、董事会秘书、监事会主席、监事、副总经理、财务总监等十三名其他当事人给予警告，并处以6万～35万元不等的罚款。

证监会于同日发布市场禁入决定书，决定对朱文臣采取10年证券市场禁入措施。该市场禁入决定书指出，朱文臣作为辅仁药业实际控制人、董事长、总经理，辅仁集团实际控制人，决策、安排辅仁集团、辅仁控股占用辅仁药业、开药集团资金事宜，不仅明知辅仁药业存在被辅仁集团、辅仁控股占用资金的情况，也明知标的资产开药集团亦存在被辅仁集团、辅仁控股占用资金的情形，仍然签字承诺保证重组报告书，并在违规担保事项中负有主要责任，严重损害投资者利益。

当事人朱文臣的违法行为情节较为严重，违反了《证券法》和《证券市场禁入规定》的相关规定，证监会决定对朱文臣采取10年证券市场禁入措施。在禁入期间，除不得继续在原机构从事证券业务或者担任原上市公司、非上市公众公司董事、监事、高级管理人员职务外，也不得在其他任何机构中从事证券业务或者担任其他上市公司、非上市公众公司董事、监事、高级管理人员职务。

辅仁药业与其多名高管的违法事实，暴露出辅仁药业法人治理的缺位和内部控制的混乱。因此，压实大股东、实际控制人和董事、监事、高级管理人员等“关键少数”的法定责任，是优化内部环境的重要内容。

资料来源：中国证监会行政处罚决定书（辅仁药业）；中国证监会市场禁入决定书（朱文臣）.

4.2 发展战略

4.2.1 制定发展战略的意义

根据《企业内部控制应用指引第2号——发展战略》，发展战略是企业在对现实状况和未来趋势进行综合分析和科学预测的基础上，制定并实施的中长期发展目标与战略规划。

企业制定科学合理的发展战略，具有重要意义。

1. 发展战略可以为企业找准市场定位

市场定位就是要在激烈的市场竞争中找准位置。定位准了，企业才能赢得市场，才能获得竞争优势，才能不断发展壮大。定位所要解决的问题很广泛，包括为社会提供什么样的产品或服务，以什么样的方式满足客户和市场需求，如何充分利用内外部资源以保持竞争力，如何更好更快地迈入行业前列等。企业发展战略要着力解决的正是企业发展过程中所面临的这些全局性、长期性问题。从这个角度讲，制定发展战略，就是为企业进行市场定位。

2. 发展战略是执行层的行动指南

发展战略指明了企业发展方向、目标与实施路径，描绘了企业未来经营方向和目标纲领，是企业发展的蓝图，关系着企业的长远生存与发展。只有制定科学合理的企业发展战略，执行层才有行动的指南，其在日常经营管理和决策时才不会迷失方向，才能知晓哪些是应着力做的正确的事；否则，要么盲目决策，要么无所作为，既浪费宝贵的资源，难以形成竞争优势，又可能失去发展机会，导致企业走向衰落甚至消亡。

3. 发展战略为内部控制与风险管理设定了最高目标

《企业内部控制基本规范》明确指出，“内部控制的目标是合理保证公司经营管理合法合规、资产安全、财务报告及相关信息真实完整，提高经营效率和效果，促进公司实现发展战略”。由此可以看出，企业管理及内部控制的系列目标中，促进发展战略的实现是内部控制最高层次的目标。它一方面表明企业管理与内部控制最终追求的是如何通过强化风险管理促进企业实现发展战略；另一方面也说明发展战略必须通过建立和健全企业管理与内部控制体系来实现。发展战略为企业管理与内部控制指明了方向，企业管理与内部控制为企业实现发展战略提供了坚实保障。

一个企业如果能够始终正确地制定战略并坚定执行，就具备长远的生存与发展能力。行业在变化，竞争对手在变化，地域政治与社会环境也在变化，如果根据自身的情况变化去制定战略并有效执行，企业就能长期发展下去。

4.2.2 发展战略的制定

制定企业发展战略是实现健康可持续发展的起点。企业应当按照科学发展观的要求，将企业前途与国家命运紧密联系起来，立足当前，面向未来，科学制定切合自身实际又符合市场经济发展规律的发展战略。

1. 建立和健全发展战略制定机构

发展战略关系到公司的现在和未来，公司各层级都应给予高度重视和大力支持，在人力资源配置、组织机构设置等方面提供必要的保障。

公司应当在董事会下设立战略委员会，或指定相关机构负责公司发展战略管理工作，履行相应职责。

战略委员会对董事会负责，委员包括董事长和其他董事。战略委员会委员应当具有较高的综合素质和丰富的实践经验。比如，熟悉公司业务经营运作特点，具有市场敏感性和综合判断能力，了解国家宏观政策走向及国内外经济、行业发展趋势等。同时，委员的任职资格和选任程序应符合有关法律法规和公司章程的规定。战略委员会主席应当由董事长担任；委员中应当有一定数量的独立董事，以保证委员会更具独立性和专业性。必要时，战略委员会还可聘请社会专业人士担任顾问，提供专业咨询意见。

战略委员会的主要职责是对企业长期发展战略和重大投资决策进行研究并提出建议，具体包括：对公司的长期发展规划、经营目标、发展方针进行研究并提出建议；对公司的产品战略、市场战略、营销战略、研发战略、人才战略等经营战略进行研究并提出建议；对企业重大战略性投资、融资方案进行研究并提出建议；对企业重大资本运作、资产经营项目进行研究并提出建议等。为确保战略委员会议事过程透明、决策程序科学民主，企业应当明确相关议事规则，对战略委员会会议的召开程序、表决方式、提案审议、保密要求和会议记录等做出明确约定。

为了使企业发展战略管理工作落到实处，企业除了在董事会层面设立战略委员会以外，还应在内部机构中设置专门的部门或指定相关部门，承担战略委员会的有关具体工作。

2. 分析评价影响发展战略的因素

企业外部环境、内部资源等是影响发展战略制定的关键因素。只有对企业所处的外部环境和拥有的内部资源展开深度分析，才能制定出科学合理的发展战略。在此过程中，企业应当综合考虑宏观经济政策、国内外市场需求变化、技术发展趋势、行业及竞争对手状况、可利用的资源和自身优势与劣势等因素的影响。

（1）分析外部环境，发现机会和威胁。外部环境是制定企业发展战略的重要影响因素，包括企业所处的宏观环境、行业环境及竞争对手、经营环境等。分析企业面临的外部环境，应当着重分析环境的变化和发展趋势及其对发展战略的重要影响，同时评估企业面临的机会与威胁。

（2）分析内部资源，识别优势和劣势。内部资源是企业发展战略的重要约束条件，包括企业资源、企业能力、核心竞争力等各种有形和无形资源。分析企业拥有的内部资源和能力，应当着重分析这些资源和能力使企业在同行业中处于何种地位，与竞争对手相比，企业有哪些优势和劣势。

3. 制定科学的发展战略

发展战略可以分为发展目标和战略规划两个层次。发展目标是企业发展战略的核心和基本内容，表明企业在未来一段时期内所要努力的方向和所要达到的水平。战略规划是为了实现发展目标而制定的具体规划，表明企业在每个发展阶段的具体目标、工作任务和实施路径。制定发展战略的步骤如下：

（1）制定发展目标。企业发展目标是指导企业生产经营活动的准绳。在制定企业发展目标过程中，应当重点关注以下内容：

1）发展目标应当突出主业。只有集中精力做强主业，才能增强企业核心竞争力，在行业发展、产业发展中发挥引领和带头作用。

2）发展目标不能过于激进，不能盲目追逐市场热点，不能脱离企业实际。

3）发展目标不能过于保守，否则会丧失发展机遇和动力。

4）发展目标应当经过多方面的专家和有关人员的研究论证。

（2）编制战略规划。发展目标确定后，就要考虑使用何种手段、采取何种措施、运用何种方法来达到目标，即编制战略规划。战略规划应当明确企业发展阶段和发展程度，制定每个发展阶段的具体目标和工作任务以及达到发展目标的路径等。

（3）严格审议和批准发展战略。发展战略拟定后，应当按照规定的权限和程序对发展战略方案进行审议和批准。审议战略委员会提交的发展战略建议方案，是董事会的重要职责。在审议过程中，董事会应着力关注发展战略的全局性、长期性和可行性，具体包括：第一，发展战略是否符合国家行业发展规划和产业政策；第二，发展战略是否符合国家经济结构战略性调整方向；第三，发展战略是否突出主业，有助于提升企业核心竞争力；第四，发展战略是否具有可操作性；第五，发展战略是否客观全面地对未来商业机会和风险进行了分析预测；第六，发展战略是否有相应的人力、财务、信息等资源保障等。董事会在审议中如果发现发展战略方案存在重大缺陷，应当责成战略委员会对建议方案进行调整。企业发展战略方案经董事会审议通过后，应当报经股东（大）会批准后付诸实施。

案例 4－3　华为的可持续发展战略

华为创立于 1987 年，是全球领先的 ICT（信息与通信）基础设施和智能终端提供商。华为致力于把数字世界带给每个人、每个家庭、每个组织，构建万物互联的智能世界。华为坚信 ICT 技术在促进全球经济发展的同时，也能够让人们的生活更加美好。为此，华为对标联合国可持续发展目标（UN SDGs），持续推进落实公司可持续发展（CSD）四大战略：数字包容、安全可信、绿色环保、和谐生态。

数字包容

技术普惠，接力致远：为了不让任何人在数字世界中掉队，华为通过 TECH4ALL 数字包容倡议，聚焦公平优质教育和科技守护自然，从技术、应用和技能三个方面持续扩大数字包容的成果，最终让数字技术惠及每个人、每个家庭、每个组织。

安全可信

恪尽职守，夯实信任：把网络安全和隐私保护作为公司最高纲领，坚持投入，开放透明，全面提升软件工程能力与实践，构筑网络韧性，打造可信的高质量产品，保障网络稳定运行和业务连续性。

绿色环保

清洁高效，低碳循环：致力于减少生产、运营等过程以及产品和服务全生命周期对环境的影响，通过创新的产品和解决方案促进各行业的节能减排和循环经济发展，持续牵引产业链各方共建低碳社会。

和谐生态

同心共筑，为善至乐：坚持诚信合规经营，持续加强可持续发展风险管理，关注员工发展和价值实现，对全球供应链开展可持续发展尽责管理，积极为运营所在社区做出贡献，与产业链各方携手共建和谐健康的商业生态。

资料来源：华为官网.

4.2.3　发展战略的实施

科学制定发展战略是一个复杂的过程，实施发展战略更是一个系统工程。企业只有重视和加强发展战略的实施，在所有相关目标领域全力推进，才有可能将发展战略描绘的蓝图转变为现实。为此，企业应当加强对发展战略的统一领导。制定详细的年度工作计划，通过编制全面预算，将年度目标进行分解、落实，确保企业发展目标的实现。此外，还要加强对发展战略的宣传培训，通过组织结构调整、人员安排、薪酬调整、财务安排、管理变革等配套措施，保证发展战略的顺利实施。

1. 发展战略实施的组织领导

要确保发展战略的有效实施，加强组织领导是关键。企业经理层作为发展战略制定的直接参与者，往往比一般员工掌握更多的战略信息，对企业发展目标、战略规划和战略实施路径的理解和体会更加全面深刻，应当担任发展战略实施的领导者。依据“统一领导、统一指挥”的原则，发挥企业经理层在资源分配、平衡和决策等方面的作用，可以确保发展战略的有效实施。

2. 发展战略的分解落实

发展战略制定后，企业经理层应着手将发展战略逐步细化。

（1）要根据战略规划，制定年度工作计划。

（2）要按照上下结合、分级编制、逐级汇总的原则编制全面预算，将发展目标分解并落实到产销水平、资产负债规模、收入及利润增长幅度、投资回报、风险管控、技术创新、品牌建设、人力资源建设、制度建设、企业文化、社会责任等可操作层面，确保发展战略能够真正有效地指导企业各项生产经营管理活动。

（3）要进一步将年度预算细分为季度、月度预算，通过实施分期预算控制，促进年度预算目标的实现。

（4）要通过建立发展战略实施的激励约束机制，将各责任单位年度预算目标完成情况纳入绩效考核体系，切实做到有奖有惩、奖惩分明，以促进发展战略的有效实施。

3. 发展战略的执行

发展战略实施过程是一个系统的有机整体，在复杂多变的市场环境和激烈的市场竞争中，对企业内部不同部门之间的协同运作提出越来越高的要求。为此，企业应当培育与发展战略相匹配的企业文化，优化调整组织结构，整合内外部资源，相应调整管理方式。

4. 发展战略的宣传与培训

企业应当重视发展战略的宣传工作，为推进发展战略实施提供强有力的思想支撑和行为导向。在企业董事、监事和高级管理人员中树立战略意识和战略思维，充分发挥其在战略制定与实施过程中的模范带头作用；采取内部会议、培训、讲座、知识竞赛等多种行之有效的方式，把发展战略及其分解落实情况传递给内部各管理层和全体员工，营造战略宣传的强大舆论氛围。企业管理层要加强与广大员工的沟通，使全体员工充分认清企业的发展思路、战略目标和具体措施，自觉将发展战略与自己的具体工作结合起来，促进发展战略的有效实施。

5. 发展战略的调整

企业战略委员会应当加强对发展战略实施情况的监控，定期收集和分析相关信息，对于明显偏离发展战略的情况，应当及时报告。

由于经济形势、产业政策、技术进步、行业状况以及不可抗力等因素发生重大变化，确需对发展战略做出调整的，应当按照规定权限和程序调整发展战略。

4.2.4　企业制定与实施发展战略存在的风险

企业在制定与实施发展战略的过程中至少应当关注下列风险：

（1）缺乏明确的发展战略或发展战略实施不到位，可能导致企业盲目发展，难以形成竞争优势，丧失发展机遇和动力。

（2）发展战略过于激进，脱离企业实际能力或偏离主业，可能导致企业过度扩张，甚至经营失败。

（3）发展战略因主观原因频繁变动，可能导致资源浪费，甚至会危及企业的生存和可持续发展。

案例 4－4　台基股份双主业战略的败局

2021 年 2 月 22 日，台基股份（股票代码 300046）公告称，公司召开临时股东大会，表决通过了《关于转让子公司股权的议案》，公司拟以 5 104 万元向北京乐也乐影视有限公司（以下简称“乐也乐影视”）转让台基股份持有的北京彼岸春天影视有限公司（以下简称“彼岸春天”）88%的股权。由此标志着台基股份“半导体＋泛文化”双主业发展战略的失败。

台基股份是一家专注于功率半导体芯片及器件的研发、制造、销售及服务的上市公司。在半导体主业乏力、营收效果不佳的境况下，从 2016 年下半年起，台基股份开始了转型之路，转型方向确定为发展“半导体＋泛文化”双主业。

双主业战略确定后，2016 年 6 月，台基股份斥资 3.8 亿元收购彼岸春天 100%股权。彼岸春天是互联网影视内容提供商，影视制作业务以定制网络剧为主。通过这次跨界并购，台基股份正式进入影视传媒业，这次并购也被视为“半导体＋泛文化”双主业发展战略的落地措施之一。

然而，除了 2016 年度，彼岸春天 2017—2020 年均未完成业绩承诺，甚至 2019—2020 年连续两年出现经营亏损。2016 年年报显示，收购彼岸春天形成 3.53 亿元商誉，2017—2019 年，累计计提商誉减值准备 3.53 亿元。2020 年度，彼岸春天不存在计提减值风险，但仍然没实现业绩承诺，亏损 497.67 万元。

现在，业绩承诺期已结束，2021 年 2 月 6 日，台基股份发布公告表示公司拟转让其持有的彼岸春天 88%的股权给乐也乐影视，各方一致同意彼岸春天 100%股权估值为人民币 5 800 万元，标的股权（彼岸春天 88%的股权）的转让价格为人民币 5 104 万元，由交易对方乐也乐影视以现金方式支付。

台基股份报备的评估报告显示，台基股份 2016 年收购彼岸春天时评估值为 3.81 亿元，溢价 18.01 倍，增值率 1 705.23%。而本次出售，彼岸春天的评估值仅为 5 750.35 万元，与收购时估值相比，相差超过 3 亿元。

对于彼岸春天连续四年未完成业绩的主要原因，台基股份认为是受影视剧行业整体表现不佳、网络剧行业竞争加剧以及公司经营等因素影响，部分公司拍摄、投资的影视剧未能按期完成，造成收入无法确认或因参投剧投资亏损而计提较大资产减值。

有观点认为，半导体和影视资产是两个完全不搭边的业务，几乎不可能存在业务整合的可能。更关键的是，公司的团队并不具备影视娱乐行业经验，当时的收购动机存在蹭热点、搞“市值管理”的较大嫌疑。

另有观点认为，近几年上市公司跨界收购影视鲜有成功的，这固然有外部市场环境变化和疫情的影响，根本上还是自身因素决定的。作为创意产业的影视行业，其核心是人，艺术生产和管理团队是核心资产。台基股份对影视资产的高位收购、低位抛售，彼岸春天创始人的离职以及子公司控制权的易主可以看作是跨界并购的失败。

资料来源：李万晨曦. 台基股份跨界影视失败，1.7 亿元补偿款如何收回. 证券日报，2021-02-24.

4.3 人力资源

根据《企业内部控制应用指引第 3 号——人力资源》，人力资源是指企业组织生产经营活动而录（任）用的各种人员，包括董事、监事、高级管理人员和一般员工，其本质是企业组织中各种人员所具有的脑力和体力的总和。

4.3.1 人力资源对企业发展的重要意义

1. 良好的人力资源管理制度和机制是增强企业活力的源泉

人力资源管理要求企业根据发展战略，合理配置人力资源，调动全体员工的积极性，发挥员工的潜能和创造性，为企业创造价值，确保企业战略目标的实现。其核心和要义体现为“以人为本”的管理理念，努力实现董事、监事、高级管理人员和全体员工与企业之间的良性互动和共同发展。健全和实施良好的人力资源管理制度与机制，企业可以实现公开、公平、公正的用人自主权，引进需要的人，淘汰多余的人，建立管理者能上能下、员工能进能出的灵活竞争机制，搞活企业，提高生产效率，让优秀人才有用武之地，让他们能在适合自己的岗位上得到全面发展，同时为企业和社会做出更大贡献。

2. 良好的人力资源管理制度和机制是提升企业核心竞争力的重要基础

随着我国社会快速发展和经济全球化，特别是后国际金融危机时期世界经济格局的调整，优秀人才成为市场竞争力最重要的战略资源，人力资源在综合国力的提升和企业竞争中起着决定性作用。无论从宏观还是微观角度来看，人力资源都是最活跃的、最有创造力的因素。人才就是效率，人才就是财富。无数事实证明，一个企业的生死存亡、经营成败，很大程度上取决于它的人力资源。

有了良好的人力资源制度和机制，才能凝聚全体员工为提升企业核心竞争力而不懈奋斗。从图4-8中可以看出，企业核心竞争力的提升依赖于顾客的忠诚度，要赢得顾客的忠诚，就必须使顾客满意，而顾客之所以满意，很大程度上是因为企业能够为顾客创造价值，也就是为顾客提供优质的产品与服务，要做到这一点就要靠员工高质量的工作，因此员工的工作会直接影响顾客的满意度。而员工的工作满意度会直接影响他们的工作，当工作满意度高时，他们就会更加投入地工作，生产率高；否则，人力资源的作用就不能得到完全发挥。员工的满意度又取决于他们的需求是否得到满足，以及个人价值是否实现。这在很大程度上取决于企业提供的人力资源服务，如公正的绩效考核、具有竞争力的薪酬待遇、有效的培训开发以及良好的员工关系等。因此，企业的人力资源管理系统与企业的核心竞争力存在密切的关系，人力资源管理的有效实施将有助于实现和提升企业的绩效。

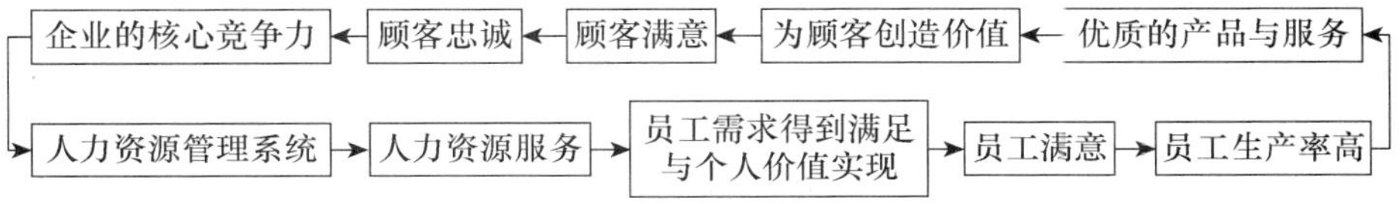

图4-8　人力资源管理和企业核心竞争力的关系图

3. 良好的人力资源管理制度和机制是实现发展战略的根本动力

战略的实施需要企业各方面资源的共同支持，人力资源也是其中之一，因此有效的人力资源管理有助于企业战略的实现，它们之间的关系如图4-9所示。

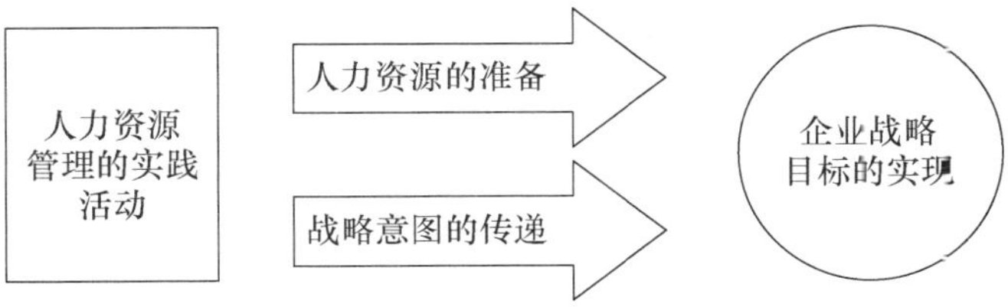

图4-9　人力资源管理和企业战略的关系图

现代企业要在激烈的竞争中求生存、谋发展，在完善组织架构和制定可持续发展战略之后，起决定作用的就是建立良好的人力资源制度和机制。在企业发展战略和人力资源管理两者的关系中，发展战略决定了人力资源政策；反过来，良好的人力资源政策又对发展战略具有积极的促进作用。主要表现为：人力资源是企业发展的灵魂，有了良好的人力资源制度和机制，才能制定出科学的发展战略，决策才不会失误；有了良好的人力资源制度和机制，才能最大限度地激发专业技术人员的创造力，促进研究与开发；有了良好的人力资源制度和机制，才能激励全体员工为实现发展战略而不懈奋斗，最终确保发展战略有效贯彻落实，实现预期发展目标。

案例4-5　海信集团的人才培养

海信集团（以下简称“海信”）成立于1969年，总部位于青岛。拥有海信视像（600060）、海信家电（000921）和三电控股（6444）三家在上海、深圳、中国香港、东京四地的上市公司，旗下有海信（Hisense）、东芝电视（TOSHIBA）、gorenje、科龙（KELON）、容声（Ronshen）与ASKO等多个品牌。海信坚持“诚实正直、务实创新、用户至上、永续经营”的核心价值观和“技术立企、稳健经营”的发展战略，业务涵盖多媒体、家电、IT智能信息系统和现代服务业等多个领域。

海信2020年营业收入为1 411亿元，同比增长11%，利润总额102亿元，同比增长29%；海外收入549亿元，占比近40%；实缴税金104亿元。海信已连续6年入选中国企业海外形象10强，连续4年上榜BrandZ中国全球化品牌10强。

企业的发展离不开人才的培养，海信总裁贾少谦认为，人才培养是企业发展的源动力，海信成立五十多年以来，传统的产业在不断迭代创新，人才培养更是海信一路向前的动力之源。海信是国家首批创新型企业，全球员工8万余人，拥有青岛、顺德、湖州、捷克、南非、墨西哥等14个工业园区，设有青岛、深圳、美国、德国等17个研发中心，拥有研发人员7 000余人，其中，硕士3 000余人，博士100余人，初步建立了全球协同的研发体系。

海信能有今天的发展，始终离不开优秀的人才。而创新型优秀人才的形成，与其重视人才培养以及不断创新人才培养机制息息相关。

1. “敬人”的人才理念

1992年，海信就确立了自己的企业精神：敬人、敬业、创新、高效。海信重视人才，重视人才的培训，倡导尊重员工的人格与尊严，尊重员工创造的价值，提倡公平竞争，不断赋予员工有挑战性的工作目标和广阔的发展空间，从而实现企业和员工的双赢。

求人观：“能力主义”而非“学历主义”。有能力又有责任心的员工是优秀员工，有能力而没有责任心的员工是不合格的员工。

用人观：“岗能相宜”。岗适其能、人得其位。每个岗位选择最适合的人，每个人在海信都能找到最适合自己的岗位。

育人观：“品格筑基，能力成器”。品格是衡量人才的前提条件，品格修养越好，能力的发挥就越好。在海信的人力资源开发工作中，品格与能力都是企业宝贵的资源。

晋人观：“业绩加潜质，品格加才干”。业绩突出是晋升的基础，个人相对于未来职位的发展潜质也同样必要。没有业绩不能晋升；没有发展潜质，同样也不能晋升，这与海信的用人观是一致的。与此同时，品格和才干也是人才晋升的必要条件。

留人观：“事业留人，待遇留人，情感留人”。重视员工个人价值的体现。让大家在为海信工作的同时，个人事业有所成就、物质生活极大改善，营造一个有情感的大家庭，使大家在家的温情的感染下互相关心、互相支持、共同提高。

2. 人才引进的"永动机"

海信建造了人才引进的"永动机"。率先打破平均主义，在技术中心设立"人才特区"，研发人员的薪酬水平可以达到集团平均水平的3倍以上，打破论资排辈，建立论功行赏、公平激励机制，把别人的犹豫变成自己的机遇。即使在新冠肺炎疫情期间，海信仍愿意拿出百万激励优秀专家和预研项目。让预研人员"坐冷板凳不吃亏"是海信激励研发人员的朴素想法，但却代表着海信立足长远、不断跟随潮流创新发展的决心。

海信创造性地对骨干员工实施股权激励。目前海信已在20多个产业公司设置股权激励，持股员工可根据经营情况享有分红权，同时享有净资产增值权。通过员工持股，骨干员工不仅仅是传统意义上多劳多得的劳动者，享有雇员和投资者双重身份。这大大提升了员工对企业的忠诚度，同时能够提高员工对企业长期发展的关切度和管理的参与度，实现意识的根本转变。

3. 层次分明、全面系统的培训

(1) 三级培训体系。目前，海信采取的是三级培训体系，即集团级培训、公司级培训、部门级培训。

集团级培训由海信学院组织。海信学院是海信1998年组建的人才培训基地，也是最早的本土企业大学之一，每年用于员工的培训投入逾千万元。集团级培训直接和企业战略相关，关注核心人力资源群体，侧重在职干部的提升性培训、企业文化培训、经营管理知识培训、专业知识和技能培训、新员工培训和海外人才的国际化培训。同时，将培训成绩与晋升以及各种资格的获取相结合。

公司级培训由员工所属的子分公司组织，直接和业务职能相关，侧重专项业务技能培训，实施各类业务培训。培训可以由集团的内部培训师进行。内部培训师从业务经理、业务骨干中通过公开的选拔评比产生，选拔的重头戏是试讲比赛。比赛评委由公司内部的各部门长及相关板块的专家组成，优胜者获得聘书。内部培训师分为高级、中级、初级三个层次，在聘任上并不是终身制，而是优胜劣汰。

部门级培训由部门、车间、班组具体组织。主要针对部门、车间、班组等一线员工开展，侧重于培养技能、分享经验。一般以实际案例为导向。比如，一个由生产部门发起的质量研讨会可能源于市场反馈的高返修率，或是从生产线下来后出现的问题等，研讨会由生产部门牵头，召集研发、采购、工艺、技术等部门的人员共同参与，通过讨论，找出问题的成因，规范以后的工作并达成共识。这种案例式的内部培训更能解决实际问题，并促进不同部门间的工作协调。

此外，海信的培训方式也灵活多样。既有正式的定期培训，也有临时或突发的沟通会；既有线下的集中培训，也有通过集团搭建的移动学习平台进行的随时培训。

(2) 全面系统的培训内容。海信的培训具有较强的针对性，即针对不同的人、不同的层次，采取不同的培训，包括价值观培训、领导力培训、职业发展培训和专业技能培训，如图4-10所示。

价值观培训：让各级员工了解、认可海信文化，让新员工尽快融入海信。

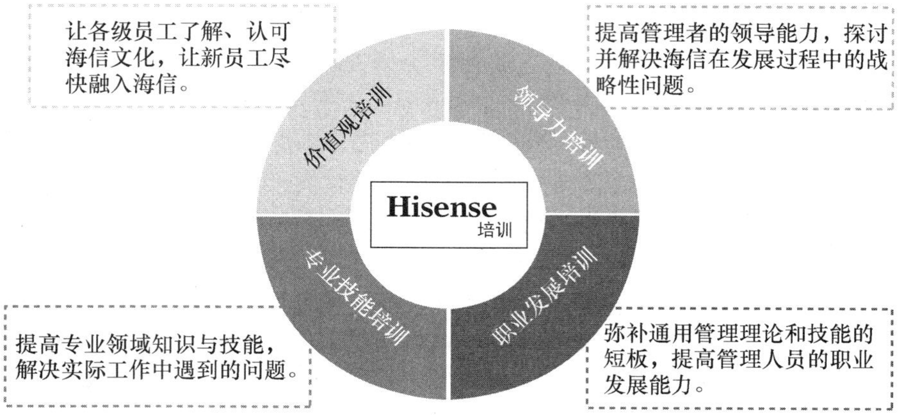

图4-10 海信的培训

领导力培训：提高管理者的领导能力，探讨并解决海信在发展过程中的战略性问题。

职业发展培训：弥补通用管理理论和技能的短板，提高管理人员的职业发展能力。

专业技能培训：提高专业领域知识与技能，解决实际工作中遇到的问题。

4. “行政”和“专业”晋升的双通道发展

实行员工各职位序列的专业晋升通道与管理晋升通道并行发展的任职机制，每位员工将同时拥有一个职位和一个职衔，即职位职衔制，不再只有行政晋升的“独木桥”。其核心是保证研发、工艺质量、业务和销售等领域业绩突出的员工在待遇上不受管理层级的限制。这一变革在保证激励和待遇的公平性的同时，为大幅减少管理层级和管理边界的组织变革奠定了基础。

资料来源：海信集团官网；海信集团招聘门户网站.

4.3.2 人力资源管理的主要内容

1. 人力资源规划

“凡事预则立，不预则废”，人力资源管理同样如此。为了保证人力资源管理系统的正常运转，发挥其应有的作用，企业必须认真做好计划。人力资源管理的计划是通过人力资源规划这一职能实现的。

科学的人力资源规划既有助于企业发展战略的制定，又有助于企业保持人员状况的稳定。同时，通过人力资源规划，企业还可以使人员招聘、员工培训与开发、薪酬、激励等人力资源管理具体职能保持相互协调和配套。

2. 招聘与录用

招聘工作的有效实施不仅对人力资源本身，而且对整个企业有非常重要的意义。招聘工作决定了企业能否吸纳到优秀的人力资源，影响人员的流动，同时招聘工作也是企业进行对外宣传的一个有效途径。

与招聘工作相比，录用无论是对企业还是对人力资源管理的影响都更直接，其决策直接表现为企业最终录用了什么样的人。选拔录用直接决定着企业能否正常运转，其中的道理非常简单，如果企业从应聘者中挑选的人员不符合职位的要求，那么职位所对应的职责就不能很好地完成，企业的正常运转自然就会受到影响。

招聘与录用应遵循以下原则：

（1）因事择人，知事识人；

（2）任人唯贤，知人善用；

（3）公平竞争，择优录取；

（4）严爱相济，指导帮助。

3. 培训与开发

培训与开发是指企业通过各种方式使员工具备完成现在或者将来工作所需的知识、技能并改变他们的工作态度，以改善员工在现有或将来职位上的工作业绩，最终实现企业整体绩效提升的一种计划性和连续性活动。

科学的培训与开发有助于改善企业的绩效，增加企业的竞争优势，提高员工的满足感，培育企业文化。

4. 绩效管理

绩效管理是指确定员工的绩效目标并收集与绩效有关的信息，定期对员工的绩效目标完成情况做出评价和反馈，以确保员工的工作活动和工作产出与组织目标保持一致，进而保证组织目标完成的管理手段与过程。

绩效管理不同于绩效考核，完整意义上的绩效管理是由计划绩效、监控绩效、考核绩效和反馈绩效四个部分组成的一个系统，而绩效考核只是绩效管理的一个组成部分，不能代表绩效管理的全部内容。

完整的绩效管理不仅对提升企业绩效具有积极意义，而且有助于科学合理地进行人力资源管理决策，提高员工的满意度，保证员工行为和企业目标相一致。

绩效管理应遵循以下基本原则：

（1）权责一致原则；

（2）量化考核原则；

（3）兼顾公平原则；

（4）有效沟通原则；

（5）全员参与原则。

5. 薪酬管理

薪酬管理是指企业在经营战略和发展规划的指导下，综合考虑内部各种因素的影响，确定自身的薪酬水平、薪酬结构和薪酬形式，并进行薪酬调整和薪酬控制的整个过程。

薪酬水平指企业内部各类职位以及企业整体平均薪酬的高低状况，它反映了企业薪酬的外部竞争性。薪酬结构指企业内部各个职位之间薪酬的相互关系和不同类型的薪酬组合方式。薪酬调整是指企业根据内外部各种因素的变化，对薪酬水平、薪酬结构和薪酬形式进行相应的变动。薪酬控制指企业对支付的薪酬总额进行测算和监控，以维持正常的薪酬成本开支，避免产生过重的财务负担。

薪酬管理的有效实施，能够提高员工个人的业绩，控制企业的总成本，从而提高企业整体的绩效水平。另外，有效的薪酬管理有助于塑造良好的企业文化，薪酬是进行企业文化建设的物质基础，能够对员工的行为和态度产生引导作用，从而有助于企业文化的建设。

薪酬管理应遵循以下基本原则；

（1）合法性原则；

（2）公平性原则；

（3）动态性原则。

案例 4-6 华为股权激励政策

人才是企业发展道路中不可缺少的部分，重视股权激励制度的实施是培养企业优秀员工的一大重要举措。华为公司作为我国通信行业中的优秀企业，从创立之初就一直重视员工薪酬激励政策，不仅挽留住了骨干技术员工，更是吸引了不少的优秀人才，实现一次又一次收益增长。华为股权激励制度的发展可分为五个时期。

1. 创业时期

20 世纪 90 年代初，为了快速发展，迅速占领更多的市场份额，更好更安全地融资，华为推行了全员持股计划，向在公司工作满一年以及一年以上的员工发行无利息内部股票。股票面值为 1 元，可用年终奖购买，如果员工经济条件不够，可以通过公司向银行申请贷款，持股后每年可获得税后净利润 15%的红利。计划推行后，员工积极响应，据 1995 年相关数据统计，华为员工人数增至 200 多，主营业务收入增长至 15 亿元左右，充分表明华为创业初期股权激励制度成功实施。

2. 金融泡沫时期

21 世纪初，受到网络泡沫的冲击，华为面临订单大增但流动资金不足等困难，同时，创业初期的股权激励计划使得一些拥有股权的老员工开始消极怠工，因此，华为在 2000 年开始实行虚拟受限股权计划。该计划将对象转变为优秀的骨干员工，增大员工的持股范围和比例，将原有的固定面值股转变为期权的虚拟受限股，即员工不仅拥有红利，还将享有未来企业股价升值的增值部分。该计划实施后，华为公司 2002 年总产值达到 234 亿元人民币左右，净利润较同期增长近六倍，成功解决了金融泡沫时期的融资问题。

3. "非典"时期

2003 年，由于受到"非典"疫情的影响，华为产品的出口受限，国际市场的发展受到严重的冲击，同时，一些重点员工离职，使得华为陷入困境之中。为此，华为实行了第三次股权激励计划，加大了配股额度，将重点员工的兑现比例调整为最多 10%，同时规定员工持股满三年才可兑换，若三年之内发生离职等变动，则配股无效。该计划的实施成功挽留了重点员工，稳定了员工的心态，使得华为在 2007 年的业务收入达到 160 多亿美元，成功走出困境，渡过难关。

4. 全球金融危机时期

2008年，受到美国次贷危机的影响，世界各地企业都面临经济受创，华为员工为了免遭损失，开始大规模地赎回所持股票，导致华为资本不足。华为因此开始实行第四次股权激励计划，即饱和配股计划。该计划依旧面向在公司工作满一年以上的员工，但持股数量将按照员工的岗位级别来分配，级别越高，薪资水平越高，员工获得的配股就越多，同时将票面价值调整为每股4.04元，每年可分得税后净利润6%的红利。这项激励计划不仅稳住了老员工的心，还引进了更多的优秀技术人才，降低了金融危机的影响，使得2012年华为的净利润高达150亿元人民币。

5. 成熟发展时期

2014年，由于受到国家相关股权激励政策的影响，华为的购股资金不再允许通过贷款获得，同时，每年的超额分红使得长期持股的老员工开始依靠红利，丧失工作的积极性，为此华为开始实行Time Unit Plan，即时间单位计划。这项股权激励计划主要是根据不同级别岗位的员工所拿到的薪资多少来分配期权，不再需要用现金购买，同时设置了期权时限为五年，五年之后全部结算清零。该项计划缓解了员工购股的资金压力，留住了核心技术人才，推动了技术研发，扩大了市场份额，促进公司进一步发展。

随着社会的不断进步和世界经济的不断变化，企业的发展壮大越来越依靠优秀员工的才能。从留住人才到激励员工，华为通过不断地改善股权激励制度促进公司快速稳定的发展。

资料来源：李林芮．华为公司股权激励制度研究．中国管理信息化，2020，23（17）：60-61．

4.3.3 人力资源管理风险

人力资源管理风险是指企业在人力资源管理过程中，由于各种不确定性因素以及工作失误的影响而遭受损失的可能性和程度。主要包括人力资源获取风险、人力资源投资风险、人力资源使用风险和人力资源保护风险等。

1. 人力资源获取风险

人力资源获取风险主要是指企业招聘新员工时，受企业内外部不确定性因素或内部工作人为失误的影响，不能获得所需要的人力资源，或者在选人工作上产生错误，给企业造成损失的可能性和程度。

人力资源获取风险主要体现在两个方面：一是企业内部的决策风险，即企业在甄选和录用员工时需要解决“招聘什么人”和“招聘多少人”等问题；二是外部环境风险，即由于企业外部不确定性因素的影响，企业的人员招聘很困难，可能造成企业停工或开工不足等损失。

2. 人力资源投资风险

人力资源投资风险主要有投资对象的选择风险和人员的离职风险。投资对象的选择风险是指，企业进行人力资源投资时，如果选择的对象不适合具体的工作岗位特点，或者选择的对象不具有成长性，将会给企业造成损失。人员的离职风险是指员工离职对于企业的运营具有直接的负面影响，使人力资源投资遭受损失。企业投入的教育培训费用、时间成本、员工学习期间支付的工资以及员工离职后补充新员工进行上岗培训所增加的费用等，由于员工离职而浪费。

3. 人力资源使用风险

人力资源使用风险主要是指企业进行人员的使用调配和管理授权时，由于人事决策失误、组织协调失衡、员工的思想道德问题或者能力不足等给企业造成损失的可能性和程度。

人力资源使用风险具体表现为职位能力风险、道德风险、授权风险和激励政策风险等。职位能力风险是指员工的能力与职位的工作能力要求不匹配而引发的风险。道德风险是指员工在工作中不遵守法律、法规、行业规范、公司制度，思想道德水准低下等给公司造成损失的风险。授权风险是指在授权过程中，由于授权不当、沟通不足和职权界定不清等，企业内部合作不够紧密、领导力不足或者超越职权限制滥用权力，给企业造成损失的风险。激励政策风险主要是指企业的激励制度不合理、不科学，不仅起不到激励员工的效果，甚至还会挫伤员工的积极性而引发的风险。

4. 人力资源保护风险

人力资源保护包括劳动者的劳动权利、劳动利益的保护，劳动者工伤事故、身体健康的保护，劳动争议中对劳动者合法权益的保护，对劳动者因公或非因公而丧失劳动能力后基本生活的保障，对劳动者生、老、病、死等各种权益的保护。

在人力资源保护方面存在人身安全风险和劳动纠纷风险。比如，在企业的生产经营过程中往往存在一些不卫生、不安全的因素，可能造成企业员工人身健康问题和各种人身安全事故，给企业造成损失。又如，在劳动关系管理方面，企业与员工可能在权利、义务和责任方面发生争议，如果管理不善，会产生劳动纠纷。严重的劳动纠纷可能引发诉讼案件，甚至罢工事件，会严重影响企业的声誉，给企业造成重大损失。

4.4 社会责任

4.4.1 企业履行社会责任的意义

根据《企业内部控制应用指引第4号——社会责任》，企业社会责任是指企业在经营发展过程中应当履行的社会职责和义务，主要包括安全生产、产品质量（含服务）、环境保护、资源节约、促进就业、员工权益保护等。

随着社会的进步，企业社会责任越来越成为人们关注的焦点。2005年，“承担社会责任”首次写入修订的《公司法》。

2007年12月29日，国务院国资委发布《关于中央企业履行社会责任的指导意见》，要求中央企业要增强社会责任意识，积极履行社会责任，成为依法经营、诚实守信的表率，节约资源、保护环境的表率，以人为本、创建和谐企业的表率，努力成为国家经济的栋梁和全社会企业的榜样。要求有条件的企业定期发布社会责任报告或可持续发展报告。2008年12月，沪深两地的证券交易所同时鼓励上市公司在2008年年报中主动向社会披露企业社会责任报告。深交所要求深证100指数企业必须对外披露社会责任报告。

2016年6月30日，国务院国资委印发的《关于国有企业更好履行社会责任的指导意见》提出，企业积极履行社会责任，以遵循法律和道德的透明行为，在运营全过程对利益相关方、社会和环境负责，最大限度地创造经济、社会和环境的综合价值，促进可持续发展，是深入贯彻落实党的十八大和十八届三中、四中、五中全会精神，深化国有企业改革的重要举措，也是适应经济社会可持续发展要求，提升企业核心竞争力的必然选择。

2020年11月2日，中央全面深化改革委员会第十六次会议审议通过《关于文化企业坚持正确导向履行社会责任的指导意见》。文化企业承担特有社会责任，要指导推动各类文化企业牢牢把握正确导向，自觉弘扬和践行社会主义核心价值观，树立正确的历史观、民族观、国家观、文化观，坚守中华文化立场，反映中国人民审美追求，维护国家文化安全和社会公共利益，维护社会公序良俗，积极履行社会责任和道德责任，创作生产更多健康向上、品质优良的文化产品。

由此可见，企业履行社会责任具有非常重要的意义，主要表现在以下方面：

（1）履行社会责任有利于实现企业价值创造的目标。企业社会责任包括合法经营、提供优质产品服务、保护环境、关爱员工、安全生产等重要而基础的责任。企业履行社会责任，就是要通过自己的合法经营为股东创造价值，为社会创造财富，依法给国家上缴更多的税费。通过不断开发满足客户需求和符合客户利益的优质产品，把物美价廉的产品充分地供应给客户，为客户创造更多的价值。

（2）履行社会责任可以提高企业经济效益。企业承担社会责任，并不必然导致企业竞争力的削弱，反而有助于改善企业形象、吸引更多的客户及提高企业的经济效益。将履行社会责任融入产品之中会给企业带来额外的收益。

（3）履行社会责任可以实现企业的可持续发展。社会责任的履行可以帮助企业规避监管风险，赢得品牌和声誉，赢得公信力和商机。得到社会尊敬的企业才能进入良性发展的轨迹，才能实现企业价值最大化目标，这也是实现可持续长远发展的根本所在。

案例4-7　中国人寿荣获“社会责任奖”

2020年8月28日，由人民日报金融传媒集团指导、证券时报社主办的“第14届中国上市公司价值评选”榜单揭晓。中国人寿保险股份有限公司（以下简称“中国人寿”）脱颖而出，荣膺“中国上市公司社会责任奖”。

近年来，中国人寿在“重振国寿”战略指引下，始终坚持高质量发展路径，并切实履行上市公司社会责任，积极回馈社会。公司秉持“成己为人成人达己”的企业文化核心理念，坚守国有控股金融保险企业初心，履行国有金融保险企业使命，高度重视社会责任管理工作，积极探索建立自身成长与奉献社会兼具的商业模式，在老有所养、病有所医、弱有所扶、学有所教方面，服务经济社会发展大局，展现出致力于保护环境、服务国计民生、勇担责任的强大力量。

中国人寿坚持不懈地参与扶贫、助学、急难救助等公益事业，帮助社会弱势群体改善生存条件，提高发展能力。截至2020年8月底，中国人寿慈善基金会累计对外捐赠超5亿元人民币。特别是最近三年，基金会年度捐赠总金额的80%都是投向扶贫领域。

新冠肺炎疫情发生后，中国人寿积极行动，捐赠保险、捐赠物资资金、升级理赔举措、参与志愿行动、提供免费健康服务，在抗“疫”保卫战中贡献保险的专业力量。截至2020年6月30日，中国人寿向全国35个省市地区，超过250万名一线抗疫人员赠送保险保障；对31款长期重大疾病保险产品进行新冠肺炎相关保险责任扩展；共计完成新冠肺炎疫情相关赔付550件，赔付总金额超过3 700万元。为应对本次疫情，中国人寿积极升级8项服务举措，包括7×24小时线上理赔服务、主动寻找客户、建立理赔绿色通道、取消纸质版理赔申请资料、取消定点医院限制、取消等待期限制、取消药品及诊疗项目限制、取消免赔额。

近年来，中国人寿统筹全系统力量，充分发挥保险功能，通过党建扶贫、保险扶贫、金融扶贫、产业扶贫、教育扶贫和社会公益扶贫等方式，实施了助推脱贫攻坚、助力乡村振兴的重点工程——中国人寿“扶贫保”工程，为全面打赢脱贫攻坚战积极贡献国寿力量。作为国有控股金融保险企业，中国人寿始终以“服务国家发展大局，守护人民美好生活”为己任，用实际行动诠释“相知多年，值得托付”的品牌内涵。

资料来源：中国人寿荣获“社会责任奖”. 人民网，2020-10-18.

4.4.2 企业履行社会责任应关注的主要风险

根据社会责任应用指引，企业履行社会责任至少应当关注下列风险：

（1）安全生产措施不到位，责任不落实，可能导致企业发生安全事故。

（2）产品质量低劣，侵害消费者利益，可能导致企业支付巨额赔偿，形象受损，甚至破产。

（3）环境保护投入不足，资源耗费大，造成环境污染或资源枯竭，可能导致企业支付巨额赔偿，缺乏发展后劲，甚至停业。

（4）促进就业和员工权益保护的力度不够，可能导致员工积极性受挫，影响企业发展和社会稳定。

案例4-8 喜茶食品安全事故频发

2020年6月，南京市场监管部门进行夏日冷饮专项抽检。在16批次果茶、6批次食用冰中检出喜茶旗下5批次产品有食品安全问题。这5批次产品来自喜茶在南京的两家门店。其中，3 批次果茶取样自中山路分店，1 批次食用冰和 1 批次纯奶茶取样自珠江路分店。

抽检发现，喜茶珠江路分店食用冰被检出菌落总数超标。目前，餐饮环节的散装食用冰尚无国家标准，此次抽检参照预包装食用冰的标准进行风险评估，菌落总数和大肠菌群的标准为 100CFU/g、10CFU/g。喜茶珠江路分店食用冰的菌落总数检测为 1 200CFU/g。此外，还在样品中检出了大肠菌群，存在微生物污染。

当地市场监管部门表示，菌落总数和大肠菌群不合格，说明产品发生了微生物污染。原因可能是生产环境卫生不达标、生产设施设备清洗消毒不合要求、运输储存条件不当发生污染等。

2020 年 6 月 13 日，喜茶在其官方微博发布了《关于喜茶南京门店饮品及冰块抽检的说明》，称公司目前初步认为主要原因是门店操作不规范，如取冰时把使用过的冰铲直接放置在冰块上，制作饮品时冷藏牛奶放置在常温状态中时间太久等。

食品安全与卫生管控是一个企业和品牌的立足之本，是企业生存与发展的生命线。食品企业应积极履行社会责任，严格控制食品质量安全，自觉建立一个完善、合理、健全的卫生安全保障体系，给消费者创建一个和谐、健康的消费环境，让人们能真正实现吃得安心、吃得放心。

资料来源：董日尧. 喜茶事故频发：喝出苍蝇后又曝被查出菌群超标 11 倍！质量快报号，2020-06-17.

4.5 企业文化

4.5.1 企业文化建设的意义

企业文化是企业在生产经营实践中逐步形成的、为整体团队所认同并遵守的价值观、经营理念和企业精神，以及在此基础上形成的行为规范的总称。

习近平总书记在党的十九大报告中指出，文化是一个国家、一个民族的灵魂。对于企业来说，企业文化是企业的灵魂，是企业发展的源动力。它体现的不仅是企业的精神和价值观，更能凸显出一个成熟企业完善的经营理念和未来发展战略。优秀的企业文化可以促进员工自身的发展，使员工之间能够友好地沟通和交流，增强员工的团队精神，促进员工在工作中相互学习、共同进步、健康竞争。

美国兰德公司的研究表明，世界 500 强之所以强，固然受多种因素的影响，但关键在于以文化力制胜，这是不可否认的事实。在当今激烈的市场竞争下，企业文化对于实现企业发展战略有重要作用。企业要实现发展战略，做大做强，应当重视和加强企业文化建设。

企业文化建设的意义包括以下几个方面。

1. 企业文化建设可以为企业提供精神支柱

企业要在市场竞争中取胜，保持可持续发展，就需要具备顽强拼搏、不懈奋斗的精神。有了这种现代企业精神，才能将企业董事、监事、高级管理人员和全体员工的心紧紧连在一起，让他们尽最大努力，充分发挥主观能动性，为企业创造最大价值；才能让企业在遭遇国际金融危机等重大困难的情况下不致被击倒；才能让企业抓住发展机遇，实现跨越式发展。这种现代企业精神集中体现为企业文化。从这个意义上讲，建设企业文化，可以为企业提供精神支柱。

2. 企业文化建设可以提升企业的核心竞争力

核心竞争力是企业所具有的不可交易和不可模仿的独特的优势因素，是企业竞争中最具有长远和决定性影响的内在因素。通常认为，拥有核心竞争力的企业具有以下特征：具有良好市场前景的关键技术、真实稳健的财务状况、内外一致的企业形象、真实诚信的服务态度、团结协作的团队精神、以客户为中心的经营理念、公平公正地善待员工、鼓励员工开拓创新的激励机制等。所有这些特征几乎都与企业文化有关。我国中医药行业的老字号——北京同仁堂，之所以历经300多年而不衰，虽与核心技术有关，但同样重要的是历代同仁堂人前赴后继、不懈追求，始终恪守和培育“炮制虽繁必不敢省人工，品味虽贵必不敢减物力”“修合无人见，存心有天知”的文化传承。因此，企业应当重视和加强企业文化建设，不断提升核心竞争力。

3. 企业文化建设可以为内部控制有效性提供有力保证

《企业内部控制基本规范》明确指出：“企业应当加强文化建设，培育积极向上的价值观和社会责任感，倡导诚实守信、爱岗敬业、开拓创新和团队协作精神，树立现代管理理念，强化风险意识。”企业文化是企业建立和完善内部控制的重要基础。内部控制作为企业管理的重要基础，表现形式往往是一系列规章制度及其落实。这些规章制度连同其他管理规范，甚至包括企业的发展目标和战略规划，要真正落实到位，就必须努力建设优秀的企业文化。规章制度的生命力在于执行。没有优秀的企业文化，就不能统一董事、监事、高级管理人员和全体员工的思想和意志，不能激发其潜力和热情，不能培育其对企业的认同感，不能形成卓越的执行力。从这个意义上讲，为了真正发挥内部控制在强化企业管理、提升企业经营管理效率和效果、实现企业发展战略中的重要作用，应当重视和加强企业文化建设，打造优秀的企业文化。

案例4-9 格力电器坚守企业文化，应对疫情危机

新冠肺炎疫情使国内大部分企业损失惨重，制造企业首当其冲，不仅要面对销售利润的大幅下滑，还要面临产业链断裂的风险。在如此巨大的压力下，一些企业不得不选择停产歇业、减员降薪，甚至是举债渡过难关。格力电器股份有限公司（以下简称“格力”）作为我国家电行业的龙头企业，在疫情期间实施多项举措，如承诺不裁员降薪、坚决开除不遵守防疫规定的员工、继续吸纳人才、进军医疗行业等。

格力在疫情期间的种种举措无不以企业文化作为支撑。格力以人为本、严格高

效、具有忧患意识和积极进取的企业文化，在企业危机管理过程中具有凝聚、约束、激励和导向价值。

1. 以人为本的企业文化在危机中彰显凝聚价值

格力在疫情期间能够始终以员工为中心，采取的不裁员、不降薪、不放弃线下门店的做法，充分彰显了企业文化在危机管理中的凝聚价值。一是能够缓解员工因害怕失业产生的焦虑情绪，提升员工的安全感，增进员工与企业间的亲密关系。二是通过以心换心地对待员工，增强员工的归属感，进而提升员工对企业的忠诚度。三是提高企业的凝聚力，促使团体意识和合作氛围的形成，从而使大家齐心协力应对危机。

2. 严格高效的企业文化在危机中彰显约束价值

格力果断开除违反防疫规定员工的行为，体现了它一贯奉行的严格高效的企业文化，而在企业危机管理中，严格高效的企业文化是必不可少的。

首先，没有规矩，不成方圆。严格高效的企业文化有利于企业建立完善的规章制度，通过对企业所有成员的硬性约束，促使员工正确价值观的形成，避免不良行为的发生，从而维持企业内部的稳定。其次，严格高效的企业文化有助于对员工形成软性约束，即员工在观念上确立一个自我约束的行为标准，进而避免犯错或发生错误行为后能自动纠正。最后，严格高效的企业文化在提升员工工作效率的同时，也增加了员工的责任感和使命感。

3. 具有忧患意识的企业文化在危机中彰显激励价值

危机下继续引进人才的行为，体现了格力具有忧患意识的企业文化。一方面，具有忧患意识的企业文化使企业未雨绸缪，用发展的眼光看待问题，提高企业的危机预防能力；另一方面，融入忧患意识的企业文化能够激发员工的危机感，使每一位员工在工作中都能够保持强烈的生存意识和竞争意识，促使员工充分发挥自身最大的潜能和价值，实现自我、超越自我。

4. 积极进取的企业文化在危机中彰显导向价值

格力的转危为机源自其积极进取的企业文化发挥的导向价值。首先，积极进取的企业文化使企业能够结合内外部环境来确立发展方向。其次，积极进取的企业文化通过对员工潜移默化的影响，将企业发展的目标和方向融入其精神世界，使其建立起与企业共同的价值追求，进而实现个人进步与企业发展。最后，积极进取的企业文化通过其强烈的感召力，促使员工产生昂扬的斗志，视挑战为机会，化压力为动力，从而助力企业走出困境。

资料来源：曹阳．企业文化在危机管理中的价值分析——以格力电器股份有限公司为例．经济研究导刊，2021（11）：23-25.

4.5.2 企业文化建设应关注的主要风险

1. 缺乏积极向上的企业文化

成功的企业大多具有鲜明的企业文化特色，但有一点是相同的，那就是：努力建设以人为本、积极向上的企业文化。这是企业生存与发展的源泉。

积极向上的企业文化，其生命力在于弘扬积极向上的企业风气，在于实施积极向上的经营活动。这正是中国哲学思想中的“知行合一”。积极向上的企业文化能否确立，关键取决于企业的全体从业者，从管理者到基层员工，能不能时时采取积极向上的有效行动。反之，一个企业如果缺乏积极向上的企业文化，可能导致员工丧失对企业的信心和认同感，从而使企业缺乏凝聚力和竞争力。

2. 缺乏开拓创新、团队协作和风险意识

创新是企业永恒的主题，没有创新就没有超越。“一个没有创新的企业是没有灵魂的企业”，格力电器的这条经营理念是其企业文化的重要组成部分。从某种意义上来说，创新是所有优秀企业文化的核心。索尼的创始人井深大在第二次世界大战后的一片废墟上，考虑的不是发展什么业务，而是索尼公司的创立原则，那就是以科技为导向，走持续创新之路，后被称为索尼的“先驱”精神，这无疑是索尼公司的立业之本。

创新的关键是能够构建一套规则和机制，而文化则是这种规则和机制的灵魂。即使是同一个行业内的企业，创新的机制也会差别很大，而文化则是这种机制的决定因素。

要打造以创新为导向的企业文化，需要强化风险意识，营造创新氛围；需要全员参与，团队合作；需要领导以身作则，完善激励机制。

很难想象，一个缺乏开拓创新、团队协作和风险意识的企业能够在复杂多变的市场环境中始终立于不败之地，实现可持续发展目标。

3. 缺乏诚实守信的经营理念

人无信不立，企业无信不强。企业只有讲诚信，才能赢得客户的信赖、伙伴的信任和社会的信誉。诚信是一切商业合作的基础，它要求企业从管理者到员工都要讲诚信，以诚信打造质量、铸造品牌，塑造良好的社会形象。诚实守信的经营理念也是优秀企业文化的核心。缺乏诚实守信的经营理念，可能导致舞弊事件的发生，造成企业损失，影响企业信誉。21世纪初，安然、世通、施乐等世界著名公司财务舞弊事件的频频曝出，极大地动摇了公众对企业的决策者和监督者的信心，这些都是企业因没有坚守诚信理念而失败的典型案例。

4. 忽视企业间的文化差异和理念冲突

联想集团创始人柳传志在回顾联想收购IBM个人电脑事业部时曾经说过：对境外并购交易中文化融合的难度，估计多高都不为过。他甚至由此发出感叹：“文化磨合决定收购的成败！”当初评估该项收购的风险时，柳传志认为主要存在四个方面的风险，即市场流失、员工流失、文化磨合和业务整合。其中，文化磨合是他最为担心的。收购后维持上至最高管理层、下至销售人员不变，只是迈出文化磨合的第一步。在收购后的日常管理中，两国复杂的国情和两家企业各具特色的企业文化，还是给联想集团带来了种种不和谐的尴尬。由此可见，我国企业在进行并购尤其是境外并购的过程中，应当重视并购相关风险，尤其不能忽视企业间文化差异和理念冲突。忽视企业间的文化差异和理念冲突很可能导致并购重组失败。

4.5.3　企业文化建设的要点

习近平总书记在党的十九大报告中指出："文化兴国运兴，文化强民族强。没有高度的文化自信，没有文化的繁荣兴盛，就没有中华民族伟大复兴。"企业是社会的细胞，优秀的企业文化是中国特色社会主义文化的重要组成部分。要打造优秀的企业文化，需要始终坚持把企业文化建设纳入企业发展战略中，把企业文化建设作为企业软实力和核心竞争力，构建具有特色的企业文化体系，打造优秀的企业文化建设平台，增强企业的凝聚力和向心力，塑造企业良好的品牌形象，为驱动企业改革发展提供强大的精神动力和强有力的文化支撑。

1. 塑造明确的核心价值观

核心价值观在整个企业文化体系中居于核心的地位，核心价值观的确立与落实也是企业文化建设的核心内容，关系到企业文化建设的成败。企业在确立核心价值观时，一定要以"自我"为中心，充分考虑到环境因素，确立具有自身特色并能促进企业发展的核心价值观。

2021 年 1 月 18 日，蒙牛 2021 版企业文化正式发布，秉持"天生要强，与自己较劲"的蒙牛精神，以"消费者第一第一第一，异想才能天开，让牛人绽放，正直立本、诚信立事"为核心价值观，以"点滴营养，绽放每个生命"为使命，以"草原牛，世界牛，全球至爱，营养二十亿消费者"为愿景，引领全体员工开启新的五年发展计划。①

2. 文化理念得到有效贯彻与执行

文化理念是企业经营管理哲学、智慧的凝练，包括使命、愿景、核心价值观、企业竞争、战略理念、管理理念、人才理念等。企业的文化理念只有得到有效的贯彻与执行才能充分发挥作用。比如，海尔的创新理念已经落实到每个岗位、每个流程、每一天。

3. 持续为文化注入新的活力

文化是动态发展的，优秀的企业都善于持续为文化注入新的活力，从而激发员工积极进取、不断超越。比如，一些企业通过"主题年""竞赛""练兵"等多种方式丰富文化的内涵，不断激发员工的创造力，提升文化活力。

4. 注重企业文化管理，发挥企业领导者作用

应由专门的部门和组织系统负责企业文化建设的各项管理工作。如海尔大学、海尔企业文化部作为海尔的企业文化建设管理部门，系统、科学地对海尔精神、海尔理念、海尔管理、海尔制度、海尔产品标示、海尔行为等文化要素进行系统的管

① 总裁亲授课！深入解读 2021 蒙牛企业文化焕新发布. 蒙牛乳业（百度号），2021-01-19.

理，海尔大学的“创新、求是、创新”校训也充分体现了海尔的文化精髓。

此外，董事、监事、经理和其他高级管理人员应在企业文化建设中发挥主导和垂范作用，以自身的优秀品格和脚踏实地的工作作风，带动影响整个团队，共同营造积极向上的企业文化环境。①

案例4-10 中石油继承与发展企业文化“软实力”

中国石油天然气集团公司（以下简称“中石油”）1998年7月改制重组设立，是国有重要骨干企业和中国主要的油气生产商及供应商之一，是集油气勘探开发、炼油化工、销售贸易、管道储运、工程技术、工程建设、装备制造、金融服务于一体的综合性国际能源公司，在国内油气勘探开发中居主导地位，在全球35个国家和地区开展油气业务。2020年，公司在世界50家石油公司综合排名中位居第三，在《财富》500强中位居第四。

伴随着我国石油工业发展，以“大庆精神”“铁人精神”等为代表的优秀企业文化激励了几代石油人艰苦奋斗、无私奉献。石油石化行业改制重组后，面临内外部环境的变化，为了达成2020年建设成为世界一流综合性国际能源公司的远景目标，中石油注重培育和发挥企业文化“软实力”的重要作用，早在2001年就将企业文化建设作为“十五”期间的十大工程之一。2003年制定颁布了企业文化建设纲要，成立由公司领导挂帅的企业文化建设委员会，负责集团公司企业文化的培育、推行和指导。强调企业文化建设必须坚持以人为本，要把人的因素摆在企业管理的突出位置，充分调动广大职工的积极性、创造性；强调企业文化建设必须服务于企业的发展；强调企业文化建设必须坚持创新，突出石油特色。

2021年9月27日，在习近平总书记致大庆油田发现60周年贺信两周年以及即将迎来国庆72周年之际，集团公司举办以“赓续红色血脉，汇聚文化力量，推进世界一流综合性国际能源公司建设”为主题的企业文化系列成果发布会。会上传达了集团公司董事长、党组书记戴厚良的批示。批示指出，集团公司企业文化建设将始终以习近平新时代中国特色社会主义思想为指导，大力弘扬石油精神和大庆精神、铁人精神，着力建设彰显时代特点、富有石油特色、符合现代企业治理的石油文化，切实把企业政治优势、文化优势转化为竞争优势、发展优势，为奋进高质量发展、建设世界一流企业提供强大精神动力，为建设社会主义文化强国做出贡献。

这是中国石油天然气集团有限公司成立以来的第一次企业文化发布盛会，发布了“中国石油纪念日”和“石油魂宣讲”履行文化责任突出成果、新版企业文化手册、中国石油首批工业文化遗产、员工手册、新款工装等6项企业文化成果；现场向有关单位和员工颁发了“石油魂宣讲”履行文化责任突出成果牌匾、企业文化手册、员工手册和新款工装等，并将9月25日确定为“中国石油纪念日”。文化建设成果内涵丰富、振奋精神，对于进一步加强新时代中国石油企业文化建设、增强企业核心竞争力，具有重要而深远的意义。

资料来源：中国石油天然气集团公司官网.

① 企业内部控制应用指引第5号——企业文化.

自测题

扫描此码　在线做题

思考题

1. 什么是企业的组织架构？组织架构的设计与运行中应关注哪些风险？
2. 现代企业的内部机构有哪些基本形式？
3. 企业在制定与实施发展战略中应关注哪些风险？
4. 如何理解人力资源管理风险？
5. 如何理解企业的社会责任？
6. 如何理解企业文化？企业文化建设应关注哪些风险？

案例分析

最大校企方正集团破产重组

2019 年 12 月 2 日，方正集团发布公告称，因流动资金紧张，截至 2019 年 12 月 2 日，公司未能按照约定筹措足额偿付资金，“19 方正 SCP002”不能按期足额偿付本息。该债券由方正集团于 2019 年 3 月 4 日发行，发行规模 20 亿元，期限是 270 天，到期日为 2019 年 12 月 1 日，票面利率为 4.94%。这是方正集团名下首只违约债券。然而，这次债券违约却让方正集团站在了风口浪尖，随后引发了集团的债务危机。

2020 年 2 月 14 日，债权人北京银行以方正集团未能清偿到期债务，且明显不具备清偿能力，但具有重整价值为由，向北京市第一中级人民法院申请对方正集团进行破产重整。2 月 19 日北京市第一中级人民法院正式受理该申请，责令方正集团破产重整，并指定由中国人民银行、教育部、相关金融机构等部门组成清算组，担任方正集团管理人。至此，方正集团正式走上破产重整之路。

根据破产重整清产核资审计报告，截至审计基准日 2020 年 1 月 31 日，方正集团五家重整主体的资产总额为 622 亿元，而债务总额高达 1 469 亿元，净资产为−847 亿元。其中原因不明的往来款和应收账款减值高达 589 亿元。截至 2020 年 12 月 15 日，五家重整公司的申报债权为 2 345.8 亿元。如此巨额的债权，按重整后 50%的清偿或赔付率计算，仅无担保债权人将损失约 700 亿元。这是近年来最大的破产重整案件之一。

方正集团是北京大学于1986年投资创办的大型国有控股企业集团。公司发展至今，形成了IT、医疗、产业金融、产城融合等业务协同发展的产业格局，旗下拥有方正科技、方正控股、北大医药、北大资源、方正证券、中国高科等6家上市公司。

作为我国最大的校企，方正集团从曾经的极度辉煌走向如今的破产重整，具体原因是多方面的，但股权结构混乱、治理结构失衡等是根本原因。

1. 股权结构混乱不清

方正集团成立之初由北大资产100%绝对控股，在2003年改制之后北大资产持股35%、社会股东持股35%（未全额支付）、员工持股（招润投资）30%，后经社会股东转让股权给北大资产，最终北大资产以70%持股比例绝对控股。但因社会股东未按时全额支付35%的股权受让款，方正集团被起诉改制无效，2019年6月14日，北京市第一中级人民法院正式立案，但尚在审理之中，此次股权改制存在诸多问题。

(1) 改制方案制定不合理。国家审计署在2017年9月出具的审计意见中指出，方正集团自行制定改制方案、自行选聘会计师事务所和评估机构的做法，违背了2002年下发的《财政部关于印发〈企业公司制改建有关国有资本管理与财务处理的暂行规定〉的通知》的规定。审计意见还称，改制方案的审计报告少列资产9 726.01万元以及12项知识产权与9项专利技术等无形资产，对评估机构的评估结果也存在质疑。

(2) 股权实质性转让未完成。上述改制方案中，员工持股平台由集团管理层李友等人持股，社会股东深圳康隆和成都华鼎的实际控制人也是集团管理层。社会股东本应一次支付的转让款变为分两批支付，于2004年3月支付了30%（股权工商变更已完成），其余70%于2007年由方正集团代为支付给北大资产（至今仍有200万元未支付），这相当于拿方正集团的钱买方正集团，对此管理层的解释是曾通过深圳康隆和成都华鼎借款给方正集团。国家审计署出具的审计意见指出，深圳康隆、成都华鼎的付款方式不合规，违背了《国务院办公厅转发国务院国有资产监督管理委员会关于规范国有企业改制工作意见的通知》的规定："转让国有产权的价款原则上应当一次结清。一次结清确有困难的，经转让和受让双方协商，并经依照有关规定批准国有企业改制和转让国有产权的单位批准，可采取分期付款的方式。分期付款时，首期付款不得低于总价款的30%，其余价款应当由受让方提供合法担保，并在首期付款之日起一年内支付完毕。"而深圳康隆与成都华鼎的分期付款未经相关部门批准且超过了文件规定的支付期限。

(3) 股权处于不断争夺之中。在方正集团代为支付股权转让款项之后，名义上北大资产持股70%，但实际持股仅35%，而管理层控制65%的股权。随着管理层几名高管被行政处罚与李友入狱，社会股东持有的35%股权又回到了北大资产名下，此时北大资产真正持股70%。但是，随着处罚结束，管理层又重新夺回股权。

可见，方正集团的股权改制并非引入战略投资者，而是引入内部人控制。

2. "董高监"结构失衡

方正集团在成立之初由北京大学持股100%，具有绝对控制权，并且通过委派高管实现对方正集团的掌控。从主要高管履历来看，绝大多数高管在校方兼职或曾经就职，涵盖高校的校长、书记、院长、教务处处长等职位，整个方正集团沦为控股股东掌权的工具，导致在公司的关键性经营决策问题上校方具备高度话语权，甚至架空了董事会。

方正集团在2003年改制后，控股股东北大资产与管理层开始了控制权之争。表4-5统计了方正集团董事会、高管成员的任职情况。

表4-5 方正集团董事会、高管成员的任职情况

方正集团职务	姓名	所属利益方	在校职务或曾任职政府机构
董事长（曾任）	魏某	北大资产（校方）、招润投资	副校长、教育学院常务副院长、管理科学研究中心副主任、财务部副部长等
总裁（曾任）	李某	招润投资	国家审计机关、河南省审计厅
副总裁（曾任）	余某	招润投资	—
高级副总裁（曾任）	方某	招润投资	—
高级副总裁（曾任）	冯某	招润投资	—
总裁（曾任）	张某	招润投资	—
董事长、董事（曾任）	肖某	北大资产（校方）	计算机科学技术研究所所长
董事长、党委书记（曾任）	黄某	北大资产（校方）	校长助理
董事长、党委书记	生某	北大资产（校方）	副教务长、研究生院副院长
总裁、CEO	谢某	北大资产（校方）	人力资源开发与管理研究中心研究员
党委书记	韦某	北大资产（校方）	校团委、校办产业党工委副书记

由表4-5可知，管理层（通过招润投资）虽持股处于弱势，但在董事会与高管层当中占据较多席位且均属要职，导致方正集团的实际控制权一直处于控股股东与管理层的争夺之中。

《教育部关于做好2009年度直属高校产业工作的意见》中明确规定："各校分管产业工作的校级领导可以担任学校资产公司董事长，其他校级领导原则上应逐步撤出在资产公司的兼职。"但方正集团的高管层仍存在诸多校级领导的身影。表4-5中除了韦某是校方负责产业工作的领导，其他校方高管均属于违规任职，而且其在校职务与公司职务无本质相关性，这体现出大股东极强的控制欲，使得控制权之争愈演愈烈。而这种内部控制权争夺严重影响着公司治理形态。

随着股权被管理层掌握，方正集团的董事会、高管、监事频繁变动，最终控制权也被管理层掌握。

3. 关联交易中的利益输送

方正集团第一大股东名义上是北大资产，但其实际控制人为持股65%的管理层，这为大股东掏空提供了可能。一是控制权的掠夺，即管理层通过对"董高监"席位的占据掌握方正集团的实际控制权。二是资产与所有者权益的掠夺。大股东对所有者权益的掠夺是指通过关联贷款、关联交易、关联担保等一系列手段转移公司资源，对公司进行利益侵占。其中，关联交易是最为常见的手段。

（1）关联交易。由表4-6可知，2011—2018年，方正集团应收关联方款项与应付关联方款项之差仅2015年为负，其余年份均为正，说明其资金一直被关联方占用。受篇幅限制，本文仅列举了方正集团的关联交易数据，实则其旗下4家A股上市公司从2010年起均存在大量关联交易。内部人操控下的方正集团通过关联交易虚增收入，致使集团及旗下公司在营业收入虚高的外表下，实际净利润走低甚至亏损。

表4-6 方正集团关联交易情况

单位：亿元

年份	应收关联方款项	应付关联方款项	差额
2011	13.10	0	13.10
2012	27.39	0	27.39
2013	48.00	0	48.00
2014	53.52	0	53.52
2015	4.70	27.11	−22.41
2016	38.78	0	38.78
2017	37.53	6.33	31.20
2018	18.94	7.02	11.92

(2) 股权质押与关联担保。在大型集团企业中，集团公司以第一大股东的身份占据控股地位，通过股权质押实现对控股公司资产掠夺的现象较为常见。方正集团对旗下中国高科、方正证券、方正科技分别以持股20.03%、27.75%、11.65%占据第一大股东位置。由表4-7可知，自2011年起方正集团对其持有的大量股权进行质押（受篇幅限制，仅显示个别时间点的股权质押情况），并将质押资金大部分用于为关联方提供担保。截至2018年3月底担保金额高达191.04亿元，占集团净资产的34.05%，如表4-8所示。由此导致公司的财务风险与诉讼风险加大。

表4-7 方正集团对旗下上市公司股权质押情况

被质押企业	时间	持股比例	质押比例	质押起始时间
中国高科	2019年9月	20.03%	100.00%	2011年
	2018年9月	20.03%	74.36%	
方正证券	2019年9月	27.75%	48.54%	2013年
	2018年9月	27.75%	93.34%	
方正科技	2018年9月	11.65%	100.00%	2014年

表4-8 截至2018年3月底方正集团为关联方担保情况

被担保公司	担保期限	担保余额（亿元）
北大资源集团有限公司	2015—2021年	162.20
北大科技园建设开发有限公司	2017—2032年	17.91
方正国际租赁有限公司	2014—2019年	3.01
方正国际商业保理中心	2017—2019年	3.57
北京方正世纪信息系统有限公司	2016—2018年	4.35
合计		191.04

在大量带有利益输送的交易下，2017年方正集团管理层多名高管因内幕交易、虚假陈述、隐匿会计凭证等被数罪并罚。方正集团及旗下上市公司因侵吞国有资

产、财务造假，遭证监会行政处罚。这些负面消息向外部投资者释放出利差信号，导致方正系股票大跌，集团及其子公司的市场价值严重受损，令投资者望而却步。

资料来源：于颖，等. 高校控股、公司治理与企业破产——以方正集团为例. 财会月刊，2020（13）：38-43.

问题：

结合以上资料，从内部环境角度分析方正集团破产重组的原因，针对完善其内部环境提出建议。

第 5 章 风险识别

Chapter 5

学习目标

1. 知识目标：熟悉企业内部风险与外部风险，了解风险识别的流程，理解风险识别方法的原理。

2. 能力目标：掌握并应用财务报表分析法、流程图分析法、因果图分析法、风险清单分析法等识别企业风险。

3. 素养目标：树立居安思危、防患于未然的风险意识，领悟风险组合观、风险管理的全局观，理解风险识别与价值创造之间的关系。

引 例

万亿海航破产重整

2021 年 1 月 26 日，海航集团因未能清偿到期债务，债权人向法院申请对其进行破产重整。1 月 29 日海南省高级人民法院正式受理申请，责令海航集团破产重整。1 月 30 日，海航集团旗下三家上市公司也宣告破产重整，五家上市公司的股票跌停。2021 年 2 月 19 日，牛年首个交易日，海航集团所属的三家上市公司，即海航控股、海航基础、供销大集同时被实施退市风险警示，股票简称分别变更为*ST 海航、*ST 基础、*ST 大集。

海航集团起家于航空运输服务业。1989 年 9 月海南省政府成立海南航空公司，公司成立后迅速发展，在取得国内航空业绩冠军后，成功在上交所上市。依托航空业的快速发展，海航集团于 2000 年 1 月注册成立，自此便开始了大规模的并购扩张之路，将业务范围延伸至物流、旅游、房地产等领域，从单一的运输企业扩张为产业多元化的万亿级跨国集团，逐渐成为仅次于华为的全国第二大民营企业。2019 年中国民营企业 500 强榜单上，海航集团以 6 100 亿元的营收仅居于华为之下。在《财富》世界 500 强的榜单里，也不缺海航集团的身影。2015 年，海航集团以营收 256.46 亿美元首次登榜，位列世界500强第464位。2016年，以营收295.6亿美元位列第353位。2017年，以营收530.353亿美元登上榜单第170位。

“冰冻三尺，非一日之寒。”万亿级的海航集团由辉煌走向没落，究其原因是多方面的，但是其激进的多元化扩张战略是直接原因。

海航集团成立之初是单一的航空运输企业，资金密集、高技术等行业特点使其经营带有一定的风险性，这种风险在“非典”时期尤为突出。2003年，由于“非典”的影响，民航客运受到较大冲击，各大航空公司均处于亏损状态，此时适当进行多元化经营可缓冲单一产业带来的财务风险，于是海航集团从2003年开始了多元化经营战略。初期，海航集团发展较为迅速，一度成为全国第四大航空公司，但海航集团并不满足，从2010年开始了以快速并购为主要手段的多元化战略海外扩张之路。

2010年初，海航集团以1.5亿美元价格收购澳大利亚ALLCO航空租赁业务，迈出其投资全球航空业的第一步。同年11月，以3 000万美元现金收购土耳其myTECHNIC机务维修公司60%的股权。2011年7月，以2 500万美元取得土耳其ACT货运航空公司49%的股权，使其成为海航航空货运业务在欧洲的前沿支点。12月，收购全球五大集装箱租赁公司之一新加坡GE SEACO，借以实现在全球物流和租赁业务网络的战略布局。2012年10月，出资4 000万美元完成对法国第二大航空公司蓝鹰航空48%股权的收购，成为蓝鹰航空的第二大股东。2013年4月，收购欧洲第三大酒店连锁集团NH酒店集团20%的股权，次年增持比例上升至29.5%，成为NH酒店集团最大股东。5月，收购澳大利亚Arena航校80%的股权，后更名为澳大利亚国际航空学院。10月，收购欧洲第一大拖车租赁公司TIP拖车租赁公司。2014年11月，海航集团旗下公司渤海租赁收购Cronos，进而成为世界最大的集装箱租赁业务提供商。

2015—2017年，海航集团海外收购的步伐更为迅猛。统计数据显示，三年间，海航集团成为多元化扩张最激进的中国企业，资产从不到5 000亿元膨胀到超过1.2万亿元，跃居世界第170强。2017年，海航集团总资产和总负债都创下历史新高，分别是1.23万亿元和7 365亿元，是2008年的39倍和34倍。这意味着三年的疯狂并购再造了近三个海航。

海航集团的快速扩张给其带来了多重风险。首先，难以全面掌控被并购企业的航权、航线网络及相关资源；其次，与并购对象在文化、管理等方面的融合存在很多棘手的问题。同时，疯狂并购也让海航集团背上了沉重的债务，海航系负债率一直居高不下。

举债扩张的并购风也引起了监管部门的注意。2017年6月，银监会等要求各大银行排查涉海外并购的大型民企的授信及风险，其中包括疯狂购买资产的万达、海航集团等。

贷款和融资均受到限制，疯狂扩张被“喊停”，海航集团爆发流动性危机。海航集团最终不得不大规模出售手中并购来的资产，用来偿还债务，但这仍不能使海航集团摆脱巨额债务。数据显示，截至2019年6月底，海航集团总资产降至9 806亿元，总负债为7 067亿元，资产负债率72%，流动负债仍达3 098亿元，其中短期借款为 951 亿元。

然而，屋漏偏逢连夜雨。2020 年，新冠肺炎疫情暴发，人们出行需求急转直下，航空业成为受疫情影响的“重灾区”。新冠肺炎疫情成为压垮靠处置资产续命的海航集团的最后一根稻草。

海航集团表示，自 2017 年末爆发流动性风险以来，海航集团积极开展“自救”，但未能彻底化解风险。受 2020 年初新冠肺炎疫情叠加影响，流动性风险有加剧趋势。

资料来源：根据新浪网有关海航集团破产重整的资料整理.

《企业内部控制基本规范》第三章第二十一条规定，企业开展风险评估，应当准确识别与实现控制目标相关的内部风险和外部风险，确定相应的风险承受度。

国资委 2020 年 10 月 29 日发布的《关于做好 2021 年中央企业内部控制体系建设与监督工作有关事项的通知》（国资厅监督〔2020〕307 号）也明确要求，面对世界百年未有之大变局、新冠肺炎疫情全球大流行、国际贸易和投资大幅萎缩等重大经营环境变化，各中央企业要更加重视年度重大风险评估和季度重大风险监测工作，做到重大风险早预防、早发现、早处置，有效防范重大风险蔓延和叠加。

因此，风险识别是否全面、深刻直接影响风险评估的质量，进而影响风险管理的目标能否实现。风险识别的目的就是确认所有风险的来源、种类以及发生损失的可能性，为风险分析和风险应对提供依据。

5.1 风险识别的内容

风险识别主要包括两个方面：

（1）感知风险事项。通过调查和了解，识别风险事项的存在。按风险来源不同，企业可能存在的风险事项可以划分为内部风险和外部风险。《2020 年度中央企业风险分类参考标准》将风险划分为战略风险、财务风险、市场风险、运营风险、法律风险（一级风险），各一级风险又划分为具体的二级风险。

（2）分析风险事项。通过归类分析，掌握风险事项产生的原因和条件以及风险事项的性质。重点要关注引起各风险事项的因素。

感知风险事项和分析风险事项构成风险识别的基本内容，两者是相辅相成、相互联系的。感知到风险事项的存在才能进一步有意识、有目的地分析风险，进而掌握导致风险事项发生的原因和条件。

5.1.1 内部风险

企业的内部风险来源于企业的决策和经营活动。企业决策的风险一方面表现为与外界环境不相适应；另一方面表现在企业本身的经营活动中，经营活动中的风险来自企业的各个流程和各个部门。

企业识别内部风险，应当关注的因素如表5－1所示。

表5－1　识别内部风险应关注的因素

风险事项	关注的因素
内部风险	（1）董事、监事、经理及其他高级管理人员的职业操守，员工专业胜任能力等人力资源因素； （2）组织机构、经营方式、资产管理、业务流程等管理因素； （3）研究开发、技术投入、信息技术运用等自主创新因素； （4）财务状况、经营成果、现金流量等财务管理因素； （5）营运安全、员工健康、环境保护等安全环保因素； （6）其他与企业内部风险相关的因素。

企业常见的内部风险有战略风险、财务风险、运营风险等。

1．战略风险

战略是企业为了适应未来环境的变化，寻求长期生存和稳定发展而制定的总体性和长远性的谋划与方略。战略风险是指战略在制定、实施过程中影响企业目标实现的风险。比如，战略决策错误，或战略执行不当，或对行业变化束手无策，而对企业的收益或资本形成现实和长远的不利影响。

战略风险主要体现在以下方面：一是战略目标缺乏整体兼容性；二是为实现目标而制定的经营战略存在缺陷；三是实现目标所需要的资源匮乏；四是整个战略实施过程的质量难以保证。

战略风险具体包括宏观经济风险、政策风险、国际化经营风险、改革与业务转型风险、科技创新风险等。

2．财务风险

财务风险是指在企业各项财务活动过程中，由于受各种难以预料或控制的因素影响，企业的财务收益与预期收益发生偏离，企业蒙受损失的可能性。

从财务管理的职能角度，企业财务风险可分为筹资风险、投资风险和收益分配风险。筹资风险包括增加企业资金成本和降低企业偿债能力两类。投资风险指由于项目不确定因素导致投资报酬率无法达到预期目标的风险。投资决策是建立在一系列假设前提下的，当实际情况与假设情况可能出现不一致时，便会形成投资风险。收益分配风险是指公司股利分配没有达到投资者预期，可能会导致投资者低估公司价值，抛售公司股票，甚至联合罢免管理层等，这些都会给生产经营活动带来不确定影响。但公司过多分配股利，会降低公司现金拥有量，一方面导致部分投资项目缺乏资金；另一方面还可能引起债务危机。

企业经常面临的财务风险有债务风险、现金流风险、金融及金融衍生品业务风险等。财务风险是客观存在的，风险管理者只能采取有效措施来应对财务风险，而不可能完全消除财务风险。

3．运营风险

运营风险是指在企业运营过程中，外部环境的复杂性和变动性以及企业对环境适应能力的有限性，导致的运营失败或运营活动达不到预期目标的风险。运营风险包括产品结构和研发风险，市场开发和营销策略风险，组织效能和管理风险，质量、安全、环保和信息安全管理风险，业务流程和信息系统操作风险，企业内部人员的道德风险，业务控制系统失效风险等。随着大数据、人工智能时代的到来，数据安全风险、技术更新换代风险等成为备受关注的运营风险。

根据中央企业风险分类标准，运营风险具体包括经营效益风险，投资风险，安全、环保、质量风险，舆情风险，采购与供应链管理风险，工程项目管理风险等。

案例5-1 海底捞业绩断崖式下跌的背后

2021年3月23日晚，海底捞发布2020年财报业绩。2020年全年，海底捞实现收入286亿元，同比增长7.8%。2020年上半年，因疫情影响，海底捞亏损9.65亿元。随着疫情的好转，餐饮业经营回暖，海底捞业绩也扭亏为盈。财报显示，海底捞全年净利润3.09亿元，同比下降86.8%。

Wind数据显示，2017—2020年，海底捞的净利率分别为11.21%、9.7%、8.82%、1.08%，呈现下降趋势。2020年净利率下降更为明显，呈加速趋势。

面对业绩断崖式下跌，海底捞在3月初的业绩预告中给出了两大原因：(1)由于疫情防控，各个国家及地区对消费场所实施的限制对集团营运造成重大影响；(2)因美元兑人民币的汇率波动而出现净汇兑损失约2.35亿元，其中绝大多数为未实现的汇兑损失。

海底捞利润暴跌的背后，是否还有其他因素的影响？

疫情并没有阻碍海底捞的高速扩张。2020年全年，海底捞新开业544家门店，全球门店增至1 298家（其中，中国1 205家），2019年这一数据是768家。租赁负债同比增长了69.07%，达到70.04亿元。

但从整体来看，海底捞2020年的翻台率跌幅要比同店平均翻台率跌幅大，如表5-2所示。翻台率是指一个餐厅一天内每张桌子的平均使用次数。

表5-2 海底捞2019—2020年翻台率及同店比较

海底捞翻台率（次/天）	2020年	2019年
一线城市	3.4	4.7
二线城市	3.6	4.9
三线及以下城市	3.6	4.7
中国餐厅	3.6	4.8
中国以外	2.8	4.1
同店平均翻台率（次/天）	**2020年**	**2019年**
一线城市	3.7	4.9
二线城市	4.1	5.1
三线及以下城市	4.3	4.9
中国餐厅	3.0	4.0
整体	4.0	4.9

从翻台率的变化可以看出，海底捞在一、二线城市有些增长乏力。从海底捞

2020年餐厅数量增长及营收占比来看，这种增长乏力更加明显。2020年海底捞一、二、三线及以下城市餐厅增长数量分别为65、167、257，三线及以下增速远高于一、二线。营收占比中，三线及以下城市也增加明显，从2019年的22.5%增长至2020年的29.5%。

快速扩张店面以及全直营的运营模式，让以优质服务和高员工福利著称的海底捞2020年的各项成本明显增加。

原材料及易耗品成本从2019年的112.39亿元上升到2020年的122.62亿元，增长了9.1%。

员工成本从2019年的79.93亿元上升到2020年的96.77亿元，增长了21.1%，所占收入百分比从2019年的30.1%增长到2020年的33.8%。

折旧及摊销从2019年的18.91亿元上升到2020年的30.34亿元，增长了60.4%，所占收入百分比从2019年的7.1%增长到2020年的10.6%，主要原因是业务扩张及受疫情影响。

其他开支也增长了25.2%。2020年海底捞净外汇汇兑损失了2.35亿元，2019年这一数据仅为9 070万元。租金、水电、差旅等开支略有所下降。

2020年，海底捞财务成本剧增88.17%，达4.46亿元，“主要是由于业务扩张，租赁负债利息增加，以及银行借款利息增加”。数据显示，2020年海底捞新增银行借款42.2亿元，截至2020年12月末，还有银行借款39.39亿元。2020年底的资产负债率攀升至62.81%，2019年底这一数据为48.45%。

与此同时，作为川渝火锅餐饮龙头企业的海底捞，也面临着消费者忠诚度降低，竞争对手逐步增多的竞争局面。一边是大龙燚、小龙坎、呷哺呷哺等火锅连锁品牌的不断成长，一边是自助小火锅、吧台式火锅、麻辣烫、特殊锅底火锅、冷锅等火锅经营模式的不断创新，中国市场上火锅赛道越发拥挤。

近年来有关海底捞食品卫生安全的舆情事件不断曝光，最近的包间监控事件、餐品涨价事件迅速将海底捞推向舆论风口。海底捞不仅需要担心断崖式下跌的业绩，还需要面对品牌传播、产品安全以及门店管理等多方面的挑战。

海底捞不仅要考虑疫情防控、汇率波动、市场竞争等外部风险的影响，同时还要关注其战略决策、运营模式、成本管理等内部风险的影响。只有正确、及时地识别自身所面临的各种风险，企业才能主动选择适当有效的策略化险为夷。

资料来源：净利润暴跌90%！海底捞神话破灭，2月以来股价累跌超35%！新浪财经，2021-03-24.

5.1.2 外部风险

企业的外部风险来自企业经营的外部环境，包括外部环境本身和外部环境的变化对企业目标的影响。

例如，一家服装鞋类进口商确定了企业的总体目标，要成为高档时装业的领头羊，企业层面考虑到的风险有：供货渠道（包括质量、数量和外国制造商）的稳定性；外汇汇率的波动；接收货物的及时性以及海关检验的影响；海运公司的可靠性以及运费；国际上发生敌对事件和贸易禁运的可能性；来自客户和投资者的压力，比如要求暂停与某个国家的贸易往来，因为该国政府实行了令人无法接受的政策。除此以外，还应该考虑的风险有：经济状况趋于好转还是恶化、市场对产品是否接受、在该企业的市场范围内是否出现新的竞争对手，以及环境或监管的法律法规是否发生改变等。

企业识别外部风险，应当关注的因素如表5-3所示。

表5-3 识别外部风险应关注的因素

风险事项	关注的因素
外部风险	（1）经济形势、产业政策、融资环境、市场竞争、资源供给等经济因素； （2）法律法规、监管要求等法律因素； （3）安全稳定、文化传统、社会信用、教育水平、消费者行为等社会因素； （4）技术进步、工艺改进等科学技术因素； （5）自然灾害、环境状况等自然环境因素； （6）其他与企业外部风险相关的因素。

企业常见的外部风险主要有：自然风险、政治风险、市场风险、法律风险、政策风险等。

1. 自然风险

自然风险是指自然灾害、环境状况等自然环境因素导致的建筑物的损失、限制获取原材料或者人力资本等方面的损失。比如，自然灾害（包括洪水、火山爆发、地震、海啸等）和极端天气事件（包括风暴、暴雨、龙卷风等）可能造成人员伤亡和财产损失。

案例5-2 河南遭遇罕见特大暴雨，损失严重

2021年7月16日以来，河南多地遭遇非常罕见的特大暴雨，持续时间之长，累计雨量之大，是前所未有的，由此造成重大的人员伤亡和财产损失。据统计，截至8月9日7时，本次洪涝灾害共造成全省150个县（市、区）1 664个乡镇1 481.4万人受灾，全省累计紧急避险转移93.38万人。农作物受灾面积1 620.3万亩，成灾面积1 001万亩，绝收面积513.7万亩；倒塌房屋35 325户99 312间，严重损坏房屋53 535户164 923间，一般损坏房屋209 465户664 279间；直接经济损失达1 337.15亿元。相比巨大的直接经济损失，此次灾害造成的人员伤亡最让人心痛：到8月1日18时，郑州市共遇难292人，失踪47人；河南全省302人死亡，50人失踪。

资料来源：本次洪涝灾害共造成河南1 481.4万人受灾，直接经济损失1 337.15亿. 大河网，2021-08-09.

2. 政治风险

政治风险是因投资者所在国与东道国政治环境发生变化、东道国政局不稳定、政策法规发生变化给投资企业带来经济损失的可能性。

案例 5－3　博通收购高通失败

2017 年 11 月美国通信芯片制造商博通公司宣布，将斥资 1 300 亿美元收购半导体公司高通公司。如果交易成功，博通收购高通将成为全球科技行业历史上最大规模的并购。但 2018 年 3 月 12 日，在美国外国投资委员会（CFIUS）的建议下，美国总统特朗普颁布总统令，以威胁国家安全为由，要求博通"立即"和"永久"放弃对高通公司的收购提议。同时，总统令还指出，博通提名的所有董事候选人不具备参选高通董事会成员的资格。2018 年 3 月 14 日，博通宣布正式撤回对高通的收购提议，并撤回对高通董事会新人选的提名议案。这场全球半导体行业规模最大、持续 4 个月之久的收购战，以美国政府干预，博通被迫宣布退出告终。

资料来源：梁爽."史诗收购案"以失败告终，博通高通将何去何从？环球网，2018-03-19.

3. 市场风险

市场风险包括产品市场风险、金融市场风险等。产品市场风险是指市场变化、产品滞销等原因导致跌价或企业不能及时卖出自己的产品。金融市场风险包括利率风险，外汇风险，股票与债券市场风险等。比如，2021 年上半年，德尔塔变异毒株肆虐全球，多国实施更严格的限制措施，亚洲的一些国家需求出现疲软迹象，导致国际油价下跌，石油企业遭受损失。

按照企业参与的产品市场类型，市场风险还可以分为供给市场风险和需求市场风险。供给市场风险主要来自获取关键设备、主要原材料和人力资源的不确定性，包括供给数量和价格。需求市场风险主要来自消费者需求改变、产品更新换代、竞争程度加剧、营销渠道不畅以及品牌形象降低等。市场风险也表现为市场竞争风险和客户信用风险。

4. 法律风险

法律风险是指因企业内外部的具体行为不规范，导致与企业所期望达到的目标相违背的法律上的不利后果发生的可能性。根据引发法律风险的因素来源，法律风险可以分为外部环境法律风险和企业内部法律风险。所谓外部环境法律风险，是指由于企业以外的社会环境、法律环境、政策环境等因素引发的法律风险，包括立法不完备，执法不公正，合同相对人失信、违约、欺诈等。由于引发因素不是企业所能够控制的，因而企业不能从根本上杜绝外部环境法律风险的发生。所谓企业内部法律风险，是指企业战略决策、内部管控、经营行为、经营决策等因素引发的法律风险，表现为企业自身法律意识淡薄，未设置较为完备的法律风险防范机制，对法律环境认知不够，经营决策缺少对法律因素的考虑，甚至违法经营等。常见的法律风险有合规风险、合同风险、知识产权风险、诉讼风险等。其中，合规风险是指企业及其员工因不合规行为，引发法律责任、受到相关处罚、造成经济或声誉损失以及其他负面影响的可能性。①

---

① 根据国资委 2018 年 11 月 2 日发布的《中央企业合规管理指引（试行）》（国资发法规〔2018〕106 号），这里的"合规"是指企业及其员工的经营管理行为符合法律法规、监管规定、行业准则和企业章程、规章制度以及国际条约、规则等要求。

案例5-4　中国上市公司法律风险

根据2020年10月25日发布的《中国上市公司法律风险指数报告（2020）》①，在宏观经济、监管环境、企业自身经营合规等内外因素影响下，上市公司法律风险持续攀升。2019年上市公司法律风险仅次于2009年全球金融危机时期，处于历史第二高位，创10年来新高。高管责任风险、诉讼次数（即诉讼风险）成为2019年上市公司法律风险16个分项指标中上升速度最快的两个指标。据不完全统计，2019年A股上市公司中至少有16家上市公司的17位实控人、董事长因涉刑事案件被采取强制措施，246名董事长离职（其中76名选择在12月份辞职），391家上市公司发生董秘离职事件。报告认为，随着《证券法》的修订与实施，上市公司高管责任风险上升将是A股市场生态面临的重大趋势性变化之一。报告同时提示A股市场生态未来所面临的另外两大趋势性风险在于，A股上市公司退市频度加快，以及伴随审计机构独立性加强，上市公司非标报告风险凸显。

资料来源：陈崛．2019年中国上市公司法律风险与合规指数发布．赛尼尔法律风险管理网，2020-10-28.

总之，企业开展风险识别，应当准确识别与实现控制目标相关的内部风险和外部风险。需要注意的是，这些影响企业风险的事项通常不是孤立的，一个事项可能引发另一个事项。在事项识别的过程中，企业应清楚事项彼此之间的关系，通过评估这种关系，确定采取何种风险应对措施是恰当的。例如，提高存款准备金的政策，会使利率、汇率、股票价格、房地产价格等发生联动变化。由此可见，企业对风险事项的识别需要具有一定的前瞻性和系统性。

案例5-5　2021年世界十大风险

2020年1月4日，全球最大的政治风险咨询公司——欧亚集团（Eurasia Group）发布了《2021年最高风险》报告②，对2021年度全球十大风险做出了预测，并称这些风险可能会破坏全球经济复苏。

全球首要风险——分裂的美国

该报告将分裂的美国列入全球首要风险，甚至超过持续1年多遍及全球每个角落的新冠肺炎疫情所带来的风险，并且是首次将其列入全球风险。报告认为，对美国大选的结果，美国内部存在质疑，并导致总统政治效力和时限、共和党的未来、美国政治模式正当性等面临挑战，造成美国社会的分裂。这种分裂状态还将在拜登执政期持续。新任总统拜登的执政将面临一系列阻碍，如两党分裂的国会、日益明显的政治两极化，以及即将离任的特朗普总统和其他共和党议员对选举舞弊的指控。

全球第二大风险——持续的新冠肺炎疫情

报告称，疫情不仅威胁生命，还将威胁政治稳定和全球经济。报告称，尽管全

---

① 《中国上市公司法律风险指数报告》自2008年起已连续发布13次。报告基于上市公司年报披露的数据，通过模型运算和分析得出研究结果，对上市公司非标报告、公司违规、高管责任、公司诉讼、债券违约、上市公司退市等风险事件具有预警作用。

② 欧亚集团的Top Risks的预测以快速且准确闻名。该集团自2011年以来，每年1月份发布前一年全球面临的十大风险的报告。

球开始广泛接种疫苗，但疫情及其广泛影响并不会很快消失，而且疫情的蔓延可能会扩大国家间的贫富差距。复苏不均、疫苗使用的差异和刺激计划的不足将推高债务水平，使工人流离失所，并会造成许多国家的动荡。

全球第三大风险——全球气候政策的重组

报告认为，2021年气候问题将从以前的全球合作转变成全球竞争。企业和投资者会因更大的气候野心而付出代价，也会因高估新气候计划的协调程度而面临风险。新的气候政策措施的推进，为企业带来新的成本和限制。此外，能源转型将被竞争和缺乏协调所主导。清洁能源供应链安全问题将面临与5G类似的压力，特别是在涉及越来越复杂技术的电网安全领域，针对变压器设备等，可能会导致以人权、国家安全、供应链安全等为由的集中发难。

全球第四大风险——持续的中美紧张关系

该报告将持续的中美紧张关系列入全球第四大风险。报告同时也指出，中美关系在拜登时期不会出现像特朗普时期那样公然的对抗，双方对中美关系稳定的共同愿望将缓解总体紧张局势。但是，中美紧张局势会从美国蔓延到其盟友。中美拯救世界的竞争（疫苗外交/民族主义），以及绿色技术的竞争将与其他领域的长期摩擦结合，造成中美紧张关系长期化，并且使中美关系进一步复杂化。此外，双方在贸易和技术等问题上的分歧将持续到2021年……总体来说，2021年的双边竞争将和2020年一样激烈，甚至存在进一步升级为危机的风险。

全球第五大风险——全球数据流动风险

报告认为，在以数据驱动的5G和AI在全球广泛应用之际，各个国家都在担心本国的数据安全问题，这正在破坏开放的全球互联网基础。而特朗普政府禁止TikTok和微信、印度禁止大批中国应用软件，则加剧了这一破坏性趋势，很有可能造成其他国家纷纷效仿。日益加剧的数据保护主义和主权问题又将波及金融科技和数字货币：一方面，金融创新已领先于监管，美国、欧盟等都不想失去对金融数据的垄断；另一方面，中国想绕过美国主导的传统金融网络，挑战了美国的金融数据控制权。以上种种情况将导致数据流的中断，由此会产生一系列的后果：人工智能和其他创新技术领域的商业模式将受到限制，药物和疫苗研究将放缓。阻碍全球共同应对气候变化等。

其他主要风险

报告中排在第六位的是网络冲突，它会产生“前所未有的技术和地缘政治风险”；第七位是土耳其问题；第八位是中东和低油价问题，这将影响政府和该地区的稳定；第九位是默克尔卸任后的欧洲未来，欧盟将面临前所未有的内部分裂；第十位是拉丁美洲的动荡，拉丁美洲是受冠状病毒危机影响较大的地区，广泛存在政治、社会和经济问题。

资料来源：周青玲．全球风险观察｜“2021年世界十大风险”报告：“分裂的美国”排首位．走出去智库，2021-01-18.

5.2 风险识别的流程

风险识别的流程实际上就是收集有关风险因素、风险事故、损失暴露、危害和损失等方面信息的过程，主要包括以下几个方面（见图5-1）。

图5-1 风险识别的流程

1. 发现风险因素

风险管理人员在识别风险主体面临的风险时，最重要且难度最大的工作是了解风险主体可能遭受损失的来源。如果风险管理人员不能识别风险主体所面临的潜在风险，风险因素聚集或者增加，就会导致风险事故的发生。在风险事故发生以前，发现引发风险事故的风险因素是风险识别的核心，因为只有发现风险因素，才能有针对性地选择风险处理技术，改变风险因素存在的条件，有效防止风险因素的增加或聚集。

为此，需要深入了解风险主体的活动内容及活动环境，寻找其潜在的风险。对企业活动内容的认识，要涵盖公司治理结构、组织机构设置、企业文化、人力资源政策、内部控制制度、内部审计机制，以及公司业务流程和盈利模式等主要方面。对企业活动环境的认识，可以采用PEST分析法，即从政治环境（political）、经济环境（economic）、社会环境（social）和技术环境（technological）四个方面来对企业的活动环境进行评估（见表5-4），从而找到可能引发风险的因素。

表5-4 一个典型的PEST分析

政治环境（包括法律）	经济环境	社会环境	技术环境
环保制度	经济增长	收入分布	政府研究开支
税收政策	利率与货币政策	人口规模及增长	产业技术关注
国际贸易章程与限制	政府开支	劳动力与社会流动性	新型发明与技术支持
合同法	失业政策	生活方式改革	技术转让率
雇佣法律	征税	职业与休闲态度	技术更新速度与周期
政府组织/态度	汇率	教育	能源利用与成本
竞争规则	通货膨胀率	潮流与风尚	互联网的改革
政治稳定性	商业周期阶段	健康意识、社会福利	移动技术变革
安全规定	消费者信心	生活条件	信息技术变革

资料来源：PEST分析模型.

2. 认知风险因素

风险管理人员认知、理解和测定风险因素的能力是风险识别的关键。不同的风险管理人员，其认知风险因素的能力和水平是不同的。如果风险管理人员缺乏经验，对暴露的风险因素视而不见，结果就是本来可以避免的风险事故发生。例如，某油库管理员李某经常在工作时间吸烟，显然，李某吸烟是引发油库着火、爆炸的重要风险因素。风险管理员王某在现场调查中发觉李某身上有很大的烟味，并在仓库的地上发现了烟灰。王某发现问题后，及时汇报给部门领导，对李某给予警告处分，并将他调离工作岗位。加强风险管理人员责任意识教育，培养风险管理人员认知风险因素的能力，可以提高风险管理水平，降低风险主体的损失。

3. 预见危害

危害是造成损失的原因，“危害”一词不仅具有损失的含义，而且表示损失比较严重。尽管在不同的环境中，产生风险事故的原因不同，但是风险事故带来的危害却是大致相同的，即造成风险主体财产、人员的损失。例如，火灾危害可能产生于物质环境（如闪电），也可能产生于社会环境（如纵火、骚乱）。无论什么风险因素引发的风险事故，都会造成比较大的损失，因此，风险识别的重要步骤是能够预见到危害，这样才能将产生危害的条件消灭在萌芽状态。

4. 重视风险暴露

那些可能面临损失的资产或主体都有风险暴露的可能，必须重视风险的暴露。例如，放在家具旁边的沾满汽油的破布是风险因素，这块破布有引发火灾的风险，这幢房子可能被烧毁，就是风险的暴露。这里，房子被烧毁与沾满汽油的破布有着较为密切的关系。重视风险暴露，就是重视风险因素与风险事故的关系。为了识别风险，一般把风险暴露分为以下几个方面：

（1）实物资产风险暴露，即风险因素引起实物资产损失的可能性。例如，某司机将一塑料桶汽油带回家中，其家庭财产损失的风险就会变大，这就是有形资产的风险暴露。又如，资产所有者在某段时间内无法使用自己的财产，就是时间风险因素造成的实物资产损失，而个人或企业往往忽略这种损失。一般来说，实物资产风险暴露会通过多种形式表现出来，这就需要风险管理者总结经验，发现风险因素与具体实物资产损失的关系。

（2）无形资产风险暴露，即风险因素引起无形资产损失的可能性。例如，某企业商标被盗用，造成企业无形资产损失的风险。又如，某企业商业秘密被其他企业窃取，造成企业无形资产损失的风险。再如，某企业公众赞誉、政治上支持等方面的变化，会引起企业无形资产的损失。重视无形资产的风险暴露，就是要重视风险因素与无形资产损失的关系。

（3）金融资产风险暴露，即风险主体持有的股票、债券等资产遭受损失的可能性。一般来说，金融资产代表一些明确的金融方面的权利，例如，获得收益的权利或按某一价格购买、出售某项资产的权利。与实物资产不同，金融资产的增值或损失常常与市场环境的变化密切相关。例如，国际证券市场的异常变化会引起国内市场的变化，这种变化会引起投资者金融资产的损失。重视金融资产的风险暴露，需要研究国际证券市场与国内证券市场变化的关系。

（4）责任风险暴露，即风险主体的行为引起另一方遭受损失，而必须承担赔偿责任的风险。责任风险暴露源于法律法规所确定的各项义务，当事人违反有关义务，就会承担赔偿损失的责任。责任风险暴露包括侵权行为责任、合同责任等。医生、会计师、建筑师、保险代理人、律师、药剂师、美容师等，就是面临职业责任风险暴露的人。例如，某企业使用的啤酒瓶质量不合格，某客户在运输过程中啤酒瓶炸裂了，幸运的是该客户没有受到伤害。根据这一情况，该企业风险管理部门的工作人员就应该重视啤酒瓶炸裂可能会引起客户人身伤害这一责任风险暴露。

（5）人力资本风险暴露，即风险因素引起人力资本损失的可能性。风险主体对人的投资构成风险主体财富的一部分。企业经理、一般雇员和其他重要的风险承担者（如债权人、供货商）可能发生的伤亡，都是人力资本风险暴露。例如，一台高技术机器有可能会伤害员工的身体。在这种情况下，风险应对的策略是在增加收益的同时尽量减少机器对员工身体的伤害。需要指出的是，人力资本损失的风险不仅指员工身体、心理上受到伤害，而且包括员工受伤带来的利润减少、支出增加。例如，员工失业和退休等都是人力资本风险暴露。企业加强员工安全和福利等方面的管理，是避免人力资本风险的重要举措。

5.3 风险识别的方法

风险识别实际上就是收集有关风险因素、风险事故和损失暴露等方面的信息，发现导致潜在损失的因素。风险识别的方法就是收集和分析这些信息的方法和技术。风险识别的方法一般有财务报表分析法、流程图分析法、事件树分析法、因果图分析法、现场调查法和风险清单分析法等。

5.3.1 财务报表分析法

财务报表分析法是通过对资产负债表、利润表、现金流量表和其他附表等财务信息的分析来识别风险事项。财务报表分析法是 A. H. 克里德尔于 1962 年提出的风险识别方法。克里德尔认为，分析资产负债表等财务报表和相关的支持性文件，风险管理人员可以识别风险主体的财产风险、责任风险和人力资本风险等。因为任何企业的经营活动最终涉及的不是现金就是财产，所以对这些项目进行研究是非常可靠和客观的。

1. 财务报表分析法的类型

（1）趋势分析法。趋势分析是指通过对一个企业两期或连续数期的利润表和资产负债表的各个项目进行比较，求出金额和百分比增减变动的方向和幅度，以揭示当期财务状况和经营状况增减变化的性质及其趋势，并对该企业发展前景做出判断。

趋势分析法通常包括横向分析法和纵向分析法。横向分析法又称水平分析法，是在财务报表中用金额、百分比的形式，将各个项目的本期或多期金额与基期的金额进行比较分析，以观察企业经营成果与财务状况的变化趋势。纵向分析法又称垂直分析法，是对财务报表中某一期的各个项目，分别与其中一个作为基期金额的特定项目进行百分比分析，借以观察经营成果与财务状况的变化趋势。

（2）比率分析法。比率分析法是指把财务报表的某些项目同其他项目进行比较，计算出相应的财务比率，并将该比率与上期比率、计划比率或者同行业平均比率进行比较，以揭示企业的发展情况、计划完成情况或者与同行业平均水平的差距。这些金额或者数据可以选自一张财务报表，也可以选自两张财务报表。比率分析法可以分析财务报表所列项目之间的相互关系，运用比较广泛。

比率分析法通常包括构成比率法、相关比率法和效率比率法。构成比率法又称结构比率法，是以某项经济指标的各组成部分占总体的比重为依据，分析部分与总体的关系，了解项目指标结构上的变化。相关比率法把某一指标同其他指标进行对比，求出二者的比率，该比率能够反映企业有关经济活动的相互关系，为深入了解企业的生产经营活动情况提供依据。效率比率法把某项活动支付的费用同收益进行对比，求出二者的比率，该比率反映投入与产出的相互关系。

例如，运用趋势分析法与比率分析法分析*ST海航（600221）2016—2020年的偿债能力（见表5-5）。数据显示，2016—2020年*ST海航的偿债能力不断恶化，公司面临严重的债务风险。

表5-5 2016—2020年*ST海航债务状况

年度	流动比率	速动比率	资产负债率（%）	经营净现金流量/流动负债	利息保障倍数
2016	0.898 5	0.897 9	54.182 3	0.373 8	2.091 7
2017	0.632 2	0.628 5	62.524 4	0.190 1	2.035 8
2018	0.438 5	0.437 1	66.419 9	0.073 4	−0.103 8
2019	0.417 7	0.409 3	68.398 9	0.114 2	1.220 5
2020	0.370 5	0.364 2	113.521 9	−0.002 8	−7.628 1

资料来源：锐思数据库.

（3）因素分析法。因素分析法是财务报表分析中常用的一种技术方法，是把整体分解为若干局部的分析方法，包括比率因素分解法和差异因素分解法。

1）比率因素分解法。比率因素分解法是把一个财务比率分解为若干影响因素的方法。在实际的分析中，分解法和比较法是结合使用的，比较之后需要分解，以深入了解差异的原因；分解之后还需要比较以进一步认识其特征。不断地比较和分解，构成了财务报表分析的主要过程。

2）差异因素分解法。为了解释比较分析中形成差异的原因，需要使用差异因素分解法。差异因素分解法又分为定基替代法和连环替代法两种。定基替代法是测定比较差异成因的一种定量方法。按照这种方法，需要分别用标准值（历史的、同行业企业的或预算的标准）替代实际值，以测定各个因素对财务指标的影响。连环替代法是另一种测定比较差异成因的定量方法。按照这种方法，需要依次用标准值替代实际值，以测定各个因素对财务指标的影响。

（4）综合分析法。在进行企业财务分析时，如果仅仅观察财务报表无法洞察财务状况的全貌，或者仅仅观察单一的财务比率难以了解企业财务整体状况，就需要对各项财务数据和财务指标进行系统、综合的分析，以便对企业的财务状况和经营成果进行全面、合理的评价。综合分析法主要有财务比率综合评分法、杜邦分析法等，其中杜邦分析法在企业风险识别中应用最多。

杜邦分析法是由美国杜邦公司创造的一种财务分析方法，其最大特点是把一系列的财务指标有机地结合在一起，利用各个指标之间的递进关系，揭示指标之间的内在联系，找到造成某一指标发生变动的相关因素，为公司经营者控制该项指标朝着良性的方向变动提供可靠的依据。

杜邦分析法以净资产收益率作为核心和出发点，通过指标的层层分解，揭示出各个财务指标之间的内在联系和不同财务指标对净资产收益率的影响（见图5－2）。

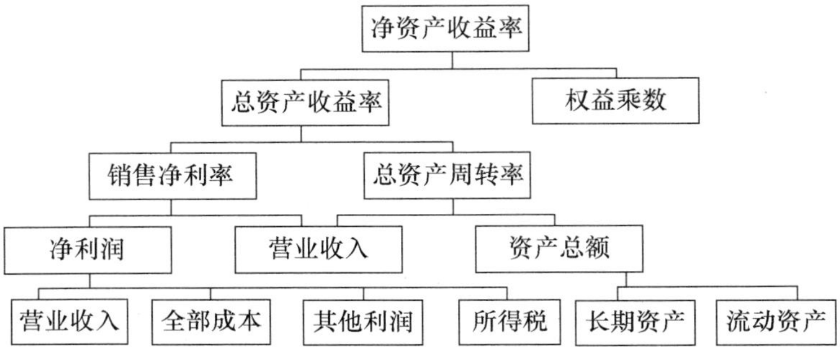

图5－2 杜邦分析图

第一层将净资产收益率分解为总资产收益率与权益乘数的乘积。这种分解揭示了不同企业股东回报差异的来源：一是企业的综合盈利能力；二是融资结构。适度的负债可以帮助企业提高股东的回报，但前提是借债的资金在企业中的回报率高于融资成本。同时，过度的负债容易使企业面临偿债风险。

第二层将总资产收益率分解为销售净利率和总资产周转率的乘积。其中，销售净利率反映了公司的获利能力，总资产周转率反映了公司的营运能力。由此揭示了企业综合盈利能力差异的原因：业务本身的获利能力，还是公司的营运能力。

第三层将销售净利率和总资产周转率进一步分解。销售净利率为净利润和营业收入的比值，总资产周转率为营业收入和资产总额的比值。

第四层将净利润和资产总额细分，揭示其具体组成部分。净利润是营业收入减去全部成本再加上其他利润之后的税后结果，资产总额则由流动资产和长期资产构成。

以*ST海航（600221）为例，运用杜邦分析法，可以揭示出影响其净资产收益率的主要风险因素。从*ST海航2016—2020年度杜邦分析财务指标（见表5－6）及各指标的趋势变动（见图5－3至图5－6）中可以看出，2016—2020年度*ST海航的净资产收益率呈连年下降趋势，2020年下降幅度最大，降至－351.39%。主要归因于总资产收益率的大幅下滑，2020年降为负数。再加上权益乘数的不断上升，债务水平增加更是放大了风险。总资产收益率变化的主要原因是销售净利率的波动。2018年与2020年*ST海航的销售净利率均为负数，2020年降至−233.81%，反映出公司存在较大的经营风险。

表5-6 *ST海航2016—2020年度杜邦分析财务指标

财务指标	2016	2017	2018	2019	2020
净资产收益率	6.41%	5.47%	−5.11%	1.15%	−351.39%
总资产收益率	2.49%	2.25%	−1.81%	0.38%	−36.71%
销售净利率	8.38%	6.48%	−5.38%	1.04%	−233.81%
总资产周转率	29.74%	34.68%	33.71%	36.08%	15.70%
权益乘数	2.569 7	2.435 9	2.817 5	3.066 1	9.571 9

资料来源：国泰安数据库.

图5-3 *ST海航2016—2020年净资产收益率

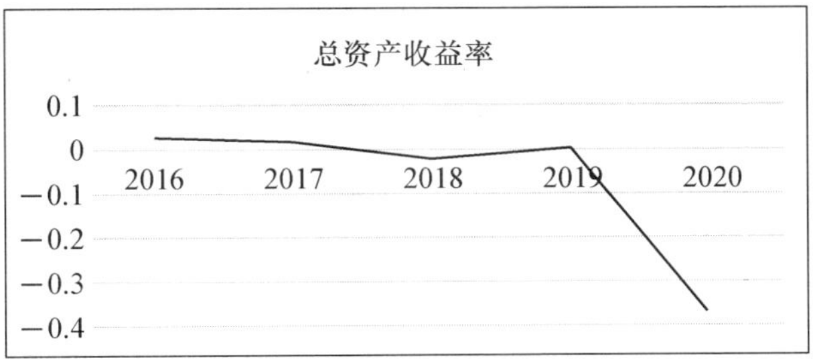

图5-4 *ST海航2016—2020年总资产收益率

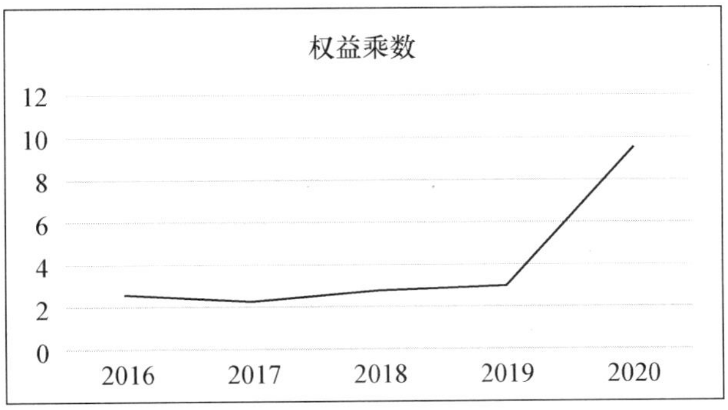

图5-5 *ST海航2016—2020年权益乘数

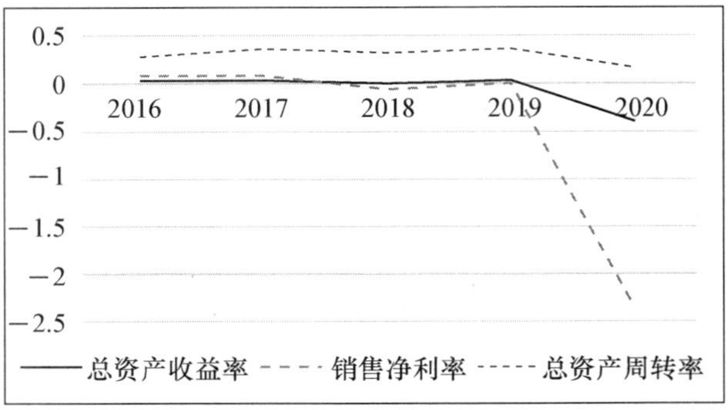

图5-6 *ST海航2016—2020年总资产收益率分析

2. 财务报表分析法的优点

（1）财务报表分析法能够综合识别风险。财务报表综合反映了风险主体的财务状况、经营成果等，其风险可以通过财务报表反映出来。因此，财务报表分析法能够揭示风险主体存在的风险。

（2）财务报表分析法识别风险具有可靠性和客观性。财务报表是基于风险主体容易得到的资料编制的，这些资料用于风险识别，具有可靠性和客观性的特点。风险主体在运用财务报表分析时，应当对每个会计科目进行深入的研究和分析，这样可以识别潜在损失风险，防患于未然。

（3）财务报表分析法可以为风险投资、风险融资提供依据。运用财务报表分析法，一方面可以揭示风险主体目前的投资风险、融资风险，另一方面可以对潜在投资项目、融资计划的风险进行分析，从而为风险投资与风险融资提供依据。

3. 财务报表分析法的缺点

（1）专业性强。如果风险管理人员缺乏财务管理的专业知识，就无法识别风险主体所面临的风险。

（2）财务报表分析法识别风险的基础是财务信息具有真实性和全面性。如果财务报表不真实，风险管理人员不仅无法识别风险主体面临的潜在风险，还会由于使用错误或不确切的信息而做出错误的风险管理决策，进而影响风险管理的效果。同样，风险管理人员只有全面搜集、整理相关的财务信息，才能识别风险。如果财务报表反映的信息不全面，会影响风险管理的效果。

5.3.2 流程图分析法

流程图分析法是将风险主体的全部生产经营过程按其内在的逻辑关系绘成作业流程图，并针对流程中的关键环节和薄弱环节进行调查和识别风险的方法。

1. 流程图的类型

（1）按照流程路线的复杂程度划分。按照流程路线的复杂程度，流程图可分为简单流程图和复杂流程图。简单流程图是对风险主体的活动按大致流程进行分析，用一条直线将主要流程的内在联系勾画出来，发现活动过程中可能存在的风险事项（见图5-7）。复杂流程图是对主体所面临的风险事项、在风险主体活动过程中的主要程序以及每一程序中的各个详细环节都进行分析（见图5-8）。

图5-7 某公司的劳动保护用品发放流程

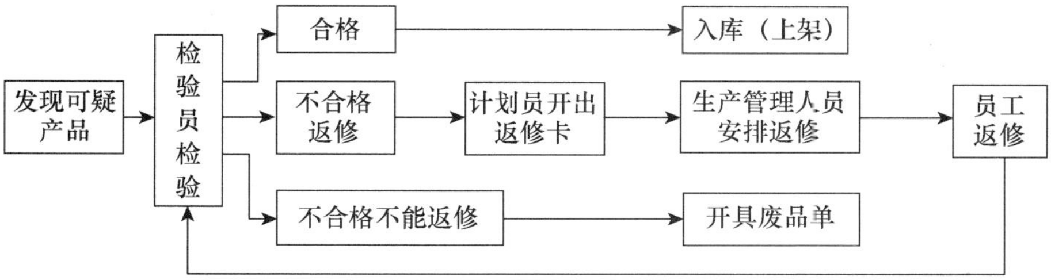

图5-8 某公司的产品返修流程

（2）按照流程的内容划分。按照流程的内容，流程图可分为内部流程图和外部流程图。内部流程图是以主体内部的活动为流程路线绘制的流程图，因而也称生产制造程序流程图。某制衣公司的内部流程如图5-9所示。外部流程图是以产品的销售运输过程为流程路线绘制的流程图。外部流程图用以揭示企业从原料供应到制成产品，直到销售出去的全过程存在的风险。图5-10显示了某制衣公司的外部流程。

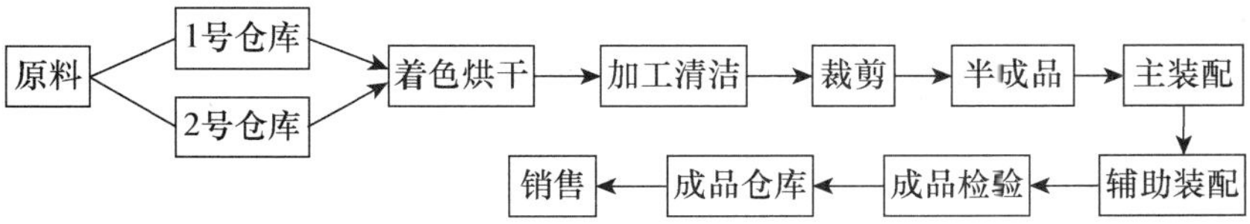

图5-9 某制衣公司的内部流程

图5-10 某制衣公司的外部流程

（3）按照流程图的表现形式划分。按照流程图的表现形式，可分为实物形态流程图和价值形态流程图。实物形态流程图（以某生产企业为例）是以某种产品的生产全过程为基本流程路线，将主要生产经营活动以及各种辅助活动以实物形态反映在图表中，对每一过程、每一环节逐步进行调查分析，从中发现潜在的风险（见图5-11）。如果该生产企业拥有其他产品，则需要绘制不同的流程图。

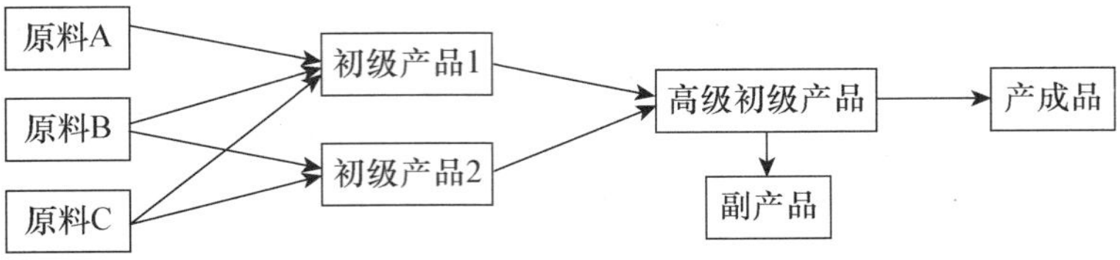

图 5-11 简单的实物形态流程图

价值形态流程图是以标有价值额度的流程路线来反映生产经营过程内在联系的流程图。在这一流程图中，通过货币价值额指标，可以更清楚地揭示风险主体各部门之间相互联系的程度，明确整个生产过程的关键部门和关键环节，以及生产过程中某一程序的中断给其他程序带来的影响（见图 5-12）。

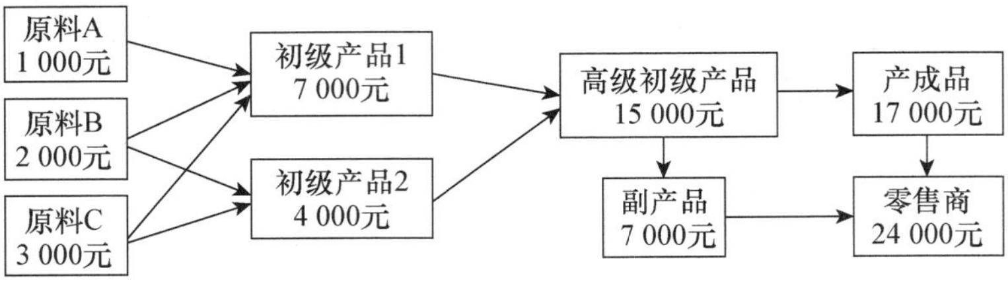

图 5-12 简单的价值形态流程图

2. 流程图分析法的优点

（1）流程图可以比较清楚地反映活动（或工序）流程的风险。根据生产条件和工作目的的不同，可以将风险主体的生产经营活动绘制成流程图，以便识别风险。一般来说，风险主体的经营规模越大、生产工艺越复杂，流程图分析法识别风险就越有优势。

（2）流程图强调活动的流程，而不寻求引发风险事故的原因。流程图只是生产经营活动的简单概括，其目的是揭示生产经营活动中的风险，诸如火灾、盗窃等，而不是分析风险发生的原因以及应对方法。

3. 流程图分析法的缺点

（1）流程图是否准确决定着风险管理部门识别风险的准确性。例如，制作企业生产、销售等方面的流程图，需要准确地反映生产、销售的全貌，任何部分的疏漏和错误，都有可能导致风险管理部门无法准确地识别风险。

（2）使用流程图识别风险的管理成本比较高。一般来说，流程图由具有专业知识的风险管理人员绘制，需要花费的时间比较多，耗费的管理成本也比较高。

5.3.3 事件树分析法

事件树分析法又称故障树法，其实质是利用逻辑思维的规律和形式，从宏观的角度去分析事故形成的过程。该方法由美国贝尔实验室于 1962 年提出，最早应用于空间项目。其理论基础是，任何一起事故的发生，必定是一系列事件按时间顺序相继出现的结果，前一事件的出现是随后事件发生的条件，在事件的发展过程中，每一事件有两种可能的状态，即成功和失败。

事件树分析法从某一风险结果出发，运用逻辑推理的方法推导出引发风险的原因，遵循风险事件—中间事件—基本事件的逻辑结构（见图 5－13）。

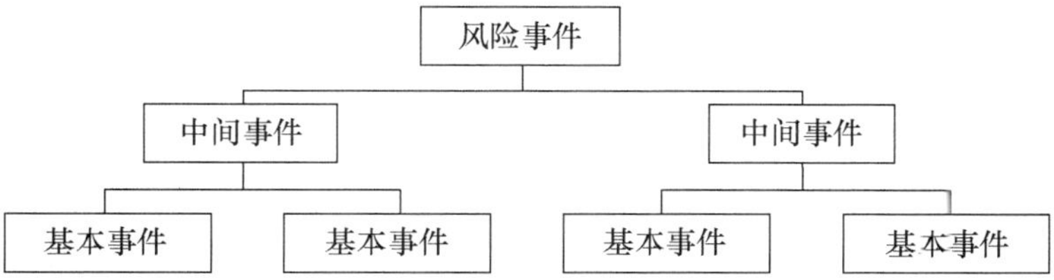

图 5－13　事件树分析法的逻辑结构

下面以某公司自动化生产粗轧橡胶系统为例，介绍如何识别自动化生产体系所面临的损失风险。粗轧橡胶系统的工作原理是：天然橡胶从箱体一端的物料槽加入，添加剂从箱体的另一端加入，二者混合后，由电泵从箱体内抽出混合物。在这一过程中，箱体爆炸就是主要风险。从图 5－14 可以看出，箱体发生爆炸的原因可能是箱体内的压力过大，也可能是减压阀失灵；造成压力过大的原因可能是电泵故障或物料槽输入过量，而电泵转速错误或计数器失灵均会引起电泵故障，物料槽输入过快或未及时发现会引起物料槽输入过量；造成减压阀失灵的原因可能是减压阀太脏或一些人为因素。

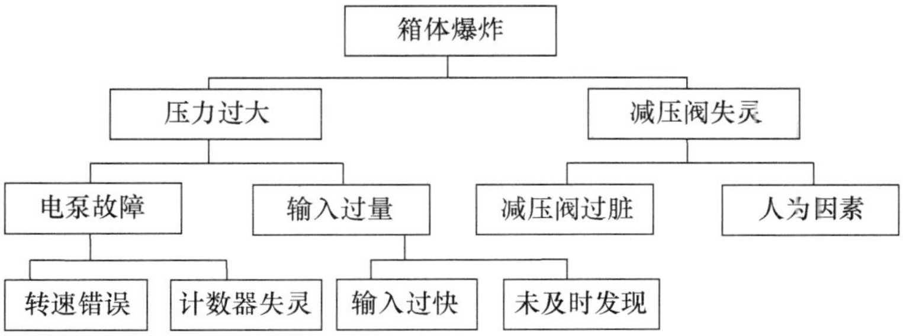

图 5－14　箱体爆炸的事件树分析图

1. 事件树分析法的优点

（1）运用事件树分析法可以找出防止事故发生的途径。在分析所有可能的结果时，那些不会导致事故发生的结果就是防止事故发生的途径。

（2）运用事件树分析法可以灵活选择解决措施。根据各环节事件发生的概率以及影响的后果，可以做出灵活判断。

以图 5－14 的箱体爆炸事故为例。经过实验发现，电泵失效的概率是 0.5 次/年，输入过量的概率是 1.5 次/年，减压阀失灵的概率为 10^{-4}，那么，可以得到箱体爆炸的概率为：$(0.5+1.5)\times10^{-4}=2\times10^{-4}$。如果更换电泵，新泵的失效率为 0.25 次/年，则箱体爆炸的概率为 1.75×10^{-4}；如果更换阀门，新阀的失效率为 10^{-6}，则箱体爆炸的概率为 2×10^{-6}。从上述分析可以看出，更换减压阀减少箱体爆炸的概率比更换电泵更高，由此，风险管理人员可以采取措施更换减压阀。

（3）运用事件树分析法能够找出消除事故的根本措施。从事件树的分析中可以看出事故发生的起始原因，由此可以从根本上避免事故的发生。例如，箱体爆炸事故中，避免事故发生的最有效的办法是管理减压阀，避免减压阀过脏、人为破坏减压阀；其次应采取的措施是，避免电泵转速错误或计数器失灵，并派专人监督检查，及时发现和解决问题。

2. 事件树分析法的缺点

事件树分析法也存在一些缺点，主要表现在以下方面：

（1）事件树的绘制需要专门的技术。在风险识别中，事件树的绘制需要专门的技术，这也是风险管理人员较少使用事件树分析法识别风险的重要原因。只有当风险事件造成的损失较大或者存在较大的安全隐患、难以通过其他方法识别风险时，才采用事件树法对系统进行整体的分析。

（2）采用事件树法识别风险的管理成本比较高。事件树分析法需要花费大量的时间，收集大量的资料，这会导致风险管理成本的增加。

（3）相关概率的准确性直接影响估测的结果。在事件树分析中，有关事件概率统计的准确程度直接影响风险识别的结果。一般来说，相关概率的估计主要依靠操作者的经验，主观性大，易受人为操纵，进而直接影响结果的可靠性。

5.3.4 因果图分析法

风险管理实务中，导致风险事故的因素比较多，通过对这些因素进行全面系统的观察和分析，可以找出其中的因果关系。因果图分析法是日本东京大学教授石川馨于1953年首次提出的。石川馨教授和他的助手在研究中用因果图分析法分析影响产品质量的因素，获得了很大成功。该方法被世界许多国家的风险管理部门采纳。

因果图分析法是一种分析风险事故与风险事故的原因之间关系的比较有效的方法。在风险管理中，导致风险事故的原因可以归纳为类别和子原因，可以画成形似鱼刺的图（见图5-15）。因果图中，风险事故与主骨、大骨、中骨和小骨之间存在

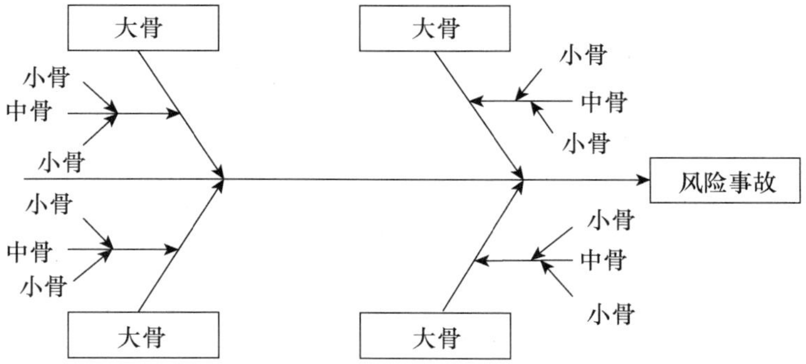

图5-15　因果图分析法的逻辑结构

逻辑上的因果关系。其中，主骨在引发风险事故的过程中起决定作用，大骨、中骨和小骨在因果图中是起次要作用的因素，但是，就具体的大骨、中骨和小骨来说，每个骨所起的作用也是不同的。尽管如此，这些因素都会引起主骨的变化，最终导致风险事故的发生。

例如，某企业产品制造工序中，尺寸不合格产品占不合格产品的80%，因此，风险识别的重点就在于减少导致尺寸不合格的风险因素。根据车间工作人员的讨论，将导致产品尺寸不合格的原因绘制成因果图（见图5-16）。

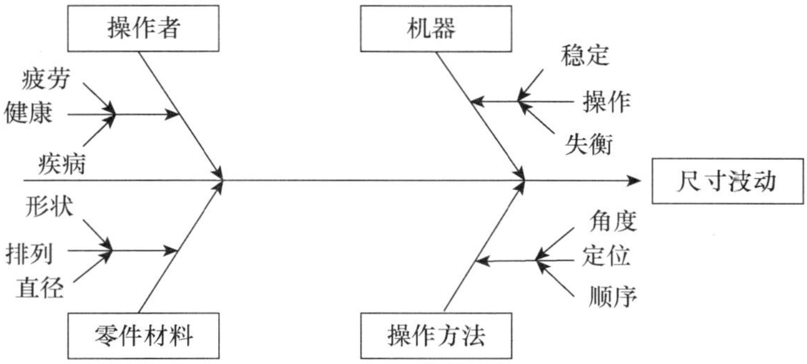

图5-16　产品尺寸不合格的因果图

1. 因果图分析法的优点

（1）因果图是一种非定量的工具，可以辨识出导致风险的所有原因，分析各原因之间的相互关系，并从中找到根本原因。

（2）运用因果图分析法识别风险，关注因果分析，没有不相干的抱怨或争论，而且简单直观，便于理解。

2. 因果图分析法的缺点

（1）对于导致风险事故的原因调查的疏漏，会影响因果图分析的结论。从某种意义上说，风险因素调查是否充分，影响着因果图分析的结论。

（2）不同的风险管理人员对风险因素重要性的认识不同，会影响因果图分析的结论。由于风险管理人员的风险意识、观念不同，风险管理者对风险因素重要性的认识也不同，因此，风险管理者对于风险因素重要性的认识是否合乎逻辑，会影响因果图分析的结论，进而影响风险识别的结果。

5.3.5　现场调查法

获知风险主体风险情况的最佳途径是现场调查。现场调查法是对风险主体所属的物的状态和人的行为进行现场详细调查，列出所有可能的物的不安全状态和人的不安全行为，并出具调查报告。

现场调查一般有三个步骤：一是调查前的准备，包括确定调查时间（开始的时间、持续的时间）和调查对象等；二是现场调查和访问，认真填写表格；三是形成调查报告与反馈。在实际调查之前对风险主体做大致的了解，包括调查对象的名称、职能、年限、目前状况、故障状况和应采取的行动等，这样能达到更好的调查效果。风险管理人员对所关注的问题要具备一定的感性认识，同时还要关注那些并不明显的细节，这样更容易发现风险主体的风险事项。现场调查中要有专业技术人员陪同，并且带上必备的专业工具以及照相机或录音笔等便于记录现场情况的设备。

1. 现场调查法的优点

（1）获得风险主体的第一手资料。例如，在保险业务中，风险调查员对于投保人财产状况的调查，是保险人获得的保险标的风险状况的第一手资料。如果保险标的存在安全隐患，可以按照风险调查员的要求进行整改。只有在保险标的符合保险公司的承保条件后，保险公司才会予以承保。

（2）防止风险事故的发生。风险主体根据具有丰富经验的风险调查员的调查，进行一系列的整改，可以将可能发生的风险事故消灭在萌芽状态，减少不必要的损失。

2. 现场调查法的缺点

（1）耗费的时间比较长。要真正了解风险主体面临的风险，需要进行大量的现场调查工作，这会耗费大量的时间。

（2）管理成本比较高。现场调查需要组织人员亲临现场，必要时需要聘请具有风险管理经验的调查人员（或者有关专家）参加，加大了风险主体的管理成本。

（3）风险管理人员的风险识别能力和水平决定调查的结果。在现场调查的过程中，受识别、发现风险的能力和水平所限，风险管理人员可能注意不到某些安全隐患，这在一定程度上会影响调查的结果。

5.3.6 风险清单分析法

风险清单分析法又称列表检查法，即事前设计好调查表并将已经识别的主要风险填列其中，进行对照检查。1977年，美国风险和保险管理学会制定了一份比较全面的风险清单，包括直接损失风险、间接损失风险和责任损失风险三大项（见表5-7）。

表5-7 风险清单

直接损失风险	无法控制和无法预测的损失	1. 电力中断：雷电、火灾及各种损坏 2. 物体下落：飞机失事、树、建筑材料 3. 地壳运动：火山、地震、滑坡 4. 声音及震动波：飞机、震动 5. 战争、暴力、武装冲突、恐怖活动 6. 水损：洪灾、水位抬高、管道破裂等 ……

直接损失风险	可控制和可预测的损失	1. 玻璃或其他易碎物品的破裂 2. 毁坏：工厂设施的毁坏 3. 起始时或过程中的碰撞：飞机碰撞、船舶碰撞 4. 污染：液体、固体、气体、放射性污染 5. 腐蚀 6. 员工疏忽或大意 ……
	与财务有关的主要损失	1. 员工不诚实：伪造、贪污 2. 没收：国有化、充公 3. 欺诈、偷窃、抢劫 4. 事实、专利、版权、公证的无效 5. 库存短缺：无故消失、乱放丢失 ……
间接损失风险	1. 所有直接损失的影响：供应商、消费者、公用设施、员工 2. 附加费用增加：租金、通信费用、产品费用 3. 资产集中损失 4. 风格、品味、期望的变化 5. 破产：员工、管理人员、供应商、消费者、顾问 6. 管理失误：市场、价格、产品投资等 ……	
责任损失风险	1. 航空损失 2. 运动责任 3. 出版商责任 4. 汽车责任 5. 契约责任 6. 雇主责任 ……	

资料来源：洪锡熙. 风险管理. 广州：暨南大学出版社，2005.

1. 风险清单分析法的优点

（1）运用风险清单发现、识别风险，可以降低风险管理的成本。风险主体逐项现场调查风险源，需要花费大量的时间，需要大量的人力、物力投入，运用风险清单识别风险，可以削减以上投入，降低风险主体的管理成本，节省不必要的支出。

（2）运用风险清单发现、识别风险，可以避免遗漏重要的风险源。如果原先没有风险清单，而由风险主体自己编制，不仅需要做大量的工作，而且可能遗漏比较重要的风险源。

2. 风险清单分析法的缺点

（1）风险清单不能概括风险主体面临的特殊风险。风险清单虽然比较全面地列举了风险主体可能面临的损失，但是依然无法概括风险主体面临的特殊风险，这是风险清单分析法的固有缺陷造成的。由此，风险主体可以根据行业特点、本企业的经营状况、发展阶段等方面的情况，制作适合本企业特点的风险清单，避免遗漏固有的、重要的风险源。

（2）风险清单只考虑了纯粹风险，没有考虑投机风险。一般而言，风险清单提供了一种对可保风险进行识别的框架。为了收集有用信息，一些企业采用风险因素问卷调查的方式，调查风险主体所面临的纯粹风险。

案例5-6 A公司的采购风险

采购风险是指企业在获取生产资料、人力资源、服务、信息和技术等资源以满足企业内部和外部客户需求的过程中，供应商或供应商网络的某些环节发生意外状况从而导致企业受损的可能性。这些风险可能出现在采购流程的各个子环节，可能来自供应链的内部或者外部。采购风险事故的发生可能在短期或长期给企业造成有形或无形的损失。A公司的采购风险清单如表5-8所示。

表5-8 A公司的采购风险清单

风险来源	风险种类	风险点	具体风险
供应商外部风险	环境风险	供应商是否容易受到经济、政治和政策的影响？自然灾害对供应商的影响有多大？	经济风险 政治风险 政策风险 自然灾害风险
	竞争风险	供应商是否受到来自新产品、新技术、替代产品和新业务模式的威胁？	技术风险 创业者威胁 供应链中断 客户行为转变
供应商内部风险	道德风险	供应商是一个诚实、守法、忠诚和负责任的组织吗？	社会责任 诚信风险 管理风险 欺诈和欺骗
	财务风险	供应商是否会遇到财务困难或危机，以致无法完全交付承诺的产品或服务？	盈利能力风险 偿债风险 流动性风险 稳定性风险
	履约风险	供应商是否会以友好和协作的方式，在保证质量的前提下按时支付产品或服务？	按时交付风险 质量保证风险 服务质量风险 协作风险
采购方内部风险	内控风险	采购管理制度和运行机制是否规范？执行是否高效、有效？	采购流程内部控制风险

资料来源：陈剑，肖勇波，朱斌．大数据视角下的采购风险评估——基于某服务采购企业的案例分析．系统工程理论与实践，2021，41（3）：596-612.

5.3.7 其他风险识别方法

除上述风险识别方法之外，经常检查关键文档，与企业不同层次、不同领域的人员进行面谈等也是有效的风险识别方法。总之，风险识别方法很多，各有其优缺点和适用条件，并不存在适用于全部风险识别的最优方法。在实际工作中，即使识别同一种风险也可以同时采用几种方法。企业应当根据自身经营活动的特点、内外部环境变化和经营管理的需要选择风险识别方法或方法组合。企业应当列出其面临的所有主要风险，同时列出每种风险产生的具体原因，建立风险数据库。风险数据库是一种简单实用的风险管理工具，是风险识别环节的重要工作和突出成果。建立风险数据库，对识别出来的风险及其原因进行适当分类，并用文字加以描述，有利于进一步开展风险分析工作。

自测题

扫描此码 在线做题

思考题

1. 什么是内部风险？常见的内部风险有哪些？
2. 什么是外部风险？常见的外部风险有哪些？
3. 风险识别的流程是什么？
4. 风险识别的方法有哪些？各种方法的优点和缺点是什么？

案例分析

*ST 众和退市

2019 年 5 月 18 日，*ST 众和发布公告称，深圳证券交易所 5 月 17 日宣布决定终止*ST 众和股票上市，5 月 27 日起*ST 众和进入退市整理期，退市整理期届满的次一交易日，深圳证券交易所对公司股票予以摘牌。公司股票终止上市后，将转入全国中小企业股份转让系统进行股份转让。

公告信息显示，*ST 众和因 2015 年、2016 年、2017 年连续 3 个会计年度经审计的净利润为负值，公司股票自 2018 年 5 月 15 日暂停上市。公司披露的 2018 年年度报告显示，2018 年归属于母公司所有者的净利润为－5.73 亿元，归属于母公司所有者的净资产为－11.03 亿元。

走到退市地步的*ST 众和有过辉煌的历史，曾经身披福建“百家重点企业”、福建三大印染企业之一和“莆田第一股”等耀眼名号。

*ST 众和创办于 1993 年，其前身系福建莆田华纶福利印染有限公司，创始人为许金和，2011 年其子许建成接任公司董事长。*ST 众和于 2006 年 10 月登陆 A 股

市场，公司主营业务为中高档棉休闲服装面料的开发、生产和销售。

*ST众和上市后，曾于2010年创下了8 456万元的净利润纪录，然而自此以后，纺织印染主业出现滑坡，公司业绩一路滑坡。相关数据显示，2010—2014年，公司归属于母公司所有者的净利润分别为8 456万元、6 872万元、4 147万元、4 209万元、1 334万元。

2011年，31岁的许建成成为公司掌舵者后，并没有继续扶持原有主业，反而进行多元化发展，大步迈入钢铁行业。2012年上海钢贸事件（开具虚假仓单、重复质押骗取银行贷款）引发了一系列的信贷危机，*ST众和的隐患也逐渐暴露出来。

*ST众和随后又向新能源产业谋求发展，凭借着新能源的概念在2016年将股价重新拉回高位：30元/股。2015年股市高涨时，*ST众和市值一度达到200亿元，许金和、许建成父子身家达数十亿。

2012年7月，*ST众和公布了一份框架协议，拟通过股权受让及增资，从厦门黄岩贸易有限公司手里取得厦门市帛石贸易有限公司的控股权，从而持有阿坝州闽锋锂业有限公司（以下简称“闽锋锂业”）及深圳市天骄科技开发有限公司的控股权，闽锋锂业名下最重要的资产就是被称为“中国第一锂矿”的马尔康金鑫矿业。

在闽锋锂业股权转让事件中，许建成一次又一次用资本运作的方式通过股权转移来规避责任，并拒绝支付合同剩余款项，进一步导致了*ST众和陷入困局。

随着业绩的不断下滑，*ST众和于2015年出现了上市以来首度亏损，此后几年亦持续亏损，未能实现扭亏为盈。相关数据显示，2015—2017年，公司归属于母公司所有者的净利润分别为−1.47亿元、−0.48亿元、−10.4亿元。

2017年5月，*ST众和董事长许建成因涉嫌合同诈骗罪被逮捕，此时的*ST众和因为连续两年亏损、年报被出具非标审计意见，直接遭遇18个跌停，创下当年A股下跌之最。

2017年9月26日，*ST众和收到中国证监会关于公司董事长许建成的调查通知书，因公司涉嫌信息披露违法违规，证监会决定对许建成开展调查。

2018年5月15日，*ST众和因为连续3年亏损被暂停上市，持续4年的亏损使其面临退市的结局。

2018年5月停牌前，*ST众和股价定格在3.92元/股，距离2016年6月的高位跌幅超85%；相较于巅峰时近200亿元市值，如今仅剩24.9亿元。6万多股东遭受巨大损失。

2018年5月30日，福建证监局下发行政处罚决定书，称*ST众和2016年、2017年的部分定期报告存在虚假记载；同时，未及时披露未能清偿到期重大债务、主要资产被查封、订立转让子公司股权的重要合同、公司董事长许建成被司法机关采取强制措施等重大事项。

2019年4月18日，许建成涉嫌合同诈骗、挪用资金案在四川省汶川县人民法院公开审理。许建成被检方起诉涉嫌合同诈骗罪，涉及金额约3亿元；涉嫌挪用旗下马尔康金鑫矿业有限公司（简称“金鑫矿业”）的采矿权向中融信托贷款2亿元等，用于向北京市第二中级人民法院支付个人还款保证金。

*ST众和两大主营业务萎靡不振，公司正在谋求变卖剥离。新能源板块核心资

产闽锋锂业旗下的金鑫矿业2015年对外融资2亿元，成本高达17%/年，也出现逾期违约，采矿权被申请执行拍卖。2018年5月，*ST众和一度引入兴业矿业受让这笔违约债权并提供资金，但因为金鑫矿业上层股权被司法冻结，无法推进。

树倒猢狲散，*ST众和高层频繁辞职：2017年7月，公司副总裁莫洪彬因个人原因向公司董事会提出辞职；2017年9月30日，公司独立董事朱福惠因个人工作繁忙，不能履行职务，书面提请辞职；2017年10月30日，詹金明因个人健康原因提出辞去董事、副总裁、董事会秘书等职务；2017年11月2日，公司副总裁张子义因个人原因提交辞职报告。2018年8月10日，朱小聘因个人原因申请辞去公司董事及董事会审计委员会委员职务。

*ST众和近五年的主要财务数据与财务指标如表5-9和表5-10所示。

表5-9 *ST众和主要财务数据 单位：万元

截止日期	2018年12月31日	2017年12月31日	2016年12月31日	2015年12月31日	2014年12月31日
资产总额	160 355.82	195 510.40	271 866.41	270 642.70	293 657.65
负债总额	266 161.05	242 902.98	200 402.96	194 502.20	202 504.60
所有者权益总额	−105 805.23	−47 392.58	71 463.45	76 140.51	91 153.05
归属于母公司所有者的净资产	−110 315.64	−53 268.59	65 597.90	70 257.81	84 815.61
净利润	−58 647.01	−103 995.21	−4 855.74	−15 142.91	763.03
归属于母公司所有者的净利润	−57 281.41	−104 005.67	−4 829.56	−14 682.11	1 334.37

表5-10 *ST众和主要财务指标

截止日期	2018年12月31日	2017年12月31日	2016年12月31日	2015年12月31日	2014年12月31日
流动比率	0.165 3	0.345 1	0.661 4	0.817 6	0.966 6
速动比率	0.133 9	0.236 9	0.338 7	0.366 6	0.587 6
保守速动比率	0.099 7	0.201 2	0.297 0	0.281 3	0.525 5
经营活动现金流量净额/流动负债	−0.013 3	0.024 1	0.077 1	0.005 5	0.076 3
资产负债率	1.659 8	1.242 4	0.737 1	0.718 7	0.689 6
总资产收益率	−0.365 7	−0.531 9	−0.017 9	−0.056 0	0.002 6
净资产收益率	—	—	−0.067 9	−0.198 9	0.008 4
营业利润率	−2.391 2	−1.053 0	−0.042 9	−0.287 2	−0.012 2
应收账款周转天数（天）	552.235 4	195.523 1	184.586 1	268.372 9	150.888 2
应收账款周转率	0.651 9	1.841 2	1.950 3	1.341 4	2.385 9
存货周转率	1.194 1	1.662 3	0.920 5	0.959 6	1.763 6

问题：

结合上述资料，运用所学的知识，分析*ST众和存在的主要风险。

第 6 章
Chapter 6 风险分析

学习目标

1. 知识目标：理解风险因素分析、风险发生的可能性和影响程度分析以及风险之间的关系分析的内容，了解风险分析的程序，熟悉风险分析的主要方法。

2. 能力目标：掌握风险矩阵、敏感性分析、情景分析、关键风险指标法等风险分析的主要方法，学会应用这些方法分析风险。

3. 素养目标：坚定实事求是的信念，学会透过现象看本质、从零乱的现象中发现事物的内在联系。

引 例

汇源果汁："国民饮料"的陨落

2021 年 1 月 18 日，香港联合交易所（以下简称"联交所"）发布通告，宣布正式取消中国汇源果汁集团有限公司（以下简称"汇源果汁"）的上市地位。

在此之前，汇源果汁已经停牌 3 年。2018 年，联交所称，汇源果汁股票自 2018 年 4 月 3 日起暂停买卖，据联交所上市规则第 6.01A 条，若该公司未能于 2020 年 1 月 31 日或之前复牌，联交所可能将该公司除牌。汇源果汁未能于 2020 年 1 月 31 日前复牌，2020 年 2 月 14 日被联交所取消上市地位。被取消上市地位后，汇源果汁试图复牌，不断寻求上市复核委员会进行复核，一直延期至今，最后依然未能改变结果，汇源果汁正式退出资本市场。

汇源果汁官网显示，汇源果汁成立于 1992 年。2000 年，汇源果汁以 23%的市场份额高居果汁产业榜首。此后，汇源果汁连续十余年市场份额稳居国内第一。2007 年 2 月 23 日，汇源果汁在中国香港上市，上市当日涨幅达 66%，市值一度超过 313 亿港元，创下港股最大规模 IPO 纪录。对比 2007 年上市时的风光，汇源果汁退市前的总市值仅为 54 亿港元，缩水 5/6。到底是什么原因让昔日的龙头企业走向陨落？

并购受挫发展遇阻

成功上市让汇源果汁的业务迅速发展，也使其受到饮料巨头的关注。2008年9月3日，可口可乐宣布将以每股12.20港元、总价179.2亿港元全额收购汇源果汁。如果并购成功，这将成为当时中国市场涉及金额最大的外资并购案。但2009年3月18日，商务部发布《商务部关于禁止可口可乐公司收购中国汇源公司审查决定的公告》，以反垄断为由叫停。

然而，为了促成这次交易，汇源果汁付出了巨大的代价。与可口可乐商议收购时，朱新礼已经将汇源果汁与可口可乐重合的销售渠道砍掉，导致公司原有销售渠道大幅缩减，此外，除了21个省级销售经理离职外，公司直接雇佣的员工规模减少了一半。公开数据显示：2007年底销售人员总数为3 926人，到2008年底仅剩1 160人，一年时间，汇源果汁削减了超过70%的销售人员。不仅如此，2008年汇源果汁的业绩出现大幅下跌，公司净利润跌幅超过86%。

并购失败后，汇源果汁不得不重建销售渠道，这不仅耗费了大量资金，还影响了汇源果汁当年的业绩。2009年，汇源果汁收购了近10个分销网络，公司销售人员增加到13 000人，不过大幅增加的销售人员并没有提高汇源果汁的业绩，公司甚至出现了营收增长率下滑的现象。未能在收购失败上做足“后手准备”的汇源果汁，为此付出了惨重的代价。

信披违规勒令停牌

2009年，中国果汁销量增长了9.5%，汇源果汁仅增长了0.9%。而这仅仅是汇源果汁噩梦的开始。从2011年起，汇源果汁连续6年扣非净利润均为亏损，2011—2016年扣非净利润分别为：－2.3亿元、－3.18亿元、－4.79亿元、－5.75亿元、－5.53亿元、－2.08亿元。且利润中还包括大量的政府补贴，财报数据显示，公司2011年政府补贴为2.01亿元，占净利润总额的64%。尽管如此，企业的资产负债率却在不断攀升：从2013年至2017年上半年，汇源果汁的资产负债率分别为37.7%、38.14%、42.37%、48.86%、52.23%。

虽然并购失败的影响持久，但是让汇源果汁走上停牌退市之路的直接原因是一笔42.75亿元的违规贷款。2018年3月29日，汇源果汁发布公告，承认公司从2017年8月15日至2018年3月29日，向北京汇源饮料食品集团有限公司提供了42.75亿元短期贷款，以便后者应对临时营运资金需要或还债。北京汇源饮料食品集团有限公司是汇源果汁控股股东兼董事长朱新礼的关联公司。此项贷款的金额已达到联交所要求的对外披露的规定，而汇源果汁不仅没有应要求进行披露，连董事会都没有批准该项贷款。

此举违反了联交所上市规则中关于关联交易申报、股东批准及信息披露的相关条款，因此汇源果汁股票被联交所于2018年4月3日停牌。汇源果汁被要求对公司股票复牌列出相关条件，如果不能在2020年1月31日前完成复牌条件，将取消其上市地位。

市场竞争不进则退

信息披露违规导致停牌退市只是汇源果汁重重危机的一个缩影。随着中国经济的不断发展，人民生活水平日益提高，果汁市场需求旺盛，越来越多的资金涌入果汁市场，竞争日趋激烈。据不完全统计，国内外的饮料巨头如可口可乐、农夫山泉、康师傅等都布局了果汁产品线，而二线果汁品牌高达40多种。

面对激烈的市场竞争，其他的果汁品牌不断推陈出新，而汇源果汁的营销手段却"数十年如一日"。汇源果汁主打的中高浓度果汁是高端产品，但产品的营销、广告却没有针对高端果汁产品的主流购买者去做优化升级，产品包装基本没有大的改变和创新。与此同时，营销方式也没有创新，现在年轻人看电视越来越少，新媒体营销大行其道，然而汇源果汁广告投放仍以电视为主，越来越远离年轻消费者的视野。

在果汁市场竞争加剧的同时，饮料领域细分也更加明显，喜茶、元气森林等新兴饮料品牌释放巨大市场潜力。面对饮料市场上乳制品和功能性饮料的争夺，产品单一的汇源果汁略显"薄弱"。

对汇源果汁来说，退市并不意味着它一定会倒下。但战略调整失败、违规经营、产品品类布局落后等引发的财务危机为其他企业敲响了警钟。在快速变化的商业环境中，企业只有时刻警醒可能面临的各种风险并运用科学的方法准确分析风险，从而有效地应对风险，才能立于不败之地。

资料来源：安安. 汇源果汁退市 一桩十二年前的失败并购导致的灾难. 疾风财经，2021-01-22；屈丽丽. 为什么汇源果汁会退市？中国经营报，2021-02-06；互联网相关信息。

风险分析是在风险识别的基础上，结合企业特定条件，运用定量或定性方法进一步分析风险发生的可能性和对企业目标实现的影响程度，并对风险的状况进行综合评价，为制定合理的风险应对策略提供依据。风险分析是风险应对的基础，没有客观、充分、合理的风险分析，风险应对就无法达到预期效果。

6.1 风险分析的内容

6.1.1 风险因素分析

内部因素和外部因素都会影响企业目标的实现。尽管有些因素是行业中的企业共有的，但更多的因素是个别企业特有的。管理层在进行风险分析时应着重关注这些特有的因素，结合本企业的规模、经营的复杂性等，分析风险发生的可能性和影响。信息的收集是风险分析的基础。一般来说，企业应当结合自身情况，着重从战略风险、财务风险、市场风险、运营风险、法律风险等方面收集信息并进行分析。

1. 战略风险

在战略风险方面，企业应广泛收集国内外战略风险失控导致企业蒙受损失的案例，至少收集与本企业相关的以下重要信息：

（1）国内外宏观经济政策及经济运行情况、本行业状况、国家产业政策；

（2）科技进步、技术创新的有关内容；

（3）市场对本企业产品或服务的需求；

（4）与企业战略合作伙伴的关系，未来寻求战略合作伙伴的可能性；

（5）本企业主要客户、供应商及竞争对手的有关情况；

（6）与主要竞争对手相比，本企业的实力与差距；

（7）本企业发展战略和规划、投融资计划、年度经营目标、经营战略，以及编制这些战略、规划、计划、目标的有关依据；

（8）本企业对外投融资流程中曾发生或易发生错误的业务流程或环节。

战略风险分析具体可从以下两个方面展开：

（1）从战略风险可能导致的结果来看，有整体性损失和战略目标无法实现两种结果。整体性损失包括经济利益损失和非经济利益损失，非经济利益损失指竞争优势减弱、综合排名降低、战略实施能力削弱等。如果将战略目标分成财务类目标和非财务类目标，实际上整体性损失等同于战略目标无法实现，并且能够比较具体地反映战略风险的影响结果。

（2）从战略风险产生的原因来看，战略风险来源于外部环境、战略管理行为和战略成功必要条件。外部环境指宏观经济和产业环境，也可指未预料的外部事件。战略管理行为指战略性决策行为、战略管理活动中的战略行为或一系列未预料的内部事件。战略成功必要条件指企业资源、能力等。这些都是引起战略风险的可能原因。

案例6-1　顺丰陷入长期主义陷阱

2021年4月29日，顺丰公布了2021年一季度财报，财报显示顺丰一季度实现营收426.20亿元，同比增长27.07%；归属于上市公司股东净亏损9.89亿元，对比去年同期盈利9.07亿元，相差近20亿元。早在4月8日顺丰公布一季度业绩预告时，市场反应就很激烈，4月9日顺丰股价直线跌停，从124.06元的历史最高价至2021年4月30日，仅2个月的时间，顺丰市值蒸发超2700亿元。

钱亏哪了？

2021年一季度报告是顺丰自上市以来，交出的首份营收负增长的业绩报告。而在2021年3月发布的2020年年报中，顺丰刚刚交出亮眼的成绩。2020年，顺丰实现营收1540亿元，同比增长37.3%，远高于行业17.3%的增长率，归母净利润高达73.3亿元。

针对一季度的业绩亏损，顺丰表示有五大原因，分别是：继续加大了新业务的前置投入；从2020年第四季度开始增加临时资源投入以承接增量，致使成本承压，并且加大了资本性开支投入；公司重新整合速运网络、快运网络、仓储网络等资源，存在一定资源重叠投放；春节期间在岗人员补贴创历史新高，达到10亿元；时效件中散单业务增长低于预期，电商件毛利承压。

这五大原因中，除员工补贴一次性支出10亿元和行业竞争导致的顺丰毛利率下滑这两个原因之外，其余都是顺丰的成本问题所导致的，这些支出主要花在顺丰的新业务上。而对新业务的投入，还没有实现盈利。

顺丰2020年财报显示，截至报告期内，顺丰一共投资了141.55亿元，占收入比重约9.2%，比2019年增加近12亿元，包括土地、仓库、分拣中心、飞机、车辆、信息技术设备等，其中分拣中心和飞机投资金额较大，占了近60亿元。此外，在科技方面的投入达到42.73亿元，同比提升16%。

以飞机投资为例。2009年，顺丰航空仅有2架飞机。2012年，顺丰航空的机队扩展至10架。2016年扩展至30架。2017年和2018年，顺丰航空又分别采购了10架飞机。截至2021年2月，顺丰航空已经买了63架飞机，是国内机队规模最大的货运航空公司。

此外，顺丰还加大了对鄂州机场的建设投入，2021年一季度新增了三架自营货机，到年末机队规模可能将达到70架，预计2022年鄂州机场才能投入运营。

"买买买"战略

为打造一站式综合物流解决方案，顺丰近年来不断通过投资和并购，大笔注资不同项目。截至2021年3月，仅顺丰控股名下的投资项目就有38个。从时间上来看，2013年之前，顺丰没有发生一笔投资；2014—2017年各年的投资数量分别是3笔、7笔、5笔和2笔；2018年达到顶峰，有12笔投资，占投资总数量的近三分之一；此后投资速度有所减慢，2019年有7笔，2020年有4笔。

例如，2017年5月，UPS（美国联合包裹运送服务有限公司）宣布与顺丰控股在中国香港设立合资公司；2018年3月，顺丰控股以17亿元收购广东新邦物流，加码重货快运业务；2018年3月，湖北国际物流机场得到批复，中央预算、民航发展基金、湖北省财政基金等共投资超过80亿元新建湖北鄂州民用机场；2018年4月，以1亿美元领投美国知名科技货代公司Flexport C+轮融资，加码国际业务；2018年8月，牵手夏晖、招商集团和中铁快运，加码冷链、海运和铁路业务；2018年10月，掷55亿元并购敦豪供应链（香港）公司和敦豪物流（北京）公司，加码供应链业务；2019年顺丰速运投资易友通A+轮融资等。2021年2月，顺丰控股公告称，将收购嘉里物流51.8%的股份，总对价为175.6亿港元，这是2021年最新的一笔投资。

这些投资项目有些仍在整合中，效果很难量化，何时能够为顺丰创造价值，具有很大的不确定性。

两难境地

顺丰的业务包括：时效快递、经济快递、快运、冷运及医药、同城急送、国际、供应链和其他。其中，时效快递和经济快递属于顺丰的传统业务。而快运、冷运及医药、供应链等属于顺丰的新业务。顺丰的业务收入结构如表6-1所示。

表6-1 顺丰的业务收入结构

业务分类	业务种类	收入规模			收入占比（%）	
		2019年（亿元）	2020年（亿元）	增长率%	2019年	2020年
传统业务	时效快递	565.21	663.60	17.41	50.38	43.09
	经济快递	269.19	441.48	64.00	23.99	28.67

续表

业务分类	业务种类	收入规模			收入占比（%）	
		2019年（亿元）	2020年（亿元）	增长率%	2019年	2020年
新业务	快运	126.59	185.17	46.28	11.28	12.02
	冷运及医药	50.94	64.97	27.54	4.54	4.22
	同城急送	19.52	31.46	61.17	1.74	2.04
	国际	28.39	59.73	110.39	2.53	3.88
	供应链	49.18	71.04	44.45	4.38	4.61
	其他	12.92	22.44	73.68	1.15	1.46

由表6-1可知，2020年顺丰控股的传统业务实现增收，其中，时效快递收入同比增长17.41%；经济快递收入同比增长64.00%，贡献了超过40%的整体收入增量。新业务板块虽持续保持高速增长，但整体营收对公司的贡献十分有限。从顺丰2020年各业务收入占比情况来看，顺丰新业务收入占比为28.23%，虽较2019年有所提升，但增长幅度较小，也就是说，顺丰现在赖以生存的还是时效快递、经济快递这类传统业务。其中，时效快递是顺丰的核心竞争力，也一直是它的现金奶牛。而时效快递这项传统主营业务近年来也出现了增长天花板。

这种现象意味着顺丰可能陷入一种长期主义陷阱，过去三年来大笔投资的项目并未给顺丰带来可观的增长，未来几年能否带来增长存在很大的不确定性。

眼下，顺丰要解决的难题是，不仅要保证传统时效快递保持稳定增长，在经济快递、快运、冷运及医药、同城急送、国际、供应链领域也要取得突破。

资料来源：任娅斐. 顺丰陷入长期主义陷阱. 搜狐网，2021-04-23.

2. 财务风险

在财务风险方面，企业应广泛收集国内外企业财务风险失控导致危机的案例，至少收集本企业的以下重要信息（其中有行业平均指标或先进指标的，也应尽可能收集）：

（1）负债、或有负债、负债率、偿债能力；

（2）现金流、应收账款及其占销售收入的比重、资金周转率；

（3）产品存货及其占销售成本的比重、应付账款及其占购货款的比重；

（4）制造成本和管理费用、财务费用、营业费用；

（5）盈利能力；

（6）成本核算、资金结算和现金管理业务中曾发生或易发生错误的业务流程或环节；

（7）与本企业相关的行业会计政策、会计估算、与国际会计制度的差异和调节（如退休金、递延税项等）等信息。

财务风险与企业资金的筹措、运用、管理以及安全密切相关。财务风险的具体分析应从筹资风险、投资风险和收益分配风险三个方面展开。

筹资风险分析主要关注筹资过程中资金的供需市场、宏观经济环境的变化或筹资来源结构、币种结构、期限结构等因素给企业财务成果带来的不确定性。此外，对筹资方式、筹资时机、筹资数量、各种具体的筹资工具选择的风险分析也是同等重要的。

投资风险分析主要关注企业在投资活动中各种难以预计或控制因素的影响给企业财务成果带来的不确定性，致使投资收益率达不到预期目标而产生的风险。通常，投资项目是决定企业收益和风险的首要因素，不同的投资项目往往具有不同的风险，包括对内投资项目风险和对外投资项目风险，它们对公司价值和公司风险的影响程度也不同。

收益分配风险分析则关注公司在分配实现的净利润时，存在分配给投资者或留存企业内部这两种此消彼长的方式，这种分配的选择和权衡可能会对企业未来的经营活动产生一定的不利影响。

案例 6-2 “泛海系”的债务危机

阿里法拍平台显示，北京市第二中级人民法院将于 2021 年 8 月 13 日至 8 月 14 日拍卖 6 笔由该行股东中国泛海控股集团有限公司（以下简称“中国泛海”）持有的民生银行 A 股股份，合计 3.888 亿股，起拍价约 13.685 亿元。与民生银行股份一起被摆在拍卖台上的，还有中国泛海旗下上市公司泛海控股的约 4.49 亿股股份，占该公司总股本约 8.63%。

2020 年下半年以来，“泛海系”控股的民生信托连续踩雷武汉金凰珠宝 80 亿元“假黄金案”、至信 1095 号“萝卜章”、新华联债券违约等事件，这成为引爆“泛海系”债务问题的导火索。2020 年 9 月，评级机构联合资信将中国泛海评级展望由稳定调整至负面，理由包括中国泛海及其子公司 2020 年债券兑付规模大，面临较大的兑付压力，呈流动性紧张态势等。2021 年 5 月，联合资信将泛海集团主体评级下调至 A，评级展望仍为负面；6 月，联合资信终止了对泛海集团的评级，原因是中国泛海“无法提供评级所需部分材料”。

中国泛海 2020 年年报显示，2020 年中国泛海出现净亏损 67.48 亿元，泛海控股归母净亏损达 46.22 亿元。截至 2020 年年末，泛海控股负债余额约 1 460 亿元，其中接近 80%为流动负债，约 1 136 亿元，剔除变现能力较弱的存货后，该公司的流动资产不足 772 亿元。从账面数据看，“泛海系”面临较大流动性压力，债务危机较为严重。

资料来源：杜晓彤. 强制执行！民生银行 3.9 亿股将被拍卖，还有泛海控股…“泛海系”何时走出危情时刻？券商中国（微信公众号），2021-07-16.

3. 市场风险

在市场风险方面，企业应广泛收集国内外企业忽视市场风险、缺乏应对措施导致企业蒙受损失的案例，至少收集与本企业相关的以下重要信息：

（1）产品或服务的价格及供需变化；

（2）能源、原材料、配件等物资供应的充足性、稳定性和价格变化；

（3）主要客户、主要供应商的信用情况；

（4）税收政策和利率、汇率、股票价格指数的变化；

（5）潜在竞争者、竞争者及其主要产品、替代品情况。

市场风险分析具体可从产品市场风险和金融市场风险两个方面展开：

（1）产品市场风险关注在提供产品或服务的过程中，其价格及供需变化带来的风险。主要产品或服务的价格出人意料地上升或下跌，可能使业务面临风险，排除人为因素，价格的变化与供需变化直接相关。例如石油公司和农产品公司，经常会受到价格变动的影响。另外，从供应者角度来看，产品或服务及供需关系的变化可能会使企业的采购成本发生变化，相应地，企业的生产成本、营业收入也都会发生变化。

（2）金融市场风险关注在资金的融通和货币的经营过程中，在各种事先无法预料的不确定因素的影响下，资金经营者的实际收益所面临的不确定性。在现行的市场经济中，任何一个企业都会面临商品价格、利率、汇率等方面的风险，这些因素的变化会给企业带来损失或收益。金融风险具有双重结果，既可能导致经济损失，也可能带来额外利益，它的内涵比普通风险要丰富。

案例 6-3 猪价巨幅波动，“猪茅”如何独善其身？

2020—2021 年间猪肉价格可谓经历了“过山车”。受非洲猪瘟和新冠肺炎疫情的双重影响，2020 年国内猪肉价格不断攀升，2020 年 12 月 30 日，全国生猪出场价格已达每公斤 35.06 元。2021 年初，全国生猪价格经历年初小幅波动后开始大幅下降，截止到 6 月 23 日，全国生猪出场价格已跌至每公斤 14.10 元，为两年来最低价，较 2020 年末跌幅达 59.78%。

受猪肉价格变动影响，2021 年上半年猪肉养殖全行业亏损严重。新形势下，稳定生猪生产，有效规避市场风险对猪肉养殖企业尤为重要。

A 股生猪养殖行业龙头主要有牧原股份、正邦科技、温氏股份和新希望。2021 年 7 月各公司发布的半年报业绩预告显示，正邦科技、温氏股份和新希望均为亏损状态，唯独牧原股份能够独善其身，预计上半年归母净利润为 94 亿～102 亿元，同比下降 5.42%～12.83%。

对于牧原股份在猪价大跌和饲料涨价的背景下，依然能够守住业绩，业内人士认为，这与牧原股份的“全自养”模式有关。牧原股份是我国最大的自育自繁自养大规模一体化的生猪养殖企业之一，也是我国最大的生猪育种企业之一。在“全自养”模式下，牧原股份的生猪单位成本低于同行业可比公司，其生猪养殖业务毛利率自然显著高于同行。而温氏股份、新希望、天邦科技等多采用“代养”模式。

尽管 2021 年上半年牧原股份仍然盈利，但其净利润同比也有所下降，行业盈利缩水与猪价走势、养殖成本密切相关。有分析师认为，经过 2019—2020 年的盈利爆发期，当前猪价尚处于周期下行初期，未来走势或有反复，2022—2023 年或将迎来周期低点。下半年猪价虽有望反弹，但猪企的盈利情况将主要取决于其成本水平。未来猪企的经营重心将从产能扩张转向成本管控。

资料来源：张利静．头部猪企纷纷爆雷！猪周期凛冬难熬，唯独“猪茅”独赚百亿．中国证券报，2021-07-17.

4．运营风险

在运营风险方面，企业应至少收集与本企业、本行业相关的以下信息：

（1）产品结构、新产品研发；

（2）新市场开发，市场营销策略，包括产品或服务定价与销售渠道，市场营销环境状况等；

（3）企业组织效能，管理现状，企业文化，中高层管理人员和重要业务流程中专业人员的知识结构、专业经验；

（4）期货等衍生产品业务中曾发生或易发生失误的流程和环节；

（5）质量、安全、环保、信息安全等管理中曾发生或易发生失误的业务流程或环节；

（6）因内外部人员的道德风险致使企业遭受损失或业务控制系统失灵；

（7）给企业造成损失的自然灾害以及除上述有关情形之外的其他纯粹风险；

（8）对现有业务流程和信息系统操作运行情况的监管、运行评价及持续改进能力；

（9）企业风险管理的现状和能力。

运营风险分析关注在企业运营过程中，由于外部环境的复杂性和变动性以及主体对环境的认知能力和适应能力的有限性，而导致的运营失败或使运营活动达不到预期目标的可能性及其损失。应特别注意的是，运营风险并不是指某种具体特定的风险，而是包含一系列具体的风险。

案例6-4 从亏损到年赚4.5亿，泡泡玛特疯狂增长背后的运营风险

2020年12月11日，国内知名潮玩公司泡泡玛特在香港联合交易所挂牌上市，发行价每股38.5港元。在开始交易后，泡泡玛特的开盘价冲到了81.75港元，涨幅超过112%。凭借着小小的“盲盒”，泡泡玛特不仅让年轻人疯狂消费，也让资本市场为之疯狂。

泡泡玛特是目前国内唯一一家覆盖潮玩全产业链（包括艺术家发掘、IP运营、OEM（原始设备制造商）生产、消费者触达和潮流玩具文化推广）的公司，凭借一体化的平台、领先的产品设计和开发能力，开发了多个IP形象，并围绕它们打造潮玩产品，发掘IP的商业价值。

泡泡玛特是一家“有故事”的公司。2014年，泡泡玛特选择在新三板上市。上市三年间，公司营收分别是1 700万元、4 500万元和2 900万元，净利润分别是−277万元、−1 600万元和−2 480万元，连续三年亏损被迫退市。2015年，创始人王宁决定调整公司的商业模式，砍掉化妆品、服装等品类，将经营的核心聚焦到潮流玩具上，同时挖掘了Molly和Pucky两款玩偶——如今泡泡玛特的核心IP。商业模式的调整带来了营收与净利润的双丰收。2017—2019年间，泡泡玛特的营收分别为1.581亿元、5.145亿元和16.834亿元，利润更是暴增了280多倍，从2017年的156.9万元，2018年的9 952.1万元到2019年的4.511亿元，完全是现象级、指数级的增长。即使是受疫情冲击的2020年，公司依然实现了49.31%的收入同比增长，达到16.83亿元；净利润同比增长16%，达到5.23亿元。

泡泡玛特疯狂增长的背后，固然有其成功经营的“财富密码”，但同时也蕴藏着不容忽视的风险。

过度依赖大 IP

IP 是泡泡玛特最核心的竞争力，但事物总有两面性。对 IP 的依赖某种程度上也成为泡泡玛特的软肋。尽管已经有不错的 IP 储备量，但泡泡玛特依然无法摆脱对头部 IP 的依赖。2019 年，仅 Molly 和 Pucky 两个 IP 就贡献了泡泡玛特总营收的 45.8%。Molly 取得了巨大的成功，但泡泡玛特很难在其他 IP 身上复制 Molly 的辉煌。泡泡玛特的招股说明书明确指出，其无法保证 Molly 的受欢迎程度及市场接受程度维持在现有水平。如果大 IP 不再吸金，又无法培育出下一个爆款 IP，公司业绩受到影响的可能性非常大。

产品质量问题的威胁

除了 IP 外，潮玩的产品质量也是一个重要的风险点。泡泡玛特的产品通过第三方制造商生产，这将导致质量不达标的风险。事实上，2019 年 7 月，泡泡玛特曾被媒体曝出甲醛超标的问题。泡泡玛特发布声明说，所售产品符合国家规定，相关产品已送检。尽管甲醛超标问题没了下文，但如今在消费者投诉平台黑猫投诉上，有关泡泡玛特的产品瑕疵问题的投诉依然层出不穷。此外，泡泡玛特的售后服务似乎有些停滞，不少消费者抱怨，在收到带有瑕疵、破损的盲盒后，泡泡玛特迟迟没有售后跟进。

潮玩市场竞争壁垒低

从 2019 年开始，各行各业都兴起了追逐盲盒的浪潮。故宫、迪士尼、陕西博物馆领衔“景区盲盒”；腾讯深耕亚文化圈层，“金鼠鹅系列盲盒”努力追随年轻人的情感变化。除此之外，酷乐潮玩、52TOYS、艾漫、IP Station 等竞争对手也不可小觑。由此可见，以盲盒为核心产品的行业进入门槛较低，未来竞争加剧的可能性很大。而泡泡玛特的龙头地位并不稳固——无论是 IP 规模还是市场份额，泡泡玛特都未能和第二名拉开明显的差距。

盲盒持续热潮未知

泡泡玛特的火爆在很大程度上得益于盲盒玩法。泡泡玛特激发用户购买欲望并不完全在于玩具本身，类似于游戏抽卡的中奖心理，甚至是得到部分稀缺产品的低概率以及所产生的买卖利益空间，都是激发用户购买的因素。问题在于，盲盒的热潮能持续多久？潮玩本身是否有足够的护城河，去抵御更多新鲜事物的侵蚀？要知道，时代变化太快了。当市场有热度时，盲盒能收获很多的溢价；但当市场失去热度，盲盒里装着的就只是普普通通的塑料玩具而已。

资料来源：吕明侠. 盲盒乱象引众议，千亿市值的泡泡玛特还能撑多久？每日财报网，2020-12-31.

5. 法律风险

在法律风险方面，企业应广泛收集国内外企业忽视法律法规风险、缺乏应对措施导致企业蒙受损失的案例，至少收集与本企业相关的以下信息：

（1）国内外与本企业相关的政治、法律环境；

（2）影响企业的新的法律法规和政策；

（3）员工道德操守的遵从性；

（4）本企业签订的重大协议和有关贸易合同；

（5）本企业发生重大法律纠纷案件的情况；

（6）企业和竞争对手的知识产权情况。

法律风险分析应关注合规性风险和监管风险。交易对方不具备法律法规赋予的交易权利，违反国家有关法规进行市场操纵、内幕交易，有不符合监管规定的行为等，都会导致法律风险。由于各国的法律法规不同，对不同类型金融机构的监管要求不同，所以不同交易对手的法律风险存在较大差异。

案例6-5 聚力文化涉嫌信息披露违法违规

浙江聚力文化发展股份有限公司（以下简称“聚力文化”）于2019年5月24日收到中国证监会的《调查通知书》。因公司涉嫌信息披露违法违规，根据《证券法》的有关规定，中国证监会决定对公司进行立案调查。聚力文化2021年8月2日收到中国证监会浙江监管局的《行政处罚决定书》。

经查，2016年5月，聚力文化完成对美生元100%股权的收购并将其纳入合并报表范围。2016年至2018年，美生元在未真实开展业务的情况下，确认来自多家公司的销售收入，并通过第三方主体实现资金流转。2016年，美生元合计虚增营业收入21 148.53万元，虚增利润总额12 357.88万元，虚增期末应收账款余额16 123.93万元，分别占聚力文化同期披露营业收入、利润总额、资产总额的12.82%、31.34%、3.23%。2017年，美生元合计虚增营业收入49 763.11万元，虚增利润总额26 244.12万元，虚增期末应收账款余额41 935.30万元，分别占聚力文化同期披露营业收入、利润总额、资产总额的16.25%、42.97%、6.99%。2018年，美生元合计虚增营业收入18 774.53万元，虚增利润总额12 176.77万元，虚增期末应收账款余额38 369.48万元，分别占聚力文化同期披露营业收入、利润总额、资产总额的5.38%、4.2%、12.27%。上述财务数据纳入聚力文化合并报表后，导致聚力文化2016年、2017年、2018年年度报告的财务数据及相关披露信息存在虚假记载。

聚力文化的上述行为违反了《证券法》的相关规定，构成了信息披露违法行为。为此，中国证监会浙江监管局对聚力文化责令改正，给予警告，并处以60万元罚款；同时，对相关责任人员进行了3万～30万元的罚款。

资料来源：聚力文化. 关于收到《行政处罚决定书》的公告. 巨潮资讯网，2021-08-03.

6.1.2 风险发生的可能性和影响程度分析

明确风险发生的可能性和影响程度是风险分析的两大核心任务。可能性表示一个给定事项将会发生的概率，影响程度则代表它的后果。一般来说，对识别出来的风险，从可能性和影响程度两个方面进行分析后，就可以根据分析的结果采取应对措施。

1. 风险发生的可能性分析

可能性分析是指假定企业不采取任何措施，以此来影响经营管理过程，将会发生风险的概率。确定损失概率是风险分析的一个重要方面，它通常是通过收集实际情况和进行专业判断来完成的。某一事件的发生与否往往存在一种统计规律性。例如，掷一枚硬币，出现正面朝上或反面朝上的情况均有可能，若以“正面朝上”为一事件，那么每掷一次硬币，这一事件都有可能出现。如果重复掷多次，正面朝上的次数与总次数的比值称为事件发生的频率。随着所掷次数的增加，频率趋向一个定值1/2。这种随着重复掷的次数无限增加，事件发生频率趋向于一个常数的性质，称为这个事件的发生存在统计的规律性，这个常数即为事件发生的概率。

关于概率的计算，科学的方法是使用数理统计原理，以数值为依据，根据现象特征，采用二项分布、泊松分布等数学模型，进行科学的测算。风险的可能性分析应该遵循“大数法则”，即如果有足够的事例可供观察，则这些未知与不可测力量有趋于平衡的自然倾向，那些在个别情况中存在的不确定性和风险，将在大数中消失。大数法则表明，在有足够多的风险单位时，实际损失结果与预期损失结果的误差将会很小。例如，在确定坏账准备率过程中，要求有足够多的赊款数额，这样才能得出合理的坏账准备率。

风险发生的可能性的分析结果一般有“极低”“低”“中等”“高”“极高”五种情况。对风险发生可能性的定性测评如表6-2所示。

表6-2 风险发生可能性的定性测评表

序号	描述符	详细描述举例
1	极高	在多数情况下预期会发生
2	高	在多数情况下很可能发生
3	中等	在某些时候能够发生
4	低	在某些时候不太可能发生
5	极低	在例外情况下可能发生

也可以用定量的方法测评风险发生的可能性（见表6-3）。

表6-3 风险发生可能性的定量测评表

序号	描述符	概率
1	极高	>95%
2	高	(50%，95%]
3	中等	(10%，50%]
4	低	(5%，10%]
5	极低	(0，5%]

2. 风险发生的影响程度分析

影响程度分析主要是指对目标实现的负面影响程度的分析，即对风险事故可能造成的损失值的分析。风险管理人员应根据公司自身的特点，采用不同的方法来衡量损失程度。按照可能的影响结果（通常量化成数值），一般将风险发生的影响程度划分为“不重要”“次要”“中等”“主要”“灾难性”五级（见表6-4）。

表 6-4 风险发生的影响程度的定性分析

序号	描述符	详细描述举例
1	不重要	不受影响，较低的损失
2	次要	轻度影响（情况立刻受到控制），轻微的损失
3	中等	中度影响（情况需要外部支持才能得到控制），中等的损失
4	主要	严重影响（情况失控，但无致命影响），重大的损失
5	灾难性	重大影响（情况失控，给企业造成致命影响），极大的损失

风险发生的影响程度是针对既定目标而言的，因此对于不同的目标，企业应采取不同的衡量标准。

在风险分析的过程中，公司应从自身的具体状况出发，运用适当的风险分析技术，定量或定性地评估相关事项，根据风险分析的结果，按风险发生的可能性及影响程度进行排序，分清哪些是主要风险，哪些是次要风险，从而筛选出企业的关键风险，为风险应对提供依据。

6.1.3 风险之间的关系分析

除了对单项风险分别进行分析，还要考虑单项风险的总体效果。如果单项风险之间并不相关，管理者应对它们分别进行分析，但当风险源彼此关联，或者风险源结合或相互影响产生显著不同的可能性或影响时，管理者应把它们放在一起进行分析，以便发现各项风险之间的自然对冲、风险事件发生的正负相关性等组合效应，对风险进行统一集中管理。另外，企业应根据风险发生可能性分析和影响程度分析的结果，绘制风险矩阵，对各项风险进行比较，初步确定各项风险的管理优先顺序和应对策略。

6.2 风险分析的流程

风险分析通过对识别出的风险因素进行定性描述和量化分析，来探求各主要影响因素发生的可能性以及对企业目标实现可能产生的有利或不利影响。只有根据风险分析的结果，才能进一步研究，正确选择风险的应对策略。因此，风险分析结果恰当与否，直接影响企业风险管理的执行效果。为此，建立明确的风险分析流程以保证风险分析的质量就非常必要。

风险分析流程是指，识别风险分析过程中所有必要的活动，确定这些活动的顺序和相互关系，准确地描述，形成书面文件并加以实施和监控的过程。风险分析的流程包括分析策划、收集风险数据、选择分析技术和方法、综合分析实施、撰写风险分析报告、建立风险分析数据库等。

同时，为保证风险分析流程的有效运行，必须对流程的各个环节做出规定，提出明确具体的责任目标及分析要求。对于风险分析活动过程应进行必要的记录，相关记录应予以存档。例如，在新产品推广的过程中，风险管理人员可以通过与销售人员交谈、向消费者发放调查问卷等形式进行调研，收集相关资料，并根据调研的结果和经验，确定该产品在市场上成功推出的可能性，以及将来可能遇到的风险及遭受的损失。

这里应注意的是，风险不是一成不变的，而是随着企业内外部环境的改变处于不断变化的动态过程中。基于这种动态条件的预测和分析，其结果不可能做到精确可靠。风险分析的根本目的在于尽量避免风险失控，并为企业经营中的突发事件预留足够的后备措施和缓冲空间。①

6.2.1 分析策划

在进行风险分析策划时，风险管理人员需要注意以下几个方面。

1. 风险分析参与人员的结构与技能要求

风险分析活动中，应当注意参与人员的适当性。风险管理目标和分析的风险范围不同，参与风险分析过程的程度就不同，对参与人员的专业技能要求也不同。在公司层面上，高级管理层应该参与进来；在有些情况下，对特殊的业务风险的分析，有独到见解的人员应该参与进来；有时，董事会也需要参与进来。在部门层面上，部门管理层和关键流程责任人应该参与进来。

2. 风险分析策划的时机

风险分析策划的时间范围应与企业相关战略和目标的时间范围相一致。一般而言，时间范围越大，风险发生的可能性就越大，风险分析的要求就越高。另外，管理者还应注意，不同时间段内风险发生的可能性是不同的，如春季发生旱灾的可能性较大，而夏季发生洪涝灾害的可能性较大。

3. 风险分析所需的相关信息及来源

风险分析的信息来源主要有：

（1）客观依据。对于风险的可能性和影响的估计值，通常利用过去可观察事件的数据来确定，因为它提供了一个比较客观的依据。

（2）主观判断。很多管理人员在面对不确定性时会做出主观判断，这种判断的正确性取决于管理人员的能力、知识、经验等因素，因此主观判断会存在一些个人偏见。

（3）管理人员的主观判断与外部客观数据分析相结合。主观判断与外部客观数据分析相结合，可以减少单一方法的缺陷，提高风险分析结果的正确性。

例如，一家公司的管理层在分析由于设备故障所导致的生产中断风险时，首先

① 胡为民. 内部控制与企业风险管理——实务操作指南. 2 版. 北京：电子工业出版社，2009.

看该公司的制造设备先前发生故障的频率和影响，接下来用行业基准来补充数据。这样就能够对故障的可能性和影响进行更为精确的估计，从而制定更为有效的防护性维护计划。当利用过去的事项对未来进行预测时，应该保持谨慎态度，因为影响事项的因素可能会随着时间的推移而发生变化。

4. 风险分析的相关技术与方法

风险分析方法包括定量分析方法和定性分析方法。定性分析方法的可行性较好，但具有很强的主观性。定量分析方法能带来较高的精确度，但要求的数据较多，分析较为复杂。这两种方法将在下文中介绍。

6.2.2 收集风险数据

风险分析建立在数据收集基础之上。对收集的数据进行分析，有助于把握问题的根源，掌握问题的发展趋势，从而更精确地分析风险。一般来讲，数据来源有以下几个方面。

1. 宏观数据

宏观环境因素的变化是战略风险的主要来源，对主要的宏观环境因素变化进行监测和记录，有助于分析该风险存在的可能性和对目标的影响程度。

2. 行业数据

行业生命周期、行业竞争对手、行业市场份额分布、行业关键成功因素等数据，有助于评估风险的可能性和影响程度。

3. 专家数据

外部专家对企业风险的可能性和影响程度的判断，可以为公司风险分析提供直接而重要的借鉴，是公司重要的数据来源。

4. 历史数据

公司的历史数据是公司执行战略活动结果的精确描述，是制定新战略的基础，也是企业风险分析的基础。公司历史数据包括：过去的战略目标和战略规划数据；战略目标达成的分析数据；战略执行和监控数据及人力资源、设计、采购、生产、销售、财务等经营方面的数据。

为了保证风险分析结论的准确性，要求收集到的数据资料满足以下条件：

（1）完整性。风险管理人员不仅要了解损失金额，而且要了解每次损失的环境情况，如货物列车出轨的地点、时间，出轨时的车组人员和所载的货物等，以便分析特定损失发生的确切原因。风险管理人员还必须运用洞察力去判断在什么情况下可能遗漏了某些重要资料。例如，当风险管理人员第一次检查某份会计报告时，报告中并没有该年的损失记录，而其他各年度都有损失，这就有充分的理由认为该年也有损失。经检查发现，该年换了一位会计人员，这位会计人员并不了解应该将这些损失汇总到账户中去，而给这位风险管理人员的报告是从汇总账户中取得的，这样，该年的损失数据也就丢失了。

（2）一致性。数据必须是在一致的基础上收集的。如果从不同的来源用不同的方法收集资料，就会有很多不一致的数据。例如，某风险管理人员在检查会计报告"历史损失金额"一栏时，有两个数据以百元为单位记录，而其他数据是以元为单位记录的。这就有理由认为这两个数据不如其他数据精确。同时，数据的一致性要求按照物价水平调整损失金额，即要消除通货膨胀的影响。

（3）相关性。风险分析使用的数据资料必须与某一具体因素导致的风险事项密切相关，因此需明确各类损失所涉及的内容，如财产损失是指损失发生时的修复费用或重置成本而不是财产的原始成本；责任损失不仅应包括赔偿金，还应包括调查、辩护和处理赔偿的费用；营业中断损失必须包括营业中断所致的收入损失，还应包括恢复营业所需要的额外费用。除此之外，对过去的损失金额应在与风险管理相关的基础上估计，一般以恢复损失前的费用来估计损失。

例如，某铁路企业的风险管理人员发现，他收集的资料中的损失金额包括每次火车出轨造成的所有损失，即包括铁路财产损坏的重置费用、支付给货主的货物损失、铁路的收益损失和由于出轨造成的其他费用损失。这样，只要把这些损失数据按通货膨胀率进行调整，就可以应用于风险管理。如果这些数据不适用，风险管理人员就要同会计人员和统计人员对损失金额进行调整。

（4）组织性。在上述例子中，如果按时间顺序列出损失，有可能不易发现损失模式，而如果按损失大小列出，就容易发现损失模式。损失越严重，在风险管理中越需要重点关注，因此，通过调整，把损失金额最小的列于最后一位，把损失金额最大的列于第一位。这样经过调整并组织的历史损失资料，为预测未来损失提供了一个良好的基础。

6.2.3　选择分析技术和方法

依据风险的复杂程度和重要性，选择适当的分析技术和方法。风险分析技术与方法可以划分为定性分析方法和定量分析方法。

1. 定性分析方法

定性分析是指对风险的影响和可能性以定性的方式进行描述。定性分析是目前风险分析中采用比较多的方法。在不要求做定量分析，或者定量分析所需的充分、可靠的数据实际上无法取得，或者获取这些数据不符合成本效益原则时，通常采用定性分析方法。

定性分析方法的可行性较好，基于分析人员丰富的实践经验，可以将一些非计量因素考虑进去。定性分析方法具有很强的主观性，往往需要凭借分析者的经验和直觉，或者国际标准和惯例，对风险发生的可能性和影响程度等进行定性描述，精确度不够。分析结果的准确性在很大程度上受到分析人员的经验和能力的影响，且分析结果很难有统一的解释。

常用的定性分析方法有：问卷调查、集体讨论、专家咨询、人员访谈、风险矩阵等。

2. 定量分析方法

在可以获得充分、准确的数据和有必要实施定量评估的情况下，可以选择定量分析方法。定量分析方法可以对风险进行精确分析，弥补了定性分析方法的不足，而且定量分析的结果很直观，容易理解。

定量分析方法的缺陷也比较明显，该方法的应用以可靠的数据为前提。事实上，在信息系统日益复杂多变的情况下，数据的可靠性是很难保证的，且一些数据的获得需要付出较高的成本。此外，定量分析方法无法考虑许多非计量因素。例如，国家的方针政策以及政治经济形势的变动、消费者心理以及习惯的改变、投资者的意向以及员工情绪的变动等，这些因素都是无法量化的。

常用的定量分析方法有：敏感性分析、情景分析、关键风险指标法、风险价值法、压力测试法等。

3. 定性分析与定量分析相结合

在风险分析中，定性分析方法与定量分析方法的结合是必要的。这两类方法在实际应用中并非相互排斥，而是相互补充、相辅相成，企业可以依据自身的风险情况采用具体的结合形式。

6.2.4 综合分析实施

风险分析一般由企业（风险管理部门）组织有关职能部门和业务单位实施，也可聘请有资质、信誉好、风险管理专业能力强的专门机构（比如专门的风险管理咨询公司等）协助实施。风险分析是一项难度较高的复杂工作，聘请外部专业团队是有必要的，特别是在公司导入风险管理的阶段。外部专家的专业技能可以提高风险分析的效率和准确性，同时，通过外部专家的知识传播，公司风险分析人员的技术水平和整个公司成员的风险意识水平也可以得到提升。不同风险分析组织方式的优势与劣势如表6-5所示。

表6-5　不同风险分析组织方式的优势与劣势

	由风险管理部门负责	由专业机构负责
优势	更直接的管理控制； 对于内部运作和情况有很好的了解； 敏感性信息的保密性较高。	能更快开展工作，有强大的后台支撑，包括风险管理方法、技术和专业人员等； 能灵活配置人员和技术组合，更易掌握风险管理的成本。

续表

	由风险管理部门负责	由专业机构负责
劣势	准备时间很长，包括人员安排与培训等； 不易掌握最新的风险管理方法和工具； 对风险管理实施方法的需求波动缺乏弹性处理。	可能导致管理层对风险管理监控责任感的降低； 了解企业的运营和流程需要时间。

6.2.5 撰写风险分析报告

风险分析的结论以正式的文本形式进行报告，应至少包括以下内容。

1. 风险发生的可能性

在风险分析报告中，某特定风险事项发生的可能性有“极低”“低”“中等”“高”“极高”等情况。

2. 风险对目标的影响程度

按照影响的结果，一般将风险对目标的影响程度分为“不重要”“次要”“中等”“主要”“灾难性”等。

3. 风险重要性评级

根据风险对实现经营目标的影响程度，管理层在风险分析报告中要对该风险对企业的重要性评定等级，结合评级绘出综合风险地图。这个风险绘图工具有很大的弹性，可以纳入其他标准，包括潜在的财务影响，对关键战略执行的影响，给企业带来的资本、收益、现金流和品牌资产的影响等。影响程度越高，风险就越大。

4. 综合风险地图

通过分析风险发生可能性的高低和对目标的影响程度，结合风险重要性评级绘制综合风险地图，初步确定对各项风险的管理优先顺序和策略，并制定风险的应对方案。

6.2.6 建立风险分析数据库

保存风险分析过程的数据或记录，使之成为企业风险管理数据库的重要组成部分。详细的风险分析数据库所建立的风险图像的功能有：(1) 确定所辨识风险的优先顺序；(2) 了解或掌握判定可容忍暴露的条件；(3) 促使处理风险决策过程的文件化；(4) 允许和风险管理相关的人员看到全部的风险图像以及在他们的领域如何去适应特定的责任，使风险的重新探讨和监控变得容易。

经过完整的风险分析流程，风险管理者应完成四项任务：

（1）对各项风险进行比较和评价，确定它们的等级和先后顺序。

（2）从整体出发，弄清多个风险事件之间确切的因果关系。因为表面看起来不相干的多个风险事件常常是由一个共同的风险来源造成的，例如工程中的技术难题会造成费用超支、进度拖延、产品质量不符合要求等多种后果。

（3）考虑各种不同风险之间相互转化的条件，研究如何才能把威胁转变为机会。

（4）进一步量化已识别风险的发生概率和后果，减少风险发生概率和后果估计中的不确定性，必要时，根据形势的变化，重新分析风险的发生概率和后果。

案例 6-6　精细化工工艺风险分析流程①

精细化工是当今化学工业中最具活力的新兴领域之一，是新材料的重要组成部分。精细化工产品种类多、附加值高、用途广、产业关联度大，直接服务于国民经济的诸多行业和高新技术产业的各个领域。其风险分析核心步骤为查找风险、评估风险、确定降低风险的措施，完成这些步骤需要预先做好准备工作，其他步骤也不能忽略。

（1）确定分析范围。确定分析范围的目的在于确定需要考虑的工艺范围，包括发生反应的化学物质及设备，此时必须清楚地描述出所有的化学反应和操作单元。

（2）收集安全数据。在风险分析之前必须收集所需数据，这可以在工艺研发阶段随着对工艺认识的不断加深而逐步完善，所获数据经总结后可以填充到数据表单中。应围绕涉及的化学物质、化学反应、技术设备、设施和操作者等方面进行数据收集。为保证工作更加经济有效，所收集的数据应从风险的角度予以解释。为了便于风险分析，应收集足够丰富的数据，并保证数据的准确性。

（3）评估安全条件，确定临界值。收集并整理安全参数后，必须从工艺安全的角度对工艺条件进行评估，以安全数据及其解释为依据，得出工艺临界值，这可以为下一步查找偏差打下基础。

（4）查找偏差。在查找偏差时，须将工艺与其将来应用的技术环境（装置、包括操作者在内的控制系统以及原材料的运输等）一并考虑，对偏离正常操作状态的偏差进行关键性检查。

（5）评估风险。对上一步中的偏差情形进行风险评估，即为每种情形发生的可能性和严重度分别确定数值。评估是定性或半定量的，很少是定量的，因为定量评估需要故障频率的统计数据，这对于工艺千差万别的精细化工行业来说是很难做到的。显然，严重度与每种情形的后果或可能的损害程度相关，可以从不同的角度进行评估，如可以从对人、环境、财产、业务连续性或公司声誉的影响等方面进行评估。

（6）绘制风险矩阵。风险评估本身不是客观的，但是必须的，它决定了风险是否可以接受，或者是否需要通过适当的方法降低风险。通常需要将风险与可接受标准进行比较，可以通过风险矩阵来表示。

（7）降低风险。如果一个活动的风险落在风险矩阵中不可接受区，必须采取适

① 此例中的“风险分析流程”是一个宽泛的概念，包括本书中的风险识别、风险分析（或风险评估）与风险应对三个基本流程。

当的措施来降低风险。通常可以从措施层次和措施模式两个方面来考虑风险降低措施。前者包括消除、预防和减弱三个子层次，后者包括技术措施、组织措施以及程序措施。

（8）减少残余风险。风险不可能彻底消除，存在一定的残余风险。对策措施只是降低了已识别的风险。残余风险包括三部分：有意识接受的风险、已识别但误判的风险和未识别的风险。严格且以高度负责的态度进行的风险分析能减少残余风险的后两个部分。

资料来源：知识分享丨精细化工工艺风险分析概述及分析流程．经燕（微信公众号），2020-05-29.

6.3　风险分析的方法

6.3.1　风险矩阵

1．风险矩阵的基本原理

风险矩阵，是指按照风险发生的可能性和风险发生后果的严重程度，将风险绘制在矩阵图中，展示风险及其重要性等级的风险管理工具方法。风险矩阵的基本原理是，根据企业风险偏好，判断并度量风险发生可能性和后果严重程度，计算风险值，以此作为主要依据在矩阵中描绘出风险重要性等级。①

2．风险矩阵的应用步骤

（1）确定风险发生的可能性和影响程度的评估标准。企业可根据风险管理精度的需要，确定定性或定量标准来描述风险发生的可能性和影响程度。

风险发生可能性的定性、定量评估标准及其对应关系如表6-6所示。

表6-6　风险发生的可能性评估标准

	风险发生的可能性				
	极低	低	中等	高	极高
定量方法（分值）	1	2	3	4	5
定性方法（文字描述）	公司可能每5年以上发生该类风险	公司可能每1～5年发生该类风险	公司可能每年发生该类风险	公司可能每半年发生该类风险	公司可能每月发生该类风险

风险发生的影响程度的定性、定量评估标准及其对应关系如表6-7所示。

（2）确定风险重要性等级标准。在确定风险重要性等级时，应综合考虑风险发生的可能性和风险发生的影响程度，以及企业的风险偏好，对风险重要性等级

① 管理会计应用指引第701号——风险矩阵.

进行科学的划分。比如，可将风险按重要性划分为一般风险、重要风险、重大风险等级别，或划分为可忽视的风险、可接受的风险、要关注的风险和重大的风险等级别。

表6-7 风险发生的影响程度评估标准

		风险发生的影响程度				
		不重要	次要	中等	主要	灾难性
定量方法（分值）		1	2	3	4	5
定性方法	企业日常运行	不受影响	轻度影响（造成轻微的人身伤害，情况立刻受到控制）	中度影响（造成一定人身伤害，需要医疗救援，情况需要外部支持才能得到控制）	严重影响（企业失去一些业务能力，造成严重人身伤害，情况失控，但无致命影响）	重大影响（重大业务失误，造成重大人身伤亡，情况失控，给企业带来致命影响）
	财务损失	较小财务损失	轻微财务损失	中等财务损失	重大财务损失	极大财务损失
	企业声誉	负面消息在企业内部流传，企业声誉没有受损	负面消息在当地局部流传，对企业声誉造成轻微损害	负面消息在某区域流传，对企业声誉造成中等损害	负面消息在全国各地流传，对企业声誉造成重大损害	负面消息流传世界各地，政府或监管机构进行调查，引起公众关注，对企业声誉造成无法弥补的损害
	安全	短暂影响员工或公民的健康	严重影响一位员工或公民的健康	严重影响多位员工或公民的健康	导致一位员工或公民死亡	引致多位员工或公民死亡
	营运	对营运影响微弱； 在时间、人力或成本方面不超出预算或超出预算1%以下	对营运影响轻微； 受到监管者责难； 在时间、人力或成本方面超出预算1%～5%	减慢营业运作； 受到法规惩罚或被罚款等； 在时间、人力或成本方面超出预算6%～10%	无法达到部分营运目标或关键业绩指标； 受到监管者的限制； 在时间、人力或成本方面超出预算11%～20%	无法达到所有的营运目标或关键业绩指标； 违规操作使业务中止； 在时间、人力或成本方面超出预算20%以上
	环境	对环境或社会造成短暂的影响； 可不采取行动	对环境或社会造成一定的影响； 应通知政府有关部门	对环境造成中等影响； 需一定时间才能恢复； 出现个别投诉事件； 应采取一定程度的补救措施	造成主要环境损害； 需要相当长的时间来恢复； 大规模的公众投诉； 应采取重大的补救措施	造成无法弥补的灾难性环境损害； 激起公众的愤怒； 潜在的大规模的公众投诉

对于使用定量指标描绘的矩阵，可计算风险值，并将风险值划分为与风险重要性等级相匹配的区间（见表6-8）。

风险值=风险发生的可能性的分值×风险发生的影响程度的分值

表6-8 风险重要性等级标准（示例）

风险值	风险等级	应对方法
1～7	一般	可接受的，执行现有管理程序、保持现有措施有效 防止风险进一步升级
8～14	重要	可容忍的，可进一步降低风险，设置可靠的监测报警设施或高质量的管理程序
15～25	重大	不可接受的，立即采取防控措施，防范并消除风险

（3）绘制风险矩阵。风险矩阵是以风险发生的影响程度为横坐标、以风险发生可能性为纵坐标的矩阵。在对风险发生的可能性及影响程度进行定性或定量评估之后，应依据评估结果绘制风险矩阵。

例如，S公司对8项风险进行了定性评估，认为风险①发生的可能性为“低”，发生的影响程度为“不重要”，依此类推，风险⑧发生的可能性为“高”，发生的影响程度为“灾难性”，由此绘制出风险矩阵（见图6-1）。同样，根据定量评估结果也可以绘制风险矩阵。

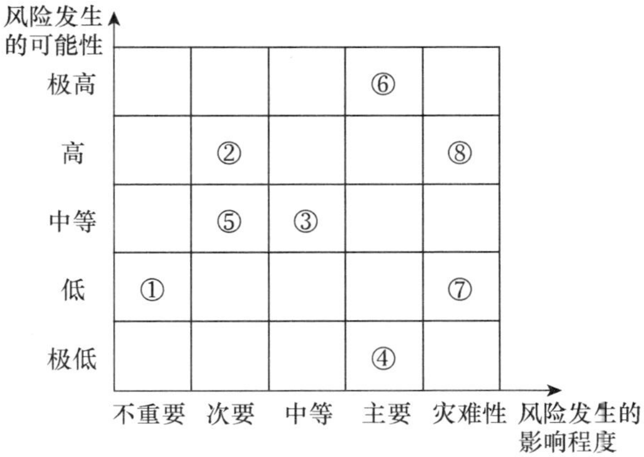

图6-1 S公司的风险矩阵

绘制风险矩阵的目的在于，对多项风险进行直观的比较，从而确定对各项风险进行管理的优先顺序和策略。例如，S公司绘制了风险矩阵（见图6-2），根据风险发生的可能性和影响程度，将该图划分为A，B，C三个区域，A区域的风险值为0～3，是低风险区域；B区域的风险值为4～8，是中等风险区域；C区域的风险值为9～25，是高风险区域。公司决定承担A区域中的各项风险且不再增加控制措施；严格控制B区域中的各项风险且专门补充各项控制措施；确保规避和转移C区域中的各项风险且优先安排实施各项防范措施。

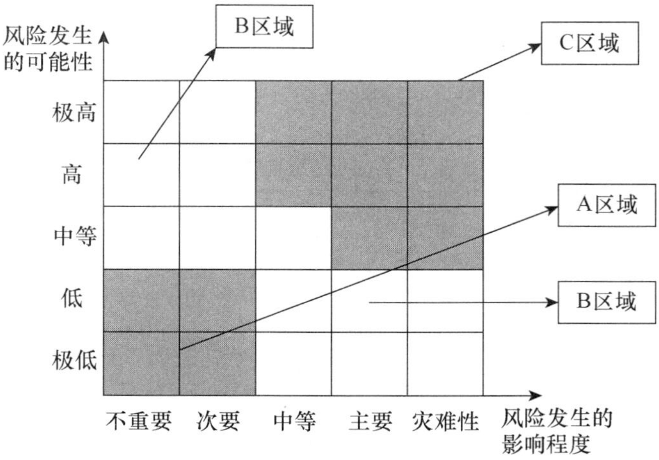

图6-2 S公司主要的风险区域

（4）沟通报告风险信息。企业应将绘制完成的风险矩阵及时传递给企业管理层、各职能部门和业务部门。企业还可将风险矩阵纳入企业风险管理报告，以切实指导风险预警和应对活动，提高风险管理效果。

（5）持续修订风险矩阵。企业应根据风险管理的需要或管理层的要求，定期或不定期地更新风险矩阵所展示的各类风险及其重要性等级。

3. 风险矩阵评价

风险矩阵的主要优点是，为企业确定各项风险重要性等级提供了可视化的工具。该方法的主要缺点是：（1）需要对风险重要性等级标准、风险发生可能性、后果的严重程度等做出主观判断，可能影响使用的准确性；（2）应用风险矩阵所确定的风险重要性等级是通过相互比较确定的，因而无法对列示的个别风险重要性等级进行数学运算得到总体风险的重要性等级。

6.3.2 敏感性分析

1. 敏感性分析概述

敏感性分析，是指对影响目标实现的因素变化进行量化分析，以确定各因素变化对实现目标的影响及其敏感程度。

敏感性分析可以分为单因素敏感性分析和多因素敏感性分析。单因素敏感性分析，是指每次只变动一个因素而其他因素保持不变时所做的敏感性分析。多因素敏感性分析，是指假定其他因素不变时，分析两种或两种以上不确定性因素同时变化对目标的影响程度所做的敏感性分析。①

敏感性分析是经济决策中常用的一种不确定性分析方法，适用性广泛，可以用于短期营运决策、长期投资决策等相关风险的分析，也可以用于一般经营分析。用

① 管理会计应用指引第402号——敏感性分析.

于风险分析时，其目的是在诸多的不确定性因素中，确定敏感性因素和弱敏感性因素，并分析敏感性因素对实现目标的影响程度，从而使风险管理人员掌握风险水平，明确进一步的风险应对策略与应对方案。

2. 敏感性分析的步骤

（1）确定决策目标及其基准值。长期投资决策目标的基准值通常包括净现值、内含报酬率、投资回收期、现值指数等；利润规划的决策目标是利润最大化。由于利润＝销售量×（单价－单位变动成本）－固定成本总额，因此，在确定利润基准值时，企业通常根据正常状态下的产品销售量、定价和成本状况，使用本量利公式测算目标利润基准值。

（2）分析确定影响决策目标的风险因素。在长期投资决策分析中，企业通常需要结合行业和项目特点，参考类似投资的经验，对决策目标基准值的影响因素进行识别和选取。决策目标基准值的影响因素通常包括项目期限、现金流和折现率。长期投资决策中的敏感性分析，通常分析项目期限、现金流和折现率的变化对投资方案的净现值、内含报酬率等产生的影响。在利润规划分析中，企业根据本量利公式识别和分析影响利润基准值的因素，包括销售量、单价、单位变动成本和固定成本。企业可视具体情况和以往经验选取对利润基准值影响较大的因素进行分析。

（3）确定决策目标对风险因素的敏感程度。敏感系数反映的是目标对风险因素的敏感程度，或某一因素值变动对目标值变动的影响程度。敏感系数的计算公式如下：

某因素敏感系数＝目标值变动百分比÷因素值变动百分比

其判别标准是：有关因素只要有较小幅度变动就会引起目标较大幅度变动的，属于敏感性因素；有关因素虽有较大幅度变动但对目标影响不大的，属于弱敏感性因素。敏感系数的绝对值越大，该因素越敏感。

（4）根据敏感系数对各因素进行排序。通过排序，找出敏感性强的因素，并对风险情况做出判断。利用敏感性分析结果帮助决策，实现企业的既定目标。

3. 敏感性分析评价

敏感性分析方法简单易行，分析结果易于理解，使用广泛，是一种实用性很强的风险分析方法。但敏感性分析也存在一定的局限性，如它没有考虑各种不确定因素在未来发生变动的概率分布状况，因而影响风险分析的正确性。在实际中可能会出现这样的情况，通过敏感性分析找出的某一敏感因素未来发生不利变化的概率很小，所引起的风险也很小。而另一个相对不太敏感的因素未来发生不利变化的概率却很大，实际所带来的风险比敏感因素更大。此外，敏感性分析往往采取固定其他变量、改变某一变量（或多个变量）的方法，往往与实际情况相脱离。事实上，许多变量都是相互联系的，孤立地考察某一变量（或多个变量）的影响情况往往不能得出正确的结论。

6.3.3 情景分析

1. 情景分析概述

情景分析又称脚本法或前景描述法，是假定某种现象或某种趋势将持续到未来的前提下，对预测现象可能出现的情况或引起的后果做出预测的方法。情景分析是由美国壳牌公司的科研人员皮埃尔·瓦克（Pierre Wack）于1972年提出的。它根据发展趋势的多样性，通过对系统内外相关问题的系统分析，设计出多种可能的未来前景，然后用类似于撰写电影剧本的手法，对系统发展态势做出自始至终的情景和画面描述。

在企业经营管理中，情景分析是指在对未来可能出现的相关事件情景进行假设的基础上，结合企业管理要求，通过模拟等技术，分析相关方案发生的可能性、相应后果和影响，以做出最佳决策的方法。情景分析一般适用于企业的投融资决策，也可用于战略目标制定、风险评估等。在风险管理领域中，情景分析适用于对可变因素较多的项目进行风险分析，它在假定关键影响因素有可能产生的基础上，构造出多种情景，提出多种未来的可能结果，以便采取适当的措施防患于未然。

2. 情景分析的步骤

情景分析的主要步骤如下①：

（1）确定决策事项。应用情景分析，应根据决策目标和决策需求确定决策事项。同时，决策事项应存在多种可量化的影响因素及其不同的实现路径。

（2）确认影响因素。对决策事项的影响因素进行全面分析，并根据重要性原则明确决策事项的主要影响因素，以此作为设置情景的主要内外部影响因素。比如，在项目投资风险分析中，投资总规模、未来现金流、市场利率等是项目决策的主要影响因素。

（3）设定情景。根据决策事项设定不同的情景，这些情景应能提供有意义的测试环境，以便后续制定多个可选择方案。根据历史情况设定情景时，通常可以选取最优、最差或基准的历史情况作为情景，或者以历史特殊事件作为情景，如重复进行的标准历史事件。根据其他假设设定情景时，通常使用人为假设、专家认定或者数据模拟等方法来设定情景。

（4）制定应对方案。在情景设定的基础上，建立影响因素与决策目标之间的逻辑关系。通过搜集相关数据，对不同情景下决策事项的总体发展状况进行分析，或对不同情景下决策事项可能产生的经济后果进行测算，制定出各种情景下的对策和实施方案。

（5）分析实施结果。通过梳理总结决策事项、影响因素、情景设定、情景分析结果、应对措施设置等，并考虑情景假设设定的基本原则及理由，不断完善情景分析工具方法。

情景分析应用广泛，在实际应用中形成了很多具体方法，如历史情景重演法、

---

① 管理会计应用指引第503号——情景分析.

目标展开法、空隙填补法、未来分析法、因素分解法、随机模拟法等。

3. 情景分析评价

情景分析的主要优点是，注重情景发展的多种可能性，降低决筴失误对企业造成的影响，对决策事项的可参考性较强。主要缺点是，情景假设的主观性较强，对于情景数据的准确性、逻辑性及因果关系的建立要求较高。

6.3.4 关键风险指标法

一个风险事件发生可能有多种成因，但关键成因往往只有几种。关键风险指标法是对引发风险事件的关键成因指标进行管理的方法，其具体操作步骤如下：

（1）分析风险成因，从中找出关键成因。

（2）将关键成因量化，确定其度量，分析确定风险事件发生（或极有可能发生）时该成因的具体数值。

（3）以该具体数值为基础，以发出风险预警信息为目的，加上或减去一定数值后形成新的数值，该数值即为关键风险指标。

（4）建立风险预警系统，即当关键成因数值达到关键风险指标时，发出风险预警信息。

（5）制定出现风险预警信息时应采取的风险控制措施。

（6）跟踪监测关键成因数值的变化，一旦出现预警，即采取风险控制措施。

以易燃易爆危险品储存容器泄漏引发爆炸的风险管理为例加以说明。容器发生泄漏的成因有：使用时间过长、日常维护不够、人为破坏、气候变化等，其中容器使用时间过长是关键成因。人们发现，如果容器使用最长期限为50年，则使用时间超过45年，易发生泄漏。45年即为关键风险指标。为此，制定使用时间超过45年需采取的风险控制措施。一旦使用时间接近或达到45年，立即发出预警信息，采取相应措施。

该方法既可以管理单项风险，也可以管理影响企业目标的多项主要风险。使用该方法，要求风险的关键成因准确，且易量化、易统计、易跟踪监测。

案例6-7 加强风险防控，有效提升重大风险评估监测水平

放眼全球，在新冠疫情持续冲击下，世界经济严重衰退，国际经贸摩擦加剧，国内经济下行压力显著，百年未有之大变局已然形成。中央企业作为国民经济的重要支柱，正处于中国特色社会主义新征程起航和国企改革的关键时期，必须发挥经济建设的先导作用，把握发展主动权，沉稳应对变局中的风险，推动国企改革更好服务经济社会发展大局。

为推进中央企业管理体系和管理能力现代化，完善中央企业内控体系，增强中央企业抗风险能力，国资委于2019年10月19日印发了《关于加强中央企业内部控制体系建设与监督工作的实施意见》（国资发监督规〔2019〕101号）、2019年12月26日印发了《关于做好2020年中央企业内部控制体系建设与监督工作有关事项的通知》（国资厅发监督〔2019〕44号）、2020年10月29日印发了《关于做好2021年中央企业内部控制体系建设与监督工作有关事项的通知》（国资厅监督〔2020〕

307 号）。一年时间里的三份重磅文件，剑指中央企业风险管理与内部控制工作。

针对重大风险评估监测工作不深入问题，307 号文件明确指出中央企业要积极探索建立风险量化监测指标体系，进一步提升重大风险评估监测工作的科学性和有效性。明确要求中央企业参照《2021 年度中央企业风险分类监测指标体系》（以下简称《指标体系》）中的风险分类标准（见表 6－9），认真评估企业 2021 年度面临的重大风险。同时，要求风险管控基础较好的中央企业可在《指标体系》的基础上，探索增加突出行业及企业特点的风险监测量化指标，增强重大风险监测指标体系的全面性和针对性。

表 6－9　中央企业风险分类及预警指标参考①

一级风险	二级风险	风险监测预警指标	
战略风险	宏观经济风险	国内外宏观经济形势变化	
	政策风险	国家及行业政策变化	
	国际化经营风险	境外中高风险地区境外资产总额	金额（万元）
			占资产总额比重（%）
		境外重大建设项目逾期数量（个）	
		汇率损失金额（万元）	
		境外重大法律诉讼案件	数量（个）
			涉案金额（万元）
		境外重大合规案件	数量（个）
			涉案金额（万元）
	改革与业务转型风险	主要业务板块收入	金额（万元）
			占总收入比重（%）
	科技创新风险	重大科技项目逾期数量（个）	
		研发投入	金额（万元）
			占总收入比重（%）
财务风险	金融及金融衍生品业务风险	衍生品盈亏金额（万元）	
		对外担保业务违约事项	数量（个）
			金额（万元）
		融资租赁业务违约项目	数量（个）
			金额（万元）
		债券、股票质押回购违约项目	数量（个）
			金额（万元）
		信托业务违约项目	数量（个）
			金额（万元）
		保理业务违约项目	数量（个）
			金额（万元）
	债务风险	流动比率（%）	
		资产负债率（%）	
	现金流风险	现金流动负债比率（%）	
		两金（应收账款和存货）总额	金额（万元）
			占流动资产比重（%）

① 中央企业风险分类中的个别二级风险划分与前文（第 5 章）有所不同，比如，第 5 章将投资风险归为财务风险，而此处归为运营风险。第 5 章中的财务风险是从财务管理的职能角度界定的更为广义的概念。

续表

一级风险	二级风险	风险监测预警指标	
市场风险	市场竞争风险	主要产品价格下降	数量（个）
			最大降幅（%）
		主要产品市场占有率下降	数量（个）
			最大降幅（%）
	客户信用风险	账龄三年及以上的应收账款	金额（万元）
			占应收账款比重（%）
		逾期应收账款	金额（万元）
			占应收账款比重（%）
运营风险	经营效益风险	亏损子企业	数量（户）
			金额（万元）
	投资风险	非主业项目投资	金额（万元）
			占总投资额比重（%）
		年度投资计划完成率（%）	
	安全、环保、质量风险	重大安全生产事故数量（个）	
		重大及以上突发环境事件数量（个）	
	舆情风险	重大舆情事件数量（个）	
	采购与供应链管理风险	出现重要产品断供的子企业数量（个）	
	工程项目管理风险	境内重大建设项目逾期数量（个）	
法律风险	合规风险	重大监管处罚数量（个）	
		境内重大法律诉讼案件	数量（个）
			涉案金额（万元）
其他风险	其他对企业经营发展造成重大影响的风险		

资料来源：国务院国有资产监督管理委员会办公厅．关于做好 2021 年中央企业内部控制体系建设与监督工作有关事项的通知，2020-10-29.

6.3.5　风险分析的其他方法

除了上述风险分析方法以外，风险价值法、压力测试法等方法在风险分析中，尤其是在金融机构市场风险分析中也较为常用。

1．风险价值法

风险价值（value at risk，VaR），是指在正常的市场条件和给定的置信水平下，在给定的期间，某一投资组合预期所面临的潜在的最大损失金额；或者说，在正常的市场条件和给定的时间段，该投资组合发生 VaR 损失的概率为给定的概率水平（置信水平）。风险价值法也称 VaR 方法，是指为适应当前风险管理的需求而采取的，以规范的统计技术全面权衡市场风险的方法。VaR 方法把预期的未来损失的大小和该损失发生的可能性结合起来，让投资者不仅知道损失的规模，而且知道其发生的可能性，是一种量化市场风险的重要度量工具。

VaR 方法具有以下优点：首先，VaR 值可以简单明了地表示市场风险的大小，单位是人民币、美元或其他货币单位，没有任何技术色彩，没有任何专业背景的投资者和管理者都可以通过 VaR 值对风险进行评判；其次，VaR 方法可以事前计算风险，而不仅仅是事后衡量风险大小；最后，VaR 方法不仅能计算单个管理工具的风险，而且能计算由多个管理工具组成的投资组合的风险，这是传统风险管理不能做到的。

除了可以度量风险，VaR 方法还可以帮助企业解决资源配置的问题。在对企业的投资或投资组合的总体风险评估的基础上进行分解，决策者据此进行判断，设置某类投资的资金上下限；VaR 限额分解到子公司，各子公司可将 VaR 再分解到各自的子公司。这样，利用 VaR 方法进行风险控制，设置 VaR 限额，使各子公司都能明确自己的最大风险交易额（交易额≤自身的 VaR），以防止过度投机行为的出现，确保公司稳健经营。如果执行严格的 VaR 管理，也许可以避免一些金融交易的重大亏损。

在实务中，VaR 方法是机构投资者进行投资决策的有力分析工具。机构投资者应用该方法，在投资过程中对投资对象进行风险分析，将计算出的风险大小与自身对风险的承受能力进行比较，以此来决定投资额和投资策略，以减少投资的盲目性，尽可能减少因投资决策失误带来的损失。目前，VaR 方法除了被金融机构广泛运用外，也开始被一些企业采用，以指导企业分析、计量市场风险。

2. 压力测试法

压力测试法，是指在发生极端事件的情形下，分析、评估风险管理模型或内部控制流程的有效性，从而发现问题，制定改进措施。极端事件是指在非正常情况下，发生概率很小，而一旦发生，后果十分严重的事件。与情景分析中关注一个正常规模的变化相反，压力测试一般被用作概率度量方法的补充，用来分析与概率技术一起使用的分布假设没有充分捕捉到的低可能性、高影响力的事件的结果。

以信用风险管理为例。假设 A 企业有一个信用很好的合作对象 B 企业。B 企业除非发生极端事件，一般不会违约。因此，在日常交易中，A 企业只需执行常规风险管理策略和内部控制流程即可。采用压力测试法，是假设 B 企业将来发生极端事件（如其财产毁于地震、火灾等），致使 B 企业被迫违约，给 A 企业造成重大损失。而 A 企业的常规风险管理策略和内部控制流程在极端情形下不能有效防止重大事件损失，为此，A 企业采取购买保险或相应衍生产品、开发多个合作伙伴等措施，防范该风险事件的发生。

应当指出的是，情景测试和压力测试并不意味着捕捉可能发生的“绝对最坏”的情况（事情总是可能变得更坏），而是给出在高层管理者心中可能发生的最严重事件。压力测试法的缺点之一是它只专注于极端不利的事件，而不能捕捉不那么极端但更可能发生的不利事件的影响。克服该缺点的一种方法是应用蒙特卡罗模拟法对某一特定的风险因素或对风险因素集合的一系列情景进行模拟。

案例 6-8 中国银行业整体风险抵御能力持续增强

2020 年 11 月 6 日，央行在《中国金融稳定报告（2020）》中披露了银行业压力测试结果。央行称，受新冠肺炎疫情影响，2020 年国内经济下行压力加大，银行信贷资产风险上升。在充分考虑疫情对经济不利冲击的基础上，选取 1 550 家银行业金融机构开展压力测试，将测试窗口延长至 3 年，设置极端压力情景，增加受疫情冲击较大领域测试内容，充分评估银行体系在多种“极端但可能”不利冲击下的稳健性状况。

此次压力测试的参试银行共 1 550 家，资产规模合计占银行业金融机构资产规模的 78%，包括 6 家大型商业银行、12 家股份制商业银行、98 家城市商业银行、534 家农村商业银行、268 家农村信用社、8 家农村合作银行、573 家村镇银行、12 家民营银行和 39 家外资法人银行。

压力测试项目扩展至 3 项，包括：偿付能力宏观情景压力测试、偿付能力敏感性压力测试和流动性风险压力测试。

宏观情景压力测试结果显示，截至 2020 年第一季度末，30 家大中型参试银行整体资本充足水平较高，总体运行稳健。在轻度、中度冲击下，资本充足率有所下降，但均高于 10.5%的监管要求，表明 30 家参试银行整体对宏观经济冲击具有较强的抵御能力。在极端冲击下，30 家银行整体资本充足率在 2020 年末将大幅降至 9.61%，在不考虑外源资本补充的情况下无法满足监管要求。信用风险是影响参试银行资本充足水平的主要因素。在轻度、中度、极端压力情景下，参试银行贷款质量将恶化，不良贷款率大幅上升。

敏感性压力测试显示，截至 2020 年第一季度末，1 550 家参试银行各项贷款余额为 127.19 万亿元，整体不良贷款率为 1.7%，整体资本充足率为 14.73%。其中，30 家大中型银行和 1 520 家中小银行各项贷款余额分别为 107.24 万亿元和 19.95 万亿元，整体不良贷款率分别为 1.46%和 2.99%，整体资本充足率分别为 15.07%和 12.76%。大中型银行对整体信贷资产质量恶化的抵御能力较强，部分中小银行的抵御能力较弱。

流动性风险压力测试显示，参试银行流动性整体充裕。1 550 家参试银行轻度和重度压力测试通过率分别为 94.90%和 91.87%，较 2019 年分别上升 2.59 和 5.45 个百分点。其中，轻度情景下，30 家大中型银行全部通过测试；重度情景下，有 6 家银行未通过测试，好于 2019 年测试结果。

资料来源：央行再次公布银行压力测试结果 测试银行数量自 1 171 家增至 1 550 家. 和讯网，2020-11-06.

自测题

扫描此码　在线做题

思考题

1. 风险因素分析的内容是什么?

2. 如何分析风险发生的可能性和影响程度？
3. 风险分析的程序是什么？
4. 为什么定性分析方法与定量分析方法相结合是必要的？
5. 如何评价敏感性分析？

案例分析

风险矩阵在A油库油品质量风险分析中的应用

A油库基本情况

A油库有立式内浮顶油罐19座，总库容7.9万立方米，油库进油模式以长输管道为主，顺序切割，混油回掺，发油模式为公路陆路发油，年周转率为15.5，经营品种为0号车柴、92号汽油、95号汽油，油品来源主要为配置油。

油库在接收、储存和发放油品等过程中存在大量质量风险，质量管理难度不断增大。为了减少油库油品质量事故发生的概率，提升油库油品质量管理水平和油品供应保障能力，A油库专门成立质量风险评估小组，由部门领导、质量专家、质检员、员工构成，主要负责对油品作业各环节（涉及入库、储存、出库、应急处置4大环节）的质量风险进行识别、分析和评价。质量风险评估小组主要采用风险矩阵具体分析油库油品的质量风险。

构建油库油品质量风险矩阵模型

油库油品质量风险矩阵模型综合考虑风险影响和风险概率两方面的因素，确定等级；再由专家通过较为直观的经验判断，确定各风险因素的影响和概率所处的等级；然后对各风险因素进行排序，识别出哪些风险是对项目而言最为关键的风险，从而重点关注。

（1）质量事件发生的可能性分级。采用专家调查法、问卷法或者以往质量事故的风险数据统计法，把质量事件发生的可能性（用P表示）分成“频繁、时有、偶有、可能、极少”5个级别，分值设为5，4，3，2，1。这5个级别分别指常常会发生、较多情况下发生、某些情况下发生、极少情况下才发生和一般情况下不会发生，如表6-10所示。

表6-10 质量事件发生的可能性（P）

可能性等级	等级说明	事件发生的可能性说明
5	频繁	常常会发生
4	时有	较多情况下发生
3	偶有	某些情况下发生
2	可能	极少情况下才发生
1	极少	一般情况下不会发生

（2）质量事件后果的严重程度分级。质量风险的危害程度可依照油品质量事故可能造成的油品质量变化、经济损失、质量监督抽查情况、声誉影响4个方面的情况分级，质量事件后果的严重程度（用S表示）可分为“灾难性的、重大的、中等

的、轻微的和极轻微的”5 个级别，分值设为 5，4，3，2，1，如表 6－11 所示。

表 6－11　质量事件后果的严重程度（S）

等级	严重程度	油品质量变化	经济损失	质量监督抽查情况	声誉影响
5	灾难性的	质量不合格，且库内无法处理	直接经济损失 500 万元以上	1. 在国家组织的产品质量监督抽查中发现不合格 2. 在集团公司组织的产品质量监督抽查中同一单位（库、站）同种产品连续两次不合格	特别重大级舆情事件，多涉及公众利益方面，不仅损害企业形象、品牌及口碑，还对企业造成长期负面影响
4	重大的	质量不合格，但在库内经技术处理达到合格	直接经济损失 100 万元及以上，500 万元以下	1. 省级产品质量监督抽查不合格被通报 2. 在集团公司组织的产品质量监督抽查中发现不合格	重大级舆情事件，较易成为媒体、网友关注的焦点，具有当前社会热点特征，或具有话题性，对企业造成较大负面影响
3	中等的	质量不合格，降级处理或定向协议销售	直接经济损失 20 万元及以上，100 万元以下	地市级产品质量监督抽查不合格被通报	较大级舆情事件，有一定的关注热度，但持续时间不长，对企业造成一定负面影响
2	轻微的	油品质量指标异常，虽符合标准但需调合处理	直接经济损失 2 万元及以上，20 万元以下	1. 区（县）级产品质量监督抽查不合格被通报 2. 客户投诉后确认是质量不合格造成的	一般级舆情事件，媒体及网友关注程度较低，对企业造成的负面影响较小
1	极轻微的	质量无影响	直接经济损失 2 万元以下	分公司内部抽检不合格	不会造成不良的社会舆情

（3）质量风险值的确定。表 6－12 给出了质量风险值 R。用 P 和 S 相乘表示风险的大小：

$$R = P \times S$$

式中，R——质量风险值；

P——质量事件发生的可能性；

S——质量事件后果的严重程度。

表 6－12　质量风险值（R）

可能性	严重程度				
	极轻微的	轻微的	中等的	重大的	灾难性的
极少	1	2	3	4	5
可能	2	4	6	8	10
偶有	3	6	9	12	15
时有	4	8	12	16	20
频繁	5	10	15	20	25

（4）质量风险分级。表6-13为质量风险等级对照（三级）。依据《中国石化销售股份有限公司成品油和天然气质量风险管理规定》，可以把各类风险划分为3级。其中，质量风险值1～7分为一般风险；质量风险值8～14分为重要风险；质量风险值15～25分为重大风险。

表6-13　质量风险等级对照（三级）

质量风险值	风险等级	可接受程度
15～25	重大	不可接受，立即采取防控措施，防范并消除风险
8～14	重要	可容忍，但可进一步降低风险，设置可靠的监测报警设施或高质量的管理程序
1～7	一般	可接受，执行现有管理程序，保持现有措施，防止风险进一步升级

编制油库油品质量风险清单

确定油库质量管理各环节的作业步骤之后，油库质量风险评估小组经过信息收集、风险分析编制油库质量风险清单。根据风险初始信息，最终识别出4大类质量风险，共38项，其中一般质量风险3项、重要质量风险30项、重大质量风险5项。相关管控措施到位后，再次使用风险矩阵进行风险分析，得出剩余质量风险值，其中，一般质量风险35项、重要质量风险3项，重大质量风险0项。

以入库环节的油库油品质量风险清单为例，如表6-14所示。表6-14中，质量事件发生的可能性等级参考历年发生事故频次与表6-10确定，质量事件后果的严重程度根据表6-11确定，初始质量风险值及剩余质量风险值参考表6-12确定。在入库环节作业过程中，“混油回掺”风险点为：油品大、小样比例不一致或回掺不均匀导致不合格，其风险可能性等级为2，后果的严重程度为5，初始质量风险值为10，判定为重要风险。采取控制措施，如加强对回掺在线样品的监控；对接收罐采样点检测。采取措施后，后果的严重程度降为3，剩余质量风险值降为6，判定为可接受的一般风险。从表6-14还可发现，在整个入库作业剩余质量风险值当中，“中控主操下达指令有误”相对于其他因素风险等级较高，容易造成严重的后果，因此，可将其确定为关键控制点，高度关注。而其他的风险点在采取相应的风险控制措施后剩余风险降为一般风险，处于可接受水平，不需投入过多的精力和资源。

表6-14　油库油品质量风险清单（入库环节）

序号	风险识别		初始风险分析				管控措施	剩余风险分析			
	风险点	危害	严重程度	可能性等级	质量风险值	风险等级		严重程度	可能性等级	质量风险值	风险等级
1	油品与计划不符	造成混油及检验缺项	5	2	10	重要	在接卸油品前，核对相关单据，确认无误并做好记录	5	1	5	一般

续表

序号	风险识别		初始风险分析				管控措施	剩余风险分析			
	风险点	危害	严重程度	可能性等级	质量风险值	风险等级		严重程度	可能性等级	质量风险值	风险等级
2	未按规范取样及存放	样品不具有代表性，造成不合格	4	3	12	重要	取样人员应经相关培训并具有相应资质；按规定逐仓取样；组合样品应规范	4	1	4	一般
3	未均匀性评价	批次油品质量不一，造成局部不合格	4	3	12	重要	核查每批次油品密度以及外观情况，发现异常及时报告	4	1	4	一般
4	配置油品仅检验必验项目	存在必验项目合格，其他项目不合格的可能	4	3	12	重要	核对必验项目数据与来油一致性；加大复核力度，检验必验项目以外指标	4	1	4	一般
5	质检人员责任心不强，未按规定检验	不合格油品非预期放行	4	2	8	重要	加强质检人员责任心教育，确保按规定检验；结合来油检验报告进行核对；定期对检验数据复核	4	1	4	一般
6	检验不能独立	数据不客观，存在外在影响因素	4	2	8	重要	强化检验独立性；加强质检人员素养教育，确保检验独立性；定期对检验数据复核	4	1	4	一般
7	未按规定留存油样	质量争议时无法追溯	3	2	6	一般	加强日常管理，确保样品安全；规范油样的保存和处理	3	1	3	一般
8	不合格产品处理不规范	对油品技术处理方案执行不到位，处理过程追溯难，造成油品处理后仍不合格	5	2	10	重要	加强检测三级审核；规范不合格审批；严格按照审批要求处理。不合格油品处理应拟定调配方案；目标油品质量应具有一定的余量；对调配工艺进行论证	5	1	5	一般
9	中控主操下达指令有误	导致进错油罐，造成混油事故	5	3	15	重大	油库重大作业通知单信息明确；管线、油品标识清晰规范；双岗复核	5	2	10	重要
10	混油回掺	油品大、小样比例不一致或回掺不均匀导致不合格	5	2	10	重要	加强对回掺在线样品的监控；对接收罐采样点检测	3	2	6	一般

续表

序号	风险识别		初始风险分析				管控措施	剩余风险分析			
	风险点	危害	严重程度	可能性等级	质量风险值	风险等级		严重程度	可能性等级	质量风险值	风险等级
11	未专罐专泵专用	混油不合格或降级损失	3	3	9	重要	专罐专泵专用	3	1	3	一般

资料来源：徐旭东．基于风险矩阵的油库成品油质量风险评估．石油库与加油站，2021（1）：28-31.

问题：

1．风险矩阵的基本原理是什么？

2．A油库是如何应用风险矩阵分析油品质量风险的？

第 7 章

Chapter 7

风险应对

学习目标

1. 知识目标：熟悉风险规避、风险降低、风险转移、风险承受的基本原理，理解风险应对策略的优势与不足。

2. 能力目标：掌握风险应对策略的主要形式，学会风险应对策略的选择方法。

3. 素养目标：(1) 树立风险应对的战略思维，高瞻远瞩、统揽全局。(2) 提升系统思维能力，学会运用系统观、整体观、协同观选择与评价风险应对策略。(3) 重视辩证思维，学会用全面、联系和发展的眼光看问题、解决问题。

引 例

新冠肺炎疫情下天津港集团的风险应对

疫情正在改变国际政治经济格局，对全球经贸格局、港航发展产生重大深远的影响。面对疫情的冲击及变化，天津港集团准确把握大势，及时调整发展策略，以变应变，变中求胜，打出一套创新"组合拳"，稳住了港口生产的大局。2020 年上半年，天津港集团完成货物吞吐量 2.08 亿吨，同比增长 1.7%；完成集装箱吞吐量 857.6 万标准箱，同比增长 2.9%，港口生产实现逆势双增长。

一是防疫举措创新：精准实施船舶"五色图"管控，严防境外疫情输入。根据船舶抵口 14 天内挂靠港口情况等，将入境船舶划分 5 级疫情风险等级，分别标识为红、橙、黄、蓝、绿 5 种颜色，分类制定风险管控措施。对于橙色风险等级以上的外来船舶，加强预警和防控。

二是市场开发创新：深入实施"四千行动"，全面打造"四千行动"服务品牌。坚持"想尽千方百计、走遍千山万水、倾听千言万语、服务千家万户"，自 2020 年 3 月底誓师启动以来，集团公司领导以上率下，各单位尽锐出击，先后走访服务客户企业 800 余家，赢得了客户广泛赞誉。

三是港航合作创新：构建沿海港航联盟，“两港一航”打造内贸精品航线。积极走访沿海主要港口集团和大型港航企业总部，进一步扩大合作范围，抱团发展、协同发展、共赢发展，打造“两港一航”精品航线，突出以内贸箱和“散改集”为主要增长动力，培育扩大适箱货源规模。

四是环渤海内支线创新：强化京津冀协同，推出津冀港口“天天班”服务。充分发挥天津港国际集装箱枢纽港功能，开通至秦皇岛、京唐、曹妃甸、黄骅等港口的多条定期环渤海内支线。开通免费“海上穿梭巴士”“天天班”服务，织密干支中转网络，打造“五定精品支线”品牌，做强“水水中转”功能。2020年上半年集装箱中转吞吐量同比增长32%。

五是智能化创新：以智能化提升码头运营水平，打响“津港效率、全球领先”品牌。聚焦码头运营水平，传统集装箱码头自动化改造升级、无人驾驶电动集卡、智能理货等一批重点项目取得积极成果，推进港口“单一窗口”和“一站式”服务平台建设，为客户提供7×24小时线上服务。通过智慧港口建设，线上业务办单率超85%，集卡等待时间大幅下降，集装箱船舶直靠率达90%以上，打响“津港效率、全球领先”品牌，京津口岸跨境贸易便利化水平明显提升。

资料来源：新冠疫情对港口企业带来的变化及应对措施．海事服务网，2020-07-17.

7.1 风险规避策略

风险规避策略是指退出可能产生风险的活动。退出一条产品线、拒绝向一个新的地区市场拓展，或者卖掉一个分部等，都属于风险规避。

7.1.1 风险规避的方式

（1）完全放弃，是指企业拒绝承担某种风险，根本不从事可能产生某些特定风险的活动。例如，某IT企业打算开展软件外包业务，但是发现市场上此类业务竞争极其激烈，于是该企业考虑放弃开展软件外包业务的计划。

（2）中途放弃，是指企业终止承担某种风险。例如，一家企业在经销小儿麻痹症疫苗的过程中发现，某些有缺陷的小儿麻痹症疫苗在使用后会导致小儿麻痹症，于是决定终止这种经销活动，以免引发产品责任索赔。这种风险规避通常与环境的较大变化和风险因素的变动有关。由于发生了新的不利情况，企业经过权衡利弊，认为得不偿失，故而放弃。

（3）改变条件，是指改变生产活动的性质、改变生产流程或工作方法等。例如，化工厂以惰性溶剂代替易燃易爆的溶剂，改有毒电镀为无毒电镀等。

7.1.2 风险规避的具体实施措施

风险规避的具体实施措施如表7-1所示。

表7-1 风险规避的具体实施措施

剥离	通过适当的措施剥离资产，这些措施包括退出某市场或地域、出售、清算或分立某产品业务等。
禁止	通过制定适宜的企业规章制度，禁止从事风险性大的活动和交易。
终止	通过重新确立目标、调整战略和政策的重心或者改变资源配置的方向终止某些活动。
限制	提高业务发展和市场定位的针对性，限制企业活动的范围，避免因追逐偏离战略的机会而产生的风险。
筛选	筛选替代的资本和投资项目，避免低收益或高风险的行为。
消除	通过规划和实施内部防范流程，力求控制风险产生的源头。

7.1.3 风险规避的优势与不足

风险规避能将特定风险造成的各种可能损失完全消除，因此，有人将其称为最彻底的风险管理技术。风险规避也是风险应对策略中最简单亦较为消极的方法。比如，一家企业为了避免出现坏账的风险而拒绝在任何情况下的赊销行为。显然，为规避该种风险，该企业可能会失去一些客户资源，导致销售收入下降和利润减少。因此，风险规避不是盲目地避开风险，必须综合考虑风险规避的优势和不足，在恰当的时候实施一种策略性的回避。

1. 风险规避的优势

(1) 能够做到事前控制。不仅能够在风险事件发生后止损，而且能在事前有效降低风险发生的概率，从源头上避免可能遭受的损失。

(2) 通过限制企业经营和管理行为，可以防止企业盲目投资及非理性经营活动，从而节约企业资源。

2. 风险规避的不足

(1) 企业可能因完全放弃某项风险活动而丧失获取收益的机会。比如，股票、债券等投资有风险，如果放弃投资，可能会失去获取投资收益的机会。

(2) 有些风险无法规避。比如，世界性的经济危机、能源危机、自然灾害等风险无法规避。

(3) 在放弃某项风险活动时，可能又会产生新的风险。比如，为规避陆运的风险，改成航运，由此产生航运风险。

7.1.4 风险规避的适用情况

鉴于风险规避的优势和不足，风险规避主要适用于以下情况：

（1）当某项风险发生的可能性很高或影响程度超出企业的风险承受能力时，可以采用风险规避。

（2）当采用其他风险应对策略的成本高于其效益时，可以采用风险规避。

（3）当企业为实现某项目标有多种备选方案，且各方案的风险程度不同时，企业可以放弃高风险方案从而规避风险。

案例7-1 亚振家居终止收购劲美智能

2020年6月22日，亚振家居发布公告称，受新冠肺炎疫情及资本市场变化等影响，不再适合继续推进公司对连云港劲美智能家居有限公司（以下简称“劲美智能”）的重大资产重组事项，公司董事会、监事会同意终止收购。

2020年1月5日，亚振家居召开第三届董事会第七次会议，审议通过了与本次重大资产重组相关的议案。根据议案，亚振家居拟通过发行股份与支付现金相结合的方式，购买劲美智能100%的股权，交易作价不超过10亿元。同时，亚振家居拟向不超过10名特定投资者非公开发行股份募集配套资金。

公开资料显示，亚振家居的净利润连续4年下降，2018年和2019年更是处于亏损状态。2016—2019年，亚振家居的营收分别为5.62亿元、5.73亿元、4.17亿元和3.72亿元，归母公司净利润分别为7 552万元、6 105万元、−8 611万元和−1.25亿元。2019年4月29日开始，亚振家居被实施退市风险警示。

劲美智能作为长租公寓品牌自如的家具提供商，大部分收入来自自如平台。劲美智能2018年、2019年的营收分别为4.48亿元、2.94亿元，净利润分别为7 100万元和4 533万元，其营收和净利润也呈现下滑态势。由于新冠肺炎疫情给全球经济带来冲击，长租公寓和家居销售业务都受到不同程度的打击，专注做长租公寓业务的劲美智能要实现业绩增长显然十分困难。

在家居行业，亚振家居由于主打产品近年来需求走低以及市场占有率较低等增长乏力，已连续两年亏损，与劲美智能在主业上的互补性并不强，科技含量也不高，两家公司不能形成流量协同和业务产品协同。在此背景下，及时终止本次收购，不失为控制企业经营风险的明智选择。

资料来源：10亿并购计划流产！亚振家居终止收购劲美智能. 搜狐网，2020-06-24.

7.2 风险降低策略

风险降低策略是指采取措施降低风险的可能性或影响，或者同时降低两者。它几乎涉及各种日常的经营决策。风险降低可以采用风险分散、风险分摊、损失控制等具体方式。

7.2.1　风险分散

风险分散是指将企业面临的风险划分为若干较小且价值低的独立单位，分散在不同的空间，以减少企业遭受风险损失的程度。其目的是减少任何一次损失发生造成的最大可能损失的幅度。①

风险分散的具体措施包括：

（1）分散：将货币、实物和信息等资产分散开，防止风险事件发生时全部资产均受到影响，从而降低风险的影响程度，达到“不把鸡蛋放在一个篮子里”的目的。分散手段的应用十分广泛，如企业分散设立不同种类的原材料仓库等。

（2）多元化：使公司经营模式中的财务、实物、客户、员工、供货商和组织资产的持有状况实现多元化，具体表现为：产品多元化、业务多元化、市场多元化等。

投资组合是多元化手段的典型体现。企业通过适当的投资组合，一方面可以降低投资的机会成本，另一方面可以分散企业的投资风险。值得注意的是，通过投资组合的方式并不能降低市场的总体风险，只能降低单个投资项目的风险。在进行组合时，要对可供选择的投资、项目、产品等进行评价，根据成本效益原则从中筛选最优组合。

案例7-2　乐享集团开启集团化、国际化、多元化发展新征程

乐享互动有限公司成立于2008年，是中国领先的从事移动新媒体效果营销与营销SaaS服务的营销科技公司。2020年9月23日，乐享互动成功在香港交易所上市。2021年8月2日，乐享互动（06988.HK）宣布将公司名称由“乐享互动有限公司”变更为“乐享集团有限公司”。

此次更名预示着乐享集团在集团化管理、国际化发展、多元化运营的前进道路上开启新纪元。其中，集团化管理和多元化运营得以将数据算法能力复用于互联网的多个领域，可以提高对移动互联网流量资源的利用效率，增强服务行业客户和内容发布者的能力，同时分散了经营风险；国际化发展更是用成熟模式打开了全新业务市场，预示着公司的业务发展进入崭新阶段。

作为一家以数据算法为核心，以科技服务消费为使命的科技公司，乐享集团将其技术能力和服务能力成功应用于国内移动新媒体营销领域，并在互娱发行、联运、短视频、电商带货等业务板块得以验证。公司下一阶段将继续围绕其数据算法能力，将业务延伸至新板块，包括但不限于海外电商营销、1P（First Party）内容商业化运营等。

据悉，乐享集团的海外电商营销业务已悄然亮相。针对海外移动新媒体运营特点和市场环境，公司搭建了新的技术模型和服务体系，在包括TikTok在内的海外移动新媒体平台上拓展电商营销业务，并在货源组织、新媒体内容及流量、数据分析、撮合交易、物流等各个环节组建了适配于当地市场的业务闭环。基于内容数

---

① 秦荣生，张庆龙．企业内部控制与风险管理．2版．北京：经济科学出版社，2012．

据、行为数据和算法推荐的“科技服务线上消费”模式在乐享集团的带领下从中国走向海外市场，乐享集团也成为首批真正落地 TikTok 电商营销业务的中国科技公司之一，再次走在行业前列。目前公司首批选择的业务落地国家主要位于东南亚，待时机成熟后会逐步向其他国家或地区拓展。

另一方面，乐享集团围绕 IP 内容商业化运营的新业务也接近落地。乐享集团正在联合合作伙伴，打造新媒体数字内容发行和运营的新业务板块，利用 IP 流量开展互动娱乐、影视、音乐等内容的新媒体发行、联合运营及商业化变现服务。乐享集团的数据算法能力和更广义的文化内容运营深度结合，借助移动互联网的传播效应和成熟的商业化运营模式，可以将国内外优质文化内容发扬光大，在“讲好中国故事”的同时实现其应有的商业价值。

资料来源：乐享互动更名为乐享集团，开启集团化、国际化、多元化发展新征程. 金融界，2021-08-02.

7.2.2 风险分摊

风险分摊是指基于企业的风险承受能力和企业风险识别与分析的结果，管理者认为风险的影响超出了企业的风险容限，采取与其他风险承受企业共同承受某一领域的风险，以此达到降低本企业所承受的风险的目的。由于风险与收益相互配比，企业承担的风险与可能获得的利益正相关。

就某一风险性项目而言，联合投资就是一种风险分摊形式。联合投资是在投资协议的约束下，各出资企业根据自身条件决定出资额度、出资时间和出资方式等，在项目运行期间根据出资情况及合同约定各自承担风险并分配利益的投资形式。联合投资能够将一个投资项目的风险分摊到多个企业，从而降低每个企业承担的风险。联合投资还有利于资源的优化配置，促进项目的高效运行，并缓解同行业竞争，从而降低该项目的总体风险。联合投资的弊端在于，各个投资企业都力求以最低的成本获得相对高的收益，容易出现不利于项目整体良性运行的行为，由此导致风险分摊的作用大打折扣。

案例 7-3 投资 140 亿元！宁德时代与 ATL 深度合作

2021 年 4 月 28 日，宁德时代新能源科技股份有限公司（以下简称“宁德时代”）与 Amperex Technology Limited（以下简称“ATL”）签署两份合资合同，拟共同出资设立两家合资公司，从事应用于家用储能系统、电动两轮车等领域的中型电池的研发、生产、销售和售后服务。

ATL 是中国香港的一家有限责任公司，主要从事锂离子电池相关研发、制造、贸易和投资等业务。

两家合资公司的基本情况如下：

电芯合资公司投资额为人民币 120 亿元，电池包合资公司投资额为人民币 20 亿元，合计 140 亿元。

电芯合资公司的注册资本为 50 亿元，以自有资金现金出资，宁德时代持股 70%，ATL 持股 30%（见表 7-2）。

表7-2 电芯合资公司股权结构

股东	出资方式	持股比例
宁德时代	现金	70%
ATL	现金	30%

电池包合资公司的注册资本为10亿元，宁德时代持股30%，ATL持股70%（见表7-3）。

表7-3 电池包合资公司股权结构

股东	出资方式	持股比例
宁德时代	现金	30%
Poweramp Technology Limited（ATL的全资子公司）	现金	70%

随着锂离子电池在家用储能系统、电动两轮车等领域的应用空间不断扩大，宁德时代作为全球领先的动力电池生产企业，拟与消费电池生产企业ATL通过合资方式深度合作，充分发挥各自优势，拓展新业务领域机会，实现互利共赢。这次投资符合宁德时代的整体发展战略，对公司业务和战略布局具有积极影响，从长期来看，有助于增强公司未来盈利能力和市场竞争力。

宁德时代披露，此次投资存在以下风险：一是市场风险。本次投资受市场情况和相关政策影响，市场情况的重大变化将对合资公司的经济效益产生影响。二是管理风险。合资公司设立后可能存在一定的管理风险，从而可能对合资公司经营的预期目标产生影响。三是审批风险。本次投资尚需经有关政府部门批准或备案，存在不确定性。

资料来源：宁德时代. 关于公司与ATL合作设立合资公司的公告. 巨潮资讯网，2021-04-28.

7.2.3 损失控制

损失控制是指采取措施减少风险事故发生的概率，或者减轻损失程度。这是企业经常采取的降低风险的方式，涉及企业日常经营的各个方面。比如，购置消防设施防范火灾风险、定期为职工体检降低健康风险、增加安保支出防范资产损失。再如，软件开发企业在新软件大规模投入市场之前往往会进行内部测试和公开测试，以此来对软件的瑕疵进行修正，并判断产品能否全面投放市场，由此降低产品风险。

按采取措施的性质，损失控制的方法分为工程法、教育法和程序法。工程法是以工程技术为手段，通过对物质性风险因素的处理以降低风险。比如，在交通事故频繁发生的道路交叉口，通过设置交通信号灯，实现人与车在空间与时间上的分离，从而减少交通事故发生的数量。教育法是通过安全教育与培训来减少人为因素导致的风险事故。比如，向职工灌输安全生产第一的意识，训练职工运用各种保护装置及设备等。程序法是指以制度化、规范化的程序，保证风险因素及时被发现、处理，以降低风险发生的概率和损失。比如，注册会计师、资产评估师按照准则所规定的程序执业，可以降低执业风险。

相对于风险规避而言，风险降低是一种比较积极的风险应对策略，该策略的实施既能将剩余风险控制在企业的风险容限中，又不会使企业错失获利的机会。

7.3 风险转移策略

风险转移策略又称风险分担策略，是指通过转移来降低风险发生的可能性或影响，或者分担一部分风险。常见的风险转移包括购买保险产品、从事套期交易或外包一项业务活动。

实务中，企业通过合同、财务协议、经济金融工具等方式，将风险、财务和法律责任损失转移给其他企业或机构，就是采用了风险转移策略。执行风险转移策略时，需要充分考虑相关企业的目标、转移能力、成本效益以及风险发生的可能性和影响程度。

按转移方式，风险转移划分为非保险转移和保险转移。非保险转移可分为财务型非保险转移和控制型非保险转移；保险转移可分为保险与再保险（见表7-4）。

表7-4 风险转移的方式

转移方式	具体方式	
非保险转移	财务型非保险转移	保证、再保证、集合、证券化、股份化等
	控制型非保险转移	外包、租赁、委托、售后租回等
保险转移	保险	投保
	再保险	保险公司签订分保合同

7.3.1 财务型非保险转移

财务型非保险转移是利用经济手段转移经营风险。其主要形式包括保证、再保证、集合、证券化、股份化等。

（1）保证。保证是保证人与被保证人通过某种契约签署的，为使保证人履行相关义务以确保被保证人合法权益和既得利益的文件。其中有执行合约双方应尽责任的要求，如有违背，保证可能被取消或做相应调整。

（2）再保证。由于事项重大，为使被保证人的利益切实得到保护，在保证的基础上，由实力或声望更高的团体或个人通过合约或契约的方式对被保证人做的承诺。

（3）集合。通过套期保值、远期合约等方式将损失机会与获利机会平衡，通常用于投机风险的处理。

（4）证券化。利用可转换证券、双汇率债券等金融工具方式，满足投资人、筹资方利益的需要，是一种双赢的风险转移方式。

（5）股份化。股份化是指通过发行股票的方式，将企业风险转移给多数股东，这种操作实际上只是分散原有股东的风险，增强企业的抗风险能力，企业的运营风险并未得到转移。

案例 7－4 上海外服成功借壳上市

2021 年 6 月 5 日，强生控股（600662）收到《关于核准上海强生控股股份有限公司重大资产重组及向上海东浩实业（集团）有限公司发行股份购买资产并募集配套资金的批复》。

本次交易方案为强生控股现有控股股东久事集团将其持有的上市公司 40.00% 的股份无偿划转至上海东浩实业（集团）有限公司（以下简称“东浩实业”）。同时，强生控股拟以自身全部资产及负债与东浩实业持有的上海外服（集团）有限公司（以下简称“上海外服”）100%股权的等值部分进行置换。强生控股拟向东浩实业以发行股份的方式购买置入资产与置出资产交易价格的差额部分。

上海外服成立于 1984 年，是上海市第一家市场化涉外人力资源服务机构。其核心主营业务包括人事管理服务、人才派遣服务、薪酬福利服务（包括薪税管理服务、健康管理服务和商业福利服务）、招聘及灵活用工服务、业务外包服务等，实现了人力资源细分市场服务解决方案的全覆盖。公司致力于成为全国布局、跨国经营、专业领先的综合性人力资源服务商，在中国人力资源服务行业排名领先，服务广度和深度位居行业领先地位。上海外服的股权结构如图 7－1 所示。

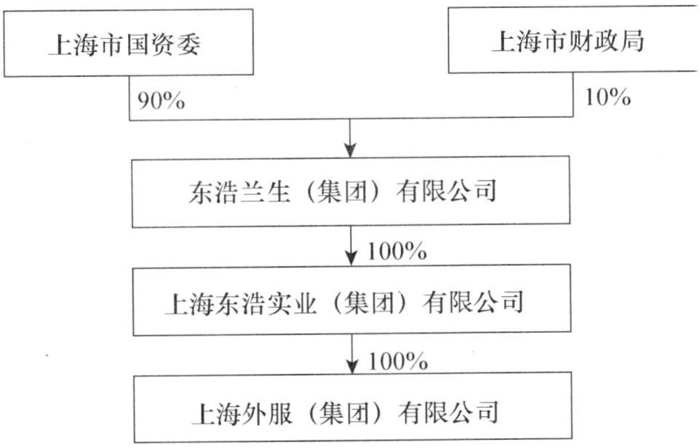

图 7－1 上海外服的股权结构

本次交易完成后，上市公司主营业务变更为综合人力资源服务，包括人事管理服务、薪酬福利服务、招聘及灵活用工服务、业务外包服务等。

本次收购是东浩兰生（集团）有限公司推进核心业务资产证券化的重要战略部署，有利于推进公司人力资源服务板块业务的战略性发展，提升公司在人力资源服务领域的整体竞争力和市场影响力。本次收购符合上海市国资国企改革的精神，有助于实现国有资本整体效率的最优化。

东浩实业下属的上海外服作为国内人力资源服务行业的领先企业，有望通过登陆资本市场增强资本运营能力、建立市场化体制机制、拓展新兴业务板块、加快科技和业务创新，以抓住行业快速发展的机遇，实现营业收入、净利润的进一步增长，巩固行业领先地位。

2021年9月25日，强生控股发布公告，上海外服成功借壳上市。10月26日，强生控股发布了《上海外服控股集团股份有限公司关于变更公司证券简称的实施公告》，公告指出经公司申请，并经上海证券交易所办理，公司证券简称将自2021年10月29日由“强生控股”变更为“外服控股”，公司证券代码600662保持不变。

资料来源：强生控股公司公告信息；上海外服成功借壳上市. 腾讯网，2021-06-15.

7.3.2 控制型非保险转移

控制型非保险转移是指通过契约、合同等将具有风险的财务和法律责任转嫁给他人，从而降低企业承担的风险，主要包括外包、委托、租赁、售后租回等。

1. 外包

外包是指企业在风险识别与分析的基础上，结合成本效益原则，将风险较大、收益较小的非核心业务及其控制权交由其他企业或机构完成，以将相应的风险转移给承包者。企业进行外包需要以具有竞争力的核心业务为基础，这样才能充分利用外部资源，降低风险和成本，提高企业运营效率。

根据业务职能，业务外包可以分为生产外包、销售外包、供应外包、人力资源外包、信息技术服务外包，以及研发外包等。

外包有助于企业转移下列风险：

（1）质量风险。外包合同应该对发生质量问题后的责任认定做出明确规定，承包方应承担相应的质量风险。

（2）技术风险。在开发某项技术的成本过高或技术更新换代速度很快的情况下，企业进行该项技术开发就具有很高的风险。此时企业可以将与该技术相关的业务外包给拥有该技术的企业，从而转移技术风险。

（3）资金风险。通过外包，外部机构可以分担企业的一部分资金，降低企业资金链断裂的风险。

需注意的是，由于外包所处的环境和条件本身的不确定性，以及外包相关利益主体主观上不能准确预见或控制的影响因素，外包存在风险。

2. 委托

委托是指企业将其部分资产委托给受托企业代为保管并签订委托合同。一般而言，委托合同会规定相关条款以确保在委托物受损时，受托企业对委托企业负有一定的赔偿责任，而委托企业需要支付一定的保管费用。这样委托企业就将委托物的潜在损失转移给了受托企业。

3. 租赁

租赁是指通过签订租赁合同将有形或无形资产的使用权让渡给承租方而所有权

并不转移，同时承租方缴纳一定的租金。通过租赁的方式，承租方可以将购置或开发某项资产的风险转移给出租方。例如，某企业为扩大生产规模，需要新的生产设备。由于购置该设备的成本较高，容易引发企业的资金风险，且技术设备更新换代速度较快，故企业会选择以租赁的方式将上述风险转移给出租方。

4. 售后租回

售后租回是指企业通过签订合同将某项资产出售后租回部分或全部资产。这种方式通常既能将售出资产可能引发的风险转移给购买方，又能缓解企业自身的资金紧张，还可以继续从事相关生产经营。

案例7-5 拉斐尔银行的外包风险

2019年5月，英国拉斐尔银行（以下简称“拉斐尔银行”）因外包管理不善，被英国金融监管部门处以188.7万英镑（约合1 700万元人民币）的罚金。

拉斐尔银行成立于1787年，是英国历史最悠久的零售银行之一，受英国审慎监管局（PRA）与英国金融行为监管局（FCA）的联合监管。

事件的起因是拉斐尔银行的两次IT事故。

2014年4月18日，拉斐尔银行卡外包处理商（以下简称“外包商”）发生业务系统中断，导致两个银行卡项目共57位客户受到影响。该事故发生后，外包商承诺创建应对突发事故的客户预警系统，日后会积极监测系统风险并以邮件方式提前告知客户。至此，拉斐尔银行认为该事故已结束，不再采取整改措施。

2015年12月24日，拉斐尔银行的外包商出现信息系统故障，导致银行卡业务中断长达8个小时，外包的三个银行卡项目无法持续。这一IT事故导致3 367位客户无法正常使用银行卡服务，5 356笔客户交易在销售点终端、ATM及线上渠道被拒绝，受影响资金总额约483万元人民币。事故发生当天，FCA接到多起拉斐尔银行客户的投诉，主要内容是银行卡无法取款、支付账单或消费购物。引起这次事故的原因是外包商数据中心的数据库实例出现故障。数据库实例管理着银行卡支付授权服务所需要的客户信息和交易数据，数据库实例被其他系统占用，导致银行卡支付授权服务中断。

事故发生后，拉斐尔银行要求外包商提交事故报告，并聘请外部咨询公司评估外包服务、制定整改计划。对于客户方面的损失没有进行调查，后续也没有采取补救行动。

对于拉斐尔银行2014年与2015年发生的两次事故，PRA认为，外包风险管理是金融风险管理的核心内容，鉴于拉斐尔银行在银行卡业务上依赖外包商，致使同类事故出现两次，性质是严重的；FCA认为，拉斐尔银行可以选择将关键业务外包给第三方，但必须对该事项承担全部监管合规责任，采取合理的措施避免发生额外操作风险。

这两次事故也揭示了拉斐尔银行在外包风险管理上存在不足：

一是缺乏有效的流程及内控机制。拉斐尔银行没有建立自高管层面传递至全行的关键外包风险管理偏好，缺乏有效制度监控外包风险。同时，银行内部缺少与外包商的有效沟通机制，严重影响了突发事件的处理及善后效率。

二是在外包商管理方面存在失职。拉斐尔银行与外包商的合同协议未包含明确的外包服务管理条款，导致外包商无法确定自己的权责范围。在调查监督方面，拉斐尔银行没有做到尽职调查，且日常监督工作存在漏洞。

三是在业务连续性和灾难恢复计划上存在缺陷。拉斐尔银行的灾备系统仅专注于银行直接运营的业务，二次事故的发生原因和持续时长正反映了银行业务连续性和灾难恢复计划的缺陷。

四是没有采取适当措施对IT事故进行响应并整改。综合两次事故来看，拉斐尔银行缺乏开展业务的尽职、专业和勤勉精神，对客户利益重视不够。两次事故后都没有对客户的损失进行调查，明显对客户利益关心不足。

资料来源：苏如飞．英国拉斐尔银行外包处罚事件分析及启示．中国信用卡，2020（11）：3.

7.3.3 保险转移

保险转移是企业通过与保险企业订立保险合同将风险转移给保险企业的一种风险转移方式。投保企业需缴纳一定的保费，而保险企业将面临风险的企业结合起来，组建保险基金，在事故发生后对投保企业进行补偿。

企业投保必须以充分的风险识别和分析为基础，并权衡成本与效益。企业对于自身不能控制、无法通过控制实现转移的风险，或者根据外部与内部环境的变化对风险控制效果有一定的担忧时，可以采用投保的方式转移风险。

再保险也称分保，是保险人在原保险合同的基础上，通过签订分保合同，将其所承保的部分风险和责任向其他保险人进行保险的行为。再保险是保险公司转移风险的一种方式。

案例7-6 安徽首单生猪期货价格保险赔付

2021年3月29日，安徽省首单政策性生猪“保险＋期货”目标价格保险业务由中国人寿财险无为市支公司承保出单，为当地两家生猪养殖企业220吨生猪提供600万元的价格风险保障。3个月保险期间内，生猪价格发生剧烈波动，生猪期货合约价格最低跌至16 675元/吨，与目标价格相比跌幅达38.94%。6月29日保险到期，根据保险合同，最终结算价格为23 559元/吨，为投保的养殖企业提供3 748元/吨补偿，两家投保企业共获得824 707.40元赔款，赔付率达196%。两家企业通过保险转移的方式避免了猪肉价格下跌造成损失的风险。

开展生猪期货价格保险是中国人寿财险芜湖市中心支公司落实中央一号文件和《芜湖市加快农业保险高质量发展工作方案》，开展“农业保险＋”的一次具体实践。首单生猪期货价格保险理赔，发挥了保险保障作用，帮助养殖企业规避了市场风险，提高了生猪价格波动承受力，对促进生猪生产可持续发展，优化生猪市场价格形成机制具有积极意义。

资料来源：安徽省农业农村厅．安徽首单生猪期货价格保险赔付．安徽农网，2021-07-21.

与财务型、控制型非保险转移比较，保险转移既有优点，又有缺点（见表7-5）。

表7-5　财务型、控制型非保险转移与保险转移的比较

风险转移	财务型、控制型非保险转移	保险转移
优点	适用对象广泛，纯粹风险与投机风险、可保风险与不可保风险均适用； 直接成本低； 操作手法灵活多样。	合同条款经过严格审核； 保证系数大，重大事项的投保，可能有再保险的保证； 损失保证相对确定。
缺点	由于受让人能力的限制，无论是操作还是面临损失时，都存在一定的不确定性； 有关法律许可的限制； 对合同条文理解的差异，有时会引起经营效率和效果问题。	受到合同条款的严格限制； 费用相对较高。
使用条件	当事人应是以“双赢”为目的的合作关系； 当事人对契约相关内容必须理解，争取达成共识； 受让人有能力并愿意承担财务和法律责任。	保险机构规定的业务事项。

资料来源：高立法，金乐永．风险应对．北京：经济管理出版社，2019．

7.4　风险承受策略

风险承受策略是指不采取任何措施去干预风险发生的可能性或影响。具体来说，风险承受是指企业明知可能有风险发生，但在权衡了其他风险应对策略之后，出于经济性和可行性的考虑将风险留下，若出现风险损失，则依靠企业自身的财力去弥补风险所带来的损失。风险承受的前提是自留风险可能导致的损失比转移风险所需代价小。

风险承受策略包括非计划性风险承受和计划性风险承受两种。非计划性风险承受是非计划的和被动的，主要是由风险识别过程的失误、风险评价结果认为可以忽略、风险管理决策延误等原因造成的。如果在风险管理规划阶段对一些风险有了准备，风险事件发生时马上执行应急计划，自留风险就是计划性风险承受。风险承受的计划性要求综合考虑企业的风险承受水平和损失支付方式。考虑企业的风险承受水平，一般应选择风险发生概率小、损失期望值小的风险事件作为风险承受的对象。考虑损失支付方式，要求企业预先制定损失支付计划。常见的损失支付方式有从现金净收入中支出，建立非常基金储备，建立风险准备金等。

在决定是否选择风险承受时，应考虑以下原则：(1) 企业具有承受这些自留风险的能力。(2) 同其他可行的风险应对策略相比，风险承受的预期损失较小。应用风险承受策略还应考虑到风险的意外性扩大可能使企业面临更加严重的损失；甚至在极端情况下，风险承受可能使企业承担巨大风险，以至于危及企业的生存和发展。

7.4.1 风险承受的具体方式

1. 以企业自身收入弥补损失

应对发生频率较高且造成损失较小的风险，企业可以用现有收入补偿该风险造成的损失，即直接将损失计入成本或费用。这种应对方式的优势在于企业不用设立专项资金并派专人管理，节省了管理费用。弊端在于，这种应对方式不适合突发的大额损失，且这种方式会对企业的损益产生较大影响。

2. 设立企业风险基金

企业风险基金是用于防范与补偿企业风险损失的专项基金，是提高企业抵御风险能力的重要手段。在符合法律法规的前提下，企业可以每年提取一定数额的资金，形成风险基金。

按企业风险基金的用途不同，可分为风险损失补偿基金与风险损失防范基金。风险损失补偿基金主要用于风险损失的事后补偿，它是把企业生产销售全过程的有关资金以适当的方式逐步提存，用于特定时刻的风险损失的补偿；风险损失防范基金是用于防范企业风险损失的基金，包括风险预测基金、应变费用等，它的提存方式与风险损失补偿基金相同。

设立企业风险基金，可以让企业积累较多的资金准备，增强企业的抗风险能力。但是基金管理本身也有风险，若管理不善可能出现资金挪用等情况。

3. 从外部借入资金

风险损失发生后，若企业内部没有足够的资金弥补损失，则可以选择从企业外部借入资金弥补风险损失。企业可以与金融机构达成应急贷款或特别贷款协议，当企业发生重大风险损失时，从金融机构取得贷款。但通常金融机构批准这两种贷款的条件较苛刻，要求企业具有较强的竞争优势、资信状况良好、偿还贷款的能力较强等。

案例7-7 天齐锂业前三季度业绩扭亏为盈

2021年10月29日晚间，天齐锂业股份有限公司（以下简称“天齐锂业”）发布2021年三季报，前三季度公司实现营业收入38.73亿元，同比增长59.58%；实现净利润5.30亿元，同比增长148.02%；扣非净利润为−1.22亿元。

其中，第三季度公司营业收入为15.22亿元，同比增长177.71%；实现净利润4.44亿元，同比增长209.17%，同样实现扭亏为盈；扣非净利润为−1.41亿元。

针对业绩的大幅提升，公司表示主要有三大原因：

（1）报告期锂化合物产品销量和销售均价较上年同期增长。

（2）本报告期内，公司子公司增资扩股引入战略投资者IGO Limited的交易完成，偿还了12亿美元银团并购贷款本金及对应利息，银团并购贷款项下A+C类贷款自动展期至2022年11月25日、B类贷款展期至2023年11月29日的实质性条件已经达成，按照《企业会计准则第12号——债务重组》的要求确认了与银团并购贷款展期相关的债务重组收益。

（3）报告期内公司对联营公司SQM确认的投资收益较上年同期大幅增长。

同日，天齐锂业在对深圳证券交易所《2021年半年报的问询函》的回复公告中称，2021年以来，公司通过子公司引入战略投资者IGO的交易偿还银团并购贷款本金12亿美元及对应利息，利用经营结余资金偿还国内借款本金5.67亿元，同时利用境外子公司和参股公司分红款陆续提前归还银团并购贷款本金约0.3亿美元。2021年初至今，公司合计偿还借款本金约85.62亿元人民币；截至2021年9月30日，公司资产负债率下降至约61%。与此同时，受行业复苏的影响，公司国内三大生产基地处于满产状态，锂化合物及衍生品销售量价齐升，公司经营性净现金流较上年同期大幅提升。

另外，公司正在积极筹备港股发行的相关事项，如能按期顺利实施，将根本性改善公司的资本结构和财务能力。公司认为目前不存在重大流动性风险，不存在影响持续经营能力的重大不利因素。

资料来源：天齐锂业．2021年第三季度报告；关于深圳证券交易所《2021年半年报的问询函》的回复公告．巨潮资讯网，2021-10-30.

7.4.2 风险承受的优势与不足

1. 风险承受的优势

（1）成本较低。相比其他风险应对策略，风险承受可以避免一些费用支出。

（2）损失弥补进程可控。相对于保险复杂的理赔过程以及不能使企业满意的赔偿金额，风险承受避免了损失弥补时间上的拖延和企业恢复生产的延误。

（3）警惕性提高。采用风险承受策略时，企业往往会对风险更为警惕小心。在日常的经营管理中，可能更为重视如何降低风险发生的概率和严重后果。

2. 风险承受的不足

（1）可能出现重大损失。当遭遇自然灾害、全球经济危机等重大风险事件时，风险承受策略可能会给企业带来重大损失，以至超出企业的承受能力。

（2）可能会放弃一些专业化服务。例如，当采用风险承受策略时，本来可以由保险公司提供的一些专业化服务就失去了作用。

（3）可能造成员工关系紧张。例如，为企业职工安排福利补偿问题无论如何处理，可能都会有员工认为不公平，由此造成企业与员工、员工与员工之间关系紧张，影响工作效率和企业对外形象。而如果通过外部保险公司来处理，则可以避免该类情况的发生。

7.4.3 风险承受的适用情况

一般而言，企业在以下情况下会采用风险承受策略：

（1）采取其他策略应对风险的成本过高，承受风险的成本较低。

（2）根据风险识别与分析的结果，风险可能造成的最大损失较低，且这些损失在企业的承受范围内，或者该风险发生的可能性极低。

（3）企业具有自我保险和控制损失的优势。

7.5 风险应对策略的选择

企业面临的风险往往是复杂的，且应对某一风险的方案或方案组合往往是多样的，这就需要对备选方案进行评估和选择。风险应对策略的选择是风险管理中的重要一环，正确运用科学的分析方法，可以避免仅仅依靠经验应对风险的局面，使风险应对策略的预期效果得到量化。风险应对策略的选择方法主要有期望值分析法、净现值分析法和决策树分析法。

7.5.1 期望值分析法

期望值分析法是指在决策过程中对现在的不可知因素，通过分析预测得到期望值的方法。在影响决策的因素中，既有现在可知的因素，又有现在未知的因素。期望值分析法就是根据已有的统计资料分析预测某种因素可能发生的概率，再根据可能发生的概率求出某种因素的数量值，求得期望值，最后取最大收益值或最小损失值，从而做出决策。

1. 损失期望分析法

损失期望分析法是以每种风险应对方案的损失期望值作为方案选择的评价标准，选取期望损失最小的方案。运用损失期望分析法的前提条件是每种方案面临的损失可以较准确地计量。

案例 7－8　损失期望分析法在交通事故风险应对策略选择中的应用

某车辆面临交通事故风险，三种应对方案如下：（1）自留风险，不采取任何安全措施；（2）自留风险，采取安全措施，安全措施的成本为 2 000 元；（3）购买全额保险，保费为 3 000 元。

采取不同风险应对方案后的损失情况如表 7－6 所示。

表 7－6　不同方案下的事故损失情况　　单位：元

方案	风险损失			
	发生交通事故的损失		不发生交通事故的费用	
自留风险，不采取安全措施	直接损失 间接损失 合计	110 000 6 000 116 000		0
自留风险，采取安全措施	直接损失 间接损失* 安全措施成本 合计	110 000 6 000 2 000 118 000	安全措施成本	2 000
投保	保费	3 000	保费	3 000

* 间接损失指投保可避免的损失，例如信贷成本增加。

(1) 无法确定损失发生概率时的决策。在无法确定损失发生概率时一般有两种决策原则，即最大损失最小化原则和最小损失最小化原则。

最大损失最小化原则是比较各方案中最坏情况发生时的最大损失额，选择其中损失额最小的方案。根据表 7-6，三种方案最坏情况发生时，最大损失额分别为 116 000 元、118 000 元和 3 000 元，按最大损失最小化原则应选择投保方案。

最小损失最小化原则是比较各方案中风险事件不发生时的最小损失额，选择其中损失额最小的方案。根据表 7-6，三种方案最小损失额分别为 0 元、2 000 元和 3 000 元。按最小损失最小化原则应选择风险自留且不采取安全措施的方案。

(2) 可以确定损失发生概率时的决策。如果可以根据以往的统计数据等信息推测出不同方案下损失发生的概率，可以更准确地计算损失期望值，从而做出更合理的决策。

假设本案例中不采取安全措施时发生损失的概率是 2%，采取安全措施后发生损失的概率降至 1%，则三种方案的期望损失分别为：

方案 (1)：$116\,000\times2\%+0\times98\%=2\,320$(元)

方案 (2)：$118\,000\times1\%+2\,000\times99\%=3\,160$(元)

方案 (3)：$3\,000\times2\%+3\,000\times98\%=3\,000$(元)

由计算结果可知，方案 (1) 的损失期望值最小，故应选择方案 (1) 作为风险应对方案。

资料来源：王周伟. 风险管理. 北京：机械工业出版社，2012.

2. 收益期望分析法

收益期望分析法是以不同应对方案的期望收益作为方案选择的评价标准，选择期望收益最大的方案。进行期望收益分析的前提是能够明确各个方案的预期收益情况，据此计算出方案的期望收益。

案例 7-9　收益期望分析法在风险应对策略选择中的应用

某工厂为提高产能拟定了四种方案：(1) 购买大型厂房；(2) 购买中型厂房；(3) 购买小型厂房；(4) 租用厂房。

四种方案在销售情况好和销售情况差时的收益情况如表 7-7 所示。根据以往数据推测，销售情况好的概率是 60%，销售情况差的概率是 40%。据此做出最佳方案决策。

表 7-7　不同方案下的收益情况　　单位：万元

方案	销售情况好	销售情况差
购买大型厂房	300	−140
购买中型厂房	230	−20
购买小型厂房	160	30
租用厂房	120	40

说明：收益为负值即亏损。

各方案期望收益如下：

方案（1）：300×60%－140×40%＝124(万元)
方案（2）：230×60%－20×40%＝130(万元)
方案（3）：160×60%＋30×40%＝108(万元)
方案（4）：120×60%＋40×40%＝88(万元)

根据期望收益分析，方案（2）购买中型厂房为最优方案。

资料来源：唐海燕. 风险管理研究 2009. 上海：立信会计出版社，2010.

3. 效用期望分析法

运用损失期望分析法和收益期望分析法进行风险应对方案决策，可以量化预期损失和收益，因而被广泛采用。然而这两种方法也存在缺陷，即预期损失和收益虽然可以量化，但即便预期损失或预期收益的数额是相同的，其对不同规模的企业造成的影响也是不同的。采用效用期望分析法进行决策分析就可以弥补这一缺陷。

效用期望分析法以期望损益的效用作为决策标准，选择期望损失效用最小或期望收益效用最大的方案作为最优方案。效用可以理解为人们由于拥有或使用某物而产生的心理上的满意或满足程度。例如：某人拥有财产 3 万元，有两个投资方案可供选择。方案（1）：有 20%的概率使其有 5 万元收益，80%的概率收益为零；方案（2）：有 30%的概率使其有 1 万元收益，20%的概率使其有 2 万元收益，50%的概率收益为零。

根据收益期望分析法，方案（1）的期望收益为：50 000×20%＋0×80%＝10 000(元)，方案（2）的期望收益为：10 000×30%＋20 000×20%＋0×50%＝7 000(元)，由此，方案（1）是最优方案。

上述收益期望分析法中，两种方案的期望收益带给该投资者的预期满足程度并没有考虑在内，也就是并没有考虑到二者的效用。假设该投资者拥有不同财富的效用度如表 7－8 所示。

表 7－8 某投资者拥有不同财富的效用度

拥有财富（元）	效用度
30 000	50
40 000	70
50 000	80
80 000	90
100 000	100

考虑效用情况后，方案（1）使该投资者有 20%的概率拥有财富的效用度从 50 增加到 90，80%的概率不会增加效用度，因此方案（1）的期望效用度为 40×20%＋0×80%＝8。同理，方案（2）的期望效用度为 20×30%＋30×20%＋0×50%＝12。因此，根据效用理论，方案（2）为最优方案。

由此可见，采用效用期望分析法与收益期望分析法可以得出不同的结论。

案例 7－10 效用期望分析法在风险应对策略选择中的应用

某建筑物面临火灾风险，有关火灾风险损失的资料如表 7－9 所示。其中，间接损失是指在不购买保险的情况下，大规模火灾发生后信贷成本上升引起的损失。

表 7-9 火灾风险损失金额及其概率

直接损失（元）	间接损失（元）	概率
0	0	75%
1 000	0	20%
10 000	0	4%
50 000	2 000	0.7%
100 000	4 000	0.2%
200 000	8 000	0.1%

风险管理者共有六个备选方案：

方案（1）：完全自留风险，不采取任何措施。

方案（2）：购买全额保险，保费为 2 200 元。

方案（3）：购买保额为 50 000 元的保险，保费为 1 500 元。

方案（4）：购买带有 1 000 元免赔额、保额为 200 000 元的保险，保费为 1 650 元。

方案（5）：自留 50 000 元以下的损失风险，将 100 000 元和 200 000 元的损失风险转移给保险人，保费为 600 元。

方案（6）：自留 10 000 元及以下的损失风险，将剩余风险转移，保费为 1 300 元。

经调查，风险管理者失去不同价值的财富的效用度如表 7-10 所示。

表 7-10 损失财富效用度

失去的财富（元）	效用度
200 000	100
170 000	75
120 000	50
100 000	25
75 000	12.5
50 000	6.25
30 000	3.2
20 000	1.6
15 000	0.8
10 000	0.4
6 000	0.2
2 000	0.1
0	0

说明：表中未列示的效用度可用插值法计算。例如，损失 52 000 元财富的效用 y 处在损失 50 000 元的效用与损失 75 000 元的效用之间，可得出 $\frac{y-6.25}{12.5-6.25}=\frac{52\,000-50\,000}{75\,000-50\,000}$，即 $y=6.75$。

根据效用期望分析法，哪种方案为最优方案呢？方案（1）至方案（6）的期望损失效用如表 7-11 至表 7-16 所示。

表 7-11　方案（1）的期望损失效用

损失金额（元）（直接损失＋间接损失）	损失效用		损失概率		期望损失效用
0	0	×	75%	=	0
1 000	0.05	×	20%	=	0.01
10 000	0.4	×	4%	=	0.016
50 000＋2 000＝52 000	6.75	×	0.7%	=	0.047 25
100 000＋4 000＝104 000	30	×	0.2%	=	0.06
200 000＋8 000＝208 000	106.67	×	0.1%	=	0.106 67
					0.239 92

表 7-12　方案（2）的期望损失效用

损失金额（元）（直接损失＋间接损失＋保费）	损失效用		损失概率		期望损失效用
2 200	0.105	×	100%	=	0.105
					0.105

表 7-13　方案（3）的期望损失效用

损失金额（元）（直接损失＋间接损失＋保费）	损失效用		损失概率		期望损失效用
1 500	0.075	×	99.7%	=	0.074 775
100 000－50 000＋2 000＋1 500＝53 500	7.125	×	0.2%	=	0.014 25
200 000－50 000＋6 000＋1 500＝157 500	68.75	×	0.1%	=	0.068 75
					0.157 775

表 7-14　方案（4）的期望损失效用

损失金额（元）（直接损失＋间接损失＋保费）	损失效用		损失概率		期望损失效用
0＋1 650＝1 650	0.082 5	×	75%	=	0.061 875
1 000＋1 650＝2 650	0.116 25	×	25%	=	0.029 063
					0.090 938

表 7-15　方案（5）的期望损失效用

损失金额（元）（直接损失＋间接损失＋保费）	损失效用		损失概率		期望损失效用
0＋600＝600	0.03	×	75%	=	0.022 5
1 000＋600＝1 600	0.08	×	20%	=	0.016
10 000＋600＝10 600	0.448	×	4%	=	0.017 92
50 000＋2 000＋600＝52 600	6.9	×	0.7%	=	0.048 3
100 000－100 000＋600＝600	0.03	×	0.2%	=	0.000 06
200 000－200 000＋600＝600	0.03	×	0.1%	=	0.000 03
					0.104 81

表 7-16 方案（6）的期望损失效用

损失金额（元） （直接损失＋间接损失＋保费）	损失效用		损失概率		期望损失效用
0＋1 300＝1 300	0.065	×	75%	＝	0.048 75
1 000＋1 300＝2 300	0.107 5	×	20%	＝	0.021 5
10 000＋1 300＝11 300	0.504	×	4%	＝	0.020 16
50 000－50 000＋1 300＝1 300	0.065	×	0.7%	＝	0.000 455
100 000－100 000＋1 300＝1 300	0.065	×	0.2%	＝	0.000 13
200 000－200 000＋1 300＝1 300	0.065	×	0.1%	＝	0.000 065
					0.091 06

根据效用期望分析法，方案（4）的期望损失效用最小，故方案（4）为最优方案。

7.5.2 净现值分析法

净现值分析法是用净现值作为风险应对方案决策评价指标，考虑各种不同的风险应对方案对公司各经营期内的现金流量、投资收益率等产生的影响，据此选出使公司净现值最大的风险应对方案或方案组合。

在净现值分析法中，实施某种风险应对方案的资本投资应该加到该项目的初始投资中，其他持续的风险管理费用应当从预计的净现值中扣除，且应该考虑全部风险事件的损失和相关的风险管理费用对现金支出的影响。

案例 7-11 净现值分析法在风险应对策略选择中的应用

某建筑物建于 4 年前，由研究所人员使用，他们与厂方签订了为期 6 年的合同，研究人员统一在厂方的资助下开展研究工作，但所得收入归厂方。厂方预计第一年收入为 7 万元，预计年收入增长率为 5.5%。作为交换条件，厂方提供 12 万元资助建立研究所，获得必需的设备，年物业管理费为 1 000 元。在过去的 4 年里，与火灾相关的建筑物维修费用每年 1.6 万元，厂方不负责建筑物内部设备的火灾损失。据统计，一年内该建筑物火灾损失概率分布如表 7-17 所示。

表 7-17 建筑物每年火灾损失概率分布

每年火灾损失（元）	概率	预期损失（元）
0	0.8	0
30 000	0.1	3 000
100 000	0.07	7 000
200 000	0.03	6 000
合计	1.0	16 000

（1）考虑风险损失的净现值分析。考虑风险损失的净现值分析过程如表 7-18 所示。

表7-18　考虑风险损失的净现值分析　　单位：元

项目	第0年	第1年	第2年	第3年	第4年	第5年	第6年
年现金流入		70 000	73 850	77 912	82 197	86 718	91 487
减：年现金流出		1 000	1 000	1 000	1 000	1 000	1 000
税前净现金流量		69 000	72 850	76 912	81 197	85 718	90 487
减：每年折旧费		20 000	20 000	20 000	20 000	20 000	20 000
减：年火灾预期损失		16 000	16 000	16 000	16 000	16 000	16 000
税前利润		33 000	36 850	40 912	45 197	49 718	54 487
减：所得税（40%）		13 200	14 740	16 365	18 079	19 887	21 795
税后利润		19 800	22 110	24 547	27 118	29 831	32 692
减：初始投资	120 000	0	0	0	0	0	0
年税后净现金流量	−120 000	39 800	42 110	44 547	47 118	49 831	52 692
折现期数	0	1	2	3	4	5	6
资本成本		10%	10%	10%	10%	10%	10%
年税后净现金流量现值	−120 000	36 182	34 802	33 469	32 182	30 941	29 743
年累计净现值	−120 000	−83 818	−49 017	−15 548	16 635	47 576	77 319

由表7-18的计算可知，该建筑物的年累计净现值为77 319元。

（2）考虑风险应对方案的净现值分析。如果厂方在订立合同时就安装了一套价值500元的自动灭火系统，该系统每年需要400元的维护费用。安装灭火系统后每年火灾损失的概率分布如表7-19所示。

表7-19　安装灭火系统后建筑物每年火灾损失概率分布

每年火灾损失（元）	概率	预期损失（元）
0	0.8	0
5 000	0.1	500
10 000	0.07	700
100 000	0.03	3 000
合计	1.0	4 200

将风险应对方案考虑在内，年累计净现值计算过程如表7-20所示。

表7-20　考虑风险应对方案的净现值分析　　单位：元

项目	第0年	第1年	第2年	第3年	第4年	第5年	第6年
年现金流入		70 000	73 850	77 912	82 197	86 718	91 487
减：年现金流出		1 000	1 000	1 000	1 000	1 000	1 000
税前净现金流量		69 000	72 850	76 912	81 197	85 718	90 487
减：每年折旧费		20 083	20 083	20 083	20 083	20 083	20 083
减：年火灾预期损失		4 200	4 200	4 200	4 200	4 200	4 200
减：灭火系统维护费		400	400	400	400	400	400
税前利润		44 317	48 167	52 228	56 514	61 034	65 804
减：所得税（40%）		17 727	19 267	20 891	22 605	24 414	26 322
税后利润		26 590	28 900	31 337	33 908	36 621	39 482

续表

项目	第 0 年	第 1 年	第 2 年	第 3 年	第 4 年	第 5 年	第 6 年
减：初始投资	120 500	0	0	0	0	0	0
年税后净现金流量	−120 500	46 673	48 983	51 420	53 991	56 704	59 565
折现期数	0	1	2	3	4	5	6
资本成本		10%	10%	10%	10%	10%	10%
年税后净现金流量现值	−120 500	42 430	40 482	38 633	36 877	35 209	33 623
年累计净现值	−120 500	−78 070	−37 588	1 044	37 921	73 130	106 753

通过表 7－20 的计算，该建筑物的年累计净现值为 106 753 元。若安装灭火系统，则建筑物净现值高于不采取任何应对方案时的净现值。采用净现值分析法，该风险应对方案是有效的。

运用净现值分析法选择风险应对方案的主要优势在于，其决策过程充分考虑追求企业价值最大化这一目标。从理论上说，净现值分析法不仅适用于追求企业价值最大化的企业，而且适用于努力提高运营效率的非营利组织。

净现值分析法也存在一些不足。一是净现值的计算比较复杂，涉及预期现金流入、现金流出等大量参数的估算。另外，折现率的估测不太容易，其微小差异对净现值的影响却很大。二是将净现值最大作为唯一评判标准，没有考虑社会效益。

7.5.3　决策树分析法

风险管理往往是一个复杂的、循环往复的过程。在多阶段风险管理项目中，前一阶段的风险管理措施所产生的结果经常会对后续的风险管理产生影响，于是，在下一阶段的风险决策中就需要考虑这种影响。这种环环相扣的决策过程构成了一个按时间先后顺序相互依赖的风险管理多阶段决策序列。从这种决策序列中得到最佳决策的有效工具是决策树分析法。

决策树分析法又称为概率分析决策方法，是指将构成决策方案的有关因素以树状图的方式表现出来，据以分析和选择决策方案。它是风险型决策最常用的方法之一，特别适用于分析比较复杂的问题。决策树分析法可以与期望值分析法或净现值分析法结合应用。

1．决策树的结构

决策树由决策点、决策枝、状态点、概率枝和结果点构成（见图 7－2）。

决策点一般用方形表示，从决策点引出的若干决策枝表示不同的决策方案；决策枝连接的另一端是状态点，一般用圆形表示；从状态点引出的若干条线段表示在决策方案下可能出现的不同状态及其发生的概率，称为概率枝；概率枝连接着决策树的末端——结果点，结果点一般用三角形表示，并在旁边标注该种结果的收益值或损失值。

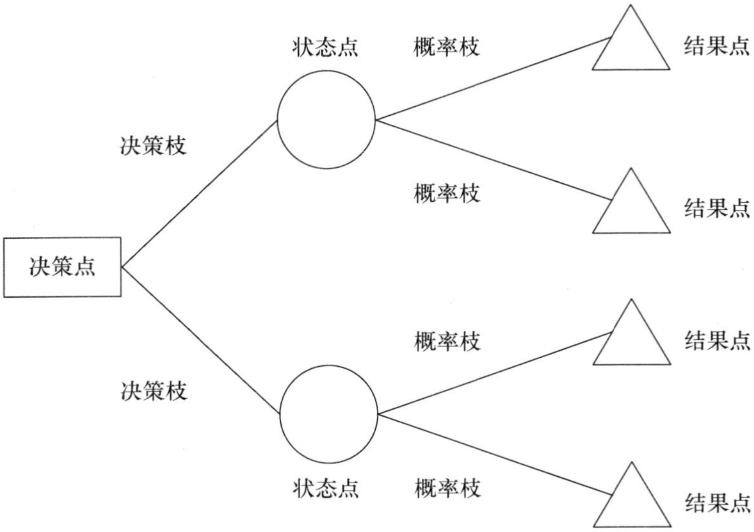

图 7-2　决策树的结构

2. 决策树的种类

决策树主要分为两类，即单阶段决策树和多阶段决策树。单阶段决策树是指需要决策的事件进行一次决策活动就可以选择出理想的决策方案。在实际的风险管理过程中，单阶段决策树的运用范围是有限的。

多阶段决策树是指需要解决的问题不是一次决策活动就能解决的，需要一系列的决策活动才能选出最优方案，达到最后的决策目的。在风险管理决策过程中，为了达到某种风险管理目的，需要选择一种手段。为了采取这一手段，需要考虑下一级的相应手段，这样，上一级手段成为下一级手段达到的目的。采取这种方式，按要达到的目的和所需的手段的顺序层层展开，直到可以采取措施为止，并绘制成树形图，即多阶段决策树。

3. 决策树的绘制步骤

决策树的绘制步骤如下：

（1）根据风险事件确定备选应对方案。风险管理者应该在风险分析的基础上尽可能多地制定适宜的风险应对方案。为了较高质量地达到风险管理目标，管理者需要集思广益，从相对重要的应对措施开始，按顺序思考，列出备选应对方案。

（2）绘制决策树框架。在该步骤中，决策者需要将之前确定的备选方案绘制成决策树框架。

（3）评价备选应对方案，计算各种可能结果的概率、损益并将其填列到决策树中。决策者需要根据之前绘制的决策树框架，从决策树“根部”开始逐层计算每种情况发生的概率和损益，并将其填列到框架的相应位置。

（4）应用敏感性分析对决策树分析的结果进行测试。为了测试决策树分析结果的有效性，决策者需要进行敏感性分析。敏感性分析要回答的问题是，当概率和损益值等在一个合理的范围内变动时，决策分析的结论是否会改变。

4. 对决策树分析法的评价

决策树分析法可以把决策过程中的全部备选方案和可能出现的各种情况直观地表示在决策树状图中。使用决策树分析法进行分析具有思路清晰、逻辑性强的优点，特别是针对复杂问题的多阶段决策，能够使风险管理决策的各阶段明晰，层次分明，便于决策者充分比较备选方案，从而做出较为正确的决策。但决策树分析法也有局限性。比如，无法适用于一些不能用数量表示的决策；对各种方案出现概率的确定有时主观性较大，可能导致决策失误等。

自测题

扫描此码 在线做题

思考题

1. 风险应对策略有哪些？
2. 风险决策树的绘制步骤是什么？
3. 风险应对策略的选择方法有哪些？

案例分析

百年秋林黯然退场

2021 年 3 月 11 日晚间，*ST 秋林发布公告称，公司于 2021 年 3 月 11 日收到上交所《关于哈尔滨秋林集团股份有限公司股票终止上市的决定》，根据有关规定，上交所决定终止公司股票上市。公司股票将于 2021 年 3 月 19 日进入退市整理期交易，公司股票在退市整理期届满后 5 个交易日内由上交所予以摘牌。百年秋林由此黯然退场。

*ST 秋林的前身是始创于 1900 年的秋林商行，是名副其实的百年老店。1992 年 3 月 5 日，全民所有制的秋林公司改组为股份有限公司。1996 年 3 月 6 日，秋林公司社会公众股股票在上交所上网定价公开发行。3 月 25 日，挂牌上市股票代码 600891，股票简称“秋林股份”。1998 年，秋林以哈尔滨秋林股份有限公司为母公司组建哈尔滨秋林集团，证券简称变更为“秋林集团”，主营业务是百货和食品。

在百货业务走下神坛、食品业务须与哈尔滨秋林糖果厂共享“秋林”之名、主力业务难有突破之际，秋林开始寻求其他业务增长点。

2010年11月，奔马集团与黑龙江奔马投资有限公司（以下简称“奔马投资”）签署股权转让协议书，奔马集团将所持近5 991.37万股秋林集团股份转让给奔马投资，奔马投资成为秋林集团的第一大股东、相对控股股东。颐和黄金持有奔马投资70%的股权，为奔马投资控股股东。平贵杰为颐和黄金第一大股东、秋林集团潜在实际控制人。

根据秋林集团当时发布的简式权益变动报告书，本次转让是由于秋林集团“现有资产质量不高、盈利能力不强，致使企业竞争力较弱”，减持目的是奔马投资成为第一大股东后，推进秋林集团实施股权分置改革方案。2010年11月，秋林集团股权分置改革说明书显示，颐和黄金将在股权分置改革方案实施完成之日起12个月内提出向秋林集团注入颐和黄金的优质黄金珠宝设计、生产、批发、零售业务，以保证秋林集团的持续发展和利润增长。

2011年1月起，秋林集团筹划重大资产重组。然而不到一个月，由于颐和黄金的黄金珠宝业务整合工作尚未结束，不能如期启动资产重组，该项重组被终止。根据2011年半年报，秋林集团营收列表中首次出现黄金业务。2012年2月，颐和黄金依据承诺向秋林集团支付2 000万元现金，并表示未来将全力推动资产整合工作，在适当的时期启动资产重组。

2014年，秋林发布重大资产重组公告，向颐和黄金旗下的天津嘉颐实业有限公司（以下简称“嘉颐实业”）购买深圳金桔莱黄金珠宝首饰有限公司（以下简称“深圳金桔莱”）100%股权。2015年10月，该笔股权收购以13.58亿元成交。本次重大资产重组交易使得深圳金桔莱“借壳上市”成功。

因嘉颐实业为颐和黄金的全资子公司，颐和黄金为秋林集团的控股股东，嘉颐实业与秋林集团的实际控制人均为平贵杰。2015年该笔重大资产重组完成，嘉颐实业成为秋林集团第一大股东，秋林的“黄金时代”正式开启。

秋林集团在原有主营业务秋林百货零售、秋林食品生产与销售、彩宝批发销售基础上，新增黄金制品、珠宝首饰的设计、加工和批发业务。黄金资产的注入让秋林集团的经营规模快速扩大，让秋林集团的营业收入从2013年的3.81亿元上升至2014年（调整后）的44.2亿元，告别此前的个位数营收。2015年起，黄金首饰批发业务成为秋林集团细分行业中的营收第一，丰厚的黄金红利促使秋林集团2015—2017年分别实现净利润2.34亿元、2.05亿元、1.64亿元。

然而，受部分黄金业务影响，2015年和2016年，瑞华会计师事务所年度审计时出具了否定意见的内控审计报告，认为秋林集团募集资金管理及使用、存货管理、子公司管理等存在内部控制缺陷，在风险评估方面也存在问题。

2017年，秋林集团改聘大信会计师事务所为公司的年度财务及内部控制审计机构，大信会计师事务在当年出具了标准无保留意见的审计报告。

2019年，秋林集团更是不断爆雷。2019年2月13日，秋林集团公告称，嘉颐实业及其一致行动人颐和黄金、奔马投资所持秋林集团股份均被公安机关冻结。2月15日，秋林集团公告称，无法与秋林集团董事长李亚、副董事长李建新取得联系，总裁潘建华代行相关职责。2月28日，秋林集团陷入“萝卜章”悬案，发现集团在2017年曾为滨奥航空一笔5亿元信托贷款出具担保函，承担连带担保责任，但公司没有加盖公章记录，秋林集团判断该担保函的公章为伪造。在4月30日披露的内部控制审计报告中显示，2018年公司成立的黄金事业部由董事长直接管理，公司董事长李亚、副董事长李建新超越董事会授权，参与了子公司经营、合同签订、存货收发、款项收回等，职责分工和制衡机制失效，致使期末应收账款回款和存货保管出现重大风险，为此计提36.94亿元的资产减值损失，按当时金价计算，相当于10吨黄金。这就是震惊资本市场的“黄金大劫案”。

为此，秋林集团2018年的业绩出现大变脸。2018年营业收入为47.24亿元，同比下降近31%，净利润为亏损41.38亿元，同比下降2 712%。由于李亚、李建新的失联，黄金事业部下辖公司经营状态基本停滞，无法对黄金业务的存货及应收账款等进行核查。秋林集团对部分其他应收款及预付款全额计提资产减值损失，以及确认置出资产的资产减值损失。秋林集团在当年的坏账损失高达37.41亿元，全年的资产减值达到40.82亿元。

因正副董事长失联，黄金业务板块巨额应收账款、存货以及关联方、关联关系和资金占用等情况的核查尚未结束，会计师事务所出具无法表示意见的审计报告，无法保证年报内容真实、准确和完整。

与此同时，为突破收益局限，2019年9月，秋林集团计划与北大仓合作，向后者出租五栋房产，该合作随即收到上交所问询。正是在这次问询下，秋林集团前往哈尔滨市不动产登记交易档案中心查询时才发现，集团主要的4处房产已被查封，但查封原因并不知晓。

2019年3月17日，秋林集团披露，因与天津市隆泰冷暖设备制造有限公司（以下简称“隆泰冷暖”）的保理合同纠纷被华夏银行天津分行起诉，但秋林集团未曾审议或决策与隆泰冷暖相关的保理业务或担保事项。由此，还牵出了秋林集团与华夏银行募集资金专户资金违法划转的纠纷。

秋林集团表示，上述事件导致集团未能按时偿付“16秋林01”及“16秋林02”当期回售本金及应付利息，造成“16秋林01”和“16秋林02”违约。2019年11月27日，秋林集团表示，受正副董事长失联、黄金事业部经营停滞等因素影响，暂无法按时兑付“18秋林01”债券利息，构成实质违约。

黄金业务的爆雷，让秋林集团陷入困境，直接影响到百货和食品业务的正常经营。数据显示，2018—2020年，秋林商品零售的收入分别为2.28亿元、2.06亿元、0.23亿元，下滑严重；而同期的秋林食品加工的收入为1.09亿元、1.02亿元、0.87亿元。2019年6月，秋林食品股权还遭到冻结。

据公告披露，公司2018年、2019年连续两年期末净资产为负值，2018年、2019年财务报告被会计师事务所出具无法表示意见。2021年2月23日，公司披露了经审计的2020年年度报告，2020年公司营业收入为1.44亿元，同比下滑57%；净利润为−5.82亿元，同比下滑10%。加上年初亏损的38.4亿元，*ST秋林累计的亏损金额为44.22亿元。2020年末归属于上市公司股东的净资产为22.14亿元，同比下滑36%。大信会计师事务所（特殊普通合伙）对公司2020年度财务报告出具了无法表示意见的审计报告。秋林集团至此面临黯然退市的命运。

秋林集团落下帷幕已成事实，但导致其沦落至今的因素是复杂多样的。

秋林集团有着悠久的历史，百货和食品行业是其立业之本，但在引进黄金业务之后，两大主营业务经营规模不增反降。除了黄金业务之外，秋林集团新增的业务还包括小额贷款、广告、经济贸易等，这些业务都给秋林集团增加了不小的负担。例如，小额贷款业务在2018年的亏损金额接近3 000万元。

此外，秋林集团还参投商业银行。2016年，该集团在吉林龙井农村商业银行股份有限公司（以下简称“龙井银行”）增资改制时出资1亿元，持有后者20%的股权，并以3.38亿元购买了龙井银行置出资产，合计出资金额4.38亿元。但这20%的股权已遭冻结，具体原因不明。秋林集团多次向龙井银行索取年报遭拒，将其起诉，但最终败诉。

此外，新增的业务也让秋林集团的资产负债率高企，秋林集团2019年、2020年的资产负债率高达214.63%和305.06%。

2020年年报指出，因债务逾期、诉讼及执行案件的影响，秋林集团资产及持有的子公司股权和资产被查封和冻结，且目前涉及的诉讼较多，诉讼结果具有不确定性，如出现不利于公司的生效判决或公司资产被法院强制执行，有可能影响秋林集团的持续经营能力。

资料来源：王思炀．秋林集团的多元化败局：黄金梦碎，债务缠身终致退市．新京报，2021-03-30.

问题：

1. 结合本案例，运用所学的知识，分析秋林集团面临的主要风险。
2. 秋林集团由盛至衰的历程，对其他企业应对风险有何启示？

第 8 章

Chapter 8 控制活动

学习目标

1. 知识目标：熟悉内部控制的主要控制活动类型，理解各项控制活动的基本原理。

2. 能力目标：能够应用各项控制活动防控和化解企业经营管理中存在的各类风险。

3. 素养目标：(1) 通过优秀企业成功经验的学习，一方面了解中国故事，激发爱国情怀；另一方面增强对中国特色社会主义实践的认同，坚定“四个自信”。(2) 通过剖析典型舞弊案例，一方面引导建立社会主义核心价值观，如诚信、公正等；另一方面提高使命担当，塑造反舞弊的职业操守和社会责任感。(3) 通过对内部控制主要控制活动类型及其原理的学习，一方面培养风险意识，增强合规理念；另一方面塑造战略思维、系统思维、创新思维等。

引 例

小林化工产品失效的内部控制视角分析

日本制药企业小林化工株式会社（以下简称“小林化工”）近日被其所在地福井县政府勒令停业 116 天进行整顿。这也是日本药企迄今违反相关法律被勒令停业时间最长的处分。

事件的起因是，该公司生产的一款甲癣治疗药“伊曲康唑片 50MEEK”混入过量催眠成分“利马扎封盐酸盐水合物”，导致 239 人健康受损。混药事故发生在 2020 年 7 月前后，当时由于生产损耗，生产人员补充了在制造过程中损失的原材料，但混淆了装有主要成分的容器和包含睡眠诱导剂成分的容器。该事件还牵扯出小林化工长期造假问题，包括制药原料使用不当、制药过程违规、用阴阳账簿应付检查、捏造部分质量检验结果、发现异常后依然发货等。

通过阅读相关报道，可以分析出小林化工生产环节主要反映的内部控制缺陷。一是原材料领用环节存在缺陷。根据小林化工的规定，原材料发出时，需要两人同时在场，在取出原材料和称重时共同确认，但是当时只有一个负责人在工作。缺少监督导致领用错误。其实，为了防止类似人为错误，使用条形码进行计算机管理在医药行业已经得到普遍运用，但小林化工并未在旗下所有工厂采用条形码管理，对人工的过度依赖很可能导致疏忽。二是生产投料环节存在缺陷。日本厚生劳动省在其批准的医药制造过程中不允许进行原料补给。原材料领出后，如果现场其他生产员工严格按照规范拒绝补充原材料，就可以规避此次产品质量事故。三是产成品检验环节存在缺陷。报道称，在药片出货前，工厂在确认成分时通常使用液相色谱进行分析，通过峰值的变化判断成分多少。然而，在此批成品的检测中，负责样品检验的现场工作人员发现一个前所未见的小的色谱峰，推断可能是有异物混入，并向上级报告该药物主要成分的含量可能有所不同。遗憾的是，公司内部并未对该异常报告进行详细的调查。最后，该批产品的最终质量检查报告显示，除了产品中包含不应添加的指示睡眠诱导剂的成分外，还有指示异物污染的数据，最终仍然被企业所忽略，产品得以入库。四是发货环节存在缺陷。在发货时，企业一般需要对产品进行适当的检验，一般采用抽样检查的方式。如果质量检测人员抽检到该批产品，还可能防患于未然。但是，纯粹依赖发货前的抽检往往很难发现问题。五是其他环节存在缺陷。小林化工曾经用阴阳账簿应付检查说明公司对内部控制的态度和导向，反映出该公司并未真正重视产品的质量和社会责任，而是将追求绩效作为企业的主要理念。这也说明小林化工的文化导向出现偏差。

资料来源：赵团结，朱彤．小林化工产品失效的内部控制视角分析．中国会计报，2021-04-09.

从以上案例可以看到，企业发生风险与内部控制存在缺陷密切相关，而内部控制缺陷的存在在很大程度上又取决于控制措施的设计和执行。根据《企业内部控制基本规范》第二十八条的规定，控制措施一般包括：不相容职务分离控制、授权审批控制、会计系统控制、财产保护控制、全面预算控制、运营分析控制和绩效考评控制等。除上述控制措施以外，合同控制也是一种重要的控制措施。因此，本章主要对这些基本控制措施的基本原理进行详细阐释。

8.1 不相容职务分离控制

8.1.1 不相容职务分离控制的定义

不相容职务是指不能由一人兼任，否则容易掩盖其舞弊行为的职务。不相容职务分离就是把这些职务分配给两人或两人以上承担，以便相互监督、相互制约。不相容职务一般包括如下内容：不得由一人办理货币资金业务的全过程；不得由同一部门或同一个人办理合同业务的全过程；不得由同一部门或同一个人办理固定资产采购业务的全过程；不得由同一部门或同一个人办理投资业务的全过程。

《企业内部控制基本规范》第二十九条规定，不相容职务分离控制要求企业全面系统地分析、梳理业务流程中所涉及的不相容职务，实施相应的分离措施，形成各司其职、各负其责、相互制约的工作机制。不相容职务分离控制的核心是内部牵制，主要目的是预防和及时发现在执行所分配的职责时产生的错误或舞弊行为。不相容职务分离控制贯穿企业经营管理活动的始终，是企业防范风险的重要手段之一。

由此可知，企业通过不相容职务分离控制活动，可以降低错误和不当行为发生的风险。在实际工作中，企业还可以利用计算机信息技术，通过设置权限及进入相关模块的密码等方式自动形成不相容职务分离控制。

8.1.2　不相容职务分离控制的内容

企业在内部机构设置时应体现不相容职务相分离的原则，特别是涉及重大或高风险业务处理程序时，必须考虑实行各层级、各部门、各岗位之间的分离和牵制。对于因机构人员较少且业务简单而无法分离处理的某些不相容职务，企业应当制定切实可行的替代控制措施。企业应当遵循不相容职务相分离的原则，综合考虑企业性质、发展战略、文化理念和管理要求等因素，形成各司其职、各负其责、相互制约、相互协调的工作机制，并确定具体岗位的名称、职责和工作要求等，明确各个岗位的权限和相互关系。

国美一中层"独中"200个特等奖的背后

根据大多数企业的经营管理特点和一般业务性质，需要分离的不相容职务主要有以下六种：（1）可行性研究与决策审批相分离；（2）业务执行与决策审批相分离；（3）业务执行与审核监督相分离；（4）会计记录与业务执行相分离；（5）业务执行与财产保管相分离；（6）财产保管与会计记录相分离（见图8-1）。

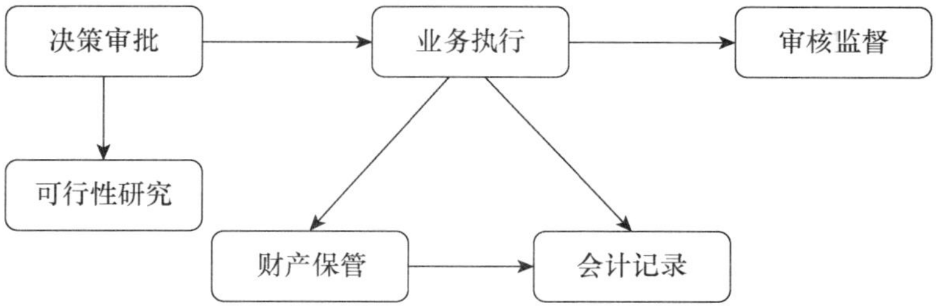

图8-1　不相容职务分离控制图解

案例8-1　苏亚金诚会计师所吃警示函，执业东华能源项目两宗违规

江苏证监局近日发布了关于对苏亚金诚会计师事务所（特殊普通合伙）（以下简称"苏亚金诚会计师所"）及注册会计师杨伯民、徐鹏采取出具警示函监管措施的决定。经查，苏亚金诚会计师所执业的东华能源股份有限公司（以下简称"东华能源"或"公司"；证券代码：002221）2017年度内部控制鉴证项目存在以下问题：

一、未关注不相容岗位职责分离情况

苏亚金诚会计师所未关注东华能源是否存在不相容岗位职责未分离的情况，未追查公司的采购、入库和销售实际流程，部分循环测试样本中出现不相容岗位为同一人，不符合《中国注册会计师其他鉴证业务准则第3101号——历史财务信息审计或审阅以外的鉴证业务》第十三条和第十四条的规定。

二、获取的鉴证证据不够充分适当

在执行部分控制测试时，获取的证据不够充分适当，不能有效支持鉴证结论，不符合《中国注册会计师其他鉴证业务准则第3101号——历史财务信息审计或审阅以外的鉴证业务》第三十四条和第三十六条的规定。

江苏证监局认为，上述行为未严格遵守《中国注册会计师审计准则》，违反了《上市公司信息披露管理办法》第五十二条、第五十三条的相关规定。根据《上市公司信息披露管理办法》第六十五条的规定，决定对苏亚金诚会计师所及杨伯民、徐鹏采取出具警示函的行政监管措施。

《中国注册会计师其他鉴证业务准则第3101号——历史财务信息审计或审阅以外的鉴证业务》第十三条：在计划和执行其他鉴证业务时，注册会计师应当保持职业怀疑态度，以识别可能导致鉴证对象信息发生重大错报的情况。

《中国注册会计师其他鉴证业务准则第3101号——历史财务信息审计或审阅以外的鉴证业务》第十四条：注册会计师应当了解鉴证对象和其他的业务环境事项，以足够识别和评估鉴证对象信息发生重大错报的风险，并设计和实施进一步的证据收集程序。

《上市公司信息披露管理办法》第五十二条：为信息披露义务人履行信息披露义务出具专项文件的保荐人、证券服务机构，应当勤勉尽责、诚实守信，按照依法制定的业务规则、行业执业规范和道德准则发表专业意见，保证所出具文件的真实性、准确性和完整性。

《上市公司信息披露管理办法》第五十三条：注册会计师应当秉承风险导向审计理念，严格执行注册会计师执业准则及相关规定，完善鉴证程序，科学选用鉴证方法和技术，充分了解被鉴证单位及其环境，审慎关注重大错报风险，获取充分、适当的证据，合理发表鉴证结论。

《上市公司信息披露管理办法》第六十五条：为信息披露义务人履行信息披露义务出具专项文件的保荐人、证券服务机构及其人员，违反《证券法》、行政法规和中国证监会的规定，由中国证监会依法采取责令改正、监管谈话、出具警示函、记入诚信档案等监管措施；应当给予行政处罚的，中国证监会依法处罚。

资料来源：苏亚金诚会计师所吃警示函，执业东华能源项目两宗违规．中国经济网，2020-02-27.

8.1.3 轮岗制度

1. 轮岗制度的内容

轮岗制度是不相容职务分离控制的一个重要手段和形式。轮岗是指员工在企业内部进行不同工作岗位的轮换。如果员工在某个岗位上工作了较长时间，就会逐渐适应制度，制度对其的威慑力会不断减弱，容易引发员工的舞弊行为，并且长时间在一个岗位工作的员工很容易积累资源进而形成个人垄断资源，对企业利益产生潜在危险。

轮岗的目的主要是合理配置资源，规避风险。首先，可以防范管理风险或道德、法律风险；其次，能够锻炼和培养人才，通过内部的岗位轮换，缓解晋升岗位不足的压力，可以既经济又有效地培养出能够独当一面的复合型人才；最后，对员工也能起到激励作用。轮岗可以使员工开阔视野、积累人脉资源、发现自己真正的兴趣与能力所在、锻造多方面的能力与经验，从而拓展员工职业宽度，真正做到把合适的人用在合适的岗位。

2. 轮岗的具体措施

（1）制定岗位轮换制度。企业首先应制定岗位轮换制度，在执行过程中做到有章可循。要明确各岗位的责任，严格按工作规范和业务流程进行操作。轮岗前制定出具体的计划，包括轮岗时间、轮岗目标等。同时要制定轮岗工作图表，使每一位轮岗人员都清楚将要轮换的岗位，以便在熟悉自己的工作岗位后，可以关注将要轮换的其他岗位的相关工作内容。

（2）做好轮岗前的沟通工作。轮岗是人才识别与培养工作的一部分，但员工也有其个人的职业生涯规划，如果事前没有沟通而只是管理者一厢情愿地为其设置未来发展路线图，很有可能无法使双方找到最终的结合点而浪费资源。所以，在轮岗前要做好轮岗人员的思想工作，明确每个人要轮换岗位的工作要求，使每个人心中有数，防止在轮换过程中出现闹情绪等现象。

（3）合理安排轮换的期限。轮换过程中，要遵循整体稳定、局部轮换的原则。不要采用大换班的形式，以免在轮换过程中造成工作的全面瘫痪。另外，还要考虑各位轮岗人员的工作能力和知识水平，由简单到复杂，跨度不要过大，比如，管理现金出纳会计人员轮换到财务报表岗位，或者管理成本会计人员轮换到出纳岗位，以免因会计岗位轮换而影响会计人员水平的发挥。会计的轮换不宜过频过快，不要急于求成。轮换时间的长短应根据单位的性质和工作需要而定，根据各岗位掌握的业务技能而定，短则一年，长则三年。

（4）合理安排轮岗的工作交接。确保各项资源完全移交，确保接收者对各项进展中的工作清楚了解，这些都是工作交接过程中非常关键的事项。首先，要把交接的文件、材料整理好，以书面形式上报，交接双方按照交接内容逐项进行清点，并且由主管领导监督交接。其次，交接完成后移交人、接收人及监交人都要签字确认，以便在以后的工作过程中以及出现问题时分清责任。

案例8-2　东风本田会计，勾搭“采购”出大事，怎会发生？

韩某某2007年加入东风本田汽车零部件有限公司，担任财务会计科成本核算员。刚入职时，他对自己的职业生涯有着清晰的规划，工作认真负责，先后荣获优秀员工等荣誉称号。但因2015年一次部门提拔干部失败，心有不甘的韩某某埋怨组织没有认可自己的工作，开始动起“歪心思”，想从其他地方找一些“补偿”。

这一年，东风本田汽车零部件有限公司引进一套QAD企业管理系统。该系统对采购、销售、库存等流程进行整合，以节省人力、提高效率。对业务流程十分熟悉的韩某某很快发现，刚上线的系统存在漏洞。他没有第一时间上报，而是密谋筹划利用这一漏洞窃取企业利益。他瞄准的第一个“结盟”对象就是方某某。

方某某2008年加入东风本田汽车零部件有限公司，担任采购科稽核管理员。在韩某某的鼓动下，方某某也觉得有机可乘。两人多次密谋商议，设计出了一个套取企业货款的方案。

但仅靠两人配合还不够，还需要找到愿意配合的供应商。他们很快锁定了一家供应商的实际控股人周某某。周某某因业务关系和方某某认识，和韩某某、方某某年龄相仿，私交甚好。二人判断周某某可以信赖，便把计划和盘托出，并约定事成之后三方均分非法所得。面对唾手可得的意外之财，正身陷资金链困境的周某某喜不自禁，也想从中好好“捞”一笔。

三人称兄道弟，内外勾结。方某某负责将虚构的采购入库清单提供给周某某，周某某根据清单虚开增值税专用发票交回给方某某。方某某则利用QAD系统进行虚拟挂账，然后由财务人员韩某某操作“审核通过”。之后，方某某复制之前审批通过的签字字迹，伪造虚假审批单据，并与入库清单等资料一起交由韩某某进入财务审批付款流程。企业根据审批结果将货款支付给供应商。最后，周某某扣除税点后以现金或转账方式把非法所得分发给二人。

2015年7月，三人开始验证整套流程的可行性。他们轻易得手，凭空套取数千元，三人喜不自胜，胆子也越来越大。短短几年时间，仅通过周某某的公司就套取了1 200多万元资金，严重侵害企业利益，造成国有资产重大损失。

2015年7月至2019年3月，韩某某和方某某伙同7家供应商，在没有实际供货的情况下，骗取东风本田汽车零部件有限公司资金2 500余万元，两人各自分得740余万元。

2019年3月，东风本田汽车零部件有限公司开展内部自查，发现二人内外勾结套取资金的问题线索。公司党委立即按程序上报东风公司纪委。东风公司纪委在收到报告后开展初步核实，发现二人涉嫌严重职务违法犯罪。

2019年11月，东风公司纪委对方某某、韩某某立案审查，二人涉嫌职务犯罪问题由国家监委驻东风公司监察专员办公室移交至广东省惠州市监委。2019年12月，惠州市监委派大亚湾开发区监察专员办对方某某、韩某某以及8名涉案老板立案调查，并采取留置措施。2020年8月，经广东省惠州市大亚湾经济技术开发区人民法院审理，判处韩某某有期徒刑十一年六个月，方某某有期徒刑十一年，包括周某某在内的其他8名涉案老板均被判处三至六年有期徒刑。

案件发生后，东风本田汽车零部件有限公司深刻剖析背后的原因，排查企业监管漏洞，完善管理制度，优化业务流程，加强业务合规审核，健全权力运行可查询、可追溯的反馈机制，以公开促公正、以透明保廉洁。同时推动“三管”人员（管人、管钱、管物的人员）定期强制性轮岗，强化关键岗位人员职业道德、责任意识和风险意识教育，以案为鉴、以案促改。

资料来源：东风本田会计，勾搭“采购”出大事，怎会发生？内审之友（微信公众号），2021-06-01.

8.1.4　强制性休假制度

烟台银行票据案

除了轮岗以外，企业在对关键员工进行管理时还可以采用强制性休假制度。有舞弊行为的员工在岗时会想尽一切办法掩盖自己的劣行而使其不被发现，员工离岗时间较长有助于企业对其工作成果做出客观的评价并及时识别舞弊行为。

案例 8-3　龙江银行内控管理失效

龙江银行是在原齐齐哈尔市商业银行、牡丹江市商业银行、大庆市商业银行和七台河市城市信用社基础上合并重组而设立的省级城市商业银行，在黑龙江省内 13 个地市均设有分行，辖属营业网点 222 个，在黑龙江、湖北、安徽、福建、宁夏等 5 个省区发起设立村镇银行 11 家。龙江银行依托黑龙江省丰富的农业资源，将金融和农业产业链相结合，研发了农业供应链金融模式，成为全国第一家农业供应链银行。

2020 年 10 月 10 日，银保监会官网显示，龙江银行因内控管理、案件风险防控、强制休假制度执行不到位等，共计被罚 220 万元，另有多人被警告、罚款和禁止终身从事银行业工作。罚单信息显示，龙江银行股份有限公司双鸭山分行，案件风险防控落实不到位，强制休假制度执行不到位，员工行为排查流于形式，被罚 120 万元。

同时，诸多高管也一并被罚：陈永新，对龙江银行双鸭山分行员工行为排查流于形式、强制休假制度执行不到位负管理责任，警告并罚款 5 万元。根据黑龙江省纪委监委披露的信息来看，龙江银行此前多位高管都有接受纪律审查和监察调查的记录。2015 年 7 月，时任龙江银行副行长的王贵彬（副厅级）因涉嫌严重违纪接受组织调查；2014 年 9 月，原董事长杨进先利用职务收受贿赂、贪污公款被开除党籍；2014 年 5 月，原副行长杨宝仁因犯受贿罪、巨额财产来源不明罪被判处有期徒刑 15 年。龙江银行原党委副书记、行长关喜华更是在行内工作 7 年之久，此前的轮岗制落实是否到位值得怀疑。

国内银行业推广强制性休假制度，然而这一制度在很多银行并未真正落实，给银行的运营造成了很多不利影响。龙江银行业务流程及岗位设置缺乏应有的互相制约和牵制，虽然制定了相应制度，但是管理、执行不到位，导致犯罪嫌疑人有机可乘。2020 年半年报显示，截至 2020 年 6 月末，龙江银行实现净利润 6.47 亿元，同比减少 25.97%。从经营数据及资产情况来看，截至 2020 年 6 月末，该行不良贷款余额为 281 068.5 万元，不良贷款率 2.64%，2019 年资产、负债双双负增长。

资料来源：孙诗语. 龙江银行因内控、印章管理等问题被罚 220 万元，原行长关喜华刚刚被查. 财联社，2020-10-10.

8.2 授权审批控制

8.2.1 授权审批控制的定义

现代企业制度的核心理论是委托-代理理论，其核心思想是权力下放。授权审批控制为委托-代理关系中的权责分配提供了坚实的基础。授权审批制度以不相容职务分离控制为重要基础，同时又是财产保护控制、预算控制等控制活动得以实施的前提。

根据《企业内部控制基本规范》第三十条的规定，授权审批控制要求企业按照授权审批的相关规定，明确各岗位办理业务和事项的权限范围、审批程序和相应责任。企业内部各级管理人员必须在授权范围内行使职权和承担责任，业务经办人员必须在授权范围内办理业务。完善的授权审批控制有助于明确权力和责任，层层落实责任，层层把关，最大限度地避免经营风险。

值得注意的是，企业对于重大的业务和事项，应当实行集体决策审批或者联签制度，任何个人不得单独进行决策或者擅自改变集体决策。

8.2.2 授权控制

授权通常有两种类型：常规授权和特别授权。

常规授权是指企业在日常经营管理活动中按照既定的职责和程序进行的授权。常规授权的有效时间较长，被授权人可长期行使该权力以便充分发挥才能，并保持相关制度的稳定性。内部员工在日常业务处理过程中，可以按照规定的权限范围和有关职责自行办理或执行各项业务。常规授权在企业中大量存在，如采购部门采购材料、会计部门进行账务处理、人力资源部门招聘员工等。企业可以根据常规授权编制权限指引，并通过适当形式予以公布，以提高权限的透明度，加强对权限行使的监督和管理。

特别授权是指企业在特殊情况、特定条件下进行的授权。特别授权是一种临时性的、应急性的授权，通常是暂时有效的。它通常涉及特定的经济业务处理的具体条件及有关人员，主要由管理层通过对某些特殊经济业务或财务逐个审批来进行授权控制。比如，总经理委托其助理代理某次合同的签署，就必须授予他必要的签约权力，合同签订完毕，授权自动终止。企业应当加强对特别授权的管理，规范特别授权的范围、权限、程序、责任和相关的记录措施。有条件的企业可以采用远程办公等方式逐步减少特别授权。

授权的形式一般分为两种：口头授权和书面授权。口头授权是上级领导以口头语言对下属交代工作，或者上下级之间通过会议进行工作分配。这种授权形式一般适合临时性与责任较轻的任务。书面授权是上级领导以文字形式对下属工作的职责范围、目标任务、组织情况、等级规范、责任办法与处理规程等做出明确规定的授权形式。这种授权形式适合比较正式与长期的任务。企业应当尽可能采用书面授权的形式明确相关人员的权限和责任界限，以避免出现口头授权形式下误解权责范围、滥用职权，以及出事之后相互推诿、无法问责等情况的发生。

8.2.3 审批控制

1. 审批控制需遵循三个基本原则

第一，审批要有界限，不得越权审批。越权审批就是超越被授权权限进行审批，通常表现为下级行使上级的权力。如资金的调度权按规定属于总会计师，但总经理直接通知出纳将资金借给其他企业就属于越权审批行为。

第二，审批要有依据，不得随意审批。审批控制的目的是保证企业的所有行为有利于经营效果和效率的提高，最终实现控制目标。因此，即便审批人有一定的审批权限，也不能随意批准，而应该依据企业的有关预算、计划或者决议进行审批。

第三，审批要有程序，不得越级报批。企业应该对筹资、投资、工程项目、担保业务等活动方案进行科学缜密的可行性研究。方案需经有关部门批准。方案发生重大变更的，应当重新进行可行性研究并履行相应审批程序。

案例8-4 海康威视公司授权管理制度（2019年4月）（节选）

第二章 决策权限的类别、授权方式

第七条 公司的决策权限分为一般权限和特别权限两个类别。

一般权限指对公司经营管理活动中经常性的、重复发生的事项的决策权限。

特别权限指出现超出或无法适用一般权限的特定事项或特殊业务时（例如采用项目总额制、授权总额制的经营事项），或者在发生临时性、紧急性事件时，授予的专项决策权限或临时性决策权限。

第八条 公司决策权限的授权包括制度自动授权和书面授权两种基本方式。

第九条 制度自动授权指公司依照公司章程，通过制订本制度、总经理工作细则及其他管理制度、规章等内部控制文件，明确各级决策机构、部门及相关人员的职责范围和决策权限。

……

第三章 一般权限

第十一条 公司及其控股子公司进行股权投资、管理与处分的决策权限如下：

1. 股权投资：以投资额为指标，单笔大于等于净资产20%，由股东大会审议批准；单笔大于等于净资产1%但小于净资产20%，由董事会审议批准；单笔大于等于1亿元但小于净资产1%，由董事会战略委员会审议批准；单笔小于1亿元，由董事长审批。

……

第十二条 公司进行固定资产投资（包括但不限于：固定资产购置、建造、更新改造、租入）、管理与处分的决策权限如下：

1. 固定资产投资：以投资额为指标，单笔大于等于净资产20%，由股东大会审议批准；单笔大于等于净资产2%但小于净资产20%，由董事会审议批准；单笔大于等于净资产0.3%但小于净资产2%，或者同一项目连续12个月累计金额大于等于净资产0.5%但小于净资产2%，由董事会战略委员会审议批准；单笔大于等于净资产0.1%但小于净资产0.3%，或者同一项目连续12个月累计金额大于等于净资产0.3%但小于净资产0.5%，由董事长审批；单笔小于净资产0.1%，或者同一项目连续12个月累计金额小于净资产0.3%，由总经理审批。

……

第十三条 公司进行无形资产投资（包括但不限于：无形资产购买、申请登记、获得许可）、管理与处分的决策权限如下：

1. 无形资产投资

(1) 知识产权：以投资额为指标，单笔大于等于净资产20%，由股东大会审议批准；单笔大于等于净资产2%但小于净资产20%，由董事会审议批准；单笔大于等于净资产0.5%但小于净资产2%，或者同一项目连续12个月累计金额大于等于净资产1%但小于净资产2%，由董事会战略委员会审议批准；单笔大于等于净资产0.3%但小于净资产0.5%，或者同一项目连续12个月累计金额大于等于净资产0.5%但小于净资产1%，由董事长审批；单笔小于净资产0.3%，或者同一项目连续12个月累计金额小于净资产0.5%，由总经理审批。

……

第十六条 公司及其控股子公司向金融机构申请贷款或授信额度的决策权限如下：

1. 以年度综合授信总额度为指标，连续12个月内累计大于等于净资产30%，由股东大会审议批准；连续12个月内累计大于等于净资产10%但小于净资产30%，由董事会审议批准；连续12个月内累计大于等于净资产5%但小于净资产10%，由董事长审批；连续12个月内累计小于净资产5%，由总经理审批。

……

第十八条 公司及其控股子公司进行实物资产报废与不良资产核销的决策权限如下：

1. 实物资产报废

(1) 库存，以账面净值为指标，单笔大于等于净资产20%，由股东大会审议批准；单笔大于等于净资产0.1%但小于净资产20%，由董事会审议批准；单笔大于等于净资产0.05%但小于净资产0.1%，由董事长审批；单笔小于净资产0.05%，由总经理审批。

(2) 库存之外的其他实物资产报废，单笔大于等于净资产0.5%，由股东大会审议批准；单笔大于等于净资产0.03%但小于净资产0.5%，由董事会审议批准；单笔大于等于净资产0.01%但小于净资产0.03%，由董事长审批；单笔小于净资产0.01%，由总经理审批。

……

第四章 特别权限

第二十六条 对于采用项目总额制、授权总额制的交易事项，已根据本制度第三章规定履行相应决策程序的，可在已获得审批的额度范围内，通过制度自动授权或书面授权的方式制订该交易事项在具体执行、实施过程中的特别授权方案，形成特别权限。

第二十七条　除公司章程，本制度或公司其他管理制度、规章或特别授权的授权书另有规定之外，股东大会、董事会、董事会战略委员会、董事长、总经理及其他有权决策机构或人员对其特别权限不得进行转授权。

资料来源：杭州海康威视数字技术股份有限公司授权管理制度．深圳证券交易所官网，2019-04-20.

2．审批控制需掌握四个基本要点

第一，完善治理结构，明确常规授权和特别授权的具体业务内容。企业应根据生产经营实际情况，建立授权审批体系，编制常规授权的权限指引，规范特别授权的范围、权限、程序和责任，并按照事件、业务性质分类。

第二，明确各职能部门的职责权限、业务流程等内部管理制度。企业在人、财、物、产、供、销等一系列业务活动中涉及大量的信息收集、决策等活动，这些活动既有侧重性又有连贯性，需要分部门确定工作职责权限，理顺业务流程，提高办事效率。为了避免职责不清、业务流程不清晰影响工作效率，需要按照企业经营性质合理设置相关职能部门，并制定详细的部门职责权限、业务流程的管理制度。

第三，建立授权审批控制活动评价体系，进行有效监督。企业除了建立授权审批体系之外，还应当由企业董事会或类似权力机构定期对授权审批控制的有效性进行评价，形成评价结论。企业可以成立专门机构作为内部控制评价部门，也可以授权内部审计部门负责内部控制评价的具体组织实施工作，进行有效监督，促进授权审批控制制度的不断完善。

第四，畅通信息反馈渠道，不断修正授权审批控制缺陷。为了及时、准确地收集企业授权审批控制的合理性和有效性信息，企业应当建立便捷、通畅的信息反映渠道，使员工的建议、企业内部各层级之间的办事效率评价信息、重大事件的进展信息等能够畅通地传达到董事会、监事会和经理层，并定期汇总信息，针对不同的问题或缺陷，对需要调整的授权审批制度或权限进行调整，不断修正授权审批控制缺陷。

上市公司北大荒内部控制出现重大缺陷

案例 8-5　万达销售舞弊窝案

万达控股集团有限公司（以下简称“万达”）创建于 1988 年，现已发展成为覆盖港口物流、石油化工、橡胶轮胎、国际贸易等产业的国际化大型企业集团。

2018 年 8 月 1 日上午，在位于北京建国门的万达总部，万达高管尹建武、金震因涉嫌利用职务便利谋取私利被朝阳警方带走。据悉，此次案件发生在万达中区，是一起在项目包销中，由于临时授权机制不完善导致的职务侵权案。处于案件中心的万达高管尹建武、金震分别系万达集团中区营销副总经理、总经理，负责万达中部区域的房产销售业务。该案共涉及万达区域公司、集团公司 20 余人，集团高管个人非法所得金额高达千万元。那么这起高管利用职权徇私舞弊案是如何发生的呢？这与我国房地产行业的销售模式有关。目前，我国很多房地产商仍将包销作为去库存的一种主要方法，万达也在此列。在进行房地产销售时，万达下属项目公司管理人员以销售困难为由，向集团高管申请房地产项目的临时定价权。值得注意的是，该申请并未经过正常的审核审批流程。然而，尹建武、金震收到这份未经正常审核的授权申请时，却令其顺利通过了。在项目公司获取临时授权后，立刻将房产低价转售给另一家销售公司——这家销售公司的人员构成与万达的项目公司涉案人员基本一致，实为一家空壳公司。涉案人员通过该空壳公司，将房产从项目公司低价买入，再在市场上以正常价格卖出，从而大肆赚取购销差价。万达审计部门于今年4月份接到相关投诉后开始调查此案，并在获取准确证据后将相关信息通知司法部门，最终使此事得到了及时处理。万达在此事件后重新修订了营销管理制度，禁止项目包销，严控电商。

本案例中，万达虽然拥有一只严密的审计队伍，却依旧抵挡不住内部高管徇私舞弊的脚步。多位高管在公司相关授权机制不完善的情况下，利用公司的包销模式赚取差价、谋取私利。高管收到的临时授权申请并未经过正常的审核审批流程，在对临时授权进行审批时也未提及其他归口管理部门或登记留痕，反映出万达临时授权过程控制的缺失。

对于所有企业而言，要防范案例中情况的发生，除了加强授权机制的建设，完善经销商管理机制外，建立健全自身监督机制也显得尤为重要。

资料来源：渃涵．万达销售舞弊窝案，给我们哪些启示？内审之友（微信公众号），2018-11-08.

8.3 会计系统控制

8.3.1 会计系统控制的定义

会计系统，是指企业为了汇总、分析、分类、记录、报告公司交易等而建立的方法和记录的工作系统，对内可以给管理层提供经营管理相关的信息，对外为债权人、投资者提供决策有用的信息。

会计系统控制主要是通过对会计主体所发生的各项能用货币计量的经济业务进行记录、归集、分类、编报等来进行控制，利用记账、核对、岗位职责落实和职责分离、档案管理、工作交接程序等会计控制方法，确保企业会计信息真实、准确、完整。会计系统控制贯穿企业的整个经营管理活动，在控制投资业务、筹资业务、销售业务、担保业务、外包业务等的风险方面发挥重要的作用。根据《企业内部控制基本规范》第三十一条的规定，会计系统控制要求企业严格执行国家统一的会计准则制度，加强会计基础工作，明确会计凭证、会计账簿和财务会计报告的处理程序，保证会计资料真实、完整。

会计系统控制通过不相容职务分离控制以防弊查错，保护企业资产的安全、完整；通过每项业务的处理程序、各环节的职责分工、审批稽核手续、业务处理手续等过程，做到证证、账证、账账、账表、账实相符，促使各业务部门和人员建立有机的协作关系和制约关系，提高责任感和工作效率，从而确保会计信息质量。

案例8-6 中国铁塔的智能化会计系统

“凡有人烟处，皆有通信塔。”中国铁塔作为一家重资产管理公司，针对海量铁塔、人少事多、管理难度高等问题，根据低成本、高效率、优服务的企业战略目标和集约化、扁平化的运营管理要求，在成立初期确立业财一体化管理会计和核算会计高度融合，以资产管理为核心，以成本管理为重心，以价值链管理为主线，构建价值创造型财务管理体系的目标。近年来，中国铁塔深入实施创新驱动发展战略，推动人工智能产业蓬勃发展。基于价值型财务管理体系，中国铁塔进行深入的智能化探索，从智能资产、智能稽核、智能结算、智能分析等4个方面，实施业财融合，积极推动企业智能化建设与运营。

一、智能资产

中国铁塔使资产资源一体化，实现资产全生命周期数字化管理。中国铁塔在成立之初就建立“一塔一址”“一物一码”的资产管理思路。通过实行“一码到底”，统一采购物料、建设安装、资产运营、资产退出全生命周期信息，实现201万个站址一站一个身份证，2 500万个设备一物一个资产码。资产的数字化奠定了中国铁塔数智化发展的基础。中国铁塔建立了从立项、采购、仓储、建设、转资到审计的端到端的建设体系。在立项环节，按照模块化进行立项及采购，实现物资和服务编码的标准化；在采购环节，通过订单贯穿全流程，实现资源的数字化；在建设交付环节，通过物资服务编码实现与资产目录、会计科目的映射，进而实现自动核算、自动装配、自动转资，全过程无人工干预。通过将资产价值管理的重心前移到立项设计、采购建设等前端业务领域，从源头实现资产价值管理业务化。截至2019年6月，中国铁塔累计499万个工程项目，近900亿元工程建设成本，全部由系统自动核算、自动装配、自动转资。这种模式是实现集中管控和管理标准化的基础，消除了过去采购当中可能的舞弊，极大减轻了财务人员工作压力，把财务人员从繁重、重复的劳动中解放出来，实现向价值管理方面其他工作的延伸。

二、智能稽核

中国铁塔实施无人化智能稽核，通过“场景+数据”创造无限价值。中国铁塔信息化管理以业财一体化为目标，各个业务系统同财务系统在流程、数据、规范等方面保持高度一致，极大地提升了财务数据的及时性、准确性。员工在系统中发起报账并提交单据后，机器人实时监控并启动下发稽核任务。首先，机器人根据单据类型从财务系统中抽取关键的业务数据，同时利用OCR（光学字符识别）识别报账提交的各种附件如发票等。其次，RPA（机器人流程自动化）机器人模拟人工操作从业务系统如合同系统、物业系统、PMS系统（工程生产管理系统）中抽取源头数据。再次，解析机器人解析抽取出来的各类数据，如合同正文中的供应商名称、发票中的发票号码等，并依据预置的稽核检查规则比对、校验数据。按照如上定制流程，如果数据检查通过，则机器人操作稽核通过；如果出现异常结果，则转为人工稽核。最后，机器人自动出具稽核报告。智能稽核实现了从下发稽核任务至编制稽核报告全过程智能化、自动化处理，提高了稽核效率与质量，加强了风险防控，同时节约了成本、解放了财务。以中国铁塔河北省公司为例：智能稽核涉及5大业务流程，15大业务场景，313个稽核检查点，年均稽核单据量约为15.6万笔，工作量减少90%，审核时间减少80%，稽核正确率达100%。

三、智能结算

中国铁塔搭建了端到端全流程的智慧电费结算体系。在站址点多面广的背景下，劳动效率低下，抄表数据存疑，电费结算争议多，是多年来行业电费管理的痛点和难点，公司通过试点省全面启用电费电子化流程，实现电费管理模式的转变。针对直供电，通过对接国网电力，一点获取数据，按照共享分摊比例直接提交运营商系统，解决手工录入易出错、人工核对工作量大的难题。针对转供电，一是安装物联网智能电表，实现供电数据的远程抄表波动预警，解决抄表不规范、不及时、不准的问题；二是开发业主交互程序，实现抄表数据的线上确认，解决业主实时在线确认及数据沟通的问题；三是推动电子收据的合法化，在物业系统中实现电费自动分摊，自动记账，一点支付，全面实现“抄表免上站，报销免填单”。智能结算实现了电费管理模式的根本转变。

四、智能分析

中国铁塔实行单塔核算。站址既是中国铁塔运营的核心单元，也是收入、成本归集的最小单元，具有化小核算的特点。以数字化运营为基础，将管理会计理念融入生产运营中，建立具有中国铁塔特色的单站核算体系；以物理站址准确归集资产、收入、成本，实现“一个站址一张损益表，一个经营责任人一张损益表，一个经营主体一张损益表”，由此评价、考核、支撑各级公司的精细化管理，将管理财务核算结果充分运用到经营管理以及价值提升中。

中国铁塔聚焦价值管理和数字化运营，通过业财一体化、稽核智能化、核算自动化、决策数字化的有机结合，支撑公司低成本、高效率运营。中国铁塔通过管理标准化，把财务管理的理念和价值要求嵌入生产中。未来，中国铁塔将以智能财务为基础，在数智化框架下，将标准化模型嵌入生产管理流程，搭建价值分析、目标测算、决策支撑、管理提炼的全流程智慧化运营体系，实现决策有依据、管理有章法，充分发挥财务的乘数效应，推动企业创造价值。

资料来源：李苏萍．中国铁塔业财融合的智能化实践之路．中国会计报，2021-04-23.

8.3.2 会计系统控制的内容

会计系统控制的内容包含会计准则和会计制度的选择、会计政策的选择、会计估计的确定、会计业务流程控制、会计文件和凭证控制、会计档案保管控制以及组织和人员控制等方面。

企业在进行会计系统控制时，应关注以下方面：（1）企业管理层应当依据企业具体情况选择适用的会计准则和相关会计制度。例如根据规模和行业性质，分别采用《企业会计准则》《小企业会计准则》等。（2）企业管理层应当以真实、公允地反映企业状况为标准来选择适当的会计政策，变更会计政策时要说明合理的变更原因。(3) 企业管理层需要依据企业的真实情况，做出合理的会计估计。若资产和负债的当前状况及预期经济利益和义务发生变化，会计估计也需要做出相应的改变。(4) 企业应当用业务流程图的形式清晰反映其会计业务流程，使得会计部门员工能够充分理解企业的会计业务流程，从而清楚自己在整个会计业务流程中的地位，采用适当的工作方式承担自己的岗位责任。(5) 企业应当对经济业务文件进行记录并且将相关的凭证连续编号，避免业务记录的重复或遗漏，同时便于业务查询，在一定程度上防范舞弊行为的发生。例如，企业对产品出入库单预先编号，这样可以有效控制产品的流动，不会出现产品无故短缺的现象。(6) 企业应当详细记录且妥善保管合同、协议、备忘录、出资证明等重要的法律文书，作为企业重要的档案资料以备查阅。(7) 企业应当依法设置会计机构，配备会计从业人员。从事会计工作的人员应该具备一定的资质。会计机构负责人应当具备会计师以上专业技术资格。大中型企业应当设置总会计师。设置总会计师的企业，不得设置与其职权重叠的副职。

案例 8-7　沉沦“吉祥”发财梦，一枕黄粱狱中人

染上网赌输光积蓄　妄想翻本伸手公款

2016 年 9 月，迈出校门不久的吴煌霖进入六横运输总公司，担任助理会计一职，因工作踏实能干，受到领导、同事的肯定。2017 年 7 月，吴煌霖因专业能力较强，开始负责公司的出纳工作，备受领导信任。

改变这一切的“祸根”是一个叫“吉祥坊”的赌博网站。吉祥，原本预示好运，却将吴煌霖引入一场深重的灾难。

2014 年下半年，吴煌霖在同学的介绍下，初次接触了这个主推棋牌类“游戏”的网站。因当时工资收入不高，吴煌霖只是“小赌怡情”，并未沉溺其中。

2018 年 6 月，在公司工作两年多的吴煌霖手头有了点积蓄，为了消遣时光、排解压力，吴煌霖开始在“吉祥坊”打牌“娱乐”。不曾想，短短三四天时间便赢了不少钱，而且这些钱还能提现，他的心不平静了。从一开始每局下注几十元到几百元，投注金额越玩越大，他做起了通过网络平台赌博发大财的美梦。

事与愿违，没几天，吴煌霖便开始输多赢少，而且越输越多，不仅把之前赢的钱都输光了，还赔上了自己工作以来的十几万元积蓄。他沉浸于赌博带来的刺激中，并没有及时止损，反而通过向家里要钱和向网络平台贷款，将更多的钱用于赌博，想要尽快翻本，很快输了个精光。

“输完之后，我非常烦躁，总想再找点钱去赌，把输掉的钱再赢回来。”赌徒翻本心理的作用，让身为出纳的吴煌霖把眼光瞄向了其每日经手的公款。

财务漏洞提供便利　提现转账“双管齐下”

作为出纳，吴煌霖掌管着公司的现金支票和财务专用章。按照正常程序，出纳根据需要开具现金支票，加盖财务专用章后，由会计审核并盖上公司法人章，才能去银行领取备用金。由于公司财务制度并不严格，会计忙不过来的时候，经常让吴煌霖帮忙，让其自行盖公司法人章的情况时常发生。

吴煌霖回想挪用第一笔公款的那一幕，仿佛就在眼前。“我趁会计邵某某忙，让我帮她在现金支票上盖公司法人章的时候，在一张空白的现金支票上也盖了一个。”随后，吴煌霖趁办公室没人，在支票金额栏里填了“叁万元整”，并从银行领取了3万元现金。这笔钱被吴煌霖存进本人银行卡后，充进了“吉祥坊”的账户，仅过一天就被“手气不佳”的他“壕”赌一空，但公司并没有发现他领走资金的事情。急于回本的吴煌霖，索性一次性在四五张空白的现金支票上盖上公司法人章，如法炮制，在需要的时候填好金额到银行提款。

与此同时，吴煌霖在帮会计做网银转账时发现，通过网银转账到自己账户更加“方便”。公司的每笔网银转账汇款，按规定需要出纳先用制单U盾登录财务软件，制作好汇款单，再由会计用审核U盾登录审核，最后才能进行汇款操作，而审核U盾就放在吴煌霖对面会计办公桌的抽屉里，从不上锁，且单位的银行账户并未开通短信提醒功能，这给“心怀鬼胎”的吴煌霖提供了“有利条件”。

短短二十天时间，吴煌霖就通过现金支取和网银转账从公司挪用公款59万元，且无一例外地被其充进赌博网站“打了水漂”。

终酿大祸幡然醒悟　倾家荡产追悔莫及

“我也害怕被发现，刚开始每次只转1万元、2万元，输了钱也会向家里要，通过归还备用金的方式归还，总想着赢钱了能把公司的钱还清。”但是妄想着用公款作为“本金”来翻本的吴煌霖，终究黄粱梦碎，徒留遗恨。

“刚开始，我以为是和别的玩家在玩，后来发现平台后面没有别的玩家，就是和系统在玩，投注小的时候还可能赢一点，投注大的话90%的概率会输。”但当时输红了眼的吴煌霖，一心想着翻本补上单位的“窟窿”，改变自己的窘境，早已失去了理智判断，结果越赌越输，越输越多。从公司网银转账的金额从刚开始的2万元、3万元发展到5万元、10万元，甚至出现了一次性转账18万元、20万元的巨额款项，全然将公司的账户当作了自家的提款机。

经法院审理查明，2019年4月至2020年8月，吴煌霖在担任普陀区六横运输总公司出纳期间，利用直接经手管理公司公款的职务便利，采用自行开具现金支票提取现金、通过网银转账转出公司存款等方式，先后61次挪用公司公款共计333万元人民币，多数用于网络赌博活动。2021年4月2日，吴煌霖因挪用公款罪被普陀区人民法院判处有期徒刑三年六个月。

资料来源：舟山市纪委市监委. 沉沦“吉祥”发财梦，一枕黄粱狱中人. 浙江省纪委省监委官网，2021-06-21.

8.3.3 会计系统控制的方法

1. 原始凭证控制

（1）记录真实。原始凭证的填制应由填制人或经办人根据经济业务的实际执行和完成情况填写，不得伪造、变造。

（2）书写正确。文字摘要要简练；数量、单价、金额计算要正确；书写要符合规定；大小写数字要按规定使用蓝黑、碳素墨水，字迹要工整、清晰；各种原始凭证不能随意涂改，应按正确方法更正。

（3）内容完整。原始凭证填制的内容必须完整、齐全。凭证的填制日期，经济业务的内容、数量、金额都必须认真填写，不得遗漏。经办人员及有关单位、人员要签名盖章，做到手续完备。

（4）连续编号，及时填制。各种凭证都必须连续编号，以备查考。事先印好编号的重要凭证作废时，在作废的凭证上应加盖“作废”戳记，连同存根一起保存，不得随意撕毁。所有经办业务的部门和人员，在经济业务实际发生或完成时，必须及时将原始凭证送交会计部门，由会计部门加以审核并据以编制记账凭证。

2. 记账凭证控制

（1）及时进行会计处理。企业应当对交易或事项所属的会计处理进行有效控制，检查会计处理是否严格遵循了会计核算原则，是否存在故意漏记或多记、提前确认或推迟确认报告期内发生的交易或事项的情形，是否存在错误划分调整与非调整事项等情况。一旦发现异常，企业应查明原因并进行处理。

（2）记入恰当会计科目。从原则上说，企业可以依据自身的情况来设置会计科目，但在实际运用中，为了保证会计信息的可理解性和可比性，对于会计准则已经给定的科目，企业在进行会计处理时，应该直接使用这些科目，而不能任意增设。对于一些特殊的行业或者特殊的业务，如果会计准则没有可供参考的科目，那么企业可以根据实际情况设置合适的会计科目，但必须经过总会计师的书面批准。所以，企业应该检查会计处理人员的会计科目使用是否规范，是否存在添加或更改会计科目的情况，如有应予以更正。

3. 会计账簿控制

会计账簿控制指在设置、启用及登记会计账簿时实施的相应控制措施。其具体内容包括：按照规定设置会计账簿；启用会计账簿时要填写“启用表”；会计凭证必须审核无误后才能够登记入账，对会计账簿中的账页连续编号，会计账簿应当按照规定的方法和程序登记并进行错误更正，按照规定的方法与时间结账。

4. 财务报告控制

财务报告控制指在编报财会报告时实施的相应控制措施。其具体内容包括：按照规定的方法与时间编制及报送财务报告；编制的财务报表必须由单位负责人、总会计师以及会计主管人员审阅、签名并盖章；对报送给各有关部门的财务报表要装订成册、加盖公章等。

5. 会计复核控制

会计复核控制指对各项经济业务记录采用复查核对的方法进行的控制。其目的是避免发生差错和舞弊，保证财务会计信息的准确性与可靠性，及时发现并改正会计记录中的错误，做到证、账、表记录相符。会计复核控制的内容主要包括：（1）凭证之间的复核。（2）凭证与账簿之间、账簿与报表之间以及账簿之间的复核。

财务造假套路深，造假大案频发

会计复核工作应由具有一定会计专业知识、熟悉业务、责任心强、坚持原则的人员担任。复核人员必须对会计凭证、会计账簿、财务报表和所附单据认真审查，逐笔复核，复核过的凭证及账表应加盖名章。未经复核人员复核的，出纳人员不得对外付款，会计人员不得对外签发单据或上报报表。

案例8-8　证监会：2020年以来共办理59起上市公司财务造假案件

据证监会网站消息，证监会2021年4月16日通报2020年以来上市公司财务造假案件办理情况。据介绍，2020年以来，证监会共办理该类案件59起，占办理信息披露类案件的23%，向公安机关移送相关涉嫌犯罪案件21起。

此类案件主要呈现以下特点：

一是造假模式复杂，系统性、全链条造假案件仍有发生。主要表现为虚构业务实施系统性财务造假、滥用会计处理粉饰业绩等。如航天通信子公司智慧海派科技有限公司连续三年在采购、生产、销售、物流等各环节虚构业务；深圳市同洲电子股份有限公司通过提前确认福利费用、推迟计提长期股权投资减值等方式调节利润。

二是造假手段隐蔽，传统方式与新型手法杂糅共生。除伪造合同、虚开发票、银行和物流单据造假等传统方式外，还利用新型或复杂金融工具、跨境业务等实施造假。如广东榕泰实业股份有限公司通过利用保理业务虚构债权等方式虚增收入；宜华生活科技股份有限公司通过虚增出口销售额、虚构境外销售回款等方式进行海外业务造假。

三是造假动机多样，并购重组领域造假相对突出。造假动机涵盖规避退市、掩盖资金占用、维持股价、应对业绩承诺等因素。如延安必康制药股份有限公司以虚假账务处理、伪造银行对账单等方式掩盖大股东资金占用；雄安科融环境科技股份有限公司通过篡改原始单据等方式延期确认收入。造假行为涉及并购重组领域的案件占比达到40%。

四是造假情节及危害后果严重，部分案件涉嫌刑事犯罪。个别案件造假金额大、跨度时间长，且涉及资金占用、违规担保等多种违法违规。如郑州华晶金刚石股份有限公司除通过自有资金循环、虚假出售亏损子公司等方式虚增利润外，未依法披露对外担保、关联交易合计数十亿元。办理案件中，情节严重涉嫌犯罪的占比超过三分之一。

证监会表示，近年来，按照党中央、国务院关于严厉打击资本市场欺诈、造假等恶性违法的总体要求，集中执法力量，创新工作机制，优化办案模式，不断强化日常监管与稽查执法的衔接配合，提高线索发现的及时性、有效性，强化稽查执法办案资源的集中调配，保障重大案件的高效查处，强化行政执法与刑事司法的紧密协作，加大证券违法成本，多措并举，严厉打击财务造假等上市公司信息披露违法活动，持续净化市场生态。

下一步，证监会将坚决贯彻中央《关于依法从严打击证券违法活动的若干意见》，按照"零容忍"工作要求，以落实新《证券法》《中华人民共和国刑法修正案（十一）》为契机，加强执法司法协同，坚持"一案双查"，重拳打击财务造假、欺诈发行等恶性违法行为，坚决追究相关机构和人员的违法责任，不断健全行政执法、民事追偿和刑事惩戒的立体式追责体系，有效维护市场“三公”秩序。

同时，认真落实《国务院关于进一步提高上市公司质量的意见》，继续加强对上市公司的全链条监管，坚持科学监管、分类监管、专业监管、持续监管，督促上市公司和大股东严守“四条底线”（不披露虚假信息、不从事内幕交易、不操纵股票价格、不损害上市公司利益），压实上市公司主体责任，提高公司治理水平，有效化解风险，不断提高上市公司质量。

资料来源：中国证监会．证监会：2020年以来共办理59起上市公司财务造假案件．经济日报，2021-04-16.

8.4 财产保护控制

8.4.1 财产保护控制的定义

财产保护控制是指为了确保财产物资的安全、完整所采取的方法和措施。《企业内部控制基本规范》第三十二条规定，财产保护控制要求企业建立财产日常管理制度和定期清查制度，采取财产记录、实物保管、定期盘点、账实核对等措施，确保财产安全。

8.4.2 财产保护控制的内容

财产保护的内容主要包括企业的现金、存货以及固定资产等。它们在企业资产总额中的比重较大，是企业进行经营活动的基础，因此企业必须加强实物资产的保管控制，保证实物资产的安全与完整。

案例8-9 “扇贝跑路事件”终迎大结局

自2014年以来，在不到6年的时间里，獐子岛集团股份有限公司（以下简称“獐子岛”）的扇贝先后四次离奇“失踪”，一度被股民视为国内最离奇的资本市场闹剧。

2020年6月15日，证监会依法对獐子岛及相关人员涉嫌违反证券法律法规案做出行政处罚和市场禁入决定。证监会认定，獐子岛2016年虚增利润1.3亿元，占当期披露利润总额的158%；2017年虚减利润2.8亿元，占当期披露利润总额的39%。

獐子岛上述行为涉嫌违规披露、不披露重要信息罪。根据《行政执法机关移送涉嫌犯罪案件的规定》（国务院令第310号），证监会2020年9月11日决定将獐子岛及相关人员依法移送公安机关追究刑事责任。

6年离奇失踪四次

2014年以前，獐子岛是大连的一家海产品养殖公司，主营业务是养殖虾夷扇贝和海参。

在2006年登陆中小板上市前，其虾夷扇贝底播增殖面积和产量已经达到全国首位，此后养殖海域面积由上市时的65.63万亩上涨至今日的230余万亩。

作为海产品养殖企业，獐子岛的第一大资产是存货——主要包括播撒在230万亩茫茫海底的虾夷扇贝、海参等海珍品，它们在獐子岛资产中的比重约为30%，若扇贝等存货产量受损，公司资产势必大打折扣。

于是有意思的一幕来了。

2014年10月，獐子岛宣布他们养殖的价值10亿元人民币的扇贝全都跑了，因为扇贝的生长水域北黄海的水温异常冰冷。

半年后，“冷水团”事件再次被提及。2015年6月1日晚，獐子岛发布公告称，于2015年5月15日启动春季底播虾夷扇贝抽测活动，抽测涉及2012年、2013年、2014年底播未收获的海域160余万亩，抽测调查结果显示，公司底播虾夷扇贝“尚不存在减值的风险”。

这引起大量投资者质疑，“难道因冷水团失踪的扇贝又游回来了？”

好戏没持续太久，2018年1月，獐子岛又发布公告说，海洋灾害导致扇贝“饿死”，公司在年报中披露亏损7.23亿元。2019年一季度，獐子岛又说“扇贝跑了”，公司亏了4 514万元。

巧妙避开暂停上市规则

翻看獐子岛财报，公司自2014年出现“扇贝跑路”事件之后的业绩呈现出一年亏损一年盈利的特点，2015—2018年的归母净利润分别为−2.43亿元、7 959万元、−7.23亿元、3 211万元。

根据深交所规定，中小板企业连续两年亏损将被ST，连续三年亏损将被暂停上市，连续四年亏损将被终止上市，而獐子岛却完美避开了这一点。

对此，有网友展开了“一本正经”的分析：

“扇贝们极有可能具备金融行业背景，并取得注册会计师资质，非常熟悉上市公司审计的相关工作。2014年需要亏损的时候就集体出逃，2015年需要盈利的时候又集体返乡。在獐子岛戴上ST帽子、‘连续三年亏损就退市’时，扇贝们表现稳定，‘两年亏损，一年赚’，严格服从组织安排，精准走位，堪称卡点精英。”

但真相是什么呢？2019年7月，证监会发布对獐子岛的调查结果：这家公司及其董事长吴厚刚等人涉嫌财务造假、虚假记载，被证监会勒令终身禁入市场。

在獐子岛的违规操作中，财会分析人士给出了许多可能性，最显著的是钻了“特殊存货不易监控”的空子。

扇贝这类水产品生长在海底，存货盘点的时候只能进行抽样检测，不能让审计人员穿上潜水衣搞实地盘存。

原因很简单，一是审计员不愿意，二是就算愿意也根本数不过来，三是就算数了，又怎么知道何时可能“跑路”、何时又会“饿死”。

因此有财会人员说：“除非每个扇贝安装一个带4G物联网卡的无线摄像头，否则你无法证明獐子岛的解释是否正确。”

北斗卫星出动揭开“弥天大谎”

为了查办獐子岛案，证监会最终借助了北斗导航定位系统，委托专业机构中科宇图科技股份有限公司和中国水产科学研究院东海水产研究所，通过獐子岛采捕船卫星定位数据，还原了采捕船只的真实航行轨迹，进而复原了公司真实的采捕海域，最终揭开了獐子岛财务造假手段的谜题。图 8-2 为证监会详解獐子岛财务造假案疑团示意图。

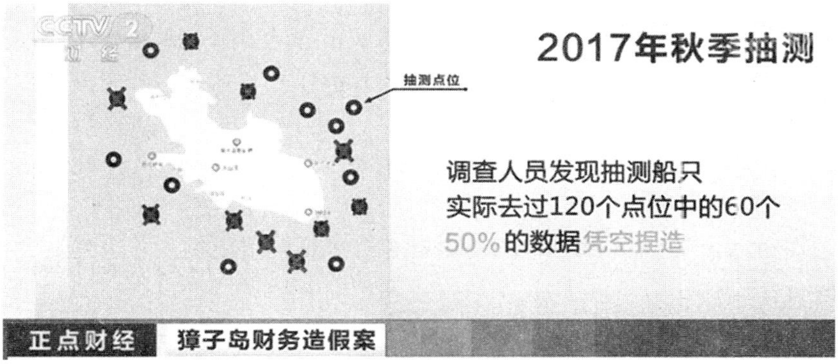

图 8-2 证监会详解獐子岛财务造假案疑团

图上打叉的区域代表的是獐子岛记录的捕捞区域，而画圈的区域则是调查人员根据獐子岛采捕船的卫星定位数据还原的獐子岛行驶轨迹。可以看出明显差异，说明獐子岛并没有如实记录采捕海域。

调查人员还聘请了两家专业的第三方机构分别对卫星定位数据进行作业状态分析，对捕捞轨迹进行还原并计算面积，三方分别还原出来的捕捞航行轨迹高度一致。

通过对比：2016 年，公司实际采捕的海域面积比账面记录多出近 14 万亩，这意味着实际的成本比账面要多出 6 000 万元人民币，这 6 000 万元成本都被獐子岛公司隐藏了起来。

调查人员还发现：獐子岛在部分海域没有捕捞的情况下，在 2016 年底重新进行了底播。根据獐子岛成本核算方式，重新底播的区域的库存资产应作核销处理，涉及库存资产 7 111 万元，需要计入营业外支出视为亏损。

通过这两种方式，獐子岛成功地在 2016 年实现了所谓的“账面盈利”，成功摘帽，保住了上市公司地位。到了 2017 年，獐子岛故技重施，再度宣称扇贝跑路和死亡，借此消化掉前一年隐藏的成本和亏损，共计约 1.3 亿元。这种乾坤大挪移，把 2016 年的成本和损失移转到 2017 年的做法是典型的“寅吃卯粮”，操纵财务报表的行为。

资料来源：6 年离奇失踪四次！“扇贝跑路事件”终迎大结局！獐子岛及相关人员移送公安机关，追究刑事责任！雪球（百度号），2019-09-12.

8.4.3 财产保护控制的方法

财产保护控制的方法主要包括以下几种：

(1) 限制接触和处置。限制接触和处置是指严格限制未经授权的人员对资产的直接接触，只有经过授权批准的人员才能接触或处置该资产。《企业内部控制基本规范》第三十二条规定，企业应当严格限制未经授权的人员接触和处置财产。这是内部控制中的一条重要原则。

限制对财产的接近是一种划分责任、保证财务安全的重要措施，包括限制对资产本身的接触和通过文件批准方式对资产使用或分配的间接接触。一般情况下，对货币资金、有价证券、存货等变现能力强的资产，必须限制无关人员的直接接触。例如，现金的保管要与有关现金记账人员相分离，平时将现金放在保险箱内并由出纳人员保管钥匙；支票、汇票、发票、有价证券等易变现的非现金资产一般采用确保两个人同时接近资产的方式加以控制，或在银行租用保险柜存放这些特殊资产；对于实物财产如存货、固定资产等的控制，可以让保管人员看管，或安装监视系统、采取防盗措施。

（2）财产清查。财产清查是会计核算工作的重要制度，也是加强财产物资管理的一项重要制度。它是指定期或不定期地对各项财产物资进行实物盘点，对库存现金、银行存款、债权债务进行清查核对，并将盘点清查的结果与会计记录进行比较。如果结果与会计记录不一致，说明资产管理上可能出现错误、浪费、损失或其他不正常现象，应当分析原因、查明责任、完善管理制度。

企业应当采用定期清查和抽查相结合的原则进行财产盘点，由于财产清查的内容主要是进行账实、账账核对，检查其一致性，因此企业应该在每个会计年度财务报告之前进行一次全面的财产清查。抽查的次数可依据企业自身的需要适当安排。

（3）建立相应的财产记录监控制度。企业应该建立相关财产项目的记录和监控制度，利用信息技术等手段加强监控力度，将各个财产项目的每一笔进出都予以详细记录和监控。如对固定资产，应当编制详细的目录，对每项固定资产进行编号，按照单项资产建立固定资产卡片，详细记录各项固定资产的来源、验收、使用地点、责任单位和责任人、运转、维修、改造、折旧、盘点等相关内容。

（4）财产档案的建立和保管。企业应当建立财产档案，全面及时地反映企业财产的增减变动，实现对企业资产的动态记录和管理。要妥善保管涉及财产物资的各种文件资料，避免记录受损、被盗、被毁。对重要的文件资料，应当留有备份，以便在遭受意外损失或毁坏时重新恢复，这在计算机处理条件下尤为重要。

案例8-10 广州浪奇存货内部控制缺陷

近年来，不少行业都曝出存货丢失事件，日化行业也在其中。广州浪奇实业股份有限公司（以下简称“广州浪奇”）作为老牌的日化企业，在2020年9月28日发布关于部分库存货物可能涉及风险的提示性公告。当日的公告内容中，涉及丢失存货的金额高达5.72亿元，10月31日，更是曝出8.6亿元的存货出现账实不一致的情形。广州浪奇外部存放存货占比高达80%，此次存货损失高达8.6亿元，占总存货的60%左右。对于资金雄厚的公司而言，损失几亿元的存货可能无伤大体，但对于广州浪奇来说却可能是致命的。2019年，广州浪奇全年实现净利润为6 237万元，然而价值8.6亿元的存货损失却是2019年净利润的近14倍。进一步追溯广州浪奇年报数据发现，这一损失大于广州浪奇上市27年的累积总利润。自1993年上市以来，广州浪奇截至2019年获得的净利润总额才4.82亿元。数据显示，存货对于盈利能力本就不强的广州浪奇影响重大。众所周知，市场经济下公司间的竞争强度不断加大，先进的存货内部管理可以减少企业的内耗。广州浪奇遭遇如此惨痛的损失，说明存货内部控制管理对于公司至关重要。

2020 年 9 月 27 日，广州浪奇主动发布公告称公司储存在辉丰公司的 1.19 亿元存货和存放在鸿公司瑞丽仓的 4.53 亿元存货丢失。一石激起千层浪，“3.6 万股东彻夜难眠，广东知名企业近 6 亿元存货不翼而飞”“广州浪奇的洗衣粉难不成和獐子岛的扇贝私奔了?”等言论在网络上席卷而来。这 5.72 亿元存货到底去哪儿了?三方当事人各执一词，真相扑朔迷离。广州浪奇与两家仓库公司解释如下：

广州浪奇在回函中称自己和奇化公司同辉丰公司从 2017 年至今共签订了 6 份仓储合同，公司将货物储存于辉丰仓，库方负责货物入库验收及保管，公司定期支付仓储费及力资费，仓储期限到期后可以自动续期。广州浪奇和奇化公司同鸿公司从 2017 年至今总共签署了 2 份仓储合同，由库方负责货物入库验收及保管。合作期间，公司与上游供应商和下游客户共发生 60 单涉及辉丰仓的采购或销售业务；而涉及瑞丽仓的采购或销售业务共 148 单，涉及上游供应商 11 家、下游客户 14 家。截至 2020 年 9 月 30 日，公司存放在辉丰仓与瑞丽仓的存货价值分别达 1.19 亿元和 4.53 亿元。然而公司于 2020 年多次前往两仓库意图开展盘点工作，但却未落实好辉丰公司相关人员的联系工作，鸿公司以园区安全检查工作为由将盘点工作一拖再拖，导致两家公司的盘点工作均无法正常进行。鸿公司的相关负责人表示，由于公司面临破产危机，抱着挽救公司的目的，确实与广州浪奇及其子公司奇化化工签订了保管合同，约定为其保管账面价值为 4.53 亿元的存货。“但据该负责人进一步透露，此项交易过程并无实物交割。换言之，鸿公司从未保管过广州浪奇及其子公司的货物，因此不存在货物丢失的情形。此外，鸿公司表示曾收到两笔金额共计 64 万元的“管理费用”，目的就是帮助广州浪奇公司“完善数据”。广州浪奇与鸿公司各执一词，64 万元到底是给鸿公司的仓储费用，还是掩饰公司存货状况的“封口费”? 这为价值高达 4.53 亿元存货的消失增加了一层迷雾。

相比鸿公司，辉丰公司负责人的态度更为强硬。2020 年 9 月 16 日，辉丰公司在回复函中表示并未与广州浪奇签订任何仓储合同，所以没有义务配合该公司的盘点工作。辉丰公司还表示，从未向广州浪奇公司出具过 2020 年 6 月辉丰盘点表，也未加盖辉丰公司印章。对于广州浪奇出示的 2020 年 6 月辉丰盘点表中加盖的公章，辉丰公司表示与其实际公章不符，广州浪奇可能存在伪造公章的嫌疑。

广州浪奇的存货内部控制问题具有一定的普遍性，其他上市公司可借鉴参考。首先，存货的流转过程繁杂，各环节的管理人员职责应分离，避免滋生操纵空间。同时，应加强各部门的沟通，避免信息阻塞。其次，存货品类冗杂，分门别类的储存有助于企业日常管理与使用。固态、液态、气态等各类存货需要特定的储存环境，避免因企业管理不善导致存货变质、缺失。对于那些因为化学属性导致盘点困难的存货，应该选择信赖程度高的仓库供应商，从而降低存货丢失风险。最后，选择远距离的仓库时，管理层不仅要考虑运输成本，还应斟酌管理成本。存货的日常管理、盘点清查等工作都应派出本企业有经验的专业人员进行管控，及时传递存货的实时信息，避免信息滞后导致管理层做出错误决策。

资料来源：蒋秋菊，陈敏，窦宇，郑蓉. 存货内部控制缺陷及改进建议——基于广州浪奇的案例研究. 会计之友，2021 (16)：107-111.

（5）财产保险。财产保险是指投保人根据合同约定向保险人交付保险费，保险人按照保险合同的约定对所承保的财产及其有关利益因自然灾害或意外事故造成的损失承担赔偿责任的一种保险形式。企业可以通过资产投保增加实物资产受损后补偿的程度或机会，从而保护企业的实物安全。企业可以根据实际情况，对重要或特殊的财产投保，可以在意外情况发生时通过保险赔偿减少损失。

（6）货币资金保护方法。鉴于货币资金的固有风险，需加强对货币资金的安全保护，确保存放地点安全；现金做到日清月结，出现差错要及时查清，特殊情况要及时向领导汇报；库存现金日记账应与库存现金总账余额定期核对相符；保险柜钥匙要妥善保管，严守密码；保险柜不得为他人代放现金；严禁未经授权的机构或人员办理货币资金业务或接触货币业务；各单位不得由一人办理货币资金收支全过程，不能由一个人保管所有的银行预留印鉴。

案例8-11　出纳8年挪用公款近6 000万元

湖南省常德市国土资源局武陵区分局财务股的一名副股长兼出纳，在8年时间里累计挪用公款5 940.925万元。

8年，82次，挪走5 940余万元

这名副股长名叫姚正斌，他的歧路从迷上打牌赌博开始。一次偶然的机会，姚正斌盯上了单位的公款。2011年5月，他发现自己管理的某拆迁账户的工程基本完工，尚存一笔资金未结算，并且没有日常支出款项。他觉得可以偷偷挪点，只要能及时还上，事就不大。这一次，他挪走了24万元。

尝到甜头后，姚正斌觉得这是个能“致富”的好办法。在接下来的日子里，他把单位账户当成了自己的“信用卡”，想用就用。从2016年10月到案发，两年多的时间里，他先后挪用公款53次，共4 484.83万元，用于网络赌博。

2019年3月，姚正斌通过网络转账向单位还款，因银行系统延迟，当日未能到账，被其他财务人员发现……

8年挪用为何未被发现

“我2007年就在财务股工作，到今年已经是第12个年头，再严苛的制度，工作这么长时间，难免会发现一些‘漏洞’或者是可以回旋的空间。”姚正斌说，在一个岗位上干久了，不仅会有一种倦怠感，也会积累很多“经验”和人脉。

姚正斌说，他之所以挪用公款长达8年之久都没有被发现，一方面是利用资金的回转空当，另一方面是虚列发票，私自加盖单位领导的私人印章，然后夹在正规发票中列支出来。

此前他想过轮岗，但未能获得批准。慢慢地，他习惯了，甚至还“喜欢”上了这里，“回过头来看，定期轮岗是十分必要的”。

可惜世上没有回头路，武陵区人民法院作出一审判决，姚正斌犯挪用公款罪，判处有期徒刑12年，责令限期退还751万元。

成立整改小组立行立改

在案件调查中，武陵区纪委监委发现，常德市国土资源局武陵区分局财务管理粗放，支票、印章管理混乱，财务监督流于形式，制度监管存在严重漏洞，客观上让姚正斌有了可乘之机。该局3名相关责任人被给予党纪处分。

"姚正斌案件反映出我们的防控措施和制度管理存在严重漏洞……"10 月 16 日，武陵区分局局长朱勇军在警示会上作自我检讨。

针对制度漏洞，该局成立了专门的整改领导小组，根据区纪委监委下达的监察建议书立行立改。比如，请审计人员对财务账目进行全面审计和清理清查；调整财务股办公场所，由楼上楼下两间调整为一间，方便财务人员相互监督；每名财务人员配备单独保险柜，方便留存票据，厘清责任；细化单位印章管理规定，法人私章由财务股代管变为单位法人自行保管，增加票据审核把关环节……

资料来源：出纳 8 年挪用公款近 6 000 万元，暴露的问题值得深思. 中央纪委国家监委官网，2019-11-01.

8.5　全面预算控制

8.5.1　全面预算控制的定义

全面预算是指企业对一定期间的经营活动、投资活动、筹资活动等做出的预算安排。全面预算作为一种全方位、全过程、全员参与编制与实施的预算管理模式，凭借其计划、协调、控制、激励、评价等综合管理功能，整合和优化配置企业资源，提升企业运行效率，成为实现企业发展战略的重要途径。

全面预算是由一系列预算按照其经济内容及相互关系有序排列组成的有机整体。各项预算前后衔接、相互关联、相互制约、相辅相成、环环相扣，存在严格的勾稽关系，形成一个完整的、科学的、系统的、牵一发而动全身的全面预算体系。从其内容来看，主要包括经营预算、资本预算、财务预算三部分（见图 8－3）。

江西炼钢股份有限公司实施全面预算管理

《企业内部控制基本规范》第三十三条对预算控制提出了具体要求，要求企业实施全面预算管理制度，明确各责任单位在预算管理中的职责权限，规范预算的编制、审定、下达和执行程序，以强化预算约束。

案例 8－12　中纺集团公司财务工作转型升级

财务管理如何通过价值赋能助力企业发展？中纺集团公司作为大型纺织商贸集团企业，其"打造国际一流大棉商"的战略定位对财务管理提出了更高的要求，中纺集团财务管理工作紧紧围绕公司战略目标，服务于业务发展，不断向"决策支持"与"价值创造"转型升级。

中纺集团公司财务部总经理张楠表示："为实现财务管理工作的转型升级，我们从规划、决策、控制、评价全方位融入公司业务发展，融入公司治理，从顶层设计为业财融合提供保障。"在发挥预算引领和资源保障作用方面，中纺集团以全面预算作为有效管理工具，突出预算的"跟踪执行"环节，在深入参与预算编制、强化业务驱动、合理制定预算目标之外，细化考核指标，层层分解落实；强化预算执行过程的控制与监督，以反思运营会、运营快报为抓手，持续跟踪各项指标完成进

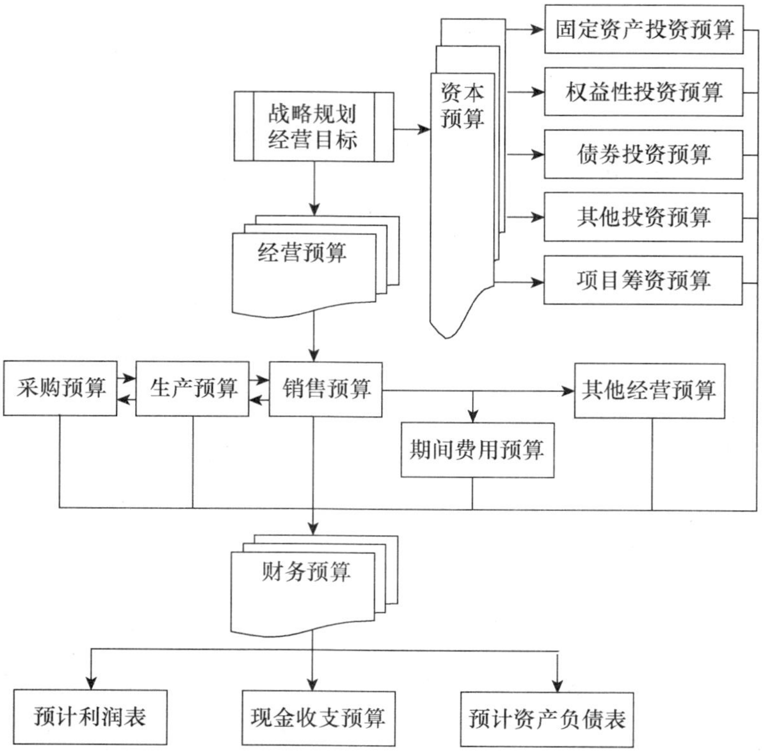

图8-3 全面预算内容示意图

度，分析偏差形成原因，提出改善经营管理措施，提高预算的约束力和执行力；最后，对公司预算完成结果进行科学的绩效评估和效果评价，作为公司奖惩及改进预算管理的依据，严格兑现落实，践行市场化的公司战略定位。为有效把控风险，中纺集团已经形成一整套完整的财务分析制度和流程，采用“专人对接、专人分析、专人跟踪”的方式，将全部19家业务子公司分配至指定分析人员，召开月度分析会，建立数据分析模型。根据经营动态、政策变化和同业发展态势，不断优化分析方式、更新分析重点，深入挖掘财务数据价值，并将分析结果有效服务于公司决策和业务发展，在规模、效率、效益、风险方面提供有效的经营决策建议。

配合大宗商品期现货结合的业务模式，中纺集团的财务管理已经实现对关键业务节点进行控制的目标，实现财务抓成本管理的事前参与与超前控制。例如，配合业务部门做好交易规则的设计，做出最优业务模式选择，对项目报价的成本做出预算，对原材料采购价格和质量进行综合调研和会审，对标准合同版本的设立和资金支付进行审核把关，将成本管控思维扩展到业务全流程，实现成本有效控制。

为减轻在业务高速发展下人员不足的压力，公司加快数字化转型发展步伐，用信息化、数字化方式提升工作效率，全面支撑业务工作的高质量发展。从2017年至2020年，共建成SAP系统、E-棉商系统、棉花仓储管理系统、商情大数据分析平台、CTMS棉花运输物流信息系统五大核心信息系统，实现对公司棉花主业全级次、全口径、全流程的风险管控。同时，面对数字经济的新机遇和新挑战，中纺集团主动拥抱和运用数字化新技术，为业务及管控赋能，取得比较显著的效果。2020年，中纺集团创新性地引入数字化RPA新技术，辅助下属棉花公司仓储物流部顺利完成2020年度棉花出运专项申领网上申报工作。新技术大大减轻了人工工作量，显著提升了财务工作效率和数据质量。2019—2020年在中纺网上办理的申报超过45万吨，占全国的13.6%；填报初审出错率由往年的50%降低到0.5%。中纺集团以数字化为抓手，持续构建和完善覆盖棉花各业务单元的信息化系统，支撑业务运营与模式创新，提升业务协同效率，打造数字驱动型的国际大棉商，在棉花贸易行业中，会计信息化达到领先水平。

面对困难和挑战，中纺集团从以下几个方面着手，在保障公司现金流的同时，压降整体负债规模。深入分析公司资产负债状况和业务发展重点，理清各业务单元资产和负债结构，结合业务发展需求，制定全面的资产负债压降策略，减少“两金”占用，提高营运资金周转率，合理配置现有的财务资源。中纺集团结合业务单元的经营计划，向各业务单元下达年度资产负债率、负债总额、有息负债限额以及“两金”等绩效考核指标，并逐月滚动预测年末资产负债率完成情况，督导各业务单元压降负债规模。加大资产负债率指标的考核分值，引导业务单元在保证利润提升的同时重视有息负债规模的控制。为做好财务资源保障，中纺集团建立了以间接融资为主、直接融资为辅，期限结构合理、成本优势最大化的多渠道、多层次、境内外协同的融资体系，为公司的业务发展提供充足的“弹药”。疫情暴发以来，公司充分利用全球市场流动性，置换低成本的外部融资，将公司融资成本压降至近10年的最低水平，减少财务费用的支出。“中纺集团在资金集中管理方面有丰富的经验，能够对公司资金进行全方位管理。”张楠介绍，公司充分利用资金集中的优势，狠抓公司内部资金的调剂，在保障现金流的情况下，既提升存量资金使用的效率，也为资金富裕的子公司提供更好的收益。此外，为加强资金预算精细化管理、促进业务预算精细化，中纺集团组织各业务单元建立资金计划及滚动更新体系，逐月、逐周、逐日滚动更新资金预算，推动业务单元在资金需求端和供给端双向精细化管理。

资料来源：韩福恒. 中纺集团公司财务部总经理张楠：围绕战略目标，向“决策支持”与“价值创造”转型升级. 中国会计报，2021-07-23.

8.5.2 全面预算控制的机构

《企业内部控制应用指引第16号——全面预算》提出了明确的控制要求，即企业应当加强对全面预算工作的组织领导，明确预算管理体制以及各预算执行单位的职责权限、授权批准程序和工作协调机制。

企业设置全面预算管理体制，应遵循合法科学、高效有力、经济适度、全面系统、权责明确等基本原则。全面预算控制的组织体系由预算控制决策机构、预算控制工作机构和预算控制执行机构三个层次构成（见图8-4）。

1. 预算控制决策机构

预算控制决策机构是对企业全面预算管理具有领导决策权，能够对全面预算控

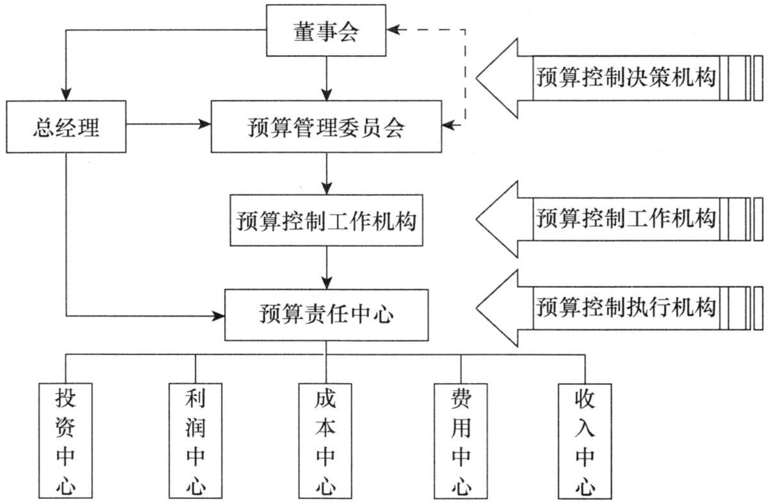

图 8-4　全面预算控制的组织体系

制重大事项作出决定的组织机构。预算控制决策机构在全面预算控制组织体系中居于核心地位，主要包括公司股东（大）会、董事会和预算管理委员会。预算管理委员会是预算管理的领导机构和决策机构，应作为预算控制的最高级别控制主体承担监控职责。预算管理委员会成员由企业负责人及内部相关部门负责人组成，总会计师或分管会计工作的负责人应当协助企业负责人负责企业全面预算管理工作的组织领导。

预算管理委员会主要负责拟订预算目标和预算政策，制定预算管理的具体措施和办法，组织编制、平衡预算草案，下达经批准的预算，协调解决预算编制和执行中的问题，考核预算执行情况，督促完成预算目标。

2. 预算控制工作机构

预算控制工作机构是指负责预算编制、审查、协调、控制、调整、核算、分析、反馈、考评等全面预算控制工作的职能部门。

因为预算管理委员会是由公司董事会成员或高级管理人员组成的，预算管理委员会的主要议事方式是召开预算工作会议，所以，预算管理委员会一般为非常设机构，而全面预算管理日常的、具体的工作则由预算控制工作机构承担。

根据全面预算控制的内容和相互牵制原则，预算控制工作机构可分为预算管理机构、预算核算机构、预算监控机构和预算考评机构，其中预算管理机构在所有预算工作机构中起着组织领导作用。预算控制工作机构的组织体系构成如图 8-5 所示。

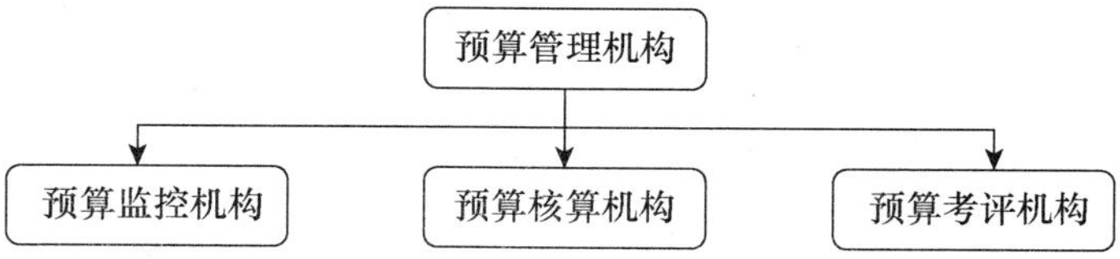

图 8-5　预算控制工作机构的组织体系构成示意图

3. 预算控制执行机构

预算控制执行机构是各级预算责任的执行主体，它以责任网络的形式存在，因此也叫预算责任网络。预算责任网络中的各责任单位称为责任中心，它是企业内部拥有一定权限，并能承担相应经济责任的内部单位。根据权责范围，责任中心可分为投资中心、利润中心、成本中心、费用中心和收入中心。责任中心具有如下基本特征：

（1）拥有与企业总体管理目标相协调、与其管理职能相适应的经营决策权，使其能在最恰当的时刻对经营活动中遇到的问题作出最恰当的决策。

（2）承担与其经营决策权相适应的经济责任。

（3）建立与责任相配套的利益机制，以使所有员工的个人权益与其工作及经营业绩密切联系起来，从而调动各部门和全体员工的工作热情和主观能动性。

（4）各责任中心的局部利益必须与企业整体利益相一致，不能为了各责任中心的局部利益而影响企业的整体利益。

案例 8-13 巨化集团的全面预算管理

巨化集团公司创建于1958年5月。1992年经国家经贸委批准组建企业集团，1997年经国务院批准列入全国120家试点企业集团，1998年3月被确定为浙江省首批国有资产授权经营单位。1998年6月，巨化集团公司独家发起设立的浙江巨化股份有限公司在上交所上市。

巨化集团有限公司（以下简称“巨化集团”）推行全面预算管理制度，并融合责任会计、目标成本管理的合理内核，围绕一个中心（现金流）、三个目标（目标利润、资产保值增值、资产收益率），采用管理方法经济化、资产变现化、制度系统化、税收筹划系统化、资源有偿化、考核程序化、管理信息化等多种手段加以保证，财务管理作为集团价值流、功能流、信息流的中枢地位得以充分体现。2000年，巨化集团首次构建涵盖生产、经营、研发、投资、人力资源、管理等在内的全面预算管理体系；2015年，修订全面预算管理办法，将生产经营过程管理纳入全面预算管理框架；2016年，以“价值创造”为主线，实现预算过程控制优化；2017年，建立预算定期质询纠偏制度，聚焦边际贡献测算和“双高”产品考核。

巨化集团全面预算管理组织体系由集团董事会、预算委员会、预算办公室、集团各职能部室及预算执行各单位组成。总部对预算拥有最终决定权，任何单位和部门不能游离在预算管理体系之外。集团董事会是全面预算管理的最高权力机构，审批年度预算、预算调整、预算外重大调整事项，授权审批预算执行过程中的预算外一般事项，对集团的全面预算管理具有最终决策权。预算委员会负责审议通过有关预算管理的政策、规定、制度等，组织有关部门确定年度生产经营总目标，并拟定年度预算目标；确定年度预算编制的重大前提条件，组织对各单位的预算质询，审查集团年度预算草案、执行报告等，督促各单位完成经批准的预算方案；对全面预算管理执行中出现的预算外事项在董事会授权范围内进行审批。预算委员会成员由集团领导，财务资产、创新与发展、市场、生产运营、投资发展与建设、组织人力、健康安全环保、宣传统战、监察审计、行政管理等职能部门的负责人及上市公司单位负责人组成。预算办公室负责起草有关预算管理制度；拟定年度预算编制大纲，组织预算的编制、汇总工作，会同有关部门制定下级预算基本项目，组织、协调、监督预算执行；定期报告预算执行情况和总结分析，提出预算执行的考核建议；接受各单位的预算调整申请，根据全面预算管理办法进行审查，汇总编制年度预算调整方案，报预算委员会审议。预算办公室的办事机构设在财务资产部，负责处理预算管理的日常事务。集团各职能部室负责本部门业务涉及预算的编制、执行、分析和控制工作，并配合预算委员会做好集团总预算的平衡、协调、分析、控制及考核等工作。巨化集团下属独立核算单位112家，各核算单位负责本单位预算的制度建设、编制、实施、控制、监督、分析、考核等，并根据下达的关键指标制订预算草案，提交上级预算办公室。预算编制实行分级管理。各级预算按照自上而下、自下而上、上下结合的程序进行编制。巨化集团全面预算管理权限见表8-1。

表8-1　巨化集团全面预算管理权限

<table>
<tr><th colspan="2">审批事项</th><th>各单位</th><th>预算办公室</th><th>预算委员会</th><th>集团董事会</th></tr>
<tr><td colspan="2">年度预算</td><td>预算草案</td><td>编制总预算</td><td>审议</td><td>审议批准</td></tr>
<tr><td rowspan="2">年度预算调整</td><td>集团董事会授权额度内</td><td>预算调整方案</td><td>审查</td><td>审议批准</td><td>—</td></tr>
<tr><td>集团董事会授权额度外</td><td>预算调整方案</td><td>审查</td><td>审议</td><td>审议批准</td></tr>
<tr><td colspan="2">预算考核</td><td></td><td>提交考核建议</td><td></td><td>审议批准</td></tr>
</table>

巨化集团的全面预算管理遵循“三二一”原则，即“三引领两优化一挂钩”原则：

(1) 战略引领原则。全面预算管理坚持以战略为引领，依据集团中长期战略规划和滚动修编的内容来编制预算，符合集团总体经营方针，结果管理和过程管理相结合，进一步夯实战略发展平台。

(2) 价值引领原则。全面预算管理坚持以价值创造为导向，由固化管理转化为动态管理，消除一切浪费，提升资产回报率，提高核心竞争力，实现集团公司价值最大化。

(3) 业务引领原则。全面预算管理以业务驱动为基础，整合优化集团资源，涵盖集团人、财、物、产、供、销、投融资等各项活动，整合要素资源，拓展省外、境外市场，提高市场占有率，促进业务规模刚性增长，实现业务模式的转型和提升。

(4) 权责对等优化原则。由编制管理转变为改善管理控制系统，优化组织控制模式。集团要给予各单位一定权力，被授权单位对预算的执行、控制等承担相应的责任，实现权力和责任对等。

(5) 资源整合优化原则。由资源配置转变为资源整合，提高资源整体配置效率。预算管理要结合各单位实际情况，优化资源配置，向资产回报率高、业绩贡献大的项目倾斜，讲求投入产出质量。

(6) 薪酬与绩效挂钩原则。全面预算的执行要遵循刚性原则，强化以薪酬与绩效挂钩为导向的预算编制基础，逐步建立绩效与规划目标达成、创造价值、业务增长和创新投入相结合的绩效考核模式。

经过近20年不断实践、改革和创新，巨化集团的全面预算管理取得了较好的成效，在财务管理中发挥了积极作用。

资料来源：张长国，沈智慧，王少华，蔡小彬，戴德宏．凡事有预算则立，精准管理定格局——巨化集团的全面预算管理实践．财务与会计，2020（23）：28-32.

8.5.3　全面预算控制的流程

全面预算控制的流程包括预算编制、预算执行和预算考评三个基本环节。其中，预算编制环节包括预算编制、预算审批、预算下达等内容；预算执行环节包括预算分解与责任落实、预算执行控制、预算分析和预算调整等内容；预算考评环节包括预算分析、预算考核、预算奖惩等内容。三个基本环节及各项内容之间相互关联、相互作用、相互衔接，周而复始地循环，实现企业所有经济活动的科学管理与有效控制。企业全面预算控制流程如图 8-6 所示。

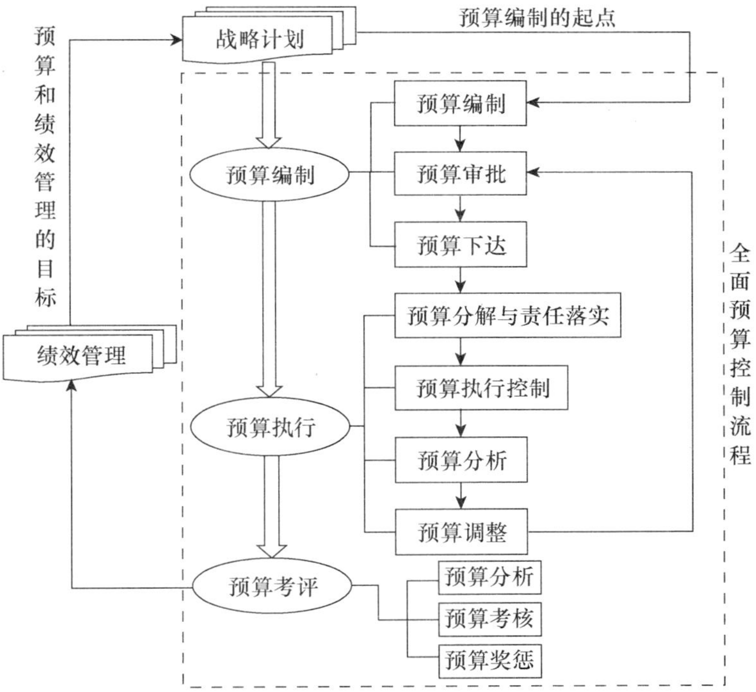

图 8-6　全面预算控制流程

1．**预算编制阶段**

（1）预算编制。企业各预算部门根据预算决策机构下达的预算目标和预算编制大纲，综合考虑预算期内市场环境、资源状况、自身条件等因素，按照自上而下、自下而上、上下结合的程序编制预算草案。

（2）预算审批。首先，企业预算管理部门对各预算部门上报的预算草案进行审查、汇总，提出综合平衡的建议，对在审查、平衡过程中发现的问题要提出调整意见，并反馈给有关部门予以修正。然后，在企业有关部门进一步修订、调整、平衡的基础上，汇总编制企业全面预算草案，公司总经理签批后提交董事会或股东（大）会审议批准。

2. 预算执行阶段

（1）预算分解与落实。全面预算审批下达后，企业管理层要通过签订预算责任书的方式将预算指标层层分解、细化，从横向和纵向两个方面将预算指标落实到企业内部各预算执行部门，形成全方位的预算执行责任体系。

（2）预算执行控制。在整个预算期内，企业的各项经济活动都要以全面预算为基本依据，确保全面预算的贯彻执行，形成以全面预算为轴心的企业经济活动运行机制。预算控制是按照一定的程序和方法，确保企业及各预算部门落实全面预算、实现预算目标的过程，它是企业全面预算管理顺利实施的有力保证。

（3）预算调整。预算调整是在预算执行过程中，对现行预算进行修改和完善的过程。预算是指导和规划未来的经济活动，编制预算的基础很多都是假设的，如果在预算执行中预算指标或预算内容与实际情况大相径庭，就必须按照规定的程序对现行预算进行实事求是的调整。

3. 预算考评阶段

预算考评是对企业全面预算管理实施过程和实施效果进行的考核和评价，既包括对企业全面预算管理活动实施效果的全面考评，也包括对预算执行部门和预算责任人的考核与绩效评价。

案例 8－14　云梦县财政预算透明度的提升

云梦县连续多年开展预决算公开工作的专项检查，不断完善预决算公开机制，努力打造社会公众看得到、读得懂、能监督的“阳光预算”，取得了重大进展和重要突破。

（1）提高认识，组织保障。2008 年，云梦县成立了全县预算改革工作领导小组，强化了财政预算改革的组织领导和协调指导，加强了预决算公开工作政策宣传、业务指导和督促检查，增进了各部门单位依法公开、主动公开意识，提升了公开积极性，为打造“透明预算”奠定基础。

（2）厘清分工，明确主体。落实新《预算法》和湖北省委、省政府文件精神，明确财政部门是政府预算公开工作的责任主体，对单位的部门预算、财务管理和公开工作负有监督责任；各部门单位是预决算编制、执行、公开的责任主体，对本单位的预算编制、预算执行、财务管理以及“三公”经费预决算工作负责。云梦县在安排编制和批复部门预算过程中，财政和预算单位预算公开的责任分工，均以县政府文件的形式予以明确、落实。

（3）以点带面、逐步推进。2008 年，云梦县政府出台了《云梦县财政预决算公开工作暂行办法》，正式启动云梦县预决算公开改革工作。自 2010 年起，云梦县财政在财政与编制政务公开网站开设了预决算公开专栏，设置预决算报告、预算执行情况、重大惠民专项等栏目，集中公开相关预决算情况。2011 年，县政府印发了《云梦县财政预决算公开工作实施方案》，10 家县直单位将预决算在门户网站上向社会试点公开。2012年，公开范围扩展到36家县直部门单位。2014年，扩展到县直所有66家预算部门单位。2015年，部门预决算公开向乡镇延伸。2016年，县政府印发了《云梦县财政预决算公开工作考核办法》，将预算公开工作纳入年度考核，加强考核结果运用，对公开实效差的单位进行问责，并要求其写出书面整改报告。到2017年，除涉密部门外，县直66家预算单位和13个乡镇预决算工作全部公开，预算单位公开覆盖率达100%。

（4）完备内容，阳光操作。在公开单位不断扩规的同时，公开内容也不断完备、深化、细化。一是从2015年开始，向社会公开一般公共预算、政府性基金预算、社会保险基金预算、国有资本经营预算，并将公开内容细化，其中功能分类到项级科目、经济分类到款级科目，同时公开部门职责、机构设置、数据增减原因说明等，全面反映政府收支情况。二是从2016年起，向社会公开本级"三公"经费汇总情况与"三公"经费决算信息。三是专项资金及时公开。印发《云梦县财政专项资金公开办法》，按照专项资金"分配到哪里，公开到哪里"的原则，将各类专项资金的政策制度、申报通知、评审公示、分配结果和绩效评价等情况在政府门户网站上公开。同时将住房保障、医疗卫生、教育、社保就业等民生政策性资金的安排使用情况向社会公开，让社会公众知道政府有哪些专项、由哪些部门管理、应该找谁申报等，实现了财政信息全面、全过程公开，拓展了监督途径，增加了政府公信力，预算透明度得到较大提升。

（5）公开目录，严定时效。全面梳理云梦县财政预决算公开事项，按照公开要求，编制预决算公开事项目录，确定每个事项的名称、依据、内容、标准及评价结果，严定在批复20日内在政府网站逐项逐环节向社会公开，并实行动态调整，进一步推进了财政预算公开标准化、规范化。

（6）加强审核，统一规范。要求预算单位对部门信息公开的内容进行初核，再由主管部门复审，人大监督，确保公开信息真实完整、准确无误、公开及时。财政局按要求设计了全套部门预算公开样式文本，督促各预算单位在公开信息时，文字说明统一口径，文字和表格一致，着力提高预算公开工作的质量和效率。

（7）机制保障，着力长效。出台了预算公开工作五项基本制度。一是日常管理制。纳入财政常规检查范围，明确专人专责、常抓常管。二是规范管理制。确定规范化的格式样板，确保公开工作高标准、严要求。三是责任分工制。明确工作分工，财政编制预算、国库统筹指导，负总责；业务单位督导落实，负主责，并实行台账登记、销号管理。四是沟通协调制。主动加强与政府信息公开主管部门和县人大、县审计及各预算单位的协调沟通，打造信息沟通平台，实现互联互通，加强协调配合，共同处理好预决算公开中存在的问题。五是责任追究制。将财政预决算公开工作统一纳入年度目标考核和评先评优的范围，实行及时奖励和责任追究。

随着预决算公开工作不断深入，云梦县财政预算公开工作取得了良好成效。2019年4月，财政部湖北监管局、湖北省财政厅对云梦县财政预算公开工作进行现场核查，对云梦县预算公开的举措与成效给予充分表彰和大力推介。

资料来源：程国安，郑炳安，魏三朝，张小东. 县乡财政预算透明度的提升：意义、案例及推进路径——以湖北省云梦县为例. 经济研究参考，2020（18）：76-83.

8.6 运营分析控制

8.6.1 运营分析控制的定义

运营分析，是指以统计报表、会计核算、管理信息、计划指标和相关资料为依据，运用科学的分析方法对一段时期内的经营管理活动情况进行系统的分析研究，旨在真实地了解经营情况，发现和解决经营过程中的问题，并按照客观规律指导和控制企业经营活动。

《企业内部控制基本规范》第三十四条对运营分析控制提出了具体要求，要求企业建立运营情况分析制度，经理层应当综合运用生产、购销、投资、筹资、财务等方面的信息，借助因素分析、对比分析、趋势分析等方法，定期开展运营情况分析，发现存在的问题，及时查明原因并加以改进。

案例 8－15　西门子的预算反馈报告体系

西门子股份公司（以下简称“西门子”）预算管理成功的关键在于其十分注重预算管理中的事中控制，实施了一套完善的预算反馈报告体系，具体如图 8－7 所示。

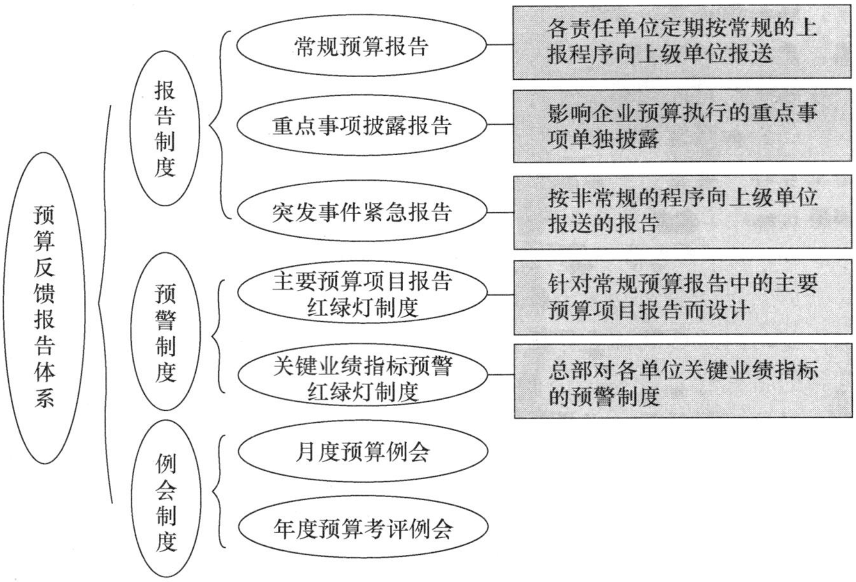

图 8－7　西门子的预算反馈报告体系

西门子预算反馈报告体系中最引人关注的就是“红绿灯”预警制度。这项制度始于 2005 年年初西门子 CEO 克劳斯·柯菲德上任。“红绿灯”预警制度已经成为西门子的一种绩效文化，柯菲德表示：“应明确哪些是我们要继续的，哪些是我们要改善的，哪些是有比较大的问题、需要我们做出努力的。对不同的业务集团、不同的业务要采取不同的态度。”对不同业务集团区分预算的执行情况进行差异化管理，正是“红绿灯”预警制度的精髓所在。

在具体操作过程中，信号灯并非只是一个简单的“刚性”的评判标准值，而是允许存在一定的偏差。西门子定期对各业务集团的预算关键指标的实现情况进行偏差程度的判断，主要包括月度、季度和年度偏差。如表8-2所示，D1、D2、D3分别表示利润率、营业收入、货款回笼率三个预算指标实际完成数与预算目标的偏差率，D4反映的是存货周转天数实际结果与预算目标的偏差量。这种对于预算实际执行结果偏差的容忍度体现了预算管理的柔性。

表8-2 预算关键指标“红绿灯”预警制度示例

信号分类	偏差程度	信号的含义	问题警示与管理对策
绿灯	D1/D2/D3<5% D4<15天	正常	指出成绩，发出保持运营状态的信号，同时检查预算标准的合理性
黄灯	5%≤D1/D2/D3<10% 15≤D4<30天	预警	有问题，但不严重，需要采取必要的整改措施
红灯	D1/D2/D3≥10% D4≥30天	异常	指出问题，发出危机防范的信号，适时监控风险变动趋势，谨防风险恶化，并责成有关责任人做出解释与限期改进计划

预算报告的基本内容应该包括：预算执行的实际结果计量，预算实际结果与预算控制标准之间的差异及其形成原因，对于不利差异的整改措施。实践中，许多企业为了保证预算目标的顺利实现，通常采用预算例会制度，以便及时发现预算执行过程中的问题，这有利于部门之间的协调和问题的及时解决。预算报告的频度应遵循及时性和灵活性原则，而且必须考虑成本效益。

资料来源：郭菁晶，池国华，张玉缺．绩效导向的西门子预算反馈报告体系及其启示．财务与会计：理财版，2014（7）：3.

8.6.2 运营分析的流程

运营分析的流程一般包括以下五个阶段。

1. 明确分析目的，确定分析对象

进行运营分析之前，首先要明确分析的目的，确定分析对象，只有这样，运营分析才具有针对性，这是因为企业在不同时期有着不同的分析目的，其分析对象也是有差别的。比如，处于成长期的企业通常以扩大市场份额、抢占市场制高点为战略目标，此时企业的运营分析应该以收入作为重点；处于成熟期的企业则通常以降低成本费用、确保企业盈利水平为战略目标，此时企业的运营分析应该以成本费用或利润作为重点。

2. 确立标准值，树立参照系

衡量一件事情的价值需要价值尺度——评价标准。通过运营分析控制，评价企业的相应问题，并找到解决的方案，这一过程不可避免地需要确立评价标准，简单来说，就是什么是好的，什么是差的。行之有效的评价标准体系主要有预算标准、历史标准、行业标准等。企业运营分析首先应该考虑的是预算标准，即考虑企业在分析期内各项运营指标的实际结果是否达到之前所确定的阶段性预算目标。其次需要运用历史标准和行业标准。与历史标准相比较，可以判断企业与过去相比是否有所进步；与行业标准相比较，可以判断企业与同行业先进水平或主要竞争对手相比是具有优势还是处于落后地位。

3. 计算指标，比较差异

运营分析首先就是差异分析。企业确立标准值之后，接下来就要计算出各种运营分析指标在分析期的实际结果，并分别与企业所建立的标准体系进行比较，从而发现重大不利差异，进一步系统分析。重大不利差异是指实际值未达到标准值的要求，且偏离幅度较大，比如本期收入低于本期预算目标值，且偏离幅度超过10%。究竟多大规模、多大幅度属于重大，企业应结合实际情况自行确定。

4. 发现问题，挖掘原因

发现重大不利差异之后，企业应结合宏观环境、行业背景和自身经营模式，综合运用因素分析、结构分析、趋势分析、综合分析等各种分析方法，根据层层递进的思路，对重大不利差异的形成原因进行深入系统的分析，并延伸到业务层面，从而找出导致重大不利差异的根本动因，明确企业运营过程中存在的问题。

5. 撰写报告，提供建议

运营分析的目的不仅是发现问题，更重要的是解决问题。企业应根据运营分析过程中发现的问题和原因，撰写报告，并向管理层提出应对风险的策略与具体的控制措施，从而确保企业全年经营目标的实现。

案例8-16 海亮经营分析案例

诞生于1989年的海亮集团有限公司，是浙江民营企业从小到大、由大变强的典范。海亮集团总部位于诸暨市店口镇，现有境内外上市公司3家、员工2万余名，总资产超550亿元，产业基地布局12个国家和地区，营销网络辐射全球。2018年，集团营业收入1 736亿元，综合实力位列世界企业500强第473位、中国企业500强第115位、中国民营企业500强第25位、浙江百强企业第5位。

2021年7月27日，海亮股份举行2021年半年度经营分析会，全面总结2021上半年工作，并对下半年重点工作进行部署安排。海亮股份各事业部、子公司及总部各部门的近两百名管理人员总结分析了上半年经营指标的达成情况，并以“迎接行业转折，实现高质量发展”为主题共同探讨，坚定实现2021年度经营目标的决心，为未来发展谋篇布局，全面推动2025年战略规划实施。

上午，经营管理团队开展分组讨论，共分为财务组、营销组、技术研发组和大生产（品质）组。四个小组对2021年上半年指标完成情况、运营情况以及下半年经营举措进行讨论、总结和分析。海亮股份董事长兼总经理朱张泉听取了各小组的工作分析总结及未来发展规划，充分肯定了大家在上半年取得的成绩，全面、客观地分析了当前面临的形势，并逐一对各组的经营工作给予指示。他强调：要高度重视安全和质量，“把安全和质量放在第一位”，强抓安全生产，打造精益品质。要定位战略核心，聚焦市场拓展，坚持以市场为导向，精研客户需求，集中梳理销售策略，完善市场营销信息反馈。要完善公司技术平台搭建体系，快速实现价值创造，全面推动公司高质量发展。要科学系统地做好资金计划，提高资金使用效率，通过精细化管理提高效益。

下午，大家齐聚会议厅参与海亮股份 2021 年半年度经营分析会，海亮股份副总经理孙洪钧主持会议。四个讨论组组长分别就小组讨论结果向全体与会人员汇报。海亮股份财务管理中心总监陈东带来他的工作感悟：财务记录代表公司赋予财务的一种权力；数据不仅仅是一种资源，更是公司宝贵的资产，它在一定程度上还是一种公司竞争的力量，一家公司数字化的能力有多强，公司的竞争优势就有多大，公司的竞争边界就有多宽。海亮股份营销管理中心常务副总经理冯剑维向大家汇报了 2021 年上半年公司的销售情况，并就当前市场环境做了细致分析，对下半年重点工作进行了简要梳理。海亮股份技术中心主任马为民向大家展示了公司近阶段的主要技术创新成果，就当前所遇到的技术问题进行了分析总结，同时汇报了公司技术中心下阶段研发工作的主要方向。海亮股份副总经理董志强就上半年公司安全、质量及生产工作情况进行了总结，表示将在下半年的工作中进一步抓好安全生产工作，加强组织协调，抓推进、抓落实，管控风险，积极推进公司各项生产工作。

海亮股份董事长兼总经理朱张泉全面复盘和分析了 2020 年以及 2021 年上半年公司经营情况，通过对当前外部环境的深刻剖析，指出当前行业痛点，结合公司核心优势明确公司发展方向。通过对新时代下“高质量发展”时代课题的深层剖析，朱张泉指出海亮股份的高质量发展应符合国家产业政策和国际产业趋势；加强科技赋能，引领行业发展；实现中高端市场占有率行业绝对领先，单位盈利能力行业领先；形成积极的行业影响力。同时，海亮股份要通过兼并重组、资本运作、战略合作等方式整合产业资源，强化产业链竞争力和抗风险能力，以高端化、智能化、绿色化为导向，打造企业核心竞争力，实现海亮股份的高质量发展！最后，朱张泉进一步明确海亮股份 2025 年战略规划，要求公司团队升级人才培养及财务管控体系，推动科技赋能，完善公司内部管理，聚焦深耕，加快完成全球产业布局，构建产业生态链，实现海亮股份“成为全球有色产业生态引领者”的宏伟目标！

资料来源：迎接行业转折，实现高质量发展丨海亮股份召开 2021 年半年度经营分析会. 海亮集团官网，2021-07-28.

8.6.3　运营分析控制的方法

1. 比较分析法

比较分析法是将财务报表中的某些项目或财务指标与另外的相关资料进行比

较，以说明、评价企业的财务状况、经营业绩。单个财务报表项目或财务比率往往不能说明什么问题，只有将其与另外可比的相关数据进行对比，才能评价其好坏。一般来说，比较标准有以下几种：预定目标、上年同期实际指标或历年最高水平、国内外先进水平、行业评价标准值和竞争对手的水平。

比较分析法有绝对数比较和相对数比较两种形式。一般来说，绝对数比较只通过差异数说明差异金额，但没有表明变动程度；相对数比较则可以进一步说明变动程度。在实际工作中，绝对数比较和相对数比较可以同时使用，以便通过比较做出更充分的判断和更准确的评价。

2. 趋势分析法

趋势分析是通过观察连续几个会计期间的财务报表，比较分析某些项目或指标的增减变化情况，判断其发展趋势，并对未来发展作出预测。

趋势分析需要计算趋势百分比，趋势百分比又有定比和环比两种。定比是选定某一年作为基年，将其余各年与基年比较，计算出趋势百分比。环比是将各年数与前一年数比较，计算出趋势百分比。采用定比方法计算趋势百分比时，应注意基期的选择要有代表性，如选择不当，容易导致误解。

3. 结构分析法

结构分析是将财务报表中的某一关键项目金额作为100%，再将其余有关项目金额换算为对该关键项目的百分比，以揭示出财务报表中各项目的相对地位和总体结构关系。

结构分析对于运营分析是非常有益的，对于资产负债表和利润表的分析非常重要。企业在正常经营中，各个时期的资产负债表和利润表中各项目一般有一个正常的比例关系，即有一个合理的分布结构。各项目结构百分比的任何异常变化，都应引起分析者的注意，要研究变化的原因，判断内在的风险。

4. 比率分析法

比率是两数相比所得的值。比率分析法是通过把财务报表内的一个数据与其他相关数据进行比较，建立数据之间的联系，从而得出分析结论或提出需要解释的问题，评价企业的财务状况和经营业绩。

任何两个数字都可以计算出比率，但是要使比率具有意义，用于计算比率的两个数字就必须有相互联系。这种具有重要联系的相关数字在财务报表中比比皆是，可以计算出一系列有意义的比率，例如，用流动资产除以流动负债，可以计算出该企业的流动比率。

5. 因素分析法

因素分析法是通过分析影响重要指标的各项因素，计算其对指标的影响程度，来说明指标前后期发生变动或产生差异的主要原因。

因素分析法按分析特点可以分为连环替代法和差额计算法两种。连环替代法是在通过比较分析确定差异的基础上，按照各种因素的顺序依次替代，从数值上测定各个相关因素对指标差异的影响程度的计算方法。差额计算法是连环替代法的一种简化形式，它是利用各个因素的分析期值与基期值之间的差异，依次按顺序替换，直接计算出各个因素对指标变动影响程度的一种分析方法。

6. 综合分析法

综合分析法是指将反映企业运营各个方面的指标纳入一个有机的整体之中，系统、全面、综合地对企业运营状况进行分析与评价。在实践中应用比较广泛的综合分析体系包括杜邦财务分析体系、可持续增长率分析体系、EVA 价值树分析体系等。

案例 8－17　从杜邦分析看永辉超市十年发展

永辉超市是中国上市企业市值 500 强、中国连锁百强、中国快速消费品连锁百强企业，被国家七部委誉为中国“农改超”推广典范，以现代农业和食品工业为两翼，以实业开发为基础的大型集团企业。至 2018 年，全国已开店面 669 家，筹建店面 209 家。

通过对永辉超市杜邦分析相关指标层层分解分析，对超市 2008—2017 十年杜邦分析指标进行趋势分析，可以从业务运营、资产运营和资本运营层面看出企业的发展战略、经营轨迹和运营效果，以及资产利用效率和财务结构布局。表 8－3 为 2008—2017 年永辉超市杜邦分析部分指标。

表 8－3　2008—2017 年永辉超市杜邦分析部分指标

指标	2008 年	2009 年	2010 年	2011 年	2012 年	2013 年	2014 年	2015 年	2016 年	2017 年
净资产收益率	34.8%	30.5%	15.9%	12.7%	11.5%	12.6%	13.9%	4.8%	6.5%	8.6%
权益乘数	2.22	2.9	1.7	2.3	2.5	2.1	2.3	1.7	1.5	1.6
资产负债率	54.9%	66.2%	42.3%	56.9%	59.5%	54.4%	58.2%	39.5%	34.6%	37.9%
资本密集率	24.3%	29.5%	26.8%	48.1%	43.7%	41.0%	39.9%	48.8%	58.4%	53.9%
总资产收益率	15.6%	10.3%	9.2%	5.5%	4.7%	5.8%	5.8%	2.9%	4.2%	5.3%
销售净利率	3.8%	3.0%	2.4%	2.6%	2.1%	2.4%	2.3%	1.4%	2.5%	2.9%
总资产周转率	4.1	3.4	3.7	2.1	2.3	2.4	2.5	2.1	1.7	1.9

通过上表可以看出，十年来永辉超市净资产收益率逐年下降，从 2008 年的 34.8%下降至 2017 年的 8.58%。下降的原因是总资产收益率和权益乘数下降。权益乘数下降的原因是企业资产负债率逐年降低。总资产收益率降低是由于销售净利率和总资产周转率都下降，但总资产周转率的下降幅度远高于销售净利率。可以看出，导致净资产收益率下降的主要原因是资产利用效率降低，负债比率下调，财务杠杆弱化。

资料来源：李冬玉. 从杜邦分析看永辉超市十年发展. 中国会计视野官网，2018－11－27.

8.7 绩效考评控制

8.7.1 绩效考评控制的定义

绩效考评是指运用各种科学的定性和定量方法，对企业各分支机构和员工行为的实际效果及其对企业的贡献或价值进行考核和评价。绩效考评的最终目的是实现企业的目标。

《企业内部控制基本规范》第三十五条对绩效考评控制提出了具体要求，要求企业建立和实施绩效考评制度，科学设置考核指标体系，对企业内部各责任单位和全体员工的业绩进行定期考核和客观评价，将考评结果作为确定员工薪酬以及职务晋升、评优、降级、调岗、辞退等的依据。

8.7.2 绩效考评的流程

绩效考评的基本流程包括以下几个步骤：绩效计划制定、绩效计划实施、绩效评价、绩效反馈、绩效改进以及绩效结果应用。这几个环节构成一个绩效管理循环，上下承接、紧密联系，只有各环节有效整合，才能保证绩效管理最终目的的实现（见图8－8）。

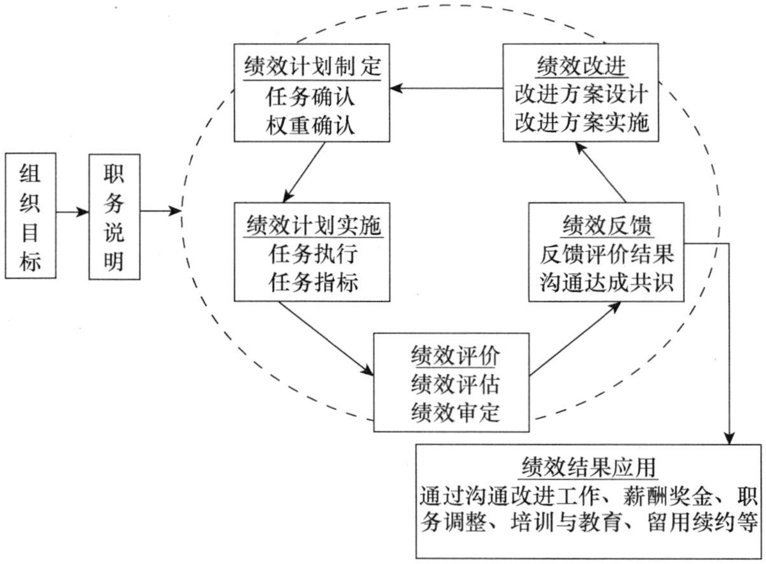

图8－8 绩效考评的基本流程

1. 绩效计划制定

绩效管理的第一个环节是绩效计划制定，它是绩效管理过程的起点。企业战略要付诸实施，必须先将战略分解为具体的任务或目标，落实到各个岗位。绩效指标要满足五个基本要求：独立性、一致性、稳定性、可操作性、可接受性。根据绩效评价指标的基本要求，绩效评价指标应与绩效评价的目的相一致，因此，绩效评价的目的、被评价人员所承担的工作内容和绩效标准就成为绩效评价指标的选择依据。另外，从评价的可操作性角度考虑，绩效评价指标的选择还应考虑取得评价所需信息的便利程度，使设计的绩效评价指标能够真正做到科学、准确。

2. 绩效计划实施

绩效管理是一个过程，建立企业绩效管理体系、明确企业绩效目标及确定绩效评估指标之后，需要考核绩效。无论是定量还是定性指标，考核者在对完成情况进行评价时都需要相应的数据信息作为依据。评估者必须根据掌握的绩效信息进行评价，可见，评估者所掌握的绩效信息的完整性与准确性直接关系到评价是否客观、公正。在整个绩效考核期间，需要评估者进行持续的沟通。这种沟通是一个双方追踪进展情况、找到影响绩效的障碍以及得到双方成功所需信息的过程。

3. 绩效评价

绩效评价是一个按事先确定的工作目标及其衡量标准，考察实际完成的绩效的过程。可以根据具体情况和实际需要进行月度、季度、半年度和年度绩效评价。考核期开始时签订的绩效合同或协议一般都规定了绩效目标和绩效衡量标准。在绩效实施过程中收集到的能够说明绩效表现的数据和事实，可以作为判断是否达到绩效指标要求的依据。

4. 绩效反馈

绩效反馈是绩效评价的延续，能够指明努力的方向，从而提高企业的整体绩效。如果只做绩效评价而不将结果反馈，绩效评价就失去了激励、奖惩的功能。

5. 绩效改进

绩效改进是绩效管理过程中的一个重要环节，绩效考核的目的不只是对工作业绩进行评估，将评估结果作为确定薪酬、奖惩的标准，绩效的持续改进才是根本目的。绩效改进工作成功与否，是绩效管理过程能否发挥效用的关键。

6. 绩效结果应用

绩效考核成功与否，关键的一点在于绩效考核的结果如何应用。很多绩效考核实施得不成功，主要原因就在于没有有效合理地运用绩效考核的结果。组织可以建立基于绩效提升的培训管理体系，构建绩效模型，即企业为实现当前和未来战略目标所表现出来的绩效行为的总和。在此基础上分析差距，再根据差距分析培训需求。

案例8-18 山东中烟创建“模拟利润中心”进行绩效管理

山东中烟工业有限责任公司（以下简称“山东中烟”）于2006年进行了改革。其下属济南、青岛、青州和滕州4家卷烟厂由原本独立生产经营的子公司变为非独立经营的分公司。组织架构改革后，集中管控的效果日益凸显。但各卷烟厂的经营成果统一归集在总部，卷烟厂内部只核算发生的成本费用，即由利润中心变成了成本费用中心。这样一来，企业管理运作的成果没法综合体现在每一家卷烟厂中。目前，山东中烟的最大问题在于内部管理运作的成果无法直接、一目了然地体现。要想改变现状，就必须将当前各成本费用中心的管理责任予以量化。山东中烟提出了“模拟利润中心”的想法，即把成本费用中心模拟成利润中心进行核算和管理，甚至再模拟得逼真些，为各个卷烟厂编制资产负债表、利润表和现金流量表。新的管理报表体系的作用是提供加强内部基础管理和衡量内部企业对公司利润贡献的数据信息，让总部和各卷烟厂知道自己贡献了多少收入、发生了多少费用、占用了多少资源，再和别的单位进行横向纵向比较。这样，内部绩效考核就有了依据，公平和激励才能实现。

目前，山东中烟使用的企业资源计划（ERP）系统主要满足核算报表体系的需要，要想再满足“模拟利润中心”报告体系需要，必须要进行完善和修改，以使得项目报告体系与实际核算报表体系完美结合。所以，公司不断统一会计核算口径，通过新设会计科目、新增订单类型、修改ERP系统配置等手段，对设备维修费、车辆运行费、备件储备系数、能源消耗费用等核心业务流程进行重组，确保内部报表绩效取数快捷、高效。在近半年的时间里，山东中烟根据实施方案确定的主表和附表表样，按照目前ERP系统的配置原理，结合业务需求，进行表样植入、编写程序语言、配置系统参数、测试数据准确性等工作，先后完成30多张基础管理表格的设计开发，涵盖了卷烟厂生产经营活动的全过程。营销环节模拟利润中心报告体系也实现了与ERP系统和营销信息平台的集成，以及主表及附表数据的自动提取。

山东中烟先后发布、修订《烟叶核算管理办法》《主要材料核算管理办法》《备品备件核算管理办法》《促销品核算管理办法》等管理制度，对各部门的管理责任进行清晰划分，为基础数据的统计和分析确立制度保障。在推进营销环节模拟利润中心运行管理过程中，山东中烟先后发布《营销费用预算管理办法》《省内外区域固定费用定额》《战略活动推行项目管理实施意见》《考核费用与销售目标挂钩管理办法》等规章制度，建立“固定费用定标准、考核费用定办法、战略费用定项目”的营销费用管理模式，强化各营销主体基础管理。在模拟利润中心运行成熟以后，山东中烟按照责任可控的原则，在公司年度总目标指导下，以各责任主体为对象，按照其职责范围编制责任预算，并作为各责任主体经营目标和绩效考核依据，同时不断加强各责任主体的预算执行过程调控和管理，分析目标计划与实际的差异、费用执行情况的差异，及时采取有效措施加以改进，先后于2010年和2014年下发生产环节和营销环节模拟利润中心考核办法，建立各责任主体绩效考核与分析评价体系，综合反映其盈利能力、费用控制能力和投入产出情况，并将考核结果纳入公司绩效考核管理体系，以更好地落实管理责任，调动工作积极性。

通过模拟利润中心项目的有效运行，各责任主体成本控制意识大大提高，酌量性费用和资源控制成效显著。2012 年公司酌量性费用 11.79 亿元，2014 年降到 9.99 亿元，降幅达到 15%。同时，公司卷烟品牌市场竞争力不断攀升，全员投入产出意识大幅提高，企业经济效益水平快速增长。

资料来源：高洪波，黄长胤. 山东中烟创建“模拟利润中心”将成本费用量化. 中国会计报，2019-05-17.

8.7.3 绩效考评的方法

1. 基于财务的绩效考评方法

基于财务的绩效考评方法的主要特点是采用财务指标作为绩效考评指标。财务指标的计算主要利用财务报表的数据。财务模式的优点在于：财务指标计算数据相对容易取得，而且严格遵循企业会计准则，具有较高的可比性和可靠性。

基于财务的绩效考评方法主要包括：综合指数法、综合评分法、功效系数法等。

基于财务的绩效考评方法的局限性在于：（1）会计收益的计算未考虑所有资本的成本，仅仅解释了债务资本的成本，忽略了对权益资本成本的补偿；（2）由于会计方法的可选择性以及财务报表的编制具有相当的弹性，会计收益存在一定的失真，往往不能准确地反映企业的经营业绩；（3）会计收益是一种“短视指标”，片面强调利润容易造成企业管理者为追求短期效益而牺牲企业长期利益。

2. 基于价值的绩效考评方法

基于价值的绩效考评方法的主要特点是采用经济基础指标作为绩效考评指标。经济基础指标的计算主要采用经济利润的理念。与传统的基于财务的绩效考评方法相比，基于价值的绩效考评方法更注重股东价值的创造和股东财富的增加。

经济增加值（economic value added，EVA）方法是价值模式的典型代表。根据 EVA 的基本定义，它可以表述为经过调整的税后营业净利润减去投入资本的成本，即企业资本收益与资本成本之间的差额。EVA 并不是一个全新的概念，而是起源于经济利润的理念，其最大的优点就是不仅考虑了债务成本，而且考虑了股东权益资本成本。EVA 指标在利用会计信息时，尽量进行调整以消除会计失真，更加真实地反映一个企业的业绩。此外，与净利润不同，EVA 指标的设计着眼于企业的长期发展，而不是短期行为，因此，应用该指标能够鼓励经营者做出能给企业带来长远利益的投资决策，如新产品的研究和开发、人力资源的培训等。此外，应用 EVA 能够建立有效的报酬激励系统，将管理者的报酬与衡量企业业绩的 EVA 指标挂钩，正确引导管理者的努力方向，促使管理者充分关注企业的资本增值和长期经济效益。

EVA 方法的局限性在于：（1）由于 EVA 评价系统所选择的评价指标是唯一的（即 EVA 指标），容易造成评价主体只关心管理者决策的结果，而无法了解驱动决策结果的过程因素，由此，EVA 评价系统只能为战略制定提供支持性信息，而为

将EVA考核深入企业内部经营业务单元

战略实施提供控制性信息这一目标不易达到。(2) EVA指标的计算十分复杂，难点主要体现在EVA的会计调整与资本成本的计算两个方面。这两个问题的存在对EVA的应用造成了一定的负面影响。(3) EVA的概念与方法由美国的思腾思特公司率先提出，在某些方面与中国企业的实际情况不符。因此，应根据我国的实际环境状况对EVA的计算进行调整，只有这样才能使EVA真正发挥出作用。

案例8-19 EVA在中央企业的应用

“限制非主业投资，非经常性收益如股票、房产、期货方面的投资收益减半计算。”2010年1月7日，国务院国资委在中央企业经营业绩考核工作会议上提出，将于2010年在中央企业层面全面推行EVA考核。

2012年12月29日，国资委公布了最新修订的《中央企业负责人经营业绩考核暂行办法》(简称《暂行办法》)。《暂行办法》指出，进一步强化业绩考核的价值导向，绝大多数中央企业EVA考核指标权重提高到50%，利润总额指标权重下降为20%。在计算企业利润总额以及EVA时，通过变卖企业主业优质资产所取得的非经常性收益将被全部扣除。业内人士指出，这意味着EVA已成为考核中央企业业绩的重要指挥棒，意在挤掉中央企业的泡沫。

2019年3月1日，国资委修订印发了《中央企业负责人经营业绩考核办法》，对健全中央企业经营业绩考核体系将起到导向性作用。办法突出了分类考核和差异化考核，在考核指标设置方面，根据分功能定位考核要求：对商业类企业更加突出效益效率指标考核，将净利润替换利润总额，保留经济增加值作为年度考核基本指标，将全员劳动生产率替换总资产周转率，保留国有资本保值增值率作为任期考核基本指标；对公益类企业，年度考核取消利润总额指标，保留经济增加值指标，任期经济效益指标只考核国有资本保值增值率指标，年度和任期经济效益指标权重适度下调，相应提高社会效益指标权重。同时为了突出高质量发展的考核要求，加强科技创新考核，新修订的考核办法将研发投入视同利润，在计算净利润、经济增加值指标时予以加回，引导企业建立研发投入稳定增长机制，鼓励企业加大研发投入。

资料来源：邢莉云．央企EVA新政：股票期货投资收益打“半折”．21世纪经济报道，2010-01-07；刘丽靓．提高EVA权重至50%，央企利润将更加实在．证券时报，2013-02-04；国务院国资委有关负责人就《中央企业负责人经营业绩考核办法》答记者问．国务院国有资产监督管理委员会官网，2019-03-07.

3. 基于平衡的绩效考评方法

基于平衡的绩效考评方法源于20世纪90年代，引入非财务指标并将评价指标与战略相联系是基于平衡的绩效考评方法的显著特点。

基于平衡的绩效考评方法中最具代表性且具有广泛影响力的是平衡计分卡(BSC)。1992年，哈佛商学院教授罗伯特·卡普兰（Robert Kaplan）和美国复兴全球战略集团创始人戴维·诺顿（David Norton）在《哈佛商业评论》上联合发表了《平衡计分卡：驱动业绩的评价指标》一文。该文是以1990年参与项目小组的12家公司试用这一新型绩效考评方法所得到的实证数据为基础的。这篇文章在理论界和实务界引起了巨大轰动。之后，他们发表了一系列文章和著作，进一步解释了企业在实践中应该如何运用平衡计分卡作为控制战略实施的重要工具。卡普兰和诺顿的这些文章和著作集中体现了平衡计分卡自产生以来的发展历程：不仅评价指标不断丰富和创新，而且系统本身逐渐从单纯的绩效考评上升到战略管理的高度。

平衡计分卡（见图8-9）将影响企业运营的各种因素划分为四个主要方面，即财务、客户、内部运营和学习与成长，并针对这四个主要方面设计相应的评价指标，以便系统、全面地反映企业的整体运营状况，为企业的管理和战略服务。因此，平衡计分卡是以企业的战略为导向，以管理为核心，以各个方面相互影响、相互渗透为原则，建立的一个网络式的绩效考评系统。

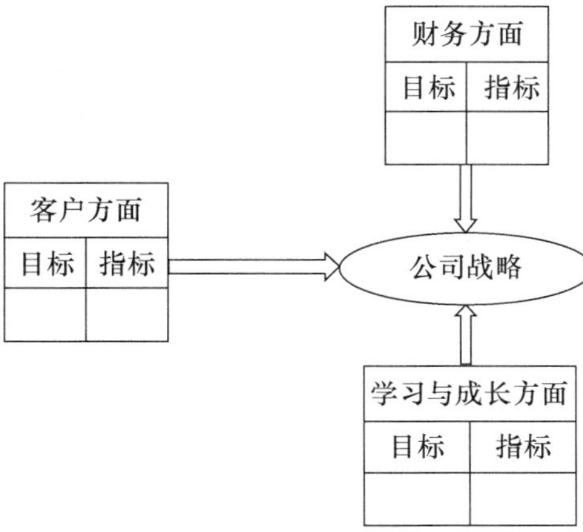

图8-9　平衡计分卡的基本形式

平衡计分卡作为一种绩效考评系统，其优点在于：(1) 使目标与战略具体化，加强了内部沟通。(2) 实现了指标的平衡，强调指标间的因果关系。(3) 兼顾不同利益相关者的利益，有利于获取和保持竞争优势。(4) 兼顾非财务业绩计量，增强了过程控制和结果考核的联系。

平衡计分卡的局限性在于：(1) 在评价目标的确定方面，尽管平衡计分卡从不同方面关注客户、员工等利益相关者的利益，但忽略了通过利益相关者分析来认识企业经营目标和发展战略，可能导致不能准确地确定提高利益相关者满意度的关键动因。(2) 在评价指标的选择方面，平衡计分卡对于如何选择特定的绩效考评指标并没有具体展开。正是这种因果关系的不明确，导致平衡计分卡受到许多质疑。另外，非财务评价指标的设计和计算也是一个难题。(3) 在评价方法方面，平衡计分卡并没有给出明确的答案，单个指标的计分方法、权重的确定是产生问题的主要领域。卡普兰和诺顿并没有对其所使用的不同指标说明如何进行权衡。如果不能明确如何在大量的指标中进行权衡，平衡计分卡就无法达到“平衡”。

案例8-20 中交投资有限公司的平衡计分卡管理

中交投资有限公司（以下简称“中交投资”）审计部选用平衡计分卡搭建内审绩效量化评估体系基本模型，从财务、客户、内部运营、学习与成长四个维度对公司战略进行分解，确定内审部门工作方向，通过部门战略再分解，形成内审人员工作目标。通过收集并整理国内外相关文献，全球审计信息网（GAIN）关于建筑、交通、房地产三个行业的内审部门绩效对标分析报告及中交投资相关内部审计资料，结合公司内审部门及内审人员工作重心，分别设计内审部门及内审人员平衡计分卡，详见表8-4、表8-5。

表8-4 内审部门平衡计分卡

维度	目标	指标	类型	考核标准	目标值（分）
财务维度	提高工作质量	审计发现问题质量	计分	从发现的影响程度和创新性两方面进行评估	Min[Max(上一年实际值×110%，80)，90]
		审计建议质量	计分	从建议的可落实性进行评估	Min[Max(上一年实际值×110%，80)，90]
	合理控制预算	人工成本	加分	等于10×(1－部门实际人数/部门编制人数）分	—
		预算执行情况	减分	超出预算，减20分	0
	避免损失	审计损失情况	减分	每发生一起损失事件，减20分	0
客户维度	使公司满意	部门工作认可度	加分	部门评选结果为A时加10分	—
	使目标单位满意	投诉情况	计分	等于（1－投诉率)×100分	100
	与其他单位或部门相处融洽	配合其他单位或部门工作情况	加分	每配合其他单位、部门一次得1分，最高得10分	—
	使外部相关方满意	不满事件发生情况	减分	每发生一个外部相关方不满意事项，减5分	0
内部运营维度	按计划完成工作	年度计划完成情况	计分	年度审计计划完成率×100分	100
	及时归档资料	归档情况	减分	出现未及时归档或档案损毁、丢失事件，减20分	0
	进度控制良好	出具审计报告天数	计分	出报告天数在30个工作日内100分，每超一天，减10分	Min[Max(上一年实际值×110%，80)，90]
	完善部门制度	制度完善情况	计分	制度计划完成率×100分	100
	积极创新	科研及专项研究开展情况	加分	每开展一次得10分，最高得30分	—

续表

维度	目标	指标	类型	考核标准	目标值（分）
学习与成长维度	提供培训机会	部门培训情况	计分	从培训次数及培训效果两方面进行评估	Min[Max(上一年实际值×110%，80)，90]
	降低离职率	离职率	计分	审计人员离职率＜30%，100 分；审计人员离职率≥30%，100－(审计人员离职率－30%)/70%×100 分； 公司内部调动等特殊情况另行考虑	90
	加强部门建设	部门建设情况	计分	从建设次数及建设效果两方面进行评估	Min[Max(上一年实际值×110%，80)，90]

表 8－5 内审人员平衡计分卡

维度	目标	指标	类型	考核标准	目标值（分）
财务维度	提高工作质量	审计发现问题质量	计分	从发现的影响程度和创新性两方面进行评估	Min[Max(上一年实际值×110%，80)，90]
		审计建议质量	计分	从建议的可落实性进行评估	Min[Max(上一年实际值×110%，80)，90]
	避免损失	审计损失情况	减分	每发生一起审计损失事件，减 20 分	0
客户维度	无投诉	被投诉情况	计分	等于（1－投诉率)×100 分	100
	端正工作态度	工作态度	计分	自评加互评	Min[Max(上一年实际值×110%，80)，90]
	具有较强的创新精神	创新能力	计分	自评加互评	Min[Max(上一年实际值×110%，80)，90]
	具有良好的沟通能力	沟通能力	计分	自评加互评	Min[Max(上一年实际值×110%，80)，90]
内部运营维度	按计划完成工作	年度计划完成情况	计分	年度审计计划完成率×100 分	100
	及时归档资料	归档情况	减分	出现未及时归档或档案损毁、丢失事件，减 20 分	0
	进度控制良好	出具审计报告天数	计分	出报告天数在 30 个工作日内 100 分，每超一天，减 10 分	Min[Max(上一年实际值×110%，80)，90]
	遵守职业道德规范	违反职业道德规范情况	减分	每出现一起相应事件，减 20 分	0

续表

维度	目标	指标	类型	考核标准	目标值（分）
学习与成长维度	积极参加培训并分享培训成果	培训参与及反馈情况	计分	通过培训参与及反馈情况打分表打分	Min[Max(上一年实际值×110%，80)，90]
	提升个人能力	专业知识程度变化情况	计分	自评加互评	Min[Max(上一年实际值×110%，80)，90]
		资质证书变化情况	加分	发生变化，加10分	—
		教育程度变化情况	加分	发生变化，加10分	—

由于审计发现问题质量难以直接量化，中交投资审计部从审计发现问题的影响程度和创新性两个层面进行评估。中交投资审计部从审计建议的可行性对内审部门审计建议质量进行评估，如对针对性强、逻辑清晰、内容具体、一定程度上可以执行的建议，设定60分；对针对性非常强、表述非常清晰、内容非常具体、完全可以执行的建议，设定100分。内审人员审计发现问题质量及审计建议质量将通过部门得分分解至项目组、再分解至个人的方式确定。

自实行新政策以来，中交投资于2017年初启动内审绩效量化评估体系试运行工作，通过对比2015年、2016年审计部门及审计人员绩效考核得分与实际情况，证实内审绩效量化评估体系具有较强的科学性、合理性和准确性。

资料来源：刘波，吕容川．内审绩效量化评估体系的构建——以中交投资有限公司为例．中国内部审计，2019（4）：48-53.

8.8 合同控制

8.8.1 合同控制的定义

《企业内部控制应用指引第16号——合同管理》对合同作出了明确的定义，合同是指企业与自然人、法人及其他组织等平等主体之间设立、变更、终止民事权利义务关系的协议，其中不包括企业与员工签订的劳动合同。

所谓合同控制，就是企业通过梳理合同管理的整个流程，分析关键风险点，并采取有效措施，将合同风险控制在企业可接受范围内的整个过程。

案例8-21 腾讯与老干妈合作合同“罗生门”案

日前，腾讯公司和老干妈公司的一场合同纠纷引发关注，腾讯状告老干妈欠广告费，而老干妈表示从未与腾讯进行任何商业合作。双方各执一词，看蒙了一众网友。原来系三名犯罪嫌疑人为了获取腾讯公司在推广活动中配套赠送的网络游戏礼包码，伪造老干妈公司印章与腾讯公司签订合作协议。

三名犯罪嫌疑人明知无权制作老干妈公司的印章，但为了获取腾讯公司赠送的网络游戏礼包而实施伪造公章行为，并与腾讯公司签订合同，已构成伪造公司印章罪，要被依法追究刑事责任。仅凭一枚伪造的印章就能轻易与一家知名高科技公司签订价值千万元的合同，不只是游戏玩过了头。如此大额合同难道不需要事先审核和事中严格把关？商业合同的签署乱象真该引起企业的警醒。

知名企业和大企业的印章最好带有防伪标志，企业间签署相关商业合同、协议时尽量采取“印章＋签名”的方式，让假印章无法招摇撞骗。一旦发现企业印章被伪造，应当及时向公安机关报案，追究行为人的法律责任，及时制止损害结果的发生或扩大。市场行为不是游戏，有其运行法则，企业间的合作需要相互信任，签订合同行为更需要规范。

内控管理体系不完善，相关工作执行不到位。老干妈对于腾讯公司而言是新开发的客户。对于这类客户，企业理应建立专门的信用保证机制和部门，对合作企业诚信状况、信用等级等各方面予以审核，同时还应当建立完善的客户信用档案，核实客户资料是否真实。只有这样，才能够科学规避风险，确保合作的真实性与可靠性。这些工作的完成需要腾讯收集老干妈的信用资料，而这些信用资料是骗子很难伪造的。所以可以初步判断，腾讯对于客户的信用档案并没有采取有效审核措施，信用审核和信用保证制度缺乏或者执行不到位。

在签署合同前，企业理应严格以待，全面审查合作对象的身份信息，包括法人登记证书、资质证明等；对于重要合同，要获取相关资料，例如合作对象审计后的财务报告、以往交易记录等，以核实、明确其盈利水平和经营状况。三名骗子冒充老干妈公司经营人员、伪造公司公章与腾讯签订合同协议，暴露出腾讯公司在签订合同的时候，未对合同对象相关资料进行严格的审核，未审查合同对象的财务报告和信用状况。这说明腾讯公司内部控制存在较大的缺陷，合同管理部门未能严格遵守规章制度，认真负责地履行合同登记管理工作。同时也表明腾讯公司未能定期对合同进行分析与归档管理；没有建立完善的内部控制体系，未能从源头上遏制风险隐患。

风险防范意识不强，内控人员素质参差不齐。企业在签署宣传推广以及销售合同前，应当与客户进行全方位的业务洽谈，了解客户的真实情况，并对客户身份进行核查。与此同时，相关人员必须保持高度警惕性，强化风险防范意识，在合同里约定付款方式。参照行业类似业务的一般情况，腾讯公司应在合同执行前收部分预付款，或者在执行过程中分阶段收取合同价款。但是实际情况并非如此，并且合同的定价明显高于市场价格。合同订立内容存在的这些蹊跷之处，并没有引起相关责任人的应有重视和怀疑。直到全部完工，这笔价款难以收回，才开始重视，最后“被逼无奈”闹上法庭。由此可见，腾讯公司这个项目的相关责任人对于风险的敏感度不够，防范意识不强，造成该销售合同在订立前、执行中的相关风险控制不到位，甚至失控的局面。相关内部控制人员的内控知识有待加强。

对于应收账款缺乏有效的风险识别评估和管理制度。根据“协议”可知，腾讯与老干妈的相关合作从 2019 年 3 月开始，到事件爆发有一年多的时间，为什么 1 600 万元广告费一催再催，多次无果？如果该企业根据合同约定内容，提前催收账款，且每年至少对合同履行情况以及应收账款收回的可能性进行一次评估，比如在2019年年底进行评估，就可以及时发现问题，有效止损。腾讯公司要求法院冻结老干妈1 624万元的财产之后，老干妈发表声明，表示从未收到腾讯公司的催款通知。到此时，腾讯才知被骗。假如腾讯公司按照内部管理机制，定期开展应收账款工作，则可以避免上当受骗。在这场让腾讯名誉和财产均受损的“闹剧”中，该企业销售部门并未积极催收账款；财务部门也未能督促款项的回收，未能严格审查与核对客户应收票据等往来款项。如果在应收账款管理方面多下功夫，或许能够早日发现问题，在一定程度上减少损失，规避相关风险，也就不会有后面的财产保全“乌龙”事件。

资料来源：凌云．承保一时爽，担责泪两行．中国银行保险报，2020-07-07.

8.8.2 合同控制的流程

合同控制的一般流程分为四个阶段：合同准备阶段、合同签署阶段、合同履行阶段以及合同履行后管理阶段。合同控制的一般流程如图8-10所示。

合同准备阶段，包括合同策划、调查、初步确定准合同对象、谈判、拟订合同文本、审核、审批等程序。

合同签署阶段，包括正式签署合同、将正式合同分送至相关部门等程序。

合同履行阶段，包括合同履行、变更转让、终止等程序。

合同履行后管理阶段，包括合同履行情况评价、合同归档保管以及合同内部控制设计与执行有效性评价等程序。

波兰A2高速公路项目合同控制

8.8.3 合同控制的措施

1. 明确合同统一管理部门

企业应设立专门的法律事务处理部门和相应的法律事务处理岗位，用以规范合同管理的流程，将合同的订立、审核、履行规范化和专门化，实现合同事前、事中、事后的跟踪记录和考察，以保证企业内部控制的有效性。

2. 按业务实行归口管理

企业在建立统一的合同管理部门的基础上，不同类型的合同应由相应的职责部门参与管理。如原材料、低值易耗品、包装物等生产经营用物资的采购合同和运输合同，应当归口采购部门管理。

合同归口管理部门应当定期对合同订立、执行等情况进行统计、归集、分析，编制合同报表，报上级合同归口管理部门。上级合同归口管理部门应当定期对下级合同归口管理部门的合同订立、履行情况进行指导和监督。

3. 加强事前多部门的联合审核

合同的订立是一个较为复杂的过程，受法律等因素的制约，会影响合同双方

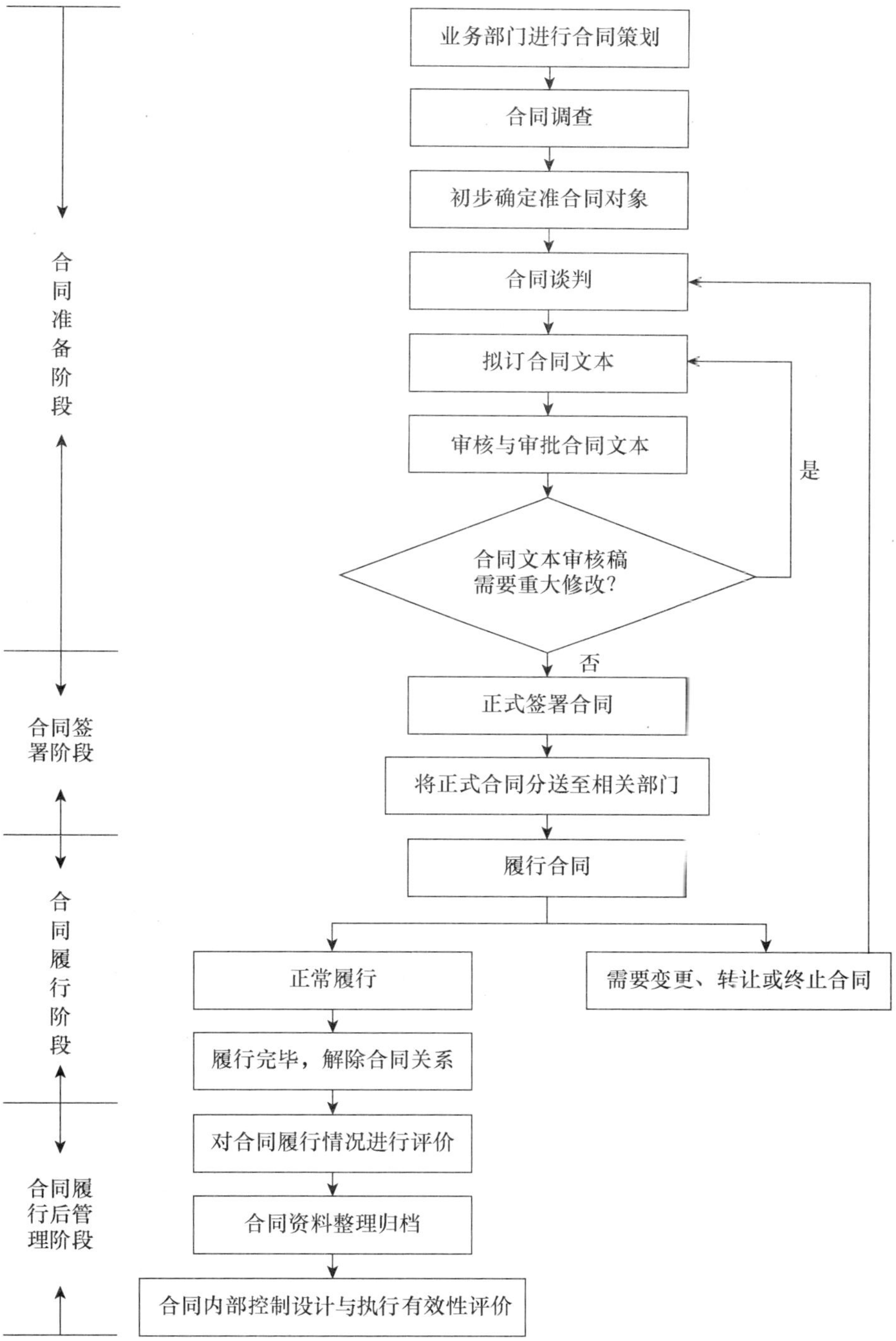

图 8－10　合同控制的一般流程

的利益，甚至影响公司的发展前景。因此，在合同正式履行之前，企业应建立多部门的联合审核制度，仔细分析合同的订立对各相关部门可能造成的有利或不利影响。

4. 建立分级审批制度

企业应当根据经济业务性质、组织机构设置和管理层级安排，建立合同分级审批制度。属于上级审批权限的合同，下级单位不得签署。对于重大投资类、融资类、担保类、知识产权类、不动产类合同，上级部门应加强管理。下级单位认为确有需要签署涉及上级管理权限的合同时，应当提出申请，经上级合同管理机构批准后办理。

5. 强化合同履行的事中监控

合同管理不能仅仅停留在合同订立阶段，企业更应强化合同履行过程中的监控，对合同的履行进行跟踪，维护和保障企业在合同履行阶段的利益。

6. 注意合同纠纷的处置

在合同履行过程中，可能由于责任归属不清等原因造成合同双方的纠纷。企业应妥善处理这些纠纷，争取将双方的损失降至最低限度，要注意维护自身的声誉和企业形象，避免对双方下次的合作形成障碍。

7. 健全考核与责任追究制度

企业应当健全合同管理考核与责任追究制度，开展合同后评估，对合同订立、履行过程中出现的违法违规行为，应当追究有关机构或人员的责任。

案例 8-22 欧比特子公司前高管私刻公章签合同

又有上市公司因公章管理问题出现内控混乱。

11月12日，珠海欧比特宇航科技股份有限公司（以下简称“欧比特”）(300053，SZ）发布了一条诉讼仲裁进展公告：全资子公司广东铂亚信息技术有限公司（以下简称“铂亚信息”）原法定代表人李小明以铂亚信息的名义，违规为其个人债务进行担保，目前已查明李小明私刻公章的涉案合同金额合计7 817万元。

每日经济新闻记者注意到，截至10月25日，包括已查明的私刻公章事实在内，铂亚信息因李小明违规违法担保导致的诉讼、仲裁涉案金额约4.4亿元。欧比特在回复深交所的关注函时表示，李小明称其违规担保所借的个人债务主要用于个人投资、买卖其他公司股票。

放眼A股上市公司，公章管理不到位是出现内控问题的重要原因之一，前车之鉴众多。

已查出三起私刻公章事件

早在今年10月25日，欧比特就对外披露，李小明有利用铂亚信息为其个人债务提供担保，致使铂亚信息涉及诉讼、仲裁案件的情况。涉案金额在连续12个月内（即2018年10月至2019年10月）合计4.4亿元，占欧比特最近一期经审计净资产绝对值的13.72%。

记者注意到，4.4亿元的违规担保涉案金额，不仅占上市公司净资产比例较高，还可能超过铂亚信息的净资产。欧比特2019年半年报显示，铂亚信息截至2019年6月末的净资产为4.03亿元。

面对如此巨额的违规担保，欧比特表示正在积极维权。11月11日晚间，欧比特公布了最新进展，委托司法鉴定机构对收集的有关涉案合同进行印章印文鉴定，目前已鉴定出有三起事件中所使用的铂亚信息公章与公安局备案的铂亚信息公章不是同一枚公章。

这三起事件分别是：2019年6月26日，与区继裕的两笔借款合计4 000万元；2019年6月26日，与苏文权的三笔未清偿的借款合计3 817万元；与李勇明于2019年3月12日签订的和解协议。三起事件合计涉案金额7 817万元。

欧比特称，李小明存在私刻公章的事实，公司需进一步收集合同原件材料，提交鉴定机构进行鉴定。

每日经济新闻记者查询发现，李小明作为铂亚信息原股东，因欧比特发行股份购买铂亚信息股权而成为欧比特持股2.03%的股东。但在2015年6月11日新增股份上市后，欧比特2015年半年报显示，李小明截至期末几乎将所持上市公司股份全数质押。

截至2019年10月31日，李小明持有欧比特股票1 171.36万股，全部处于质押状态。今年5月13日，李小明辞去铂亚信息执行董事及法定代表人职务；7月4日，李小明又辞去欧比特董事职务，不再在欧比特及子公司担任任何职务。

公章管理成内控之“痛”

欧比特在回复深交所关注函时指出，李小明个人所有对外借债完全属于个人越权行为，其利用担任法定代表人、执行董事期间的职务便利为其个人债务担保的行为，均未得到铂亚信息股东欧比特的授权，事后也没有得到承认。其违规担保的有关合同并未告知公司并进行公章登记，且私刻公司公章，是严重越权和侵占行为。

上海明伦律师事务所王智斌律师在接受每日经济新闻记者采访时表示：“在高管盗用或者私刻企业公章的情况下，企业能否免责不能一概而论。案件的走向取决于担保权人是否有足够的证据证明，其对于该高管盗用公章一事并不知情，并且有合理的理由相信该高管可以代表公司。”

王智斌补充道，若担保权人能证明其对该高管私刻公章并不知情，并且相信该高管能代表公司，则该担保有效，企业承担担保责任后可以向高管追偿。

欧比特表示，鉴于上述案件尚未开庭或尚未结案，其对公司本期利润或期后利润的影响存在不确定性。记者就相关问题拨打欧比特公开电话试图采访，但截至发稿时未获回复。

记者注意到，近年来频发的上市公司内控问题中，公章管理成为主要原因之一，私自盗用公章带来了恶劣的影响。

今年1月，围绕着核心子公司广东双林管理权的争夺，振兴生化股份有限公司（000403，SZ）大股东浙民投与二股东佳兆业展开了激烈交锋，佳兆业派去的高管王卫征一度被警方带走，当时王卫征随身携带了广东双林公章；今年7月，鸿利智汇集团股份有限公司（300219，SZ）控股子公司丹阳谊善车灯设备制造有限公司股东及总经理郭志强强行抢夺谊善车灯公章，并将工作人员打伤。

未来，上市公司如何治好公章管理之“痛”？

资料来源：王帆．子公司前高管私刻公章？欧比特称已查明三起．每日经济新闻，2019-11-12。

自测题

扫描此码 在线做题

思考题

1. 内部控制的主要控制活动有哪几种？
2. 什么是不相容职务分离控制？一般情况下需要分离的不相容职务有哪些？
3. 什么是授权审批控制？基本原则有哪些？
4. 什么是会计系统控制？包括哪些内容？
5. 什么是财产保护控制？具体控制措施有哪些？
6. 什么是全面预算控制？全面预算控制的流程包括哪几个阶段？
7. 什么是运营分析控制？运营分析的流程一般包括哪几个阶段？
8. 什么是绩效考评控制？绩效考评的流程一般包括哪几个阶段？
9. 什么是合同控制？主要措施有哪些？

案例分析

杰克公司的内部控制出错

鑫源公司的前身是一家国有企业，始建于1978年，1998年转制，改名为杰克公司。经过几十年的发展，公司已拥有精湛的工艺技术、丰富的管理经验和比较完善的公司管理制度。公司经过多年的不间断改造、完善，提高了生产能力和市场竞争力，并引进了先进的生产设备。公司具有较强的产品开发能力，主要生产5大系列28个品种120多种规格的低压和高压、低速和高速、异步和同步电动机。公司拥有完整的质量保证体系，2002年通过ISO 9000系列质量管理体系认证。公司年产值28亿元，利润360万元，员工600多人。公司建立了技术含量较高的员工队伍，员工中30%以上具有初、中级技术资格，管理人员118人，专职检验人员86人。但是，随着公司的发展壮大，在经营过程中出现了一些问题，影响到公司的发展。

该公司出纳员李敏给人的印象是兢兢业业、勤勤恳恳、待人热情、积极肯干，不论分内分外的事，她都主动去做，受到领导的器重、同事的信任。而事实上，李敏在工作的一年半时间里，先后利用22张现金支票编造各种理由提取现金98.96万元，均未记入现金日记账，构成贪污罪。

其具体手段如下：

(1) 隐匿3笔结汇收入和7笔会计开好的收汇转账单（记账联），共计销售收入98.96万元，将其提现的金额与其隐匿的收入相抵，导致32笔收支业务均未在银行存款日记账和银行余额调节表中反映。

(2) 由于公司财务印鉴和行政印鉴合并，统一由行政人员保管，李敏利用行政人员疏于监督的漏洞开具现金支票。

(3) 伪造银行对账单，将提现的整数金额改成带尾数的金额，并将提现的银行代码“11”改成托收的代码“88”。杰克公司曾经在清理逾期未收汇时发现有3笔结汇收入未在银行日记账和银行余额调节表中反映，但当时由于人手较少，未能对此进行专项清查。

李敏之所以能在一年半的时间内作案22次，主要原因在于公司缺乏一套相互牵制的、有效的约束机制和监督机制，使李敏截留收入的贪污行为畅通无阻。

问题：

从内部控制活动的角度分析杰克公司在内部控制过程中存在哪些问题，应该采取哪些措施?

Y集团股份有限公司的内部控制出错

2021年度，Y集团股份有限公司对内部控制制度设计和执行的有效性进行了自我评估，公司主要内部会计控制制度的执行情况如下：

（一）公司按国家有关规定制定了会计核算制度和财务管理制度，并明确制定了会计凭证、会计账簿和会计报告的处理程序。在具体执行中，公司所属各子公司执行统一的财务管理制度工作有待进一步加强。

（二）公司对货币资金的收支和保管业务建立了较严格的授权批准程序，办理货币资金业务的不相容岗位已作分离，相关机构和人员存在相互制约关系。对于预算内的财务开支，除经财务部审核外，5万元以下的由各部门负责人审批，5万元以上10万元以下的由分管财务的副总裁审批，10万元以上50万元以下的由总裁审批，50万元以上的由公司领导集体审批；未列入预算的其他财务开支均由总裁审批。Y集团设立现金出纳员和银行出纳员。银行出纳员负责到银行取送支票等票据，并登记银行存款日记账。月底银行出纳员取得银行对账单并编制银行存款余额调节表。

（三）公司在筹资业务方面，能较合理确定筹资规模和筹资结构，选择恰当的筹资方式，较严格地控制财务风险，降低资金成本。公司财会部门负责拟订筹资方案，由总裁进行筹资决策。

（四）公司较合理地规划和落实了采购和付款业务的机构和岗位，明确了存货的请购、审批、采购、验收程序。实际执行中，部分采购业务未签订采购合同，采购订单未能连续编号，部分料到单未到的材料平时未能及时暂估，年末才予暂估。公司对采购与付款业务建立了严格的授权批准制度。对于重要和技术性较强的采购业务，由公司总裁做出决策。计划部根据批准，签发预先编号的生产通知单，生产部根据生产通知单填写一式四联的领料单，仓库发料后，其中一联留存，一联连同材料交还领料部，其余两联经仓库登记材料明细账后送会计部进行材料收发核算和成本核算。

（五）公司在销售与收款业务方面，按市场营销管理制度的要求，制定了可行的销售政策。为了增加销售过程中的灵活性，在折扣、付款方面给予销售业务人员比较大的权限。为了提高效率，销售业务人员可以单独与客户进行谈判；重要的特殊销售业务由总裁做出决策。建立国外应收款风险控制制度。公司产成品发出时，由销售部填制一式四联的出库单。仓库发出产成品后，将第一联出库单留存登记产成品卡片，第二联销售部留存，第三、四联交会计部会计人员乙登记产成品总账和明细账。会计人员戊负责开具销售发票，在开具销售发票之前，核对装运凭证和经批准的销售单，并根据已授权批准的商品价目表填写销售发票的价格，根据装运凭证上的数量填写销售发票数量。

（六）对外投资方面，公司为严格控制投资风险，按公司章程的有关规定，建立了相应的投资管理制度，结合投资事前、事中、事后工作制定了完备的内部控制制度。公司综合办公室负责对外投资及处置的可行性研究与评估，包括收集、归档对外投资的董事会、监事会、股东大会决议及相关文书资料，建立健全对外投资台账；公司董事会负责对外重大投资及处置的决策，公司经理班子负责一般投资及处置的决策；公司投资部负责对外投资及处置的执行。

（七）公司制定了担保管理制度，明确公司的财务部为担保合同的管理部门，负责公司担保合同的评估、审批、签订、履行、变更、终止和保管工作，同时对担保业务发生后被担保人的经营情况、资金状况进行监督。目前公司除为子公司提供担保外，未对公司外部单位提供担保。

（八）公司建立了预算体系，能够做好预算的各项基础工作。公司财务会计部作为预算管理部门，负责预算的编制（含预算调整）和预算考核，公司综合办公室负责预算的审批，各业务部门负责预算的执行。

问题：

指出该公司的内部控制存在的缺陷，并说明理由。

第9章 Chapter 9 信息与沟通

学习目标

1. 知识目标：理解财务报告内部控制的内涵和价值，了解财务报告内部控制的总体要求和基本流程；理解管理报告内部控制的内涵和原则，了解管理报告内部控制的基本流程；理解信息系统内部控制的内涵与价值，了解信息系统内部控制的基本流程。

2. 能力目标：学会识别财务报告内部控制的关键风险点，并掌握主要控制措施；学会识别管理报告内部控制的关键风险点，并掌握主要控制措施；学会识别信息系统内部控制的关键风险点，并掌握主要控制措施。

3. 素养目标：(1) 通过学习财务报告内部控制的价值、关键风险点和主要控制措施，并结合典型案例，一方面把握中国资本市场的监管政策，强化法治观念，另一方面提高维护公共利益的使命担当，塑造反舞弊的职业操守和社会责任感。(2) 通过学习管理报告内部控制的原则、关键风险点和主要控制措施，并结合典型案例，强化风险意识，塑造战略思维。(3) 通过学习信息系统内部控制的价值、关键风险点和主要控制措施，并结合典型案例，树立底线思维，重视合规风险的防控。

引　例

德国“最愚蠢的银行”

2008年9月15日上午10点，拥有158年历史的美国第四大投资银行——雷曼兄弟公司向法院申请破产保护，消息转瞬间通过电视、广播和网络传遍地球的各个角落。令人匪夷所思的是，当天10点10分，德国国家发展银行居然按照外汇掉期协议的交易，通过计算机自动付款系统，向雷曼兄弟公司即将冻结的银行账户转入3亿欧元。毫无疑问，这笔钱将是“肉包子打狗，有去无回”。

转账风波曝光后，德国社会各界大为震惊。时任德国财政部部长佩尔·施泰因布吕克发誓，一定要查个水落石出，严厉惩罚相关责任人。一家律师事务所受德国财政部的委托，进驻德国国家发展银行进行全面调查。

几天后，律师事务所向德国国会和财政部递交了一份调查报告，调查报告并不复杂深奥，只是一一记载了被询问人员在这10分钟内忙了些什么。

CEO乌尔里奇·施罗德："我知道今天要按照协议约定转账，至于是否撤销这笔巨额交易，应该让董事会开会讨论决定。"

董事长保卢斯："我们还没有得到风险评估报告，无法及时做出正确的决策。"

董事会秘书史里芬："我打电话给国际业务部催要风险评估报告，可那里总是占线。我想，还是隔一会儿再打吧。"

国际业务部经理克鲁克："星期五晚上准备带全家人去听音乐会，我得提前打电话预订门票。"

国际业务部副经理伊梅尔曼："忙于其他事情，没有时间去关心雷曼兄弟公司的消息。"

负责处理与雷曼兄弟公司业务的高级经理希特霍芬："我让文员上网浏览新闻，一旦有雷曼兄弟公司的消息就立即报告，现在，我要去休息室喝杯咖啡了。"

文员施特鲁克："10点3分，我在网上看到雷曼兄弟公司向法院申请破产保护的新闻，马上跑到希特霍芬的办公室。当时，他不在办公室，我就写了张便条放在办公桌上，他回来后会看到的。"

结算部经理德尔布吕克："今天是协议规定的交易日，我没有接到停止交易的指令，那就按照原计划转账吧。"

结算部自动付款系统操作员曼斯坦因："德尔布吕克让我执行转账操作，我什么也没问就做了。"

信贷部经理莫德尔："我在走廊里碰到施特鲁克，他告诉我雷曼兄弟公司破产的消息。但是，我相信希特霍芬和其他职员的专业素养，一定不会犯低级错误，因此也没必要提醒他们。"

公关部经理贝克："雷曼兄弟公司破产是板上钉钉的事。我本想跟乌尔里奇·施罗德谈谈这件事，但上午要会见几个克罗地亚客人，觉得等下午再找他也不迟，反正不差这几个小时。"

德国经济评论家哈恩说，在这家银行，上到董事长，下到操作员，没有一个人是愚蠢的，可悲的是，几乎在同一时间，每个人都开了点小差，加在一起，就创造出了德国"最愚蠢的银行"。

资料来源：王伟．德国最愚蠢的银行．南方都市报，2011-05-27.

德国"最愚蠢的银行"事件表明，有效的信息与沟通对企业避免风险、减少损失乃至实现可持续发展是至关重要的。信息与沟通要求企业在实施内部控制与风险管理的过程中，以一定的形式、在一定的时间范围内识别、获取和沟通与自身相关的外部信息和内部信息，以保证员工能够正确履行内部控制和风险管理的职责。本章主要根据《企业内部控制应用指引第 14 号——财务报告》、《企业内部控制应用指引第 17 号——内部信息传递》和《企业内部控制应用指引第 18 号——信息系统》重点介绍企业可利用的信息与沟通的三种载体：财务报告、管理报告与信息系统。

9.1 财务报告内部控制

9.1.1 财务报告内部控制的内涵与价值

1. 财务报告内部控制的内涵

按照《企业内部控制应用指引第 14 号——财务报告》的规定，财务报告是指反映企业某一特定日期财务状况和某一会计期间经营成果、现金流量的文件。财务报表是企业对外提供会计信息的主要形式，是财务报告的核心。根据财政部 2014 年修订颁布的《企业会计准则第 30 号——财务报表列报》的规定，一套完整的财务报表至少应当包括“四表一注”，即资产负债表、利润表、现金流量表、所有者权益变动表和附注，并且这些组成部分在列报上具有同等的重要程度。

《企业内部控制应用指引第 14 号——财务报告》强调，企业应当严格执行会计法律法规和国家统一的会计准则制度，加强对财务报告编制、对外提供和分析利用全过程的管理，明确相关工作流程和要求，落实责任制，确保财务报告合法合规、真实完整和有效利用。

2. 财务报告内部控制的价值

首先，加强财务报告内部控制有助于提高会计信息质量。有效的财务报告内部控制能够防范企业因不当编制与披露行为对财务报告产生的重大负面影响，确保财务报告真实可靠，提升会计信息质量。信息的确认和搜集保证了财务报告所提供信息的完整性；在信息的处理过程中，对信息的记录适当控制有助于计价认定的实现，对分类的适当控制有助于表达与披露、权利和义务认定的实现；信息的报告是企业编制财务报告的过程，影响财务报告质量的各个方面。

其次，有效的财务报告内部控制有助于防范和化解企业法律责任，确保财务报告合法合规。在我国，确保财务报告真实可靠已上升为法律要求，而确保这一目标的途径就是财务报告内部控制。也就是说，保证财务报告合法合规的过程也就是确保财务报告真实可靠的过程。

最后，有效的财务报告内部控制大大增加了财务报告各个认定的可靠性。财务报告有效的沟通还要求明确地将相关职责分配给执行控制程序的员工，使相关的员工清楚如何进行控制，以及自身在内部控制系统中的角色和责任，这同样会增加财务报告的可靠性。通过加强财务报告内部控制可以将财务报告错误表述和违反法律法规要求的风险降低到恰当的水平，有助于防范和化解企业及相关人员的法律责任。

9.1.2 财务报告内部控制的总体要求与基本流程

1. 财务报告内部控制的总体要求

（1）规范企业财务报告控制流程，明晰各岗位职责。企业应当制定明确的财务报告编制、报送及分析利用等相关流程，职责分工、权限范围和审批程序应当明确规范，机构设置和人员配备应当科学合理，并确保全过程中财务报告的编制、披露和审核等不相容岗位相互分离。总会计师或分管会计工作的负责人负责组织领导财务报告的编制、对外提供和分析利用等相关工作；企业负责人应对财务报告的真实性和完整性承担责任；企业财会部门负责财务报告编制和分析报告编写工作；企业内部参与财务报告编制的各部门应当及时向财会部门提供编制财务报告所需的信息；参与财务分析会议的部门应当积极提出意见和建议以促进财务报告的有效利用；企业法律事务部门或外聘律师应当对财务报告对外提供的合法合规性进行审核。

（2）健全财务报告各环节授权批准制度。企业应当健全财务报告编制、对外提供和分析利用各环节的授权批准制度，具体包括：编制方案的审批、会计政策与会计估计的审批、重大交易和事项会计处理的审批、财务报告内容的审核审批等。为此，企业应做好以下几项工作：第一，根据经济业务性质、组织机构设置和管理层级安排，建立分级管理制度；第二，规范审核审批的手续和流程，切实履行检查审核义务等；第三，建立相关政策，限制对现有财务报告流程进行越权操作。

（3）建立日常信息核对制度。企业应当从会计记录的源头做起，建立日常信息定期核对制度。企业在日常会计处理中应及时进行对账，将会计账簿记录与实物资产、会计凭证、往来单位或者个人等进行核对，发现差异及时查明原因予以解决，并记录在适当的会计期间，以保证账证、账账、账实相符，确保会计记录的数字真实、内容完整、计算准确、依据充分、期间适当。

（4）充分利用会计信息技术。根据《企业内部控制应用指引第14号——财务报告》第十二条的规定，企业编制财务报告，应当充分利用信息技术，提高工作效率和工作质量，减少或避免编制差错和人为调整因素。同时，企业也应当注意防范信息技术带来的特有风险，做好以下几项工作：第一，定期更新和维护会计信息系统，确保取数、计算公式以及数据勾稽关系准确无误。第二，建立访问安全制度，对操作权限、信息使用、信息管理应当有明确规定，确保财务报告数据安全保密，防止对数据的非法修改和删除。第三，对正在使用的会计核算软件进行修改、对通用会计软件进行升级和对计算机硬件设备进行更换时，企业应有规范的审批流程，并采取替代性措施确保财务报告数据的连续性。第四，做好数据源的管理，保证原始数据录入环节的真实、准确、完整，满足财务分析的需要。第五，制定业务操作规范，保证系统各项技术和业务配置维护符合会计准则要求和内部管理规定，保证月结和年结流程规范、及时。第六，指定专人负责信息化会计档案的管理，定期备份，做好防消磁、防火、防潮和防尘等工作；对于以存储介质保存的

中核集团：借助财务信息化助推集团财务转型

会计档案，应当定期检查，防止由于介质损坏导致会计档案丢失。

案例9-1 西部机场"五算融合"之全面预算

一直以来，西部机场集团始终走在前列，是行业财务管理的引领者和创新者，经历了会计电算化、集团化管控之后，紧抓改革机遇，不仅高度重视业财融合，而且创新了涵盖核算、预算、业务结算、资金结算、决算的"五算融合"全链条财务管理体系（见图9-1）。

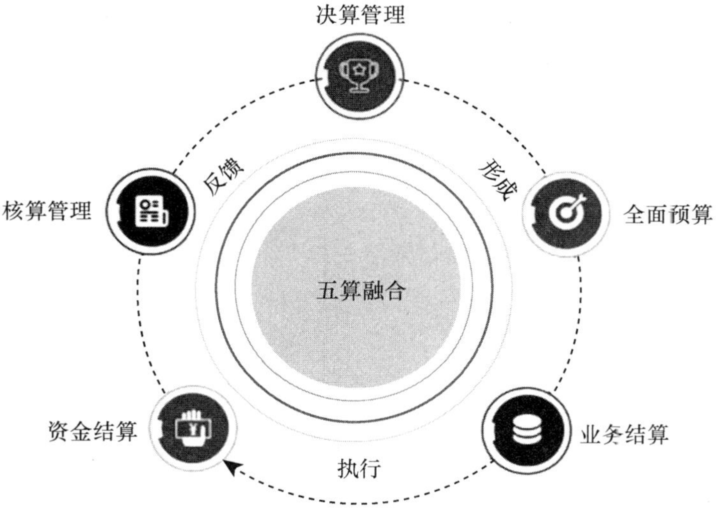

图9-1 "五算融合"全链条财务管理体系

集团不断推行全面预算管理，强调"全员参与""全方位涵盖""全过程管理"，建立全面预算管理制度，明确预算管理机构和职能，内容涵盖预算编制、预算执行、控制与调整、预算分析与报告、预算考核等环节，全面预算管理理念深入人心，全面预算管理初见成效。

2018年，集团实施全面预算管理系统的更新改造。通过梳理收入计算规则，建立成本费用标准体系，规范费用"事项化"等管控方式，将预算管理端口前置到业务环节，由系统自动转化为财务预算，实现业财深度融合。建立覆盖航空主业与非航辅业十二个业务板块的多维预算体系，合理编制预算；实现预算系统与共享系统、核算系统、报表系统之间的数据对接，搭建集事前预测、事中控制、事后分析的一体化全面预算闭环流程。

2019年，集团全面预算管理系统正式投运，设计表样近350张，服务核算主体115家，系统用户达到1 290个。建立业务事项库，实现预算事项与会计科目的自动匹配，累计形成业务事项逾4.5万个。下一步将结合集团标准化核算方案及成员单位业务实际，在通用事项库的基础上建立个性化业务事项库。

财务共享模式下的全面预算管理系统突出了以下几个管理重点：（1）重业财融合。建立多维度的财务分析评价体系，形成事前预测由业务发起，事中控制由业务负责，事后分析向业务延伸的业财融合模式。（2）重预算管控。按照"无事项不提单""超预算不开支"的管控原则，实现全面预算的深度落地，规避预算、执行“两张皮”的现象。（3）重战略定位。开发中期商业计划子系统，加强经营战略与预算管理的结合，各成员企业以5年为预测期间，有效衔接长期战略规划和年度经营预算，打通中短期预测渠道，引领生产经营活动，为企业重大投资、资源配置和绩效管理提供重要决策依据。（4）重数据透明。将成员企业预算编制和集团公司预算审核的数据充分透明化，促进集团公司了解发展实情，助力成员企业理清发展思路，形成相互协同、高效配合的工作机制。（5）重体系构建。通过与共享、核算、报表、资金系统的高度集成，初步搭建起集预算编制、控制、调整和分析于一体的预算管理流程，形成以业务活动为中心和载体，贯穿生产经营全过程的管控工具，以预算为抓手，真正实现预算与其他模块有机配合的“五算融合”。

资料来源：孙犇，陈诗冶．西部机场集团“五算融合”的财务信息化实践．中国管理会计，2020（3）：70-79.

2. 财务报告内部控制的基本流程

财务报告内部控制的基本流程由财务报告编制、财务报告对外提供、财务报告分析利用三个阶段组成（见图9-2）。企业在实际操作中，应当充分结合自身的业务特点和管理要求，构建和优化财务报告内部控制流程。

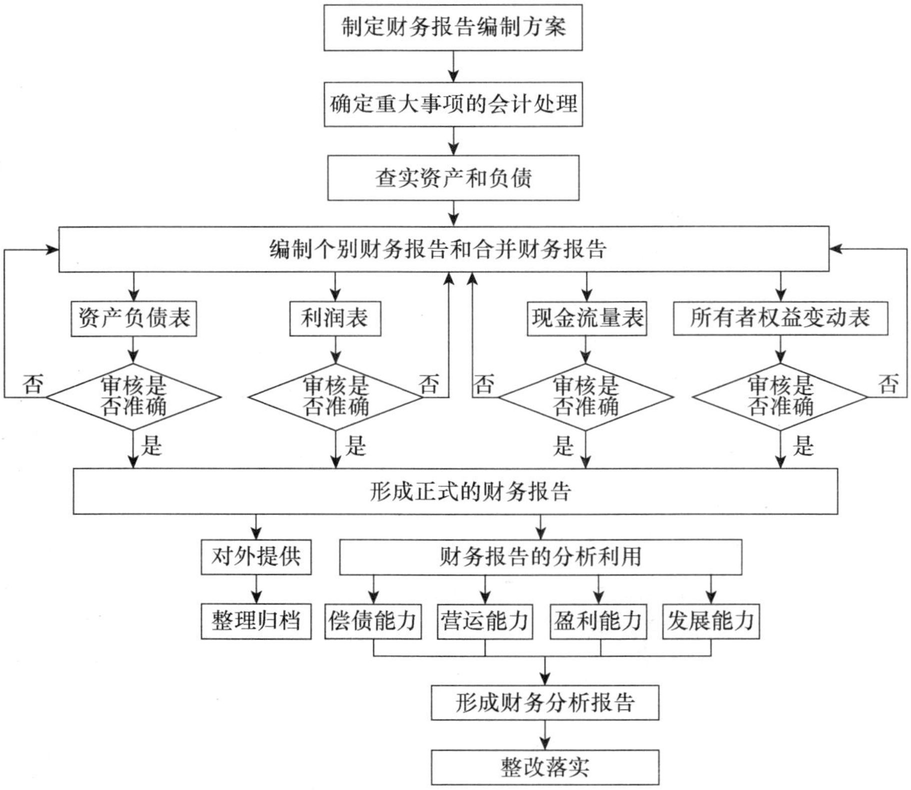

图9-2 财务报告内部控制的基本流程

9.1.3 财务报告内部控制的关键风险点和主要控制措施

1. 财务报告编制阶段的关键风险点和主要控制措施

财务报告的编制阶段主要包括制定财务报告编制方案、制定重大事项的会计核算办法、清查核实资产债务、编制个别财务报告、编制合并财务报告等环节。

《企业内部控制应用指引第14号——财务报告》第三条指出，企业编制财务报告，至少应当关注下列风险：编制财务报告违反会计法律法规和国家统一的会计准则制度，可能导致企业承担法律责任和声誉受损。

案例9-2 证监会查实欣泰电气造假上市，成欺诈发行退市首单

据证监会网站消息，近日，广州中院对康美药业特别代表人诉讼案依法做出一审判决，4名原高管人员组织策划实施财务造假，依法承担100%的连带赔偿责任24.59亿元。

证监会表示，康美药业证券纠纷案是我国首单特别代表人诉讼案件。此次判决示范意义重大，巨额民事赔偿让“首恶”承担应有责任。

首单特别代表人诉讼案件 具有里程碑意义

证监会指出，康美药业股份有限公司（以下简称“康美药业”）连续3年财务造假，涉案金额巨大，持续时间长，性质特别严重，社会影响恶劣，严重损害了投资者的合法权益。作为投资者保护机构，中证中小投资者服务中心响应市场呼声，依法接受投资者委托，作为代表人参加康美药业代表人诉讼，为投资者争取最大权益。

此次法院依法做出一审判决，示范意义重大，是资本市场史上具有开创意义的标志性案件，对促进我国资本市场深化改革和健康发展，切实维护投资者合法权益具有里程碑意义。下一步，证监会将在全面总结首单案件经验的基础上，推动完善代表人诉讼制度机制，支持投资者保护机构进一步优化案件评估、决策、实施流程，依法推进特别代表人诉讼常态化开展。

立体化责任追究体系 实现“惩首恶”的目标

证监会表示，相关各方通过多种手段并举，构建了民事、行政、刑事立体化的责任追究体系，让康美药业案幕后实际操纵上市公司的“首恶”付出沉重代价，实现了“惩首恶”的目标。

一是巨额民事赔偿让“首恶”承担应有责任。此次康美药业特别代表人诉讼，法院综合考虑案件基本事实、相关被告在虚假陈述行为中的主观过错等因素，判决马兴田夫妇及邱锡伟等4名原高管人员组织策划实施财务造假，属故意行为，依法承担100%的连带赔偿责任24.59亿元，有利于强化对资本市场违法作恶者的惩罚和震慑。

二是上市公司积极追收原大股东、实际控制人占款。在广东省及各方的协调努力下，10月30日，康美药业公告披露，揭阳中院对公司控股股东关联方资产进行强制执行，所得款项共计16.41亿元，已支付至公司管理人账户，用于冲抵关联方占用公司资金。追收原大股东、实际控制人占用资金，有利于更好地保护广大中小投资者的合法权益，让上市公司重新轻装上阵。

三是司法机关同步追究原大股东、实际控制人刑事责任。佛山市检察院于10月27日向佛山中院提起公诉，指控马兴田刑事犯罪。佛山中院于当日立案受理相关案件，并与前期受理的康美药业、马兴田单位行贿案合并审理，切实追究相关行为人的刑事责任。

特别代表人诉讼与普通代表人诉讼有何区别？

证监会介绍，按照新《证券法》以及《最高人民法院关于证券纠纷代表人诉讼若干问题的规定》（法释〔2020〕5号）的相关规定，人民法院启动普通代表人诉讼，发布权利登记公告，投资者保护机构在公告期间受50名以上投资者的特别授权，可以依法作为代表人参加特别代表人诉讼。

特别代表人诉讼与普通代表人诉讼的区别为：一是诉讼代表人不同。普通代表人诉讼的代表人是投资者，特别代表人诉讼的代表人是投资者保护机构。二是诉讼加入原则不同。相较普通代表人诉讼的“明示加入”，特别代表人诉讼是“默示加入”，能够扩大投资者保护的范围，更好发挥对违法行为的震慑作用。三是诉讼效果不同。相较普通代表人诉讼，特别代表人诉讼能够一次性解决纠纷，但也意味着相关责任人短期内面临巨额赔偿，增大了破产风险，增加了获得赔偿的不确定性。

资料来源：王震．证监会回应康美药业案：巨额民事赔偿让“首恶”承担应有责任．人民网，2021-11-13.

千山药机财务造假遭行政处罚

财务舞弊三大招数

为此，企业在财务报告编制阶段应采取以下主要控制措施。

（1）制定财务报告编制方案。企业财会部门应在编制财务报告前制定财务报告编制方案，并由财会部门负责人审核。财务报告编制方案应明确财务报告编制方法（包括会计政策和会计估计、合并方法、范围与原则等）、财务报告编制程序、职责分工（包括牵头部门与相关配合部门的分工与责任等）、编报时间安排等相关内容。

（2）制定重大事项的会计核算办法。在编制财务报告前，企业应当确认对当期有重大影响的主要事项，并确定重大事项的会计处理。

（3）清查核实资产债务。企业应在编制财务报告前，组织财务和相关部门进行资产清查、减值测试和债权债务核实工作。

（4）结账。企业在编制年度财务报告前，应在日常定期核对信息的基础上完成对账、调账、差错更正等工作，然后实施关账操作。

案例9-3 瑞幸咖啡虚增22亿收入

瑞幸咖啡于2017年6月正式注册成立，总部设在中国厦门，以咖啡饮料、轻食为主要经营范围。瑞幸咖啡自创立以来，一直保持高速发展，从2018年1月1日起，陆续在北京、上海、天津等13个城市试营业，试营业期间，瑞幸咖啡累计完成约300万订单，销售咖啡约500万杯，服务用户超过130万。2019年5月17

日，瑞幸咖啡登陆纳斯达克，融资6.95亿美元，创造了中概股“最快”上市纪录。截止到2019年年底，瑞幸咖啡在中国的门店数量已经高达4 910家，成为中国发展最快的咖啡连锁品牌，被誉为“中国星巴克”。

2020年1月31日，美国知名做空机构浑水公司发布了一份长达89页的匿名做空报告，报告指出瑞幸咖啡2019年财务报告存在严重漏洞，其中下半年公司交易金额巨大，相应的成本和费用也被夸大，被认定为数据造假、财务欺诈。报告称：“IPO之后，该公司从2019年第三季度开始捏造财务和运营数据，已经演变成一场骗局。”受此消息影响，当天瑞幸咖啡股价最大跌幅为24%，截至收盘跌幅达10.74%，投资者纷纷抛售瑞幸股。此报告指出，瑞幸极力否认造假一事。2020年4月2日，迫于多方压力，瑞幸发布公告承认公司内部高管的财务舞弊行为，公告称：“2019年4—12月，虚假提升了瑞幸咖啡2019年度相关商品销售收入、成本、利润率等关键营销指标，对外广泛使用上述虚假营销数据。”当日瑞幸咖啡的股价跌到了最低价。截至2020年4月7日停牌，瑞幸股价仅有4.39美元，总市值仅11.05亿美元。2020年5月19日，瑞幸公告称，由于未能公开披露有效信息，并通过此前的商业模式进行虚假交易，公司被要求从纳斯达克退市。瑞幸咖啡官网2020年7月1日公告称，内部调查基本完成，瑞幸咖啡特别委员会发现，伪造交易始于2019年4月，2019年营业收入被夸大了约21.2亿元，2019年成本和费用被夸大了13.4亿元。

瑞幸咖啡财务造假的具体手段为：虚增销量、夸大商品销售单价、虚增广告费用、虚增其他产品的收入。

1. 虚增销量

调查发现，瑞幸咖啡采用小票跳码的方式来夸大业务量，虚增销量。据统计，每家门店都不同程度地存在跳码扩销的情况，夸大销量从三十多单到三百多单不等。为了记录瑞幸咖啡门店的实际销售情况，浑水公司对瑞幸咖啡九百多家门店进行全天监视，经过一万多个小时的监视，视频显示2019年第三、四季度，瑞幸咖啡的每家门店夸大了约69%和88%的订单量。

2. 夸大商品销售单价

2019年瑞幸咖啡第三季度财务报告显示，瑞幸咖啡单杯平均售价为11.2元，而浑水公司通过收集25 843张顾客收据，发现其平均售价为9.97元，也就是说每件商品夸大了约1.23元。瑞幸咖啡的真实情况是门店亏损了24.7%～28%，该公司高管称商品实际销售价格是标价的55%，但根据浑水调查，实际销售价格是标价的46%。

3. 虚增广告费用

为了缓解门店入不敷出的境况，瑞幸咖啡很有可能利用虚增广告费用的方式掩盖实际经营的漏洞。根据调查，瑞幸咖啡2019年第三季度的广告费虚增了约150%，进一步分析其在分众传媒上的支出，也存在很大的虚增可能性。

4. 虚增其他产品的收入

瑞幸咖啡2019年第三季度“其他产品”的收入实际占总收入的比例为6%，但财务报告中却显示“其他产品”的收入占营业收入的22%，虚增了接近400%。

瑞幸咖啡的主要产品是咖啡，研磨机、咖啡杯等属于其他产品，浑水机构通过调查收集了两万多张顾客小票，发现“其他产品”的收入实际仅占收入的6.2%，远低于瑞幸咖啡年报中所显示的22%。

资料来源：张梓萱. 瑞幸咖啡财务造假案例分析. 中国管理信息化，2021，24（11）：32-33.

（5）编制财务报告。企业应当按照国家统一的会计准则规定的财务报告格式和内容，根据登记完整、核对无误的会计账簿记录和其他有关资料分别编制个别财务报告和合并财务报告，做到内容完整、数字真实、计算准确，不得漏报或者任意进行取舍。

案例9-4 多家企业财务造假，违反新《证券法》

近日，首批适用新《证券法》惩处财务造假恶性案件已进入事先告知阶段或做出行政处罚决定，最高拟处以近4 000万元罚款。以下为三宗典型案例：

宜华生活科技股份有限公司多年连续实施重大财务造假，2016—2019年虚增利润分别占当期披露利润总额的88.24%、98.67%、192.78%和99.37%（按利润总额绝对值计算）。该案已进入告知程序，系目前拟对上市公司信披违法罚款额最高的案件。告知书认定在2016—2019年间，公司通过虚构销售业务、虚增销售额等方式虚增利润27亿余元；通过伪造银行单据、不记账或虚假记账等方式虚增银行资金86亿余元；未按规定披露与关联方资金往来320亿余元。证监会拟对该案违法主体罚款合计3 980万元，对公司处以600万元罚款，对实际控制人兼董事长罚款930万元并采取终身市场禁入，对主要责任人员处以250万元至450万元不等的罚款并采取最高10年证券市场禁入。

广东榕泰实业股份有限公司在2018—2019年间，通过虚构销售回款、虚构保理业务方式虚增利润5 500万余元。相关报告未按规定披露关联关系、日常经营性关联交易。公司的信息披露存在虚假记载和重大遗漏。证监会已经依法对公司及相关人员做出行政处罚决定，决定对本案违法主体罚款合计1 450万元，对公司处以300万元罚款，对实际控制人罚款330万元，对其他责任人员处以20万元至160万元不等的罚款。

中潜股份有限公司2019年虚增营业收入3 720万余元，虚增营业成本1 150万余元，导致虚增营业利润2 570万余元，占当期利润总额的62.08%。同时，公司存在2019年年度报告未按规定披露关联交易，2020年披露的相关公告存在误导性陈述的情况。该案已进入告知程序，证监会拟对本案违法主体罚款合计1 540万元，对中潜股份处以350万元罚款，对2名主要责任人员各处以200万元罚款。

上述三宗案件呈现以下特征：长期系统性财务造假，涉案金额巨大，持续时间长，最长跨度4年；实际控制人核心决策、组织实施，主观恶性明显；造假手段复杂隐蔽，形式不断翻新，利用新型或复杂金融工具、跨境业务达成造假目的；财务造假伴生未按规定披露重大信息等其他违法违规行为。

资料来源：中国证监会. 证监会通报首批适用新《证券法》财务造假案件处罚情况. 中国证监会官网，2021-07-23.

2. 财务报告对外提供阶段的关键风险点和主要控制措施

《企业内部控制应用指引第 14 号——财务报告》第三条指出，企业对外提供财务报告，至少应当关注下列风险：提供虚假财务报告，误导财务报告使用者，造成决策失误，干扰市场秩序。

《企业内部控制应用指引第 14 号——财务报告》第三章规定，企业应当依照法律法规和国家统一的会计准则的规定，及时对外提供财务报告。企业财务报告编制完成后，应当装订成册，加盖公章，由企业负责人、总会计师或分管会计工作的负责人、财会部门负责人签名并盖章。财务报告须经注册会计师审计的，注册会计师及其所在的事务所出具的审计报告，应当随同财务报告一并提供。企业对外提供的财务报告应当及时整理归档，并按有关规定妥善保存。

为此，企业在财务报告对外提供阶段应采取以下主要控制措施。

(1) 财务报告对外提供前的审核。财务报告对外提供前需按规定程序进行审核，主要包括财会部门负责人审核财务报告的准确性，并签名盖章；总会计师或分管会计工作的负责人审核财务报告的真实性、完整性、合法合规性，并签名盖章；企业负责人审核财务报告整体合法合规性，并签名盖章。

(2) 财务报告对外提供前的审计。《公司法》等法律法规规定了公司应编制的年度财务报告需依法经会计师事务所审计，审计报告应随同财务报告一并对外提供。《财政部 证监会关于会计师事务所从事证券、期货相关业务有关问题的通知》等对为特定公司提供审计服务的会计师事务所的资格做出了规定。因此，相关企业需按规定在财务报告对外提供前，选择具有相关业务资格的会计师事务所进行审计。

案例 9-5 三家会计师事务所被实施监管措施

2020 年即将结束，在年报季开始前，监管层开始加大对中介机构的监管力度。

12 月 23 日，北京证监局公开了多份监管措施，其中大华会计师事务所因恒信东方文化股份有限公司（以下简称“恒信东方”）2018 年年报审计问题被采取出具警示函措施，中审众环会计师事务所因北京乾景园林股份有限公司（以下简称“乾景园林”）2019 年年报审计问题被采取监管谈话措施，中准会计师事务所因北京嘉寓门窗幕墙股份有限公司（以下简称“嘉寓股份”）和北京休恩博得科技股份有限公司（以下简称“休恩科技”）的 2019 年年报审计问题被采取出具警示函措施。

从具体情况看，关联方、收入成本、存货、商誉等是上述事务所审计问题出现较多的地方。审计程序执行不到位，未能取得充分、适当的审计证据是监管关注的重点。

关联方、存货、收入成本等为年报审计问题重灾区

大华会计师事务所因恒信东方 2018 年度财务报表审计项目存在问题而受罚。北京证监局指出，大华会计师事务所在审计过程中主要存在关联方审计、函证程序、存货审计、收入成本审计、商誉减值等五个方面的问题。

如在进行收入成本函证时，大华会计师事务所对回函盖章单位与发函单位不一致、发函与回函地址不一致等事项，未进一步执行审计程序，涉及金额 909.34 万

元；未留存发函、回函快递信息，未留存回函原件，涉及金额2 378.3万元。

在进行收入成本审计时，2018年，恒信东方确认了17家山西大同客户收入7 646万元。北京证监局认为，上述客户注册时间较短，部分客户已工商注销，与上述客户之间的交易金额高于注册资本。而事务所工作人员对相关异常事项执行的核查程序不充分。

北京证监局指出，审计师的上述行为违反了《上市公司信息披露管理办法》（证监会令第40号）第五十二条、第五十三条的规定。按照《上市公司信息披露管理办法》第六十五条的规定，决定对大华会计师事务所及签字会计师敖都吉雅、周龙采取出具警示函的监督管理措施。

中审众环会计师事务所因在乾景园林2019年度财务报表审计项目中存在瑕疵而受罚。北京证监局指出，问题主要出在重要性水平、应收账款审计、建造合同收入审计、其他权益工具投资审计等方面。

如在选取重要性水平时，中审众环会计师事务所未根据调整后的重要性水平相应调整审计程序。在计划审计工作中，公司审定税前利润较未经审计数据降幅较大，审计师对重要性水平进行调整，但在确定重大账户和进一步审计程序时，仍使用调整前的重要性水平。此外，乾景园林与兰州某公司相关项目结算金额存在分歧，尚在诉讼过程中，就对该公司的应收账款及预收账款对抵4 233万元，并转回信用损失准备1 270万元。审计师认可上述会计处理，但未取得合同中约定的进度付款证书，且未获得对方公司确认，未获取充分适当的审计证据。

北京证监局指出，审计师上述行为违反了《上市公司信息披露管理办法》（证监会令第40号）第五十二条、第五十三条的规定。按照《上市公司信息披露管理办法》第六十五条的规定，决定采取监管谈话的监督管理措施。要求中审众环会计师事务所首席合伙人、相关签字注册会计师于2020年12月28日14时接受监管谈话。

中准会计师事务所在创业板公司嘉寓股份和新三板公司休恩科技的2019年财务报表审计项目中存在问题。

嘉寓股份的审计执业一共存在六个问题，包括应收款项融资、重要性水平、应收款项、收入确认、存货、递延所得税资产。休恩科技的审计执业问题主要集中在研发费用、收入和成本确认、存货、递延所得税资产等方面。

北京证监局指出，中准会计师事务所违反了《上市公司信息披露管理办法》（证监会令第40号）第五十二条、第五十三条和《非上市公众公司监督管理办法》第七十六条的规定。按照《上市公司信息披露管理办法》第六十五条和《非上市公众公司监督管理办法》第七十七条的规定，决定对其采取出具警示函的监督管理措施。北京证监局提示中准会计师事务所应关注执业风险，及时采取措施加强质量管理，确保审计执业质量，并于收到决定书之日起30日内提交书面报告。

四家涉及公司近年业绩均存压力

三家事务所在年报审计季前集中收到监管函，反映了监管在压实中介机构责任方面不遗余力。每日经济新闻记者发现，上述存在审计瑕疵的公司年报审计意见虽然均是标准无保留，但却存在近期业绩下滑等问题。投资者对于微利股或是相关中介机构被采取监管措施的上市公司或应保持谨慎。

恒信东方2018年出现审计瑕疵的年报业绩靓丽，全年实现净利润1.98亿元，同比增长110.65%。但是2019年净利润同比下降71.59%，只有5 633.19万元。今年前三季度则为亏损5 667.83万元。

乾景园林2019年实现净利润1 677.50万元，同比扭亏为盈，今年前三季度再次亏损1 691.60万元。

嘉寓股份2019年实现净利润2 552.52万元，同比下滑56.53%，今年前三季度亏损5 219.22万元。

休恩科技2019年亏损1 024.24万元，今年上半年盈利214.99万元。公司目前挂牌创新层，采用做市交易。

资料来源：王砚丹．三家会计师事务所被实施监管措施，所涉公司近年业绩承压．每日经济新闻，2020-12-23.

（3）财务报告的对外提供。一般企业的财务报告经完整审核并签名盖章后即可对外提供。上市公司的财务报告经董事会和监事会审批通过方能对外提供，财务报告应与审计报告一同向投资者、债权人、政府监管部门等报送。

承接多家*ST公司年报审计业务的事务所被立案调查

案例9-6 申通地铁董事会审计委员会工作细则（节选）

第三章 职责权限

第八条 审计委员会的主要职责权限为：

（一）监督及评估外部审计工作，提议聘请或者更换外部审计机构；

（二）监督及评估公司的内部审计工作；

（三）负责内部审计与外部审计之间的协调；

（四）审核公司的财务信息及其披露；

（五）监督及评估公司的内部控制；

（六）负责法律法规、公司章程和公司董事会授权的其他事宜。

第九条 审计委员会监督及评估外部审计机构工作的职责须至少包括以下方面：

（一）评估外部审计机构的独立性和专业性，特别是由外部审计机构提供非审计服务对其独立性的影响；

（二）向董事会提出聘请或更换外部审计机构的建议；

（三）审核外部审计机构的审计费用及聘用条款；

（四）与外部审计机构讨论和沟通审计范围、审计计划、审计方法及在审计中发现的重大事项；

（五）监督和评估外部审计机构是否勤勉尽责。

审计委员会须每年至少召开一次无管理层参加的与外部审计机构的单独沟通会议。董事会秘书可以列席会议。

第十条 审计委员会指导内部审计工作的职责须至少包括以下方面：

（一）审阅公司年度内部审计工作计划；

（二）督促公司内部审计计划的实施；

（三）审阅内部审计工作报告，评估内部审计工作的结果，督促重大问题的整改；

（四）指导内部审计部门的有效运作。

公司内部审计部门须向审计委员会报告工作。内部审计部门提交给管理层的各类审计报告、审计问题的整改计划和整改情况须同时报送审计委员会。

第十一条　审计委员会审阅公司的财务报告并对其发表意见的职责须至少包括以下方面：

（一）审阅公司的财务报告，对财务报告的真实性、完整性和准确性提出意见；

（二）重点关注公司财务报告的重大会计和审计问题，包括重大会计差错调整、重大会计政策及估计变更、涉及重要会计判断的事项、导致非标准无保留意见审计报告的事项等；

（三）特别关注是否存在与财务报告相关的欺诈、舞弊行为及重大错报的可能性；

（四）监督财务报告问题的整改情况。

第十二条　审计委员会评估内部控制的有效性的职责须至少包括以下方面：

（一）评估公司内部控制制度设计的适当性；

（二）审阅内部控制自我评价报告；

（三）审阅外部审计机构出具的内部控制审计报告，与外部审计机构沟通发现的问题与改进方法；

（四）评估内部控制评价和审计的结果，督促内控缺陷的整改。

资料来源：上海申通地铁股份有限公司管理制度董事会审计委员会工作细则. 上海证券交易所官网，2021-08-28.

3. 财务报告分析利用阶段的关键风险点和主要控制措施

《企业内部控制应用指引第14号——财务报告》第三条指出，企业分析利用财务报告，至少应当关注下列风险：不能有效利用财务报告，难以及时发现企业经营管理中存在的问题，可能导致企业财务和经营风险失控。

为此，企业在财务报告分析利用阶段应采取以下主要控制措施。

（1）制定财务分析制度。企业财会部门应在对企业基本情况进行分析研究的基础上，提出财务报告分析制度草案，并经财会部门负责人、总会计师或分管会计工作的负责人、企业负责人检查、修改、审批。

案例9-7　一汽集团财务管理体系重构

中国第一汽车集团（以下简称“一汽集团”）成立于1953年，其前身是“第一汽车制造厂”。经过60余年的改造发展，一汽集团现拥有一汽红旗、一汽解放、一汽奔腾等多个自主品牌。2019年，一汽集团在全球500强中排名第87位，汽车销量达341.8万辆，产销总量始终位居行业前列。

2018年3月，一汽集团联手中兴新云·财务云启动了财务共享服务的建设，以重构财务职能，推动财务组织转型。通过建立财务共享服务中心，一汽集团推动实现会计核算的标准化、业务流程的线上化、财务档案的电子化，夯实了财务数字化转型基础。2020年，一汽集团提出以“价值创造”为目标，以“体系化与数字化、业财融合、全面预算管理、全过程全域监控、管理决策分析”为关键，加快大财务转型，全力建设“高效、实时、创新”的大财务管理体系，加强大财务共享服务中心建设，全面实现大财务信息共享、知识管理。

一汽集团财务转型的最终目标是实现财务的价值创造，而财务的价值创造依赖于财务数字化，财务数字化的第一步就是建立财务共享中心。

财务共享中心的建设从制度、流程、系统、组织四个层面发力。首先，要搭建“高效、实时、创新”的大财务管理体系，强化业财融合；其次，要对财务业务流程进行梳理和优化，提升财务处理效率和质量；同时，要打通业务信息系统和财务信息系统之间的信息孤岛，为财务数据化提供信息系统支撑，实现数据的单点录入、全程共享；最后，要通过财务人员组织结构的重塑，完善财务人员发展通道，借力财务人员转型推动财务转型。

如何实现财务的专业化分工？首先要界定财务的职能，对原先分散的、网状的财务职能进行重新界定和合理切割，建立起一套分工明确、框架完整的财经管理体系。2020年一汽集团总部财务机构调整，财务共享中心成立，这标志着一汽集团基本建成以交易处理为主的共享财务、全价值链财务管理支持的业务财务、集团总部层面控制管理的战略财务的分工格局。一汽集团财务职能架构见图9-3。

战略财务参与战略的制定与推进，将集团的管理需求和战略意图转化为详细的资源分配机制、绩效考核机制、内控管理机制等，同时将业务财务和财务共享服务提供的信息转化为公司经营信息，支持战略决策的落地。主要包括预算管理、税务管理、资金管理、财务分析等职能。

业务财务深度参与价值链各环节。一方面将公司战略向执行层推进、落实；另一方面将执行层提供的财务数据转变为有效的财务信息，及时传递给战略财务。其职能主要包括预算编报与控制、成本费用监控、资产存货现场业务支持、资金计划管理等。

共享财务专注于财务核算，根据战略财务和业务财务制定的制度和规则，对全部核算主体业务进行统一的交易处理，并提供财务数据。其职能包括制度与政策细则制定、会计核算、对账、单体报表出具、资金结算、税务及发票、票据扫描与档案管理等。

将战略财务和业务财务的交易处理职能剥离至财务共享中心，把财务人员从基础繁杂的财务交易工作中解放出来，推动财务人员向业务财务和战略财务转型。财务共享中心将分散在各核算单位的财务交易集中起来，同时统一各核算主体的会计政策、标准等，保证财务数据口径一致、准确可用。一汽集团完成了总部财务组织机构的调整，后期将更加注重发挥业务财务职能，进一步深化业财融合，加快推动财务体系由核算型向管理和决策型转型。

资料来源：张普霞．一汽的财务数字化之路．国资报告：央企财务变革进行时，2020-07-24.

（2）编写财务分析报告。《企业内部控制应用指引第14号——财务报告》第四章规定，企业应当重视财务报告分析工作，定期召开财务分析会议，充分利用财务报告反映的综合信息，全面分析企业的经营管理状况和存在的问题，不断提高经营

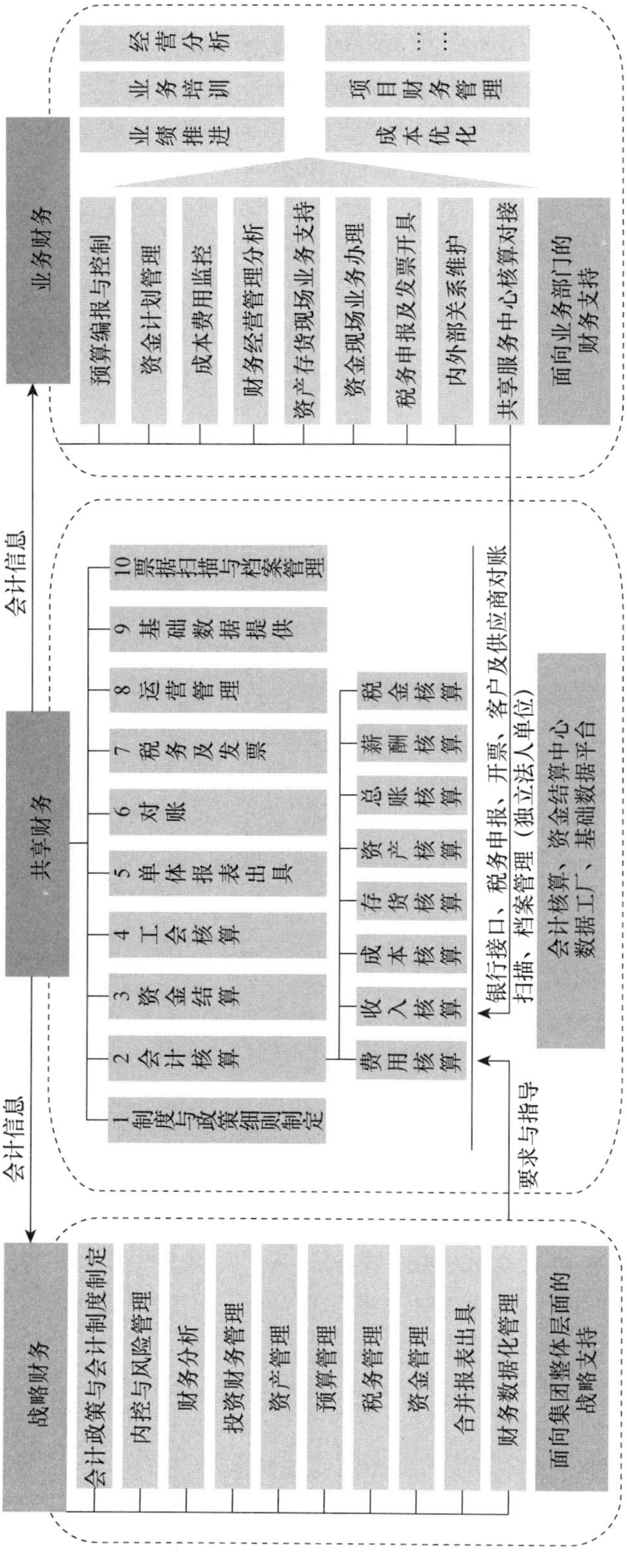

图9-3 一汽集团财务职能架构

管理水平。企业定期的财务分析应当形成分析报告，构成内部报告的组成部分。财务分析报告结果应当及时传递给企业内部有关管理层级，充分发挥财务报告在企业生产经营管理中的重要作用。

（3）整改落实。财会部门应将经过企业负责人审批的报告及时报送各部门负责人，各部门负责人根据分析结果进行决策和整改落实。

蔚来 2021 年第二季度财报分析

9.2 管理报告内部控制

9.2.1 管理报告内部控制的内涵与原则

1. 管理报告内部控制的内涵

管理报告是相对于财务报告而言的，是在管理控制系统运行中为企业各级管理层以定期或非定期形式记载企业内部信息的各种图表和文字资料，也叫作内部报告。管理报告在企业内部控制中起着非常重要的作用：一方面，管理报告可以为管理层提供更多的企业信息，为管理层做出更加科学合理的决策奠定基础；另一方面，管理报告可以检查并反馈现行管理政策在执行过程中出现的问题，从而实现对管理政策和企业员工执行情况的有效监督。

信息资源是一个企业赖以生存的重要因素之一，企业在制定决策和日常运作中需要各种形式的信息。内部信息传递是企业内部各管理层级之间通过管理报告形式传递生产经营管理信息的过程。企业的内部控制活动离不开信息的沟通和传递。

为此，企业应根据《企业内部控制应用指引第 17 号——内部信息传递》的要求，加强内部报告管理，全面梳理内部信息传递过程中的薄弱环节，建立科学的内部信息传递机制，明确内部信息传递的内容、保密要求及密级分类、传递方式、传递范围以及各管理层级的职责权限等，促进内部报告的有效利用，充分发挥内部报告的作用。

信息与沟通：侥幸终致大祸

2. 管理报告内部控制的原则

企业内部信息有业务一线人员根据市场或工作整理的信息，也有管理人员根据相关内部信息对所负责部门形成的指示或情况通报。信息的来源、内容、提供者、传递方式和渠道等各不相同，企业在形成和利用内部报告的过程中应遵循以下原则：

（1）真实准确性。虚假或不准确的信息将严重误导信息使用者，甚至导致决策失误，造成巨大的经济损失。内部报告的信息应当与所要表示的现象和状况保持一致，若不能真实反映所计量的经济事项，就不具有可靠性。

（2）及时有效性。如果信息未能及时提供，或者及时提供的信息不具有相关性，又或者提供的相关信息未被有效利用，都可能导致企业决策延误，经营风险增加，甚至可能使较高层次的管理陷入困境，不利于对实际情况进行及时有效的控制和矫正，同时大大降低内部报告的决策相关性。只有切合具体任务和实际工作并且符合信息使用单位需求的信息才是有价值的。

（3）遵守保密规定。企业内部的运营情况、技术水平、财务状况以及有关重大事项等通常涉及商业秘密，内幕信息知情者（包括董事会、监事会、高级管理人员及信息披露有关部门的涉密人员）负有保密义务。这些内部信息一旦泄露，极有可能导致企业的商业秘密被竞争对手获知，使企业处于被动境地，甚至造成重大损失。

案例9-8　嘉兴中华化工员工泄密致重大损失

2021年2月26日，最高人民法院知识产权法庭宣判了嘉兴中华化工公司等与王龙集团公司等侵害技术秘密纠纷上诉案，被诉侵权人王龙集团公司等盗用香料“香兰素”技术秘密，被判赔偿技术秘密权利人1.59亿元人民币。

1.59亿元人民币，这是人民法院史上判决赔偿额最高的侵害商业秘密案件。这起纠纷因何而起？双方争议的焦点是什么？判赔计算依据又是什么呢？

收40万元报酬，车间副主任泄露商业秘密

香兰素是全球广泛使用的香料，多家公司及个人因生产香兰素的工艺打起了官司。

审判长朱理介绍，嘉兴中华化工公司与上海欣晨公司共同研发了乙醛酸法生产香兰素工艺，并将之作为技术秘密予以保护。嘉兴中华化工公司因香兰素生产新工艺技术，两次获得省部级科技进步奖，并被评为高新技术企业，成为全球最大的香兰素制造商，占据了香兰素全球市场约60%的份额。

但是，商业秘密却被一名车间副主任泄露给他人。

据朱理介绍，2010年，嘉兴中华化工公司香兰素车间副主任傅某某获得王龙科技公司给予的40万元报酬以后，将公司的香兰素技术秘密泄露给王某某，并进入王龙科技公司香兰素车间工作。

之后，王龙科技公司按照载有涉案技术的图纸，订购香兰素生产设备，组建生产线。2011年6月起，王龙科技公司开始生产香兰素。

2011—2017年，王龙集团公司、王龙科技公司及喜孚狮王龙公司利用涉案技术秘密，每年生产销售香兰素至少2 000吨。

一审判定侵权后，仍未停止生产香兰素

嘉兴中华化工公司、上海欣晨公司认为王龙集团公司、王龙科技公司、喜孚狮王龙公司、傅某某、王某某未经许可使用其香兰素生产工艺，侵害其技术秘密，起诉到浙江省高院，请求判令停止侵权，赔偿经济损失及合理开支5.02亿元。

浙江省高院认定侵权成立，判令停止侵权，赔偿经济损失300万元及维权合理开支50万元。

浙江省高院在做出一审判决的同时，做出行为保全裁定，责令王龙科技公司、喜孚狮王龙公司立即停止使用涉案技术秘密，但王龙科技公司、喜孚狮王龙公司并未停止使用行为。

除王某某外，本案各方当事人均不服一审判决，向最高人民法院提出上诉。

二审赔偿额降低，法院判决赔偿 1.59 亿元

二审中，嘉兴中华化工公司、上海欣晨公司上诉请求的赔偿额降至 1.77 亿元。最高人民法院知识产权法庭合议庭认为，此案的争议焦点主要有两个。

最高法根据权利人提供的经济损失相关数据，综合考虑涉案技术秘密商业价值巨大、侵权规模大、侵权时间长、拒不执行生效行为保全裁定、性质恶劣等因素，改判王龙集团公司、喜孚狮王龙公司、傅某某、王龙科技公司及其法定代表人王某某连带赔偿权利人经济损失 1.59 亿元。

同时，法庭决定将本案涉嫌犯罪线索向公安机关移送。

除根据案件事实依法判决赔偿 1.59 亿元之外，最高法还判令以侵权为业的企业的法定代表人承担连带责任，精准有效打击了企业负责人以企业为侵权工具的违法行为，让侵权行为主导者付出沉重代价。

这是人民法院判决赔偿额最高的侵害商业秘密案件。最高人民法院通过此案判决，保护了重要产业核心技术，加大了对恶意侵权的打击力度，明确了以侵权为业的企业的法定代表人的连带责任，推进了民事侵权救济与刑事犯罪惩处的衔接，彰显了人民法院严格依法保护知识产权、严厉打击恶意侵权行为的鲜明司法态度。

资料来源：判赔 1.59 亿元，创下史上最高！还是内部人员泄密……中央广电总台中国之声，2021-03-02.

9.2.2 管理报告内部控制的基本流程

企业应当加强对管理报告的管理，全面梳理内部信息传递过程中的薄弱环节，建立科学的内部信息传递机制，明确内部信息传递的具体要求，关注管理报告的有效性、及时性和安全性，促进管理报告的有效利用，充分发挥管理报告的作用。

根据《企业内部控制应用指引第 17 号——内部信息传递》的规定，管理报告内部控制的基本流程如图 9－4 所示，主要包括以下两个阶段：一是管理报告形成阶段；二是管理报告使用阶段。管理报告形成阶段的主要工作有：建立管理报告指标

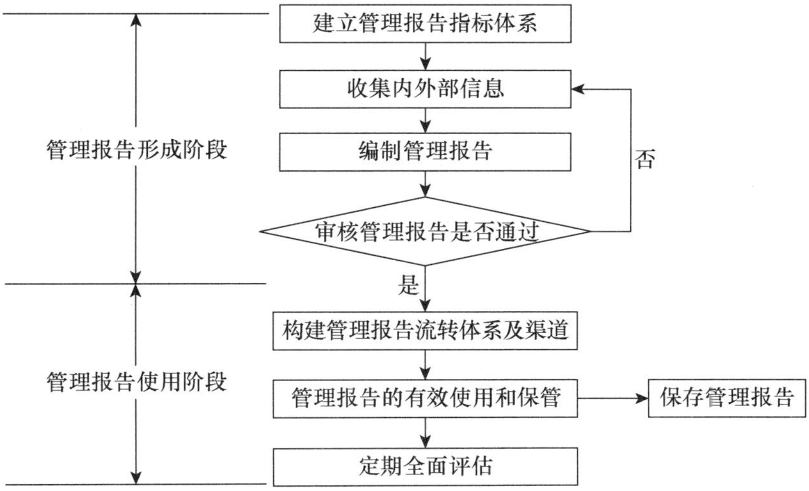

图 9－4 管理报告内部控制的基本流程

体系、收集内外部信息、编制及审核管理报告。管理报告使用阶段的主要工作有：构建管理报告流转体系及渠道、管理报告的有效使用和保管、保存管理报告和定期全面评估。

9.2.3 管理报告内部控制的关键风险点与主要控制措施

1. 管理报告形成阶段的关键风险点与主要控制措施

《企业内部控制应用指引第17号——内部信息传递》指出，企业在管理报告形成阶段至少应当关注下列风险：内部报告系统缺失、功能不健全、内容不完整，可能影响生产经营有序运行。

为此，企业在管理报告形成阶段应采取以下主要控制措施。

（1）建立管理报告指标体系。企业应认真研究企业的发展战略、风险控制要求和业绩考核标准，根据各管理层级对信息的需求和详略程度，建立一套级次分明的管理报告指标体系；管理报告指标确定后，应进行细化，层层分解，使企业各责任中心及各相关职能部门都有自己明确的目标，以利于控制风险并进行业绩考核；管理报告应依据全面预算的标准进行信息反馈，将预算控制的过程和结果向企业内部管理层报告。

案例9-9 中海油管理会计报告体系

中国海洋石油集团有限公司（以下简称“中海油”）管理会计报告体系的构建，牢牢立足于服务生产经营这条主线，强化管理分析的及时性、管理建议对资源配置的指导性、管理会计报告反馈形式与业务运营的协同性，通过横向跨部门融合、纵向分子公司贯通，以构建多维度关键绩效指标（KPI）同心圆为切入点，以桶油成本、重大关键绩效指标作为管控抓手，借助信息化、数字化手段，齐心协力，切实发挥管理会计报告的赋能作用和杠杆效应。

中海油当前的管理会计报告体系（见图9-5）在以提升信息质量为导向的经营

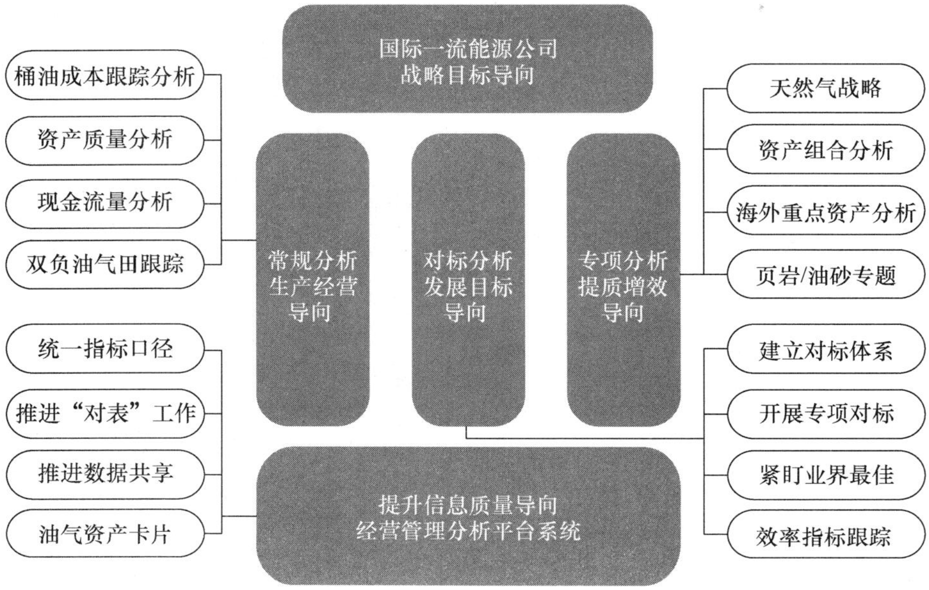

图9-5 中海油管理会计报告体系

信息系统基础上，建立了以生产经营为导向的常规分析、以发展目标为导向的对标分析、以提质增效为导向的专项分析三大体系。“标准化、协同化、信息化”理念贯穿始终，注重业务部门协同。

1. 常规分析体系

作为勘探与生产公司，桶油成本是中海油最为核心的竞争力。加强桶油成本跟踪，成为常规分析的关键。目前中海油已经初步建立区域、业务单元、作业区或油气田三层管理体系、三级桶油成本指标体系的搭建。图9-6为常规分析体系中的三级桶油成本指标体系。

以桶油作业成本月度分析为例。中海油以标准化先行，突出精细化管理；注重分析方法的精准性，通过严密的数学推理，论证分析方法的严谨性和科学性；注重问题导向，通过抽丝剥茧、层层追进等方式，深挖数据背后业务动因的合理性；注重结果导向，通过结合年度绩效指标，“倒排”指标上限，为管理层决策提供建议。

2. 对标分析体系

中海油密切关注油气行业发展趋势，跟踪国际一流能源公司经营业绩及战略动向，知己知彼，顺应时代和行业发展，争做时代的弄潮儿。通过对标，树立公司的发展标杆，深挖与标杆公司的差距与不足，学习标杆公司的先进管理经验；通过对标，选取关键指标进行比较，指导公司的资源配置策略和方向；通过对标，了解公司的竞争优势，弥补公司经营管理中的短板。当前，中海油管理会计报告体系主要从对标的广度、精度、梯度、频度四个方面着手。

（1）丰富对标广度。加强换位思考，注重与不同利益相关方同频共振，提升工作合力。从管理层、资本市场、母公司以及监管层关注的指标入手，例如收入、平均资本回报率、油气占比、资产布局、科研投入力度等，不断丰富对标广度。

（2）提升对标精度。以业界最佳为榜样，针对产量接替能力、资本运作、资产布局、业务转型、决策机制等深入挖掘差异及原因，为管理决策提供参考。

（3）完善对标梯度。遵从行业发展内在逻辑规律，按照国资委等政府监管部门的要求，结合中海油的发展实际，从做强、做优、做大三个角度设定建设“中国特色国际一流”的战略目标，包括规模类指标（收入、资产、产量等）、经营绩效类指标（资产或资本回报率、桶油作业成本或折旧、折耗及摊销等）、经济技术类指标（储量寿命、海外作业产量比例、桶油发现成本或开发成本等），选取国际一流能源公司作为学习对象，动态跟踪、分析中海油与国际一流能源公司的相对位置，明确追赶方向和措施。

（4）提升对标频度。注重对标积累，夯实对标功底。一方面，提高对标频度，由年度改为季度，密切跟踪国际一流能源公司的发展动态，保证对标的及时性和有效性；另一方面，拓宽信息渠道，提升行业敏感度和自身专业性，将工夫花在平时，强化对《上游》（*Upstream*）、《石油情报周刊》（*PIW*）、埃信华迈（IHS Markit）、麦肯锡（McKinsey）、伍德麦肯兹（Wood Mackenzie）等行业权威机构、杂志信息的日常跟踪，力争做到“厚积而薄发，博观而约取”，提升行业洞察力。

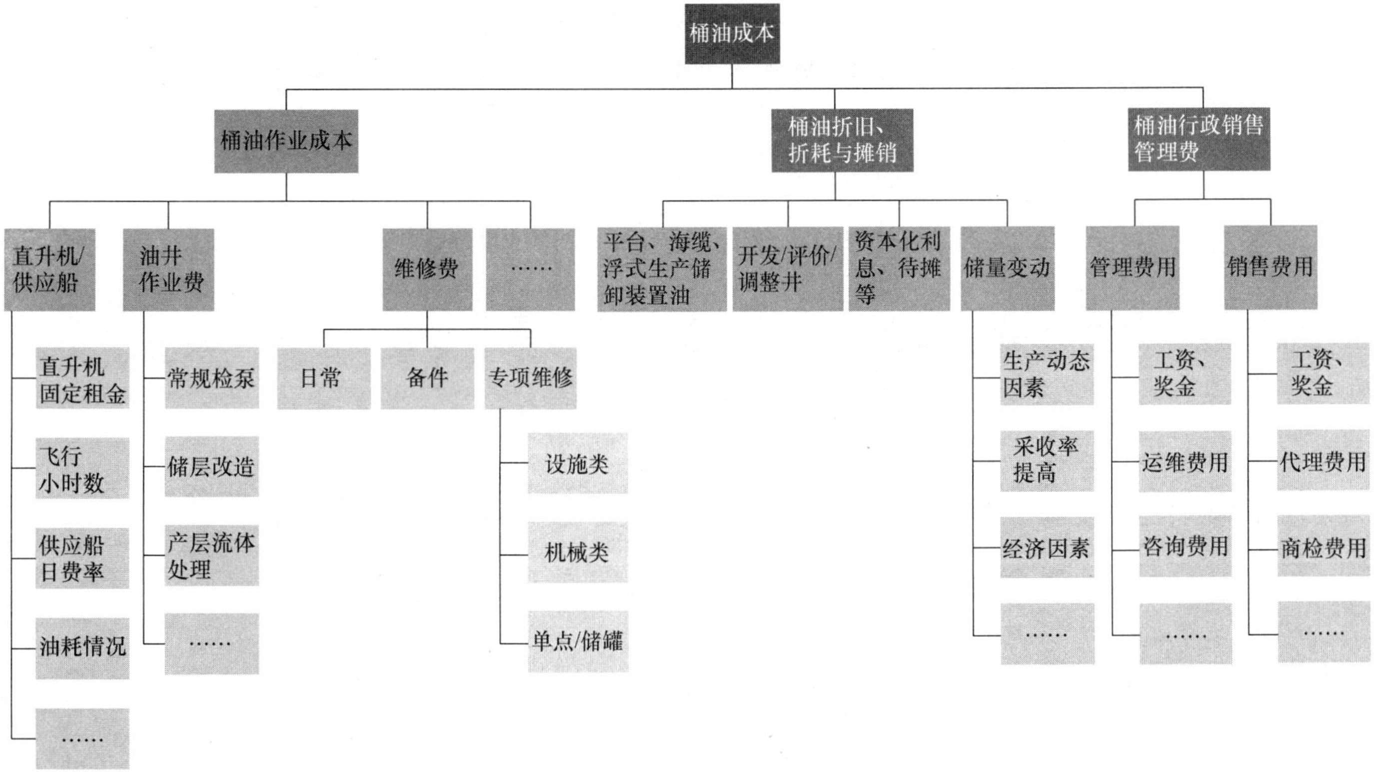

图 9－6　常规分析体系中的三级桶油成本指标体系

同时，加强分公司、子公司、作业区、油田或费用种类的同行对标和自我历史趋势对标，形成“比、学、赶、帮、超”的良性循环。例如，不同油田的可控成本对比，同一油田不同年份油、气、水处理费用趋势分析等。

3. 专项分析体系

不同于常规分析和对标分析，专项分析更加强调针对性、精准性和不确定性。根据《矛盾论》中的两点论和“二八定律”，专项分析以提质增效为主线，结合行业发展态势，聚焦资产规模、创效能力以及对公司发展战略影响大的资产，精准剖析存在的问题，提出合理性建议。

（1）建立资产卡片信息，对家底了然于心。以油（气）田为单位，建立包括但不限于发现日期、投产日期、合同模式、合作伙伴、生产设施数量、油藏品质、储量、价格、投资、损益等生产财务数据，全面了解资产的各种属性。

（2）立足财务，从资源配置结果出发，确定不同维度的管理重点。根据不同资产的禀赋、合同模式和开发阶段，加强精细化分析，对不同资产给予不同的定位，例如贡献利润和产量型、贡献产量但利润微薄型、贡献产量和现金流型等；从行业发展的角度，根据资产类型的回报率，加强资产结构研究，例如绿色低碳发展战略、公司油砂或页岩油气布局等。

（3）因时因势，结合公司实际，提出有针对性的管理建议。受油价、资源禀赋、体制机制、人力等不同要素的影响，各阶段面临的问题不尽相同。中海油专项分析体系紧盯外部环境变化，聚焦影响公司生存发展的难点、痛点、堵点，深入剖析问题所在，提出有针对性、合理性的管理建议。

在低油价时期，生存是底线，提出“双负”（税前利润和经营性自由现金流均为负）油田管理理念；在油价缓慢复苏时期，求生存与谋生存之间的平衡是关键，提出构建“枣核型”“橄榄型”资产组合结构的建议；对于油价复苏带来的服务价格上涨，提出更加注重效率和效益指标的提升，同时关注油田的梯队建设，即“稳住两头，提升中间”，给予桶油成本管控较好的油田一定的额外预算，以此撬动更多的效益产量；影响公司桶油成本竞争力的桶油折旧折耗及摊销成本具有综合性、滞后性、连续性等特点，困扰管理层多年，对此提出紧盯影响折旧折耗及摊销成本的关键因素，注重跨部门协同，关键绩效指标和目标与关键成果法（OKR）相结合的管理思路。

资料来源：李洪成．中海油国际一流管理会计报告体系实践探索及转型思考．国际石油经济，2021，29（5）：65-73．

（2）收集内外部信息。为了随时掌握有关市场状况、竞争情况、政策变化及环境变化，保证企业发展战略和经营目标的实现，企业应当完善内外部相关重要信息的收集机制和传递机制，使重要信息能够及时获得并向上级呈报。企业可以通过行业协会组织、社会中介机构、业务往来单位、市场调查、来信来访、网络媒体以及有关监管部门等渠道，获取外部信息；通过财务会计资料、经营管理资料、调研报告、专项信息、内部刊物、办公网络等渠道，获取内部信息。企业应当广泛收集、分析、整理外部信息，并通过内部报告传递到企业内部相关管理层级，以便及时采取应对策略。

在收集内外部信息的过程中，企业应对信息进行审核和鉴别，对已经筛选的资料做进一步的检查，确定其真实性和合理性；在收集信息的过程中考虑获取信息的便利性及获取成本高低，如果需要较大代价，则应当权衡成本与信息的使用价值，确保所获取信息符合成本效益原则。

案例9-10　红星美凯龙财务共享中心建设

红星美凯龙公司于2015年在香港联合交易所主板挂牌上市（股票简称：红星美凯龙，股票代码：01528），2018年于上海证券交易所主板挂牌上市（股票简称：美凯龙，股票代码：601828）。面临财务管理不能满足精细化需求、项目管理系统无法满足项目管理的精细化需求、业务系统与财务系统的通道未打通等困难，红星美凯龙开始了财务共享中心建设。

（一）财务共享服务中心战略定位

（1）战略财务部：具有整体战略布局职能，主要负责为财务共享服务中心提供指导及风险控制。

（2）项目财务部：主要负责与财务单据有关的基础性工作。按规定扫描原始单据，并上传影像；将原始单据与影像单据进行匹配，同时审核单据的真实性、完整性与合规性；在完整复核之后，将原始单据保管或邮寄。

（3）财务共享服务中心：主要负责从财务复核、会计核算、资金支付三个方面提供服务。

（4）业务部门：各个业务单位需要向共享服务中心提供真实、合规、完整的单据；在规定时间内将单据等信息传递到共享服务中心；负责审核业务的真实性、合规性。

通过财务共享中心，各专业支持中心（中心财务职能部门）业务实现集中核算与支付，相应的项目部财务人员集中统一处理财务问题，实现了统一调动，最后达成统一平台、统一标准、统一制度、统一流程的全方位统一效果。这样一来，不仅节省了人力成本，还大大缩短了业务处理时间，提升了工作效率。

（二）业务流程清单优化情况

对于业务流程单据，经过调研及全面的业务梳理，红星美凯龙公司将原有的23个一级流程、96个二级流程，优化为14个一级流程、71个二级流程；调整了80%的业务单据，优化了35项业务；在全流程单据基础上增加了进项发票、销项发票核对校验功能，提升系统辅助作用。

（三）建设事业中心财务信息化架构

红星美凯龙公司建设事业中心财务信息化本着“总体规划、集约管控、分步实施、有序推进”的原则，未在一开始就将原有内容完全摒弃，而是在原有的信息化基础上，新增财务共享服务相关功能，以保障财务共享服务中心的落地。其架构是在项目管理系统层后设置财务共享平台，通过该平台实现核算、报账、影像、发票管理等，以此消除与其他总账系统的物理隔离，实现终端分析功能，为商业分析提供数据和信息支持。这样不仅打通了业务与财务，而且可以通过分析数据更加灵活地响应管理与业务的变化，及时做出合理的决策以备不时之需。

（四）建设事业中心财务信息化运行机制

红星美凯龙公司财务共享平台与6台物理隔离的总账服务器均做了接口，由员工在报账平台上发起申请，并上传资料影像获取数据，通过系统接口与 6 个总账系统进行对接，最后由财务人员进行财务复核、会计核算、资金支付，以此实现主数据的同步以及凭证数据的自动传递。充分运用信息化技术手段来改变传统的业务处理模式，优化处理程序，提高业财一体化程度，实现财务共享，达到最优处理模式。

资料来源：叶晓婧. 财务共享服务模式下红星美凯龙公司的财务转型研究 中国集体经济，2021 (21)：163-164.

(3) 编制与审核管理报告。企业管理报告的编制单位应紧紧围绕内部报告使用者的信息需求，以管理报告指标体系为基础，编制内容全面、简洁明了、通俗易懂的管理报告，便于企业各管理层级和全体员工掌握相关信息，正确履行职责；合理设计管理报告编制程序，提高编制效率，保证管理报告能在第一时间提供给相关管理部门，对于重大突发事件应以速度优先，尽可能编制出管理报告，向董事会报告；建立管理报告审核制度，设定审核权限，确保管理报告信息质量。

(4) 构建管理报告网络体系。企业应当充分利用信息技术，强化管理报告信息集成和共享，将管理报告纳入企业统一信息平台，构建科学的管理报告网络体系。

(5) 拓宽管理报告渠道。企业应当拓宽管理报告渠道，通过落实奖励措施等多种方式，广泛收集合理化建议。

(6) 重视和加强反舞弊机制建设。企业应当重视和加强反舞弊机制建设，通过设立员工信箱、投诉热线等方式，鼓励员工及企业利益相关方举报和投诉企业内部的违法违规、舞弊和其他有损企业形象的行为。

案例 9-11 中集集团的三类舞弊治理措施

中国国际海运集装箱（集团）股份有限公司（以下简称“中集集团”）于 1980 年 1 月创立于深圳，由招商局与丹麦宝隆洋行合资成立，初期由宝隆洋行派员管理，是改革开放后最早成立的中欧合资企业。1994 年，公司在深圳证券交易所上市，2012 年 12 月在香港联合交易所上市，目前是 A+H 股公众上市公司，主要股东为招商局集团、中远集团和弘毅投资等。中集集团注重构建高效的治理结构，长期以来对于技术创新和管理效率的不懈追求，使得中集集团快速成长为在全球物流装备和能源装备制造等多个行业具有领先地位的企业。作为一家为全球市场服务的多元化跨国产业集团，中集集团在亚洲、北美、欧洲、澳大利亚等地区拥有 300 余家成员企业及 3 家上市公司，6 万多员工，客户和销售网络分布在全球 100 多个国家和地区。近十年来，中集总资产、净资产、销售额和净利润的年均增长率始终维持在较高水平。

中集集团内设审计监察部，作为制定廉洁制度、执行内部审计监督、督导内控建设、调查舞弊事件并监督履职人员从业行为的专门机构，实现对本集团风险的全方位控制。目前，集团纪委书记兼任审计监察部总经理，纪委办公室和监察分部合署办公，为集团建设廉洁健康的企业文化提供了坚强的领导和有力的组织保障。根据舞弊由动机（或压力）、机会和借口三要素产生的铁三角理论，中集集团制定了三类舞弊治理措施，即通过体系化的宣传与教育、制度的建立与完善、惩治与执法手段，不断提高员工的舞弊风险防范意识，致力于营造“不想舞弊”“不能舞弊”“不敢舞弊”的反舞弊大环境。

“不想舞弊”

中集集团注重开展全方面、多层次的廉洁从业警示教育和宣贯工作。定期对内部晋升人员和外部招聘的管理人员进行“中集集团干部的护身宝典——廉洁从业警示集”的培训；定期对新员工进行“企业内部控制与风险管理”的培训，培训内容包括对销售、采购等典型舞弊案件的剖析和警示；近年集团下属重点企业邀请所在地检察院给企业进行廉洁从业专题培训；集团还以在线学习、在线答题的方式开展廉洁从业制度宣贯活动，集团及成员企业相关高管人员全体参加；重大节日来临之前，集团纪委发布《关于重申反对节日期间收受节礼等不正之风的通知》。通过警钟长鸣，积极营造风清气正的廉洁从业环境，帮助员工养成“不想舞弊”的自律习惯，坚守职业底线，正确对待各种诱惑利益，避免误入歧途。

“不能舞弊”

要想将“不想舞弊”上升为“不能舞弊”，必须配以有效的监督和制衡机制，使得“不能舞弊”成为可能。为健全监督制度和内控体系，近几年，中集集团制定发布了《内部控制制度》《干部及敏感岗位人员监察制度》《干部及敏感岗位人员廉洁从业规定》《监察投诉举报管理办法》《董事、职员行为守则》《关于党员干部员工在商（公）务活动中收受礼品礼金的管理办法》等。通过书面的政策和程序严格管控舞弊风险，同时还定期对舞弊风险级别高的重点部门、敏感岗位以及生产经营的薄弱环节，分类开展舞弊风险点识别及内控建设，控制舞弊的机会要素。

“不敢舞弊”

为有效遏制舞弊行为的产生，中集集团每年组织集团总部及所有成员企业的干部和敏感岗位员工签署廉洁从业声明，庄重承诺在从业过程中杜绝行贿受贿，并有专门的事后监督查办。为及时发现舞弊风险，防止舞弊有可乘之机，中集集团明确规定监察举报的渠道和内容，建有内外部举报投诉平台，并在高危岗位人员名片上印有廉政举报热线，受理任何人的举报。为防止小节不惩、大节必生，定期对干部开展任期审计，评优和晋升前实施监察，有舞弊行为的，取消评优、晋升资格，并按员工奖惩管理、内部行政处罚规定处理，涉嫌触犯刑法的，移送司法机关处理，绝不姑息养奸。同时，在审计过程中一旦发现被审单位存在重大舞弊行为，即可行使内控达标和考核的一票否决权。通过自我承诺、受理举报和严厉的处罚措施“三管齐下”，强化“不敢舞弊”的效力。

资料来源：中国国际海运集装箱（集团）股份有限公司：中集集团会员介绍. 企业反舞弊联盟官网，2021-10-07.

2. 管理报告使用阶段的关键风险点与主要控制措施

《企业内部控制应用指引第17号——内部信息传递》指出，企业在管理报告利用阶段至少应当关注下列风险：内部信息传递不通畅、不及时，可能导致决策失误、相关政策措施难以落实；内部信息传递中泄露商业秘密，可能削弱企业核心竞争力。

为此，企业在管理报告使用阶段应采取以下主要控制措施。

（1）管理报告的有效使用。企业各级管理人员应当充分利用内部报告管理和指导企业的生产经营活动，及时反映全面预算执行情况，协调企业内部相关部门和各单位的运营进度，严格绩效考核和责任追究，确保企业实现发展目标。

企业应当有效利用内部报告进行风险评估，准确识别和系统分析企业生产经营活动中的内外部风险，确定风险应对策略，实现对风险的有效控制。

企业对于内部报告反映出的问题应当及时解决；涉及突出问题和重大风险的，应当启动应急预案。

（2）管理报告的保密。企业应当制定严格的管理报告保密制度，明确保密内容、保密措施、密级程度和传递范围，通过职责分离、授权接触、监督和检查等手段防止商业秘密泄露。

案例 9－12 如何防控商业秘密泄露的风险？

商业秘密是企业的无形资产，体现了企业的核心竞争力，一旦企业的商业秘密被泄露，企业的安全和利益将遭受重大损失。然而商场如战场，作为企业员工，稍有不慎就会泄露商业秘密，使竞争对手从中获利，危害企业的合法利益。那么，什么是商业秘密？商业秘密泄露有哪些风险？企业应该如何防控商业秘密泄露的风险？

案例一

某经济学网站被发现刊登 1 篇内容敏感的论文，经有关部门鉴定，该论文属于企业商业秘密。经查，论文作者为某大学在职研究生赵某，其同时也是某企业机关的科长。赵某在撰写硕士论文时，利用工作之便，未经领导审批，擅自引用了有关涉密文件。论文初稿完成后，赵某将论文提交给导师杨某审阅，但未说明里面引用了企业商业秘密文件。杨某提议将该论文向有关学术期刊投稿，双方商定共署两人名字。随后，杨某通过互联网将文章投给某经济学网站及 4 家学术期刊，造成泄密。事情发生后，有关部门给予赵某党内警告、行政撤职处分，对杨某进行通报批评。

案例二

2009 年 7 月 5 日，力拓集团上海办事处总经理、力拓铁矿石部门中国业务负责人胡士泰等 4 名员工因涉嫌窃取国家机密被上海市国家安全局依法拘留。上海市国家安全局称，2009 年以来，在中外进出口铁矿石谈判期间，胡士泰等人采取不正当手段，通过拉拢收买中国钢铁生产单位内部人员，窃取了中国国家秘密，对中国国家经济安全和利益造成重大损害。

案例三

安徽某食品有限公司员工刘某等三人与公司签订了劳动合同与保密协议。后三人从该公司离职，并将所获取的商业秘密提供给上海一家公司用于市场经营。安徽这家公司得知后起诉至法院。法院经依法审理判决各被告停止侵权，并赔偿原告经济损失 122 万元。

不同泄密案件的共同原因

在改革开放不断深入、全球经济逐步一体化的大背景下，一些企事业单位和科研院所在参加会议演讲、撰写论文、参观访问、提供咨询等合作交流中保密意识不强，缺乏清醒认识，只强调开放、合作，将外方视同自己人，单位内部一些要害部门任合作方人员出入，在召开内部会议时允许外方人员旁听，随意向外方提供企业内部涉密资料，致使大量商业秘密被泄露。需要不断加强内部保密管理，进一步完善管控措施，才能从根本上避免对外合作交流中泄密问题的发生。

破解难题

（1）认真评估，做好保密审查。对于涉及商业秘密的项目，应尽量避免由外国组织、个人承担或参与合作。

如果必须由外方承担或参与合作，则应当按照国家有关法律法规，报主管部门批准，不得擅自与外国组织或个人开展涉及国家秘密的科研合作。

（2）规范审批，严格执行有关保密规定。在参加国内外科技成果交流活动过程中，应严格保护秘密事项安全，不得提供相应信息资料。如果必须要提供资料，要从企业整体利益和对外经济合作的实际出发，严格保密审查。

在国内外报刊、媒体公开发表论文、论著、专业报告等，须由提供单位报主管部门进行保密审查，主管领导审批后报保密工作部门备案。

（3）加强企业重点岗位人员保密教育。在科技交流、合资合作和技措技改项目中，凡涉及秘密事项信息资料的，须与合作方和外来单位签订保密协议，明确涉密人员的保密义务和责任。

交流会议结束后，要及时回收会议资料。

涉密科研项目的承担、合作单位，要加强对项目保密管理的监督检查。

涉密人员离职、离岗应办理审批手续，签订保密承诺书，办理涉密载体（含涉密电子文档）、设备、物品、证件等的交接清退手续。

资料来源：小心！商业秘密就是这样被泄露的. 搜狐网，2019-04-16.

（3）管理报告的保管。企业应当建立管理报告保管制度，各部门应当指定专人按类别保管相应的内部报告；为了便于管理报告的查阅、对比分析，改善管理报告的格式，提高管理报告的有效性，企业应按类别保管管理报告，对影响较大的、金额较高的一般要严格保管；对不同类别的报告应按其影响程度规定其保管年限，只有超过保管年限的管理报告方可予以销毁；制定严格的管理报告保密制度，明确保密内容、保密措施、保密程度和传递范围，防止泄露商业秘密。

（4）管理报告的评估。企业应建立并完善对管理报告的评估制度，严格按照评估制度对管理报告进行合理评估，重点关注管理报告的真实性、相关性和及时性，评价管理报告在企业生产经营活动中所起的真实作用；为保证信息传递的及时准确，企业必须执行奖惩机制，对经常不能及时或准确传递信息的相关人员应当进行批评和教育，并与绩效考核体系挂钩。

9.3　信息系统内部控制

9.3.1　信息系统内部控制的内涵和价值

1. 信息系统内部控制的内涵

按照《企业内部控制应用指引第18号——信息系统》的定义，信息系统是指企业利用计算机和通信技术，对内部控制进行集成、转化和提升所形成的信息化管理平台。信息系统内部控制的主要对象是信息系统，由计算机硬件、软件、人员、信息流和运行规程等要素组成。

根据《企业内部控制应用指引第18号——信息系统》的要求，企业应当重视信息系统在内部控制中的作用，根据内部控制要求，结合组织架构、业务范围、地域分布、技术能力等因素，制定信息系统建设整体规划，加大投入力度，有序组织信息系统开发、运行与维护，优化管理流程，防范经营风险，全面提升企业现代化管理水平。为此，企业应当指定专门机构对信息系统建设实施归口管理，明确相关单位的职责权限，建立有效工作机制。当然，企业也可以委托专业机构从事信息系统的开发、运行和维护工作。另外，《企业内部控制应用指引第18号——信息系统》特别强调，企业负责人对信息系统建设工作负责。

案例9-13　四川交投中油能源有限公司的智能风险管控体系

近年来，四川交投中油能源有限公司针对站点分布广、管理难度大、合资企业可利用信息工具少的实际情况，持续深挖信息系统在安全管理中的运用，构筑多重“防火墙”，建立智能风险管控体系，保障企业安全平稳运行。

利用电子巡检系统守住日常风险。利用PDA设备、NFC（近场通信）射频识别技术、移动互联等信息工具，构建一个具备智能设备、智能记录、智能分类、自动上传、智能预警和智能分析等功能的综合巡检管理平台和体系，通过系统“四定”设置（定区域、定点位、定时长、定频率）确保巡检质量。该系统提升了巡检效率，智能设备终端的多媒体功能使巡检信息更为充实，有效遏止了“假巡不巡”情况，进一步提高了对加油站的现场安全监管能力。

利用安全监督检查系统实现对隐患排查治理的闭环管理。电子巡检问题和各级各类检查信息均即时录入系统，遵循“谁主管、谁负责”“直线责任、属地管理”“分级管理”等原则，生成的整改及验收任务通过系统自动流转，对责任人员产生待办提醒事项，对检查发现问题的整改及验收任务实行“双闭环”管理。在中石油四川销售公司每次组织的体系审核和“回头看”检查中，上次发现的问题都得到了全面整改，安全监督检查系统发挥了较大的作用。

通过预警平台实现“全天候、全过程、全覆盖”的风险管控。针对公司面临的经营舞弊风险、设施设备运行风险、人员操作不规范风险、未认真履职风险以及企业合规经营风险等问题，构建了经营管理、反舞弊、资金管理、安全监督、设施设备、合规管理等六大类54项预警评价指标体系，对现场操作、设备运行、商品、资金及合规性风险进行监测，自动产生预警信息，并实时推送至指挥中心大屏、岗位PC端和手机移动端，实现用户端的同步跟踪处理，最大限度地预防各类风险及危机的发生。该系统正式运行以来，公司风险预警全天候、全过程、全覆盖，管控效率和质量大幅提升，管控节点和流程清晰明确且可追溯，员工不规范操作和舞弊行为得到有效控制，实现了风险管控智能化、信息化，提高了问题处理的及时性，弥补了空间距离的劣势，每年可节约人工、出差、管控等费用近百万元。预警平台运行以来，共产生80 000余项预警信息，平台预警信息从运行初期的15 000条/月降至目前的5 000条/月，加油站同类型、重复性风险得到管控和消除，加油站智能化管理程度得到跨越式提高，风险预警和隐患治理成效明显。

资料来源：张黉立．四川交投中油能源有限公司构筑多重“防火墙”，建立智能风险管控体系．中国网锦绣天府官网，2019-12-27.

2．信息系统内部控制的价值

信息系统内部控制的目标是促进企业有效实施内部控制，提高企业现代化管理水平，减少人为操纵因素。同时，增强信息系统的安全性、可靠性和合理性以及相关信息的保密性、完整性和可用性，为建立有效的信息与沟通机制提供支持保障。

9.3.2 信息系统内部控制的基本流程

信息系统内部控制的基本流程一般包括信息系统的规划、开发、运行与维护三个阶段，如图9－7所示。

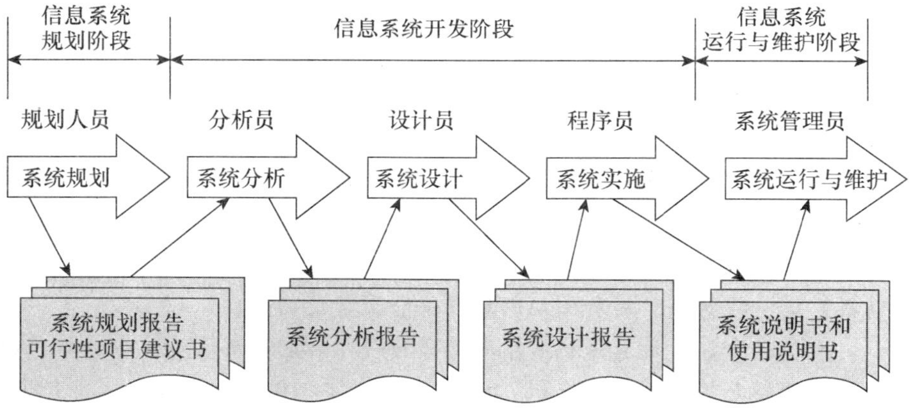

图9－7 信息系统内部控制的基本流程

案例9－14 国网吉林电力智慧财务管理体系

国网吉林省电力有限公司（以下简称“国网吉林电力”）是国家电网有限公司的全资子公司，以电网建设、管理、运营为核心业务，承担着优化全省能源资源配置、满足经济社会发展电力需求的重要职责。

围绕“建设具有中国特色国际领先的能源互联网企业”的战略目标，国网吉林电力公司党委牢牢把握多维精益管理体系变革和提质增效专项行动的工作主线，深刻聚焦风险防控与价值创造，以全价值链管理为理念、全流程风险控制为手段、全方位合规监督为重点，主动适应、大胆探索与实践，形成了以智慧资金共享管理平台、智慧税务共享管理平台、智慧核算共享管理平台、智慧内控共享管理平台等为主要内容的集团智慧财务管理体系，有效重塑业财税流程路径，打通内外部数据连接，破解企业管理难题，开启了高质量转型发展新篇章。

（一）建立集团智慧资金共享管理平台

集团智慧资金共享管理以强化安全管控、深化业财融合、提高管理效益为核心目标，重构资金收支业务标准流程。共享资金集约管控体系包含收款共享运营、付款共享运营和现金流按日排程三部分内容，其中收付款共享运营可实现集团资金统收统支管理，现金流按日排程可实现集团资金的按日精准预测、排程及融资。

（1）建立收款结算池和付款结算池。基于应收、应付款项明细及合同收付款条款、订单等信息，获取各类预计收付款信息，按时间、金额、收付款进度比例、款项性质及收款方式等，预计资金收付款时序，形成收付款结算池。通过强化应收款项和应付款项的会计监督，实现会计确认、预算编制、资金支付强关联，建立全业务、端到端的业财融合方案，所有业务事项审核完成后先入池、再排程。

（2）引入付款订单全寿命周期管理。根据资金支付全流程管理要求，引入支付申请单管理理念，实行月预算申请、业务报销和付款申请的订单一体化管理，每次业务支付申请创建一个支付申请单，记录财务和业务信息。通过财务管控系统与业务系统高度集成和信息共享，建立财务核算与业务核算关联关系，实现付款订单业务信息穿透查询和全量展示，强化前端业务的过程管控职责，增加业务端的知晓度和责任感，精简流程中的冗余环节，全面提升业务办理效率和管理水平。

（3）推行现金流预算按日排程管理。根据付款结算池和收款结算池中的收付款业务信息，按预计收款时间形成资金收款时序排程，依据业务特性及合同付款条款要求形成资金支付时序排程，通过对业务、时间、金额、款项性质等进行多维配比，组合资金收支排程信息，绘制资金日排程曲线，形成现金流日预算。按日预测未来现金流入、流出及余额，动态跟踪资金状况及动向，实时监控资金日排程执行过程，科学安排外部融资和内部运作，减少融资的频率和规模，削峰去谷平滑资金曲线，提高资金的使用效率，提升资金统筹平衡能力。

（4）强化系统灵活配置和资金安全管控。岗位配置方面：基于财务的控制节点设置流程进行岗位配置，可根据企业的具体情况在系统中灵活设置各岗位职责，除不相容岗位以外，其他岗位可在系统中自由合并或分拆。预制凭证方面：收付款业务统一编制预制凭证，系统自动生成唯一对账标识，提高自动对账频率，提升资金安全监控手段。密码设置方面：查询和业务处理密码分别设立，保障资金支付加密环节独立流转。强化原始凭证、会计凭证移交的电子签名管理，通过定时缓存技术实现区分系统签名和个人签章在系统中固化，打印凭证自动带出签名。通过生物识别、数据加密传输等多重手段，构建资金安全保障体系。密钥管理方面：所有银行账户严格执行密钥支付审批，另需设置（二到四个）查询密钥（密码），以便随时查询银行存款变动情况。

(5) 重构资金收支业务标准流程。建设一套权责清晰、管理精益、运行高效、广泛适用、安全先进的资金业务收支流程，实现所有收付款业务由前端发起、信息全流程在线反映、资金安全可控在控，进一步明晰业务管理和财务管理的职责，提升业财协同管控能力，全面提高资金管理安全、效率和效益。

（二）建立集团智慧税务共享管理平台

集团智慧税务共享以“集团税务管控，智慧税企互联，风险全面防控，辅助决策分析”为工作目标。按照“一个平台＋四大体系”的总体架构，围绕“基础管理标准化、风险管控常态化、业务处理智能化、税收筹划事前化”四大主题，全面统一政策、标准、流程、岗责，分级建立税企直联通道，重构涉税业务流程，对内贯通“业-财-税”全流程，对外联接“企-税-银”信息，实施涉税风险全流程、全岗责“内嵌式”管理，形成“集团税务管控、税企高效互联、风险全面防控、筹划智慧实施”的“互联网＋税务”办税新模式，全面夯实财税管理基础。集团智慧税务管理平台架构图如图9-8所示。

（三）建立集团智慧核算共享管理平台

智慧核算共享管理平台依托资金智慧共享、智慧税务共享及多维精益管理体系建设成果，以“大智移云物”等先进技术为支撑，围绕“微服务＋共享应用平台＋接口平台”总体架构，应用图像识别、语音识别、移动互联、内外网穿透等技术，实施内控规则、核算规则流程嵌入式管理，为公司员工打造智慧报销新模式，覆盖全部日常报销业务，包括24种报销业务大类，275种费用小类，推动公司财务管理向网络化、数字化、共享化、智慧化全面转型。

（四）建立集团智慧内控共享管理平台

集团智慧内控体系以全面风险管理为导向，以合规管理监督为重点，构建一套以责任为驱动、“人防＋技防”、“流程＋规则”、广泛互联、智慧感知、敏捷应对、规范高效的集团智慧内控体系。集团智慧内控体系依存于集团企业全业务流程，是集团资金智慧共享、核算智慧共享、税务智慧共享的管理基础与保障。

（五）集团智慧档案数字化管理体系

集团智慧档案数字化管理体系（见图9-9）是对会计信息系统、银企直联系统、电子影像系统、资金管理系统、发票池等实现系统集成、信息共享。通过原始凭证电子化管理，解决内部原始凭证数字化问题；通过银企直连及税企直连通道，线上获取银行电子回单、完税凭证外部原始凭证，全口径收集原始凭证信息，按照固化好的核算规则，以原始凭证信息辅助财务核心系统完成财务凭证自动核算、在线银企自动对账、记账凭证与原始凭证电子文件自动关联；最后通过建立电子档案系统，应用先进硬件设施，实现自动打印、一体装订并归档管理，将电子档案系统坐标与实物档案有效链接，完成会计档案智能定位及档案借阅全智能管控，打造会计档案数字化全过程管理体系。

资料来源：陈雪莹，宋洁，等．国网吉林电力开启智慧共享新华章．国资报告：央企财务变革进行时专刊，2020-08-07.

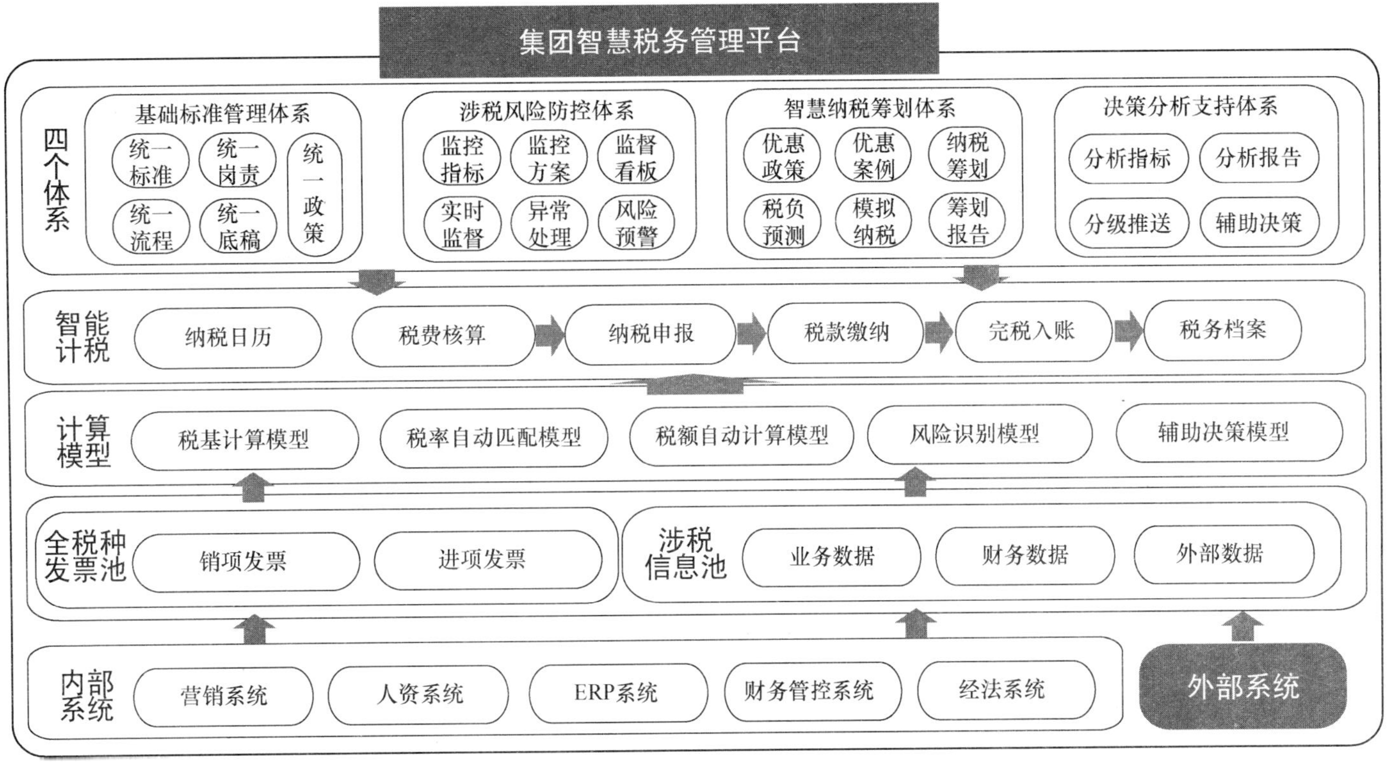

图9-8 集团智慧税务管理平台架构图

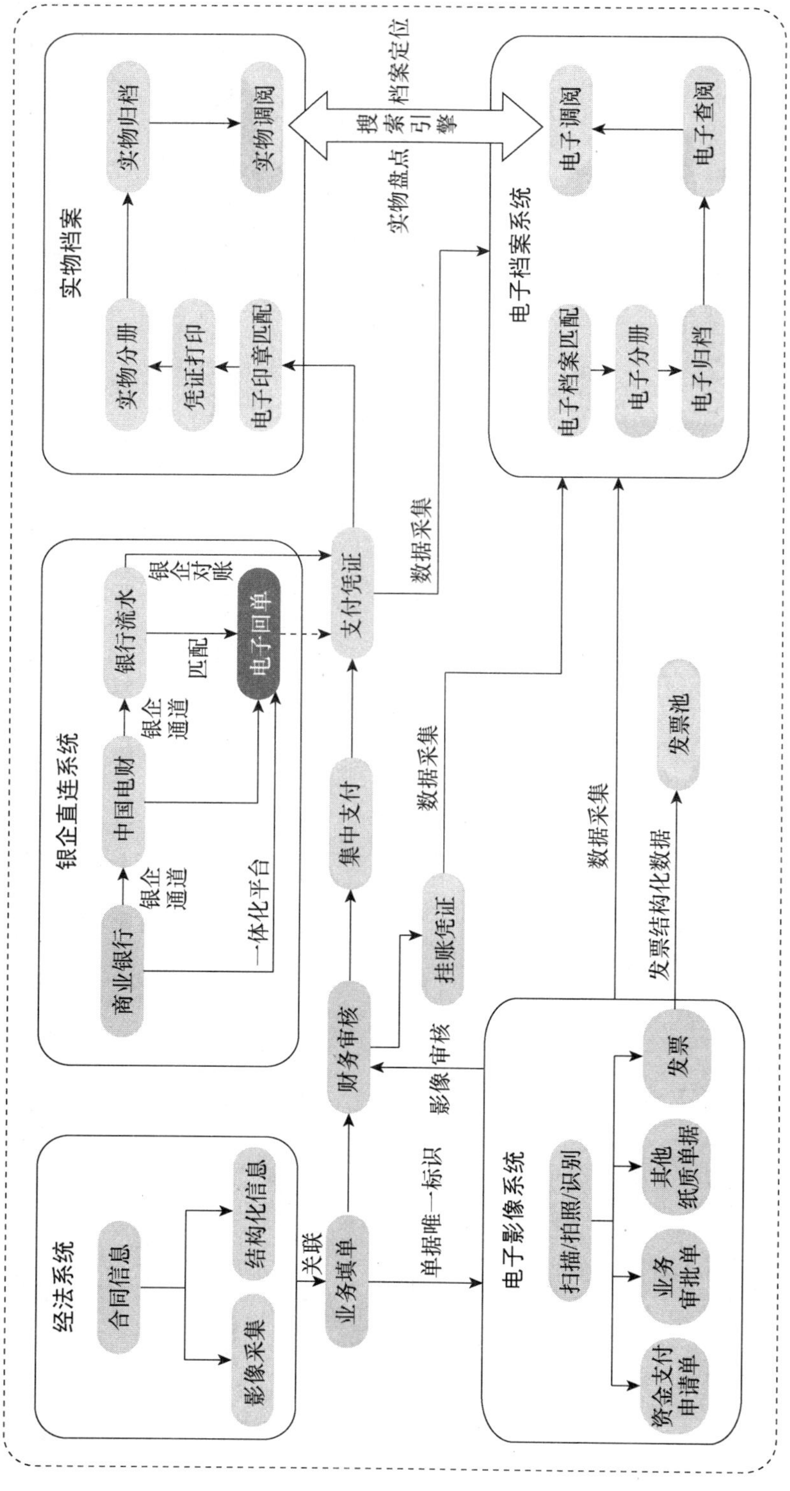

图9-9 集团智慧档案数字化管理体系

9.3.3 信息系统内部控制的关键风险点和主要控制措施

1. 信息系统规划阶段的关键风险点和主要控制措施

《企业内部控制应用指引第 18 号——信息系统》指出，企业在信息系统规划阶段至少应当关注下列风险：信息系统缺乏或规划不合理，可能造成信息孤岛或重复建设，导致企业经营管理效率低下。

为此，企业可以采取以下主要控制措施：企业必须制定信息系统开发的战略规划和中长期发展计划，并在每年制定经营计划的同时制定年度信息系统建设计划，促进经营管理活动与信息系统的协调统一；企业在制定信息化战略的过程中，要充分调动和发挥信息系统归口管理部门与业务部门的积极性，使各部门广泛参与，充分沟通，提高战略规划的科学性、前瞻性和适应性；信息系统战略规划要与企业的组织架构、业务范围、地域分布、技术能力等匹配，避免相互脱节。

2. 信息系统开发阶段的关键风险点和主要控制措施

《企业内部控制应用指引第 18 号——信息系统》指出，企业在信息系统开发阶段至少应当关注下列风险：系统开发不符合内部控制要求，授权管理不当，可能导致无法利用信息技术实施有效控制。

案例 9－15 光大证券乌龙指事件

2013 年 8 月 16 日，光大证券策略投资部的套利策略系统由于设计缺陷出现故障，出现价值 234 亿元的错误买盘，成交约 72 亿元。当日，上证综指一度上涨 5.96%，中石油、中石化、工商银行和中国银行等权重股盘中一度涨停。虽然其后光大证券沽出 ETF（交易型开放式指数基金）与股指期货，但依然对当日中国 A 股市场造成巨大冲击，并给光大证券带来 1.94 亿元的损失。

1. 事情经过

2013 年 8 月 16 日 9:41，资深交易员郑东云分析判断 180ETF 出现套利机会，通过套利策略订单生成系统发出第一组 180ETF 成分股的订单，共 171 笔委托，委托金额不超过 200 万元。由于其中三只股票当天停牌，为确保套利策略的拟合度，10:13 郑东云发出第二组订单，102 笔委托，委托金额不超过 150 万元。11:02 郑东云发出第三组买入 180ETF 成分股的订单，177 笔委托，委托金额不超过 200 万元。其中有 24 只股票未成交，郑东云向程序员崔运钊请教，尝试使用系统中的“重下”（重新下单）功能对未成交的股票自动补单。崔运钊在交易员电脑上演示按下“重下”按钮后，系统显示补单买入 24 只股票被执行，但程序实际执行的指令为“买入 24 组 ETF 一篮子股票”而非 24 只股票。程序在没有监控系统防止异常大笔交易的情况下，2 秒内瞬间生成 2 万多笔委托订单。其中 6 413 笔委托被直接发送到交易所，成交 72.7 亿元。此时策略投资部除两名交易员外其他人尚未发现该异常，甚至还在讨论是哪家证券公司出现了问题，该部门的负责人杨剑波正在接待其他机构的来访。郑东云与崔运钊在未能第一时间联系杨剑波的情况下，紧急调用账户内所有期货保证金卖空股指期货，对冲买入的巨量股票。

11:07，上海证券交易所电话询问光大证券为何下出巨单，咨询是否要对冲大约1万张的头寸，公司多个部门均称不知情，直至问到办公室主任兼计财部总经理沈诗光，才判断出是策略投资部的问题。沈诗光致电杨剑波时，杨剑波尚不知道是自己部门出了问题。11:20崔运钊向杨剑波汇报错单情况，杨剑波才通过沈诗光报告公司管理层。截至当日中午收盘（11:30），光大证券累计申报买入股票234亿元，实际成交72.7亿元，累计用于对冲风险敞口卖出的股指期货空头合约共253张。据杨剑波称，如果不是保证金不足，上午交易时段可以做出几千张股指期货合约来对冲。

2. 事情缘由

触发原因是系统缺陷。光大证券策略投资部使用的套利策略系统出了问题，该系统包含订单生成系统和订单执行系统两个部分。核查中发现，高频交易在市价委托时，订单执行系统对可用资金额度未能进行有效校验控制，而订单生成系统存在的缺陷会导致特定情况下生成预期外的订单。

由于订单生成系统存在的缺陷，在11:05:08之后的2秒内，瞬间重复生成26 082笔预期外的市价委托订单。由于订单执行系统存在的缺陷，上述预期外的巨量市价委托订单被直接发送至交易所。

当时光大证券策略投资部使用的交易软件，前端订单生成系统是由光大证券开发设计的，订单执行系统则外包给上海铭创软件技术有限公司。事件发生前，光大证券内部会议曾讨论加强IT和风险控制的共同管理，但未有任何决定。曾打算引入两名金融IT专家因年薪问题未获得通过。也有人指出，光大证券策略投资部与公司其他部门关系不太融洽，为控制风险，杨剑波曾多次申请由其他部门对策略投资部的中后台业务提供支持，均遭到拒绝。

资料来源：根据新浪财经、互动百科等相关信息整理改编.

针对上述关键风险，企业应当按照《企业内部控制应用指引第18号——信息系统》的要求，采取以下主要控制措施：

（1）企业应当根据信息系统建设整体规划提出项目建设方案，明确建设目标、人员配备、职责分工、经费保障和进度安排等相关内容，按照规定的权限和程序审批后实施。

（2）企业信息系统归口管理部门应当组织内部各单位提出开发需求和关键控制点，规范开发流程，明确系统设计、编程、安装调试、验收、上线等全过程的管理要求，严格按照建设方案、开发流程和相关要求组织开发工作。

（3）企业开发信息系统，可以采取自行开发、外购调试、业务外包等方式。选定外购调试或业务外包方式的，应当采用公开招标等形式择优确定供应商或开发单位。

（4）企业开发信息系统，应当将生产经营管理业务流程、关键控制点和处理规则嵌入系统程序，实现手工环境下难以实现的控制功能。

（5）企业在系统开发过程中，应当按照不同业务的控制要求，通过信息系统中的权限管理功能控制用户的操作权限，避免将不相容职责的处理权限授予同一用户。

（6）企业应当针对不同数据的输入方式，考虑对进入系统数据的检查和校验功能。对于必需的后台操作，应当加强管理，建立规范的流程制度，对操作情况进行监控或者审计。

（7）企业应当在信息系统中设置操作日志功能，确保操作的可审计性。对异常的或者违背内部控制要求的交易和数据，应当设计由系统自动报告并设置跟踪处理机制。

（8）企业信息系统归口管理部门应当加强信息系统开发全过程的跟踪管理，组织开发单位与内部各单位的日常沟通和协调，督促开发单位按照建设方案、计划进度和质量要求完成编程工作，对配备的硬件设备和系统软件进行检查验收，组织系统上线运行等。

（9）企业应当组织独立于开发单位的专业机构对开发完成的信息系统进行验收测试，确保在功能、性能、控制要求和安全性等方面符合开发需求。

（10）企业应当切实做好信息系统上线的各项准备工作，培训业务操作和系统管理人员，制定科学的上线计划和新旧系统转换方案，考虑应急预案，确保新旧系统顺利切换和平稳衔接。系统上线涉及数据迁移的，还应制定详细的数据迁移计划。

案例 9-16　信息化："把碧桂园装进口袋"

碧桂园旗下有 700 多个项目，近 11 万员工。杨国强如何管理如此庞大的碧桂园，如何保证对公司的风险进行控制？

除了给予信任和激励，杨国强还有第三个秘密武器——信息化。2014 年底，陈立艳接受杨惠妍的邀请，来到碧桂园任职集团副总裁兼信息管理中心总经理。此前，她供职于用友软件集团 18 年，善于处理复杂事务。她给杨国强的承诺是，"我要把碧桂园装进你的口袋里，让你想怎么看，就怎么看，想怎么管，就怎么管"。这也是她来碧桂园的使命。

对各类信息进行梳理和净化，是让碧桂园从 3 000 亿迈向 5 000 亿规模提前要做的准备动作。在那之前，碧桂园只有信息流程部，42 人，70%是大专生，内部称这个部门为"修电脑的"。

陈立艳组建新的信息管理中心，招兵买马，一个人也没有开除。但改变正在发生。这个部门花近 10 个月时间清理了碧桂园近 400 个项目数据，统一了项目名称等各类数据。在业界，许多地产公司的项目取名极其随意，更无标准，撞名现象时有发生，不同的城市可能有相同的项目名。这不利于集团统一信息管理。陈立艳及其部门完成了旧数据的统一和分发，在新项目诞生后，它会自动分发给集团 13 个职能中心，内部广而告之，记录在案。这些看似最底层的琐碎工作，是信息管理的第一步。制定清晰的标准，规划严格的流程，继而打造一个内部通用的信息化系统。这项打造系统的工作耗费了一年半时间。

每天早晨，杨国强、莫斌可以通过手机系统看见前一天碧桂园产生的所有数据，如各地投资、售房、收款情况等，700 多名地方项目总经理乃至垂直条线人员，可以根据实时数据，明确自己与考核指标的差距。这些数据是对碧桂园全产业链的梳理与净化。之前的情形并非如此。在高喊信息化的地产行业，管理精细化尚停留在理论层面。如同每一个高喊互联网思维的地产商，最终不过证明是营销噱头。真正掌握大数据、懂得利用大数据的地产商少之又少。

陈立艳主抓的工作一度让她和她的部门员工成为碧桂园内最难被理解的一群人。尤其是她推行的流程“红绿灯”计划。在系统中，碧桂园4 000多种业务实现了流程管理，每一个业务的进度都被设计了红绿灯的预警时间。当出现3个红灯时，业务相关人员会被职能中心负责人约谈，一旦出现4个红灯，等待员工的是总裁莫斌的约谈。在系统试运行期间，许多人不适应这样的流程管理，一个职能中心常常爆出100多个红灯。在碧桂园，节点管理变得越来越严苛，这保证了高执行力。它最终成为碧桂园业绩跃进的助推器，也是规模导向的重要支撑。

过去，碧桂园练就了开盘最快的功夫，一切以快周转为导向。2011年，碧桂园开盘周期为11个月。到2016年，项目从拿地到开盘的平均周期已经缩短到6个月以内，短于业界平均开盘周期8个月。这要求各环节相应快速推进，甚至边设计边施工，但这对信息管理工作来说是一个莫大的挑战。“可能在碧桂园做信息化工作是所有企业中最难的，因为开发模式全世界独一无二。”陈立艳说。低成本、高周转，需要全成本核算以及财务共享，碧桂园信息管理团队用3个半月的时间打造财务共享制度。此前碧桂园报销、成本等都有部门壁垒，但现在它们共享连接了集团13个职能中心。这意味着，销售员卖了一套房，程序直接可对接财务部，不再需要人为过渡。碧桂园的营销费用也从此前的1个营销中心独立管理，左手管右手，改为5个中心共管，和集团相应的业务部门及信息管理部协同，让信息与费用更加透明。

这样的信息化管理还帮碧桂园节省了许多成本。此前，碧桂园每年宽带费约550万元，在信息共享后，陈立艳发现碧桂园员工72.6%的话费来自中国移动，她随即与三大运营商谈判，最终用员工话费置换宽带费，省下了这笔费用。如果没有得出数据，发现数据中的信息，谈判无从谈起。

陈立艳有一个微信群，群里有182名CIO（首席信息官），他们来自23家航空公司，42家央企，6家地产商，以及所有大型互联网公司，甚至还有工信部的一位司长。“他们相当于碧桂园的无形资产。”陈立艳说。这意味着，在任何一个新技术面前，当陈立艳需要咨询时，这个群都会以经验告诉她最好的选择是什么。

2014年底至今，碧桂园与各区域都完成了信息化梳理与搭建。接下来，陈立艳会把工作重心放在房产内部的信息优化上，如打造统一的客户平台，绘制客户画像，建设订单地产软装标准化、图纸标准化，完成内部协同。

资料来源：碧桂园这辆车如何在高速上行稳致远. 风险管理智慧（微信公众号），2021-04-25.

3. 信息系统运行与维护阶段的关键风险点和主要控制措施

《企业内部控制应用指引第18号——信息系统》指出，企业在信息系统运行与维护阶段至少应当关注下列风险：系统运行维护和安全措施不到位，可能导致信息泄露或毁损，系统无法正常运行。

案例 9－17　美国 Capital One 银行信息系统遭入侵，致 1.06 亿用户信息泄露

2019 年 7 月 29 日，美国第七大银行 Capital One 称公司信息系统遭到入侵，犯罪分子利用该银行信息系统中一个 2014 年就被发现的漏洞，导致逾 1.06 亿用户信息泄露，涉及信息主要为 2005—2009 年间该银行信用卡用户的各项信息。

事件一经披露，Capital One 股价大跌，并面临法律赔偿。作为美国第五大信用卡签发方，Capital One 此次信息泄露有可能成为美国历史上最大规模的银行数据泄露事件。据外媒披露，黑客可能利用了 Capital One 的防火墙的错误配置，入侵到其托管在亚马逊的 AWS 云端数据库，进而窃取了数据。

信息防泄露一直以来都是企业安全的重中之重，商业银行作为运营关键信息系统的机构历来重视信息的防护，但是企业做安全防护是体系化建设，黑客的入侵则是单点突破，IT 技术快速迭代对防护体系的不断更新、加固提出了艰巨挑战，特别是在欧盟 GDPR（《通用数据保护条例》）、国内网络安全法等相继颁布的监管趋严的态势下，信息泄露需要银行给予更多关注。

此外有媒体称，该事件其实自 3 月就开始了，嫌疑人 3 月发动了第 1 次攻击，4 月发动了第 2 次攻击，Capital One 是在 7 月收到提示邮件后才察觉攻击，对风险处于无监控或监控失效的状态。如果该系统部署了异常流量监测、数据库用户设置了操作行为审计、针对防护设备的报警受到关注的话，还是有可能提前发现风险并修复漏洞的。所以在日常安全运维工作中，提高 IT 运维人员的安全意识，增强安全事件处理能力尤为重要。

资料来源：阿吉塔. 一个银行信息安全人眼中的 Capital One 数据泄露看法. 银行科技研究社（微信公众号），2019-08-05.

针对上述关键风险，企业可以根据《企业内部控制应用指引第 18 号——信息系统》的要求，结合企业的实际情况，区分日常运行维护、系统变更和安全管理三个方面分别采取以下主要控制措施。

（1）日常运行维护的主要控制措施。日常运行维护的目标是保证系统正常运转，工作内容主要包括系统的日常操作、系统的日常巡检和维修、系统运行状态监控、异常事件的报告和处理等。

该环节的主要控制措施有：企业应制定信息系统使用操作程序、信息管理制度以及各模块子系统的具体操作规范，及时跟踪、发现和解决系统运行中存在的问题，确保信息系统按照规定的程序、制度和操作规范持续稳定运行；切实做好系统运行记录，尤其是对于系统运行不正常或无法运行的情况，应将异常现象、发生时间和可能的原因详细记录下来；重视系统运行的日常维护，在硬件方面，日常维护主要包括各种设备的保养与安全管理、故障的诊断与排除、易耗品的更换与安装等，这些工作应由专人负责；配备专业人员负责处理信息系统运行中的突发事件，必要时应和系统开发人员或软硬件供应商共同解决。

（2）系统变更的主要控制措施。系统变更主要包括硬件的升级扩容、软件的修改与升级等。系统变更是为了更好地满足企业需求，但同时应加强对变更申请、变更成本与进度的控制。

该环节的主要控制措施有：企业应当建立标准流程来实施和记录系统变更，保证变更过程得到适当的授权与管理层的批准，并对变更进行测试；系统变更程序（如软件升级）需要遵循与新系统开发项目同样的验证和测试程序，必要时还应当进行额外测试；加强紧急变更的控制管理；加强对将变更移植到生产环境中的控制管理，包括系统访问授权控制、数据转换控制、用户培训等。

（3）安全管理的关键风险点和主要控制措施。安全管理的目标是保障信息系统安全。信息系统安全是指信息系统包含的所有硬件、软件和数据受到保护，不因偶然和恶意的原因而遭到破坏、更改和泄露，信息系统能够连续正常运行。

该环节的主要控制措施有：企业应当建立信息系统相关资产的管理制度，保证电子设备的安全；成立专门的信息系统安全管理机构，由企业主要领导总负责，对企业的信息安全作出总体规划和全方位严格管理，具体实施工作可由企业的信息主管部门负责；按照国家相关法律法规以及信息安全技术标准，制定信息系统安全实施细则；有效利用IT技术手段，对硬件配置调整、软件参数修改严加控制；委托专业机构进行系统运行与维护管理的，应当严格审查其资质条件、市场声誉和信用状况等，并与其签订正式的服务合同和保密协议；采取安装安全软件等措施防范信息系统受到病毒等恶意软件的感染和破坏；建立信息系统开发、运行与维护等环节的岗位责任制度和不相容职务分离制度，防范利用计算机舞弊和犯罪等。

案例9-18 上市公司网站存漏洞被处罚

海曙区和义路上的一家大型企业负责人万万没有想到，因为企业网站存在漏洞，居然被行政处罚。昨天，记者从海曙警方了解到，这是宁波市首例根据《中华人民共和国网络安全法》做出行政处罚的案子。

不久前，海曙区一家大型企业的门户网站遇黑客入侵，内部诸多数据信息泄露，企业遭受不小的损失。此事引起了海曙公安的重视，江厦派出所与海曙公安分局网安大队合作，对辖区内所有大型企业进行了一次网络安全排摸检查。

排查后，江厦派出所发现，辖区有一家上市公司的门户网站存在敏感信息泄露、安全漏洞未及时处理等问题。网安大队进一步检查后发现，这家企业的网站存在两大高危漏洞以及7个低危漏洞。于是，民警立刻对该企业的相关负责人进行约谈。

询问中民警了解到，这家企业的网络运营部门没有及时发现这些漏洞，也没有制定过相关的网络安全应急预案。企业没有料到的是，他们受到了处罚。

原来，《中华人民共和国网络安全法》第二十五条规定，网络运营者应当制定网络安全事件应急预案，及时处置系统漏洞、计算机病毒、网络攻击、网络侵入等安全风险。

同时，第五十九条规定："网络运营者不履行本法第二十一条、第二十五条规定的网络安全保护义务的，由有关主管部门责令改正，给予警告；拒不改正或者导致危害网络安全等后果的，处一万元以上十万元以下罚款，对直接负责的主管人员处五千元以上五万元以下罚款。"

据此，民警对这家企业进行了口头警告以及责令限期三日内改正的行政处罚，并督促企业尽快制定网络安全的应急预案。

截至目前，海曙公安分局网安大队已经对辖区内745家大型企业的门户网站进行了排查与网站漏洞扫描工作，帮助这些企业认识到网络安全的重要性，对公司关键数据与信息资料进行维护并弥补漏洞，使这些信息免遭泄露，从而进一步维护企业自身利益，为企业发展营造一个良好的网络安全氛围。

资料来源：段晓鹏，夏婧，朱琳．上市公司网站存漏洞被处罚．现代金报，2019-03-04.

自测题

扫描此码　在线做题

思考题

1. 什么是财务报告内部控制？其价值主要体现在哪些方面？
2. 财务报告内部控制的总体要求有哪些？
3. 财务报告内部控制应至少关注哪些风险？
4. 管理报告内部控制应遵循哪些基本原则？
5. 请简要说明管理报告的业务流程。
6. 管理报告内部控制应至少关注哪些风险？
7. 什么是信息系统内部控制？其价值主要体现在哪些方面？
8. 信息系统内部控制应至少关注哪些风险？

案例分析

南风集团的财务报告内部控制

南风集团是一家专门从事基础设施研发与建造、房地产开发及进出口业务的公司，1996年11月21日在证券交易所正式挂牌上市。2014年8月8日，南风集团收到证监局《行政监管措施决定书》，南风集团一系列违规问题被披露出来。

（1）财务报告中未按规定披露重大关联交易。南风集团监事刘某同时担任F公司的董事长、法定代表人；刘某的配偶李某担任H贸易公司的董事、总经理、法定代表人。2012年度，南风集团与F公司的关联交易总金额为6 712万元，与H贸易公司的关联交易总金额为87 306万元；2013年度，南风集团与H贸易公司的关联交易总金额为215 395万元。这些关联交易均超过3 000万元且超过南风集团最近一期经审计净资产的5%。根据证监会的规定，这些交易属于应当在年报中披露的重大关联交易。但是，南风集团均未在这两年的年度报告中披露上述重大关联交易。

（2）通过虚构销售交易增加营业收入。南风集团通过虚构销售合同及现金流导致2012年度财务报告中虚增营业收入1 598万元，虚增营业成本867万元，从而虚增利润总额731万元，占当年合并利润表利润总额的21.23%。

（3）合作第三方审计机构资质不合格，财务报告问题未被发现。南风集团与当地的一家会计师事务所签订了长期的合作条约，但该事务所的资质并不满足上市公司财务报表审计有关法律法规对审计机构的要求，导致近几年南风集团的财务报告存在的诸多问题均未被发现。

资料来源：2018年注册会计师《公司战略与风险管理》考试真题.

问题：

从财务报告内部控制角度，分析上述材料中南风集团存在的风险点并提出相关的应对措施。

A公司的信息与沟通

A股份有限公司（以下简称“A公司”）系B大型国有企业集团公司（以下简称“B公司”）的境外控股公司，成立于1993年，注册地和经营地均在C国，并在C国证券交易所主板上市。20×4年11月30日，A公司突然向C国证券交易所申请停牌，并于次日发布公告称，A公司在某能源品种的期权交易中遭受重创，累计损失5亿多美元。这一消息震惊了国内外市场。B公司迅速派出调查组，对A公司内部控制与风险管理等进行全面调查。经过调查，发现以下情况：

（1）20×2年8月，A公司在其总经理甲的推动下，开始从事能源品种期权交易。由于A公司自成立以来一直从事能源采购业务，包括总经理甲及期权交易员在内的多数员工对期权交易业务缺乏基本常识。A公司董事会事后通过其他渠道得知本公司在从事期权交易，但从未采取任何有效措施予以制止。

（2）20×3年7月，面对能源价格持续攀升的走势，在未对能源市场做出全面、冷静分析的情况下，总经理甲仍主观认定能源价格将发生逆转，并授意交易员进行看跌期权交易，导致A公司发生较大损失。在随后的近一年中，能源价格继续大幅上涨。为扭转颓势，总经理甲仍抱着侥幸心理坚持看跌期权交易，并进一步加大交易量。为了满足不断增加的交易量对交易保证金的需求，总经理甲授意公司财务部将董事会明确规定有其他用途的3亿多美元贷款用以支付交易保证金。总经理甲未向董事会报告上述期权交易行为和改变贷款用途的行为；同时，期权交易发生的损失也未在公司财务报表中予以反映和披露。

（3）20×4年8月，尽管在期权交易中遭受巨大损失，但总经理甲仍在公开场合表示，A公司收入稳定，经营状况和财务状况良好。

（4）根据A公司《风险管理手册》的规定，A公司的期权交易业务实行“交易员–风险管理委员会–审计部–总经理–董事会”层层上报、交叉控制制度。同时规定，损失20万美元以上的每一笔交易要提交风险管理委员会评估，任何将导致50万美元以上损失的交易将强制平仓（即了结期权交易行为）。《风险管理手册》中还明确规定公司的止损限额是每年500万美元。但是，交易员没有遵守交易限额规定和平仓规定，风险管理委员会也没有进行任何必要的风险评估，审计部因直接受命于总经理甲而选择附和，总经理甲为挽回损失一错再错，董事会对期权交易盈亏情况始终不知情。

调查工作结束后，调查组向B公司董事会提交了一份调查报告。报告对A公司内部控制中存在的缺陷进行了深入分析，并就B公司如何加强对包括A公司在内的境外控股公司的控制提出了改进建议。

问题：

1. 根据《企业内部控制基本规范》和《企业内部控制应用指引第17号——内部信息传递》，分析、判断A公司在内部信息与沟通方面存在的缺陷，并简要说明理由。

2. 就B公司如何加强对境外控股公司内部信息传递的控制提出你的建议。

日本瑞穗证券公司的信息系统控制

2005年12月8日，日本四大金融集团之一的瑞穗金融集团下属瑞穗证券公司因错误操作造成公司损失约300亿日元（120日元约合1美元）。

嘉克姆是日本一家人才派遣公司，8日在东京证券交易所创业板上市。该公司股票认购价格为每股61万日元，已售出3 000股。瑞穗证券公司操盘手当天将“以61万日元的价格出售1股股票”操作为“以1日元的价格出售61万股股票”，这时操作屏上市场价格栏中出现了输入有误的警告，但由于这一警告经常出现，操盘手忽视警告继续操作。随后，东京证交所发现错误，电话通知瑞穗证券公司操盘手立即取消交易，但取消交易操作未能成功。

受错误操作影响，嘉克姆股票从开盘价每股67.2万日元暴跌至当日停盘价57.2万日元。由于抛售61万股的预约已被认可，嘉克姆股票实际上以接近停盘价成交，而非1日元。另外，嘉克姆公司实际发行股票数量只有1.45万股，瑞穗证券公司预约售出的股票数量是其发行量的42倍，属于卖空行为。瑞穗证券公司必须大量买入嘉克姆公司股票，以使交易成立。因此，嘉克姆股票又马上急涨至每股77.2万日元结束当天交易。

瑞穗证券公司总裁福田真8日表示，公司已经损失270亿日元，预计最终经济损失将超过300亿日元。这一因操作错误带来的损失规模是史无前例的。

由于市场人士担心瑞穗证券公司为弥补错误操作带来的损失会大量抛售所持股票，东京股市8日全线下跌，日经平均股指较上一交易日下跌301.3点，以15 183.36点报收。

日本首相小泉纯一郎9日对瑞穗证券公司操作过失一事发表讲话时说，希望采取万全之策防止此类事件重演。同一天，日本经济财政金融大臣与谢野馨在记者会上表示，必须彻底查明没能防止这种人为错误出现的原因，必须最大限度地维持证券市场的稳定。日本金融厅表示考虑对瑞穗证券公司进行处分，同时也要求有关方面查明证券交易系统是否存在问题。

问题：

根据《企业内部控制应用指引第18号——信息系统》，分析、评价日本瑞穗证券公司交易信息系统控制中存在的缺陷，并指出其关键控制点和控制措施。

第 10 章

Chapter 10 内部监督

学习目标

1. 知识目标：理解内部监督的作用和定义；理解内部审计的定义和职能，了解内部审计机构的设置原则、设置方式和主要权限；理解内部控制评价的定义和原则，了解内部控制评价的内容。

2. 能力目标：掌握内部监督的程序，学会内部监督不同形式的应用；掌握内部控制评价的内容和程序，学会不同类型内部控制缺陷的认定。

3. 素养目标：(1) 通过理解《审计署关于内部审计工作的规定》《关于深化中央企业内部审计监督工作的实施意见》《中华人民共和国审计法》关于内部审计方面的修订内容，一方面系统领会习近平总书记关于审计既要“查病”又要“治已病、防未病”的精神，另一方面深刻认识内部审计工作的重要性并坚定“四个自信”。(2) 通过理解国家电网、中国核电、万科、万达、海亮等经典内部审计案例，一方面厚植爱国主义情怀，另一方面逐步形成内部审计职业理想，增强从事内部审计工作的职业责任感。(3) 通过剖析由于内部控制存在重大缺陷被监管部门处罚的案例，践行社会主义核心价值观，并塑造风险意识，树立法治理念。

引 例

包商银行发生风险事件的根源在于监督失效

2019 年 5 月 24 日，包商银行因出现严重信用风险，被人民银行、银保监会联合接管。这是中国金融发展史上的一个重大事件，其中反映出的公司治理失败的惨痛教训值得警醒。诸多中小银行风险背后的根源在于公司治理失灵，以及与之相关的金融腐败和违法犯罪。

包商银行的风险根源在于公司治理全面失灵

包商银行公司治理最突出的特点是“形似而神不至”。从表面上看，包商银行有较为完善的公司治理结构，股东大会、董事会、监事会、经营层的“三会一层”组织架构健全、职责明确，各项规章制度一应俱全。但实际上，包商银行有的只是形式上的公司治理框架。“大股东控制”和“内部人控制”两大公司治理顽症同时出现，加之地方“监管捕获”、贪腐渎职，导致形式上的公司治理架构和机制基本失灵，给各类违法违规和舞弊行为提供了滋生土壤和宽松环境。

党的领导缺失，党委主要负责人附庸于大股东并演化为内部控制人，总行党委、纪委的作用被严重弱化，逐渐成了摆设

接管组发现，长期以来，包商银行党委形同虚设，“党的核心作用”早已被“董事长的核心作用”取代。比如，包商银行的重大事项决策、重要干部任免、重要事项安排和大额资金使用等均不需要经过党委会集体讨论决策，“董事长交办”成为常态。由于缺乏党内监督和引导，包商银行形成了扭曲的文化，一些党员领导干部以权谋私、违法乱纪已经到了肆无忌惮的地步。比如，全行近3 000名党员中，有468名党员党组织关系未转入包商银行，他们长期不参加党组织生活，不按规定缴纳党费。包商银行纪委对大量的举报线索不立案、不查处、不追究；对一些严重违法违规放贷案件只做内部处理，不报案。党内监督问责机制完全失效。

大股东操纵股东大会，干预银行正常经营，通过各种方式进行利益输送

股权结构是决定商业银行治理机制有效性的最重要因素，决定商业银行控制权的分布，决定所有者与经营者之间委托代理关系的性质。但在实际运作过程中，由于“明天系”的“一股独大”，包商银行股东大会没有发挥科学、民主决策的作用。包商银行机构股东有79户，持股比例为97.05%，其中，明确归属明天集团的机构股东有35户，持股比例达89.27%，远超50%的绝对控股比例。由于股权过于集中，大股东很容易根据“一股一票”和“资本多数表决”原则“合法地”操纵股东大会，使股东大会成为大股东主导的决策机构，股东大会“形式化”或“走过场”，成了大股东干预和掏空包商银行的合法外衣，股东监督机制名存实亡。2005年以来，明天集团通过大量的不正当关联交易、资金担保及资金占用等手段进行利益输送，包商银行被逐渐“掏空”，造成严重的财务与经营风险，直接侵害其他股东及存款人的利益。清产核资结果显示，2005—2019年，“明天系”通过注册209家空壳公司，以347笔借款的方式套取信贷资金，形成的占款高达1 560亿元，且全部成了不良贷款。

董事会形同虚设，缺乏全面有效的风险管理体系，风险管控职能失效，核心作用被董事长个人取代

长期以来，包商银行董事会形同虚设，董事长“一言堂”问题严重，董事会各项运作机制成了摆设，风险管控失效，不合规、不合法的企业文化盛行。尽管包商银行董事会下设9个专业委员会，但2011年以来，包商银行通过关联交易控制委员会、业务经营委员会等，对多项关联交易做出不当决策，董事会实际上对大股东明天集团进行利益输送起到了“助力”作用。根据接管组掌握的情况，在2015年12月二级资本债募集说明书披露的董事会13人名单里，有相当数量的董事并不参与决策，对重大违规决策也不提出反对意见；甘于被收买，只拿钱不尽责，甚至凭借特殊关系和名气，替人站岗放哨，站台背书。

至于董事会下设的风险管理委员会等，并未实质性地行使风险决策和把关职能，各种风险控制岗位形同虚设，从上至下不受内部控制约束，风险管理部门职能被完全弱化。比如，包商银行实行事业部制，总行风险管理部门既无在总行层面的决策权或“一票否决权”，也无权对全行风险管理工作实现垂直领导，风险管理部的制衡和专业判断作用完全丧失。还比如，总行管理部门常以业务信息保密为借口，阻碍审计项目开展，导致内部审计部门难以履职。“明天系”和董事长的所谓“特殊业务”对内部审计保密，不允许审计，审计监督完全失效；对审计检查发现的其他问题，也不了了之，间接地为“内部人控制”和“大股东控制”提供了滋生土壤。

监事会监督职能弱化，监事专业性不足、独立性不强，监督履职失灵

监事会是对公司业务状况和财务状况进行监督检查的重要组织机关，是对执行董事和管理层进行监督的主要力量，其宗旨是维护股东、债权人、员工等利益相关者的合法权益，防范和减少会计信息失真。一直以来，包商银行监事会就是一个摆设，其检查监督功能没有真正发挥作用。包商银行的7名监事（1名股东监事、4名职工监事和2名外部监事）中，4名职工监事均为包商银行中高层管理者，双重身份导致职工监事很大程度上必须听命于董事会或者管理层；部分监事缺乏必要的专业知识和能力，难以很好地履行职责；监事会没有配备具有财务专业背景的监事。结果导致监事会不是对公司负责，也不是对全体股东尤其是中小股东负责，而是俯首听命于大股东、董事会或者管理层。

管理层凌驾于制度之上，以领导指示或领导集体决策代替规章制度

由于包商银行“三会一层”治理体制失效，缺乏制衡机制和有效监督，管理层不仅违规为大股东“明天系”套取巨额资金提供帮助，而且通过本行工会注册企业、成立中微小集团公司和发展战略客户等关联交易的方式套取信贷资金，这些贷款基本形成不良贷款，大多数关联交易都未通过董事会决议审批。至接管前，通过“绿色通道”和“特事特办”审批的关联方贷款，不良贷款率高达98%；有些关联交易由高管层集体决议，凭行务会议纪要发放；甚至有些关联交易仅凭盖有领导印鉴的特别贷款审批单便可放款。有些领导干部在职务任免、绩效考核、薪酬调整、集中采购等重大事项中任性用权，干部任免不经组织考察，绩效考核、薪酬调整凭关系、凭领导个人喜好，大额采购不经过招标和集体研究，领导凌驾于制度之上。

资料来源：周学东．中小银行金融风险主要源于公司治理失灵——从接管包商银行看中小银行公司治理的关键．中国金融，2020（15）：19-21.

包商银行发生风险事件，一方面说明其内部控制存在重大缺陷，未能保证企业持续健康发展，另一方面说明董事会、监事会等机构没有充分发挥监督作用，导致公司管理存在严重漏洞、经营出现重大损失。企业要规避上述风险，就需要按照《企业内部控制基本规范》及其配套指引的要求，制定内部控制监督制度，明确内部审计机构（或经授权的其他监督机构）和其他内部机构在内部监督中的职责权限，规范内部监督的程序、方法和要求；同时企业应当结合内部监督情况，定期对内部控制评价的有效性进行自我评价，出具内部控制自我评价报告。

10.1　内部监督概述

10.1.1　内部监督的定义

内部监督是企业对内部控制的实施情况进行的监督检查，目的在于评价内部控制的有效性，发现内部控制缺陷，并及时加以改进。内部监督作为企业内部控制的重要组成部分，是企业的利益相关者对企业代理人的经营行为、过程或决策等经营活动实施客观、及时的监控所涉及的一系列监督制度的总称。

企业由于认识的局限或者考虑不周等原因，设计的内部控制制度不可能完美无缺。由于实际情况发生变化，或由于员工对内部控制制度理解上的差异，内部控制制度可能无法发挥应有的作用，导致内部控制实际运行中或多或少存在这样或那样的问题。为此，需要对内部控制运行情况实施必要的监督检查，发现其不足和问题乃至缺陷，从而完善内部控制，提高内部控制的有效性。内部监督是保证内部控制体系有效运行和逐步完善的重要措施，是一个完善的内部控制体系必不可少的环节。

东北高速的内部监督问题

案例 10－1　华为如何构建内部控制三道防线体系

任正非在 2017 年华为公司监管体系座谈会的讲话中介绍：

公司发展得越快，管理覆盖就越不足，暂时的漏洞也会越多，因此，我们设置了内部控制的三层防线。

第一层防线，业务主管/流程 owner，他们是内控的第一责任人，在流程中建立内控意识和能力，不仅要做到流程的环节遵从，还要做到流程的实质遵从。流程的实质遵从，就是行权质量。落实流程责任制，业务主管/流程 owner 要真正承担内控和风险监管的责任，95%的风险要在流程化作业中解决。业务主管必须具备两个能力，一个是创造价值，另一个是做好内控。

第二层防线，内控及风险监管的行业部门，针对跨流程、跨领域的高风险事项进行拉通管理，既要负责方法论的建设及推广，又要做好各个层级的赋能。稽查体系聚焦事中，是业务主管的帮手，不要越俎代庖，业务主管仍是管理的责任人。稽查体系要帮助业务主管管理好自己的业务，发现问题、推动问题改进、有效闭环问题。稽查和内控的作用是在帮助业务完成流程化作业的过程中实现监管。内控的责任不在稽查部，也不在内控部，这点一定要明确。

第三层防线，内部审计部是司法部队，通过独立评估和事后调查建立冷威慑。审计发现一个疑点，不依不饶地深查到底，旁边碰到大问题也暂时不管，沿着这个小问题把风险查清、查透。一个是纵向的，一个是横向的，没有规律，不按大小来排队，抓住什么就查什么，这样建立冷威慑。冷威慑，就是让大家都不要做坏事，也不敢做坏事。

资料来源：黄卫伟．价值为纲：华为公司财经管理纲要．北京：中信出版集团股份有限公司，2017．

10.1.2 内部监督的程序

1．建立健全内部监督制度

随着企业的不断壮大，其主体结构或发展方向、员工人数及素质、生产技术或流程等会相应地发生变化。企业风险管理的有效性受其影响，曾经有效的风险应对策略可能变得不相关，内部控制活动可能不再有效甚至内部控制制度可能得不到执行。面对这些变化，企业管理层需要实施必要的监督检查来确保内部控制持续和有效运行。为此，企业首先需要建立健全内部监督制度。内部监督制度的主要内容包括但不限于：明确监督的组织架构、岗位设置、岗位职责、相关权限、工作方法、信息沟通的方式以及各种表格和报告样本等。

案例 10－2 前董事长占用挪用资金，新开源内部监督失效

博爱新开源医疗科技集团股份有限公司（以下简称“新开源”）是国内精准医疗的先行者，目前拥有多项专利及其他知识产权，其中呵尔医疗旗下的 SPICM-DNA 全自动细胞肿瘤筛查分析系统填补了国内空白，在过去 10 年里累积了超百万人次的数据库。新开源也是国内领先的研发和生产聚乙烯吡咯烷酮（PVP）系列产品的高新技术企业，主要生产基地占地 210 亩（建筑面积 5.6 万平方米），所有医药/化妆品/食品/口腔护理类产品已经全面符合 cGMP（动态药品生产管理规范），成为中国药用辅料行业产品安全的典范。公司自主研发的多项成果填补了国内空白，获得 16 项发明专利和 21 项实用新型专利授权；获得计算机软件著作权证书 20 件；自主研发了 16 项专有技术，其中多项技术达到国内或国际先进水平；获得 33 项商标注册。目前，公司的 PVP 销量稳居中国第一，世界前三。但是新开源无数光环和头衔的背后隐藏着重重问题，前董事长方华生挪用投资款事件愈演愈烈，引发监管部门的关注，对公司运营和发展产生了重大的影响。

2019 年 11 月 29 日，深交所对新开源下发关注函，直指关联方资金占用和内控失效等问题。

新开源违规的核心事实并不复杂。一是资金占用。2018 年 1—2 月，新开源旗下的 4 家子公司分别与北京中盛邦新材料研究院有限公司（以下简称“中盛邦”）、晨旭达投资有限公司（以下简称“晨旭达”）、北京国泽资本管理有限公司（以下简称“国泽资本”）发生资金往来。据查询，截至目前，中盛邦、晨旭达、国泽资本 3 家公司对公司的欠款分别为 230 万元、4 746 万元、4 500 万元。新开源公开承认，这些资金往来构成财务资助。

二是资金挪用，新开源的表述是变更用途。2018 年 1 月 25 日，新开源向子公司北京新开源转款 1.8 亿元，北京新开源当天将该笔款项以投资款名义转给深圳前海基金公司。此后公司一直未能获悉该笔投资的进展情况，直到今年 9 月初公司董事会换届时，方华生公开声明“资金往来系收购美国 BV 公司引起以及经营性活动所需”。在新开源收购美国 BV 公司过程中，资金安排曾出现明显异常，新开源投向深圳前海基金的 1.8 亿元已然曲线参与这起收购。

纵观新开源投资深圳前海基金事件的始末，公司在该投资项目上的内控显然是缺位的，未能及时发现并有效阻止对晨旭达、国泽资本、中盛邦提供相关的财务资助以及深圳前海基金投资款被变更用途。董事长在公司投资业务、运营管理等问题上频频违规操作，也说明新开源的内部监督是失效的。一方面，董事长擅自挪用投资款，在未经董事会批准的情况下将投资款汇入子公司继而汇入基金账户。另一方面，对合作企业的资质缺乏有效的评估和审核，发生高额财务资助的三家公司和前董事长均存在亲密关系。公司的资金管理控制存在缺陷，未对合作公司的财务状况进行有效审核。整个公司的内部监督部门没能在日常监督中及时发现上述内控的漏洞，也未定期对与新开源产生重大资金往来的公司的业务进行专项监督。

资料来源：王乔琪，覃秘. 前董事长违规挪资 2 亿元，新开源易主事宜横添变数. 上海证券报，2019-11-28；1.8 亿元投资下落再追寻，新开源海外收购引资有蹊跷. 上海证券报，2019-12-10.

2. 制定内部控制缺陷标准

具有内部控制监督职能的部门在执行监督和检查工作之前，要明确监督的目的和要求。监督的直接目的是检验内部控制制度的执行效果，最终目的是服务于内部控制目标。内部监督的基本要求是查找内部控制缺陷，因此明确内部控制缺陷的认定标准是内部监督工作的关键步骤，它直接影响内部监督工作的效率和效果。

内部控制缺陷，是指内部控制的设计存在漏洞，不能有效防范错误与舞弊，或者内部控制的运行存在弱点和偏差，不能及时发现并纠正错误与舞弊的情形。内部控制缺陷的认定大致可以分为三个层次：有无内部控制缺陷、有无重要内部控制缺陷、有无重大内部控制缺陷，这三个层次是按照内部控制缺陷的重要程度来划分的。与之相对应，内部控制缺陷可以分为一般缺陷、重要缺陷和重大缺陷。按照缺陷的来源，内部控制缺陷可分为设计缺陷与执行缺陷。按照缺陷的内容，内部控制缺陷可以分为财务报告内部控制缺陷和非财务报告内部控制缺陷。在内部监督过程中，监督部门要对缺陷的种类、性质和重要程度进行初步认定。

案例 10-3　海螺水泥的内部控制缺陷认定标准

财务报告内部控制缺陷认定标准

安徽海螺水泥股份有限公司（以下简称“公司”）确定的财务报告内部控制缺陷评价的定量标准见表 10-1。

表 10-1　财务报告内部控制缺陷评价的定量标准

指标名称	重大缺陷	重要缺陷	一般缺陷
内控缺陷或缺陷组合可能导致的财报错报	由该缺陷或缺陷组合可能导致的财务报告错报＞财务报表重要性水平（即公司期末合并财务报表的营业收入的 2%或资产总额的 2%或利润总额的 5%）	财务报表重要性水平×50%＜由该缺陷或缺陷组合可能导致的财务报告错报≤财务报表重要性水平	由该缺陷或缺陷组合可能导致的财务报告错报≤财务报表重要性水平×50%

公司确定的财务报告内部控制缺陷评价的定性标准见表10-2。

表10-2 财务报告内部控制缺陷评价的定性标准

缺陷性质	定性标准
重大缺陷	1. 董事、监事和高级管理人员舞弊。 2. 公司更正已经公布的财务报表。 3. 注册会计师发现当期财务报表存在重大错报，而内部控制在运行过程中未能发现该错报。 4. 公司审核委员会和监察审计室对内部控制的监督无效。 5. 内部控制评价的结果特别是重大或重要缺陷未得到整改。 6. 重要业务缺乏制度控制或制度系统性失效。
重要缺陷	—
一般缺陷	—

非财务报告内部控制缺陷认定标准

公司确定的非财务报告内部控制缺陷评价的定量标准见表10-3。

表10-3 非财务报告内部控制缺陷评价的定量标准

指标名称	重大缺陷	重要缺陷	一般缺陷
利润总额和现金流的不利影响	1. 造成或可能造成年度利润总额变化的金额超过年度利润总额的3%（含3%）； 2. 对现金流产生或可能产生影响的金额（现金收入减少或者现金支出增加）超过年度现金流金额的3%（含3%）。	1. 造成或可能造成年度利润总额变化的金额介于年度利润总额的1.5%（含1.5%）至3%之间； 2. 对现金流产生或可能产生影响的金额（现金收入减少或者现金支出增加）介于年度现金流金额的1.5%（含1.5%）至3%之间。	1. 造成或可能造成年度利润总额变化的金额小于年度利润总额的1.5%； 2. 对现金流产生或可能产生影响的金额（现金收入减少或者现金支出增加）小于年度现金流金额的1.5%。
声誉的影响范围和恢复程度	对企业声誉造成重大损害，需要大于等于1年的时间恢复声誉。	对企业声誉造成一定损害，需要大于等于6个月且小于1年的时间恢复声誉。	造成的声誉损害可以在6个月内恢复。
违法违规或违反合同所导致的罚款或者赔偿金额（说明（1））	1. 违反法规，导致政府部门或者监管机构的罚款或者处罚金额大于主营业务收入（自产品销售）的0.08%（含0.08%）； 2. 重大商业纠纷、各类重大诉讼所导致的赔偿损失金额大于主营业务收入（自产品销售）的0.08%（含0.08%）。	1. 违反法规，导致政府部门或者监管机构的罚款或者处罚金额介于主营业务收入（自产品销售）0.04%（含0.04%）～0.08%之间； 2. 重大商业纠纷、各类重大诉讼所导致的赔偿损失金额介于主营业务收入（自产品销售）0.04%（含0.04%）～0.08%之间。	1. 违反法规，导致政府部门或者监管机构的罚款或者处罚金额小于主营业务收入（自产品销售）的0.04%； 2. 重大商业纠纷、各类重大诉讼所导致的赔偿损失金额小于主营业务收入（自产品销售）的0.04%。

续表

指标名称	重大缺陷	重要缺陷	一般缺陷
对供应商/顾客关系的损害程度（说明（2））	产品质量异议导致的损失金额大于主营业务收入（自产品销售）的0.08%（含0.08%）。	产品质量异议导致的损失金额介于主营业务收入（自产品销售）0.04%（含0.04%）～0.08%之间。	产品质量异议导致的损失金额小于主营业务收入（自产品销售）的0.04%。
对员工积极性和稳定性的影响（说明（3））	导致核心团队超过20%（含20%）的流失。	导致核心团队10%（含10%）～20%的流失。	导致核心团队不超过10%的流失。
不能正常经营所造成的损失	造成重要的业务/服务中断且恢复需要大于等于6个月时间。	企业日常业务受一些影响，造成个别业务/服务中断，恢复时间大于等于3个月且小于6个月。	对营运有一定影响，造成个别业务/服务中断，但可以在3个月内恢复。
人身安全健康、环境受损（说明（4））	发生安全事故造成下列情形：一次工亡10人（含10人）以上；对环境产生如下损害：造成主要环境损害，需要1年以上（含1年）的时间来恢复。	发生安全事故造成下列情形之一：一次工亡5～10人（含5人）；对环境产生如下损害：对环境造成中等影响，需6个月（含6个月）～1年的时间才能恢复。	发生安全事故造成下列情形：一次工亡5人以下。

说明：(1) 对违反法规遭受处罚或是由于纠纷（诉讼）产生的赔偿，考虑同业数据、历史数据、法规的处罚条文，以及公司目前签订的商业条款。(2) 对于产品质量造成的损失，考虑历史数据及财务数据。(3) 对于核心团队的具体组成部分，考虑技术管理骨干、中层以上管理人员等，对于核心团队的人数，考虑百分比，确定内控缺陷等级。(4) 对于安全，考虑安全事故造成人员伤亡的人数，对于环境，考虑恢复对环境造成的损害所需要的时间。

公司确定的非财务报告内部控制缺陷评价的定性标准见表10-4。

表10-4　非财务报告内部控制缺陷评价的定性标准

缺陷性质	定性标准
重大缺陷	1. 负面消息在整个业务领域（包括产业链）内流传，或者被全国性媒体及公众媒体关注。 2. 损害与大供应商/大客户或潜在大供应商/大客户管理层的关系，严重影响与大供应商/大客户的关系。 3. 较大程度损害整体员工的工作积极性，大大降低工作效率，对企业文化、企业凝聚力产生重大不利影响。 4. 企业失去部分业务能力，情况需要付出较大的代价才能控制，但对企业存亡无重大影响。 5. 受内控缺陷影响的部门/单位无法达成其部分关键营运目标或业绩指标。 6. 对环境产生如下损害： ● 大规模的公众投诉； ● 应采取重大的补救措施。

续表

缺陷性质	定性标准
重要缺陷	1. 负面消息在行业内部流传，或者被地方媒体报道或关注。 2. 对大供应商/大客户关系有明显影响，对一般供应商/客户关系有严重的影响。 3. 损害多数员工的工作积极性并影响其工作效率，对企业文化、企业凝聚力产生某些重要的不利影响。 4. 受内控缺陷影响的部门/单位较难达成其部分关键营运目标或业绩指标。 5. 对环境产生如下损害： ● 出现个别投诉事件； ● 应采取一定程度的补救措施。
一般缺陷	1. 负面消息在企业内部流传，对企业声誉造成轻微损害。 2. 收到供应商/客户的正式投诉，但对供应商/客户关系基本没有影响。 3. 损害少数员工的工作积极性并影响其工作效率，对企业文化、企业凝聚力几乎没有影响。 4. 对环境产生如下损害： ● 对环境或社会造成一定的影响，但不破坏生态系统； ● 被政府有关部门关注或需要通知政府有关部门，可不采取行动。

资料来源：安徽海螺水泥股份有限公司2020年度内部控制评价报告．上海证券交易所官网，2021-03-26.

3. 实施监督

对内部控制建立情况与实施情况进行监督检查，最直接的动机是找出企业内部控制存在的问题和薄弱环节。一方面，针对已经存在的内部控制缺陷，及时采取应对措施，减少控制缺陷可能给企业带来的损害。比如，在监督检查中发现销售人员直接收取货款的控制缺陷，应采取对客户进行核查和对应收账款进行分析等方法加以补救。另一方面，针对潜在的内部控制缺陷，采取相应的预防性控制措施，尽可能避免缺陷的产生，或者当缺陷发生时，尽可能降低风险和损失。比如，在监督检查中发现企业对汇率风险缺少控制，经理层应及时设立外汇交易止损系统，防止风险扩大。

4. 记录和报告内部控制缺陷

《企业内部控制基本规范》第四十七条规定，企业应当以书面或者其他适当的形式，妥善保存内部控制建立与实施过程中的相关记录或者资料，确保内部控制建立与实施过程的可验证性。也就是说，内部控制建立与实施过程应当“留有痕迹”。按照内部控制要素分类，相关文档记录包括：（1）内部环境文档，一般包括组织结构图、权限体系表、岗位职责说明、员工守则等；（2）风险评估文档，一般包括风险评估流程、风险评估过程记录、风险评估报告等；（3）控制活动文档，一般包括系列企业内部控制应用指引中的各项流程控制文档；（4）信息与沟通文档，一般包括客户调查问卷、财务报告、经营分析报告、董事会和经理办公会等主要会议纪要；（5）内部监督文档，一般包括往来询证函、资产盘点报告、审计计划、审计项目计划、审计意见书、整改情况说明书、员工合理化建议记录、专项监督实施方案和过程记录、专项监督报告等。

企业应制定相关的管理规定，明确缺陷报告的职责、报告的内容，对缺陷报告程序及跟进措施等方面加以规范。例如，企业下属业务部门和其他控制人员在工作中发现内部控制的缺陷，应及时以书面形式向上级主管部门和内部控制主管部门报告；内部控制主管部门向管理层随时或定期汇报新出现的风险，或业务活动中存在的风险控制缺陷，涉及重要风险的控制方案及重大整改事项由内部控制委员会审查；内部控制主管部门在对企业内部控制体系进行评价的基础上，编制企业内部控制综合评价报告，经内部控制委员会审核确认后报董事会审议。

内部控制缺陷的报告对象至少应包括与该缺陷直接相关的责任单位、负责执行整改措施的人员、责任单位的上级单位。针对重大缺陷，内部监督机构有权直接上报董事会及其审计委员会和监事会。

5. 对内部控制缺陷进行整改

通过内部监督，可以发现内部控制在建立与实施中存在的问题和缺陷，进而采取相应的整改计划和措施，切实落实整改，促进内部控制系统的改进。

案例 10－4　海亮集团的内部审计

海亮集团有限公司创建于 1989 年，主营有色金属加工、教育、健康三大产业，2018 年营业收入为 1 736 亿元，中国企业 500 强第 110 位，中国民营企业 500 强第 18 位；旗下有境内外 3 家上市公司。海亮集团的诚信文化打造了良好的内控审计环境，构建了以内控审计为核心的大监督体系。

集团审计部门隶属于海亮集团董事会，各产业集团的内控审计部门直接隶属于本产业集团董事会，并接受集团内控审计中心的业务指导。历任内控审计负责人都是董事局成员，进入集团核心管理层，参与公司重大决策，并对集团重大事项拥有一票否决权。集团审计部门建立了内部审计管理制度、工程审计管理制度等七项制度，形成了较为完整的制度体系。面对集团多元化的业务，内部审计与时俱进，从刚成立时以财务审计为主到现在覆盖公司主要业务领域，聚焦审计价值创造。

(1) 倒“二八”模式促进审计整改。审计发现问题并出具报告，工作量完成了 80%，但对企业的价值可能仅为 20%；只有强化整改，才能真正实现剩余 80%的价值，可以说审计整改是审计创造价值的核心。公司探索了多种方法来实践倒“二八”整改体系，取得了较好效果。一是强化“两会三签”。“两会”指审计进场时的开工会、审计结束时的闭工会；“三签”指意见交换书、审计报告书、整改计划书由被审计单位签字确认。与被审计单位充分沟通、促成被审计单位的风险认同是整改的重要因素。相较于邮件、电话等远程沟通方式，面对面现场沟通的效果更好，审计组在审计开工、闭工会议期间，与被审计单位负责人、相关部门负责人沟通，充分听取被审计单位意见。意见交换书、审计报告书、整改计划书由被审计单位签字确认，落实审计发现及整改责任部门/责任人，加强审计质量控制。二是进行风险等级量化，强化整改重点。在审计发现问题定性过程中引入风险等级量化标准，通过对风险等级的分类甄别，对被审计单位整改强制性提出要求：高风险必须整改，中风险原则上也需整改，低风险在评估整改成本后可申请不整改。三是采取整改跟踪复核“4＋1”模式，形成整改闭环。对于整改完成情况进行复核，采取

“4+1”模式，即“被审计单位自检→审计经理复核→专项审计→后续常规审计+专人销号”，保障整改到位，形成闭环，确保“责任不落实不放过、问题不解决不放过、整改不到位不放过”。四是量化审计人员考核。将审计整改率纳入审计人员绩效考核，督促审计人员在提出审计整改建议及追踪整改情况时，充分与被审计单位沟通，提高整改方案落地性。倒“二八”整改体系的实施，使得整改率逐年提升，2017年整改率达到92%（比2016年提高21%），2018年达到96%。高风险及必须整改的风险整改率近100%。同时也助推了企业内控体系的完善，其中2018年内控审计查处各类违规违纪案件14起，涉及人员处理24人，其中1人移送司法机关、14人解除劳动合同；提出审计建议288条，绝大部分得到整改，保障了集团的高速健康发展。

（2）审计信息化尝试。集团审计部门联合信息部门经过近一年的工作，成功开发出“云海审计”信息平台。平台能有效支持远程任务信息及时传递，打破审计时间和空间界限，实现标准化、系统化作业，大幅提高审计效率，为审计数据的应用奠定坚实的基础。

（3）IT与内控“充分”融合。从2013年开始，内控审计中心结合海亮集团总部—产业集团—单体公司管理架构，产业多元化、管理多层级等现状，牵头组织授权工作，逐步搭建起董事局主席、分管总裁、产业板块三级授权管理体系，以OA（办公自动化）为载体，将内控关键控制点、授权等融入OA流程中。经过五年的不断优化完善，2018年，优化全集团流程826个，流程数量减少36%，待办事项减少68%。集团对下属公司审批节点数由3 058个减少至1 770个，减少42%。完成对集团所有板块全覆盖，有力地促进了集团快速发展过程中的风险管理。

（4）在新领域创造新价值。2014年内控审计部门通过对私募股权投资项目投后管理活动中档案资料的标准化管理审计，促进创建并运行一整套经济指标分析体系和内部研讨机制，明晰了当时总额超过20亿元的股权投资资产的风险状况、对策，为管理层提供了决策、谈判的重要依据。2017年为配合下属板块股权转让工作，历时两个月开展30家子公司的尽职调查，完成外部会计师事务所未能实现的任务；较原预算调增收入7.17亿元，调增净利润6.98亿元。同时，为满足集团教育产业快速扩张的需求，集团审计牵头法务、业务部门开展尽职调查，2017—2018年主导项目58个，提出并购风险340余项、并购建议200余条，成为管理层并购决策的重要依据，成功推动11个并购项目落地。

资料来源：傅怀全. 海亮文化名片中的内审色彩. 中国内部审计，2019（8）：38-41.

10.1.3 内部监督的形式

《企业内部控制基本规范》第四十四条将内部监督分为日常监督和专项监督两种形式。

1. 日常监督

日常监督是指企业对建立与实施内部控制的情况进行常规、持续的监督检查。

（1）日常监督的功能作用。

1）获取内部控制执行的证据。获取内部控制执行的证据，是指企业员工在日常生产经营过程中，取得必要的、相关的证据证明内部控制系统发挥功能的程度。内部控制执行的证据包括：管理层搜集汇总的各部门信息、出现的问题，相关职能部门进行自我监督时发现的问题及解决方案。

2）印证内外部信息。印证内外部信息，是指来自外界各方的信息与企业内部产生的信息一致。获取外界各方信息的具体方式主要包括与监督部门沟通、与客户沟通等。

3）核对数据记录和实物资产。核对数据记录和实物资产，是指将信息系统所记录的数据与实物资产相比较，记录差额并对差额产生的原因进行分析。

4）配合内外部审计提出的建议。审计人员关注内部控制的设计，测试其有效性，识别潜在的缺点并向管理层建议采取替代方案，同时提供对决策有用的信息。在监督企业内部控制活动中，内部审计人员发挥的作用尤其明显。

三鹿的警示

（2）日常监督的优缺点。日常监督能够持续地提供内部控制是否有效的信息，能够较快地发现问题。但对于风险发生的可能性较低但影响程度大的业务事项如突发事件，进行日常监督的成本较高。

（3）日常监督的适用范围。日常监督根植于企业日常、重复发生的活动之中，能够较快地识别问题。日常监督的程度越大，其有效性就越高，企业所需的专项监督就越少。

案例 10－5　联动销售模式下万孚生物固定资产内部监督问题

联动销售模式是医药公司通过经销商在特定区域的医院投放一定数量的检测设备，医药公司对此设备拥有所有权，终端客户依据合同拥有使用权，医药公司在大幅降低终端客户对仪器投资的同时，依靠试剂和耗材来获取利润，实现互惠互利的目的。新的利润增长点给企业带来了更大的风险。因此，加强联动销售模式下的固定资产内部控制成为医药公司的当务之急。

广州万孚生物技术有限公司（以下简称“万孚生物”）成立于 1992 年，于 2015 年 6 月在深交所创业板上市，拥有 33 000 平方米的快速诊断产品产业化基地，配备 5 000 平方米的洁净生产车间和具有国际先进水平的快速诊断试剂生产线，日产量达 150 万人份。公司致力于生物医药体外诊断行业中快速检测产品（包括试剂和仪器）的研发、生产和销售，为顾客提供专业的快速诊断与慢病管理的产品和服务。在美国成立了子公司和研发中心，在德国、肯尼亚、印度尼西亚成立了营销中心，并与欧洲零售巨头 BOOTS、亚洲零售巨头 WATSONS、南欧零售连锁著名品牌 SONAE，以及国内海王星辰、全象、老百姓大药房等建立了稳定的合作关系，为全球 140 多个国家和地区的客户提供产品解决方案和技术支持。其在联动销售模式下，对固定资产的日常管理和监督存在问题。

一是没有健全的审批程序。联动销售模式下，万孚生物所投放的仪器位于客户所在地，但是万孚生物难以得知客户是否合理使用仪器。为了减少公司不必要的损失，万孚生物在与客户进行合作时，应当深入了解客户的信誉以及客户资质。但事实上，公司将调查客户的权利下放给销售人员，销售人员为了扩大业绩，通常不会对客户进行细致的调查。此外，联动销售模式下，万孚生物以微利甚至零利润方式向客户提供仪器，但是需要客户配套使用公司的试剂或耗材，公司的利润主要来自试剂或耗材的进销差价。然而对万孚生物调查后发现，记录的投放仪器数量与试剂投放的数量存在较大差别。

二是没有严格的日常管理控制。（1）日常保养与维修不及时：联动销售模式下，客户对部分资产的使用存在不规范的现象，例如不能按规定粘贴固定资产条形码或者条形码脱落后不能及时补贴等。万孚生物在投放仪器后，对仪器的使用明细没有进行详细记录，也没有登记相关使用人的信息，导致仪器毁损后公司无法找到直接负责人。万孚生物提供的仪器属于专业性较强的精密仪器，需要使用人具备一定的专业知识，但是公司没有对客户进行专门的培训，甚至有时维修不及时导致部分仪器被废弃。（2）缺乏定期盘点且盘点制度不健全：万孚生物虽然将联动销售模式下的仪器作为公司自有固定资产进行核算，却没有给予该部分资产足够的重视，使报表中的资产数量与实际数量存在较大差异。出现这种现象的原因主要有两个：一是公司对以微利或免费形式投放的仪器缺乏追踪，也没有定期进行盘点，只是在申报上市等情形下才进行盘点；二是没有制定具体的资产清查方案，使得很多仪器的信息存在记录偏差。

资料来源：林晓红．联动销售模式下医药公司固定资产内部控制分析．财会通讯，2020（4）：129-133.

2．专项监督

专项监督是指在企业发展战略、组织结构、经营活动、业务流程、关键岗位员工等发生较大调整或变化的情况下，对内部控制的某一或者某些方面进行有针对性的监督检查。

（1）专项监督的功能作用。

1）及时发现内部控制缺陷，修正与完善内部控制系统。当内部控制各要素发生变化，可能对内部控制的有效性产生较大影响时，专项监督能够就该变化的影响程度进行分析研究，以确定内部控制能否适应这些新的变化。

内蒙古电建三公司内部监督制约体系的建立

2）关注高风险且重要的项目。企业应根据日常监督的结果，对风险较高且重要的项目进行专项监督，将整体风险控制在企业可承受的范围内。

（2）专项监督的优缺点。专项监督能够从一个新的角度关注内部控制系统的有效性，是对日常监督的有效补充。但专项监督往往发生在事实出现之后，具有一定滞后性。

（3）专项监督的适用范围。专项监督的范围和频率应根据风险评估结果以及日常监督的有效性等予以确定。一般来说，风险水平较高并且重要的控制，企业对其进行专项监督的频率应较高。

总之，日常监督是专项监督的基础，专项监督是日常监督的补充。二者的有机结合有利于确保企业内部控制系统随时间的变化保持其有效性。

案例10-6 山东高速集团的财务管理监督机制

山东高速集团有限公司（以下简称“山东高速集团”）是经山东省人民政府批准成立的，由山东省国资委履行出资人职责的现代化、国际化、高效化、综合型国有特大交通企业集团。经营主业涵盖交通基础设施及智慧交通的投资、建设、运营、管理与配套土地的综合开发，物流及相关配套服务，金融资产投资与管理。截至2019年底，山东高速集团注册资本233.38亿元，年经营收入847.93亿元，利润总额84.99亿元，资产总额7 217.50亿元，资产规模居山东省管企业和全国同行业第一位，经营领域涉及全国22个省、海外106个国家和地区。山东高速集团在发展过程中逐渐形成了独具特色的财务管理机制。随着新一轮大规模并购重组与业务扩张，现有的财务管理监督机制开始显现出与集团发展战略不相适应的地方。

内部审计是山东高速集团对内部经营管理活动的监督，也是企业财务内控的最后防线。山东高速集团设立了独立的审计法务部，建立了一套“以风险为导向、以流程为纽带、以控制为手段、以制度为保障”的风险管理体系，加强风险监控，落实风险管理的责任，有效地预防了“黑天鹅”“灰犀牛”事件的发生，切实降低了投资风险，保障了国有权益。同时，强化经责审计、绩效审计，强化审计整改，设置整改期限及台账，动态记录所有审计发现问题的整改进展情况，提升了审计整改工作质量和效果，有效解决了审计工作“后半程”问题，形成了良好的“闭环”管理模式。随着大数据、云计算、智能化等信息技术的发展，财务信息化不断迭代，对内部审计的方法和效率提出了更高的要求。

首先，集团需要全面应用信息技术，开发内部审计信息系统。加大内部审计软件系统开发力度，对内部审计功能进行深度开发和拓展应用，与企业财务数据库全面对接，能够适时抓取其数据，用信息技术手段解决内部审计过程中的难点、堵点、痛点，优化、重整、固化内部审计工作流程。对同类项目在审计中发现的风险点进行精细归类，并同步建立典型案例动态库，定期更新、拓展入库案例，建立内部审计大数据平台，实现数据共享共用，为企业管理层经营决策提供有效的风险防范指导，切实将风险控制在萌芽阶段，真正发挥风险管理审计的价值。

其次，搭建部门联动机制，强化内部协同效应。搭建内部审计、党委巡察、纪委监察、综合督查督办横向联动机制，加强管理监督、问题整改、绩效考核和责任追究。企业内部审计、党委巡察、纪委监察、综合督查督办部门既要明确职责分工，又要兼顾协同协作效应，加强审计法务部、党委巡察部、纪委监察室和综合办公室等部门的协同配合，避免重复检查、突出监督重点、转变监督职能、整合监管资源、实行综合整治，充分发挥各部门的监督检查和指导作用。

最后，建立审计人员动态库平台，提高审计工作效率。对审计人员按照审计工作年限、审计工作经验、业务知识、业务技能专长和劳动人事关系等多维度进行分类。在项目审计时，按照专项审计、绩效审计、经责审计、工程项目审计等具体审计要求，实时调配、组建审计工作小组或工作专班，强化审计专业技能，充分发挥审计人员专长，提高工作效率，高效完成审计任务。

资料来源：李航，王哲．基于内控视角的企业财务管理机制创新研究——以山东高速集团为例．新理财，2020（12）：4．

10.2 内部审计

10.2.1 内部审计的定义

内部审计和国家审计（政府审计）、社会审计（事务所审计、独立审计）并称三大类审计。

在2001年1月国际内部审计师协会（IIA）发布的《国际内部审计专业实务框架》中，内部审计被定义为：内部审计是一种独立、客观的确认和咨询活动，旨在增加价值和改善组织的运营。它通过应用系统的、规范的方法，评价并改善风险管理、控制及治理过程的效果，帮助组织实现其目标。

2003年6月，中国内部审计协会发布《中国内部审计准则》，对内部审计给出定义：内部审计是指组织内部的一种独立客观的监督和评价活动，它通过审查和评价经营活动及内部控制的适当性、合法性和有效性来促进组织目标的实现。

2018年1月12日，审计署党组书记、审计长胡泽君签署中华人民共和国审计署令第11号，公布了新修订的《审计署关于内部审计工作的规定》，自2018年3月1日起施行。新修订的《审计署关于内部审计工作的规定》的出台实施，是贯彻落实党中央、国务院关于加强内部审计工作、充分发挥内部审计作用指示精神的重大举措，对促进被审计单位规范内部管理、完善内部控制、防范风险和提质增效具有十分重要的意义。《审计署关于内部审计工作的规定》明确了内部审计的定义，指出内部审计是对本单位及所属单位财政财务收支、经济活动、内部控制、风险管理实施独立、客观的监督、评价和建议，以促进单位完善治理、实现目标的活动。同时进一步明确内部审计职责范围。共涉及财政财务收支审计、内部管理领导人员经济责任审计等12项职能，与原职责相比，增加了贯彻落实国家重大政策措施情况审计，发展规划、战略决策、重大措施以及年度业务计划执行情况审计，自然资源资产管理和生态环境保护责任的履行情况审计，境外机构、境外资产和境外经济活动审计，协助督促落实审计发现问题的整改工作，指导监督所属单位内部审计工作等职责。

2020年10月12日，为贯彻落实党中央、国务院关于加快建立健全国有企业、国有资本审计监督体系和制度的决策部署，完善以管资本为主的国有资产监管体制，有效推动构建集中统一、全面覆盖、权威高效的审计监督体系，深化中央企业内部审计监督工作，根据国家有关法律法规规定，国务院国资委制定印发了《关于深化中央企业内部审计监督工作的实施意见》（国资发监督规〔2020〕60号，以下简称《实施意见》）。《实施意见》从体制机制、主要工作、重点领域以及内部审计监管等方面对深化中央企业内部审计监督工作提出了工作要求：一是进一步完善内部审计管理体制机制。明确建立健全党委（党组）、董事会（或主要负责人）直接领导下的内部审计领导体制，发挥董事会审计委员会管理和指导作用，完善激励约束机制，压实工作责任，加强集团总部对内部审计工作的统一管控。二是强化内部审计监督。围绕贯彻落实党中央重大决策部署和国家重大战略任务情况、提质增效稳增长、突出主责主业、混合所有制改革、大额资金管控、对赌模式并购投资、高风险业务和“三重一大”事项等重点领域和关键环节，提出加强内部审计监督检查等具体工作要求。三是进一步规范内部审计工作。针对近年来经济责任审计、境外经营投资、内控体系建设、审计整改落实及结果运用等方面新的工作要求和存在的突出问题，明确、细化相关内部审计工作要求。四是加强出资人对内部审计的监管。对审计计划编制、重大事项报告等工作提出要求，明确建立健全出资人对内部审计工作的检查评估工作机制、加大责任追究力度等。

2021 年 10 月 23 日第十三届全国人民代表大会常务委员会第三十一次会议通过了关于修改《中华人民共和国审计法》的决定，其中涉及内部审计的主要是将第二十九条改为第三十二条，修改为：“被审计单位应当加强对内部审计工作的领导，按照国家有关规定建立健全内部审计制度。审计机关应当对被审计单位的内部审计工作进行业务指导和监督。”

案例 10-7 以内审监督服务国家电网高质量发展

国家电网坚持以习近平新时代中国特色社会主义思想为指导，始终将审计监督作为落实党中央决策部署、完善公司治理、保障健康发展的重要力量，提出并坚持“一审、二帮、三促进”的审计要求，既发挥好审计监督常态化体检作用，也帮助基层提高依法合规经营管理意识和能力水平。近年来主要围绕以下方面充分发挥内部审计监督作用，有效保障公司高质量发展：

一是加强党对审计工作的领导。国家电网党组认真贯彻中央审计委员会会议精神，在中央企业率先成立公司董事长、党组书记担任主任的党组审计工作委员会，注重发挥董事会审计与风险管理委员会作用，建立审计部门向公司党组、董事会负责和定期报告工作机制。公司出台指导意见，建立总审计师制度，在总部和省级电力公司率先设立和配备总审计师。落实国务院国资委要求，在总部及所属二级单位全部设立违规经营投资责任追究领导小组，健全重大审计事项顶层设计、统筹协调和督促落实机制，保障审计在公司监督体系中发挥重要作用。

二是拓展审计监督广度和深度。突出电网建设运营等核心业务，重点加大对中央重大决策落实、公司战略部署落地、经营发展关键点风险点的审计力度。聚焦“三大攻坚战”、电力扶贫、清洁能源消纳，以及民企账款清欠、提质增效等，开展重点审计。对各级企业领导人员经济责任实现 3 年任期内必审一次，常态开展公司核心业务和关键领域管理审计，创新开展重大工程投资项目后评审。全面落实中央加强境外投资和境外国有资产监管要求，遵循国际化经营管理规则，创新审计模式和审计方式，2018—2019 年实现对境外投资的全面审计。同时，实现对所属子企业、重大投资项目、重点风险领域和境外资产的全覆盖。

三是健全完善审计问题整改长效机制。坚持问题导向、目标导向、结果导向，以正视问题的自觉和刀刃向内的勇气，强化问责问效。建立动态台账、通报预警、分类督导、通报约谈等工作机制，全面应用整改验收参考标准，聚焦主责主业专项整改营销、物资管理问题，开展后续审计查核整改质量，实现闭环管理。压实被审计单位主要负责人整改第一责任、审计部门督导责任、业务部门管理责任，对整改情况共同认定销号，纳入负责人年度业绩考核和审计工作考评。同时，健全事有人管、责有人担、全面覆盖、上下贯通的违规责任追究工作体系，严肃查处违规问题。2020年，公司整改审计问题7.47万项，完善制度流程1 399项，整改率95.77%。

四是构建开放、融合、动态、智能的数字化审计体系。落实科技强审要求，在总部、分部、各单位建立36家数字化审计工作室，组建专业化工作团队，畅通电子数据获取渠道，开通审计专用视频系统，建立完善工作机制。开发建设数字化审计平台，实现对公司核心业务信息全覆盖，并创新审计手段，强化事中审计监督，提升审计质量和效率。特别是2020年以来，深化应用数字化审计，远程在线开展审计进点、审前调查、数据分析等，试点开展数字化综合审计、营销管理审计，确保审计工作任务不减、目标不变、标准不降。

五是提升审计工作质量和水平。严格对标“立身立业立信”要求，狠抓政治历练、思想淬炼、实践锻炼、专业训练，打造一支高素质专业化的电网审计队伍。同时，主动对接国家政策要求，2019年修订制定14项审计制度，基本形成涵盖通用制度、审计指引、操作指南的审计质量控制制度体系。建立健全全面覆盖项目质量、审计管理工作质量、整改质量、迎审迎检质量的管控体系和评价标准，深入开展多维审理。

六是加强审计监督与各类监督贯通融合。国家电网坚持以党内监督为主导，推动组织监督、法律监督、业务监督、审计监督有机贯通、相互协调，构建科学严密高效的大监督体系。强化审计监督信息协同共享，推动结果共用、协调配合，并统筹安排各类监督检查，交流通报审计工作情况，协调推动解决审计中出现的重大问题。建立业审联动工作机制，做到发现问题在先、防范风险在前，打造各司其职、各负其责、有机配合、相互支撑的监督网络，实现监督机制贯通、监督内容贯通、监督力量贯通，形成监督合力。

资料来源：《中国审计报》记者杜蓓对国家电网有限公司党组书记、董事长辛保安的同名采访报道. 中国审计报，2021-06-30.

10.2.2 内部审计的职能

内部审计的职能可以概括为两大类，即防护性/批判性职能和建设性/咨询性职能。

1. 防护性/批判性职能

（1）监督职能。内部审计监督就是检查和督促组织内部人员在其授权范围内有效地履行其职责，以保证组织的各项活动在符合政府的法律法规、组织的方针政策以及公认管理原则的正常轨道上运行。

监督职能是内部审计最基本的职能。无论是早期的查错防弊，还是现代的各种检查和评价活动，都具有监督的性质。对于每项管理及每个环节要有效地监督，发挥其制约和促进作用，使内部审计工作变得有活力和生命力。

（2）评价职能。内部审计的评价是指内部审计人员依据一定的审计标准对所检查的活动及其效果进行合理的分析和判断。为实现组织目标所从事的一切生产、经营、管理活动，都是评价的对象。例如，决策、计划、方案的确定是否符合实际；各种活动是否依据授权并遵照既定的程序、标准进行；是否达到预期的效果，实现既定的目标；各种信息是否真实、准确和完整，处理信息的方法是否恰当；资源是否经济、有效地使用。

2. 建设性/咨询性职能

（1）控制职能。控制职能是指内部审计作为一种管理控制，通过独立的评价活动来衡量和评价其他内部控制的适当性和有效性。内部审计是组织内部控制系统的一个重要组成部分，与其他控制形式相比，它具有全面性、独立性和权威性的特点，是对其他控制的再控制。

（2）服务职能。服务职能是指通过对经济活动的分析和评价，向组织内成员提供改进工作的建议和咨询服务，从而帮助组织内成员有效地履行其职责，提高其工作质量和效率。内部审计立足于组织全局，发现问题，分析原因，并向管理者提出富有建设性的意见和建议。监督和服务并举，寓服务于监督之中。

《审计署关于内部审计工作的规定》第十二条规定，内部审计机构或者履行内部审计职责的内设机构应当按照国家有关规定和本单位的要求，履行下列职责：（1）对本单位及所属单位贯彻落实国家重大政策措施情况进行审计；（2）对本单位及所属单位发展规划、战略决策、重大措施以及年度业务计划执行情况进行审计；（3）对本单位及所属单位财政财务收支进行审计；（4）对本单位及所属单位固定资产投资项目进行审计；（5）对本单位及所属单位的自然资源资产管理和生态环境保护责任的履行情况进行审计；（6）对本单位及所属单位的境外机构、境外资产和境外经济活动进行审计；（7）对本单位及所属单位经济管理和效益情况进行审计；（8）对本单位及所属单位内部控制及风险管理情况进行审计；（9）对本单位内部管理的领导人员履行经济责任情况进行审计；（10）协助本单位主要负责人督促落实审计发现问题的整改工作；（11）对本单位所属单位的内部审计工作进行指导、监督和管理；（12）国家有关规定和本单位要求办理的其他事项。

案例 10－8　内部审计助力中国电建战略目标实现

中国电力建设股份有限公司（以下简称“中国电建”）党委始终坚持以习近平新时代中国特色社会主义思想为指导，推进建设具有全球竞争力的质量效益型世界一流企业。内部审计工作是中国电建公司治理的重要手段，各级内审机构通过对公司及所属子企业经营活动、财务收支、干部履职、内部控制、风险管理实施独立、客观、公正的监督和评价，对改进管理和防范风险提出专业意见，促进公司完善经营管理，增加企业价值，助力公司战略目标实现。

在宏观层面，可以把内部审计比做“经济体检”，是医生“把脉诊病”“开药方”。内部审计部门是保障中国电建健康运行的“内部医生”，承担“治已病、防未病”的重要职责。在微观层面，对每一个审计发现问题，要求公司经理层牵头，各部门单位加大力度进行整改，事实上将内部审计的职责做了延伸。

中国电建按照统一原则、上下联动、分级负责的总体原则开展审计工作。内部审计工作由我直接分管，公司党委副书记协管。今年8月，在集团公司内部审计工作会议上，我们提出“年底前各子企业审计工作领导体制必须调整到位”的明确要求。截至目前，71家子企业已全部由党委书记、董事长分管审计工作，构建了党委统一领导下的内部审计领导体系。

中国电建总部设立审计部，审计工作同时接受上市公司中国电建董事会审计与风险管理委员会指导管理。目前子企业中有26家单独设立审计部门，41家审计与纪检监察、法律风控部门合署办公，5家子企业在二级单位和重要项目部设立了审计机构。中国电建和各子企业两级审计机构和人员分立，分级履行内部审计职责，开展审计工作，正在研究推进区域审计中心建设和总审计师岗位设置举措。近3年来，各级审计机构累计开展审计项目3 500多项，发现问题近3.25万个，提出审计意见建议1.94万条，通过审计整改促进完善制度建设1 600多项。

中国电建内部审计工作重点主要有以下几个方面。

一是构建权威高效的审计监督体系，增强总部对集团审计工作的统筹管理。加强内部审计在各级党组织领导下的工作独立性，建立健全内部审计机构向企业党组织负责和定期报告工作机制。探索垂直管理与分级管理相结合的审计管理模式，推动公司总部审计管理由业务管理向全面综合管理转变。强化审计资源集约管理，建立集团内部审计人员资源库，由总部统一管理和调配使用。同时，完善子企业审计工作指导常态机制，不断强化纪检、巡视、审计、法律、财务等各专业监督的统筹整合，力求形成大监督框架。

二是加强内部审计制度化、标准化、信息化建设。建立审计制度建设常态化机制，健全完善内部审计法规库，细化审计工作程序和业务流程，形成适应公司特点的操作性强、适用性广、程序规范的审计业务指南。加大审计信息系统的推广与应用力度，通过IT固化工作流程，规范审计项目实施程序，促进提升审计工作效率和质量。

三是持续强化审计监督力度。深入推进经济责任审计，积极落实国际业务审计监督常态化，并紧盯投资、分包、采购、项目履约等关键环节，有针对性地开展各类专项审计。

四是建立审计报告复核审理和成果评价机制。加强审计报告及审计底稿复核和质量管理，建立对利用外部资源工作的质量评价与定期评估机制，促进提升审计工作质量。

中国电建始终坚持走高质量发展道路，突出防范化解重大风险，坚持国有资本布局到哪，审计监督就跟进到哪的工作思路，内部审计在促管理、增效益、防风险方面发挥了重要作用。

为公司经营发展发挥保驾护航作用。紧盯关键少数，强化对领导干部权力运行的监督，实现经济责任审计全面覆盖。在经济责任审计、项目专项管理审计中，聚焦重点领域和重大风险，关注分包、采购、结算等关键业务环节，强化对项目招标、工程分包、物资采购等的过程审计，并对审计发现问题进行汇总分析，提出解决办法和对策，督促整改落实。

为维护国有资产安全发挥“卫士”作用。关注子企业在投融资、资金管理、分包结算、资产处置等易导致国有资产流失方面的风险点、出血点。近 3 年来，各级审计机构通过审计挽回各类经济损失达 4.60 亿元，为维护国有资产安全发挥了重要作用。

为公司防范风险发挥促进保障作用。坚持以风险为导向，持续强化对工程招标、物资采购、分包结算等关键业务进行过程监督，重点关注子企业内部控制、债务风险、建造合同执行等事项，强化对重点项目和高风险项目的过程监督并开展专项审计调查。近 5 年来，公司审计部共对 16 个重点项目和高风险项目开展专项审计，揭示问题 284 个，提出审计意见建议 121 项。

为领导决策发挥参谋献策作用。始终将子企业贯彻落实国家重大决策、政策方针和集团公司决策部署与工作要求情况作为重点审计内容，积极探索重大政策措施落实情况跟踪审计。定期汇总子企业审计发现的普遍性、突出性问题，向公司高层专项报告，并在公司经济活动分析会上专题通报，促进公司各项经济活动符合国家经济方针、政策和有关法令。

资料来源：杜蓓.《中国审计报》专访晏志勇：内部审计助力中国电建战略目标实现. 中国审计报，2020-12-30.

10.2.3　内部审计的机构

1. 内部审计机构的设置原则

（1）独立性原则。独立性是内部审计的基本特征，设立内部审计机构必须符合审计独立性的要求。无论是企业层级的还是部门层级的内部审计机构，都必须保持其组织上和业务上的独立性。既不能附设在财务部门中，也不能附设在其他职能部门中，否则就丧失了独立性，难以客观公正地进行审计。所以，独立性是内部审计机构设置的起码要求。

（2）专职高效原则。所谓专职，是指内部审计部门及人员应该是专门从事审计工作的机构和人员，它们完全置身于其他具体的业务活动之外。所谓高效，是指内部审计机构的设置应该精干，因事纳人。专职高效是内部审计机构设置的基本要求。

（3）权威性原则。这是内部审计工作充分发挥作用的另一个关键因素，主要体现在内部审计机构的组织地位和设置层次上。内部审计机构的组织地位和设置层次越高，权威性越大，内部审计的作用就发挥得越充分。国内外的审计实践表明，内部审计机构的组织地位和作用发挥是相辅相成的。一方面，作用的扩大为内部审计机构赢得较高的组织地位创造了机会；另一方面，组织地位的提高、独立性的增强为内部审计人员卓有成效地履行其职责、发挥内部审计的职能作用提供了条件。

案例 10-9　万达内部如何“防腐”？

万达控股集团有限公司（以下简称“万达”）身处腐败高发行业，截至 2014

年年底，公司资产高达5 341亿元，拥有员工11万人，项目分布于上百个城市、动用资金大、管理链条长，从上到下各级管理人员都可能经受不住利益诱惑铤而走险。但是，靠着万达完备的管控制度和防腐高招，很多人看到钱摆摆手，一些人伸出手又缩了回来，极个别伸出去的手被“砍断”了。这其中有怎样的高招呢？

高招之一就是超强的审计。王健林曾在一次演讲中指出：万达建立了一支强大的审计队伍，他在集团中不分管具体业务，唯一管的部门就是审计部，审计部就相当于万达集团的“纪委”。这支团队忠诚、严谨、能力强，在集团内树立了权威，具有很强的威慑力。

由此可以看出，在组织架构上，万达审计部门由王健林直管。其他企业里老板虽然管，却是“说管而不管”。但在万达，审计计划、审计问题、审计结论、审计建议都要直接向王健林本人汇报，审计相对独立，审计自身没有业务，没有相关利益，不受任何人干扰。

万达信奉审计是一种哲学。没有约束，“人性本不善”。所以，审计是必需的！在万达，对于腐败和舞弊始终保持高压的态势，任何人不得触碰，一旦触碰，发现一起处理一起。

万达的审计可不仅仅是为了查处一些大案要案，最主要的目的是改善经营、防范风险，促进企业资产的保值增值，实现企业价值的最大化。所以万达的审计更接地气、更具针对性。

万达的审计要审什么呢？一是有权力的人；二是存在寻租空间和舞弊可能的业务环节。那么有哪些高招呢？

万达每年审计一两百次，涉及上千家公司，业务领域全覆盖。

审计前，审计人员会拿着王健林签署的审计指令，往总经理的桌子上一放，上面写着哪个公司委派什么人到你公司进行例行审计，请接待配合，落款：王健林。

王健林对审计重视到什么程度？这里有个小故事：年初，百余份审计指令需要王健林签署，审计部总经理对王健林说，“您就别一张一张签了，授权他人代签吧”，但王健林还是一张张地签了。

审计人员到各地后，都会在被审计公司举行一个全员参与的审前会议，连保洁人员、司机都得参加。会议主要讲解万达审计的作用、审计的依据、查处的典型案例，以及此行的目的，等等。

2011年8月，审计中心曾查处一起职务侵占案。审计人员通过查阅办公系统发现，某项目的售楼广告在北京电视台娱乐频道每晚23点54分连播了8个月，每个月支付了29.8万元的广告费，而万达的制度是如果一笔预算超过30万元，就得上报集团进行审批，所以一看就知道当事人研究了公司制度，钻了空子。结果，审计人员发现当天的23点54分根本没有播出任何广告，而且所签约的广告公司的法人代表的名字被篡改过，为了掩饰，当事人还加盖了一个公章。经过调查，发现是当事人将广告业务发包给自己注册的公司。

在处理这个案件的时候，王健林首先考虑到审批过程中的官僚作风，对所有审批当事人都进行了处罚，包括项目公司前后两任总经理、营销副总、财务副总等。处罚他们就是告诫大家，在利用权力审批的时候，一定要充分关注业务实质而不仅仅是走流程。

万达的审计还有一个特点：严格区分问题的性质，区分“是好人办错事，还是坏人办坏事”。事实上，很多问题是由于大家对制度不熟悉、吃得不透、把握不准或是执行不到位造成的。对于这些问题，审计部门主张与被审计单位多沟通，通过沟通提高工作效率。

万达的审计要做什么？发现问题后，他们如何处理？答案就两个词——“一查到底、绝不手软”。各单位在审计后，通常会被出示三种意见：第一是管理建议书，不处罚，只提管理建议；第二是整改通知书，有处罚，但限于行政经济处罚；第三是审计通报，开除责任人或移送司法机关。这就是万达审计的重要作用，不仅要发现腐败，还要通过审计预防并力求在企业内部杜绝腐败，以促进制度与体制的健全和完善。

资料来源：万达帝国内部怎么“防腐”？万达审计牛在哪儿？中国内部审计协会（微信公众号），2020-04-01.

2. 内部审计机构的设置方式

在实际工作中，可以根据企业规模大小，分别设立单层审计机构或双层审计机构。规模小的企业只设置单一的内部审计机构，服务于企业高层管理的需要；规模大的企业可以在董事会下设审计委员会，在高层管理机构下设内部审计部门，分别行使各自对受托责任的审计职权。

《审计署关于内部审计工作的规定》第六条指出，国家机关、事业单位、社会团体等单位的内部审计机构或者履行内部审计职责的内设机构，应当在本单位党组织、主要负责人的直接领导下开展内部审计工作，向其负责并报告工作。国有企业应当按照有关规定建立总审计师制度。总审计师协助党组织、董事会（或者主要负责人）管理内部审计工作。

国务院国资委《关于深化中央企业内部审计监督工作的实施意见》指出，中央企业要不断完善集团统一管控的内部审计管理体制。强化集团总部对内部审计工作统一管控，统一制定审计计划、确定审计标准、调配审计资源，加快形成“上审下”的内部审计管理体制。推动所属二级子企业及二级以下重要子企业设置内部审计机构，未设置内部审计机构的子企业内部审计工作由上一级审计机构负责。所属子企业户数多、分布广或人员力量薄弱的企业，需设立审计中心或区域审计中心，规范开展集中审计或区域集中审计。各级内部审计机构审计计划、审计报告、审计发现问题、整改落实情况以及违规违纪违法问题线索移送等事项，在向本级党委（党组）及董事会报告的同时，应向上一级内部审计机构报告，审计发现的重大损失、重要事件和重大风险应及时向集团总部报告。

案例 10－10　中国核电的大监督体系

中国核能电力股份有限公司（以下简称“中国核电”）纪委统筹协调纪检、审计、巡察、法务等监督力量，深化体制机制创新，强化对同级党委和经理层贯彻落实党中央和集团公司重大决策部署情况的监督，在公司改革发展和经营管理中充分发挥监督保障作用，推进公司科学决策、依法治企、合规经营，探索将纪检监督融入企业治理。

1. 横向联合、纵向联动，形成监督合力

中国核电纪委以一次针对采购领域的监督检查，推动整个公司规范招投标。

2017年，中国核电纪委开展了重点领域监督执纪，在一次对某成员单位历年采购合同进行比照分析时，发现一半以上属于单一来源或紧急采购。

“这不符合规定要求，更容易隐藏风险。”很快，一支来自纪检、审计、采购、工程技术等领域的十几人纪审联动队伍组建起来，对该成员单位采购领域开展“解剖麻雀”式监督检查，发现采购制度虚置、基本没有公开招投标等问题。

随即，经全面分析总结出的共性问题被写入整改建议，上报给中国核电党委。公司党委会明确提出要比照中央国家机关公开招投标的要求制定整改方案，公司经理层修订完善采购领域的18项制度。在各单位深入自查整改基础上，公司纪委组织13支检查组对各成员单位开展全方位交叉监督检查，有力促进了采购制度健全完善、方式科学合理、合同更加规范。

可以看到，监督机制的创新离不开各方监督主体的同向发力。如今，在中国核电，党委会落实党的领导与党的建设，决策和前置研究重大事项；经理层高效贯彻执行党委、董事会重大事项决策部署，依据公司章程履行经营管理职责；纪委监督、督促、协助党委科学决策以及经理层正确执行决策。纪委在聚焦主责主业的同时，整合纪检、审计、巡察、法务等监督主体力量，强化对权力运行的制约和监督。

在中国核电成员单位江苏核电，另一场巡察直观体现了新型监督体系是如何运作的。

在今年组织的公司内部巡察工作中，江苏核电通过纪审联动，发现周转库管理不规范及报废物资处置缓慢、谈心谈话流于形式、组织生活会质量不高等问题。该公司党委两次召开专题会议进行分析研究，并成立周转库及物资处理专项组，明确由一名总助级干部带队负责；针对谈心谈话流于形式、组织生活会质量不高的问题，组织公司所有党（总）支部开展自查自纠。在第二轮巡察中，被巡察支部的党建和业务工作明显改善。

“深入推进监督机制创新，充分发挥了纪检监督‘探照灯’‘CT机’的作用，有效提升了监督工作成效。”江苏核电纪委书记冯勇说。

一环扣一环，纪检、审计、巡察、法务各方力量有效整合，打出一套漂亮的组合拳。横向联合、纵向联动的监督组织体系形成上下贯通的监督合力，确保权力始终在正确轨道上运行。

2. 统筹衔接、有效贯通，建立对策共商、信息共享的工作协调机制

新的监督体系不只是几个部门的简单叠加，更要在治理中体现作用。

“必须让各监督主体统筹衔接，才能堵住风险点，继而提升监督效率。”中国核电巡察组成员胡可荣介绍，统筹衔接重要的一点，就是把纪检监督、巡察监督、审计监督、法律监督等贯通起来，形成“计划任务共定、工作任务共施、重大问题共诊、信息通报共享、整改问责共施、人才队伍共建”的工作机制。

随着统筹衔接机制的完善，主要领导的权力边界被约束。过去，一些成员单位一把手习惯大包大揽，董事会、党委会、总经理办公会权责界限不够清晰。公司纪委在监督过程中及时提醒，与成员单位党委书记和总经理面对面交换意见，并督促其改进工作方式，充分发挥了纪委在公司内部治理结构中监督协助、执纪把规、问责督促的职能作用。

新的监督机制也激发了各类创新主体的活力。“比如，我们积极落实政治监督责任，给公司党委发送《关于深入推进科技创新国产化工作解决卡脖子问题的监督建议书》，加快推进中国核电及成员单位重点项目科技攻关、复合型科研技术人才队伍培养等提升核心竞争力的工作，督促协助党委尽早解决‘卡脖子’问题。”胡可荣介绍，今年第三季度，中国核电纪委深入开展政治监督工作，督促协助公司党委、督导相关成员单位党委、积极组织协调相关承研单位，加快推进5个重点项目科研及科技创新设备国产化工作。

在秦山核电、江苏核电、福清核电、海南核电等成员单位，纪检监督部门通过参加会议、资料审查、现场检查等方式进行监督，确保责任落实到位、配套保障到位、组织实施有力，督促相关环节“卡脖子”问题尽快得到解决。

从“单兵作战”到“协同集成”，从信息闭塞到信息互通，中国核电统筹高效、优势互补的监督局面初步形成，在企业治理中作用凸显。

3. 创新手段、破解难题，推动新型监督体系发展完善

去年7月，一份针对江苏核电、海南核电等单位的监督工作专题调研报告显示，当前的监督力量和监督方式不能完全满足新时代监督治理的要求。

近年来，不少年轻干部陆续走上领导岗位。新的领域对他们的能力提出挑战——既要有自律性，也要具备大局意识；既能发现问题，也要得到认可。“看得清、讲得明、帮得到”，成为中国核电纪检工作面临的新课题。

找到薄弱环节，中国核电和各成员单位纪委构建适应新型监督体系的人才库，引入财务、招标采购、投资管理、选人用人等方面的骨干力量，切实打造一支适应新时代企业发展要求的监督队伍。如今，中国核电的人才库已有93人，发挥着多方联合作战的威力。

持续创新，问题仍然是着力的方向。通过建立新型监督体系，纪委工作由过去的整改、规范向督促、协助党委工作转变，由查找问题线索向探索问题导向转变，由关注人向关注事转变；评价标准由过去关注的“法规纪”向“法规纪效”转变。在福清核电今年7月召开的内部沟通会上，工程管理部门反映某建设单位承担的华龙一号示范工程有关子项目进度滞后问题。福清核电纪委协调组织华龙一号示范工程参建单位召开纪检监督联动会议，从监督角度提请该公司纪委给予重视，督促项目按要求推进。在公司纪委的督办下，现场项目部制定了项目推进专项工作计划，每周通报工程进展情况。经多方共同努力，解决了制约项目进展的关键问题。11月27日，华龙一号示范工程顺利并网。

新时代监督工作要积极主动迎接以云计算、大数据等为核心的现代信息技术的挑战。面对信息化课题，中国核电及各成员单位围绕监督业务领域工作情况，选择合适的操作软件，建立监督信息化服务体系，实现监督流程信息化、标准统一化、手段专业化。“通过内部大数据积累或与业务领域数据平台的互联互通，发现传统手工监督、现场监督发现不了的问题，同时实现实时监督、远程监督、远程指导。”

中国核电纪检审计部主管吕成轩说。

资料来源：子平，何海玲．把监督融入企业治理．中国纪检监察报，2020-12-01.

3．内部审计机构的主要权限

《审计署关于内部审计工作的规定》第十三条规定，内部审计机构或者履行内部审计职责的内设机构应有下列权限：

（1）要求被审计单位按时报送发展规划、战略决策、重大措施、内部控制、风险管理、财政财务收支等有关资料（含相关电子数据，下同），以及必要的计算机技术文档。

（2）参加单位有关会议，召开与审计事项有关的会议。

（3）参与研究制定有关的规章制度，提出制定内部审计规章制度的建议。

（4）检查有关财政财务收支、经济活动、内部控制、风险管理的资料、文件和现场勘察实物。

（5）检查有关计算机系统及其电子数据和资料。

（6）就审计事项中的有关问题，向有关单位和个人开展调查和询问，取得相关证明材料。

（7）对正在进行的严重违法违规、严重损失浪费行为及时向单位主要负责人报告，经同意作出临时制止决定。

（8）对可能转移、隐匿、篡改、毁弃会计凭证、会计账簿、会计报表以及与经济活动有关的资料，经批准，有权予以暂时封存。

（9）提出纠正、处理违法违规行为的意见和改进管理、提高绩效的建议。

（10）对违法违规和造成损失浪费的被审计单位和人员，给予通报批评或者提出追究责任的建议。

（11）对严格遵守财经法规、经济效益显著、贡献突出的被审计单位和个人，可以向单位党组织、董事会（或者主要负责人）提出表彰建议。

案例10-11　万科集团的内部审计

万科集团内部审计是公司内部经济监督的一种形式，是公司审计室在董事会审计委员会的领导下，依照国家有关法规和公司有关规章制度，独立、客观地监督、评价公司及其下属单位的财务收支及其经济活动的真实性、合法性和效益性，检查、评价内部控制制度的完善性，评估企业经营风险，以达到查错防弊、防范和降低经营风险、改善经营管理、提高经济效益的目的。

万科董事会审计委员会是公司内部审计的权力机构。公司审计负责人的任免由审计委员会决定。审计室的日常行政管理仍由总部负责，审计室主任、审计室主管的任免由审计负责人提名，由公司总经理任免。审计室下设两个业务部，配备主任1名，副主任1名，主管（或相当于主管的主任审计师）2名，审计员多名。审计一部主要负责南片区（深圳、上海、成都等）地产系统和其他行业的审计工作以及部门综合性的事务，设1名主管，2～3名审计员；审计二部主要负责北片区（北京、天津、东北等）地产系统和其他行业的审计工作，设1名主管，2～3名审计员。万科公司审计室及审计人员的主要职权是：

（1）检查会计报表、会计账簿、会计凭证、会计分析资料、会计政策及科目说明，查阅有关文件资料；

（2）检查内部管理制度、规定和程序，包括财务管理制度、会计核算制度、人事管理制度、工程管理制度、档案资料管理制度、有关业务操作规程、费用报销制度等；

（3）审阅经济合同或协议，主要包括项目合作协议（合同）、工程承包合同、设备材料采购合同、劳务合作合同、售楼合同等；

（4）检查房地产项目资料，主要包括项目的概算书、预算书、决算书和设计图纸、现场签证备忘录及相关修改图纸等；

（5）检查资金及其他财产，主要包括各种存货、固定资产和货币资金等；

（6）对审计中的有关事项进行调查并索取证明材料；

（7）对严重违反国家法律和公司有关制度及造成严重损失浪费的人员，提出追究其责任的建议；

（8）对投资决策、企业经营及可能存在的风险进行分析和评估；

（9）提出改进管理、提高效益的建议，检查审计结论的落实情况。

资料来源：万科集团房地产内部审计手册范本．审计之家（微信公众号），2020-03-30.

10.3　内部控制评价

10.3.1　内部控制评价的定义

内部控制评价是指由企业董事会和管理层实施，对企业内部控制的有效性进行评价，形成评价结论，出具评价报告的过程。

内部控制评价非常重要，只有对内部控制的设计和运行情况进行持续评价，才能发现内部控制的高风险点和薄弱环节，并有针对性地修补管控过程的漏洞，从而实现内部控制系统的不断完善。内部控制评价，是优化内部控制自我监督机制的一项重要制度安排，是内部控制系统的有机组成部分，它与内部控制的建立和实施构成一个动态的有机循环。

北大荒内控存重大缺陷被财政部点名

案例 10－12　我国上市公司 2019 年内部控制评价报告披露情况

截至 2019 年 12 月 31 日，沪、深证券交易所共有上市公司 3 794 家，其中，沪市上市公司 1 591 家，深市上市公司 2 203 家。

2019 年，3 642 家上市公司单独披露了 2019 年度内部控制评价报告，总体披露比例为 95.99%。其中，深市主板和深市中小板上市公司内部控制评价报告的披露比例均为 100.00%，深市创业板上市公司的披露比例为 99.87%，沪市主板上市公司的披露比例为 92.80%，沪市科创板有 53.26%的公司披露了内部控制评价报告。152 家上市公司未单独披露内部控制评价报告。其中，74 家因首年上市豁免披露，5家因重大资产重组、破产重整豁免披露，73家在年报中提示已披露内部控制评价报告，但2020年6月30日在中国证监会指定网站上无法查询到相关信息。进一步分析这73家上市公司，1家沪市主板公司于2020年6月30日前在其公司网站上披露了内部控制评价报告而未在指定网站披露，3家沪市主板公司于2020年6月30日后在指定网站上披露了内部控制评价报告，其余69家（沪市主板公司68家，深市创业板公司1家）截至2020年7月31日仍未单独披露内部控制评价报告。

1. 内部控制评价报告的结论

2019年，在3 642家披露内部控制评价报告的上市公司中，3 513家内部控制评价结论为整体有效，占比96.46%；129家内部控制评价结论为非整体有效，占比3.55%。如表10－5所示，在内部控制评价结论为非整体有效的上市公司中，21家为非财务报告内部控制无效、财务报告内部控制有效，72家为财务报告内部控制无效、非财务报告内部控制有效，36家为财务报告内部控制和非财务报告内部控制均无效。

表10－5 内部控制有效性结论披露情况

内部控制有效性	整体有效	非财务报告内部控制无效、财务报告内部控制有效	财务报告内部控制无效、非财务报告内部控制有效	整体无效	总计
公司数量	3 513	21	72	36	3 642
占比	96.46%	0.58%	1.98%	0.99%	100%

2. 内部控制缺陷的认定标准

2019年，在3 642家披露内部控制评价报告的上市公司中，3 619家披露了内部控制缺陷认定标准，其中，3 613家分别披露了财务报告和非财务报告内部控制缺陷认定标准，占比99.20%；仅有6家未区分财务报告和非财务报告披露内部控制缺陷认定标准，占比0.16%；23家未披露内部控制缺陷认定标准，占比0.63%，如表10－6所示。

表10－6 2019年内部控制缺陷认定标准披露情况

分类	区分财务报告和非财务报告披露	未区分财务报告和非财务报告披露	未披露缺陷认定标准	合计
公司数量	3 613	6	23	3 642
占比	99.20%	0.16%	0.63%	100%

3. 内部控制缺陷的数量及内容

在3 642家披露2019年度内部控制评价报告的上市公司中，510家上市公司披露其存在内部控制缺陷，占比14.00%。其中139家披露存在内部控制重大缺陷，38家披露存在内部控制重要缺陷，360家披露存在内部控制一般缺陷。510家上市公司共披露了4 291项内部控制缺陷，其中重大缺陷325项，重要缺陷57项，一般缺陷3 909项。

（1）财务报告内部控制重大缺陷和重要缺陷。15家上市公司在2019年度内部控制评价报告中披露了共225项财务报告内部控制重大缺陷，12家上市公司披露了共 16 项财务报告内部控制重要缺陷。

对财务报告内部控制重大缺陷、重要缺陷的内容进行进一步分析，发现 2019 年出现频次最高的前五个财务报告内部控制重大缺陷、重要缺陷依次为：资金活动、财务报告、对外担保、关联交易和资产管理。其中，资金活动相关的缺陷主要表现为大额应收款项未能回收，控股股东、实际控制人及其关联方存在非经营性资金占用等；财务报告相关的缺陷主要表现为会计准则应用或会计核算方法使用不恰当，未能及时识别前期重大会计差错，或业绩快报、业绩预告与实际业绩存在重大差异等；对外担保相关的缺陷主要表现为未履行审议程序违规对外担保；关联交易相关的缺陷主要表现为未能有效识别公司的全部关联方以及关联交易，关联交易金额超授权，未履行审议程序及信息披露义务等；资产管理相关的缺陷主要表现为未定期进行资产盘点或资产盘点不到位，未及时完整记录资产出入库信息，未及时编制交付使用财产清单，存货核算不准确等。近五年来，资金活动、财务报告和关联交易一直是上市公司财务报告内部控制缺陷的高发领域，对外担保、资产管理及销售业务领域的缺陷也比较突出。

（2）非财务报告内部控制重大缺陷和重要缺陷。62 家上市公司在 2019 年度内部控制评价报告中披露了共 100 项非财务报告内部控制重大缺陷，30 家上市公司披露了共 41 项非财务报告内部控制重要缺陷。

对非财务报告内部控制重大缺陷、重要缺陷内容进行进一步分析，发现 2019 年出现频次最高的前五个非财务报告内部控制重大缺陷、重要缺陷依次为：资金活动、信息披露、对外担保、组织架构和人力资源管理。其中，资金活动相关的缺陷主要表现为印章管理和使用不规范，存在未书面详细记录印章外借用印事项、未对用印事项严格履行审批程序、私自借出公司公章等情形；信息披露相关的缺陷主要表现为对公司诉讼事件、股权收购、资金占用等重大信息披露不及时、不规范；对外担保相关的缺陷主要表现为未建立严格的对外担保内部控制制度，未按规定履行审批及披露程序等。近五年来，资金活动、信息披露、组织架构等方面一直是上市公司非财务报告内部控制管控的薄弱环节。

资料来源：上市公司执行企业内控规范专家工作组. 上市公司 2019 年执行企业内部控制规范体系情况蓝皮书.

10.3.2 内部控制评价的原则

按照《企业内部控制评价指引》的要求，企业实施内部控制评价至少应当遵循下列原则：

（1）全面性原则。评价工作应当包括内部控制的设计与运行，涵盖企业及其所属单位的各种业务和事项。

（2）重要性原则。评价工作应当在全面评价的基础上，关注重要业务单位、重大业务事项和高风险领域。

（3）客观性原则。评价工作应当准确地揭示经营管理的风险状况，如实反映内部控制设计与运行的有效性。

行业内控的榜样：百年青啤的内部控制之路

案例10-13　某研究所2019年内部控制评价情况报告

一、内部控制建设情况

2015年，研究所在全面梳理各专业业务的基础上，制定了《××研究所内部控制管理手册》。2019年，研究所又根据业务和管理的变化，对内部控制手册进行了修订、完善，形成《××研究所内部控制管理手册（2019年版）》。在制度体系建设方面，2016年研究所编制了《研究所制度汇编》，汇编制度138项；2019年废止18项、修订21项。研究所现行制度包含综合管理、党群工作、基础能力建设工作、经营管理、人力资源、财经管理六大部分，基本涵盖所有重要业务领域，符合内控建设要求。

二、内部控制评价工作总体情况

2019年内控评价工作依据财政部等五部委下发的《企业内部控制基本规范》《企业内部控制应用指引》《企业内部控制评价指引》《××集团公司内部控制评价管理办法》《××研究所内部控制评价管理办法》《研究所内部控制手册》《研究所管理制度汇编》等一系列规范要求开展。结合研究所内部控制5个要素、18个业务模块，对研究所及所属单位涉及的内部控制的设计有效性和执行有效性进行全面评价。在全面评价的基础上，依据研究所业务和管理实际，聚焦关键业务、高风险领域、改革重点领域、国有资本运营重要环节，选取了8个重点业务模块，针对资金管理、采购管理、业务外包、对外投资、销售业务、工程项目、合同管理、资产管理等业务进行了重点评价。

三、内部控制缺陷情况

（一）对外投资

1. 对子公司监管薄弱缺陷描述：研究所按照中层干部管理程序选任子公司总经理，但是并未明确子公司总经理授权事项；研究所并未明确职能部门对子公司的监管职责，各子公司董事长由研究所领导兼任，重大事项往往由董事长先签批，职能部门后审核，即出现重要业务“倒签”情况。

缺陷影响：此缺陷的存在往往导致总经理权力过大，制约机制弱化．监管流于形式，容易滋生腐败行为，影响公司健康发展。

2. 对子公司绩效考核不到位缺陷描述：（1）考核指标设定不科学。研究所设置的子公司经营业绩考核指标中，营业收入指标占比过高（70%），利润指标只占10%。（2）人力资源部根据领导意愿对考核结果随意调整。复核发现，2019年有三家子公司考核结果与申报数据不符，经过沟通发现，人力资源部根据领导指示对结果进行了调整。

缺陷影响：由于主要指标是营业收入，为完成考核任务，子公司通过采取提前结转收入、年底突击开票等方式虚增营业收入，导致考核数据失真；对考核结果随意调整，导致考核缺乏严肃性，考核激励约束作用无法充分发挥。

3. 子公司负责人薪酬体系设计不科学缺陷描述：研究所对子公司负责人采用薪酬保底的管理机制。子公司负责人薪酬管理办法规定：对利润考核指标较低的公司，给予绩效调整，原则上子公司负责人在完成年度经营目标的情况下，其绩效水平不低于研究所职能部门正式员工的绩效水平。

缺陷影响：这种保底政策直接导致子公司负责人为享受此政策故意隐瞒收入，使得子公司管理层的积极性、企业活力及考核激励约束作用大打折扣。

（二）资金管理

1. 应收账款管理有待加强缺陷描述：（1）目前研究所应收款总体规模较大，部分账龄较长。截至2019年12月底，全所应收账款净值约6.35亿元，其中账龄1年以上的金额合计约3.21亿元。（2）研究所虽然出台了《应收款项管理规定》，但催收责任不明确，制度中的“业务部门”无法明确是业务归口管理部门还是具体项目实施部门，制度中缺少强有力的措施保证催收工作的开展。

缺陷影响：大量应收账款，特别是1年以上应收账款的存在，导致坏账风险较高，财务成本增加。

2. 资金使用审批额度缺陷描述：研究所《资金管理办法》中规定了部门负责人、分管领导、所长的资金审批权限，但是未对各类资金支付审批作差异化管理，审批程序中未对事项审批与资金使用审批、预算内资金与预算外资金使用作有效区分。

缺陷影响：由于没有对资金审批做分类管理，不同类型资金采用相同的审批流程和权限，导致所长需要花费大量时间进行日常审批，既无法保证审批质量，也使得审批效率过低。

（三）采购管理

1. 采购方式选择缺陷描述：研究所《招标管理办法》明确规定了招标的范围。但2019年研究所60%以上应当招标采购的项目均采用了单一来源采购方式，抽样发现，这些应当招标采购的项目改为单一来源采购的理由均不充分。

缺陷影响：将应当招标采购的项目改为单一来源采购违反了集团和研究所的管理制度，会增加检查风险；同时也存在较大的廉洁风险。另外，由于单一来源采购缺乏竞争性，采购成本居高不下，利润空间被不断压缩，制约了单位发展。

2. 外购品验收程序缺陷描述：先到货验收，然后办理入库，各需求部门领用后根据项目情况向质量部送检。

缺陷影响：此种管理模式可能导致无法及时发现外购品存在的质量问题，并为舞弊行为提供了足够空间，影响外购品质量的有效控制及后续供应商评价的公正性。

（四）合同管理

1. 合同违规续签缺陷描述：评价中发现，研究所存在合同期满后未通过采购程序办理合同续签，或未按照原合同约定条款办理合同续签的情况。如2019年，研究所与某供应商续签材料委托加工合同，但新委托加工材料与原合同约定委托加工材料不一致。又比如，研究所与某餐饮管理有限公司签订服务外包合同，约定“2017年度就餐人员满意度达到80%以上，双方将自动续签一年合同”。自2017年以来，该公司一直为研究所提供服务，但从未开展对该公司的满意度调查。

缺陷影响：违规续签合同，规避了招标或者竞争性谈判程序，违反了采购管理制度，导致材料或者服务的成本上升、质量下降。

2. 合同模板管理有待规范缺陷描述：（1）按照现行规定，由各部门制定、更新、发布合同模板，主要依据为已执行完毕的合同，经财务、法务部门审核后实施。但在实际操作中，部分合同模板未经财务、法务等相关部门审核即使用。(2) 现行科研、服务项目类外包合同模板规定“合同生效首付款比例为30%”，订货合同模板规定“合同生效首付款比例为20%”。合同模板统一规定首付款比例是否合理需进一步考虑。

缺陷影响：合同模板没有统一归口管理不利于合同质量的提升，合同模板未经财务、法务部门审核可能导致签订的合同不能充分保护本单位利益，内容不严谨，引发不必要的合同纠纷；合同中约定比较高的首付款比例，不利于本单位资金安全和有效周转。

（五）资产管理

1. 资产实物管理缺陷描述：由于研究所总部和下属各单位分散在多个办公区，资产主要由使用单位和部门进行实物管理，财务部没有统一的实物资产台账。

缺陷影响：财务部没有建立统一的实物资产台账，加上信息化水平不高，难以实时、全面掌握资产实际占有和使用情况，容易导致账实不符、国有资产流失、资产质量受到损害等。

2. 资产价值管理缺陷描述：(1) 存在房产闲置现象。如研究所所属××办公区内三号办公楼有一半房屋长期空置。(2) 试验设施利用率不高。研究所的试验设施主要由国家财政投资，但其运维费用由研究所自主承担。目前部分设施利用率较低。(3) 资产经营模式值得商榷。研究所所属的宾馆及饭店采用自营模式，因经营能力和资源匮乏以及市场冲击，其经营利润远不及租赁。

缺陷影响：资产管理存在问题，导致资产利用率不高，影响研究所效益提高，影响国有资产保值、增值。

资料来源：某研究所2019年内部控制评价报告．审计观察（微信公众号），2021-08-07.

10.3.3 内部控制评价的内容

按照《企业内部控制评价指引》的规定，企业应当根据《企业内部控制基本规范》《企业内部控制应用指引》以及本企业的内部控制制度，围绕内部环境、风险评估、控制活动、信息与沟通、内部监督等要素，确定内部控制评价的具体内容，对内部控制设计与运行情况进行全面评价。

1. 内部环境评价

企业组织开展内部环境评价，应当以组织架构、发展战略、人力资源、企业文化、社会责任等应用指引为依据，结合本企业的内部控制制度，对内部环境的设计及实际运行情况进行认定和评价。

2. 风险评估评价

企业开展风险评估评价，应当遵从《企业内部控制基本规范》有关风险评估的要求，以各项应用指引中所列主要风险为依据，对已经识别的评估对象面临的各种风险、承受风险的能力、风险消减对策等进行认定和评估。

3. 控制活动评价

企业组织开展控制活动评价，应当以《企业内部控制基本规范》和各项应用指引中的控制措施为依据，结合本企业的内部控制制度，对相关控制措施的设计和运行情况进行认定和评价。

4. 信息与沟通评价

企业组织开展信息与沟通评价，应当以内部信息传递、财务报告、信息系统等相关指引为依据，结合本企业的内部控制制度，对信息收集、处理和传递的及时性、反舞弊机制的健全性、财务报告的真实性、信息系统的安全性，以及利用信息系统实施内部控制的有效性进行认定和评价。

5. 内部监督评价

企业组织开展内部监督评价，应当以《企业内部控制基本规范》有关内部监督的要求，以及各项应用指引中有关日常管控的规定为依据，结合本企业的内部控制制度，对内部监督机制的有效性进行认定和评价，重点关注监事会、审计委员会、内部审计机构等是否在内部控制设计和运行中有效发挥监督作用。

案例 10－14　民生银行内部控制重大缺陷引发的违规事件

民生银行作为国内第一家民间资本筹集设立的商业银行，目前已发展为资产总额超过 5.2 万亿元、分支机构近 3 000 家、员工近 6 万人的大型商业银行。虽然业绩呈现上升趋势，但近年来民生银行违规事件的报道逐渐增多。

2015 年 8 月 6 日，民生加银基金管理有限公司在相关基金募集过程中，没有在招募说明书中向投资者如实披露拟更换基金经理的重要信息，违反了《公开募集证券投资基金运作管理办法》以及《公开募集证券投资基金信息披露管理办法》的相关规定。2015 年 12 月 12 日，民生银行非执行董事郭广昌存在违规行为，公安机关对其进行立案调查。

2016 年 4 月 18 日，中国信息安全测评中心披露的报告显示，加银基金内部信息系统未设置授权访问，导致内部人员信息与 App 安全存在高危漏洞，违反了《证券期货业信息安全保障管理办法》。2016 年 7 月 19 日，因民生银行信息披露不完善，上海证券交易所下发《关于中国民生银行股份有限公司股东增持事项的监管工作函》，要求股东披露增持公司股份的有关事项。

2017 年 2 月 22 日，针对民生银行修改公司章程的事件，上海证券交易所对其下发监管工作函，明确规定了监管要求。2017 年 4 月 13 日，民生银行北京分行航天桥支行行长张颖利用职务之便，通过控制他人账户作为资金归集账户，编造虚假理财产品，非法募集客户资金用于个人支配，涉案金额约 16.5 亿元，违反了《私募投资基金监督管理暂行办法》。2017 年 5 月 22 日，上海证券交易所指出民生银行独立董事数量未达到上市公司要求，其中两位董事任职年限已超过最长期限六年，同时未及时披露关联交易协议生效的先决条件，说明其交易披露不完整，风险提示不充分，违反了《关于在上市公司建立独立董事制度的指导意见》《上海证券交易所股票上市规则》的规定。

出现上述违规事件，很大一部分原因是民生银行内部控制重大缺陷给相关人员提供了违规操作的机会。

（1）内部控制环境问题。民生银行的内部控制环境问题主要源于董事会及分行行长等高级管理人员的价值取向、治理机构之间缺乏相互制约以及治理层和管理层缺乏对内部控制的重视这三方面。其一，民生银行持有加银基金60%的股份，是控股方，公司设立之初，民生银行在上交所公告承诺按照《商业银行信息披露暂行办法》做好相关事项的披露工作，但事实并非如此。2015—2016年加银基金出现的违规事件主要与信息披露不充分、违规获取利益有关，说明加银基金董事会与审计委员会对活动决策的监督不独立，导致管理层没有如实披露决策信息。其二，在北京航天桥支行销售假理财产品事件中，行长张颖利用控制权将资金在账户间进行违规转移。根据民生银行建立的内部控制体系，民生银行往往将基层银行行长视为内部控制的实施者，忽略了基层银行行长也是被控制的对象，导致其凌驾于内部控制之上，从而滋生道德风险。其三，未及时披露股东增持的信息、未按规定聘请独立董事以及运作不规范等问题，说明治理层没有对内部控制持有正确的态度，未给予足够的重视。民生银行董事会没有依法建立健全内部控制体系并有效实施，监事会对董事会的建立与内部控制的实施没有进行有效监督。审计委员会主席一般由独立董事担任，而民生银行未按规定聘请独立董事，降低了内部审计的效率。由于业务的交融性，上述控制缺陷的组合严重影响了民生银行内部控制的有效性，使得企业无法及时防范风险，从而让违规操作有机可乘，最终导致违规事件的发生。

（2）信息系统安全问题。目前多数银行已完成财务系统的整合，形成业务与财务的统一。加银基金通过民生银行吸纳的资金进行股票、债券等金融工具的投资，两者需通过信息系统后台交易。但中国信息安全测评中心评估报告显示，加银基金存在信息系统漏洞，考虑到业务连接性，说明民生银行内部也存在潜在的系统安全问题。对于航天桥支行假理财事件，通过销售假理财产品吸纳的巨额资金并没有在民生银行的财务系统中显示，说明行长张颖将资金转移到了其他账户，用于投资房地产、文物以及珠宝等。银行相关业务的办理必须通过银行柜台的信息系统，张颖通过银行内部系统控制他人账户作为资金归集账户不断吸纳资金，说明民生银行内部的信息系统缺乏对内部员工操作权限的有效设计或者监控，使得内部人员能够接触到客户的个人信息及账户信息，在一定程度上增加了内部人员寻利的动机。

（3）风险评估与控制活动的低效。北京航天桥支行行长张颖利用控制权谋取私利的行为并非首例，民生银行面临的主要风险是业务操作风险。根据近几年各地银监局的处罚公告可知，民生银行各地分行因为员工违规操作导致银行承担了巨额罚款。这是因为：一方面，管理层对操作风险不够重视，没有准确评估操作风险的后果和可能性。另一方面，对基层银行业务操作的控制力度较低。例如，在北京航天桥支行假理财事件发生后，银行相关发言人承认银行内部操作管理存在重大缺陷，但民生银行只是积极调查该事件的缘由，并没有针对此类事件的相关风险进行细致的调查与评估，采取必要的措施防范潜在风险的发生，导致该事件发生后民生银行各地分行仍存在违规行为。商业银行业务复杂，部分人员对于资金流向的操纵权力较大，民生银行没有建立与释放权力带来的潜在风险相关的管理机制，使得业务审查与资金流向监管中对操作风险的控制力度较弱，进而导致民生银行近几年频繁收到监管部门的罚单。

资料来源：吴先聪，管巍．内部控制重大缺陷是市值损失的导火索吗——基于民生银行的研究．财会月刊，2018（11）：92-100.

10.3.4　内部控制评价的程序

《企业内部控制评价指引》第十二条规定，企业应当按照内部控制评价办法规定的程序，有序开展内部控制评价工作。内部控制评价程序一般包括制定评价工作方案、组成评价工作组、实施现场测试、认定控制缺陷、汇总评价结果、编报评价报告等环节。

1．制定评价工作方案

内部控制评价机构应当以内部控制目标为依据，结合企业内部监督情况和管理要求，分析企业经营管理过程中影响内部控制目标实现的高风险领域和重要业务事项，确定检查评价方法。制定科学合理的评价工作方案，经董事会批准后实施。评价工作方案应当明确评价主体范围、工作任务、人员组织、进度安排和费用预算等相关内容。评价工作方案既可以以全面评价为主，又可以根据需要采用重点评价的方式。

2．组成评价工作组

企业内部控制评价部门应当根据经批准的评价方案，组成内部控制评价工作组，具体实施内部控制评价工作。评价工作组应当吸收企业内部相关机构熟悉情况的业务骨干参加。评价工作组成员对本部门的内部控制评价工作应当实行回避制度。

3．实施现场测试

内部控制评价工作组可以综合运用个别访谈法、调查问卷法、专题讨论法、穿行测试法、实地查验法、抽样法和比较分析法等各种方法，对被评价单位进行现场测试，充分收集被评价单位内部控制设计和运行是否有效的证据，对评价项目与有关数据如实确认和分析。

案例 10－15　国投资本股份有限公司内部控制评价管理办法（节选）

第四章　内部控制评价的程序和方法

第十八条　公司实行内部控制分级监督评价机制，公司审计部统一组织开展内部控制监督评价工作，各下属企业负责完成本单位的内控评价工作。

第十九条　内部控制评价工作一般包括四个阶段，即准备阶段，实施阶段，汇总评价结果、编制评价报告阶段，报告反馈和跟踪阶段。

（一）准备阶段

1. 制定评价工作方案。

评价工作方案应当明确评价主体范围、工作任务、人员组织、进度安排和费用预算等相关内容。

2. 组建评价工作组。

公司按经批准的评价方案，挑选具备独立性、业务胜任能力和职业道德素养的评价人员实施评价。

（二）实施阶段

1. 了解被评价单位（部门）基本情况。

评价工作组应充分了解企业发展战略和环境、领导层成员构成及分工、部门设置及职责分工等基本情况。

2. 确定检查评价范围和重点。

评价工作组根据掌握的情况进一步确定评价范围、检查重点和抽样数量，并结合评价人员的专业背景进行合理分工。检查重点和分工情况可以根据需要适时调整。

3. 开展现场检查测试。

评价工作组根据评价人员分工，综合运用各种评价方法对内部控制设计与运行的有效性进行现场检查测试，按要求填写工作底稿、记录相关测试结果，并对发现的内部控制缺陷进行初步认定。

评价工作底稿应详细记录执行评价工作的内容，包括评价要素、评价标准、评价和测试方法、主要风险点、采取的控制措施、有关证据资料以及认定结果等。

评价工作底稿应当设计合理、证据充分、简便易行、便于操作。

（三）汇总评价结果、编制评价报告阶段

1. 评价工作组汇总评价人员的工作底稿，初步认定内部控制缺陷，形成现场评价报告。评价工作组就评价结果及现场评价报告与被评价单位（部门）进行沟通，被评价单位（部门）相关责任人签字确认后，返回评价工作组。

2. 评价工作组应当实施评价质量交叉复核，工作组组长应当对评价工作底稿和现场评价报告进行严格审核，并对所认定的评价结果签字确认，然后提交审计部。

3. 审计部对工作组现场初步认定的内部控制缺陷进行全面复核、分类汇总。

4. 审计部以汇总的评价结果和认定的内部控制缺陷为基础，编制内部控制评价报告。审计部应当关注自内部控制评价报告基准日至内部控制评价报告发出日之间是否发生影响内部控制有效性的因素，并根据其性质和影响程度对评价结论进行相应调整。内部控制评价报告应报送公司经理层、董事会、审计与风险管理委员会、董事会和监事会，由董事会最终审定后对外披露。

（四）报告反馈和跟踪阶段

对于认定的内部控制缺陷，审计部应当结合董事会和审计与风险管理委员会的要求，提出整改建议，要求责任单位（部门）制定切实可行的整改方案并按期整改，并跟踪其整改落实情况。已经造成损失或负面影响的，公司应当追究相关人员的责任。

第二十条 内部控制评价具体测试方法包括：

（一）个别访谈法

个别访谈法主要用于了解公司内部控制的现状，在公司层面评价及业务层面评价的了解阶段使用。访谈前应根据内部控制评价需求形成访谈提纲，撰写访谈纪要，记录访谈的内容。

（二）调查问卷法

调查问卷法主要用于公司层面评价。调查问卷应尽量扩大对象范围，包括公司各个层级员工，应注意事先保密，题目尽量简单易答（如：答案为“是”“否”“有”“没有”等）。

（三）穿行测试法

穿行测试法是指在内部控制流程中任意选取一笔交易作为样本，追踪该交易从最初产生到最终在财务报表或其他经营管理报告中反映出来的过程，即从起点到终点的全过程，以此了解控制流程和控制措施设计的有效性，并识别出关键控制点。

（四）抽样法

抽样法分为随机抽样和其他抽样。随机抽样是指按随机原则从样本库中抽取一定数量的样本；其他抽样是指人工任意选取或按某一特定标准从样本库中抽取一定数量的样本。

（五）实地查验法

实地查验法主要针对业务层面的控制，它通过使用统一的测试工作表，与实际的业务、财务单证进行核对来实施控制测试。

（六）比较分析法

比较分析法是通过数据分析识别评价关注点的方法。数据分析可以是与历史数据、行业（公司）标准数据或行业最优数据等进行比较。

（七）专题讨论法

对于同时涉及财务、业务、信息技术等方面的控制缺陷，需由内部控制管理部门组织召开专题讨论会议，综合各部门、各方面的意见，研究确定缺陷整改方案。

（八）其他方法

包括观察、抽查、审阅、重新执行、标杆、实际工作经验等方法。

第二十一条 内部控制评价工作组对被评价单位（部门）进行测试，应综合运用上述方法，广泛收集被评价单位（部门）内部控制设计和运行是否有效的证据，按照评价的具体内容，如实填写评价工作底稿，研究分析内部控制缺陷。

资料来源：国投资本股份有限公司内部控制评价管理办法．上海证券交易所官网，2021-08-27.

4．认定控制缺陷

内部控制缺陷的认定流程如下：

（1）评价工作组初步认定阶段。该阶段，内部控制评价工作组根据现场测试获取的证据，对内部控制缺陷进行初步认定，并按其影响程度分为重大缺陷、重要缺陷和一般缺陷。

（2）工作组负责人审核阶段。首先，企业内部控制评价工作组依据质量交叉复核制度对评价结果进行复核；其次，评价工作组负责人对评价工作底稿进行严格审核，对所认定的评价结果签字确认后，提交企业内部控制评价部门。

（3）内部控制评价部门综合分析全面复核阶段。企业内部控制评价部门应当编制内部控制缺陷认定汇总表，结合日常监督和专项监督发现的内部控制缺陷及其持续改进情况，对内部控制缺陷及其成因、表现形式和影响程度进行综合分析和全面复核，提出认定意见，并以适当的形式向董事会、监事会或者经理层报告。

5. 汇总评价结果

评价工作组全面复核和确认检查出来的各种问题，分析汇总评价结果，提出认定意见并编制评价报告。

6. 编报评价报告

内部控制评价机构以认定的内部控制缺陷和汇总的评价结果为基础，综合内部控制工作整体情况，客观、公正、完整地编制内部控制评价报告，并报送企业经理层、董事会和监事会，由董事会最终审定后对外披露。

案例10-16　海航投资集团股份有限公司2020年度内部控制评价报告（节选）

（三）内部控制缺陷认定及整改情况

1. 财务报告内部控制缺陷认定及整改情况

根据上述财务报告内部控制缺陷的认定标准，结合公司开展内控自查、各部门日常检查、审计监督及整改情况，我们发现报告期内公司在担保业务、关联交易活动方面存在重大缺陷。

（1）未履行程序为关联方提供担保。海航投资公司存在为关联方提供担保的情况，截至2020年12月31日，担保责任尚未完全解除。海航投资公司在对外担保的过程中未履行公司内部控制制度的审批程序，未履行关联交易的决策程序且未及时进行信息披露，违反了海航投资公司《对外担保管理制度》《关联交易管理制度》《信息披露管理办法》等内控制度相关规定。

（2）未充分履行程序与关联方发生资金往来。2020年度，海航投资公司存在未获得股东大会授权的情况下，与关联方发生资金往来，截至2020年12月31日，除2亿元外（2021年2月10日收回），其余资金已收回。海航投资公司在办理资金支付时未履行公司内部控制制度的审批程序，未履行关联交易的决策程序且未及时进行信息披露，违反了海航投资公司《关联方资金往来管理制度》《关联交易管理制度》《信息披露管理办法》等内控制度相关规定。

公司下年度将进一步加强担保业务、关联交易相关制度的管理，规范内控制度的执行，强化内控制度的监督检查，对管理中发现的问题及时进行整改，提高防范风险能力，提升公司治理水平。

资料来源：海航投资集团股份有限公司2020年度内部控制评价报告. 深圳证券交易所官网，2021-04-30.

自测题

扫描此码　在线做题

思考题

1. 内部监督的程序有哪些?
2. 什么是日常监督和专项监督? 两者之间存在什么关系?
3. 如何理解内部审计的基本职能?
4. 请简要描述内部控制缺陷的分类。
5. 在现场测试时，可以采用的内部控制评价方法有哪些?
6. 请简要说明内部控制评价的基本流程。

案例分析

A 公司的内部控制缺陷

A 公司属于国有控股的有限责任公司，2021 年 1 月聘请某会计师事务所在年报审计时对公司内部控制制度的健全性和有效性进行检查与评价。检查中发现以下问题:

(1) 2020 年 1 月，A 公司在总经理的推动下进入大豆期货市场，公司高层管理人员对期货交易并不十分了解，仅仅是根据当前市场的行情进行大额投资。公司董事会虽然知道公司进行期货投资，但总经理并没有向董事会报告，董事会也没有及时制止。

(2) 2020 年 3 月，A 公司某车间员工持领料单到仓库领取一种特殊材料，此材料属于稀有金属，价格比黄金贵。根据规定领料单必须经公司副总以上职位的高层签字，且必须由车间主任亲自领取，但是车间主任已经病休 10 天，车间又急用，况且公司副总已经签字，为避免生产部门停工，材料保管员向持单员工发出相关材料。后经查实，高层签字系伪造，车间员工携带材料当晚潜逃。

(3) 2020 年 4 月，A 公司准备采购一批原材料，采购部门接到一位不熟悉人员的电话，表示可以送货上门，并分两批送货。采购经理认为风险较小，且价格优惠，所以双方签订了采购合同。由于是首次交易，根据公司内部控制制度的规定，验货合格后付款。第一批货物到达后，检验合格，在第二批货物到达前，对方来电说因资金紧张，让A公司先付款。由于上批货物质量很好，所以公司采购经理指示财务人员可以先付款。财务人员先行付款，但对方未及时送货，经查此公司系空壳公司，公司负责人已潜逃。

（4）2020年5月，为加强财务管理，公司规定会计和出纳人员分设，出纳人员不得兼任账目登记工作，A公司银行预留印鉴的印章和票据全部由财务经理统一保管。

（5）2020年6月，A公司董事长刘某经朋友介绍认识了自称是甲投资公司（以下简称"甲公司"）总经理的彭某，双方约定，由A公司向甲公司投入1 000万元，期限1年，无论资金的回报如何，甲公司均按固定收益率20%支付给A公司收益。考虑到这项投资能给A公司带来巨额回报且收益固定，为避免错失良机，刘某指令财会部先将1 000万元资金汇往甲公司，之后再向董事会补办报批手续、补签投资协议。财会部汇出资金后向对方核实是否收到汇款时，却始终找不到彭某。后经查实，甲公司纯系子虚乌有。

（6）2020年8月，A公司有一笔对外提供重大担保的业务，根据公司相关控制制度的规定，由总经理批准。后经查实，被担保方已资不抵债，给A公司带来较大资产损失。

（7）2020年12月，A公司有关人员对当年内部控制的日常监控情况向公司董事会作了口头说明，揭示了内部控制存在的缺陷。

（8）2020年12月30日，A公司根据内部控制制度的规定，进行存货盘点，但是由于下大雪，哈尔滨的一家露天仓库无法进行盘点，所以直接根据会计记录进行了确认。公司内部控制制度规定每两年进行一次存货的全面盘点清查。

问题：

根据上述事项，分业务分析其内部控制是否存在缺陷，如果存在缺陷，请说明理由。

安平公司的内部控制评价方案

安平公司系一家交通业上市公司。2020年末公司按要求启动了内部控制评价工作，并由审计部制定了内部控制评价方案，该方案摘要如下：

1. 关于内部控制评价的组织领导和职责分工

董事会及其审计委员会负责内部控制评价的领导和监督。经理层负责实施内部控制评价，并对本公司内部控制有效性负全责。审计部具体组织实施内部控制评价工作，拟订评价计划、组成评价工作组、实施现场评价、审定内部控制重大缺陷、草拟内部控制评价报告，及时向董事会、监事会或经理层报告。其他有关业务部门负责组织本部门的内控自查工作。

2. 关于内部控制评价的内容和方法

内部控制评价围绕内部环境、风险评估、控制活动、信息与沟通、内部监督五要素展开。鉴于本公司已按《公司法》和公司章程建立了科学规范的组织架构，组织架构相关内容不再纳入企业层面评价范围。同时，本着重要性原则，在实施业务层面评价时，主要评价证券交易所重点关注的资金活动、对外担保和关联交易等业务或事项。考虑到公司现阶段经营压力较大，为了减轻评价工作对正常经营活动的影响，在本次内部控制评价中，仅采用调查问卷法、专题讨论法进行测试和评价。

3. 关于实施现场评价

评价工作组应与被评价单位进行充分沟通，了解被评价单位的基本情况，合理调整已确定的评价范围、检查重点和抽样数量。评价人员要依据《企业内部控制基本规范》及其配套指引和《公司内部控制手册》实施现场检查测试，按要求填写评价工作底稿，记录测试过程及结果，并对发现的内部控制缺陷进行初步认定。现场评价结束后，评价工作组汇总评价人员的工作底稿，形成现场评价报告。现场评价报告无须和被评价单位沟通，评价工作组负责人审核、签字确认后报审计部。审计部应编制内部控制缺陷认定汇总表，对内部控制缺陷进行综合分析和全面复核。

4. 关于内部控制评价报告

审计部在完成现场评价和缺陷汇总、复核后，负责起草内部控制评价报告。评价报告应当包括：董事会对内部控制评价报告真实性的声明、内部控制评价工作的总体情况、内部控制评价的依据、内部控制评价的范围、内部控制评价的程序和方法、内部控制缺陷及其认定情况、内部控制缺陷的整改情况、内部控制有效性的结论等内容。对于重大缺陷及其整改情况，只进行内部通报，不对外披露。内部控制评价报告报董事会审定后对外披露。

问题：

根据《企业内部控制基本规范》及其配套指引，逐项判断安平公司内部控制评价方案中的 1 至 4 项内容是否存在不当之处；存在不当之处的，请逐项指出不当之处，并简要说明理由。

主要参考文献

[1] 财政部会计司. 企业内部控制规范讲解2010. 北京：经济科学出版社，2010.

[2] 陈汉文，韩洪灵. 商业伦理与会计职业道德. 北京：中国人民大学出版社，2020.

[3] 陈汉文，池国华. CEO内部控制：基业长青的奠基石. 北京：北京大学出版社，2015.

[4] 池国华. 中国式经济增加值（EVA）考核实践探索：基于系统性和针对性视角的研究. 大连：东北财经大学出版社，2016.

[5] 池国华，等. 财务报表分析. 北京：高等教育出版社，2019.

[6] 段秋斌. 互联网企业反腐密码. 北京：中国人民大学出版社，2021.

[7] 方红星，等. 内部控制. 4版. 大连：东北财经大学出版社，2019.

[8] 高立法，金乐永. 风险应对. 北京：经济管理出版社，2019.

[9] 黄卫伟. 价值为纲：华为公司财经管理纲要. 北京：中信出版集团股份有限公司，2017.

[10] 李秉成. 企业为什么会陷入财务危机？北京：机械工业出版社，2012.

[11] 林斌，孙岩，陈莹，等. 中国企业反舞弊调查报告（2019）. 北京：中国财政经济出版社，2020.

[12] 林钟高. 内部控制风险免疫机理与效应研究. 北京：中国财政经济出版社，2017.

[13] 刘永泽，唐大鹏. 行政事业单位内部控制实务操作指南. 3版. 大连：东北财经大学出版社，2016.

[14] 柳荣，雷蕾. 供应链风险管理实战. 北京：人民邮电出版社，2021.

[15] 企业内部控制编审委员会. 企业内部控制主要风险点、关键控制点与案例解析. 上海：立信会计出版社，2021.

[16] 孙立新. 风险管理：理论与实务. 2版. 北京：经济管理出版社，2019.

[17] 王健林. 万达哲学：王健林首次自述经营之道. 北京：中信出版社，2015.

[18] 王千马，梁冬梅. 新制造时代：李书福与吉利、沃尔沃的超级制造. 北京：中信出版社，2017.

[19] 王清刚. 内部控制与风险管理：理论、实践与案例. 北京：高等教育出版社，2019.

[20] 吴晓波. 大败局 . Ⅰ. 杭州：浙江大学出版社，2019.

[21] 吴晓波. 大败局 . Ⅱ. 杭州：浙江大学出版社，2019.

[22] 吴晓波. 激荡四十年. 北京：中信出版社，2017.

[23] 晏维龙，李昆. 监管学. 2 版. 北京：高等教育出版社，2021.

[24] 杨有红. 企业内部控制. 北京：北京大学出版社，2019.

[25] 张先治，等. 基于会计相关性的内部报告体系研究. 上海：立信会计出版社，2015.

[26] 郑石桥. 内部控制基础理论研究. 北京：中国国际广播出版社，2018.

[27] 中国注册会计师协会. 公司战略与风险管理. 北京：中国财政经济出版社，2021.

[28] [德] 乌尔里希·贝克. 风险社会：新的现代性之路. 南京：译林出版社，2018.

[29] [美] 米歇尔·渥克. 灰犀牛：如何应对大概率危机. 北京：中信出版社，2017.

[30] [美] 纳西姆·尼古拉斯·塔勒布. 黑天鹅：如何应对不可预知的未来. 北京：中信出版社，2011.

[31] [美] 吉姆·柯林斯. 再造卓越. 北京：中信出版社，2010.

[32] COSO. 企业风险管理——整合框架. 2 版. 大连：东北财经大学出版社，2017.

[33] COSO. 内部控制——整合框架. 大连：东北财经大学出版社，2008.

[34] COSO. 内部控制——整合框架（2013）. 北京：中国财政经济出版社，2014.

中国人民大学出版社 管理分社

教师教学服务说明

中国人民大学出版社管理分社以出版工商管理和公共管理类精品图书为宗旨。为更好地服务一线教师，我们着力建设了一批数字化、立体化的网络教学资源。教师可以通过以下方式获得免费下载教学资源的权限：

★ 在中国人民大学出版社网站 www.crup.com.cn 进行注册，注册后进入“会员中心”，在左侧点击“我的教师认证”，填写相关信息，提交后等待审核。我们将在一个工作日内为您开通相关资源的下载权限。

★ 如您急需教学资源或需要其他帮助，请加入教师 QQ 群或在工作时间与我们联络。

中国人民大学出版社 管理分社

教师 QQ 群：648333426（工商管理） 114970332（财会） 648117133（公共管理）
教师群仅限教师加入，入群请备注（学校＋姓名）

联系电话：010-62515782，82501868，82501048，62514760

电子邮箱：glcbfs@crup.com.cn

通讯地址：北京市海淀区中关村大街甲 59 号文化大厦 1501 室（100872）

管理书社　　人大社财会　　公共管理与政治学悦读坊